FANTASTICA

Demi Winters

LA STRADA D'OSSA

The Ashen Series

LIBRO UNO

Traduzione di Barbara Ronca

MONDADORI

Questo libro è un'opera di fantasia. Personaggi e luoghi citati sono invenzioni dell'autore e hanno lo scopo di conferire veridicità alla narrazione. Qualsiasi analogia con fatti, luoghi e persone, vive o scomparse, è assolutamente casuale.

mondadori.it

ISBN 978-88-04-79726-5

Titolo dell'opera originale
The Road of Bones
I edizione luglio 2025

LA STRADA D'OSSA

Per coloro che hanno dovuto mettere un piede davanti all'altro,
anche quando era davvero difficile.

Nota

La Strada d'Ossa è ambientato in un mondo dark fantasy ed è rivolto a lettori maturi. Alcune scene tra cui, ma non solo, rappresentazioni di violenza domestica ed emotiva, dipendenza da sostanze, dolore fisico e scene di sesso esplicite potrebbero mettere a disagio alcuni lettori. Un elenco completo dei contenuti sensibili è disponibile sul sito demiwinters.com/trigger-warnings/

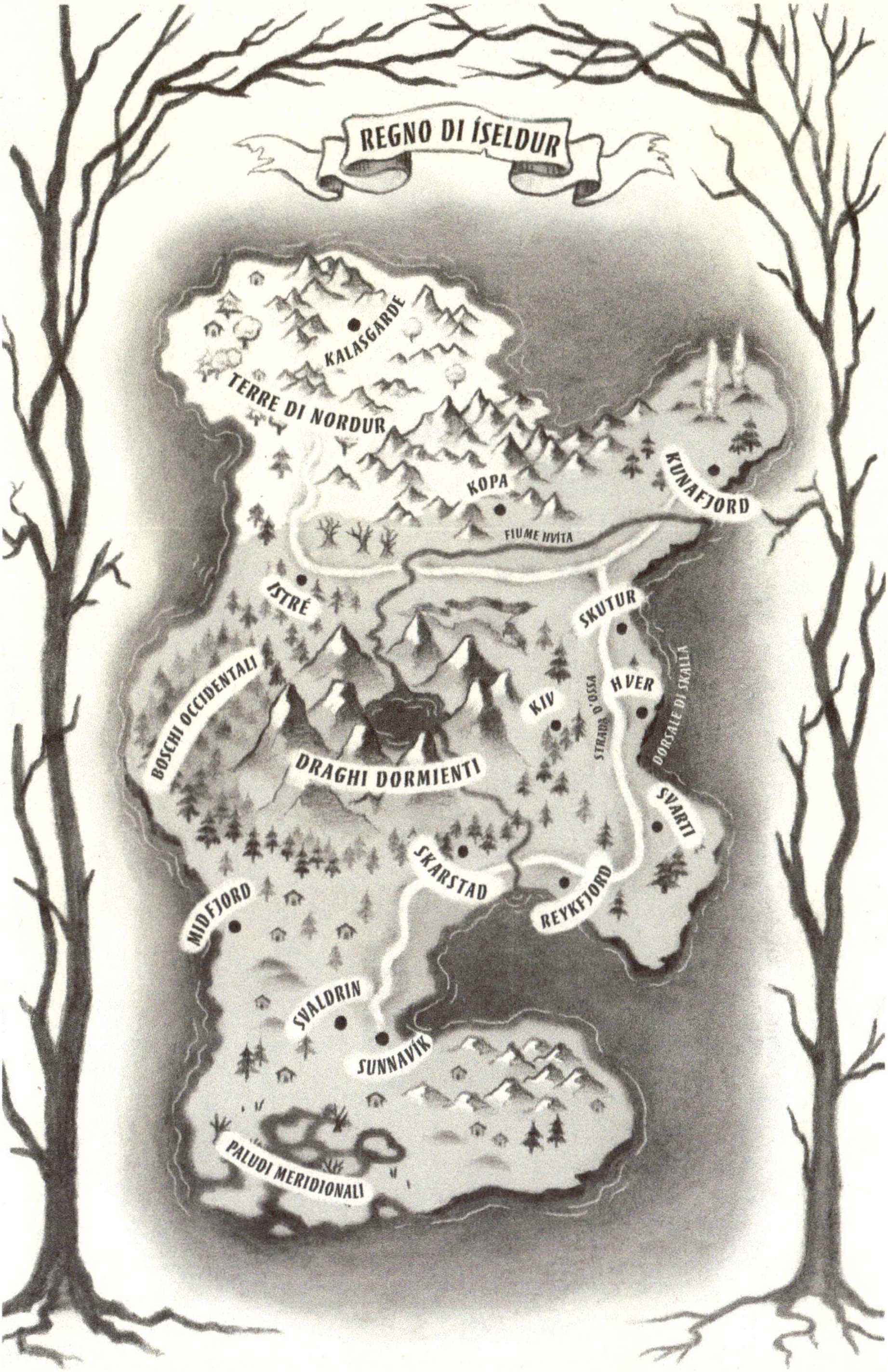
REGNO DI ÍSELDUR
KALASGARDE
TERRE DI NORDUR
KOPA
KUNAFJORD
FIUME HVITA
ISTRÉ
SKUTUR
BOSCHI OCCIDENTALI
KIV
HVER
STRADA D'OSSA
DORSALE DI SKALLA
DRAGHI DORMIENTI
SVARTI
SKARSTAD
REYKFJORD
MIDFJORD
SVALDRIN
SUNNAVÍK
PALUDI MERIDIONALI

Parte 1

Fiamme

Non si tema la morte, poiché il destino è già scritto, e non è dato evitarlo.

SAGA DEI VÖLSUNGAR

1

Skarstad

Silla Nordvig credeva nei piccoli segni che gli antichi dèi lasciavano ai mortali: cieli rossi presagio di sorprese, flíta che preannunciavano un cambiamento e il falco nero messaggero di morte. Soprattutto, sapeva che le sventure arrivavano in gruppi di tre, perciò non avrebbe dovuto stupirsi quando quelle maledette campane iniziarono a suonare. Ma sussultò comunque, spaventata.

Dopo essersi lavata le mani sporche di impasto per il pane, Silla le asciugò sulla stoffa ruvida delle sue gonne tessute a mano. *Ceneri*, pensò. Quella settimana la stava davvero mettendo a dura prova.

Tutto aveva iniziato a sgretolarsi quando Olaf il Rosso aveva preteso il pagamento dell'affitto con una settimana di anticipo, costringendoli ad azzerare le loro già magre finanze. Poi, Silla si era bruciata il pollice prendendo le focacce d'orzo dalla brace, facendole cadere tutte nel focolare acceso. I cereali stavano diventando sempre più costosi: dopo tre lunghi inverni di fila, i raccolti erano stentati e la stagione sarebbe stata dura. Silla era stata severamente redarguita per il suo errore.

E adesso il terzo evento sfortunato della settimana: quelle orribili campane.

Lisciò il ricamo floreale lungo la cintura del suo grembiule blu, lo stesso indossato da tutte le domestiche dello Jarl Gunnell, e uscì. Il tintinnio delle chiavi di ferro segnalò l'arrivo di Bera, moglie dello Jarl Gunnell, al comando della gestione della casa. Silla si mise rapidamente in fila con gli altri, le dita intrecciate, mentre Bera li contava.

«Dodici. Bene, andate, tutti quanti» disse in tono gentile, accompagnandoli fuori. «Speriamo non ci voglia molto. Per tutte le persone coinvolte.»

Una leggera brezza accarezzò il viso di Silla, liberando qualche ciocca castana dalla sua treccia mentre camminava lungo il sentiero. Per essere una giornata grigia, era piacevolmente calda, il sole oscurato dalle nuvole. Una vespa le ronzava sul viso e lei la allontanò. Gli uccelli cinguettavano nei giardini della fattoria. Per un attimo tutto le parve in pace. Finché il successivo rintocco della campana, lungo e profondo, le fece venire i brividi.

Adattò i suoi passi a quelli degli altri, tenendo gli occhi sulle gonne blu della ragazza davanti a lei. Camminavano in fila indiana, avanzando lungo il viale pieno di buche. Silla non dovette nemmeno alzare lo sguardo per sapere che lo Jarl Gunnell e i suoi uomini – guerrieri, stallieri e lavoratori dei campi – le stavano seguendo. Lo jarl era uno dei pochi membri dell'aristocrazia che non usava schiavi portati da Norvaland, ma se lo avesse fatto si sarebbero uniti anche loro. Le campane erano un'immensa livella, che pretendeva la presenza di ogni Íselduriano con più di dieci inverni di età, indipendentemente dalla classe di appartenenza.

Silla guardò verso le stalle ma non vide suo padre. Eppure doveva esserci, da qualche parte tra i lavoratori dei campi, con la sua tunica grigia sporca di terra. Sicuramente si stava pulendo il viso, preoccupandosi per lei, per *loro*, convinto che si fossero attardati troppo a Skarstad. Era arrivato il momento di un nuovo inizio. L'ennesimo.

Camminarono lungo la strada sterrata e oltrepassarono una porta nelle mura di cinta del villaggio, superando case di legno con tetti di paglia. Davanti alle abitazioni erano impilate ordinatamente cataste di legna, mentre gli orti dei cavoli traboccavano di erbe aromatiche e verdure. Skarstad era una cittadina piccola e insignificante, identica alla maggior parte di quelle che sorgevano sulle terre di Sudur. Silla lo sapeva bene: aveva vissuto in molte di queste. Skarstad vantava una pianta ordinata, alte mura difensive e due arterie principali che si intersecavano in un cortile centrale alberato. La sala dell'idromele era pulita e curata, i portici ben spazzati, la piazza macchiata di sangue.

Il suono delle campane si intensificò man mano che si avvicinavano alla piazza, ogni rintocco più minaccioso del precedente. Silla sentì il suono riverberarsi nelle ossa, annodandole le viscere sempre più strette a ogni passo. Uomini e donne, mercanti e contadini si unirono a loro finché la strada non brulicò di gente. Infine, svoltarono l'angolo ed entrarono nel cortile centrale. Silla si avvicinò furtiva all'imponente guerriero Klaernar in piedi accanto a un carro pieno di pietre nere irregolari; l'uomo le distribuiva alle persone che facevano il loro ingresso nel cortile. Attese il suo turno con gli occhi bassi, consapevole di ciò che avrebbe visto se avesse alzato lo sguardo. Sulla piazza si sollevarono voci attutite, supplicanti. Imploravano.

Non serve a niente, pensò lei con disgusto.

La presenza opprimente del guerriero Klaernar le rendeva l'aria irrespirabile. A volte chiamati Artigli del Re, i Klaernar erano tutti fisicamente imponenti. Silla teneva lo sguardo fisso sugli stivali di quello che aveva davanti: erano consumati, sporchi di terra. Quella vista le parve stranamente confortante: era la prova che anche lui era, dopotutto, umano. Silla sapeva che, se avesse alzato gli occhi, avrebbe visto che indossava una cotta di maglia di ferro nera, punteggiata da piastre sulle spalle, in argento scintillante, che raffiguravano orsi ruggenti. Sapeva che avrebbe visto tre segni di artigli tatuati lungo la guancia destra dell'uomo.

Aveva sentito dire che i secondogeniti maschi di Íseldur, una volta preso l'artiglio, cambiavano non solo fisicamente, ma anche mentalmente. Durante il Rituale, quando gli uomini giuravano fedeltà al re Ivar e al suo Dio Orso, Ursir. Non importava quanto fossero minuti prima del Rituale, tutti ne uscivano trasformati: alti e robusti come montagne, i volti appena tatuati deformati da una smorfia perenne. Si diceva che portassero la benedizione di Ursir nelle vene, il che non faceva che aumentare il disagio di Silla.

Quando l'Artiglio del Re le posò un pezzo di ossidiana grezza sul palmo, Silla sentì la mano cedere sotto il peso del sasso. Ne osservò la superficie piatta e lucida. Come poteva qualcosa essere così bello e allo stesso tempo così brutto?

I profondi rintocchi la distolsero dai suoi pensieri, tanto forti da essere quasi assordanti. Silla barcollò in avanti, gli occhi che saettavano alla ricerca del blu degli aiutanti dello Jarl Gunnell. Chissà come, li aveva persi di vista. Sollevò lo sguardo, solo per un battito di ciglia, per cercare di orientarsi.

Fu un errore; lo sapeva, ma non riuscì a fermarsi. Tre serie di colonne a V si ergevano dalla pedana circolare al centro della piazza, con un altare runico in pietra posizionato nel mezzo. Ciascun condannato era legato a una delle serie di colonne lignee, con le braccia tese e i piedi immobilizzati insieme alla base. Bavagli di ferro nascondevano i loro visi e soffocavano le loro voci. Peccato che i marchingegni non coprissero gli occhi; quelle anime sventurate vedevano tutto: la folla, i sassi, la morte imminente. L'attesa era anch'essa parte della punizione, immaginò Silla.

In piedi, con le gambe tremanti, Silla incontrò lo sguardo della donna al centro. Aveva gli occhi sgranati per il terrore. Con il cuore pesante, Silla si rese conto che non era affatto una donna, ma una ragazza appena adolescente. Lo sguardo di lei vacillò, i suoi occhi castani si dissolsero nel verde vibrante della Madre, inducendola a guardare altrove...

No.

Con un sospiro tremante, Silla si costrinse ad abbassare lo sguardo. Non era il momento per permettere a quei ricordi di riaffiorare.

«Il prossimo!» tuonò il Klaernar, strappandola ai suoi pensieri. Con occhi indagatori, Silla finalmente vide i blu e i marroni alla sua destra e si diresse rapidamente verso il gruppo.

La bambina bionda era con loro, piccola e fuori posto tra gli aiutanti dello Jarl Gunnell. Aveva i capelli spettinati incollati alla nuca, il viso imbrattato di terra. Mentre la bambina giocherellava con l'orlo della camicia da notte strappata e sgualcita, i suoi occhi azzurri e inquietanti, con gli angoli rivolti verso l'alto, fissavano Silla. «Dovresti prestare più attenzione» disse la vocina della bimba.

Silla cercò di indovinarne l'età, e concluse che doveva avere cinque o sei inverni.

«E tu dovresti badare ai tuoi modi» replicò distrattamente.

«Cosa hai detto, Katrin?» chiese Bera in tono severo.

Lo sguardo di Silla si posò sul viso impassibile di Bera. «Io... non parlavo con te» borbottò.

«Con chi, allora? Con chi stavi parlando?»

I suoi occhi tornarono al punto in cui la bambina si era fermata qualche istante prima, e dove adesso non c'era più nessuno. *Hai detto abbastanza,* pensò Silla, serrando le labbra. *Usa il cervello, Silla Margrét.*

«È così difficile trovare un buon domestico» borbottò Bera. «Sono tutti pigri o toccati in testa.»

Silla inspirò a fondo e distolse lo sguardo. Individuò una familiare testa bionda con fili d'argento e incrociò lo sguardo del padre, che parve rilassarsi quando la vide, come se avesse trattenuto il respiro fino a quel momento. Accanto a lui c'era lo stalliere gentile che aveva dato a Silla e a suo padre pellicce e provviste quando si erano stabiliti a Skarstad: Tolvik, se la memoria non la ingannava. Lui le rivolse un sorriso tetro e abbassando la testa argentata le fece un cenno di saluto, che Silla ricambiò.

Le nuvole si diradarono, lasciando penetrare i raggi del sole, che piovvero a terra illuminando i minerali scintillanti nelle lastre di pietra della strada e riscaldando la schiena di Silla.

Misericordiosamente, le campane si fermarono. Passarono diversi minuti e la folla si fece sempre più nutrita, tanto da riempire la piazza e riversarsi nelle vie laterali. Il cortile si riempì di conversazioni mormorate ed energia trattenuta; la tensione era così palpabile che la si sarebbe potuta fendere con un'ascia.

Alla fine, l'Oratore del Dio fece il suo ingresso nel cortile. Il Gothi di Ursir era un uomo alto, il cui cranio pallido e calvo brillava nella piazza assolata. Indossava ampie vesti marroni strette intorno alle spalle, l'orlo ricamato con scintillanti rune dorate. Due immensi guerrieri Klaernar fiancheggiavano il Gothi, e le pellicce d'orso che portavano sulle spalle indicavano il loro grado: come minimo, erano kaptein. Come tutti gli Artigli del Re, avevano la barba lunga e acconciata in una doppia treccia; sul fianco portavano asce, spade e pugnali.

Uno dei kaptein si procurò un pezzo di pergamena e iniziò a leggere, la voce che si librava forte e chiara. «Per ordine di re Ivar Cuor di Ferro della grande stirpe dei Re del Mare Urkan, figlio di re Harald di Norvaland e grande sovrano del Regno di Íseldur, presentiamo a voi Agnes Svrak, Lisbet Kir e Ragna Skuli, consci del nostro sacro dovere di giudicarle. Sono accusate di uso intenzionale della magia.» Il kaptein guardò la folla. «Dunque, popolo di Skarstad, come giudicate queste donne che ignorano con tanta sfacciataggine le regole del nostro regno? Queste donne che non credono nelle nostre leggi?»

«Colpevoli!» intonò la folla. Erano un rituale vuoto, quei processi. Nessuno chiedeva mai la liberazione dei condannati.

Dopo la sentenza, il Gothi si avvicinò a una delle donne, estraendo un pugnale sacro e una ciotola dorata dalle pieghe della sua veste. La donna tentò invano di liberarsi dai legacci, e le sue suppliche soffocate si fecero più disperate mentre l'uomo le faceva un taglio nell'interno del gomito, raccogliendo un rivolo di sangue nella ciotola dorata.

«Come tutti i Galdra, esse sono condannate a morte per lapidazione» tuonò il kaptein. «Ma prima, un Salasso servirà a pagare una penitenza al Re degli Dei.»

I corvi gracchiavano minacciosamente dalla cima del campanile mentre la folla attendeva in silenzio. Il peso del sasso nella mano di Silla si fece intollerabile. Dopo un lungo minuto, la ciotola fu piena, il Gothi immerse le dita nel sangue e disegnò una serie di linee e cerchi sulla fronte della donna – il simbolo runico che le avrebbe impedito l'ingresso nella Foresta Sacra di Ursir, nell'aldilà. L'uomo calvo si diresse verso la pietra d'altare, salmodiando in Urkan, mentre versava il sangue rimanente sulle iscrizioni runiche.

Mentre il Gothi si spostava verso la condannata successiva, lo sguardo di Silla fu attratto dalla pozza cremisi sulla pedana, il sangue cadeva a gocce lente dal gomito della donna ferita. Quante volte sarebbe successo? Quanti uomini e donne sarebbero morti prima che la sete di sangue del Dio Orso fosse soddisfatta, prima che l'odio di Ivar Cuor di Ferro per i Galdra fosse sedato?

Le suppliche smorzate delle condannate si fecero più disperate, più urgenti, e Silla si rese conto che il Gothi, terminato il suo compito, era tornato a rivolgersi alla folla.

«Ora dimostrerete la vostra lealtà a Ursir, a re Ivar Cuor di Ferro, versando il loro sangue!» La folla esultò, ma qualcuno sembrava semplicemente rassegnato al sanguinoso compito che li attendeva.

La prima pietra fu scagliata, e cadde rimbombando nel silenzio della piazza. Per un attimo Silla ebbe l'impressione di vedere doppio, di sentire le urla di sua madre. Stringendo i denti, lottò per tenere a freno i ricordi. Non poteva crollare, non lì, non in quel momento.

Vennero scagliate altre pietre. Uno schianto, preceduto da un grido strozzato. Silla tenne gli occhi bassi e strinse il sasso mentre le urla degli abitanti del villaggio e quelle delle donne si fondevano, una melodia stridente che le fece accapponare la pelle. Con la coda dell'occhio vide Bera che si avvicinava al palco con il resto degli aiutanti dello Jarl Gunnell e scagliava il suo sasso. Lei però rimase immobile sul posto, lo sguardo fisso in avanti.

La collera le avvampò dentro come la scintilla provocata da una pietra focaia. *È sbagliato. Tutto questo è sbagliato.*

«Lancialo!» disse la bambina bionda. «Hai la pelle troppo delicata per sopportare la frusta.»

Silla inspirò profondamente, alzò il braccio e tirò la pietra verso la pedana. Non aspettò nemmeno di vedere se aveva colpito il bersaglio.

I lanci proseguirono, un torrente infinito di sangue e rabbia. I corvi gracchiavano sopra di loro; il sangue continuò a raccogliersi nella pozza sulla pedana anche molto tempo dopo che le urla delle donne si furono spente, molto dopo che le loro teste martoriate giacquero inerti. I Klaernar si aggirarono tra la folla in cerca di sassi non ancora lanciati, mentre il retrogusto di violenza appestava l'aria.

D'un tratto, risuonò la voce del kaptein. «Che questo serva da monito a coloro che desiderano cedere alla tentazione della magia. Ursir vi assegnerà un destino a cui non potrete sottrarvi. Pagherete con il sangue.» Detto ciò, lo spettacolo ebbe fine, e la folla si girò per disperdersi. Silla aveva i nervi a pezzi, i piedi pesanti come il ferro.

Fai pensieri da focolare, immaginò che le dicesse sua madre. *Il tipo di pensieri che scaldano il cuore.*

Cuccioli di foca. Starnuti. L'odore dei libri.

Si levò un grido, facendo deragliare i suoi pensieri. Gli occhi di Silla scattarono, come quelli di tutti i presenti, verso il cielo, dove una sagoma avanzava lentamente coprendo il sole. Ne inghiottì la luce, gettando il mondo in un crepuscolo spettrale.

«Hanno rubato il sole!» gridò una donna, e Silla finalmente capì: era un'eclissi.

«Sunnvald è in collera!» disse un uomo dalla voce roca... e familiare. «Ci mostra la sua disapprovazione per il massacro!»

Con il cuore che batteva forte, lo sguardo di Silla volò sui kaptein Klaernar, che si mossero in rapida successione. Tre Klaernar estrassero il colpevole dalla folla, nel punto dove lei aveva visto suo padre l'ultima volta. Silla sentì montare il panico mentre i kaptein trascinavano l'uomo sulla pedana. Lo guardò in faccia.

Era Tolvik.

Silla emise un sospiro di sollievo, ma si rimproverò subito dopo. Non era suo padre, era vero, ma Tolvik era un uomo buono e gentile. La bile le salì in gola e non riuscì a distogliere lo sguardo mentre il più alto dei Klaernar tagliava i legacci di una delle donne giustiziate. Il cadavere atterrò a terra con un tonfo, gli arti piegati in angolazioni innaturali. Con spietata efficienza, il kaptein iniziò ad assicurare i polsi di Tolvik ai pilastri.

Il vecchio, però, parve incoraggiato anziché intimorito. «Gli antichi dèi non tollereranno tutto questo! Ci puniscono già con inverni interminabili!»

«Silenzio!» urlò il kaptein, schiaffeggiando Tolvik in piena faccia.

Lui sbatté le palpebre, poi fissò il kaptein con espressione ferocemente determinata. «Purificheranno le nostre lande con il fuoco! È già successo prima! Accadrà di nuovo!»

Silla sentì lo stomaco annodarsi quando un secondo kaptein si avvicinò a Tolvik, spalancandogli a forza la bocca. Una lama balenò nell'aria, e le urla di Tolvik si fecero stridule prima di smorzarsi in singhiozzi soffocati. Il kaptein si girò verso la folla, mentre qualcosa cadeva a terra con un tonfo umido. Tutti videro l'espressione agonizzante di Tolvik, il sangue che gli colava dalla bocca: Silla fu travolta dalla nausea. La lingua. Gli avevano tagliato la lingua.

«C'è qualcun altro che vuole esprimere le stesse vedute blasfeme?» urlò il kaptein. Il silenzio calò sulla folla e l'ombra si spostò liberando il sole, che inondò la piazza con una luminescenza dorata in netto contrasto con l'umore cupo che ormai aleggiava sul cortile.

«C'è un solo vero Dio» urlò il Gothi, tagliando una vena di Tolvik. Il sangue prese a colare dall'incavo del gomito, rovesciandosi nella ciotola dorata. «Il Re degli Dei. Il Dio Guerriero.»

Un silenzio di tomba riempì la piazza mentre il Gothi disegnava il simbolo runico sulla fronte di Tolvik e riversava il suo sangue sulla pietra d'altare. Un kaptein passò un guanto, con artigli d'acciaio che luccicavano sulle nocche, al Gothi, che lo indossò.

«Egli è il Dio delle Zanne e degli Artigli. E il Suo nome è Ursir!»

Non guardare, intimò Silla a sé stessa, ma non ci riuscì. Nemmeno quando la tunica di Tolvik fu sollevata e gli artigli gli affondarono nella morbida carne del ventre. Nemmeno quando le viscere dell'anziano si riversarono fuori contorcendosi come anguille rosa. Tolvik urlò, agonizzante, un urlo che Silla sentì fin dentro le ossa, fin dentro la sua stessa anima.

Era ancora vivo quando la folla defluì dalla piazza.

Ancora vivo quando i corvi piombarono giù.

Ancora vivo quando iniziarono a banchettare con le sue carni.

Silla cercò di cancellare dalla mente ciò che stava accadendo, concentrandosi con tutte le sue forze sulle gonne blu della ragazza di fronte a lei – tracciando la trama del tessuto, contando i buchi provocati dalle scintille del focolare atterrate sulla stoffa. Stordita, seguì quelle gonne lungo la strada sterrata, attraverso la palizzata e su fino alla fattoria dello Jarl Gunnell. Era un miracolo che i suoi piedi ancora si muovessero, visto che lei si sentiva ormai completamente intorpidita, la mente assente.

Non sapeva nemmeno per quanto tempo avesse camminato quando un rumore sordo le risuonò nelle orecchie, e una piccola creatura gialla e nera entrò nella sua visuale. Un'altra vespa? Silla sbatté le palpebre mentre l'insetto le ronzava dritto in faccia, atterrandole sul naso.

«Cosa...» iniziò, cercando di scacciarla.

«Vecchio pazzo» borbottò Bera, distraendo Silla dall'insetto. Cosa era preso a Tolvik? Era sempre stato intelligente e garbato. Parlare degli antichi dèi, invocare il nome di Sunnvald in presenza dei Klaernar, era come chiedere di essere uccisi. Il padre di Silla le aveva detto molto chiaramente che, sebbene fosse loro dovere onorare gli dèi ancestrali, doveva essere fatto a porte chiuse. E finché re Ivar sedeva sul trono, doveva rimanere così.

Tolvik se n'era forse dimenticato?

Silla ripensò all'eclissi. Ormai non c'erano dubbi; era giunto il momento per loro di andarsene, non potevano esserci indicazioni più chiare. Se la storia le aveva insegnato qualcosa, era che le eclissi erano presagio di oscurità: a esse seguivano sempre eventi spiacevoli. Oltrepassarono le dépendance e raggiunsero la porta della longhouse, fermandosi ad aspettare che Bera infilasse una chiave nel lucchetto di ferro. Silla si sentì come se l'ultima ora fosse durata un'intera settimana. Aveva i muscoli doloranti come se avesse camminato tutto il giorno, ed era niente più che l'ombra di sé stessa.

«Bene» disse Bera mentre entravano nella longhouse. «Chi vuole una tazza di róa bollente?»

2

Silla si appoggiò alle pesanti pareti di frassino delle scuderie, guardando verso gli stentati campi di orzo e segale alla ricerca della silhouette slanciata del padre. Sebbene fosse già risuonato il settimo rintocco, era un tramonto di fine estate, e questo significava che la fattoria era ancora ben illuminata.

Dopo la mattinata intensa, sulla fattoria era tornata la pace e c'era un gran silenzio, fatta eccezione per il tenue nitrito dei cavalli e le conversazioni sommesse provenienti dall'interno delle scuderie. Nonostante tutto, Silla si sentiva ancora male per ciò che era successo a Tolvik poche ore prima. Forse era una vigliacca, ma non riusciva a decidersi a entrare nelle scuderie per affrontare coloro che lo conoscevano bene. Voleva soltanto vedere suo padre, sentire la sua voce rassicurante e dire a sé stessa che andava tutto bene.

Silla si tolse il laccio di cuoio dai capelli, poi disfece la treccia che le correva lungo la schiena. I riccioli si posarono sulle sue spalle e si massaggiò il cuoio capelluto indolenzito con le dita.

Le pesanti porte delle scuderie si chiusero con un tonfo e Silla sussultò.

«Non volevo spaventarti.» Vide apparire una sagoma scura, che cambiò direzione per avvicinarsi a lei. Strizzò gli occhi nel tentativo di distinguerne il volto. Quando la figura uscì dall'ombra con un'andatura lenta e dinoccolata, riconobbe il maniscalco. L'uomo le sorrise e si grattò la barba. «Sei la figlia di Hafnar, non è vero? Katrin?»

Silla lo fissò interdetta per un secondo prima di ricordare che Hafnar era il nome con cui Matthias si faceva chiamare in quel momento. «Per le ceneri degli dèi» disse allora. «Oggi sono nervosa come uno scoiattolo. Sì a entrambe le domande.» Agganciò lo sguardo dell'uomo, aveva occhi scuri e gentili, con un reticolo di rughe che si accentuavano quando sorrideva. «E tu sei Kiljan, giusto?

Lui annuì, porgendole la mano. «Piacere di conoscerti.»

Silla fece scivolare il palmo nel suo, gli occhi che guizzavano verso il basso. Aveva mani abbronzate, grandi e muscolose; immaginò che a fare il suo lavoro dovessero diventare forti necessariamente. Kiljan si appoggiò al muro accanto a lei. Il lieve odore di cavalli e polvere di carbone le colpì le narici. «Tu lavori sui fuochi da cucina?»

«Sì. Sono l'addetta al pane, cosa che non mi dispiace affatto. Tu lo sapevi che esistono *nove* tipi diversi di pane? Con pagnotte, focacce e pane in cassetta è impossibile annoiarsi.» Notando la faccia inespressiva di Kiljan, si interruppe. *Stai di nuovo blaterando di cose senza senso,* si rimproverò. *Chiedigli di lui.* «E tu lavori con i cavalli?»

Kiljan annuì.

Silla sorrise. «Deve essere bello. Io amo i cavalli. Spero di averne uno mio un giorno.»

«Sono una buona compagnia.»

Lei gli si avvicinò. «Detto tra noi, preferisco i cavalli ad alcune persone. Alla maggior parte, in realtà.»

«Temo di essere d'accordo con te, Katrin.» Kiljan ridacchiò piano. «Allora, ti piace Skarstad?»

«Oh, è incantevole» rispose lei, poi aggrottò la fronte. «Anche se questa settimana non è stata altrettanto incantevole. Come se la passano gli stallieri dopo quello che è successo a Tolvik?»

Kiljan abbassò lo sguardo. «L'umore è cupo.»

Silla si strinse le braccia attorno al corpo. «Immagino. Lo conoscevi bene?»

«Ho lavorato con lui per cinque... sei inverni, ormai? Non ci posso ancora credere.»

«Che orrore...»

«È ora di andare.»

Silla sollevò la testa di scatto nel sentire quella voce familiare, e il suo sguardo incontrò occhi di un azzurro ghiaccio. Sebbene si muovesse ancora come un uomo giovane, suo padre stava iniziando a mostrare la sua età: aveva ciocche grigie tra i capelli biondi e la barba, e molte rughe incise sulla fronte pallida. Lei lo osservò bene: aveva una tunica grigia sporca di terra con un giustacuore di cuoio, hevrít, ascia e pugnali infilati nella cintura.

Mai disarmato, mio padre, pensò ironicamente. Da bambina, si era ritrovata a chiedersi se ci dormisse, con il suo hevrít, e aveva alzato la coperta per verificare. Lui, però, le aveva afferrato il polso e l'aveva torto bruscamente. Mentre il sonno che gli velava lo sguardo svaniva, si era scusato profusamente, ammonendola però di non spaventare mai un uomo addormentato. Poi le aveva mostrato la lunga lama che effettivamente teneva sotto il cuscino, il suo hevrít preferito, con l'impugnatura d'osso.

Silla sentì la tensione abbandonarla e si slanciò in avanti, abbracciando forte suo padre. Le sue braccia forti la avvolsero e, per un attimo, l'orrore di quella settimana sembrò dissolversi. Si ritrasse e lui la prese per il gomito, guidandola lungo il vicolo verso la loro casa al limitare del villaggio. Silla lanciò un'occhiata a Kiljan, che aprì e subito richiuse la bocca.

«A domani, Kiljan» lo salutò suo padre, con voce più brusca del solito.

Silla aggrottò la fronte. Era stato un addio sbrigativo, e anche un po' maleducato. «Piacere di averti conosciuto, Kiljan!» disse piano guardandosi indietro con un piccolo cenno della mano.

Si soffiò via una ciocca di capelli ribelli dal viso. Anche se aveva superato i venti inverni, non aveva mai baciato nessuno. Era passato tantissimo tempo dall'ultima volta che aveva avuto un vero amico. Amava suo padre. Lui l'amava e la proteggeva. Le cose sarebbero potute andare peggio. Ma anche meglio.

Desiderava qualcosa. Desiderava *di più*. Fare amicizia. Innamorarsi. Vivere. Come poteva riuscirci mentre si guardava sempre alle spalle, mentre lei e suo padre conducevano la loro esistenza come spettri nelle tenebre? Più che vivere sopravvivevano, facendo ciò che dovevano per guadagnare sólas a sufficienza per andare avanti, senza mai restare più di tre mesi nello stesso posto. Silla aveva sempre trovato lavoro davanti ai fuochi da cucina e suo padre di solito si prestava a fare da manodopera nelle fattorie. A Silla piaceva il modo in cui lui si adattava subito a ogni nuovo lavoro e a ogni nuova città: le ricordava le volpi del gelo, la cui pelliccia cambiava colore per mimetizzarsi con l'ambiente circostante.

Ma di recente l'aveva colto una stanchezza preoccupante, e Silla era sempre più inquieta. Le lunghe giornate di lavoro nei campi lo affaticavano, così come i continui viaggi. Non potevano continuare così per sempre. Avevano davvero bisogno di un po' di stabilità. Di un luogo dove poter riposare i piedi stanchi e star fermi per più di tre mesi.

«Silla, mi hai sentito?»

Lei aggrottò la fronte. «Stavo di nuovo sognando a occhi aperti, temo.»

«Risparmia i sogni per stanotte, Fiordiluna» la prese in giro. «Ho detto che è ora di lasciare Skarstad.»

Silla sospirò mentre svoltavano per Vindur Road, verso la dépendance della tenuta di Olaf che al momento chiamavano casa.

Aveva capito che sarebbero partiti presto, ma adesso che lui aveva pronunciato quelle parole si sentiva insieme impaziente e nervosa. Certo, era un nuovo inizio, la promessa di qualcosa di inatteso. Ma li attendevano anche i pericoli della strada, gli stomaci vuoti, le vesciche e la stanchezza.

Fissò la strada di terra battuta su cui procedevano. «Dove ci porteranno i nostri vagabondaggi?»

«A Kopa.»

Lei girò la testa di scatto per guardarlo, e rise. «Molto divertente, padre.»

«Non è uno scherzo. Ho ricevuto via falco un messaggio che attendevo da tempo, e che conteneva un invito a recarci a Kopa.»

Silla studiò l'espressione seria di suo padre e sentì lo stomaco contorcersi. «Kopa? Ma padre, è... un mese di viaggio, come minimo, no?»

Si morse il labbro. Sicuramente stava scherzando. Forse il sole gli aveva confuso le idee. Ma quando lo guardò negli occhi, li trovò luminosi e limpidi.

«Perché non Reykfjord? Credo che siano quattro giorni di cammino. Bera ha detto che lì producono il miglior idromele speziato del regno. Potremmo trovare lavoro presso i produttori di idromele e vivere da re.»

Ma suo padre non aveva intenzione di cedere. «Kopa sarebbe un'avventura.»

Silla sbuffò. Un'avventura! Ne aveva avute abbastanza, di avventure, negli ultimi dieci anni. «Davvero, padre. Se desideri l'avventura, potremmo semplicemente addentrarci nelle Pinete Contorte. Questo soddisferebbe sicuramente la tua smania di pericolo. Potremmo cacciare le sanguinarie creature della foresta, come il cervo vampiro o i mannari bruni.» Rimase in silenzio per un momento. «Di tutti i posti di Íseldur, perché proprio Kopa?»

Silla non era nemmeno sicura che avrebbe saputo indicarla su una mappa. Tutto ciò che sapeva era che era a nord. *Molto* a nord, anche se non tanto quanto le terre di Nordur, che, come ricordava, si trovavano così a nord che nei freddi mesi invernali c'era una sola ora di luce. Niente, a questo mondo, avrebbe potuto attirarla fin lassù.

Il padre si girò a guardarla con espressione grave. «Ho avuto notizie, Silla. Ci sono delle case-rifugio per chi ne ha bisogno. Un rifugio sicuro dove potremmo riprendere fiato.»

Silla barcollò. Una casa-rifugio. Poteva essere vero?

Riprese il discorso con cautela. «Supponendo che decidessimo di andare a Kopa – e padre, ti prego di notare che ho usato la parola "supponendo" –, dovremmo farlo in più tappe. Finiremmo tutti i nostri i sólas molto prima di arrivare. Quelle strade... sono ardue da percorrere, non è vero?»

«Molto» rispose lui, con uno sguardo malinconico. «Io stesso le ho affrontate da ragazzo. Abbiamo percorso a cavallo tutto il tragitto da Kopa a Sunnavík. Ci abbiamo messo un mese e mezzo... ma Silla, è stato più bello di quanto potresti immaginare. Da tempo ormai sento che il nord mi chiama, e questo messaggio chiude la questione. Il fato ci chiede di andare a Kopa. Verso la salvezza.» C'era un entusiasmo contagioso nella sua voce.

La mano di Silla andò senza pensarci alla fiala appesa a un cordino di cuoio che teneva al collo; le dita accarezzarono il metallo liscio. Quel discorso sui messaggi provenienti dal Nord non era venuto dal nulla. Perché suo padre inviava falchi, e a chi li inviava?

«Bene» disse piano, respirando l'aroma di pino e ginepro dei boschi che fiancheggiavano entrambi i lati della strada, «se il cuore ti dice che dobbiamo andare a Kopa, allora andiamo prima a Reykfjord. Ne discuteremo mentre camminiamo.»

«Ti convincerò, Fiordiluna» disse suo padre affettuosamente, avvolgendole un braccio muscoloso intorno alla vita e stringendola forte. Più alto di lei di mezza testa, le posò la guancia sui capelli. «Dobbiamo partire alle prime luci dell'alba. Hai già incassato la paga?»

Lei annuì, sfiorando la borsa di cuoio assicurata alla cintura, con sólas e qualche kressens che tintinnavano all'interno.

«Bene.»

Mentre procedevano, Silla si chiese chi sarebbe stata stavolta. Era già stata Thordis, Ingunn, Gudrunn e ora Katrin. Forse sarebbe diventata Atta, in quel posto nuovo. Sì. Atta le piaceva.

Le nuvole si dispersero, la luce del sole danzò sugli aghi di pino umidi e sulle felci che ricoprivano il terreno. Il verso di un uccello risuonò da qualche parte in cielo, e Silla allungò il collo per vederlo. Strizzando gli occhi, riuscì a malapena a distinguerlo: lunghe ali nere, un becco giallo ricurvo e una striscia bianca sulle piume della coda.

Un falco nero, realizzò con orrore. Quando posò una mano sull'avambraccio di suo padre, Silla aveva tutti i sensi acuiti in modo allarmante. I ramoscelli a terra emettevano schiocchi sinistri, facendole rizzare i peli delle braccia. Il bubolare di un gufo la fece sobbalzare per la paura.

«Silla?» la chiamò suo padre, ma era troppo tardi.

Alcune figure emersero come lupi dalle ombre, vestite di nero, agili, armate di lame d'acciaio affilate. Prima di poter reagire, Silla e suo padre furono circondati.

Il cuore di Silla saltò un battito mentre valutava la situazione: sei uomini protetti da cotte di maglia nere, armati di grandi asce e spade. Avevano le barbe acconciate in due trecce gemelle, alla maniera preferita da re Ivar e dai suoi compagni Urkan.

Il suo primo pensiero: *Klaernar*. La sua ora era giunta? Le voci sussurrate sulla ragazza che vedeva gli spiriti erano finalmente arrivate alle loro orecchie? I racconti sulla ragazza che vede l'invisibile? Era stata attenta a Skarstad, ma rivolgersi ad alta voce alla bambina bionda nella piazza della città era stato uno stupido scivolone.

Quegli uomini però non avevano le piastre di orsi ruggenti sulle spalle né i tatuaggi sulla faccia.

«Cos'è che volete?» chiese suo padre. «Abbiamo solo poche monete, ma sono vostre.»

Il più alto, dai capelli castani spettinati e occhi neri come la notte, si fece avanti. «Non vogliamo le tue monete.» Strinse gli occhi, incurvando le labbra in un sorriso maligno. «Sai perché siamo qui, *Tómas*.»

A sentire quel nome sconosciuto, Silla aggrottò la fronte. Poi la stretta che le annodava lo stomaco si sciolse: li avevano scambiati per qualcun altro. Ma quando i suoi occhi si posarono sul padre, sentì un brivido gelido attraversarle la schiena.

Bianco come un cadavere, lui barcollò. «Ti sbagli; mi chiamo Hafnar, non Tómas. E questa è mia figlia, Katrin.»

L'uomo rise, una risata fredda e priva di allegria. Camminò intorno a loro, mentre si accarezzava la barba. «Mi credi uno stupido? Ti abbiamo cercato per tantissimi anni, Tómas, e oggi la tua fortuna si è esaurita. Non puoi sfuggirci.»

Silla sentì il cuore che le martellava nelle orecchie. Un errore. Chiaramente si trattava di questo. Ma allora perché suo padre sembrava uno che ha appena visto un fantasma?

Ricordandosi del pugnale che portava nascosto alla caviglia, Silla si fece coraggio. «Non è Tómas. Avete preso l'uomo sbagliato.»

«Tómas, Tómas, Tómas» disse il capo del gruppo in tono di disapprovazione. «Mi deludi. Non le hai detto niente?» Ridacchiò e posò gli occhi neri su Silla. «Dimentica la tua lealtà verso quest'uomo. Non siete nemmeno imparentati... non avete alcun legame di sangue.»

Lo sguardo di Silla rimbalzò dallo straniero al padre. E lì dentro scorse la conferma, il rammarico e, cosa ancora più agghiacciante, la paura.

Il guerriero fece un cenno e due suoi compagni si lanciarono in avanti, afferrandola bruscamente. Suo padre ruggì, scagliandosi contro di loro, ma altri uomini avanzarono. Uno schiocco riecheggiò sulla carreggiata quando uno lo colpì con il dorso della mano, mentre altri gli bloccavano le braccia dietro la schiena.

«No!» urlò Silla, cercando di divincolarsi, provando a raggiungerlo; ma la presa dei due guerrieri era d'acciaio.

Il capo le si avvicinò, accostando il viso al suo. Silla sentì l'odore acre del suo alito e strinse forte gli occhi, cercando di ritrarsi, ma qualcuno dietro di lei la spinse in avanti. «Ha la cicatrice» mormorò, il dito guantato che seguiva il piccolo segno a forma di mezzaluna accanto all'occhio sinistro di Silla. «È lei.»

L'uomo la lasciò andare e lei inspirò disperatamente per calmare il cuore che le batteva all'impazzata. Per i fuochi eterni, cosa stava succedendo?

Il capo la fissò, un sorriso crudele sulle labbra. «La regina Signe ti sta cercando, ragazza.»

Silla sbatté le palpebre.

«Dovrete passare sul mio cadavere per averla» sbottò suo padre.

«Si può fare, Tómas. La tua morte è attesa da tempo» rispose l'uomo dagli occhi neri, girandosi verso di lui.

Ma suo padre si era già liberato, aveva sguainato l'hevrít ed era rotolato a terra. Sferrò un fendente verso l'alto, con un gesto fluido e controllato, come se l'avesse già fatto mille volte. Il capo schivò per un pelo la lama e, con un movimento rapido e scattante, suo padre si rialzò in piedi, indirizzando l'hevrít verso il collo di un nuovo avversario, che lo evitò di poco.

Silla osservava incredula l'uomo che l'aveva cresciuta. Le sue mosse erano agili, potenti, esperte. Non riusciva a conciliare quel tizio che scatenava l'hevrít in una raffica di colpi ed evitava senza sforzo i suoi avversari con quello che conosceva, il gigante buono che lavorava i campi e le portava sassi a forma di cuore.

Il bosco si riempì di grida e movimenti frenetici. Silla si ritrovò con un braccio libero quando uno dei guerrieri che la trattenevano si avventò contro suo padre. Agendo in fretta, schiacciò con forza lo stivale di quello rimasto, liberandosi anche dalla sua presa. Si accovacciò, afferrò il pugnale nel fodero alla caviglia e lo strattonò per estrarlo... invano. Con un grugnito di frustrazione, tirò di nuovo, ma l'impugnatura non si mosse.

Ai margini del suo campo visivo, vide il padre combattere contro quattro uomini, i capelli svolazzanti, l'hevrít che fendeva l'aria fischiando, troppo veloce per seguirne la direzione. Poi sentì un tonfo nauseante: un uomo che crollava a terra. Più veloce di un fulmine, suo padre afferrò l'ascia del caduto, abbattendola su un nuovo avversario con tale forza da trafiggere la cotta di maglia. Il guerriero cadde con un lamento stridulo e suo padre estrasse rapido la lama dai rivetti rotti, mentre respingeva con un calcio un terzo uomo che si era scagliato su di lui.

A dispetto del panico, del tumulto, del sangue che le rimbombava nelle orecchie, Silla si ricordò delle parole di suo padre.

"Promettimelo, Fiordiluna. Se mai verremo attaccati, tu scappa. Non cercare di combattere. Non lasciare che ti prendano."

Osservò le ombre dei pini, poi scattò verso gli alberi.

Riuscì a fare due passi.

Un braccio spuntò dal nulla, avvolgendosi attorno alla sua gola e stringendo forte. La tirò indietro, e lei si trovò premuta contro un torace muscoloso, i piedi ancora in avanti per lo slancio.

«Dove vuoi andare?» gracchiò la voce del capo. Silla sentì il sangue che le si gelava nelle vene. «Non temere. La regina non ti ucciderà. Non subito, almeno.»

A corto d'aria, Silla annaspò, gli occhi sgranati, le mani che artigliavano disperatamente il braccio che la soffocava e il viso alle sue spalle. Sentì le unghie affondare nella pelle e tirò. L'uomo imprecò, ma la sua presa si fece più forte, e poi un secondo braccio le cinse la vita, bloccandole le mani. Lei scalciò, si dibatté – un animale che cercava disperatamente la libertà –, ma non servì a nulla.

I suoni della battaglia si fecero ovattati. Il tempo cessò di avere significato. Il suo intero mondo si concentrò sul dolore al collo, sul disperato bisogno d'aria. Lampi di luce le esplosero dietro le palpebre, e il suo campo visivo si oscurò ai margini, minacciando di gettarla nelle tenebre.

Stava precipitando.

Il suo campo visivo si tinse di rosso.

E poi il buio l'avvolse.

* * *

L'odore della terra. Un sapore metallico in bocca. Un grosso peso addosso. Un rantolo irregolare, affannoso.

La consapevolezza la colpì all'improvviso, come un temporale estivo. Era *lei* che emetteva quel rantolo. Inalò quanta più aria possibile, ansimando, mentre scintille luminose le esplodevano davanti agli occhi. Aveva il collo e il viso roventi e pulsanti.

Valutò la situazione. Giaceva in un fosso, intrappolata sotto qualcosa di pesante. Quando girò la testa, le si ribaltò lo stomaco: occhi neri, aperti e senza vita. Si divincolò, e l'ascia di suo padre apparve nel suo campo visivo, conficcata nel cranio dell'uomo. Silla rimase perfettamente immobile. Gli altri non l'avevano vista? La credevano morta? Ma il clangore delle spade, i grugniti e le urla erano svaniti. Adesso c'era solo un silenzio ultraterreno.

Un silenzio così assordante da farle male alle orecchie.

«Padre» gracchiò. Un'improvvisa scarica di energia la costrinse a muoversi. Si dimenò fino a liberarsi dal peso dell'uomo.

Rialzandosi in piedi, osservò la scena su Vindur Road.

Morte. Ovunque.

Era un incubo, un incubo orribile dal quale non riusciva a svegliarsi. C'erano cadaveri sparpagliati sulla strada, corvi che banchettavano con i corpi, il basso ronzio delle mosche carnarie che faceva vibrare l'aria. Silla scavalcò una mano mozzata, costringendo gli uccelli a una ritirata furiosa, e passò davanti a un uomo con un hevrít conficcato per metà nel collo. Un rantolo umido e soffocato attirò la sua attenzione e si precipitò al centro della carneficina, dove una figura familiare giaceva immobile.

Fiotti di un rosso ruggine stillavano da almeno quattro ferite nel torace di suo padre. Aveva corpi tutt'intorno, uno disteso sulle sue gambe, infilzato da una spada così a fondo che la lama gli sporgeva dalla schiena.

Il sollievo la travolse quando vide il petto di suo padre alzarsi e abbassarsi. Il sangue fuoriusciva dalle ferite a ogni respiro. «Padre!» gridò, cercando di liberarlo dal cadavere che gli stava addosso, ma senza riuscire a spostarlo.

Cadde in ginocchio, posandogli una mano sulla guancia. Ma quell'uomo non somigliava affatto a suo padre: aveva il viso imbrattato di sangue, i capelli arruffati e incrostati di rosso. Suo padre, un gigante pacifico e gentile. Com'era successo? Le lacrime sgorgarono, lasciando tracce umide sulle guance.

«Padre!» sussurrò.

Lui aprì gli occhi.

«Silla» rantolò. La sua voce era sbagliata, del tutto sbagliata.

«Padre» singhiozzò lei. «Sei vivo! Starai bene. Troverò una guaritrice e la porterò da te.»

«Fiordiluna» la interruppe lui. «No. Il mio destino è segnato.»

Silla sentì un groppo in gola. «No, padre, non devi...»

Lui le sollevò un dito macchiato di cremisi fino alle labbra e lei si costrinse a tacere.

«Il mio hevrít» ansimò, e lei fece rimbalzare lo sguardo da un cadavere all'altro finché non lo vide, l'elsa d'osso levigato che fuoriusciva dal collo di uno dei morti. Ci vollero diversi tentativi, ma alla fine riuscì a liberarlo con un risucchio nauseante, che le fece risalire la bile in gola: la mandò giù e tornò di corsa da suo padre. Mentre chiudeva le mani di lui attorno all'impugnatura d'avorio, perché avesse un'arma per proteggersi nel viaggio attraverso l'aldilà e verso le stelle, Silla sentì il sapore salato delle proprie lacrime sulla lingua.

«Devi sapere» sussurrò lui. «Ti ho amata come se fossi mia.»

Quella confessione sconvolse Silla. Suo padre tossì, e il sangue caldo le schizzò sulla guancia.

«Il paglericcio.» Gli occhi di suo padre sfarfallarono mentre prendeva un respiro affannoso. «Il letto... vai a Kopa.» A fatica, fece un altro respiro. «Non lasciare che la regina ti prenda. Sei... sopravvissuta.» Gli sfuggì un rantolo umido, che fece tremare Silla, artigliandole la spina dorsale. Guardò inorridita mentre la vita si spegneva negli occhi di suo padre.

«No!» Prese la sua testa e se la posò in grembo, scansandogli con dolcezza i capelli dal viso. Un singhiozzo silenzioso le sfuggì dal petto mentre stringeva l'unica persona che aveva al mondo. Le sue lacrime gocciolarono sul viso insanguinato di lui, aprendosi sentieri mentre vi rotolavano sopra.

Un ramoscello si spezzò. Silla trasalì e fissò il bosco. Probabilmente era stato un animale, o uno spirito della foresta dispettoso, ma non poteva correre rischi. Sebbene desiderasse abbracciare e piangere suo padre, e dargli una degna sepoltura, sapeva di non poter aspettare.

Devi scappare.

La parte più primitiva della sua mente prese il sopravvento. Svuotò le tasche di suo padre dalle monete, poi si alzò.

E si mise a correre.

3

Quando la porta della dépendance sbatté contro il muro, le gambe di Silla cedettero e lei cadde sul pavimento di terra battuta. L'energia che l'aveva sostenuta fino a quel momento si era affievolita e i suoi sensi erano ormai ovattati, come se si trovasse sott'acqua.

La baracca ai margini della proprietà di Olaf il Rosso era piccola, e in passato era stata usata per ospitare gli schiavi dei campi, almeno finché per loro non erano stati costruiti nuovi alloggi. Era un'unica stanza, con un focolare rettangolare al centro sopra il quale era appeso un paiolo di ferro. Il resto era spoglio. Da un lato, un baule e dei giacigli di paglia ricoperti di pellicce ammucchiate e qualche coperta di lana; dall'altro, un tavolo a cavalletto fiancheggiato da panche, e in alto mensole che ospitavano le scorte di cibo. La mensola più in alto fungeva da altare improvvisato. Delle candele erano state sistemate davanti a tozzi di pane e due tazze di idromele: una per gli dei, una per gli spiriti. Silla si guardò intorno, disperata. Era una stanza spoglia e piena di spifferi, ma era loro... *era stata* loro per qualche mese.

Si palpò il viso e il collo con le dita. Delle fitte dolorose sotto l'occhio e lungo il collo tumefatto le dissero che presto avrebbe avuto dei grossi lividi. Si concesse qualche minuto per raccogliere le idee, per permettere a ciò che era successo di depositarsi a fondo dentro di lei. Sapeva che suo padre era morto: aveva visto il suo petto sollevarsi e abbassarsi per l'ultima volta, aveva visto la vita abbandonare i suoi occhi. Nonostante questo, rimase in ascolto, aspettandolo. Da un momento all'altro avrebbe sentito il tonfo dei suoi stivali. Lui l'avrebbe stretta tra le braccia e tutto si sarebbe sistemato.

Gli occhi le si riempirono di lacrime, che le rigarono le guance e che si asciugò in fretta. *Devi andartene da qui*, ricordò a sé stessa, ma la sua mente era così annebbiata che riusciva a malapena a pensare.

«Non sei riuscita a sguainare il pugnale» disse la bambina da un angolo della stanza, distogliendo Silla dai suoi pensieri. Lei le scoccò un'occhiata infastidita, poi guardò le proprie mani tremanti nella luce fioca della capanna. Con suo grande sgomento, vide che erano sporche del sangue di suo padre.

"La regina non ti ucciderà. Non subito, almeno." Le parole del guerriero le risuonarono in testa e Silla strinse forte gli occhi.

«Perché la regina ti vuole morta, Silla?» chiese la bambina bionda.

Quel pensiero le procurò una stretta al torace. «Smettila» ringhiò. «Devo concentrarmi. Devo muovermi.»

Raggiunse un secchio d'acqua vicino al focolare e si lavò il sangue dalle mani, poi dal viso. Si asciugò le guance con una pezza di lino, quindi la fissò senza espressione. Con quella pezza di lino aveva asciugato le ciotole da cui lei e suo padre avevano mangiato quella mattina presto, ed era ancora lì.

Tutto nella loro rozza capanna era esattamente come l'avevano lasciato quella mattina. La tunica blu di suo padre era distesa sul letto, i suoi guanti di pelle di lupo erano sul tavolo ad asciugare e il sasso a forma di cuore che le aveva portato dal campo era appoggiato accanto al suo letto. Come potevano quei dettagli rimanere immutati, quando il resto della sua vita era finito in macerie?

Appallottolò la pezza di lino e la gettò via, ma non aveva tempo di arrabbiarsi.

«Il pagliericcio» disse la bambina, indicando i letti.

Silla si morse il labbro. «C'è qualcosa... nascosto sotto il materasso?»

«Adoro gli enigmi» esclamò la bambina, battendo le mani.

Silla si diresse verso i letti, incuriosita. Liberò quello del padre dalle pellicce e le mise da parte. Mosse le dita sotto il materasso di paglia, cercando qualcosa di strano sulla base sottostante, ma non trovò nulla. Dopo aver cercato anche sotto il proprio letto, sempre senza successo, cominciò a chiedersi se quelle parole non fossero state soltanto i deliri di un uomo morente.

«Che ne dici di *dentro* il materasso?» chiese la bambina bionda, grattandosi il gomito.

Silla fece per prendere il pugnale dal fodero nello stivale, e si arrabbiò quando si accorse che la lama si liberava con facilità. «Brutto affare maledetto» borbottò, fissandolo.

Fece scorrere la lama lungo il bordo del materasso del padre, poi infilò la mano nella paglia all'interno. Quasi subito, le dita si richiusero attorno a un oggetto: una borsa di tela ruvida.

Attraversò la stanza e rovesciò il contenuto sul tavolo. Sólas e kressen saltarono fuori e, quando sollevò la borsa, Silla si accorse che c'era qualcosa incastrato sul fondo: un foglio di pergamena ripiegato in un quadratino. Dopo averlo dispiegato con attenzione, Silla lesse le parole ad alta voce.

«*Tómas,*

«*Le mie più sincere scuse per questa risposta tanto tardiva. Il fermo posta di Mossarokk è stato abbandonato da tempo e le pattuglie di guardia, per fortuna nostre alleate, si sono imbattute per caso nelle tue lettere. Le terre di Eystri offrono numerosi rifugi a chi ne ha bisogno. Vieni a Kopa prima che arrivi l'inverno e faremo sistemare te e tua figlia in una casa-rifugio.*

«*Chiedi di Skeggagrim alla casa con le persiane blu, accanto alla locanda Tana del Drago, Kopa, Eystri.*

«*In bocca al lupo per il tuo viaggio.*

«*Il tuo amico.*»

«Skeggagrim?» chiese la bambina bionda, aggrappandosi al bordo del tavolo accanto al gomito di Silla. «Suona come il personaggio di un racconto di uno scaldo. Un troll, forse.»

Silla girò la pergamena in cerca di maggiori informazioni, ma dietro era intonsa. Per quanto detestasse l'idea di percorrere un tragitto tanto lungo, la prospettiva della sicurezza che l'attendeva era allettante. Più che allettante... era la cosa che desiderava più di ogni altra al mondo, messa nero su bianco.

«Immagino che andrò a Kopa.»

«*Andiamo* a Kopa?» esclamò la bambina. «Un'avventura, che bello!»

"Kopa sarebbe un'avventura" aveva detto suo padre. Le lacrime minacciarono di riprendere a scorrere e Silla si costrinse a muoversi.

Dopo aver ripiegato la pergamena, la mise nella borsa con le monete che raccolse dal tavolo e con quelle che aveva con sé. Infilò la borsa nella sottoveste di lino, cercando con le dita la tasca che aveva cucito all'interno, vicino al fianco. Silla aveva viaggiato abbastanza a lungo sulle strade di Sudur da sapere che gli oggetti di valore si tengono sempre al sicuro e nascosti.

Tornò al letto di suo padre, avvolse le dita attorno al ruvido tessuto di lana della sua tunica e non riuscì a resistere. Portandola al naso, inspirò il suo profumo e se la strinse al petto. Quella tunica era tutto ciò che le rimaneva di lui. Era un gesto sciocco – aveva poco spazio –, ma la infilò comunque nella sua sacca di canapa.

Prese il sasso a forma di cuore e passò le dita sulla superficie liscia. Finì nella sacca anche lui. Dal baule accanto al letto, tirò fuori alcune sottovesti e un vestito pesante di lana, un pettine intagliato in corna di cervo e il suo mantello rosso. Accarezzò con le dita il cappuccio bordato di pelliccia. Il rosso non era un colore ideale per nascondersi, ma il mantello era spesso e trapuntato e, nel luogo dove stava andando, qualcosa di caldo le sarebbe servito.

Silla si spostò verso gli scaffali della cucina, prese un otre per l'acqua e avvolse del pane annerito in uno straccio di lino. Ficcò mele e carote, formaggio duro e carne di alce affumicato nella sacca. Fissando le offerte sul loro altare improvvisato, Silla si fermò. *Non che siano servite a molto*, pensò.

"Gli dèi non agiscono come ci aspettiamo, Fiordiluna" le diceva sempre suo padre.

Con un sospiro pesante, sbatté le croste di pane sul pavimento, spostò le candele nello scaffale delle provviste e rovesciò le tazze di idromele nel secchio del bucato, cancellando ogni traccia dell'adorazione sua e di suo padre per gli antichi dèi.

Afferrò la scatoletta di legno che stava accanto a una pila di ciotole consumate. Tirandola giù, alzò il coperchio e ci guardò dentro. I suoi occhi si posarono su un mucchietto di foglie verdi, nodose e accartocciate l'una sull'altra. Silla sollevò la fiala che portava al collo, tolse il tappo e vi cacciò dentro quante più foglie poteva, poi aggiunse la scatola alla sua sacca.

«Potresti prenderne una adesso» suggerì la bambina. Il desiderio serpeggiò nelle vene di Silla.

«Tra poco» sussurrò, esaminando la stanza. La dépendance era immobile e silenziosa, e la luce fioca del giorno morente si riversava dentro dalla porta aperta.

Un forte schianto risuonò all'esterno. Silla lasciò cadere la sacca, si tuffò sotto una panca e tirò giù una pelle di pecora per nascondersi. Una mela sobbalzò sul pavimento, facendole battere il cuore come un tamburo di guerra.

Mentre aspettava, contò i propri respiri.

Uno. Due. Tre. Quattro. Cinque.

Niente. La capanna era silenziosa. Non era niente. Si sforzò di respirare, poi uscì a fatica da sotto la panca.

Pensò agli animali di Vindur Road, ai mannari bruni che aveva sentito ululare durante le ultime lune piene e agli orsi che avevano scortecciato degli alberi lungo la strada. Ancora peggio erano le creature che si diceva infestassero i boschi, da incubo. Il cervo vampiro che cacciava in branco, prosciugando il sangue delle vittime. I ragni lupo e altri di cui nemmeno voleva sapere i nomi.

«Ti serve un'arma» disse la bambina con un'espressione accigliata, le braccia sottili conserte sulla camicia da notte sporca.

Silla abbassò lo sguardo sulla propria caviglia, dove il pugnale era di nuovo infilato nel fodero.

«Brutto affare maledetto» ripeté Silla amaramente. Portare con sé un pugnale e non riuscire a sguainarlo nel momento del bisogno era del tutto inutile. Era l'illusione di una protezione, un falso senso di sicurezza. Gettandosi la sacca in spalla, Silla diede un'ultima occhiata alla capanna. Disperazione e dolore stavano iniziando a graffiarle la gola, ma lei deglutì e li ricacciò indietro.

Oltrepassando la porta aperta, guardò a destra e a sinistra, poi lungo il sentiero di terra battuta che portava a Vindur Road.

Il cielo si era oscurato, ma le nuvole si erano diradate e il sole al tramonto gettava una luce dorata sul sentiero davanti a lei. Svoltò a sinistra, fiancheggiando il retro della capanna dove suo padre teneva gli attrezzi forniti da Olaf. Fece scorrere le dita sulle pinze di ferro, sull'ascia, sul seghetto. Poi le fermò sul martello, sfiorando la curva liscia del legno, saggiandone il peso. Non troppo pesante, ma abbastanza da fare danni.

«Perfetto» la incoraggiò la bambina. «Meglio incamminarci.»

Tornata sul davanti della capanna, Silla si fermò sui gradini di ingresso e fece un gran respiro, in bilico tra la sicurezza e la familiarità della sua vecchia vita e il pericolo e l'ignoto della nuova. Poi si allontanò. Procedette lungo il sentiero luminoso e imboccò Vindur Road, allontanandosi in fretta da Skarstad, da suo padre e dalla sua vita ridotta in frantumi.

4

Le Pinete Contorte

Silla attraversò il bosco con passo spedito e determinato. La paura la costrinse ad accantonare il dolore, e per un po' pensò soltanto a mettere più miglia possibile tra sé e quei guerrieri morti. Per lunghe ore si obbligò ad avanzare imperterrita, il martello stretto in una mano e la sacca nell'altra.

I boschi erano già abbastanza inquietanti di giorno, ma diventavano un mondo a parte di notte, una terra di ombre e sagome in costante mutamento che fluttuavano ai margini della sua visuale. Silla teneva d'occhio la strada, determinata a non lasciare via libera agli spiriti dispettosi della foresta. Sua madre le aveva raccontato storie di spiriti maligni che deviavano i sentieri e modificavano l'ordine del bosco finché i viandanti non finivano per perdersi irrimediabilmente. Ma quelle storie raccontavano anche di spiriti gentili che, se trattati con rispetto, concedevano favori e benedizioni agli umani che viaggiavano nelle loro terre.

Nel buio della notte il silenzio suonava innaturale, come se la foresta trattenesse il respiro. Tuttavia, Silla continuò ad avanzare tra i tronchi curvi delle Pinete Contorte. Quella parte della foresta si era guadagnata il suo soprannome a causa dei tronchi dei pini che l'abitavano, che si erano deformati assumendo forme surreali e minacciose. Era forse opera di spiriti dispettosi? Silla non avrebbe saputo dirlo, ma l'effetto era decisamente agghiacciante, e la spinse ad affrettare il passo.

In un angolo della sua mente, sapeva che non era sicuro per una donna viaggiare da sola su quella strada. Non solo era pericolosa, ma gli insegnamenti di Ursir imponevano che le donne fossero accompagnate dal marito, dal fratello o dal padre dopo il tramonto.

«Ma tu non hai nessuno di questi» constatò la bambina, colpendo con un bastone un ciuffo di felci.

Silla sbuffò. «Dobbiamo sbrigarci» disse. La strada, che brulicava di ladri, di bande di guerrieri che controllavano il passaggio per lunghi tratti e altri uomini pericolosi e disperati, aveva le sue leggi. L'unica speranza per Silla era avanzare furtiva e passare inosservata.

«Meglio restare nei boschi; viaggeremo di notte, dormiremo di giorno» mormorò.

«Quanto manca?» piagnucolò la bambina.

«Più o meno quattro notti.»

Quattro lunghe notti e avrebbe raggiunto Reykfjord. Poi avrebbe potuto respirare, rivalutare la situazione e decidere il passo successivo. Sembrava un'impresa monumentale, impossibile se considerata nel suo insieme. Il dolore per la perdita del padre iniziò a insinuarsi nelle crepe sempre più larghe del suo spirito e Silla si costrinse a concentrarsi sui propri passi, sul mettere un piede davanti all'altro. Non poteva fare diversamente.

Non le era mai piaciuto il buio, e fu felice quando le lune gemelle sorsero poco dopo il tramonto: Malla, grande, audace e luminosa, e Marra, piccola ma calma e incrollabile. Sotto il loro chiarore lattiginoso, ventagli di licheni bianchi si dispiegarono alla luce, esponendo i bordi arricciati al chiaro di luna, mentre grappoli di funghi della foresta rilasciavano spore luminescenti, come stelline che scintillavano nel buio di mezzanotte. Silla aveva già visto quello spettacolo – non era la prima volta che camminava nei boschi dopo il tramonto –, ma la sua bellezza la fece sentire un po' meno sola.

Sulla strada, Silla non era in grado di fermare il flusso di rivelazioni che le si riversava nella mente.

"Ti ho amata come se fossi mia."

Le parole di suo padre le rimbombavano nelle orecchie, accentuando il dolore che già la lacerava. Dolore, ma anche rabbia: come aveva potuto tenerle nascosta una cosa del genere?

Se Matthias non ha il mio stesso sangue, allora chi è mio padre? si chiese. *Come sono arrivata in mano sua? Mi ha rapita? I miei genitori di sangue sono vivi e mi stanno cercando?*

«Sembra improbabile» disse Silla ad alta voce. Non riusciva a immaginarlo: suo padre, così gentile, che rapiva una bambina. Erano sempre stati loro due contro il mondo, ma adesso si ritrovava a cercare, amareggiata, un nuovo significato per la vita in fuga che avevano vissuto insieme.

"La regina Signe ti sta cercando, ragazza."

Le altre parole che non riusciva a scrollarsi di dosso. La regina la voleva, la stava cercando. Ma doveva aver sbagliato persona. Doveva essere un malinteso.

"Ha la cicatrice. È lei."

Le sue dita tracciarono la piccola cicatrice a forma di mezzaluna all'angolo dell'occhio sinistro. Le avevano sempre detto che se l'era procurata sbattendo contro un angolo del tavolo. Era una bugia anche quella, come il nome di Matthias? Come il fatto che non avevano legami di sangue?

«Ho sentito che la regina Signe è come le regine dei racconti di uno scaldo» rifletté la bambina.

Silla ripassò ciò che sapeva della regina. Sapeva che prima di diventare sovrana era stata una principessa di Norvaland, che aveva i capelli bianco-oro tanto ambiti in quel regno. Sapeva che, dei suoi sette fratelli, solo Signe era stata salvata dagli Urkan durante la loro invasione, perché la sua bellezza l'aveva resa una degna sposa di Ivar.

Forse la regina avrebbe potuto influenzare suo marito, ma, per quanto ne sapeva Silla, Signe non aveva voce in capitolo nella gestione del regno. I Klaernar, l'amministrazione del territorio, le leggi e il governo spettavano tutti a re Ivar e agli jarl che lo servivano. Ma i guerrieri avevano chiaramente affermato che era la regina a volere Silla, non il re.

E cosa voleva da lei?

«Ucciderti» rispose la bambina. «Ma non subito.»

«Non sei per niente rassicurante» sussurrò Silla.

Un frullare d'ali in cielo infranse la quiete del bosco. D'istinto, Silla si tuffò nel profondo della vegetazione, sfrecciando tra steli contorti e lanciandosi infine dietro un ginepro cespuglioso. Tenne il corpo teso, il martello pronto, gli occhi fissi su Vindur Road.

Uno. Due. Tre. Quattro. Cinque.

Niente. Ancora una volta, non era niente. Ma prima o poi sarebbe stato qualcosa. Un mannaro bruno, un orso o un cervo vampiro o, peggio ancora, un uomo. Dopo diversi minuti di tensione, si districò dai rovi e riprese il viaggio, sfruttando le ombre della foresta.

Le lune erano basse nel cielo quando finalmente Silla si arrese al sonno. Si addentrò nel bosco per mezzo miglio, segnando gli alberi con un graffio superficiale del coltello in modo che gli spiriti dispettosi non potessero intrappolarla. Trovò l'ampio tronco di un sorbo, il terreno sottostante ricoperto di muschio, e posò la sacca. Spezzando un ramo morto e fragile dalla base dell'albero, Silla lo trascinò lungo il terreno, disegnando un cerchio all'interno del quale avrebbe dormito.

«Sunnvald, proteggimi» mormorò. «Malla, dammi coraggio. Marra, donami la saggezza. Stjarna, illumina il mio cammino.» La sua fede vacillò; quelle parole le parvero vuote. Se gli dèi esistevano davvero, come avevano potuto permettere che le accadesse tutto questo?

Entrò nel cerchio, gemendo di sollievo mentre sprofondava nel muschio soffice. Appoggiò la schiena al tronco e prese il sasso a forma di cuore, accarezzandolo con le dita. Anche solo tenerlo in mano le regalava uno strano conforto, perché gliel'aveva dato suo padre. Si sentiva disorientata, confusa. Come era possibile che lui non ci fosse più, quando solo poche ore prima si erano svegliati come facevano ogni mattina? Come poteva non esserci più quando la sua tunica aveva ancora il suo odore?

Uno scricchiolio proveniente dall'alto la spinse a scattare in piedi e ad afferrare il martello con furia selvaggia. Fissò il buio color inchiostro sopra di lei. Qualcosa si mosse, poi si sentì un frullio d'ali e apparve un gufo. Silla fissò i suoi occhi neri, incastonati in una testa di un bianco spettrale, il martello pronto a colpire.

Poi, mentre l'ilarità della situazione diventava evidente, scoppiò in una risata stridula e isterica. «Datti una regolata, Silla Margrét» si disse.

«Più pazza di un berserker» ridacchiò la bambina.

Scrollando la testa, Silla si lasciò scivolare di nuovo a terra. «Cosa vuol dire l'apparizione di un gufo?» rifletté, mangiucchiando un po' di pane e una mela.

«Che è ora di dormire» sbadigliò la bambina bionda, rannicchiandosi accanto a lei. «Vedere un gufo vuol dire che è ora di dormire.»

Silla lasciò il torsolo della mela e la parte più dura del pane come offerta agli spiriti. Finora non avevano ostacolato il suo cammino e sperava di rimanere nelle loro grazie. Ma chiudendo la sacca sentì lo stomaco brontolare, vuoto. Doveva razionare saggiamente le provviste se voleva sopravvivere fino a Reykfjord. E dopo, se voleva arrivare a Kopa, avrebbe dovuto mostrarsi furba. Non ebbe bisogno di contare le monete che aveva in tasca per sapere che non bastavano per il viaggio fino al Nord.

Rimise il cibo in borsa, tirò fuori il mantello rosso e lo stese a terra come una coperta. Fissò la volta scura sopra di lei. Qualcosa nell'odore di terra e muschio, nel robusto albero alle sue spalle, le scatenò un'ondata di ricordi. Un'altra notte fredda trascorsa nella foresta, un'altra notte con le spalle appoggiate contro un albero.

«So che hai freddo, Fiordiluna. Prendi i miei calzini, mettiteli sulle mani. Sono puliti, non preoccuparti. Domani arriveremo a Holt e ci scalderemo le dita dei piedi davanti al fuoco, sorseggiando un bel róa caldo.»

Silla si asciugò le lacrime dalle guance e si infilò i calzini di lana sulle mani e sulle maniche del vestito. Aiutò, un pochino. Si mosse per seppellirsi ancora più a fondo sotto il mantello. La tristezza l'aveva perseguitata per tutto il giorno. I piedi le facevano male. Ed era così stanca che le pulsavano le palpebre.

«Ricordati, siamo sopravvissuti, Silla. Siamo in grado di fare cose difficili. Facciamo ciò che dobbiamo per restare in vita. Saremo al sicuro a Holt.»

«Ma perché abbiamo dovuto lasciare Geirborg, padre? Mi piaceva lì.»

Lui si passò una mano tra i capelli biondi. Erano sempre più incolti ora che non c'era più sua madre a tagliarli. Silla notò che nel biondo avevano iniziato ad apparire delle striature grigie; il viso era più segnato di qualche mese prima.

«Perché sì, Fiordiluna. Se la gente si accorge che vedi cose che non ci sono, i Klaernar verranno a cercarti.»

Il suo alito si addensava nell'aria fredda. Nella foresta il gelo era intollerabile; era impossibile scrollarselo di dosso una volta che ti penetrava nelle ossa.

«Ma io non so fare magie. Non sono una Galdra. Lei è solo uno spirito amico.»

«Lo so, Silla, lo so, e non è giusto. Ma a loro non importerà.»

«Mi manca la mamma.» Dèi, quanto le mancava. Silla aveva dodici anni e aveva perso la madre due anni prima. La stabilità che aveva conosciuto per tutta la vita era svanita in un istante. La sua casa a Hildar era sparita, la sua altalena sull'albero, le sue galline.

Il padre si lasciò sfuggire un lungo sospiro. «Anche a me manca, Fiordiluna. Quanto mi manca.»

Si lasciò cadere a terra accanto a lei, la tirò a sé e stese una coperta di lana su entrambi. Dopo un momento, Silla sentì il calore di lui avvolgerla.

Chiuse gli occhi. Aveva suo padre. Era al sicuro. Avrebbero superato tutto insieme. Erano loro due contro il mondo.

Fece un respiro profondo, e le sue preoccupazioni si dissolsero mentre espirava.

Silla sentì gli occhi riempirsi di lacrime. La testa le pulsava con la forza di una scarica di martellate. Le faceva male tutto. Alla fine, abbassò le difese.

La paura l'aveva costretta a mettere da parte il dolore per tutto il giorno, ma ora lo lasciò entrare. La invase come un'ondata di disperazione, travolgendola con tanta violenza che le parve di annegare. Le lacrime le scorrevano sul viso, e il corpo era scosso dai singhiozzi. Ripensò a suo padre, a ciò che le aveva rivelato, a come l'aveva abbandonata.

L'aveva abbandonata.

Era egoista, ma lo maledisse. Lo maledisse per averla lasciata sola al mondo, con nient'altro che domande senza risposta e un compito impossibile. Kopa. La salvezza l'aspettava a Kopa... ma come arrivarci?

«Io non ti lascio» sussurrò la bambina, sistemandosi i capelli arruffati dietro le orecchie. «Resterò al tuo fianco.»

Silla sbatté le palpebre, grata per la sua presenza, reale o meno.

Una fitta dolorosa le trafisse il cranio. Sussultando, Silla chiuse gli occhi e la affrontò come una violenta bufera. Aveva trascorso la vita a temere quei mal di testa; anzi, aveva trascorso la vita a evitarli a tutti i costi. Ma in quel momento il dolore era così squisito, così logorante e totalizzante, che le permise di dimenticare la sua sofferenza. C'era un che di confortante in quel dolore: lo poteva controllare, poteva spazzarlo via con una singola, nodosa foglia di skjöld.

Avrebbe dovuto prendere la sua dose di skjöld quando era partita da casa, ma aveva avuto la mente ovattata e confusa dalla sofferenza. Ci pensò il corpo a ricordarglielo, come faceva sempre. Sentì la vista oscurarsi, ed ebbe la sensazione che qualcuno le ficcasse una lama nel cranio.

«Prendi lo skjöld, Silla» la esortò la bambina. «Ti sentirai meglio».

Mentre la vista vorticava, Silla annaspò e inspirò una gran boccata d'aria. Strinse le dita attorno alla fiala che le pendeva dal collo. La stappò e, con dita tremanti, prese una foglia verde accartocciata. Chiaramente non si poteva preparare un infuso nelle profondità delle Pinete Contorte, quindi Silla si infilò la foglia direttamente in bocca. Era terrosa e amara, e la masticò il più possibile prima di ingoiarla con una smorfia.

Silla fissò la fiala. Una foglia al giorno era stata la sua razione per gli ultimi dieci anni. Ma quella sera era diverso. Era cambiato tutto. Esitò, poi prese una seconda foglia e si mise in bocca anche quella. Non voleva più pensare, non voleva più provare nulla. Voleva uccidere le emozioni come i guerrieri sulla strada avevano ucciso suo padre.

Due foglie sarebbero bastate.

Silla rimise il tappo sulla fiala e se la infilò sotto il colletto. Fissò l'oscurità. Il calore le sbocciò nello stomaco, risalendo lungo la spina dorsale e poi discendendo di nuovo, irradiandosi fino alla punta delle dita delle mani e dei piedi, da cui uscì con uno scintillio. Lampi di luce le balenarono dietro le palpebre, vividi vortici di rosa, blu e giallo, e Silla sentì il torace rilassarsi, i respiri farsi più profondi.

Era scivolata fuori dalla sua pelle, il fardello che le pesava addosso finalmente posato a terra. Per il momento, Silla si limitò a esistere.

5

Qualcosa stava seguendo Silla.

Due ore prima si era storta una caviglia su una radice, provando un dolore lancinante. Si era accucciata a terra, si era appoggiata al tronco contorto di un pino e aveva slacciato lo stivale. Con suo grande sollievo, dopo aver liberato il piede si era accorta che era indolenzito ma non gravemente ferito.

«Forse gli spiriti hanno trovato carente la tua offerta» rifletté la bambina bionda.

Con un sospiro, Silla aveva proseguito il cammino. Ma procedeva a rilento al limitare del bosco. La nebbia si avvolgeva attorno ai tronchi nodosi, oscurando il fondo irregolare. Il cielo era velato da nubi pesanti, i licheni erano bianchi e i funghi dormienti in assenza di luce lunare. Invece, la foresta era un ammasso di ombre che si accumulavano l'una sull'altra. Inciampare era stato inevitabile.

«Mi fanno male i piedi» si era lamentata ancora e ancora la bambina, e Silla dovette ammettere che anche lei aveva dolori ovunque.

«Il dolore significa che siamo vive» disse dolcemente, pur non trovando quel pensiero incoraggiante.

Si massaggiò la caviglia, sentì le vene fremere ed ebbe l'impressione che la stessero osservando. Ma quando scrutò nel bosco, tra le sfumature di grigio e nero non riuscì a distinguere nulla.

«Qualcosa ci segue» disse la bambina bionda, lanciandosi un'occhiata alle spalle.

«Me ne sono accorta» mormorò Silla.

Una volta iniziato a camminare per la notte, Silla cercò di non fermarsi. Era proprio quando si fermava che il dolore la travolgeva. Quando la mente ripercorreva quei momenti che le avevano cambiato la vita sulla strada: il clangore metallico di spade e pugnali, il panico schiacciante nel momento in cui l'avevano presa per il collo, l'odore di terra e ferro mentre sbatteva le palpebre per riprendere conoscenza, il corpo del guerriero morto sopra il suo. E quelle parole che le avevano distrutto la vita in modo irrimediabile. "Non siete nemmeno imparentati."

Era più facile continuare a camminare, andare avanti. E così continuò.

La sensazione di essere osservata la tormentò per ore. Il bosco vibrava di energia, e Silla aveva la pelle d'oca. Con i muscoli che sembravano incapaci di rilassarsi, aveva accelerato, i piedi che si muovevano sul terreno irregolare con passo forsennato. Ma Silla non poteva continuare così, non quando mancavano ancora dei giorni a Reykfjord.

Il buio assoluto della notte si era sbiadito in un grigio scurissimo, e adesso era sempre più facile vedere dove metteva i piedi. E poi li sentì: voci di uomini e rumore di zoccoli, che stridevano con il silenzio dei boschi.

Sentì il cuore sbattere contro le costole e si appiattì a terra imprecando. Perché, tra tutti i mantelli del mercato, aveva scelto proprio quello rosso? Un bel colore neutro, come il grigio o il verde bosco, sarebbe stato decisamente più adatto alla situazione. Ma quel rosso era così vivace e festoso, e l'aveva fatta sorridere...

Era ad almeno venti passi dai cavalieri e, con l'oscurità che ancora rimaneva aggrappata agli alberi, Silla pregò di non essere vista.

Uomini ombrosi comparvero a cavallo, seguiti da un carro che sobbalzava. Frammenti della loro conversazione le giunsero alle orecchie.

«A mezza giornata di cavallo da Reykfjord» disse una voce.

«Sarà una visita breve» disse un'altra, «se l'Equipaggio dell'Ascia Insanguinata ci aspetta. Ho un'offerta a cui non potranno resistere.»

Il rumore degli zoccoli coprì il resto della conversazione e ben presto sul bosco calò di nuovo il silenzio.

«Dobbiamo riposare» disse la bambina con uno sbadiglio. «E io devo andare in bagno.»

Silla era sopraffatta dalla stanchezza. Aveva camminato per dieci ore di fila, e il suo corpo voleva disperatamente riposare. Tuttavia, si alzò in piedi e si addentrò ulteriormente nella foresta, segnando gli alberi mentre procedeva. Quando trovò una macchia di betulle dove accamparsi, il cielo grigio era più chiaro di qualche altra tonalità.

Ligia alle sue abitudini, Silla disegnò il cerchio, si rivolse agli antichi dei e si sistemò sul morbido suolo della foresta. Passò la mano sul sasso a forma di cuore, cercando conforto. Sembrava che agli alberi fossero cresciuti gli occhi. Il disagio la invase, accumulandosi nello stomaco. La parte razionale della sua mente le disse che aveva bisogno di sonno, cibo e acqua, che non poteva continuare a quel ritmo. La parte irrazionale le disse che una creatura stava aspettando solo che si addormentasse per dilaniarla con zanne e artigli.

Sola, pensò. Era completamente sola.

Silla ne era acutamente consapevole. E non solo in quei boschi, era sola al mondo. Se le fosse successo qualcosa, chi l'avrebbe aiutata? Se fosse morta, chi l'avrebbe pianta? Chi avrebbe saputo che aveva attraversato questo mondo?

«Sono qui» disse la bambina, sedendosi accanto a lei.

«Tu non sei reale» sussurrò Silla. Ogni battito del suo cuore, ogni respiro che le riempiva i polmoni portavano una nuova fitta di nostalgia per suo padre.

Una lacrima calda le scivolò lungo la guancia.

Un battito d'ali sopra la sua testa la fece sussultare. Silla fissò quegli occhi scuri e inquietanti, incastonati su una testa bianca come l'osso, e la tensione nel suo corpo si allentò.

«Piuma» sussurrò al gufo. «Mi hai spaventato. Non hai qualche povero topo da inseguire?» Il gufo sbatté le palpebre, poi si sistemò più in profondità tra i rami, scrutandole dall'alto.

«Quel gufo mi guarda in modo strano» si lamentò la bambina. «Fallo smettere.»

«Eri tu che ci seguivi stasera?» sussurrò Silla. «Gli spiriti ti hanno mandato per guidarci? Se è così, potrei chiederti di volare *davanti* a noi domani, in modo che non ci sembrerà che una bestia ci segua?»

«Oppure potresti bubolare» suggerì la bambina. «C'è fin troppo silenzio in questi boschi.»

Silla frugò tra le sue provviste mentre mangiucchiava il pane. Con riluttanza, divise la sua mela migliore, mettendone metà oltre il suo cerchio protettivo con un po' del suo prezioso formaggio, sperando che l'offerta fosse gradita agli spiriti. Mentre mangiava l'altra metà della mela, fissò le due foglie di skjöld nel palmo della sua mano. Dopo un lungo momento di riflessione, se le infilò entrambe in bocca, lanciando un'occhiata al gufo.

Forse Silla se lo stava immaginando, ma le parve che la creatura la scrutasse con occhi scuri pieni di disapprovazione. Il gufo sbatté le palpebre e chiuse gli occhi.

«Buonanotte, Piuma» sussurrò Silla. Rannicchiandosi su un fianco, fissò il sasso a forma di cuore, pensando agli occhi azzurri di suo padre e alla sua presenza rassicurante. Immaginò che, come il gufo, vegliasse su di lei. Senza lui accanto, Silla si sentiva vuota... incompleta. Chi era senza di lui? Le lacrime le bruciavano mentre aspettava che la beatitudine e il calore la inondassero, prendendo il posto del dolore. Niente più emozioni. Non le avrebbe sopportate.

Afferrò il martello mentre le foglie cominciavano a fare effetto e finalmente il piacere si faceva strada nelle sue vene, le scintille di luce brillavano davanti ai suoi occhi come le spore luminescenti della calotta dei funghi della foresta al chiaro di luna.

Il sasso a forma di cuore fu l'ultima cosa che vide prima di scivolare in un sonno interrotto.

* * *

Silla si svegliò sentendo uno schiocco secco.

La lingua le si era attaccata al palato, il suo braccio era scosso da spasmi, come per invitarla a muoversi. Con gli occhi che si aprivano alla luce del giorno, percepì ancora gli effetti residui della seconda foglia di skjöld, sebbene la beatitudine nelle vene fosse ora solo un rivolo spento. «Troppo presto» borbottò, coprendosi gli occhi con il braccio. «Troppa luce.» Cercò invano di rintanarsi di nuovo nell'oblio del sonno.

«Ragazzi, cosa abbiamo qui?»

Lo shock la travolse, seguito da un fiotto di ricordi. C'erano delle voci. Non avrebbero dovuto esserci delle voci.

Silla si sedette, la visione prima sfocata, poi nitida. Afferrando il martello, fissò un paio di freddi occhi castani. Con la mente ovattata, sbatté le palpebre per liberarsi dal sonno e dall'effetto dello skjöld, raccogliendo tutte le informazioni che poteva. Giorno. Cielo grigio. Uomini (quattro). La guardavano.

Silla si maledisse per aver preso quella seconda foglia. Che sconsideratezza, era ovvio che aveva bisogno di rimanere sempre all'erta. La testa le pulsava per i rimasugli dello skjöld; aveva bisogno di acqua. Aveva bisogno di dormire ancora. Aveva bisogno di un'altra foglia.

Uno degli uomini si fece avanti e Silla non poté far altro che ricambiare lo sguardo. La dura vita dell'uomo era scritta nelle profonde rughe e nelle cicatrici incise sul suo volto rubicondo. Alle sue spalle c'erano altri tre uomini, ognuno con una lancia e uno scudo di legno stretti in mano.

«Forse sono persone perbene» disse la bambina, strizzando gli occhi. «Forse gli spiriti li hanno mandati per aiutarti.»

Silla osservò il luogo dove aveva lasciato la sua offerta. Ma era scomparsa. Quando tornò a guardare gli uomini e notò la durezza nei loro occhi, le sue speranze che potessero aiutarla svanirono all'istante. Sugli scudi che stringevano in mano era dipinto un sigillo sbiadito, una corona di rovi spinosi con delle spade incrociate dietro. Silla fu attraversata da un brivido. Quegli uomini appartenevano a una banda di guerrieri, le Spine da Battaglia, che si aggirava da quelle parti.

L'uomo si passò una mano sulla barba nera e ispida. «A quanto pare abbiamo un problema. Non hai pagato per il passaggio attraverso questi boschi.» I suoi occhi erano impassibili, di una freddezza spaventosa. «Adesso, cosa possiamo fare per rimediare, donna?»

Silla non riuscì a proferire parola.

«Eccoti un consiglio. La prossima volta che ti avventuri nel territorio delle Spine da Battaglia, fai *almeno* un tentativo per coprire le tue tracce.» Gli uomini dietro il capo ridacchiarono. «Alcuni di noi amano gli inseguimenti, sono una sfida.»

Lo sguardo del capo cadde sul collo di Silla, poi più in basso. Si passò la lingua sui denti. «Come mai sei tutta sola? Dov'è il tuo accompagnatore?» Di nuovo puntò gli occhi in quelli di Silla, con un'espressione che lei non riuscì a interpretare; ma una sensazione sgradevole sottopelle le disse che non voleva sapere cosa significasse.

«Ecco la sua sacca, capo.» Un guerriero calvo e muscoloso indicò la sacca di Silla. Le sue braccia, incrociate sul petto, erano grandi come tronchi d'albero.

Silla afferrò la sacca... la sua intera vita. Senza, era praticamente morta.

Gli occhi scuri del capo si spostarono sulla sua mano, poi tornarono al suo viso. «Ti consiglio di non farmi arrabbiare, donna. Dammela.»

Lei si limitò a stringere più forte. Il guerriero fece per prenderla e Silla, senza nemmeno riflettere, lo colpì. Accadde tutto al rallentatore. Il martello disegnò un arco verso il basso, atterrando esattamente al centro della mano del capo. Silla sentì l'inconfondibile scricchiolio delle ossa che si rompevano. La faccia stoica dell'uomo si contorse per l'agonia e lui emise un ululato animalesco, ritraendo la mano.

Poi Silla sentì un dolore immenso alla guancia, e vide lampi di luce esploderle davanti agli occhi. Tutto sembrava confuso e rallentato. Le ci volle un momento per rendersi conto che era stata colpita con un manrovescio, che il martello le era stato strappato via e che era stata trascinata in piedi.

«Hai deciso il tuo destino, donna» ringhiò il capo della banda, stringendosi la mano ferita. La sua espressione annoiata era ora distorta dalla rabbia e Silla sbatté rapidamente le palpebre, cercando di schiarirsi le idee.

Il guerriero calvo le torse le braccia dietro la schiena e la strinse forte contro di sé. «Non avresti dovuto farlo.» Una ripugnante combinazione di formaggio marcio e whisky stantio le salì nelle narici.

Il cuore di Silla accelerò e la sua vista vacillò mentre la banda di guerrieri si accalcava attorno alla sua sacca. Respirò affannosamente, cercando di riacquistare una parvenza di controllo. Gli uomini buttarono a terra i suoi indumenti di ricambio e iniziarono a dividersi il suo cibo. Quando finalmente ebbero frugato dappertutto, gettarono a terra la sacca, girandosi a guardarla. La borsa ruvida piena di monete le pesava contro il fianco, e lei sperò con tutte le sue forze che non la scoprissero.

Il capo le si avvicinò lentamente. «Niente monete? Non ti saresti mai messa in viaggio senza sólas, lo sappiamo.» Aveva gli occhi neri di un predatore che ha adocchiato la sua preda. «Ora, dove potresti nasconderle?»

Fece strisciare lo sguardo fino ai suoi piedi e lo rialzò. «Sarà divertente cercarli.»

«Lasciatemi andare» disse Silla con voce roca, mentre un'idea prendeva forma lentamente. «Mio padre è lì, oltre il boschetto. Se urlo, arriverà di corsa e ti conficcherà l'ascia nel cranio.»

Gli uomini scrutarono il bosco, ma Silla non li aveva convinti, e lo sapeva: aveva aspettato troppo perché quello stratagemma funzionasse. Maledisse le foglie, maledisse la sua mancanza di buonsenso e maledisse la sua sfortuna.

«Fallo, allora» disse il capo, sostenendo il suo sguardo con espressione di sfida.

«Ha molta fama in battaglia» mentì lei. «Ma ci andrà piano e ti lascerà per ultimo. Ti offro un'ultima possibilità. Vattene subito, o diventerai cibo per i corvi.»

«Hai la lingua lunga» disse il capo con una risatina sommessa. Adesso era vicino a lei, e con la mano illesa le scostò una ciocca di capelli dal viso. «Mi piace. Troveremo i tuoi sólas, poi riscuoteremo un tributo extra.»

Le sue dita sporche di terra le scivolarono sul viso, tracciarono la curva del collo e sfiorarono la pelle sensibile della clavicola.

Poi l'uomo spostò la mano più in basso, allungandosi per slacciarle il soprabito. In preda al panico, Silla chiuse di scatto gli occhi. Era davvero sfuggita all'attacco su Vindur Road, aveva lasciato tutto ciò che conosceva alle spalle per affrontare *questo*? Un grido le salì in gola, nonostante non ci fosse nessun padre a salvarla, nonostante si trovasse a mezzo miglio dalla strada, nel profondo del bosco. Nessuno poteva sentirla.

Eppure Silla gridò tanto forte da restare senza fiato mentre veniva scaraventata di lato, la testa che rimbalzava su un tappeto di muschio morbido. Sbatté le palpebre. Il sentore di pelliccia bagnata si mescolava all'odore minerale del sangue.

Il suo cuore batté una volta, poi due. Un ringhio da far tremare i polsi eruppe nel bosco, spingendo un gruppetto di uccelli a cercare rifugio in cielo.

Silla girò lentamente la testa, terrorizzata da ciò che avrebbe visto.

Un mannaro bruno. Il più grande che avesse mai incontrato.

È reale? si chiese. Scintille luminose le esplosero dietro le palpebre, un fiotto di energia le fluì nelle vene. Nonostante questo, aveva la mente lucidissima.

Il mannaro bruno era grande quanto un piccolo cavallo, con zampe grandi come piatti. Stava sopra la sagoma prona del guerriero calvo, e gli trafiggeva il petto con artigli lunghi otto centimetri. Una sorta di belato stridulo riecheggiò nella radura, e Silla si rese conto con orrore che proveniva dall'uomo. Si contorceva disperato, ma Silla sapeva che non sarebbe servito a niente. Se lo sentiva nel profondo del cuore. Lo percepiva nell'aria.

Il mannaro bruno abbassò il muso e squarciò la gola dell'uomo con un unico, brutale movimento.

I guerrieri alle spalle di Silla urlarono; poi, schiaffeggiati dai rami in una frenetica ritirata, si rifugiarono nel bosco, abbandonandola nella radura con la bestia.

Il mannaro bruno sollevò la testa, e brandelli sanguinolenti gli fuoriuscirono dalle fauci. Quindi ritrasse le labbra, rivelando denti appuntiti e scintillanti e lasciando cadere il boccone insanguinato. Fece un passo verso Silla, che si sforzò di mantenere il respiro sotto controllo. Quella creatura era potenza allo stato puro, il re di quei boschi. Poteva finirla senza nemmeno pensarci, poteva spezzarle le ossa e lacerarle la gola con la stessa rapidità con cui l'aveva fatto all'uomo che teneva inchiodato a terra.

Silla si bloccò, spinta dalla paura, o forse dall'istinto, a rimanere immobile. Gli occhi giallo acceso del mannaro bruno la studiarono come per decidere dove colpirla: alla pancia? Alla gola? Sulle parti più morbide delle cosce? La bestia alzò il muso, sbuffando, e Silla rimase così immobile da non osare nemmeno respirare. Poi gli occhi del mannaro bruno si posarono su qualcosa alle sue spalle.

L'animale si accovacciò a terra e poi saltò. Un lampo d'argento fu tutto ciò che Silla vide, mentre la creatura la sorvolava con un balzo potente e fluido. Atterrò silenziosamente nel muschio, ringhiando e tuffandosi nel profondo della foresta.

Silla si ritrovò di nuovo sola con la morte. Erano stati gli spiriti a inviargli il lupo, o l'animale aveva agito di sua spontanea volontà? Non poteva concedersi il tempo di rifletterci.

«Non ho mai visto niente del genere» disse la bambina bionda, rannicchiandosi per ispezionare la gola maciullata dell'uomo. Il terrore nei suoi occhi ciechi era ancora evidente, e il sangue sgorgava dai muscoli e dai tendini lacerati del collo. La bambina raccolse un bastone con cui colpì un brandello di carne penzolante, e Silla si premette il dorso della mano sulla bocca per non vomitare. Costringendosi a girarsi, lottò con la sua sacca, spingendo dentro il sasso, la tunica di Matthias e i suoi indumenti sparsi. La sua mano si chiuse attorno al familiare conforto del martello.

Poi si voltò di scatto e corse il più velocemente possibile. Il bosco era una chiazza di fogliame verde e steli contorti e spettrali. Anche quando un ramo le sferzò il viso, non si fermò. Saltò su rocce, radici e piante ritorte, scavalcò alberi caduti e attraversò letti di torrenti asciutti. Corse via dalle urla e dai ringhi soffocati alle sue spalle. Corse verso il nulla, verso altri cieli dello stesso grigio cenere, verso altri alberi uguali, altro muschio uguale. Alimentata da una paura cieca, corse finché le gambe non cedettero, poi si piegò su un albero caduto.

E scoppiò a ridere.

Non era la sua solita risata, melodica e spensierata. Era una risata selvaggia e rauca, e squarciò il silenzio della foresta come un hevrít appena affilato. Silla si girò e si appoggiò al tronco.

«Stai impazzendo» disse la bambina in tono ironico, in piedi contro una betulla, le braccia incrociate sulla camicia da notte strappata.

Silla si era allontanata abbastanza dal mannaro? La bestia si sarebbe accontentata dei quattro uomini che ormai aveva senza dubbio ucciso e l'avrebbe lasciata in pace? Si chiese come si sentiva. La corsa attraverso la foresta sembrava averle ripulito il sangue dai residui di skjöld. La guancia le bruciava un po', ma era illesa. Aveva la sua sacca, aveva le monete.

«Ti hanno preso il cibo, le riserve di skjöld e la borraccia» disse la bambina, sbirciando nella borsa.

«Sarà difficile» disse Silla senza fiato. «Quasi impossibile.» Le lacrime le bruciavano gli occhi. «Pensieri da focolare» si disse, sbattendo rapidamente le palpebre. «Fulmini. Panini dolci. Calze pulite.»

Fece un respiro profondo.

Trattenne il fiato.

Espirò lentamente.

Difficile ma *non* impossibile. Aveva ancora qualche foglia di skjöld nella fiala appesa al collo. C'erano ruscelli da cui bere e forse avrebbe potuto trovare qualcosa da mangiare nella foresta. Sua madre le aveva insegnato a riconoscere le erbe e la tradizione delle piante. Era ancora fattibile.

Quando Silla si girò a osservare la foresta e il cielo oscurato dalle nuvole, si sentì sprofondare lo stomaco. Gli alberi sembravano tutti uguali e lei era scappata via senza lasciare segni lungo il percorso.

«Gli spiriti ti hanno ingannata» disse la bambina, guardandola con inquietanti occhi azzurri. «E ora ti sei persa.»

«Pensa» si disse Silla, girando in tondo. «Pensa, pensa, pensa.»

Sembrava tutto uguale. Gli stessi massi ricoperti di muschio, gli stessi rovi spinosi e i tronchi di betulla sbiancati. Il cielo era denso di nuvole, era primo pomeriggio. Impossibile intuire la posizione del sole.

Aveva coperto una grande distanza per allontanarsi dal mannaro bruno, correndo per almeno venti minuti. Se avesse scelto la direzione sbagliata, se avesse camminato nella direzione sbagliata, avrebbe rischiato di perdere completamente la strada, di essere inghiottita dalla vasta natura selvaggia delle Pinete Contorte.

A nord si trovavano i Draghi Dormienti, la desolata e pericolosa catena di vulcani non attivi. A est si trovava Reykfjord, ma anche il Pianto del Gigante, una profonda gola con un fiume selvaggio e impraticabile e diverse cascate. A ovest c'era la via per tornare a Skarstad. Era a sud che Silla doveva andare, per tornare a Vindur Road, attraversare il ponte sulla gola e oltrepassare le mura di cinta di Reykfjord.

Una volta lì, avrebbe potuto scomparire nell'oscurità, confondersi con gli altri volti senza nome e decidere cosa fare. Ma al momento, quel piano era talmente fuori portata da sembrare ridicolo. Era sola nelle Pinete Contorte, senza cibo né acqua, e aveva perso del tutto l'orientamento. Non avrebbe ripetuto la parola pronunciata dalla bambina. Non avrebbe dato voce al panico che la stava assalendo.

«Cosa farebbe papà?» si chiese.

«Lui non si sarebbe mai cacciato in questo pasticcio» disse la bambina, le mani sui fianchi.

«Oh, dèi.» Le lacrime tornarono a bruciare, ma Silla le respinse. «Silla Margrét, puoi farcela. Sei una sopravvissuta. Sai essere intelligente quando serve, non è vero? Ne uscirai. Pensa. Pensa.»

Fissò il cielo, desiderando che fosse buio e limpido. Le vecchie leggende raccontavano che le stelle erano gli antenati immortalati nella luce, guidati dalla stella più luminosa di tutte, la Stella Madre, posta a nord.

Se Silla fosse riuscita a trovarla, avrebbe potuto orientarsi...

«Peccato per le nuvole» sospirò la bambina.

Un movimento nel cielo catturò l'attenzione di Silla: uno stormo di uccelli che volava in formazione a cuneo. Mentre osservava quelle forme scure che svolazzavano così in alto sopra di lei, Silla sentì emergere dalle profondità del passato l'eco della voce di sua madre e il nome "oche selvatiche."

"Vivono a nord, tornano a sud verso la metà dell'estate."

Sentì il cuore saltare un battito. Le oche stavano volando verso la sua destra.

Si mise la borsa in spalla e marciò nella direzione seguita dagli uccelli. Era la possibilità migliore che aveva.

Raggiunse Vindur Road quasi un'ora dopo, con le ossa stanche che gemevano di sollievo. Non aveva osato distogliere lo sguardo dalla direzione in cui volavano le oche, temendo di perdere di nuovo l'orientamento. Quando finalmente gli alberi si diradarono mostrando la strada brulla, Silla permise ai suoi occhi di chiudersi.

Si accasciò a bordo strada, le ginocchia che cedevano. Non era abituata a certe cose: l'energia che le pompava nel sangue, la paura, il disagio. Il ciclo di terrore e sollievo che si ripeteva all'infinito.

Aveva dimenticato cosa significasse sentirsi al sicuro, si chiedeva come aveva potuto dare per scontata quella sicurezza, come poteva aver dato per scontato suo padre. Quanto si era lamentata perché al mercato non aveva trovato il timo artico, o perché la sua padrona era stata sgarbata con lei... Sembrava tutto così irrilevante, ora, così banale. Avrebbe dato qualunque cosa per tornare indietro, per scambiare la sua nuova realtà con quelle piccole seccature.

«Non reggo così fino a Kopa» sussurrò. «Devo trovare un altro modo.»

La bambina, seduta accanto a lei in un silenzioso assenso, si abbracciò le ginocchia. Alzandosi sui piedi stanchi, Silla avanzò di venti passi nella foresta. «Un'altra notte all'addiaccio potrebbe essere la nostra fine. Non smetteremo di camminare finché non raggiungeremo Reykfjord.»

6

Reykfjord

Skraeda Holf aveva studiato la sua preda per quasi un'ora. Seduta al lato opposto del lungo tavolo, teneva lo sguardo fisso sulle fiamme che tremolavano in un focolare vicino, osservando il guerriero con la coda dell'occhio. La sala dell'idromele di Reykfjord si era riempita sempre di più con il passare delle ore, e le panche erano ormai cariche di clienti che bevevano un corno di birra dopo l'altro.

Dove sono i tuoi compagni, guerriero? si chiese Skraeda, prendendo un sorso dalla sua tazza di argilla. Il sapore dolce dell'idromele l'aiutò a lenire la sua crescente impazienza. Era un mese che osservava il guerriero e i suoi amici, un mese che pianificava ciò che doveva accadere quel giorno. Le manette di hindrium le pesavano in tasca e, a un suo cenno, gli uomini posizionati a ogni angolo della sala si sarebbero gettati sul guerriero e sui suoi compari.

Girando appena la testa, Skraeda scrutò l'uomo attraverso le ciocche ramate che le ricadevano sulla spalla. Era grosso, e il mantello di pelle di foca in cui era avvolto non faceva che aumentare la sua mole. Aveva i capelli neri legati sulla sommità della testa, era appoggiato al lungo tavolo e guardava torvo la sua tazza di birra. Da fuori poteva apparire come un guerriero temibile. Ma lei riusciva a percepire un filo di angoscia che emanava senza sosta dalla sua aura.

«Perché sei tanto nervoso, guerriero?» chiese dolcemente Skraeda. Strimpellava le emozioni dell'uomo come le corde di un'arpa, pizzicando piano, molto piano, il filo della sua preoccupazione. Anche a distanza, notò il sudore che gli colava sulla fronte. Il guerriero si guardò alle spalle, tirandosi la barba nera. *Qualcuno si sta agitando,* pensò Skraeda, un sorrisino che si apriva piano sulle sue labbra.

Lo avrebbe già attirato se non fosse stato per quegli stessi tre uomini che incontrava ogni settimana, anch'essi tormentati dagli stessi fili di angoscia tremolante. Anche senza il suo intuito da Consolatrice, Skraeda avrebbe capito che nascondevano qualcosa. Gli altri presenti condividevano il tipo di cameratismo che deriva dall'aver trascorso insieme numerose notti alcoliche. Ma quei quattro erano le pecore nere della famiglia, e se ne stavano sempre per conto loro.

Perché nascondete la vostra vera natura, pensò lei. I Galdra avevano una firma emozionale: angoscia mista a paura e a un pizzico di eccitazione. Ma la prova del nove arrivò quando un guerriero Klaernar le passò accanto: la paura si fece più brillante, e vi si insinuò un pizzico di repulsione. *Dove sono i tuoi amici? Quando si uniranno a noi?*

Skraeda lanciò un'occhiata alla porta della sala, e sentì l'irritazione montare mentre il suo dono si indeboliva. Affondò la mano in tasca, accarezzando con il pollice le morbide ciocche della treccia di Ilka. Il nodo che aveva nel petto si allentò appena.

Pazienza, sorella, immaginò che le sussurrasse Ilka all'orecchio. *Il coniglio si avvicina sempre al lupo scaltro che sa aspettare.* Ma era Ilka la gemella paziente. Skraeda, invece, era quella ambiziosa, quella audace. Quella che prendeva senza paura ciò che voleva.

E quando aveva posato gli occhi sui quattro guerrieri per la prima volta, aveva deciso che sua sorella aveva ragione. Se avesse piazzato la trappola nel modo giusto e avesse portato pazienza, quattro conigli grassi le sarebbero caduti in grembo. E poi, forse, avrebbe potuto finalmente lasciare Reykfjord e tornare alle comodità di Sunnavík. La sola idea la scaldava dentro, come la luce del sole.

Ormai da tre mesi si trovava a Reykfjord, una città piagata dalla puzza di pesce e da tempeste salmastre. C'era pesce, pesce e ancora pesce. E quando non c'era pesce fresco, c'erano bistecche di balena, aringhe affumicate o merluzzo essiccato. Skraeda aveva mangiato così tanto pesce che ne sentiva l'odore sulla pelle. Aveva una voglia matta di agnello, coniglio e cinghiale arrosto serviti con salsa al ginepro: qualsiasi cosa, purché non fosse quel maledetto pesce.

I cardini di ferro cigolarono quando la porta della sala dell'idromele venne aperta, e quattro Klaernar marciarono dentro. Skraeda imprecò sottovoce quando percepì, nel guerriero Galdra che stava tenendo d'occhio, un'ondata bruciante di paura, mescolata con una certa repulsione. I suoi sospetti furono confermati: l'uomo era davvero un Galdra, ma quel miserabile Klaernar avrebbe fatto in modo che i suoi amici non si unissero a lui. E se Skraeda non fosse riuscita a prendere tutti e quattro, sarebbe stata costretta a far tornare gli uomini che aveva assoldato un altro giorno. Questo, ovviamente, sempre che i Klaernar non spaventassero il gruppo di guerrieri allontanandoli per sempre.

Gli stivali degli Artigli del Re rimbombarono sul pavimento di legno della sala dell'idromele mentre giravano intorno al lungo tavolo e raggiungevano l'uomo.

«Per le sacre ceneri degli dèi» borbottò Skraeda sottovoce. I Klaernar avrebbero rovinato tutto il suo lavoro.

La paura del guerriero era adesso una fune luminosa che si agitava selvaggiamente. Skraeda la attirò nella presa della sua mente, attingendo dal cuore del suo galdur e aggiungendo il suo tocco calmante. Allentando la presa sulla coppa, il guerriero si lasciò sfuggire un lungo sospiro.

Skraeda guardò accigliata gli Artigli del Re che lo superavano senza nemmeno degnarlo di uno sguardo. Gli occhi del Klaernar che guidava la fila caddero su di lei e a un tratto ebbe l'impressione di essere diventata la preda.

Lottando contro il vecchio impulso di fuggire, si costrinse a incontrare gli occhi freddi e scuri dell'uomo. L'inconsistenza delle sue emozioni le fece venire la pelle d'oca. I Klaernar erano tutti così: freddi e insensibili rispetto al resto della popolazione. Skraeda sospettava che non fosse un caso, ma un progetto preciso. La polvere di berskium che assumevano durante il Rito e successivamente in dosi mensili non solo aumentava la loro forza fisica, ma alterava anche una parte della loro mente. In genere le emozioni dei Klaernar sembravano smorzate, ma Skraeda aveva notato che in battaglia o laddove era richiesta la violenza la situazione cambiava: la rabbia e l'eccitazione sembravano amplificate, la paura e l'empatia soffocate.

«Skraeda Lingua Lesta» la salutò il capo degli Artigli del Re, avvicinandosi. A quelle parole, gli occhi di tutti i presenti si posarono su di lei e la sua copertura saltò.

Skraeda si passò una mano sul viso con un profondo sospiro, poi rivolse il suo sguardo furioso al Klaernar.

«Hai appena rovinato il lavoro di un mese.»

Dietro il Klaernar, il guerriero dai capelli neri si alzò e imboccò la porta. Skraeda sbatté la coppa sul tavolo, rovesciando un po' di idromele. Non solo aveva spaventato il suo bersaglio, ma aveva anche pronunciato il nome che aveva ottenuto dal Klaernar abbastanza forte perché tutti, in quella sala, lo sentissero. Non avrebbe più potuto metterci piede.

Imperterrito, il capo dei Klaernar tirò fuori dal mantello una pergamena arrotolata e la porse a Skraeda. «Hai un nuovo incarico. È arrivata una missiva da Sua Altezza.»

Skraeda gli strappò la pergamena di mano, spezzò la ceralacca con un sigillo che rappresentava una vespa e lesse avidamente il contenuto del messaggio.

Skraeda,
un bersaglio ci è sfuggito. Stiamo cercando una donna di venti inverni con capelli ricci e castani, una piccola cicatrice all'angolo dell'occhio. Potrebbe essere in viaggio verso Reykfjord. Unisciti agli uomini del Kommandor Thord sul ponte e vedete se trovate qualcosa di insolito. Devi riportarcela a tutti i costi. Attendi ulteriori informazioni.
So che non mi deluderai.

Tua,
Signe

Skraeda sentiva il sangue ribollire per la frustrazione. Un cambio... dopo tutte quelle settimane di attenta pianificazione, il suo duro lavoro era stato gettato al vento come niente fosse.

Però la grafia sinuosa della regina le diede da pensare.

Devi riportarcela a tutti i costi.

Attendi ulteriori informazioni.

Quella era una novità. Stava succedendo qualcosa, qualcosa di fuori dall'ordinario. E Sua Altezza aveva convocato Skraeda. Doveva cogliere quell'opportunità. Oltre al fatto che non poteva deludere la sua regina: le conseguenze di un fallimento sarebbero state terribili. Dopo aver svuotato il resto del suo idromele, Skraeda si alzò.

«Portami da Thord.»

7

Le Pinete Contorte

Silla camminò senza sosta, e ogni ora era una lama che si conficcava più in profondità dentro di lei. Aveva vesciche infiammate, la caviglia che pulsava... per l'amor degli dèi, persino i capelli sembravano farle male! Eppure continuava a camminare, posando i piedi sul terreno morbido e irregolare. Un passo, poi un altro e un altro ancora, con l'unico obiettivo di arrivare a Reykfjord.

Col passare delle ore le forze cominciarono a venir meno e l'umore si fece cupo. Aveva la bocca così secca da sembrare ruvida. Doveva trovare dell'acqua, subito.

«Fatti forza, Silla» disse piano a sé stessa. «Se non altro, non sei stata divorata da un lupo gigante.»

Ripensando al mannaro bruno, Silla si guardò alle spalle: nessun lampo di pelliccia argentata, nessun bagliore di occhi gialli. Nessun movimento. Il bosco era immobile e silenzioso.

«Ce la farai. Arriverai a Reykfjord e potrai lavarti, poi ti avvolgerai in una coperta e mangerai panini dolci davanti al fuoco.»

«Ho fame» piagnucolò la bambina al suo fianco.

Anche Silla aveva lo stomaco che brontolava, ma lo ignorò. «Allora cerca di non pensare al cibo» suggerì.

«Bene, adesso non penserò ad altro!»

Silla tacque.

«Immagina se avessimo dei panini dolci, appena usciti dal forno di argilla dello Jarl Gunnell e spalmati di burro» disse la bambina, battendo le mani mentre camminava accanto a Silla.

«Ti prego, no» gemette lei.

«O del formaggio stagionato.»

Silla si passò una mano sul viso. «Perché fai così? Vuoi torturarmi?»

«Sto semplicemente dicendo ad alta voce quello che stiamo pensando entrambe.»

«Che ne diresti di un bel pollo, arrostito allo spiedo» disse Silla. «Imburrato e ripieno di porri ed erbe aromatiche.»

«Oh!» mugolò la bambina. «Potrei morire per un pollo così.»

Continuarono con quel gioco perverso più a lungo di quanto Silla avrebbe ammesso. Quando alla fine comparve il luccichio di un ruscello, lo raggiunse di corsa, si inginocchiò e raccolse l'acqua fresca tra i palmi. All'inizio bevve con lunghe sorsate disperate, poi continuò finché i morsi più violenti della fame si attenuarono. Quindi si spruzzò il viso, si tolse le calze e immerse i piedi nell'acqua. Sospirò mentre il bruciore delle vesciche si attenuava. A poco a poco, però, l'urgenza e la sensazione di essere rimasta ferma troppo a lungo tornarono a farsi sentire.

Indossava ancora il vestito grembiule blu e il sigillo floreale dello Jarl Gunnell, quindi se lo sfilò rapidamente e mise abiti puliti: una sottoveste di lino fresco e un vestito grembiule di lana più pesante.

«Forse dovresti intrecciarti i capelli, Silla» suggerì la bambina bionda, immergendo le dita dei piedi nel ruscello.

«Buona idea» rispose lei, usando le mani per districare i nodi. Doveva essere il più discreta possibile. Dopo aver legato le trecce con lacci di pelle, indossò delle calze pulite, rabbrividendo mentre infilava di nuovo i piedi negli stivali. Si infilò il mantello, si issò la sacca sulla spalla, afferrò il martello e riprese il cammino.

L'ora più buia della notte era passata e il cielo stava sfumando verso il grigio.

Non ci volle molto perché sulla strada comparissero viaggiatori a cavallo: contadini che trainavano carri. Silla guardò i carri con invidia. Di sicuro, considerando tutto quel traffico, Reykfjord doveva essere vicina. Decise di arrischiarsi a imboccare la strada, pregando di riuscire a confondersi tra gli altri che la percorrevano.

Era una mattinata limpida e il sole le scaldò presto il viso mentre si trascinava avanti, rabbrividendo a ogni passo. Era esausta, preda di una stanchezza che non aveva mai provato prima. Inciampava anche sui sassi più piccoli. Era tormentata dalla fame. Ogni passo era uno sforzo tremendo. Ma era vicina; lo sentiva.

Lo scalpiccio degli zoccoli e il cigolio delle ruote le facevano rizzare i peli sul collo, ma Silla tenne gli occhi sulla strada, mettendo un piede davanti all'altro.

«Salve!» esclamò a un tratto una voce femminile, e quel suono calmò i nervi tesi di Silla. Si girò e vide una donna seduta in groppa a una cavalla bruna, con un carro malandato che traballava dietro di loro.

«Ben trovata» rispose Silla, proteggendosi gli occhi dal sole mentre alzava lo sguardo verso di lei. Indossava un semplice abito di lino e un mantello consumato foderato di pelliccia sulle spalle. «Sapete quanto manca a Reykfjord?»

La donna fece rallentare il cavallo, socchiudendo gli occhi. «Ancora diverse ore di cammino.»

La sua voce era gentile, ma quel "diverse ore" fu terribile. Silla cercò di non cedere allo sconforto.

«Dovremo riposare» disse la bambina. «Non possiamo camminare ancora per *ore*.»

La donna scrutò Silla in silenzio e lei si chiese quanto apparisse trasandata, sporca di rami e terra, per non parlare dei lividi sul collo e sull'occhio.

«Sei la benvenuta sul mio carro, se vuoi» disse alla fine la donna.

Silla rimase in silenzio per un momento, studiando il viso della sconosciuta. Severi occhi castani, un piccolo neo sulla fronte, i capelli raccolti sotto una fascia di lino bianco. Aveva un'espressione onesta, ma il dubbio aleggiava ancora nella mente di Silla.

«Non dovresti rimanere da sola su questa strada.» La donna si guardò alle spalle. «Ci sono bande di guerrieri e creature. E ho saputo che c'è un assassino a caccia da queste parti.»

Silla sbatté le palpebre a quella notizia. «Ceneri! Un assassino? Davvero?»

«Sì. Lo chiamano Slátrari. Hanno trovato dei cadaveri legati a pali, pilastri o alberi nella zona di Reykfjord, bruciati da dentro. Dicono che brucia vive le sue vittime. Non è sicuro. Io mi chiamo Vigdis. Mio nipote Dalli viaggia dietro come accompagnatore. Stiamo andando al molo per consegnare la nostra merce. Sei la benvenuta se vuoi viaggiare con noi.»

La notizia dell'assassino rese la decisione facile. Annuì e ringraziò Vigdis, poi girò intorno al carro, pieno di casse di uova e galline che starnazzavano.

«Polli» disse la bambina eccitata, e Silla sorrise. Un buon auspicio dagli dèi, finalmente. Accettò la mano tesa da Dalli, che, come si scoprì, era un ragazzo pelle e ossa di circa sedici anni, con un berretto di lana calcato sulla fronte. Sorrise a Silla, poi spostò lo sguardo sul martello che stringeva in mano. Lei se lo infilò rapidamente sotto la gamba e gli fece un sorrisino.

Silla si protesse gli occhi dal sole, strizzando gli occhi verso Dalli, poi studiò le casse che la circondavano. Lo sguardo le cadde su piccole uova maculate annidate in una scatola di legno accanto a lei.

«Cosa sono?» chiese.

«Uova di pernici del gelo» rispose Dalli.

Le uova di pernici del gelo erano una prelibatezza così rara che Silla non le aveva mai cucinate. «Devono essere molto preziose» disse distrattamente.

Dalli la guardò con sospetto e lei decise che era meglio tenere la bocca chiusa. Usando la sua sacca come cuscino, Silla si adagiò contro le casse. Il carro procedette sobbalzando su solchi e buche, le ruote che gemevano e cigolavano. La luce del sole coprì Silla come una coperta pesante e le sue palpebre si fecero pesanti, pesantissime.

Sentendosi al sicuro per la prima volta da tempo, gli occhi le si chiusero e il sonno la colse.

* * *

«Perché siete qui?»

Qualcosa di tagliente e brusco in quella voce strappò Silla dal sonno. Il carro si era fermato, il sole era avanzato in cielo un altro po'. Silla lanciò un'occhiata a Dalli, che sorrise timidamente. Mentre guardava fuori dal retro del carro, si rese conto che si trovavano su un ponte di legno, sotto di loro correva un fiume impetuoso che doveva essere il Pianto del Gigante.

Erano alle porte di Reykfjord?

«Andiamo al molo» disse Vigdis in groppa al suo cavallo.

«Klaernar» sussurrò Dalli, arricciando le labbra. «Hanno barricato il ponte e stanno cercando qualcosa.»

Silla sentì il cuore sprofondare. «Che cosa?» sussurrò di rimando. Allungò il collo, ma non riusciva a vedere oltre le pile di casse.

«Non lo so.»

«Chi porti?» chiese la voce roca.

«I miei nipoti» rispose Vigdis, e Silla avrebbe voluto baciarla.

«Non hai incontrato una donna, vero?» chiese una voce femminile, cosa che lasciò Silla perplessa. «Viaggia da sola. Ha visto venti inverni. Capelli ricci, una piccola cicatrice all'angolo dell'occhio.»

Silla ebbe una stretta al cuore. Mantenne il viso impassibile, ma dentro di sé stava cercando di tenere a freno i suoi pensieri tumultuosi.

«Siamo su un ponte» disse la bambina, appollaiata in cima alla pila più alta di casse, proteggendosi con la mano gli occhi dal sole. «Non puoi scappare. Non c'è via di fuga.»

Silla sapeva che aveva ragione. Era finita. Sarebbe stata catturata, o avrebbe guadagnato la libertà. Tutto dipendeva da quel momento.

È vero che aveva i capelli ricci intrecciati, ma i lividi e la cicatrice erano ben visibili. Sollevando il cappuccio del mantello, Silla abbassò lo sguardo sui propri stivali incrostati di fango; senza riflettere si chinò e lo spalmò sul viso, assicurandosi che sia la cicatrice sia il livido fossero coperti.

«Non abbiamo visto nessuna donna» disse Vigdis in tono impaziente. «Non ho visto proprio nessuno. Dobbiamo arrivare al molo prima che la nave mercantile parta. Abbiamo il permesso di entrare in città?»

«Controlleremo il carro, poi avrai il tuo permesso» disse la voce della donna sconosciuta.

I suoi passi risuonarono sui pannelli di legno del ponte. Uno. Due. Tre.

«Calmati o sentiranno il tuo cuore battere» le disse la bambina.

Silla fece un respiro lungo e profondo e strinse forte la fiala che le pendeva dal collo. *Sunnvald, proteggimi*, pensò. *Malla, dammi coraggio.*

Una guerriera con i capelli rosso vivo apparve sul retro del carro, gli occhi ardenti come il nucleo azzurro di una fiamma. Aveva la pelle pallida e lentigginosa e i capelli acconciati in trecce ordinate che correvano lungo i lati del cranio. La sua cotta di maglia catturò la luce del sole, costringendo Silla a strizzare gli occhi.

Un Klaernar si unì alla donna e Silla fissò i tre tatuaggi a forma di graffio che gli attraversavano la guancia: la regina aveva coinvolto gli Artigli del Re nella caccia a lei.

«Non mi piace questa donna» borbottò la bambina dal suo trespolo. Gli occhi severi della guerriera scrutarono il carro, sfiorando appena Dalli e soffermandosi su Silla.

«Tua nipote, hai detto?» chiese a Vigdis, mentre studiava Silla con un'intensità che le fece rizzare i peli delle braccia.

Mantenne lo sguardo impassibile, le mani giunte in grembo.

«Ti guarda troppo da vicino» disse la bambina.

Sciocca, pensò Silla. *Mezza scema, sei stata scoperta. Non avresti dovuto accettare un passaggio.* Tutta quella fatica, e adesso sarebbe stata catturata. Tutto ciò che aveva passato sarebbe stato inutile.

«Sì» rispose Vigdis. «Mia nipote, Una. Mio nipote, Dalli.»

La guerriera dai capelli rossi guardò Silla per un altro lungo istante. Arricciò le labbra. «Sudici» borbottò tra sé.

Mentre la guerriera e il suo compagno Klaernar le davano le spalle per raggiungere la parte anteriore del carro, Silla chiuse gli occhi, lasciandosi sfuggire un sospiro tremante. Un attimo dopo, il carro si rimise in moto. Oltrepassarono quattro Klaernar appoggiati al parapetto del ponte, la guerriera in disparte.

Silla guardò quelle figure imponenti rimpicciolirsi sempre di più, poi svanire in lontananza. E sorrise. La voce di Dalli, però, fece vacillare quel sorriso.

«Sei una Galdra?»

«No» rispose lei, ma non c'era durezza negli occhi di lui.

Sua zia aveva mentito per lei ai Klaernar, e nemmeno lui l'aveva tradita. La gentilezza di quegli sconosciuti era così toccante che le lacrime le salirono agli occhi. «Se non lo sei, perché ti danno la caccia?» La guardava con apprensione e, forse, un pizzico di ammirazione.

Se solo lo sapessi, Dalli, pensò Silla, lasciando uscire un lungo respiro. Invece disse: «Ero nel posto sbagliato al momento sbagliato. Credono che io sia un'altra. Tu e tua zia mi avete appena salvato la vita».

Oltrepassarono alte mura di legno bordate di muschio e licheni. Silla trattenne il respiro mentre alzava lo sguardo e ne ammirava le dimensioni. Reykfjord.

Chiuse gli occhi, per metà fuori di sé dalla gioia, per metà incredula. Era stata una speranza nel vento, un sogno.

Ma ce l'aveva fatta.

«Sapevo che ce l'avresti fatta, Silla» sorrise la bambina, rivelando un dente inferiore mancante. Avanzarono lungo un ampio viale affollato di persone, carri e bestiame. Dopo il silenzio inquietante della foresta, il caos della città era una melodia gradevole per le orecchie di Silla. Il brusio delle conversazioni, le grida dei venditori, i pianti dei bambini, le contrattazioni tra negozianti e clienti: non sapeva più dove rivolgere la propria attenzione. Erano i suoni di una città, i suoni dell'anonimato. Di una libertà temporanea. Silla era sveglissima, e si sentiva più viva che mai.

Sorrise godendosi lo spettacolo.

Il carro procedette senza fretta oltre file di case con pareti in legno e tetti ricoperti di torba; man mano che si addentravano nel centro abitato, però, cominciarono a comparire edifici in pietra. Silla inalò il ricco profumo di róa speziato e panini dolci quando passarono davanti a un forno; idromele stantio e birra quando superarono una sala dell'idromele; ferro e cuoio quando raggiunsero una fucina.

Le dimensioni di Reykfjord la lasciarono sbigottita; sapeva che era una città, ma erano anni che non visitava un posto tanto grande. Se Skarstad era ordinata e monotona, Reykfjord era l'esatto opposto. Le antiche mura di pietra sgretolate erano accostate a nuove strutture in legno, a volte direttamente adiacenti l'una all'altra. Anguste stradine si diramavano dalla via principale in un gomitolo disordinato di sentieri dissestati. Ovunque guardasse, tutto le diceva che quella città era una creatura viva, in costante mutamento. Il carro sobbalzò oltre una struttura in pietra sbarrata con assi di legno e qualcosa attirò l'attenzione di Silla: un Bastone a Spirale riccamente intagliato spuntava da dietro alcuni pannelli crepati.

Silla si protesse gli occhi, puntò lo sguardo sempre più in alto e osservò la guglia di un'altezza impossibile, che un tempo sarebbe stata coronata dalla stella di Sunnvald.

Dopo lunghi minuti, imboccarono una strada tortuosa che conduceva al porto. L'aria salmastra e l'odore pungente del pesce le solleticarono le narici e una nuova scena le si aprì davanti agli occhi. Decine di eleganti imbarcazioni di legno, con draghi, lupi ringhianti e qualche sirena scolpiti sulle prue, erano ancorate a un labirinto di banchine. Man mano che si avvicinavano, Silla vide svettare una foresta di alberi maestri, incorniciata da scogliere di pietra nera. Osservando la tonalità carbone dei fiordi, capì come la città avesse ottenuto il nome Reykfjord, il Fiordo Fumoso.

La zona era piena di mercanti e venditori, casse, sacchi e bestiame caricati e scaricati dalle navi in una frenesia sconcertante.

«Che ne dici di una nave?» chiese la bambina, guardando verso il molo.

Che ne dico di una nave? rifletté Silla. Una nave avrebbe potuto portarla a nord, a Kopa? Sarebbe stato sicuramente più veloce che viaggiare su strada.

«Meglio di no» disse la bambina un attimo dopo, e lo sguardo di Silla si posò su un gruppetto di personaggi vestiti di nero radunati all'imbocco del molo: Klaernar che ispezionavano casse e scatole e perquisivano le persone.

Sentì il panico stringerle il petto. Erano almeno una dozzina, forse di più. Doveva andarsene. Il carro si fermò e Silla saltò giù. Aspettò che Vigdis smontasse da cavallo.

«Grazie» le sussurrò, guardandola negli occhi castani e sinceri. «Grazie per la tua protezione, per quello che hai fatto sul ponte. So che la punizione per aver nascosto un fuggitivo è la pena di morte. So bene quale rischio hai corso.»

La donna prese le mani di Silla, stringendole teneramente tra le sue. Rimase in silenzio per un attimo prima di parlare. «Ho fatto quello che avrei voluto che qualcuno facesse per mia sorella, la madre di Dalli, quando sono venuti a prenderla.»

Silla sentì una stretta al cuore. «Una?»

La donna annuì.

«Penserò a lei stasera» disse Silla. «Serberò il suo nome nel cuore. Penserò anche a te e a Dalli. Siete brave persone. Sarei morta se non fosse stato per voi. Grazie.»

Vigdis annuì. «Cosa farai?» chiese, guardando oltre la spalla di Silla, verso il punto in cui i Klaernar si erano raccolti. «Temo che Reykfjord non sia sicura per te. Ci sono parecchi Klaernar per le strade.»

Silla si morse il labbro. Per tanti giorni, il suo unico obiettivo era stato raggiungere Reykfjord, ma adesso che era arrivata capì che Vigdis aveva ragione. Quello non era un luogo sicuro per lei; non poteva indugiare a lungo in città.

«A nord» disse distrattamente. «Devo andare a nord.»

Vai a Kopa, pensò. *Trova Skeggagrim. Sparisci dalla faccia di questa terra.*

«Allora devi percorrere la Strada d'Ossa» disse Vigdis, un'espressione indecifrabile in volto. «È pericolosa. Sarebbe meglio se trovassi dei compagni di viaggio.»

Silla annuì.

«Che la sorte sia a tuo favore» aggiunse Vigdis, tornando a girarsi verso il suo carro.

«Devi andartene da questo posto» disse la bambina, stringendo le braccia attorno al corpo. «L'aria qui ha qualcosa di strano.»

Silla si coprì ancora meglio il viso con il cappuccio e ficcò il martello in borsa. Poi si incamminò verso la strada che si inerpicava su per Reykfjord.

Una volta in cima, scivolò lungo le strette stradine laterali, zigzagando tra la folla brulicante. Rinfrancata dai suoi progressi, sentì un'emozione che non provava da giorni: speranza. Era sopravvissuta da sola per quattro notti nei boschi ed era riuscita a superare i Klaernar. Forse ce l'avrebbe fatta. L'eccitazione di Reykfjord non riuscì comunque a placare la sua fame, né a calmare il tremore alle mani. Doveva trovare qualcosa da mangiare, un posto dove riposare. Mentre la viuzza angusta si piegava in una curva, Silla alzò lo sguardo. Il cuore le balzò nel petto.

Davanti a lei c'era un edificio color carbone con le persiane gialle spalancate; sopra una porta era appesa un'insegna di legno bianco, che oscillava delicatamente sulla sua asta di metallo. Le parole LOCANDA DEL GUFO erano scarabocchiate con una grafia piena di fronzoli. E sotto quelle parole, un barbagianni dipinto a mano con occhi stranamente familiari la invitava ad avvicinarsi.

«Ben trovato, Piuma.» Silla sorrise, poi attraversò la strada.

8

Reykfjord

Sporgendosi attraverso una foschia di fumo di pipa, Jonas Svik strinse l'avambraccio dell'altro uomo appena sotto il gomito. Come secondo in comando dell'Equipaggio dell'Ascia Insanguinata, aveva imparato presto l'importanza di una stretta di mano ferma e sicura. Bastava un segno di debolezza, un sussulto, un tremito e il contratto poteva dileguarsi veloce come un'hóra di fronte a una manciata di monete.

Gli occhi castani dell'uomo, perspicaci come sempre, erano circondati da rughe sottili. Il contatto visivo era tanto cruciale quanto la fermezza della stretta di mano, specialmente per uno come Magnus Hansson, che prendeva sul serio le tradizioni Urkan. Come braccio destro di re Ivar, la sua reputazione e i racconti delle sue gloriose prestazioni in battaglia lo precedevano ovunque andasse. Non si favoleggiava solo della sua mente astuta e strategica, ma anche dell'altro suo lato, quello che gli aveva fatto guadagnare il nome di Mangiacuori. Si diceva che fosse così abile con il coltello da poter squarciare il petto di un uomo mentre il cuore gli batteva ancora. Alcuni credevano che acquisisse forza e potere consumando il cuore dei suoi nemici mentre era ancora caldo e pulsante.

Jonas non era del tutto convinto dell'efficacia dei rituali Urkan – la credenza che la benedizione di Ursir potesse essere pagata con il sangue –, ma sapeva senza ombra di dubbio che Magnus era un uomo che era meglio non contrariare.

Magnus lasciò il braccio di Jonas e i due si sedettero uno di fronte all'altro. Jonas era accanto al capo dell'Equipaggio dell'Ascia Insanguinata, Reynir Bjarg, la cui figura imponente era accasciata sulla sedia, una caviglia poggiata sul ginocchio. La luce tremolante della torcia danzava sugli zigomi scuri di Rey, che guardò Magnus con la sua caratteristica espressione impassibile negli occhi castani.

A qualcuno Rey sembrava una scelta improbabile come capo del famigerato Equipaggio dell'Ascia Insanguinata; con la barba nera perfettamente curata e l'armatura lébrynja sempre oliata in modo impeccabile, era molto più azzimato della maggior parte dei guerrieri. Ma Jonas lo conosceva, e sapeva che era un errore sottovalutare la sua ferocia: letale sul campo di battaglia e terrificante quando si arrabbiava, Rey in certe occasioni sfoderava uno sguardo così tagliente che si era guadagnato il soprannome di Occhi d'Ascia.

«Bjarg, Svik. Grazie per aver accettato di incontrarmi in circostanze tanto insolite» disse Magnus mentre si portava alle labbra una pipa intagliata. Aspirò una boccata, poi si fermò un attimo prima di soffiare il fumo sul pesante tavolo sfregiato.

Il fumo parve brillare nella luce fioca della stanza. L'aroma dolce e terroso della pipa raggiunse le narici di Jonas, facendogli rivoltare lo stomaco. Non era del tutto sgradevole, ma gli aveva riportato alla memoria la visione indesiderata del padre che fumava.

«Ci sono parecchi chilometri tra Sunnavík a Reykfjord, Magnus» disse Rey. La sua sedia scricchiolò mentre si sporgeva in avanti, unendo le dita. «Lo ammetto, hai suscitato parecchi pettegolezzi tra l'Equipaggio.»

Quando avevano saputo che Magnus Hansson era in arrivo a Reykfjord e aveva chiesto un'udienza con loro, tra i membri dell'Equipaggio dell'Ascia Insanguinata la curiosità era arrivata alle stelle, come anche le scommesse su cosa potesse volere da loro stavolta. Cosa aveva spinto il Mangiacuori ad abbandonare le comodità della capitale di Íseldur? Purché il lavoro non fosse come l'ultimo che il re aveva assegnato loro, a Jonas andava bene.

Erano passati tre mesi da quell'incarico: recuperare la figlia fuggitiva dello Jarl Hati. L'Equipaggio aveva impiegato alcune settimane per trovarla, rintanata con un bracciante in una locanda vicino a Svaldrin. Si erano liberati senza troppe remore del ragazzo e avevano riportato la povera donna a Sunnavík. Il viaggio era stato un incubo, perché lei aveva passato il tempo a piagnucolare e supplicare, sostenendo di amare il bracciante, di volersi affrancare da suo padre. Jonas aveva avuto mal di testa per tutta la settimana. Ancora ricordava il sollievo nel riconsegnarla a suo padre. E il dolce, magnifico silenzio che ne era seguito.

«Sì. Be', ho molte braci da spegnere in questo viaggio» borbottò Magnus, distogliendo Jonas dai suoi pensieri. «Immagino abbiate sentito parlare della sciagurata situazione alle miniere di berskium?»

Rey unì di nuovo le dita. «Ho sentito delle voci. È così grave?»

«Due capisquadra morti, il condotto principale distrutto. La scorta annuale di berskium è destinata a rovinarsi. Dovremo organizzare l'importazione da Norvaland o da un'altra colonia Urkan.»

Magnus aspirò una profonda boccata dalla pipa, poi espirò lentamente. «Il re non sarà contento di questa notizia. E non fatemi nemmeno parlare di questo... Slátrari.»

«Slátrari?» chiese Jonas. «Il macellaio?»

Magnus inclinò la testa all'indietro e fissò il soffitto per un momento. «Un assassino in agguato in questa regione.» Una vena pulsava sulla sua tempia pallida. «Brucia le sue vittime dall'interno. È innaturale. Detto tra noi, secondo me è un Galdra.

«Ma torniamo ai nostri affari. Ivar Cuor di Ferro ha un lavoro che richiede le vostre capacità.» Magnus si fermò, gli occhi fissi sul soffitto. «Si sono verificati episodi preoccupanti a nord. A Istré, un buco di culo vicino al confine tra Vestir e Nordur. Tutto è cominciato con la scomparsa di alcuni capi di bestiame. Una pecora qui, una mucca là. Niente di che, a parte il sangue che macchiava gli animali rimasti. Purtroppo, dopo poco tempo hanno cominciato a sparire anche i contadini. Sono stati individuati segni di violenza e lotta. Sangue schizzato sui muri, stanze messe a soqquadro. Segni di artigli sul pavimento, come se qualcuno fosse stato trascinato.»

Rey e Jonas si scambiarono un'occhiata. Quella storia prometteva di essere molto più interessante della figlia di uno jarl in fuga. «Abbiamo ricevuto un messaggio via falco da Istré, ma ancora non abbiamo idea di cosa stia succedendo. La gente del posto sostiene che si tratti di una fitta nebbia bianca.» Magnus si pizzicò il ponte del naso.

«"Nebbia"?» ripeté Rey.

Magnus sospirò. «Ah, ma c'è dell'altro. Dicono che la nebbia produca il suono di un cuore che batte.»

Jonas lo fissò, perplesso.

Magnus continuò. «Secondo i contadini pulsa a uno strano ritmo, come il battito di un cuore, appunto. Inizia piano e si fa sempre più forte. E poi semplicemente si ferma, lasciandosi dietro sangue e persone scomparse.»

«Deve essere qualche creatura» disse Jonas.

«Nessuno ha mai visto alcuna creatura» replicò Magnus. «Ma sono d'accordo, deve essere così. Avete mai sentito parlare di una cosa del genere?»

«No.» Rey arricciò le labbra e nella stanza calò il silenzio.

«Potrebbero essere i mannari bruni?» intervenne Jonas. «I segni degli artigli...»

«Gli Skógungar hanno artigli impressionanti» rifletté Rey. «I camminatori della foresta» aggiunse, a beneficio di Magnus. «Ma sono creature pacifiche, a meno che non vengano provocati. È possibile che la gente del posto li abbia fatti arrabbiare in qualche modo? Avventurandosi nei loro boschi, tagliando un albero sacro di hjarta...»

Magnus si strinse nelle spalle. «Non saprei.»

Rey si mosse, a disagio. «Questa nebbia è davvero sconcertante. Un cuore che batte... sembra qualcosa di antico.»

Dopo aver tirato un'altra boccata dalla pipa, Magnus la spense e proseguì. «Abbiamo inviato un battaglione di Klaernar da Kopa per dare man forte qualche settimana fa.» La sua voce si spense, e Magnus incurvò le labbra all'ingiù. «C'è stato un incidente. Hanno ritrovato i corpi dei Klaernar nella piazza della città di Istré. Erano... assicurati ai pilastri di Ursir da strani tralci. Erano stati pugnalati al cuore, anche se la lama era più larga e rotonda di quella di una spada o di un pugnale. E intorno ai corpi c'era un simbolo disegnato col sangue, più e più volte. Un Bastone a Spirale.» Magnus contrasse la mascella. «Re Ivar è furioso e ha deciso di assegnare massima urgenza a questo problema.»

«Non si tratterà dei ribelli?» chiese Rey, grattandosi la barba nera. «Sembrano capacissimi di provocare re Ivar con il sigillo dei Volsik.»

Magnus scosse la testa. «Impossibile dirlo con certezza, ma i nostri osservatori riportano che i ribelli non erano nelle vicinanze in quel momento.»

Rey rimase in silenzio per un po', fissando il soffitto. «Sembra che ci siano due mani diverse in gioco» mormorò.

«Vittime completamente differenti» aggiunse Jonas. «Siamo sicuri che siano gli stessi aggressori?»

Magnus tirò fuori di nuovo la pipa ed esalò lentamente un filo di fumo. «No. Difficile dirlo. È possibile. Le informazioni che abbiamo non sono affidabili. Sapete come sono i nordici... ubriachi di sole d'estate e pazzi per la clausura d'inverno. Le loro superstizioni rendono difficile distinguere la realtà dalla finzione.»

Jonas allora capì perché Magnus li aveva cercati. Rey e l'Equipaggio dell'Ascia Insanguinata si erano fatti una reputazione per aver eliminato creature particolarmente ostinate.

Sei mesi prima erano stati inviati da Magnus a occuparsi di un branco di sanguinari illmarr, i vampiri squamosi del mare che terrorizzavano i pescatori a sud della capitale. L'Equipaggio dell'Ascia Insanguinata aveva impiegato diverse settimane di ricerche e pianificazione per scoprire che le frecce ricavate dal legno di sorbo potevano trafiggere le loro squame e che per attirare gli illmarr fuori dall'acqua servivano secchiate di sangue di anguilla. Dopo di che, era stato semplice eliminarli a uno a uno.

La misteriosa nebbia pulsante, il bestiame e i contadini scomparsi, i Klaernar assassinati... be', quella sì che era una sfida! Qualcosa di diverso dal solito.

«Vuoi che scopriamo cosa ha rapito i contadini e ucciso i Klaernar» riassunse Rey, tamburellando con le dita sui braccioli curvi della sedia «e che lo uccidiamo.»

«Sì. E ci serve anche che il problema venga risolto in fretta, per evitare che la discordia si diffonda. Non rivelate la natura di questo incarico a nessuno, né alla gente del posto né ad altri, soprattutto ciò che vi ho detto sui Klaernar e sul Bastone a Spirale. Il Gothi di Istré ha ripulito il pasticcio e ha ordinato un Salasso per riguadagnare il favore di Ursir. E voi dovrete mantenere il segreto su questo lavoro, con la spada se necessario.»

Rey unì le dita. Se Jonas lo conosceva abbastanza, sapeva che stava facendo dei calcoli mentali. Il fatto che Magnus avesse percorso una tale distanza per incontrarli significava che per quella faccenda voleva proprio loro. Il fatto che ci fossero così tante incognite sul loro obiettivo, la segretezza, i rischi e il lungo viaggio... avrebbero fruttato un sacco di oro.

«Si può fare» disse Rey, lo sguardo impassibile «ma il viaggio sarà lungo e il lavoro molto rischioso. Istré è a un mese di cammino da qui; ci serviranno provviste...»

«Se accettate di farlo, Bjarg, dovete partire domani» disse Magnus, chinandosi in avanti sul tavolo. Lo disse con tale intensità che l'aria nella stanza parve crepitare, ma né Rey né Jonas distolsero lo sguardo. «Abbiamo portato con noi delle lame di rodio dal tesoro di Sunnavík. Fammi sapere dove si trova il vostro carro dei rifornimenti e farò in modo che vi vengano caricate.»

«Le lame di rodio potrebbero essere utili» mormorò Rey. Il rodio, un metallo rarissimo, era quasi indistruttibile e in genere letale per il tipo di creature che si nascondono nei Boschi Occidentali. Magnus non voleva correre rischi. «Se hai bisogno di guerrieri extra, Bjarg, puoi contattare la guarnigione Klaernar a Kopa. Il Kommandor Valf ha l'ordine di fornirti uomini e qualunque cosa di cui tu possa aver bisogno.»

Jonas sollevò le sopracciglia, sempre più impaziente. Sapeva che Rey stava già sognando di tiranneggiare quei kunta. Ringraziò gli dèi che avesse ottenuto un permesso speciale da Magnus per escludere il fratello minore di Jonas, Ilías, dal reclutamento nei ranghi dei Klaernar; come secondogenito, per legge avrebbe dovuto essere arruolato a diciotto anni.

Rey fece una pausa. «Domattina alle prime luci. Non sarà facile. Potremmo farcela...»

«La paga è di diecimila sólas, duemila anticipati all'accettazione dell'incarico.» Magnus infilò la mano nella borsa accanto alla sedia, recuperò un sacco di lino e lo lasciò cadere sul tavolo con un tonfo. Le monete all'interno tintinnarono, e l'eco si diffuse nella sala.

Jonas ebbe l'impressione che il suo cuore si fermasse. Strinse forte i braccioli della sedia. L'Equipaggio dell'Ascia Insanguinata non era mai stato pagato tanto. Cifre come quella... cambiavano la vita. Era ancora immerso in quelle riflessioni, quando la voce bassa di Rey lo riportò al presente. «Jonas? Qualcosa ti preoccupa?»

Lui scosse la testa. Riusciva a pensare solo ai sólas in quella borsa. Qualsiasi altra preoccupazione lo aveva abbandonato nel momento in cui le monete avevano toccato il tavolo.

«Allora, Magnus» disse Rey tendendogli la mano, «affare fatto.»

Magnus gli afferrò il braccio sotto il gomito e annuì.

«Affare fatto.»

* * *

«Be', Occhi d'Ascia?» chiese Ilías mentre Rey e Jonas si avvicinavano all'estremità del lungo tavolo occupato dall'Equipaggio dell'Ascia Insanguinata. Ilías fece spazio sulla panca accanto a sé; Jonas annuì al fratello minore e si accomodò. La sala dell'idromele era una creatura vivente che ruggiva.

Gli ultimi raggi di sole filtravano dalle finestre aperte su file di tavoli a cavalletto rovinati e circondati da panche di legno; il fumo dei caminetti e l'odore di carne abbrustolita riempivano l'aria. Jonas pensò che non doveva mancare molto all'ottavo rintocco, perché gli abitanti di Reykfjord si erano riversati tutti lì per la loro bevuta serale. La sala si riempì di corni di birra, coppe di idromele e brennsa; guerrieri, mercanti e artigiani sedevano spalla a spalla, condividendo storie e partite a dadi.

Jonas poggiò le mani sul tavolo, guardando Ilías, Sigrún, Hekla e Gunnar. «Un lavoraccio orrendo. Ve ne pentirete tutti.»

«Dici?» chiese Gunnar, gli occhi scuri socchiusi, la bocca larga tirata in una smorfia. La luce dorata lo investì, riflettendosi sul ponte del naso brunito e sui folti dreadlock neri.

Jonas iniziò a contare sulle dita. «Sparizioni misteriose, permesso di dare ordini ai Klaernar, paga di diecimila sólas... Orribile, proprio orribile...»

Sigrún inspirò bruscamente al capo opposto del tavolo, i penetranti occhi castani sgranati per la sorpresa. Le lunghe trecce bionde della donna erano fissate sul lato sinistro della testa, e lasciavano esposte le lucide cicatrici da ustione che le risalivano il collo e il lato destro del cranio. Mentre la sorpresa si scioglieva in eccitazione, un sorriso le incurvò le labbra e Jonas lo ricambiò.

«No!» disse Ilías, colpendo Jonas sulla spalla. «Se stai mentendo...»

Rey agitò due dita verso il locandiere. «In alto le coppe, festeggiamo.»

Di che tipo di lavoro si tratta? chiese Sigrún nel linguaggio dei segni, con una rapida sequenza di gesti. Aveva trascorso cinque anni con Jonas e il resto dell'Equipaggio dell'Ascia Insanguinata, e interpretare la sua lingua silenziosa era ormai naturale per loro.

Rey poggiò un gomito sul tavolo. «A Istré hanno un problema. Dobbiamo risolverlo.»

«In quale buco di culo di Íseldur si trova Istré?» chiese Ilías, a voce un po' troppo alta. Jonas si rese conto che il fratello si era concesso diversi corni di birra mentre aspettava il suo ritorno.

Rey squadrò Ilías con un'occhiata che gli fece morire in gola qualsiasi cosa stesse per aggiungere. «Tieni a freno quella maledetta lingua, Ilías, o ti lego con una fune al cavallo e ti ci trascino, a Istré.»

Ilías aggrottò la fronte. «Fammi il favore. Sono impenetrabile come un muro di scudi.»

Rey si accigliò. «Certo. Ecco perché hai fatto sapere a tutta la sala dell'idromele di Svaldrin che a Gunnar non piacciono i ragni.»

«È solo che ho paura che ti si ficchino nelle pellicce e ci si facciano il nido» borbottò Gunnar.

«O quando hai messo un'aringa nel letto pulito di Hekla ma non sei riuscito a mantenere il silenzio abbastanza a lungo perché lei la trovasse...»

«E ancora non mi sono vendicata» borbottò Hekla, tamburellando con le dita di metallo sul tavolo.

«O quando hai raccontato a Kraki tutte le cattiverie che ci eravamo scambiati in confidenza...»

«Va bene, Occhi d'Ascia, sei delicato come un martello da guerra. Ho capito.»

Ilías sollevò lo sguardo al soffitto e si mise una mano sul cuore. «Giuro sull'Onnipotente Dio Orso, sulle tette di Malla e sui piedi pelosi di Hábrók che non dirò una parola.»

Rey alzò gli occhi al cielo, poi si sporse in avanti, facendo cenno all'Equipaggio di avvicinarsi. «Magnus ci ha raccomandato di tenere questo lavoro segreto, con ogni mezzo necessario.» Riferì i dettagli a bassa voce. «Le lame di rodio saranno caricate sul carro dei rifornimenti stasera e partiremo domani alle prime luci» concluse. «Le provviste dovrebbero essere adeguate, ma faremo rifornimento a Svarti.»

«Posso offrirmi volontario per caricare il carro, Occhi d'Ascia?» chiese Ilías. Jonas trattenne un sorriso. Sempre provocatorio, quel suo fratello.

«Nessuna mano tocca il carro se non la mia» sbottò Rey, prevedibilmente.

«Alle prime luci» rifletté Hekla, e posò gli occhi ambrati su Jonas. «Sicuro di farcela, Lupo?»

Jonas si raddrizzò e si passò una mano sulla sua tunica preferita, un indumento blu di filato fine, che gli faceva risaltare gli occhi. «Che vuoi dire, Hekla?»

Lei sorrise sorniona. «Lo sai. Rósanna. Rósalind. Ormai nemmeno faccio più lo sforzo di imparare i nomi delle tue amanti.»

«Nemmeno io.» Il sorriso di Jonas si fece più ampio. «La chiamo semplicemente Rossa. Ho imparato che scegliere un tratto distintivo è molto più facile che cercare di ricordare un nome.»

Hekla scosse la testa, una smorfia sulle labbra. «Ne ero sicura, Lupo. Non fare troppo tardi, però.» Un lampo di malizia le balenò negli occhi. «Oppure resta sveglio. Raccoglierò le scommesse sull'ora in cui ti presenterai domani. Io mi gioco una moneta d'oro che farai tardi.»

«Vedrò di andare a letto presto» ribatté lui asciutto. «Grazie, Madre.»

Quella battuta, l'equivalente verbale di una gomitata alle costole, ottenne l'effetto desiderato. La bocca di Hekla si contorse in un ringhio. «Non... chiamarmi... così...» Due secondi dopo, gli aveva stretto la testa in una morsa con le braccia, strappandolo dalla panca e facendolo finire tra le file di tavoli. Con la semplice pressione di un pulsante, artigli d'argento sbucarono dalla sua protesi al braccio e sfiorarono pericolosamente la gola di Jonas. «Devo darti *un'altra* lezione, Jonas?»

«Hai preso una botta in testa, Hekla? Ricordo benissimo che l'ultima volta quella che ha imparato qualcosa sei stata tu» disse Jonas a denti stretti. Le sferrò un calcio, facendole perdere l'equilibrio. Mentre cadeva all'indietro, Hekla gli strinse la tunica in pugno, trascinandolo giù con sé. I due si schiantarono insieme sul tavolo alle loro spalle.

Il rumore di una coppa di argilla che andava in frantumi e il profumo dolce di idromele dissero loro che la bevuta di qualcuno era rimasta vittima del loro battibecco. Jonas si liberò dalla presa di Hekla giusto in tempo per vedere una figura minuta ammantata di rosso che sgusciava tra i tavoli, diretta verso la porta della sala.

«Ehi!» tuonò il locandiere, scaricando un esercito di coppe di argilla piene di brennsa sul loro tavolo. «Spaventerete i miei clienti con le vostre buffonate! Smettetela subito o sparite.» E così dicendo indicò la porta con il pollice.

Hekla si lisciò i capelli neri e tornò a sedere sulla panca. «Le nostre più sincere scuse, Leif. Presto ti libererai di noi.» Si voltò verso l'Equipaggio e sollevò una tazza. «Alla battaglia, alla gloria e alla fortuna.»

Tutti bevvero e sbatterono le coppe sul tavolo.

«Te ne vai?» disse una voce vellutata alle spalle di Jonas. Una mano sottile e familiare si posò sulla sua spalla. Lui si girò e vide gli occhi azzurri dalle ciglia folte e i capelli rossi e lucidi di Rossa, il cui labbro inferiore sporgeva in un broncio. Jonas sentì il sangue ribollire nel vederla; le coprì la mano con la sua e disse: «Temo di sì, Rossa». Ignorò lo sguardo esasperato di Hekla.

«Ma abbiamo ancora stanotte.» Jonas vide lo sguardo della donna farsi più intenso; lei portò la mano libera sulla sua nuca e fece scorrere le unghie sul suo collo. Jonas cominciò subito a fantasticare su quelle unghie, su quelle labbra. Facendole scivolare la mano tra i capelli, l'attirò a sé, e quando l'orecchio di lei fu proprio accanto alle sue labbra aggiunse in un sussurro: «Aspettami in camera mia. Mettiti la sottoveste rossa». Poi la lasciò andare e sorrise tra sé.

Mentre si incamminava verso gli alloggi sul retro della sala dell'idromele, Jonas vuotò una coppa di acquavite.

Accetto la scommessa, disse Sigrún a gesti, strappando una risata gutturale a Hekla.

9

La Strada d'Ossa

Diecimila sólas.

Mentre cavalcava lungo la Strada d'Ossa, Jonas non riusciva a smettere di pensarci. Era più di quanto avessero mai ricevuto per un lavoro. Quasi duemila sólas a membro dell'Equipaggio dell'Ascia Insanguinata. Cosa avrebbe significato per lui, per Ilías? Che presto avrebbero potuto riprendersi ciò che era loro di diritto. Per cinque anni quello era stato l'unico obiettivo di Jonas, ciò che lo spingeva ad andare avanti quando si svegliava con la barba ghiacciata o quando un illmarr riusciva a scalfirgli l'armatura. Dopo quel lavoro, lui e suo fratello sarebbero stati vicini all'obiettivo: un altro anno, forse due, e avrebbero avuto fondi sufficienti.

Tirò fuori dalla tasca il talismano d'argento martellato. Strofinando il pollice lungo la superficie scanalata, si concesse di abbandonarsi a una fantasia: lui e Ilías nella loro longhouse condivisa, riportata al suo antico splendore. Avrebbero iniziato sostituendo le travi. Avrebbero dovuto sostituire anche la paglia del tetto, rifare la muratura del focolare, radere al suolo le dépendance della proprietà e ricostruirle da zero.

Mentre cercava di ricordare l'aspetto della longhouse della sua infanzia, Jonas non poté impedire alla sua mente di vagare verso un tempo ormai lontano e un ricordo lo travolse, lasciandolo impotente e incapace di opporsi.

Seduto alla panca del lungo tavolo, Jonas intagliava la punta di una spada di legno facendo scorrere una lama lungo il bordo, ipnotizzato dai riccioli che si formavano. Tra poco avrebbe completato quel progetto, e avrebbe in-

segnato a Ilías i movimenti che aveva studiato dai guerrieri che si allenavano all'Assemblea di Primavera.

Poco lontano, sul fuoco scoppiettante del focolare, era appesa una pentola che riempiva la longhouse dell'odore di stufato di montone. Di fronte a lui sedeva sua madre, che filava la lana su una conocchia. Lavorava canticchiando, e le note lo avvolgevano come un tenero abbraccio.

«È bellissima, cucciolo mio» disse la mamma, indicando la spada con un cenno del capo. Jonas sentì il petto gonfiarsi d'orgoglio mentre ricambiava il suo sorriso. «Un giorno sarai un bravo spadaccino.»

«Lo pensi davvero?» chiese Jonas, lisciando un bordo affilato.

«Oh, sì» mormorò lei. «Proprio come tuo nonno.»

La mano di Jonas andò al talismano che teneva appeso al collo.

"Famiglia, rispetto, dovere" aveva detto suo nonno a Jonas mentre gli porgeva il disco d'argento martellato. "Tuo padre è senza speranza, dunque sarai tu a dover percorrere questa strada, Jonas. Giura, cucciolo. Giura sul talismano che incarnerai questi valori in tutto ciò che farai."

"Lo giuro su questo talismano, nonno" aveva detto solennemente Jonas.

E solo poche ore dopo il cadavere di suo nonno giaceva freddo sul letto, reclamato dalla malattia divorante contro cui aveva combattuto a lungo.

«Raccontami delle storie sulla sua gloria in battaglia, mamma» pregò Jonas, anche se le conosceva a memoria.

«Molto bene» disse lei, con un sorriso sulle labbra. «Se n'è andato per farsi un nome, molto prima che io nascessi. Ma è importante ricordare...»

«Sì, sì» intervenne Jonas, impaziente di arrivare alle parti cruente. «Che il suo cuore è rimasto qui, su queste terre. I nostri antenati, il suo dovere verso la famiglia hanno sempre costituito un richiamo fortissimo per lui.»

«Che lingua lunga che hai» lo prese in giro lei.

Un rumore proveniente da fuori gli fece drizzare i capelli sulla nuca. No, *pensò. Era troppo presto perché suo padre tornasse alla fattoria. Ma le imprecazioni furenti che giungevano da fuori gli dissero che era arrivato.*

«Va'» sussurrò sua madre. «Trova tuo fratello, andate all'olmo. Non tornare finché il sole non avrà superato l'orizzonte.»

La rabbia divampò nel petto di Jonas, che brandì la sua spada di legno. «Ti proteggerò.»

La madre, le mani tremanti e il viso esangue, rispose: «No, cucciolo mio. Non devi. L'ultima volta... non sopporterei che ti picchiasse ancora. Vai, ti prego. Tuo fratello ha bisogno di te».

Jonas ricordò con vergogna l'episodio di cui parlava la madre, e fu travolto da un senso di colpa bruciante. L'ultima volta che aveva cercato di intervenire, il padre lo aveva picchiato fino a fargli perdere i sensi. Quando si era svegliato, sua madre era rimasta a letto per due giorni. Che razza d'uomo era, se non riusciva nemmeno a proteggere sua madre? Ma la paura che lesse negli occhi di lei lo costrinse ad avviarsi verso la porta sul retro. Si fermò sulla soglia, stringendo con la mano l'elsa della sua spada intagliata. Quando il rumore di suo padre che irrompeva dall'ingresso principale gli esplose nelle orecchie, Jonas fuggì.

Strinse i denti, cercando di schiarirsi le idee. Era difficile, come sempre, pensare al futuro senza che il passato lo tormentasse. «Famiglia, rispetto, dovere» ripeté Jonas in un soffio, sforzandosi di rivolgere la mente al futuro. Ilías si sarebbe sposato e avrebbe portato avanti il nome degli Svik. Ci sarebbero stati bambini, risate e pace. La longhouse sarebbe stata restaurata, le terre sarebbero tornate fertili e prospere. E lui... lui sarebbe stato libero. Cos'avrebbe provato? Era la parte più difficile da immaginare.

Jonas rimase in silenzio e l'Equipaggio avanzò lungo la Strada d'Ossa, il carro che scricchiolava dietro la cavalla bianca di Rey. Fu la voce di Hekla a strapparlo dai suoi pensieri.

«Ammetto che mi ha stupito vederti arrivare in orario, oggi, Jonas. Quindi alla fine Rossa non ti ha tenuto sveglio tutta la notte?»

«Un gentiluomo non rivela certi dettagli» rispose lui. In verità, Rossa lo aveva tenuto sveglio fino a tardi, anche se in parte era dovuto al fatto che Jonas aveva prima fatto un salto al suo nascondiglio per nascondere la parte dell'anticipo sua e di Ilías. I fratelli avevano sólas nascosti in tutti gli angoli di Íseldur, e presto... presto li avrebbero dissotterrati e usati per ricomprare le loro terre. Perciò era stato solo dopo aver riseppellito il baule sotto un ceppo alla periferia di Reykfjord che Jonas aveva raggiuto gli alloggi di Rossa, e l'aveva trovata ad aspettarlo con la sottoveste rossa, proprio come le aveva chiesto.

«Gentiluomo?» sbuffò Hekla. «Allora non stiamo parlando di te, Lupo.»

Jonas serrò la mascella. «E tu hai dormito bene, Hekla? Nessun giovane guerriero robusto è venuto a portarti via caricandoti sulle spalle?» *O forse il contrario,* decise saggiamente di non aggiungere.

Hekla raddrizzò le spalle. «Per le tette di Malla. Sai che non ci casco più, con certe cose.»

Le linee nere della protesi al braccio scintillarono alla luce del sole, come a dirsi d'accordo. Con la coda dell'occhio, Jonas vide Gunnar agitarsi a disagio sul suo cavallo e sorrise. Quei due pensavano di essere furbi.

«Però è scoppiato l'amore con la brennsa di Leif» continuò Hekla. «Anche se Rey mi ha dato una gran mano.»

Rey fece un basso verso d'assenso, ma tenne lo sguardo dritto davanti a sé. Jonas studiò il suo capo, preoccupato per la sfumatura cinerea della sua pelle, per le occhiaie viola sotto gli occhi. Aveva davvero esagerato con la brennsa? Non era da lui fare qualcosa che compromettesse la sua di solito impeccabile capacità di mantenere il controllo. Forse l'idea dei sólas in arrivo lo aveva messo di buon umore.

«Rey?» gli chiese ridacchiando. «Hai un bell'aspetto, oggi.»

Rey si limitò a grugnire.

«Non hai passato la serata a sistemare il carro, allora?»

«Avrei dovuto» borbottò Rey. «Perché gli uccelli fanno questo casino, oggi?»

«Occhi d'Ascia si è appena reso conto di non essere più un vigoroso diciottenne» cinguettò Ilías, decisamente troppo allegro per quell'ora del giorno. In verità, Rey aveva solo cinque inverni in più dei ventuno di Ilías. Ma vista la loro maturità, sembravano decenni.

«Ti serve l'*ennesimo* promemoria che sono il tuo capo, Ilías Senza Barba?» ringhiò Rey.

«Mi pareva ci fossimo accordati su Ilías l'Astuto» rispose lui, accarezzando la barba bionda e sottile che gli cresceva lungo la mascella. Stava iniziando a riempirsi, ma era così chiara che era difficile vederla.

«Non era Ilías Alito di Cavallo?» chiese Hekla con una risata.

Ilías il Ragazzo Invincibile, segnò Sigrún, e Gunnar tradusse per lei.

«Ilías Non Controlla Mai il Fianco» aggiunse Jonas con un sorrisetto. Sapeva che suo fratello faceva l'offeso, ma in segreto era deliziato da quegli scambi. Jonas ammirava profondamente la natura spensierata di Ilías, e avrebbe desiderato assomigliargli. In quanto fratello maggiore, ovvero colui che, da quando aveva memoria, portava su di sé il peso della responsabilità per entrambi, non aveva mai potuto concedersi di essere spensierato.

«Va bene» esclamò Ilías. «Basta. Facciamo un'altra riunione e discutiamone a cena.»

«Immagino che tu non abbia dato un'occhiata alle armi» disse Hekla a Rey, indicando il carro con un cenno del capo.

«No. Era buio. Magnus ha detto che ci sono quattro spade larghe, otto pugnali, tre spade corte.» Rey fece una smorfia. «Lo stalliere era ubriaco. Meglio che ci sia ancora tutto.»

«Qual è il piano per questo incarico?» chiese Gunnar, infilandosi tra le cavalcature di Hekla e Jonas.

Rey rimase in silenzio per un momento. «Sarà necessario fare un'ulteriore ricognizione. Esamineremo i luoghi dei rapimenti e parleremo con la gente del posto. Dobbiamo osservare questa... nebbia. Determinare se stia davvero nascondendo delle creature. Una volta stabiliti numeri, forza, formazioni e strategia, creeremo un piano d'attacco.»

Nebbia con un battito cardiaco, segnò Sigrún, e Ilías lo ripeté ad alta voce a beneficio di tutti. *Segni di artigli. Sangue. È poco per farsi un'idea.*

«E il Bastone a Spirale» aggiunse Jonas. «E i cadaveri dei Klaernar.»

Più ci pensava, più il Bastone a Spirale e i Klaernar morti gli sembravano discostarsi dagli altri omicidi. Il Bastone a Spirale era il sigillo dei Volsik e suggeriva il sostegno della loro gente.

Gli Urkan erano Re del Mare per alcuni e una piaga per altri. Razziavano e conquistavano, annientando senza pietà chiunque si mettesse sulla loro strada. Erano passati diciassette anni da quando re Ivar era salito al trono di Íseldur, e quasi tutti nel regno avevano voltato pagina. Eppure Jonas sapeva che alcuni covavano un profondo risentimento nei confronti del sovrano.

Era impossibile dimenticare la sanguinosa vicenda che aveva coinvolto la famiglia Volsik, diciassette anni prima. Dopo aver usurpato il trono, re Ivar aveva imposto la presenza del pubblico nelle segrete del castello di Askaborg dove re Kjartan, la regina Svalla e la loro giovane figlia, la principessa Eisa, erano stati appesi a dei pilastri. Svalla ed Eisa, passate a fil di spada da Ivar, avevano incontrato una morte rapida. Ma Kjartan... lui aveva sofferto una morte lunga e dolorosa. Nelle sale dell'idromele giravano alcune voci: la schiena di Kjartan Volsik era stata squarciata al centro, le costole erano state allargate e – con un ultimo, rivoltante affronto – i suoi polmoni erano stati sistemati fuori dal corpo come le ali insanguinate di un uccello. "L'aquila di sangue" la chiamavano gli Urkan. Ma si diceva anche che, con grande disappunto di re Ivar, re Kjartan avesse affrontato la morte con dignità, senza che nemmeno un grido uscisse dalle sue labbra.

Solo una persona della grande stirpe dei Volsik era sopravvissuta al saccheggio di Sunnavík: la principessa Saga, di cinque anni, cresciuta come pupilla di Ivar e futura sposa di suo figlio Bjorn.

Indubbiamente c'erano sostenitori dei Volsik sparsi per il regno e, con il Bastone a Spirale intinto di sangue, non c'era da stupirsi che re Ivar volesse che la cosa fosse risolta in tutta fretta.

La voce di Rey strappò Jonas dai suoi pensieri. «Kraki ha la guida delle creature di Íseldur. Per quanto io sia riluttante a suggerirlo, quel libro potrebbe contenere la chiave per comprendere questa nebbia.»

Un coro di gemiti riempì l'aria. «E come, di preciso, proponi di convincerlo a consegnarcela, Occhi d'Ascia?» chiese Hekla.

Rey si lasciò sfuggire un lungo sospiro. «Magari basterà chiedere per favore.»

«Ma figuriamoci» disse Gunnar. «Non dopo che l'abbiamo cacciato. Kraki è più legato ai suoi rancori che alla sua coppa di brennsa. Dovremo comportarci con astuzia se vogliamo ottenere informazioni.»

«I tuoi contatti a Svarti hanno una copia del libro, Rey?» chiese Jonas. Tutto pur di evitare una deviazione di diversi giorni per andare a far visita allo scontroso ex leader dell'Equipaggio dell'Ascia Insanguinata.

Rey rimase in silenzio per un momento. «Non credo. Il libro era già raro in origine, e la maggior parte delle copie sono state distrutte nel corso degli anni dai Klaernar. Chiederò a loro, ma Kraki ha l'unica copia sopravvissuta di cui sono a conoscenza.»

«Potremmo usare un diversivo» rifletté Hekla. «Uno di noi lo distrae dal libro e un altro lo prende.»

«Kraki è troppo intelligente per una cosa del genere» disse Jonas. «Non appena ci vedrà arrivare, ci sbatterà la porta in faccia. Ci deve essere un altro modo. Un modo per fargli abbassare la guardia.»

«Be'» borbottò Rey, «ci aspetta una lunga cavalcata prima di arrivare alla Dorsale di Skalla e decidere.»

* * *

L'Equipaggio dell'Ascia Insanguinata proseguì lungo la strada per diverse ore. Mentre il sole scendeva più in basso nel cielo e le ombre cominciavano ad allungarsi sulla Strada d'Ossa, Sigrún, che era in testa al gruppo, fischiò due volte. L'Equipaggio deviò dalla strada, seguendo un sentierino sterrato tra gli alberi, giù per una collina e in una radura erbosa cosparsa di minuscoli fiorellini bianchi. Sigrún scese di sella e arrancò indietro per cancellare le tracce del carro e dei cavalli con un ramo.

Il resto dell'Equipaggio si sistemò per la notte, secondo una routine consolidata. Jonas perlustrò i boschi in cerca di bastoni e rami. Era estate, e questo significava che il sole sarebbe stato alto fino a sera inoltrata, perciò vide con chiarezza Ilías che toglieva le selle, Hekla e Gunnar che spazzolavano i cavalli, e Sigrún che tornava dagli altri e tirava fuori le provviste dalla bisaccia. Portò una bracciata di rami dalla foresta e ordinò che venissero tagliati con qualche rapido colpo d'ascia, poi si mise a scavare la buca per il fuoco.

«Rey, dov'è l'acciarino?» chiese Jonas, frugando nella bisaccia delle provviste.

«Ho preso una pietra focaia nuova a Reykfjord. Nel carro, assieme alle casse delle provviste.»

Rialzandosi in piedi, Jonas girò intorno al carro. Allentò le cinghie di cuoio che legavano la coperta che lo copriva, con un movimento fluido la tirò indietro... e si trovò a fissare un paio di occhi castani spalancati.

10

Dopo una notte e un giorno intero passati nella totale oscurità, la luce fu accecante. Silla si immobilizzò, il martello stretto al petto. Non riusciva a vedere nulla, ma lo sentì: un uomo.

Lui imprecò, poi la prese per il colletto e la trascinò fuori dal carro, costringendola a mettersi in piedi. Silla sentì l'inconfondibile pressione dell'acciaio sotto la mascella mentre una mano le afferrava il collo, inchiodandola contro il carro. Il dolore divampò dalla sua gola ferita e si mise a gridare: per fortuna, la presa dell'uomo si allentò.

Lei sbatté le palpebre più volte e finalmente gli occhi si abituarono al buio, permettendole di mettere a fuoco il volto familiare dell'uomo. Sembrava un principe uscito da un racconto di scaldi, di una bellezza quasi fanciullesca, con i capelli dorati e gli occhi così azzurri da sembrare irreali. Ma la cicatrice sulla guancia e la barba aggiungevano un tocco ruvido, raccontavano di una vita difficile trascorsa sempre con un'arma in mano. Mentre guardava quell'uomo alto e robusto, con la corporatura di un guerriero, Silla sentì un rossore salirle al collo. Aprì la bocca per dire qualcosa, ma non riuscì a spiccicare parola.

Gli occhi dell'uomo si posarono sulla guancia ammaccata di Silla, poi le scivolarono lungo il collo. La sua mano si allontanò dai lividi, i calli ruvidi che si abbassavano, fermandosi all'altezza delle clavicole. Con il pollice di lui premuto nel punto in cui il suo cuore pulsava febbrile, Silla sussultò.

«Hai ragione ad aver paura.»

L'uomo fece scivolare lo sguardo ancora più in basso. «Molla il... il martello?» Sollevò appena le labbra in un sorrisino, ma strinse la presa sul suo collo. «Lascialo.»

Con i nervi a fior di pelle, Silla lasciò cadere il martello, che atterrò con un tonfo lieve. Mentre fissava quell'uomo con capelli e pelle dorati, il suo respiro si fece più corto. Per tutto il giorno si era esercitata a ripetere ciò che avrebbe detto una volta che fosse stata scoperta, ma adesso che il momento era arrivato, la sua mente si era del tutto svuotata.

Mezza scema! pensò. *Di' qualcosa.*

L'uomo emise un verso di disapprovazione. «Rey!» chiamò. «Abbiamo un problema qui.»

Ci fu un trapestio alle spalle dell'uomo biondo: passi leggeri, un fruscio di vestiti e il familiare suono metallico delle spade che venivano sguainate. Nel giro di pochi istanti, il gruppo la accerchiò, e lei si agitò di fronte al loro esame, come una farfalla con le ali inchiodate.

«Il tuo mantello rosso... eri nella sala dell'idromele» le disse l'uomo dorato.

Silla aprì e chiuse la bocca, e poi finalmente riuscì a parlare. Purtroppo, le parole fuoriuscirono in un guazzabuglio confuso.

«Io... io vi ho sentiti nella sala dell'idromele. Kopa... Devo andare a Kopa, e secondo la mia mappa Istré è abbastanza vicina. È perfetto... potreste portarmi, sono di strada! Posso cucinare o lavarvi le calze o dare qualcosa di buono da mangiare ai vostri cavalli. Non sono brava ad accendere fuochi, ma posso imparare. Sono...» Incrociò lo sguardo del gigante che aveva seguito alle scuderie, e la voce le morì in gola. Da sotto il colletto spuntavano i tatuaggi, inchiostro nero contro la pelle di un bruno ramato. Aveva i capelli neri tagliati corti ai lati che ricadevano dalla sommità della testa in riccioli fitti che catturavano l'ultima luce del giorno, e la barba tanto ordinata che doveva essere stata rasata quella stessa mattina. Ma la cosa più sorprendente erano gli occhi, color mogano e con un'espressione di collera tanto penetrante che a lei parve che le scorticassero la pelle. *Ceneri*, pensò. Erano tutti belli, in quel gruppo? La bellezza dell'uomo, tuttavia, era rovinata dall'espressione di totale disgusto che gli distorceva il viso.

Dietro di lui, un uomo biondo e longilineo con una barba rada si morse il pugno, gli occhi serrati e il corpo scosso da quella che sembrava una risata silenziosa. C'era poi una donna con i capelli rasati ai lati e acconciati in trecce sulla parte superiore del capo. La sua pelle era di una calda tonalità dorata, di poco più scura di quella di Silla, e le sue labbra carnose erano serrate, come se anche lei stesse cercando di trattenere un sorriso.

«Perquisitela» ordinò l'uomo tatuato. Aveva una voce così profonda che Silla sentì rizzarsi i sottili peli sulle braccia.

L'uomo biondo e longilineo agitò la mano con entusiasmo. «Mi offro volontario!»

«Chiudi il becco, Ilías, o io perquisisco te» ringhiò l'uomo. Ceneri, quant'era alto! Mezza testa più di tutti gli altri. Silla immaginò che fosse il capo. Lui si voltò verso una donna bassa dai lineamenti delicati, con i capelli biondi rasati da un lato. «Sigrún.»

L'uomo dorato la trattenne contro il carro mentre Sigrún si faceva avanti. Quando fu più vicina, Silla riuscì a vederla meglio. Seguì con lo sguardo le striature lucenti che le si incurvavano sul collo e alla base del cranio: cicatrici da ustione. I suoi capelli biondo cenere erano acconciati in una treccia ordinata lungo il bordo della sezione rasata, con una seconda treccia più grande sulla sommità della testa. Quando Sigrún allungò la mano verso di lei, si accorse che le cicatrici le arrivavano fino alla mano sinistra. Sigrún sollevò la manica del vestito di Silla, esaminandole la parte interna del polso.

«Sono una donna libera» mormorò Silla, rendendosi conto di cosa stava cercando: il marchio tatuato sui polsi degli schiavi. La donna fece scivolare di nuovo giù la manica, poi iniziò a perquisirla. «Ho un pugnale alla caviglia.»

Un silenzio sgradevole calò sulla scena mentre Sigrún muoveva le mani lungo il torace di Silla, toccandole i seni e lo stomaco, fermandosi sui fianchi e frugando nella tasca nascosta che conteneva le monete. Poi passò a esaminarle la caviglia, dove sguainò il pugnale e lo passò al capo. L'uomo se lo rigirò tra le mani, accigliato. Sigrún si fece strada verso l'alto e Silla arrossì quando le mani della donna le si insinuarono sotto le gonne. Finalmente arretrò di un passo, eseguendo con le mani una rapida successione di gesti bizzarri.

«La borsa» ringhiò il gigante tatuato. L'uomo dorato si sporse oltre spalla di Silla, scrutando il carro. Silla sentì le narici riempirsi di un profumo di ferro, cuoio e... be'... *uomo,* che la fece avvampare. Tirò fuori la sacca, porgendola al capo.

Per un attimo fu tentata di protestare, ma si morse la lingua e osservò in silenzio il capo che tirava fuori i suoi vestiti e la tunica di suo padre. Quando arrivò al sasso a forma di cuore, l'uomo le lanciò uno sguardo incredulo prima di gettarlo a terra insieme al resto delle sue cose.

Poi si girò a guardarla, gli occhi scuri che le bruciavano la pelle. «Niente cibo né acqua. Niente vestiti per proteggerti dalle intemperie. Sai almeno che strada stai percorrendo?»

Silla fece un respiro tremolante. «La-la Strada d'Ossa.»

«E sai perché si chiama la Strada d'Ossa?»

Lei scosse la testa.

«Perché è lastricata delle ossa di viaggiatori che non sono mai arrivati a destinazione. È pericolosa. Desolata. E non è per i deboli.»

«Io non sono debole» riuscì a dire lei, anche se la sua stupida voce tremava.

Rimasero in silenzio per un momento, fissandosi. Poi, con un movimento così rapido che lei non ebbe il tempo di reagire, l'uomo fece un passo avanti e le afferrò il mento. Si abbassò al suo livello e la fissò con espressione così intensa che Silla avrebbe voluto distogliere gli occhi. Ma non lo fece. L'istinto le diceva che doveva sostenere il suo sguardo, dimostrargli che non era affatto una debole.

«Dimmi perché sei dove non dovresti essere» ringhiò l'uomo.

Lei continuò a fissarlo, senza battere ciglio. «Devo andare a Kopa.»

«Dimmi perché non dovrei lasciarti sul ciglio della strada.»

Silla deglutì. «Perché molto probabilmente morirei, se lo facessi.»

Lui scoppiò a ridere, ma la sua risata era vuota e priva di umorismo. «Pensi che all'Equipaggio dell'Ascia Insanguinata importi qualcosa della morte? Siamo già immersi nel sangue fino al collo, ragazza.»

L'Equipaggio dell'Ascia Insanguinata? pensò Silla con un brivido. Quel nome risvegliò in lei un vago ricordo, qualche racconto tramandato davanti al focolare nelle cucine. Un equipaggio ristretto ma violento, capace di affrontare qualsiasi cosa, dai fuorilegge alle creature oscure, e che non lasciava superstiti. *Oh, porridge,* pensò. Di tutti i carri possibili, si era infilata proprio nel *loro.*

E in quel momento capì: se voleva vivere, avrebbe dovuto essere astuta. Il capo le studiò con attenzione la guancia, poi la gola. Si accorse dei lividi sul collo, e la sua espressione si inacidì.

«Posso aiutarvi» disse Silla, mentre un'idea disperata le prendeva forma nella mente. «Posso aiutarvi con quel tizio. Kraki.»

L'uomo le scoccò un'occhiata assassina. «Cosa hai detto?»

«Posso aiutarvi a trovare il libro di cui avete bisogno.» Vide l'espressione dell'uomo cambiare impercettibilmente, e il cuore prese a batterle più forte di un tamburo da guerra.

«Ci hai sentiti?»

«S-sì» riuscì a dire Silla.

Lui sollevò lo sguardo al cielo, poi afferrò il pugnale dell'uomo dorato e glielo premette più forte sulla gola. «Allora non ho altra scelta che ucciderti.»

«Aspetta!» lo implorò lei. La sua offerta non era stata accolta come si aspettava, e adesso si scervellò in cerca di qualcosa che la salvasse, qualsiasi cosa. «Aspetta, posso aiutarvi!»

«Abbiamo l'ordine di tenere questo lavoro segreto, con le spade se necessario. Ma forse non sei abbastanza intelligente da capire cosa significa.»

«Se c'è un talento che ho, è la parola» rispose Silla, ormai disperata. «Mio padre diceva sempre che ho una lingua più dorata di quella di uno scaldo Urkan.» Era una bugia, ovviamente. Anzi, l'unico talento di Silla stava nel parlare prima di aver riflettuto attentamente, come aveva appena dimostrato. Ma le parole erano uscite da sole e adesso non c'era modo di fermarle. «Se mi uccidi, dovrai trovare un altro modo per convincere Kraki. Posso aiutarti. Lascia che lo distragga, o che provi a estorcergli le informazioni direttamente. In caso non abbia il libro di cui avete bisogno.»

Il gigante la fissò mentre considerava quella proposta. Silla strinse le labbra per evitare che le scappassero altre parole.

«No» disse infine lui, premendo la lama più a fondo.

«Ma cos'hai da perdere?» chiese Silla, con voce straziata. «A chi vuoi che lo dica, su questa strada? Portami da Kraki e ti dimostrerò il mio valore. Ti farò ottenere quel libro.»

Il capo la studiò con attenzione, soffermandosi sulla cicatrice accanto all'occhio sinistro. La tentazione di divincolarsi sotto il peso di quello sguardo era quasi irresistibile, ma Silla si costrinse a rimanere immobile, contando i propri respiri. *Uno. Due. Tre.*

«Rey» disse l'uomo dorato. «Non vorrai mica darle retta.»

«Sembra proprio il tipo capace di distrarre Kraki.» Il capo spostò lo sguardo sui capelli di Silla, poi di nuovo sul suo viso. Liberandole il mento, fece un passo indietro, massaggiandosi il collo. «Valuterò la tua offerta. Vivrai, per stanotte.» Le diede le spalle e si allontanò a grandi falcate. «Legatela!» abbaiò.

Silla inspirò profondamente e tese le mani perché l'uomo dorato potesse legarla con un pezzo di corda preso dal carro.

«Non metterti comoda, Riccioli» le disse lui con espressione accigliata. Le legò le mani insieme – molto strette, notò lei – e lasciò un lungo pezzo di corda che penzolava libero all'estremità.

«L'avevo capito dalla corda» borbottò Silla in risposta, barcollando dietro di lui, che la trascinava tirando il capo libero.

«Non posso credere che ci stia pensando» borbottò l'uomo.

Raggiunsero il bordo della radura e lui la costrinse a sedersi, spingendola contro il tronco contorto di un albero. Dopo aver assicurato la corda all'albero, si accovacciò e la fissò, il viso vicinissimo al suo. Si infilò la mano in tasca, tirò fuori un disco d'argento e ci passò sopra il pollice. Silla non riuscì a distogliere lo sguardo.

«Pensavi davvero di poter salire sul nostro carro e che noi ti avremmo dato una mano gratis?» Il suo alito tiepido si addensava nell'aria fredda tra loro.

«Posso aiutarvi...»

L'uomo strinse il talismano nel pugno. «Non è così che funziona il mondo. Devi *guadagnarti* il passaggio.»

«Sono una gran lavoratrice...»

Una ruga si formò tra le sopracciglia dell'uomo, che scosse lentamente la testa. «Occhi d'Ascia tornerà in sé. Non accetterà mai di lasciarti vivere.»

Il guerriero si mise in piedi, torreggiando su di lei, poi se ne andò a passo lento. Silla trasse un lungo respiro, il cuore che le martellava nel petto.

«Fatti coraggio, Silla» sussurrò a sé stessa. «Respiri ancora.»

Non riusciva a pensare ad altro. Ma in quel momento, era l'unica cosa che contava.

* * *

Con le mani legate al tiglio, Silla riuscì a spostarsi quel tanto che bastava per avere una visuale chiara dell'Equipaggio dell'Ascia Insanguinata che allestiva l'accampamento per la notte. Il guerriero dorato aveva acceso il fuoco; i giacigli erano sistemati nell'erba alta della radura, le casse erano state tirate fuori dal carro e posizionate vicino alle fiamme.

Era stato più semplice di quanto Silla si sarebbe aspettata. Dopo lunghe riflessioni, aveva speso due dei suoi preziosi sólas per comprare una mappa di Íseldur e aveva trascorso il pomeriggio a studiarla. La Strada d'Ossa correva verso nord da Reykfjord in una linea quasi retta, attraversando le fitte foreste delle terre di Sudur, le lande sterili di Hálendi nelle terre di Eystri, e terminando in una città di nome Skutur. Da lì Silla avrebbe ottenuto un passaggio verso ovest su un breve tratto etichettato come "Strada Nera" prima di oltrepassare il fiume Hvíta verso Kopa. Con sua sorpresa, erano segnalati numerosi vulcani lungo la Strada Nera. Silla si era accigliata mentre tracciava col dito il simbolo triangolare del vulcano disegnato accanto a Kopa. Di sicuro era un errore di stampa.

Dopo aver studiato la mappa nella quiete del suo alloggio alla Taverna del Gufo, si era intrufolata nella sala dell'idromele adiacente. Aveva trangugiato una ciotola di stufato di pesce appena commestibile e sorseggiato una tazza di idromele. Tamburellando con le dita sulla tazza di argilla, aveva riflettuto sul passo successivo. E poi la risposta le era caduta in grembo, piombata addosso, che dir si voglia.

Era fuori di sé dalla gioia: un carro si dirigeva dritto oltre Kopa, e gli uomini che lo occupavano l'avevano condotta dritta al carro in questione, nelle stalle dietro la Taverna del Gufo. Silla avrebbe dovuto sapere che era tutto troppo bello per essere vero.

Non aveva previsto di salire sul carro dei rifornimenti del famigerato Equipaggio dell'Ascia Insanguinata, né di scoprire che il gruppo lavorava per re Ivar. Mentre li ascoltava discutere dell'incarico che avrebbero dovuto portare a termine a Istré, aveva sentito un certo disagio farsi strada nel suo stomaco. Silla si morse il labbro mentre ripensava a quella complicazione. La squadra lavorava per il re: non avrebbe mai potuto fidarsi di loro. Ma quella sembrava la minore delle sue preoccupazioni, in quel momento.

Rivelare di aver sentito i dettagli del loro lavoro era stato un rischio non calcolato, e adesso temeva di aver firmato la propria condanna a morte.

Per la centesima volta quel giorno, si rimproverò per aver avventatamente seguito il capo della banda e il suo compagno fino alla stalla. Avrebbe fatto meglio a informarsi di più e aspettare di avere un'opzione migliore, o almeno di scoprire con quale genere di guerrieri avesse a che fare.

Ormai era troppo tardi.

Sentì le mani intorpidirsi e la vista offuscarsi: non mangiava né beveva da un giorno intero. La donna con la treccia nera le si avvicinò, l'espressione severa ma non ostile. Le si accovacciò accanto e la studiò con attenzione.

«Come ti chiami, dúlla?» *Dúlla*. Era un termine affettuoso che anche sua madre usava con lei, e la mise subito a suo agio.

«Katrin.» La bugia le uscì di bocca senza alcun intoppo. Silla aveva cambiato così tanti nomi in vita sua che farlo le veniva naturale.

«Io sono Hekla. E conosci già Ilías.» Fece un gesto verso l'uomo biondo che parlava animatamente al fuoco. «Hai visto anche Sigrún. Poi ci sono Gunnar, Rey e Jonas.»

Silla annuì mentre Hekla elencava i nomi, indicando ogni individuo. «Da dove vieni?»

«Skarstad...»

«Basta, Hekla» ordinò il gigante, Rey. «Non un'altra parola finché non avrò deciso quale sarà il suo destino.»

«Le sto dando dell'acqua, Occhi d'Ascia» gridò la donna. «Se hai intenzione di ucciderla, fallo in modo onorevole. Morire di sete è una tortura.»

Hekla borbottò qualcosa sottovoce mentre metteva un otre d'acqua tra le mani legate di Silla. Incapace di afferrarlo, lei lo guardò cadere sull'erba. «Maledetti Lupo e i suoi nodi» borbottò Hekla, cercando di allentare la corda.

«Ahi» gemette Silla mentre il sangue riprendeva a circolare fino alle dita. Hekla le rimise l'otre tra le mani e lei se lo portò alle labbra.

«Grazie mille» ansimò dopo averlo quasi svuotato.

Con un silenzioso cenno del capo, Hekla prese l'otre e tornò a grandi passi dal gruppo.

Rimettendosi con le spalle contro l'albero, Silla guardò Sigrún sistemare un treppiede di ferro sul fuoco. Montò un gancio per tramaglio a cui appese una pentola annerita, proprio sopra le fiamme, poi vi gettò dentro diverse salsicce, di alce apparentemente. Dopo pochi minuti una puzza di bruciato raggiungesse le narici di Silla, a cui brontolò comunque lo stomaco.

Jonas e Rey erano immersi in un'animata discussione che, dedusse Silla, doveva riguardare la sua proposta. Spostò lo sguardo su Ilías e Gunnar, rannicchiati per giocare una partita a dadi. Scoppiarono a ridere; poi si zittirono e le lanciarono un'occhiata. Hekla sedeva da sola, fissando il fuoco senza espressione. Quando gli occhi di Silla caddero sulla mano della donna, si rese conto che era di metallo.

Silla guardò Sigrún servire la cena in ciotole di legno: salsiccia bruciata e pane. Gunnar addentò la sua salsiccia. Masticò. E masticò. E masticò *ancora*. Quando deglutì lo fece con un risucchio così forte che riecheggiò attraverso la radura e raggiunse Silla. Rey deglutì a sua volta, a fatica. Sembrava che avesse deciso di inghiottire direttamente, rinunciando a masticare. Una bolla di speranza si gonfiò dentro Silla. Se le avessero dato una possibilità, avrebbero potuto mangiare come dei re.

Il sole estivo non era ancora tramontato, ma era basso in cielo e un freddo gelido si era depositato nell'aria. Il mantello di Silla era rimasto a terra, dove Rey lo aveva gettato mentre frugava nella sua borsa. Le serviva qualcosa con cui coprirsi, o avrebbe rischiato di congelare.

Sentì un dolore sordo assalirle le tempie. La risposta del suo corpo fu istintiva: lo stomaco si contrasse per contrastare la sofferenza in arrivo e la mente si diresse verso la fiala che le pendeva dal collo.

Le foglie.

Ci aveva pensato durante il giorno, ma adesso che la notte era calata, adesso che era stata scoperta, si rilassò al pensiero del conforto che le avrebbero dato. Con grande difficoltà, mise le mani legate intorno alla fiala. Il metallo liscio era un rassicurante legame con tutto ciò che era vecchio e familiare, in contrasto al nuovo, spaventoso paesaggio in cui si muoveva. Tolse il tappo e usò i denti per afferrare una foglia prima di rimettere il coperchio.

Masticò la foglia amara.

Un'altra.

Chiudendo gli occhi, lottò contro l'impulso di prenderne una seconda. Non era il momento di stordirsi completamente. Appoggiata al tronco dell'albero, aspettò che lo skjöld facesse effetto.

Chomp.

Chomp.

Chomp.

Sollevò le palpebre e il suo sguardo si scontrò con un paio di occhi scuri dall'altra parte del fuoco: Rey. La fissava mentre affilava la lama di un hevrít su una pietra per affilare, e Silla sentì un brivido percorrerle la schiena.

Chomp.

«Sarebbe proprio bello, se non fosse così cattivo» disse la bambina bionda nella sua camicia da notte bianca strappata, minuscola accanto all'enorme figura di Rey. La bambina tracciò con un dito il contorno della sua spalla. «Ed è enorme.»

Silla cercò di controllare il respiro.

Chomp.

«Lui è divertente» proseguì la bambina, avvicinandosi a Ilías. «Mi piace. Però bara ai dadi.»

Chomp.

Si spostò verso Jonas, che muoveva il pugnale su un pezzettino di legno, modellandolo in una figura che non riusciva a distinguere. «Questo sembra un eroe di uno dei racconti degli scaldi.» Sospirò, accarezzando la testa del guerriero dorato. Si chinò su di lui, inspirando. «Oh, hai ragione, Silla. Ha un profumo divino.»

Chomp.

Silla si sentì avvampare e chiuse gli occhi. Quando li riaprì, la bambina si era seduta a terra al suo fianco, e aveva piegato le gambette magre, avvolgendole con le braccia.

«Perché sei qui?» chiese Silla ancora una volta. Tenne la voce bassa

in modo che nessuno la sentisse. «Per peggiorare i miei guai? Per farmi impazzire?»
«Come li convincerai?» chiese la bambina, ignorando la domanda.
«Ho fatto tutto il possibile. Il mio destino è nelle loro mani. Nelle *sue* mani.»
Chomp.
Tornò a guardare l'omone seduto vicino al fuoco. Ogni passaggio della sua lama sulla pietra per affilare sembrava una minaccia silenziosa rivolta a lei.
«E se decidesse di ucciderti?» chiese la bambina, scostandosi i capelli arruffati dal viso.
«Avrei fatto un terribile errore.»
Un'ombra passò sopra di lei.
Silla sussultò.
«Con chi parli?»
«Con nessuno» sussurrò, arrossendo. «Parlavo... tra me e me.» Si sforzò di sorridere. «Un'abitudine sciocca.»
Hekla si accucciò, porgendo a Silla il suo sacco e una pelliccia che puzzava di muffa. «Così non morirai congelata» disse a bassa voce, un sorriso appena accennato sulle labbra.
«Grazie» riuscì a dire Silla. Mentre si copriva con il mantello, e poi con la pelliccia, due strisce di alce affumicato caddero a terra.
Silla dischiuse le labbra, gli occhi che saettavano su Hekla, già a metà strada verso il fuoco. Silla allungò la mano verso la carne affumicata e, per la prima volta da quando era stata scoperta nel carro, sorrise.

11

Reykfjord

Quando Skraeda entrò nella longhouse, due dozzine di volti tatuati si girarono a guardarla nello stesso istante. Come tutte le sale della guarnigione di Klaernar, la filiale di Reykfjord era arredata in modo sobrio: un grande tavolo nella sala centrale dove si consumavano i pasti, un focolare dove ci si riuniva per bere birra dopo la ronda, stanzette più piccole nella parte anteriore utilizzate per dare le istruzioni sugli incarichi o, nel caso di quel giorno, per gli interrogatori.

Stringendo le labbra, Skraeda ignorò gli sguardi: negli anni in cui aveva lavorato per la regina, ci si era abituata. A eccezione del Kommandor Thord, gli altri Klaernar presenti non sapevano che fosse una Galdra, anche se era probabile che si chiedessero come facesse a essere così abile nell'ottenere ciò che voleva. Skraeda aveva un accordo con i Klaernar di Reykfjord: lei estorceva confessioni ai loro prigionieri e, in cambio, poteva tenere i più interessanti e portarli alla regina.

Naturalmente, una gran quantità di sólas e la minaccia di una gola tagliata avevano fatto sì che l'interesse della regina Signe per i Galdra non arrivasse alle orecchie del sovrano. Skraeda non riusciva a immaginare cosa avrebbe fatto re Ivar se si fosse accorto che la moglie aveva infranto le sue leggi, rapendo centinaia di Galdra per i suoi scopi.

Uno dei Klaernar era in piedi, con una pelle d'orso drappeggiata sulle spalle: Kommandor Thord. Avanzò verso di lei, la bocca stretta in una linea dritta. «Skraeda Lingua Lesta» la salutò, facendole cenno di entrare in una delle stanze nella parte anteriore della casa.

In qualche occasione, anche Skraeda aveva usato quella stanzetta angusta e arredata con sobrietà. Le torce di giunco montate sulle pareti illuminavano la donna sulla sedia al centro della stanza. Aveva le braccia legate dietro la schiena, e le sue suppliche erano attutite dai bavagli di ferro che i Klaernar amavano tanto usare.

«Sì» disse Skraeda, gli occhi puntati sul piccolo neo sulla fronte della donna. «È lei. Adesso mi ricordo.»

«Sono felice di sentirlo» disse il comandante, la voce finalmente piena del rispetto che Skraeda sapeva di meritare. «Grazie alle tue informazioni, non è stato un problema trovarla.»

Dopo alcuni giorni senza alcun segno della ragazza riccia, Skraeda ribolliva di rabbia: come era riuscita a sfuggirle? Il problema era la paura; i Klaernar ispiravano così tanta paura nella popolazione che era difficile intuire chi ne avesse per ragioni specifiche.

Quando lo aveva fatto notare al Kommandor Thord, lui aveva semplicemente risposto: «È il nostro lavoro. Una sana dose di paura tiene a bada le ribellioni».

Un tempo, anche Skraeda era stata tra coloro che temevano i Klaernar. Ora li vedeva per quello che erano: bestie senza cervello al guinzaglio del re, e di Magnus Hansson.

Dopo tre giorni sul ponte, avevano interrotto le ricerche. Ma Skraeda era tormentata dalla sensazione incrollabile di essersi lasciata sfuggire qualcosa. Fissando le travi sopra il letto, ripercorreva mentalmente i giorni passati. «Capelli ricci» mormorava. «Capelli ricci.» Si potevano facilmente nascondere con delle trecce o sotto un cappuccio...

Un'immagine le balenò nella mente: una ragazza sul retro di un carro, il viso sporco di terra, il cappuccio del mantello rosso tirato sulla testa. Poteva essere lei? Le era sembrato che avesse paura?

«Ho percepito la sua paura» aveva detto Skraeda, «ma il ragazzo accanto a lei... la sua rabbia era troppo forte, mi ha distratta.» Niente di fuori dall'ordinario. Ma la cicatrice... che dire della cicatrice? «Non ho visto una cicatrice, però era così sporca che sembrava avesse fatto il bagno con i maiali...» Skraeda si era sforzata di riportare alla mente l'immagine della ragazza. Cappuccio rosso. Una strana fiala legata al collo. Polli... ceste di polli accatastate tutt'intorno a lei. E... piccole uova maculate. Uova di pernici del gelo.

«È arrivata su un carro che consegnava polli e uova di pernici del gelo al molo» aveva detto Skraeda al comandante dopo essere entrata di corsa nella sala della guarnigione. Gli occhi le brillavano: le uova di pernici del gelo erano una prelibatezza rara, quel dettaglio avrebbe sicuramente reso la donna identificabile.

Ma lo stomaco di Skraeda si era svuotato mentre aspettava. La ragazza le era scivolata proprio sotto il naso e Sua Altezza non ne sarebbe stata contenta. Doveva essere arrestata a tutti i costi e Skraeda aveva fallito. «La troverò» si era ripromessa. «Sistemerò le cose.»

E ora eccoli lì, con la donna in custodia. I Klaernar l'avevano rintracciata in una fattoria poco distante, e l'avevano portata a Reykfjord perché Skraeda potesse interrogarla.

«Dov'è il ragazzo?» chiese Skraeda.

Lo sguardo della donna si fece tagliente come un pugnale.

«Ragazzo?» chiese il comandante. «Non c'era nessun ragazzo.»

Skraeda esaminò la donna: il vestito di lana filata in casa era bucato in più punti, gli stivali avrebbero dovuto essere sostituiti anni prima. Ma a dispetto di questo, teneva la schiena incredibilmente dritta.

«Toglile il bavaglio» disse Skraeda, camminando avanti e indietro per la stanza per esaminare la prigioniera da tutti i lati. Il suo corpo sprigionava mulinelli impetuosi di rabbia, che si intrecciavano con fili più piccoli di paura. Era bizzarro che fosse più arrabbiata che spaventata. Molto bizzarro, davvero.

Il kommandor allentò il bullone sul retro del bavaglio e sfilò il marchingegno di ferro dalla testa della donna. Skraeda le si mise davanti, sprofondando nella sedia di fronte a lei. Alcuni segni rossi le scurivano la mascella e la parte tra il naso e le labbra, dove il bavaglio si era appoggiato.

«Come ti chiami?» le chiese Skraeda.

Era sempre meglio iniziare con domande facili, per farsi un'idea delle emozioni dei prigionieri. Come si aspettava, la donna serrò le labbra, il nastro di rabbia che avvampava più luminoso. Ma Skraeda individuò il filo di paura e tirò bruscamente.

Con estrema soddisfazione, vide gli occhi della donna spalancarsi, poi sfarfallare. La testa le ricadde all'indietro e il respiro si fece più rapido: qualunque fosse il ricordo che Skraeda aveva evocato, stava prendendo il sopravvento sulla sua coscienza. Era un trucco che aveva imparato negli anni in cui aveva perfezionato la sua abilità di Consolatrice. Poteva aumentare o smorzare le emozioni, sì, ma aveva scoperto che quando tirava un filo abbastanza forte poteva rievocare anche i ricordi associati a quelle emozioni.

La donna sbatté le palpebre e, quando le sue pupille si dilatarono, Skraeda seppe di essere tornata su un terreno solido.

«Possiamo risolverla in due modi: uno facile, uno difficile» le disse lentamente.

«T-tu...» balbettò la donna. Skraeda vide la base del collo che palpitava e capì che era stata assalita dagli echi del suo ricordo più terribile. «Tu sei una Galdra!» I suoi occhi saettarono verso il Kommandor Thord. «Perché non l'hai messa al pilastro?»

Skraeda mantenne lo sguardo fisso. Le piaceva quella parte dell'interrogatorio, quando l'accusato si rendeva conto che lei non era un'alleata. Quando si rivolgeva ai Klaernar per ottenere la salvezza.

Come previsto, il kommandor rimase impassibile. «Si è dimostrata molto utile» mormorò alle spalle di Skraeda.

La donna le lanciò un'occhiata che avrebbe potuto frantumare la pietra. «Sei una traditrice della tua gente» sbottò.

Traditrice. Le parole di Ilka le riecheggiarono nella mente. *Traditrice. Traditrice.*

Traditrice. La rabbia divampò nelle vene di Skraeda, e il filo della paura divenne scivoloso e più difficile da trattenere nella mente. Scosse la testa, sforzandosi di respirare e di calmarsi.

«Sono un'opportunista» disse infine, dominando le proprie emozioni. «Faccio ciò che devo per sopravvivere.» Si sporse in avanti, puntellando i gomiti sulle ginocchia. «Come. Ti. Chiami.»

La donna serrò le labbra, scuotendo vigorosamente la testa.

Skraeda sorrise, tirando di nuovo il filo della paura. La donna ansimò, lasciandosi sfuggire un basso lamento mentre la testa le ricadeva all'indietro. Facevano sempre così... la costringevano a mostrare loro cosa sarebbe successo se non fornivano le risposte di cui aveva bisogno. E Skraeda ammetteva che le piaceva quella parte del processo.

«No» gemette la prigioniera, scossa dai tremori.

Skraeda si chiese cosa avesse visto: l'ultimo respiro di una persona cara? Il gesto violento di un marito? Un terribile incidente?

Dopo diversi lunghi secondi, la donna sussultò di nuovo, sollevò la testa di scatto e aprì gli occhi.

«Vigdis» sussurrò, il polso sempre più accelerato. Skraeda era un po' delusa. Aveva confessato con troppa facilità. *Non siamo qui per divertirci,* ricordò a sé stessa. *Siamo qui per trovare la ragazza.*

«Vigdis» ripeté Skraeda. «Dov'è il ragazzo? Tuo nipote, se non ricordo male.»

Il filo della paura si snodò e si avvolse fino a superare la rabbia in spessore e luminosità. Skraeda lasciò che i suoi sensi si allungassero a sfiorarlo delicatamente. Un promemoria.

«Non lo troverai» disse Vigdis, la rabbia che tornava a montare.

Skraeda sorrise. Quella donna era schiava delle sue emozioni. «E tua nipote, Vigdis?»

L'espressione della donna si fece per un attimo confusa, ma subito parve capire.

«Sì» disse Skraeda. «Sapevi che cercavamo lei, eppure l'hai protetta.» La rabbia le graffiò la gola... era stata quella donna a ingannarla. Era lei la ragione per cui era stata umiliata agli occhi della sua regina. «Dov'è, Vigdis?» chiese, strimpellando il filo della paura. «La ragazza che viaggiava sul retro del tuo carro. Indossava un mantello rosso.»

Il respiro di Vigdis si fece affannoso, il polso accelerò di nuovo. «Non lo so» gracchiò. «L'ho lasciata al molo e da allora non l'ho più vista.»

La rabbia di Skraeda divampò e la paura di Vigdis le scivolò tra le dita. *Controllati,* disse a sé stessa. *Non lasciare che le tue emozioni prendano il sopravvento.* Contò fino a dieci e cercò di nuovo la paura di Vigdis.

«Cosa ti ha detto?» le chiese Skraeda a denti stretti. Si era già stancata di quei giochetti. Bisognava trovare la ragazza e caricarla su una nave diretta a Sunnavík prima che la regina scoprisse il suo errore.

Vigdis strinse le labbra, alzando gli occhi verso le travi del soffitto.

Skraeda tirò il filo della sua paura, non tanto forte da far riaffiorare un ricordo, ma abbastanza da farle tornare in mente cosa c'era in gioco.

«Non sono irragionevole, Vigdis» disse dolcemente. «Lascerò tuo nipote fuori da questa storia, ma solo se mi dirai tutto ciò che sai della ragazza.» Continuò a far vibrare la paura della donna, osservò le sue pupille dilatarsi, i muscoli del suo collo tendersi. «Se ti rifiuti ti renderò le cose molto spiacevoli. E poi troveremo tuo nipote e renderemo le cose molto spiacevoli anche a lui. Come tutti i Kommandor Klaernar, il qui presente Thord è stato istruito nell'arte della produzione di aquile di sangue. Secondo te, il cuore di tuo nipote cederà prima che gli vengano strappati i polmoni dal petto, o sopravvivrà fino alla fine?»

«A nord» balbettò Vigdis. «La ragazza è diretta a nord, lungo la Strada d'Ossa.»

«Per dove?»

Vigdis scosse la testa. «Non me l'ha detto. Te lo giuro sulla mia vita...»

Skraeda guardò soddisfatta la donna accigliarsi, e il filo del senso di colpa farsi più spesso. «Oh, Vigdis» tubò. «Hai fatto ciò che dovevi. E adesso ti concederò la grazia di una morte rapida.» Sfoderò l'hevrít e la sgozzò, guardandola attentamente negli occhi mentre si spalancavano e poi, pian piano, si offuscavano.

Il kommandor, alle sue spalle, fece un verso sprezzante. «Avremmo potuto usarla per la nostra quota. Avremmo potuto metterla al pilastro.»

Skraeda, con un brivido, sentì l'irritazione dell'uomo aleggiare nella stanza. "Viviamo in un mondo di uomini, Skraeda" le aveva detto la sua regina, con la sua voce rassicurante. "Lascia che ci credano agnelli, quando in realtà siamo lupi."

Skraeda non era certo un agnello, e non credette nemmeno per un attimo che il kommandor la considerasse tale.

Dopo aver pulito la lama sulle gonne della donna morta, si voltò per esaminare l'uomo più da vicino. Senza le emozioni stridenti di Vigdis a offuscarle, riusciva a percepire più facilmente quelle del kommandor. Irritazione, sì, ma anche paura e... oh... un pizzico di lussuria. Be', era una scoperta interessante. Ma sotto i filamenti intrecciati delle emozioni del Kommandor Thord c'era un filo d'oro, sottile e delicato. Era quello ad avere maggior interesse per Skraeda.

La tentazione di attirarlo a sé, di giocarci, era forte. A lungo Skraeda aveva riflettuto sull'utilità di quel filamento dorato, esclusivo dei Klaernar. Ma il dovere la chiamava e aveva bisogno che loro fossero dalla sua parte. Le sarebbe toccato ammansire le pietose emozioni del kommandor. Così, gli sorrise.

«Questo sarà un nostro segreto» disse Skraeda. «La regina ti invierà una ricompensa per il tuo tempo e la tua discrezione, kommandor.»

Skraeda si avviò verso la porta. «Dove vai?» le chiese il Kommandor Thord.

Skraeda si fermò sulla soglia. «A nord. Percorrerò la Strada d'Ossa.»

12

La Strada d'Ossa

La bambina bionda era tornata.

Aveva i capelli arruffati appiccicati alla fronte umida di sudore e gli occhi azzurri, spalancati, rivolti verso l'alto. Silla le prese la mano fredda e scivolosa.

Dei passi risuonavano in lontananza, riecheggiavano sui muri, diventando più forti: si stavano avvicinando.

La bambina le passò la mano libera sulla guancia. «Guardami» sussurrò. «Respira. Non siamo sole. Malla e Marra vegliano su di noi.» In effetti, i raggi delle lune gemelle brillavano attraverso la finestra, una colonna di luce lattiginosa che si allungava sul pavimento di pietra. Sotto il tavolo, le due bambine si rannicchiarono, i corpicini premuti l'uno contro l'altro.

Silla fece come le era stato ordinato. La guardò negli occhi, poi inspirò profondamente dal naso ed espirò dalla bocca.

«Uno. Due. Tre. Quattro. Cinque.»

Per un secondo sembrò quasi che avrebbe funzionato.

I passi ora rimbombavano impietosi sui muri. Sarebbero arrivati presto. Erano tantissimi. Silla chiuse gli occhi.

Sanno dove siamo.

La sua presa sulla mano della bambina si fece più stretta. La porta si spalancò e Silla aprì un occhio, solo uno spiraglio. Quel che bastava per vedere dei piedi... troppi piedi. Ovunque risuonava il raschiare degli stivali a terra, lo stridio del legno contro la pietra mentre i mobili venivano spostati.

E poi accadde, proprio come era successo ogni volta prima di quella.

La bambina fu strattonata indietro, la sua mano strappata via da quella di Silla. Un grido stridulo le sfuggì dalle labbra.

Un suono che perseguitò Silla anche molto dopo che si fu svegliata.

«Non lasciarmi!» gridò la bambina.

Qualcuno le strinse le mani attorno alla vita e lei fu allontanata. Silla aprì la bocca.

E urlò.

* * *

«Riccioli» disse Jonas, scuotendole la spalla mentre le si inginocchiava accanto.

Lei aggrottò le sopracciglia scure e arcuate, e dischiuse le labbra per lanciare un secondo grido. Imprecando sottovoce, Jonas le fece scivolare la mano sulla bocca, dandole una scrollata non proprio gentile. Ma lei non si svegliò.

Lui strinse i denti, lanciandole un'occhiata truce. Quella donna irritante era con loro da poche ore, e stava già creando problemi. Se avesse urlato ancora una volta, avrebbe potuto attirare le bestie della foresta. Le mise la bocca accanto all'orecchio, ma l'odore dei suoi capelli – un aroma dolce che si mescolava al profumo della foresta – lo distrasse.

Cervi vampiro, ricordò Jonas a sé stesso. *Mannari bruni*. Se l'avesse costretto a sguainare la spada nel cuore della notte, l'avrebbe ammazzata lui stesso. Maledisse Rey e la sua indecisione. Cosa diavolo gli era passato per la testa? L'Equipaggio dell'Ascia Insanguinata aveva una reputazione da difendere. Non potevano permettersi di dare passaggi gratis a chiunque... soprattutto quando c'erano migliaia di sólas in gioco.

«Katrin!» sussurrò, orgoglioso di sé per essersi ricordato il suo nome.

Alla fine, la donna aprì gli occhi, il bianco che lampeggiava alla luce della luna. Sollevò di scatto le sopracciglia, e spalancò di nuovo la bocca.

«Maledetta, non ti azzardare...» Jonas fu interrotto da una fitta dolorosa: la donna gli aveva piantato le unghie nella mano e lacerato la pelle. «Cazzo!» esclamò, cadendo all'indietro e lasciandola andare.

Katrin si divincolò, scalciando. Cercò di alzarsi in piedi, ma la corda che la teneva legata all'albero si tese, facendola cadere a pancia in giù. Sarebbe stata una scena divertente, se il suo terrore non fosse stato così palpabile e se non avesse ferito la mano di Jonas. Indietreggiando, Katrin tornò a premere la spina dorsale contro il tronco dell'albero.

Jonas le scoccò un'occhiata torva. Se avesse urlato di nuovo, se avesse attirato le creature del bosco... Lui non avrebbe mai permesso che accadesse.

«Guardami, Katrin» disse con voce autorevole. «Va tutto bene.» I suoi occhi castani si posarono su di lui per poi allontanarsi rapidi. Jonas sentì l'irritazione montare. «Visualizza il tuo posto preferito in tutta Íseldur. Chiudi gli occhi, se serve.» Lei chiuse gli occhi e inspirò bruscamente dal naso. «Immagina di essere nel tuo posto preferito. Sei al sicuro. Niente può raggiungerti.»

La donna inspirò a fondo, e Jonas le fissò la gola, felice di vedere che il battito cardiaco si stava calmando.

Dove sarà andata?

Allontanò quel pensiero intrusivo con una smorfia contrariata. Senza pensarci, afferrò il talismano d'argento martellato nella tasca, e sfregò col pollice la superficie incisa. Rimase in silenzio, guardandola respirare. Alla fine, la donna aprì gli occhi e inclinò la testa verso il cielo stellato.

«Non puoi urlare all'aperto» le disse Jonas con un'occhiataccia. «Ci sono mannari bruni in giro. E altre cose.»

«Ti chiedo scusa» disse piano Katrin. «Pensavo che fossi...» Scosse la testa. «Niente. Mi dispiace.» Lo sguardo le cadde sulla mano di lui e sgranò gli occhi. «Non volevo graffiarti. Stai...»

«Torna a dormire» borbottò Jonas, rimettendosi in piedi. Girò sui tacchi e riprese la posizione accanto al fuoco, per continuare la veglia solitaria del suo turno di guardia.

* * *

Il sole era sorto, ma era coperto da nuvole grigie; Rey fissava la donna rannicchiata sotto il tiglio. Usando la sua sacca come cuscino, si era coperta con il mantello cremisi e una pelliccia presa dal loro carro. Le ciglia scure si allargavano a ventaglio contro la pelle pallida, e un liquido luccicante le colava dalle labbra dischiuse.

Stava sbavando.

Rey si accigliò. Per i fuochi eterni, che cazzo ci faceva quella donna sprovveduta lì fuori, nel suo carro, mentre cercavano di portare a termine l'incarico più importante che avessero mai ricevuto? Un agnello smarrito tra i mannari bruni, le bande di guerrieri e gli assassini che si aggiravano da quelle parti. Avrebbe dovuto farle un favore e concederle una morte rapida con la sua ascia.

Quello almeno era il piano della sera precedente: ma quando Rey era stato sul punto di squarciarle la gola con il pugnale di Jonas, qualcosa lo aveva fermato. Non sapeva per certo di cosa si trattasse: i sussurri degli dèi, qualcosa che gli ribolliva nel sangue. Quando aveva posato gli occhi sulla cicatrice a forma di mezzaluna all'angolo dell'occhio di lei, aveva esitato.

Nel suo lavoro, Rey aveva imparato a prendere decisioni difficili in fretta. Ma quell'esitazione... aveva cambiato tutto. Era durata il tempo necessario perché le parole della donna si depositassero dentro di lui, perché i semi che aveva piantato mettessero radici e crescessero. Quell'esitazione l'aveva torturato tutta la notte, e adesso l'indecisione lo tormentava: portarla con loro o ucciderla? Non avrebbe dovuto essere una scelta difficile, eppure eccolo lì. Ancora indeciso.

"Quando ti rammollisci, la gente viene uccisa."

Le parole del suo ex mentore gli risuonarono nelle orecchie. Kraki sapeva essere un uomo terribile, ma era sopravvissuto fino a quel punto per una ragione. In quel paese, la regola era uccidere o essere uccisi. E se non ti fidavi di chi combatteva, cavalcava e dormiva accanto a te, eri praticamente morto. Jonas glielo aveva detto, la sera prima: "Non possiamo permetterci complicazioni durante quest'incarico", con un'impazienza nella voce che non sentiva da molti, lunghi mesi. Anni, addirittura, a voler essere onesto.

C'era del vero nelle sue parole, e in quelle di Kraki. Rey sapeva cosa doveva fare. *Sarà un gesto misericordioso ucciderla,* si disse per convincersi, allungando la mano verso la spada, ma sentì una stretta al petto, e accadde di nuovo.

Esitò.

Stringendo i denti, sentì la rabbia avvampargli nelle viscere. Perché continuava a mettere in dubbio quella scelta? Quella donna si era intrufolata nel suo carro, aveva sconvolto i suoi piani, aveva sentito cose che non erano destinate alle sue orecchie. Si era guadagnata il morso della sua lama.

E se invece riuscisse a ottenere le informazioni da Kraki? Il pensiero che lo aveva tormentato per tutta la notte si materializzò come nebbia su un mare invernale. Poteva essere lei la chiave per recuperare le informazioni di cui avevano bisogno? Solo gli dèi sapevano quanto Kraki sarebbe stato riluttante a consegnarle a lui, visto il modo in cui si erano separati. E quella donna aveva un certo sguardo, uno sguardo che Kraki aveva desiderato ardentemente più e più volte.

A Kraki piacciono giovani e... dolci, pensò Rey con una smorfia. Ecco una delle cose che non aveva in comune con lui.

Mentre fissava torvo la donna addormentata, dentro di lui infuriava una guerra. Era la millesima volta che si chiedeva cosa scegliere:

ucciderla subito e restare fedele alle regole dettate da Magnus, oppure usarla per ottenere le informazioni e pensare dopo al resto.

Tenerla con loro sarebbe stato un rischio: se il Mangiacuori avesse scoperto che avevano volontariamente condiviso i dettagli di quell'incarico, avrebbe preteso che pagassero con il sangue.

Ma anche andare a Istré senza le informazioni di cui avevano bisogno era un rischio considerevole. Prepararsi adeguatamente per ogni incarico era una questione della massima importanza. Quel libro gli serviva. E Rey sapeva di aver bisogno di qualcosa... *qualcosa* che convincesse Kraki. Era possibile che quella ragazza dagli occhi da cerbiatta, e dotata di una presunta lingua d'oro, potesse essere la soluzione.

Quando ebbe deciso, Rey le diede un colpetto sul fianco con la punta dello stivale e la osservò mentre si svegliava. Lei sbatté le palpebre e si mise seduta, guardandosi intorno, e poi posò lo sguardo su di lui. Rey lo individuò subito: il momento in cui lo riconobbe, e tutto le tornò in mente. Gli occhi le si ridussero a due fessure, e, con un po' di affanno, indietreggiò. Lui la fissò, accigliato.

«Dimmi quale sarebbe il tuo piano» borbottò Rey.

«Piano?» ripeté lei, la voce ancora roca per il sonno.

Lui inspirò con forza dal naso, poi proseguì: «Se ci dai le informazioni di cui abbiamo bisogno, ti porteremo da Kraki. Hver è la città più vicina alla Dorsale di Skalla, a una settimana di viaggio».

Lei sussultò, gli occhi lucidi di lacrime non versate. Rey la guardò contrariato. L'ultima cosa di cui l'Equipaggio dell'Ascia Insanguinata aveva bisogno era una donnetta piagnucolosa. Era stato un errore. Avrebbe dovuto tagliarle la gola e lasciarsi quel pasticcio alle spalle.

«Grazie!» esclamò lei, balzando in piedi e barcollando in avanti. La corda che la legava all'albero si tese e fu strattonata all'indietro.

«Finora non hai certo brillato per ingegno» borbottò Rey. La donna cercava di non sorridere, ma stava perdendo la battaglia. E più lei sorrideva, più la smorfia di lui si faceva profonda. «È un'idea terribile» disse alla fine. «Pianifica, donna. Come farai a estorcergli quelle informazioni?»

Il suo sorriso vacillò. «Io... be', devo imparare tutto quello che posso su questo Kraki e... studiare le sue debolezze, i suoi vizi... e, ehm, sfruttarli a nostro vantaggio.»

Rey la fissò senza espressione. Dov'era la sua cosiddetta lingua d'oro? «Le sue debolezze sono le belle ragazze e la brennsa. È abbastanza per lavorarci, per te?»

Un vivo rossore le salì alle guance e Rey sbuffò, distogliendo lo sguardo. Una donna rossa in viso che piangeva, armata solo di un martello – e nemmeno un martello da guerra, ma un misero martello da falegname... non avrebbe mai funzionato. Aprì la bocca per dirlo, ma lei lo batté sul tempo.

«Non lo sedurrò.» Lo disse con una convinzione incrollabile, e lo sguardo di Rey scivolò di nuovo sui suoi occhi castani. C'era una sottile banda dorata che le circondava la pupilla, notò.

«La tua virtù è più importante della tua vita?» chiese Rey, cercando di non mostrare il suo divertimento. Non avrebbe lasciato che Kraki le mettesse le mani addosso, ma per qualche ragione non sentiva l'urgenza di dirglielo. Preferiva vederla soffrire un po'. Come penitenza per la sua trasgressione.

«Chi dice che la mia virtù è intatta?» sbottò lei, e il divertimento di Rey si trasformò in una vera e propria risata. Rey non poteva vantare tante amanti quante Jonas, ma sapeva leggere le donne abbastanza bene.

Lei socchiuse gli occhi e lo fissò. Rey sbatté le palpebre: non era abituato a mantenere il contatto visivo con un estraneo per tanto tempo. Era orgoglioso della sua capacità di innervosire gli altri con un solo sguardo; dopotutto, c'era un motivo se si era guadagnato il soprannome Occhi d'Ascia. Dopo un momento, il lieve rossore sulle sue guance della donna si fece più intenso e lei distolse lo sguardo. Rey sentì la soddisfazione montare. Sapeva di aver indovinato: era vergine, poco ma sicuro.

«Otterrò le informazioni senza bisogno di... *quello*» borbottò la donna.

«Come desideri» ribatté lui.

La fissò. I suoi capelli erano un groviglio selvaggio di riccioli, aghi di pino e pezzetti di muschio. Nonostante questo, sembrava un membro della Casa di Ursir o un'ancella della smorfiosa moglie di uno jarl, piuttosto che una donna che viaggiava con l'Equipaggio dell'Ascia Insanguinata lungo la Strada d'Ossa.

Errore, pensò. *Non sarà altro che una distrazione quando dovrete mettervi a tavolino a definire i dettagli dell'incarico*. La rabbia gli divampò nello stomaco: era rivolta a quella donna, che gli aveva piazzato sulle spalle il peso di quella decisione.

Ma ormai era fatta. Aveva compiuto la sua scelta, e adesso bisognava affrontarla.

«Se vuoi viaggiare con l'Equipaggio dell'Ascia Insanguinata, dovrai seguire le nostre regole, donna.»

«Katrin» lo corresse lei, gli occhi che si accendevano di un fuoco inaspettato. «Puoi chiamarmi Katrin.»

Rey socchiuse gli occhi. «Ecco le regole. Primo: fai come ti viene detto. Se io dico "ferma", tu ti fermi. Se io dico "corri", tu corri. Mi hai capito?»

Lei annuì. Rey alzò un secondo dito. «Secondo: sii sincera con noi. Nel nostro lavoro, se non puoi fidarti degli uomini e delle donne che hai accanto sei cibo per gli avvoltoi. Niente bugie. Capito, Katrin?»

La donna annuì, mentre un lampo le attraversava lo sguardo. «Posso cucinare per voi...»

Rey si sentì pervadere dall'irritazione. Sapeva cosa stava facendo: cercava di insinuarsi nell'Equipaggio, di guadagnarsi un passaggio fino a Kopa. Non sarebbe mai successo. Non sotto il suo comando.

Sollevò un altro dito. «Terzo: non parlare di quest'incarico a nessuno. Se altri scoprono che ne sei a conoscenza, sarò costretto a ucciderti. Se l'uomo che ci ha assunti scopre che te ne abbiamo parlato, la vita di tutti noi è a rischio.»

Lei annuì ancora una volta, deglutendo a fatica.

«Ci fermiamo per le provviste a Svarti. Se tocchi qualcosa nel carro, se parli troppo, se mi dai ragione di sospettare che metterai in pericolo la mia squadra...»

«Lasciami indovinare» lo interruppe lei in tono aspro. «Mi ucciderai.»

Rey la guardò torvo e l'audacia della donna sembrò evaporare. Lui fece un passo avanti per liberarla, ma lei indietreggiò il più possibile, schiacciandosi contro l'albero.

Con una stretta allo stomaco e un respiro profondo, Rey si sforzò di ammorbidire l'espressione dei suoi "occhi d'ascia". «Preferisci mangiare con le mani legate?» borbottò.

La donna dischiuse le labbra ed esitò un istante prima di porgergli i polsi. Rey allentò le corde e la vide aprire una mano, sul cui palmo c'era ancora quello strano sasso a forma di cuore. Che donna bizzarra. Non aveva provviste, i suoi vestiti erano inadatti a quella strada, eppure il sasso... quello aveva deciso di portarlo con sé?

Rey tornò a studiarle il viso, i lividi sull'occhio e sul collo. Strinse i pugni. «Partiamo tra venti minuti. C'è un ruscello da quella parte, se vuoi lavarti. Mangia qualcosa. Oppure no.» Girò sui tacchi e si diresse a grandi falcate verso il fuoco.

Nella mente gli riecheggiavano le parole di Kraki.

"Quando ti rammollisci, la gente viene uccisa."

Rey espirò pesantemente. Se ne sarebbe pentito. Ne era sicuro.

13

Silla sbatté le palpebre mentre il gigante si dirigeva a grandi passi verso il fuoco. Ceneri, certe volte faceva davvero paura. Ma ora che l'aveva lasciata sola, si ritrovò involontariamente a sorridere. Non l'aveva uccisa, e non solo: si era guadagnata almeno un passaggio fino alla città di Hver. Si era aperta una nuova porta. Si sarebbe resa indispensabile: avrebbe fatto in modo che quei guerrieri mangiassero come dei re, e una volta arrivati a Hver non avrebbero più voluto lasciarla andare. Era felicissima.

"Niente bugie. Capito, Katrin?" Le tornarono in mente le parole di Rey, e il suo sorriso vacillò.

Be', questo no, pensò. Quello non poteva garantirlo. La segretezza era la sua protezione; era sempre stato così, e non avrebbe cambiato idea solo perché un guerriero troppo cresciuto, con occhi spaventosamente intensi, glielo aveva comandato. D'altronde, fortuna aveva voluto che Silla fosse diventata bravissima a mentire, negli ultimi dieci anni. Era certa che non avrebbe avuto problemi.

Con le mani finalmente libere, raccolse il mantello e il sasso a forma di cuore, infilandoli nella borsa assieme al resto dei suoi averi. La foresta le era rimasta appiccicata addosso e, dopo un momento di indecisione, si diresse verso il ruscello.

La luce del mattino si impigliava sulle gocce di rugiada, che scintillavano come perle di ghiaccio infilate nell'erba. Forse era un buon auspicio da parte degli dèi, il segno che l'attendeva un futuro luminoso. Le giunse alle orecchie il suono dell'acqua corrente, un ruscelletto serpeggiava attraverso il campo e scompariva in un boschetto di alberi. Silla si inginocchiò, raccolse l'acqua fresca con le mani e se la spruzzò sul viso. Era così fredda che ravvivò le sue membra intorpidite dal sonno, e le parve un nuovo inizio per quel capitolo del suo viaggio.

Sospirando di piacere, si rialzò in piedi, girandosi per raggiungere il fuoco. Sussultò quando vide Jonas in piedi a pochi passi di distanza. Il bagliore dorato della sua chioma attirò la sua attenzione: il cranio rasato ai lati, il resto dei capelli tirati indietro e legati con un codino sulla sommità della testa. Sebbene non fosse alto come Rey, era comunque mezza testa in più di lei. Con quelle braccia possenti incrociate sul petto e il cipiglio sul viso, sembrava un presagio meno felice della rugiada.

Ceneri, pensò Silla. *Perché quest'uomo mi disprezza così tanto?*

Arrossì quando si ricordò di essersi svegliata con lui che le incombeva addosso, e con la sua mano premuta sulla bocca. Il tempo aveva smesso di scorrere e le era sembrato di essere tornata sulla strada vicino a Skarstad, con il guerriero che la stringeva troppo forte alla vita mentre suo padre combatteva poco lontano. Aveva affondato le unghie nella pelle di Jonas, e l'idea che lui l'avesse vista in quel momento di vulnerabilità la metteva in imbarazzo.

Aprì la bocca per chiedergli come stava la mano, ma lui la batté sul tempo.

«Non so come sei riuscita a convincere Occhi d'Ascia» disse a bassa voce. «Ma ti dirò una cosa: siamo nel bel mezzo dell'incarico più importante che abbiamo mai avuto, e non permetterò a un topo di mettersi tra me e i miei sólas.»

«Un topo?» chiese lei. Sentì la collera montare, e si sforzò di respirare per calmarsi. Doveva conquistare quella gente. Doveva guadagnarsi la loro fiducia.

Jonas la scrutò da capo a piedi, con uno sguardo tanto intenso da bruciarle sulla pelle. «Silenziosa. Accondiscendente. Ti ficchi negli angoli bui, pur non essendo la benvenuta.»

Silla era sul punto di scoppiare a ridere. Nessuno l'aveva mai definita silenziosa in vita sua. Ma era evidente che Jonas si era già fatto la sua idea su di lei.

«Permettimi di rassicurarti, guerriero» disse, sostenendo il suo sguardo. «I topi sono piuttosto abili a starsene fuori dai piedi. Non rappresento un rischio per i tuoi preziosi sólas.» Non riuscì a trattenere la nota di disprezzo nella voce.

Era chiaro che a quell'uomo interessasse solo il denaro. Tornò a studiarla, la mascella contratta. Silla sentì il viso avvampare e si sforzò di muovere i piedi, di dirigersi verso il fuoco e allontanarsi da lui.

Sigrún aveva aggiunto della legna alle braci e le fiamme lambivano delicatamente una pentola annerita. La guerriera aveva occhi marrone scuro, e le labbra arcuate si sollevarono in un accenno di sorriso mentre Silla si avvicinava. Mosse le mani in gesti che Silla non capì, e Ilías si intromise per interpretare. «Ti ha chiesto se vuoi una ciotola di porridge.»

«Oh» disse Silla, con lo stomaco che brontolava. «Volentieri.»

Sigrún versò il porridge in una ciotola di legno, dove quello ricadde con un tonfo. Silla strinse le labbra mentre guardava quell'ammasso tremolante. Anche da dove si trovava, capì che era bruciato e poco cotto allo stesso tempo.

Accettò la ciotola con un sorriso cortese. «Ti ringrazio» disse a Sigrún.

I guerrieri dell'Equipaggio dell'Ascia Insanguinata sedevano attorno al fuoco e mangiavano in silenzio. Un bollitore d'acciaio malconcio passò di mano in mano, e tutti si servirono una tazza fumante di róa speziato. Seduta su una cassa vuota, Silla concentrò la sua attenzione sul suo porridge, mangiandolo senza lamentarsi, persino la crosta gommosa e bruciacchiata sul fondo. Prima che potesse raccogliere i piatti o offrirsi di aiutare a lavarli, Sigrún le aveva strappato la ciotola dalle mani e aveva cominciato a sistemare da sola.

Silla si avvicinò al cavallo bianco di Rey, ancora legato al carro. Grandi occhi castani la fissavano da sotto folte ciglia nere. «Sei una bellezza, vero?» mormorò Silla. Fece scorrere una mano sul muso morbido dell'animale, che sbuffò, dandole una musata. Il sorriso di Silla si fece più ampio. «Sei meno scontroso del tuo cavaliere. Dimmi come conquistare il suo favore, piccolo. Ti prometto che conserverò le carote migliori per te.»

Sentì un trapestio alle sue spalle, e non ebbe bisogno di girarsi per sapere che era Rey.

«Come si chiama?» chiese Silla.

«Cavallo.»

Perplessa, Silla si girò sui tacchi, fissandolo. «Hai chiamato il tuo cavallo... Cavallo?»

La luce del mattino danzava sui riccioli neri come la notte di Rey, che aggrottò la fronte, finché le folte sopracciglia formarono una linea unica. «Me ne sto già pentendo.» Si passò una mano sugli occhi. «Sali sul carro prima che cambi idea.»

Silla evitò il suo sguardo raggelante e si fece strada sul retro del carro. Per fortuna, avevano lasciato metà delle provviste scoperte e lei si sistemò nella pila di pellicce all'angolo, un netto miglioramento rispetto a quando si era rannicchiata su un fianco nell'oscurità. Ma Rey salì sul carro dopo di lei, facendo oscillare il pianale a ogni passo, e Silla notò la tensione nel suo corpo aumentare sempre più.

Le incombeva addosso come una nuvola di pioggia che copriva il sole. La folta pelliccia di lupo drappeggiata sulle sue spalle lo faceva sembrare ancora più grosso e imponente. Silla sentì un nodo di inquietudine formarsi nello stomaco mentre Rey recuperava un pezzo di corda dalla cintura e la usava per legarle le mani, assicurandole poi a un cerchio di ferro incastonato nella sponda di legno del carro.

Mentre Rey era intento in quel lavoro, lo sguardo di Silla cadde sulla sua armatura, la stessa, notò, che indossava tutto l'Equipaggio dell'Ascia Insanguinata. Da vicino, poteva vedere migliaia di minuscole scaglie di cuoio nero sulla sua maglia corazzata, molto diverse dalle pesanti cotte di maglia di ferro preferite dagli Artigli del Re e da altri guerrieri di Íseldur.

Curioso, pensò raddrizzandosi.

«Non posso permettere che tu te ne stia qui a progettare di pugnalarmi alle spalle» disse Rey. Arretrò, saltando giù dal carro. «O a toccare le mie cose» borbottò sottovoce.

Silla lo seguì con lo sguardo, sbattendo le palpebre. *Quell'uomo ha bisogno di abbracciare un bambino o accarezzare un cane,* pensò.

Con la vista appannata, osservò l'accampamento abbandonato mentre il carro rimbalzava lungo il sentiero. La radura erbosa si faceva più piccola, un debole filo di fumo saliva dal fuoco spento, fradicio d'acqua.

Quando finalmente raggiunsero la Strada d'Ossa e il terreno si fece più agevole, Silla si concesse un sorriso. L'avrebbero portata a Hver. Era più di quanto avesse osato sperare. Era un progresso, un passo nella giusta direzione. Ginepri e pini si richiusero sulla strada, oscurando il cielo cupo con ciuffi spinosi di verde. Dopo giornate intere trascorse nella disperazione, Silla si impose di rilassarsi, ma le sembrava impossibile.

Era impossibile anche impedire ai ricordi di suo padre di tornarle in mente. La sua vita era cambiata tanto in fretta da lasciarla stordita, e anche solo il pensiero di suo padre le suscitava un gran caos in testa. Era morto per proteggerla, ma le aveva mentito per tutta la vita. Adesso mille domande la tormentavano e la assillavano, e non aveva nessuno che potesse fornirle le risposte.

La mattinata trascorse con spaventosa monotonia. La sua vista si metteva a fuoco e si appannava mentre lei si sforzava di concentrarsi su Kopa, cercando disperatamente di distrarsi e non pensare a suo padre. Frammenti di conversazione le giunsero alle orecchie, ma i guerrieri mantennero le distanze. Le ore trascorrevano interminabili e Silla si ricordò che, sebbene lei stessa fosse immobile, Kopa era sempre più vicina. Skeggagrim era sempre più vicina. La casa-rifugio era sempre più vicina. La salvezza era sempre più vicina.

Mentre il sole ammantato di nuvole calava verso l'orizzonte, un dolore sordo le si concentrò all'altezza delle tempie. Sentì l'intero corpo contrarsi, e questo parve solo accelerare l'incipiente mal di testa. L'attesa del dolore era normale per lei, fin da quando aveva memoria, e sospettava che così sarebbe stato per molti anni a venire. Grazie agli dèi, esistevano le foglie di skjöld! Sapere di avere il rimedio nascosto contro il petto era un immenso sollievo. In quel momento, le foglie erano forse l'unica cosa che le permetteva di non crollare.

Doveva prenderne una. Anzi, meglio due. *No*, si disse. *Devi mantenere la mente lucida*. Ma era difficile resistere a quella tentazione incontrollabile. Le foglie potevano aiutarla a dimenticare cos'era successo a Skarstad, potevano calmarle i nervi...

Ma il suo imminente mal di testa le fece tornare in mente un altro problema. Le Spine da Battaglia le avevano rubato la riserva di foglie, e a lei rimanevano solo quelle ancora contenute nella fiala. L'idea che potessero finire la fece rabbrividire. Dopo qualche minuto di difficoltà, visto che aveva le mani legate, riuscì a infilare una foglia di skjöld tra le labbra; chiuse gli occhi mentre il suo sapore terroso le riempiva la bocca.

Un fischio acuto proveniente dalla testa del gruppo segnò la fine della loro giornata; l'Equipaggio dell'Ascia Insanguinata si allontanò di parecchio dalla Strada d'Ossa, serpeggiando tra gli alberi finché non arrivò in uno spiazzo erboso. Quando il carro si fermò, Silla sospirò: l'interruzione del rumore costante fu una gioia per le sue orecchie. Rey la liberò senza dire una parola e lei scese dal carro, osservando gli altri che iniziavano i loro rituali serali. Inginocchiata accanto al treppiede di ferro, Sigrún stava tirando fuori una pentola e alcune provviste da una cassa. Silla fece un respiro profondo e le si avvicinò.

«Sigrún, volevo ringraziarvi tutti per la vostra... ospitalità. Hai cavalcato tutto il giorno, oggi, mentre io facevo un sonnellino magnifico, il migliore della mia vita. Per favore, permettimi di cucinare e vai a riposarti.»

Dopo un momento di silenzio, Sigrún chinò impercettibilmente la testa e si allontanò. Silla sorrise. Almeno le donne dell'Equipaggio sembravano gentili. Tirò fuori provviste e utensili e li ispezionò. Una pentola annerita, un coltello, cipolle, carote, una lattina di corteccia di róa essiccata e una di sale.

«Prepari *tu* la cena?» l'apostrofò una voce maschile. Lo sguardo di Silla incontrò quello di Ilías, che si avvicinava con un paio di conigli morti stretti in pugno.

Silla gli sorrise. «Sì» disse, lanciando un'occhiata cauta alle sue spalle. Rey non si vedeva da nessuna parte.

«Grazie agli dèi!» rispose lui con un ampio sorriso. «La mira di Siggie è impeccabile, ma la sua cucina...» Fece una smorfia, poi lasciò cadere i conigli a terra accanto a Silla, estraendo un pugnale.

Lei lo guardò e si accorse di una cosa: il suo profilo era innegabilmente simile a quello di Jonas. Ma quando si girò verso di lei, Silla notò gli occhi nocciola e i capelli biondi, che, assieme all'aspetto giovanile, lo distinguevano invece da lui.

«Siete fratelli?» chiese.

Tra le sopracciglia di Ilías si formò una ruga. «Jonas è mio fratello. Qui però siamo tutti una famiglia, legami di sangue o no.»

Il sorriso di Silla si fece più profondo. «Mi piace» disse. «Vai pure. Ci penso io a macellarli.»

Con un cenno, Ilías rinfoderò il pugnale e si allontanò a grandi passi per aiutare Gunnar a conficcare le lance nel terreno a poca distanza dal fuoco, per creare un frangivento, supponeva Silla. Quella sera la brezza le pareva più fredda del solito.

Anni di viaggi con suo padre e innumerevoli inverni trascorsi davanti ai fuochi l'avevano resa molto abile con la cucina da campo. Tagliò le cipolle e le carote, poi si mise al lavoro per scuoiare e macellare i conigli.

Con la coda dell'occhio vide Jonas che scavava una buca per il fuoco. *Cretino*, lo insultò silenziosamente, cercando di non guardarlo. *Per me puoi prendere i tuoi maledetti sólas e ficcarteli dove non batte il sole.* Ma quegli stupidi dei suoi occhi non poterono non notare il guizzo dei muscoli delle spalle che si contraevano mentre ammucchiava legna da ardere e licheni, o il modo in cui i suoi pantaloni si tendevano intorno alle cosce quando si chinava per soffiare sulle fiamme. Maledetto lui e la sua bellezza; era sprecata per un uomo con un carattere simile.

Per fortuna Ilías e Gunnar finirono di stendere una coperta di lana tra le lance e si unirono a Jonas per una partita a dadi, nascondendolo alla vista. Il mormorio delle voci e il ticchettio dei dadi si fusero con il leggero crepitio del fuoco, e una fiaschetta fu passata di mano in mano.

Rey si unì a loro, indicando Silla. «Cos'è questa storia?»

«Si è offerta di dare una mano, Rey» disse Gunnar. «Non sarebbe male assaggiare qualcosa di... diverso.»

«E a voi sta bene mettere la vostra vita nelle mani di una sconosciuta?»

Silla lo guardò in silenzio mentre gli altri ridacchiavano di lui. Ma il gigante non si fece zittire.

«Non possiamo fidarci di lei. Potrebbe avvelenare il nostro pasto.»

«E perché dovrei avvelenarvi?» chiese Silla. «Mi serve che mi portiate a Kopa.»

«Hver» ringhiò Rey. «Non ti porteremo a Kopa.»

Vedremo, pensò Silla. Ma mantenne un'espressione seria e annuì.

«Ha ragione, Occhi d'Ascia» disse Ilías prendendo un sorso dalla fiaschetta. «Ha bisogno del nostro aiuto. Perché dovrebbe avvelenarci?»

Rey aggrottò la fronte, ma non disse altro. Forse era interessato anche lui a qualcosa di diverso rispetto alla cucina di Sigrún. Silla tornò al suo stufato di coniglio. Poteva prepararlo anche a occhi chiusi, l'aveva fatto centinaia volte nella sua vita. Integrò i pochi ingredienti a disposizione con un goccio di brennsa e qualche rametto di timo artico che aveva individuato ai margini dell'accampamento. Ben presto un buon profumino si diffuse ovunque e l'Equipaggio dell'Ascia Insanguinata prese a lanciarle sguardi incuriositi.

Silla riempì le ciotole e le distribuì; il gruppo si sedette attorno al fuoco e ci fu silenzio, interrotto solo da rumori di risucchio e dal raschiare dei cucchiai. Silla studiava ansiosa la scena, compiaciuta dall'entusiasmo con cui i guerrieri mangiavano. Lo Jarl Gunnell e il suo seguito erano molto più morigerati dei membri dell'Equipaggio dell'Ascia Insanguinata, che chiesero il bis e, nel caso di Rey, anche il tris.

«La cena migliore delle ultime settimane» disse Hekla soddisfatta. «Senza offesa, Siggie.» Il resto dell'Equipaggio dell'Ascia Insanguinata annuì, mormorando un assenso.

«La ragazza ha fatto un miracolo» aggiunse Gunnar con un sorriso. «Ilías ha mangiato le verdure!»

«Stai zitto, Pugno di Fuoco» borbottò Ilías.

Sigrún fece dei movimenti con le mani.

«Dice che se vuoi puoi cucinare sempre» tradusse Hekla, con un sorriso divertito sulle labbra. «E che preferirebbe di gran lunga passare il tempo a cacciare.»

La speranza sbocciò nel petto di Silla. Forse la sua cucina li avrebbe convinti. Di certo i guerrieri, più di chiunque altro, dovevano riconoscere l'importanza del buon cibo, no? «Come si dice "mi farebbe piacere" nel linguaggio dei segni?» chiese, ignorando lo sguardo gelido dell'uomo che chiamavano Occhi d'Ascia.

Sigrún fece una lenta sequenza di gesti, che Silla cercò di ripetere.

Incapace di trattenere un sorriso, Silla radunò le stoviglie e Gunnar comparve con un secchio d'acqua che serviva per lavare i piatti. Mentre riponeva l'ultima delle ciotole di legno nella cassa, Hekla apparve al suo fianco.

«Vuoi lavarti? Sto andando al ruscello.» Hekla fece un cenno con la testa verso il bordo della radura. Volendo sfruttare quel gesto amichevole, Silla si alzò in piedi, prese la sua borsa e seguì Hekla giù per una collina fino a un piccolo ruscello.

Usando la mano sinistra, Hekla sfilò la sua strana giacca corazzata di squame senza dover armeggiare con chiusure o fibbie: Silla si chiese come facesse a tenerla così aderente al corpo durante il giorno. Poi si sfilò dalla testa la tunica e si abbassò i pantaloni.

Con indosso solo la biancheria, svitò la protesi – che si sganciò con un leggero *clic* appena sopra il gomito del braccio destro – e la adagiò sull'erba. Entrando nel ruscello, Hekla si spruzzò d'acqua, sospirando soddisfatta mentre si strofinava la pelle sotto la protesi, dove luccicava una piccola giuntura metallica.

Silla si sfilò i molti strati di indumenti ed entrò in acqua per unirsi a Hekla. Aveva previsto che fosse fredda, ma non che fosse tanto gelida da toglierle il respiro. Mentre entrava nel ruscello poco profondo, le sfuggì un mugolio sofferente.

Hekla ridacchiò. «Con il tempo ci si abitua.»

«Se non altro sarà tonificante» disse Silla, lavandosi in fretta. La sua pelle si arrossava ovunque entrasse in contatto con l'acqua.

Dopo un momento, Hekla portò la protesi nel ruscello, strofinandola per togliere la polvere e la sporcizia prima di riavvitarla sul pezzo di metallo ancorato al moncone. Silla non aveva mai visto niente del genere. La protesi era sottile, con linee metalliche nere e luccicanti che correvano lungo il braccio e l'articolazione del gomito, fino alla punta delle dita. Sebbene non si muovesse esattamente come il braccio di Hekla, ne imitava notevolmente la forma.

«L'acqua non la danneggia?» chiese Silla.

«Non arrugginisce» rispose Hekla con orgoglio. Allungò la protesi e premette un pulsante sulla parte interna del polso; artigli d'argento si estesero dalle nocche con un leggero *clic*. Un altro tocco e si ritrassero.

«È incredibile» mormorò Silla. Si inginocchiò sulla sponda del ruscello e si lavò i capelli. Poi si raddrizzò, tirò fuori il pettine dalla borsa e iniziò a passarlo lungo la sua massa di ricci.

Hekla si era già rivestita e stava lavando gli indumenti sporchi. Anche Silla tirò fuori il suo abito di ricambio, quello che portava alla tenuta dello Jarl Gunnell. Era riuscita a lavarlo a Reykfjord, e fu piacevole indossare qualcosa di pulito.

Raggiunse Hekla e lavò i vestiti sporchi nell'acqua ghiacciata. Poi le due donne si alzarono. Hekla sgranò gli occhi ambrati e posò lo sguardo sul collo malconcio di Silla.

«Stai scappando da qualcuno, dúlla?» chiese piano. «Un uomo? Tuo marito?»

Silla si morse il labbro, riflettendo. Ma Hekla sembrò prendere il suo silenzio come una conferma.

«Ti ha ridotto lui così?» chiese, indicando il collo di Silla, che annuì. Nel corso degli anni, aveva imparato che le persone vedevano ciò che volevano, e che accettare le loro supposizioni era molto più semplice che inventarsi le proprie bugie. Stavolta, però, quella scelta la fece sentire a disagio.

«Be', quello schifoso kunta merita una brutta fine, Katrin!» sibilò Hekla. «Spero che tu gliel'abbia fatta pagare, a quel bastardo. Hai fatto la cosa giusta lasciando un uomo del genere.» Hekla sollevò il braccio con la protesi. «Questo lo devo a quella bestia di mio marito. Ex marito» si corresse subito, con una luce soddisfatta negli occhi.

Silla sentì la bile risalirle in gola. «È stato lui?»

«Sì. Era un uomo infelice e con molti difetti, e scaricava le sue frustrazioni su di me. È successo molto prima dei miei giorni da guerriera. Ero giovane. Credevo... che sarebbe cambiato. Pensavo di poterlo aiutare. Ma erano tutte bugie: non è mai cambiato. Quando finalmente ho trovato il coraggio di andarmene, lui mi ha rintracciata. Ha preso la sua ascia. Ho provato a reagire, ho provato a fermarlo, ma...»

Silla spalancò la bocca.

«Oh, non preoccuparti, dúlla» ridacchiò Hekla. La sua risata risuonò un po' più acuta del solito. «I miei debiti con lui sono stati ripagati per intero.»

«L'hai... è morto?»

«Oh, sì. Morto stecchito.»

Silla si vestì in silenzio, assorbendo questa nuova informazione. La voce di Hekla interruppe i suoi pensieri. «Ammetto che avrei preferito avere tutte e due le braccia, non essere stata costretta a imparare a fare tutto con il sinistro, non aver dovuto provare protesi su protesi prima di scoprire quella che funzionava per me... Ma col senno di poi ho capito che in un certo senso tutta questa faccenda è stata una benedizione.»

«Come?»

«Oh, sì. Dopo che è successo, ci ho pensato: un giorno moriremo tutti. Ho sprecato troppi anni con quell'uomo... quel ratto schifoso. Allora ho deciso che avrei fatto ciò che volevo io: imparare a combattere e viaggiare, esplorare il regno. Voglio vivere libera, al meglio delle mie possibilità, finché il cuore mi batte ancora.» Hekla fece una pausa. «E anche tu sei libera, dúlla.»

«Sì» mormorò Silla, con lo stomaco che si torceva. Sembrava sbagliata, quella bugia. Si pentì di non averne scelta un'altra. Hekla sembrava una persona meravigliosa, una possibile alleata, ma ora temeva di aver rovinato tutto.

Tornarono al fuoco e appesero gli indumenti bagnati a una corda tesa tra il carro e un ramo di ginepro. Si sistemarono davanti alle fiamme, mentre il frangivento dava loro un gradito sollievo dall'aria tagliente. Silla si lisciò i capelli su una spalla in modo che il calore del fuoco potesse asciugarli. Vestiti puliti, il corpo appena lavato, lo stomaco pieno e non dover fuggire. Le sue vesciche e i suoi lividi stavano guarendo. Era circondata da temibili guerrieri. Per la prima volta da giorni, si sentì soddisfatta.

Ma con poche parole semplici, Rey distrusse quel po' di pace che era riuscita a racimolare.

«Katrin, hai sentito dei cadaveri scoperti sulla strada vicino a Skarstad, qualche giorno fa?»

Deglutendo a fatica, Silla fissò lo sguardo su di lui. I suoi occhi avevano un'espressione neutra, ma qualcosa si nascondeva sotto quell'apatia. Qualcosa di pericoloso.

«Cadaveri?» chiese Gunnar. «Quanti?»

«Sette.»

Sigrún gesticolò, e Ilías si intromise per interpretare. «Sei di Skarstad, vero, Katrin?»

Un silenzio imbarazzante calò tra di loro.

«Non ne so niente» mentì Silla, pregando che le sue parole suonassero sincere. «Certo, è una notizia preoccupante.»

Rey non parve turbato. «Sei corpi con cotte di maglia nera; si presume si tratti di mercenari. E uno con il grigio dello Jarl Gunnell. Un bracciante agricolo, mi hanno detto. Strano» rifletté. Le sue parole erano taglienti, la sua mira impeccabile. «Il tuo vestito. Non è un camedrio alpino quello ricamato sopra? Il sigillo dello Jarl Gunnell?»

Il suo respiro rallentò. Silla abbassò lo sguardo sul vestito blu che aveva appena indossato. Sul fiore bianco che impreziosiva la cintura. Come faceva Rey a saperlo? Dischiuse le labbra di un millimetro e le richiuse di colpo.

Lui la fissò imperturbabile. «Ci dici cosa potrebbero volere sei guerrieri mercenari da un bracciante agricolo, Katrin? Hai qualche idea?»

Lei scosse piano la testa.

«Bugiarda» disse Rey. Un violento temporale infuriava dietro i suoi occhi.

Silla deglutì e sentì tutti gli occhi dell'Equipaggio dell'Ascia Insanguinata puntati su di lei.

«Katrin» disse Rey. «Se vuoi uscire da questa radura con le tue gambe, faresti meglio a iniziare a parlare. E tanto per cominciare, dicci qual è il tuo vero nome.»

14

Silla cercò nel cielo la Stella Madre perché la guidasse, o anche la costellazione del cervo fortunato perché le donasse la buona sorte. Maledetti i tramonti di fine estate: non era ancora buio e non c'era modo di sfuggire a quella situazione. Non era passato nemmeno un giorno e già era stata sorpresa a infrangere le regole dell'Equipaggio dell'Ascia Insanguinata. Chiaramente, la montagna ambulante era più intelligente di quanto Silla avesse sospettato.

Silla incrociò gli occhi di Hekla, poi si costrinse a distogliere lo sguardo. Se voleva tirarsi fuori dal baratro in cui si era infilata, avrebbe dovuto inventare una sfilza di nuove bugie, a costo di perdere la fiducia di quella donna. Era una situazione odiosa, ma non vedeva altre opzioni. Non poteva dire la verità a quei guerrieri: lavoravano per il re, l'avrebbero consegnata di sicuro. Fece un respiro profondo.

«Mi chiamo Silla Nordvig. Ho pensato che fosse meglio non usare il mio vero nome. A-avevo paura.»

Fissando le fiamme, si preparò a mentire. «Il bracciante sulla strada vicino a Skarstad... era mio padre. Matthias.» Nel corso degli anni, aveva scoperto che era sempre meglio intrecciare un po' di verità con le bugie. Anche se, riflettendoci, Matthias non era affatto il vero nome di suo padre. Accantonando quel pensiero, Silla proseguì.

«C'è stata una disputa per l'eredità portata avanti dal cugino di mio padre, un uomo problematico e crudele che era stato rinnegato dai suoi stessi parenti. Quando suo padre morì e le sue terre passarono a noi, lui si infuriò, e ci fece allontanare. Quella era la *nostra* terra, una terra che possedevamo di diritto, però fummo costretti... a lavorare nella fattoria dello jarl per non morire di fame. Ma mio padre aveva i documenti, e uomini in gamba che avrebbero garantito per lui all'Assemblea di Mezza Estate. Entro poche settimane avrebbe sostenuto la nostra causa, e le nostre terre ci sarebbero state sicuramente restituite.

«Eravamo sulla via di casa, o per meglio dire degli alloggi temporanei che avevamo affittato appena fuori Skarstad. Quegli uomini sono sbucati dal bosco e ci hanno attaccato, sei contro due, un vecchio e una donna che non sa nemmeno estrarre il pugnale. Erano dei codardi. Hanno ucciso mio padre.» Si nascose il viso tra le mani.

«Uno mi ha presa per il collo e mi ha portato nei boschi. Mi teneva così stretta che non riuscivo a respirare. Ho provato a resistere, ma...» Silla commise l'errore di lanciare un'occhiata a Hekla e la sua espressione le disse chiaramente quanto si sentiva tradita. Con una smorfia, si costrinse a continuare. «Se mio padre non avesse scagliato il pugnale conficcandolo nella schiena dell'uomo, sarei morta insieme a lui. Invece sono svenuta. Quando mi sono svegliata, era troppo tardi. Erano morti, tutti quanti. E io sono scappata.»

E poi attese... pregando gli dèi che la sua storia suonasse vera.

"La regina non ti ucciderà. Non subito, almeno." Il ricordo la fece rabbrividire. Non avrebbe mai potuto rivelare la verità a quelle persone, a quei guerrieri la cui fedeltà era rivolta al re.

«Mi stai dicendo che un contadino ha combattuto e ucciso sei guerrieri addestrati?» La voce ironica di Rey fece venir meno le sue speranze.

Quell'uomo... Doveva stare attenta. Rey aveva individuato il dettaglio sconcertante. Dove aveva imparato Matthias – Tómas – a combattere in quel modo? Era come se lo avesse fatto per tutta la vita.

«Era un guerriero, un tempo» disse piano. Era l'unica risposta che le parve avesse senso.

«A chi ha giurato fedeltà?» chiese Rey.

Silla ribolliva di rabbia. Rey era implacabile, le sue domande inarrestabili. E lei temeva che ogni bugia che raccontava le scavasse la fossa un po' più in profondità.

«Allo Jarl Braksson» mormorò, pensando alla fattoria in cui aveva lavorato qualche anno prima.

«Mossfell?» chiese Rey, inchiodandola con lo sguardo. Silla era consapevole di dover mantenere il controllo a tutti i costi; non doveva sussultare né fargli sospettare alcun inganno: la sua vita dipendeva da questo.

«Sì. E quando conquistò Midfjord, preferì trascorrere lì le sue estati.»

Vide che Rey soppesava quelle informazioni, setacciandole alla ricerca di lacune. Non ne avrebbe trovata nessuna, se la memoria non la ingannava. E per la prima volta, Silla fu grata di aver lavorato in così tante tenute, di avere tante informazioni a portata di mano.

Il silenzio che seguì le sue parole fu così intenso che parve assordante. Jonas e Ilías si scambiarono uno sguardo denso di significati. Qualcuno doveva dire qualcosa. Qualsiasi cosa. La verità le graffiò la gola come se stesse cercando di liberarsi.

Rey si alzò e, con una contrazione quasi impercettibile della mascella, estrasse l'hevrít dalla guaina sul fianco. Fece un passo verso Silla e lei sentì il cuore accelerare i battiti. «Perché dovrei lasciarti vivere? Hai infranto le mie regole. Non posso fidarmi di te. E non possiamo permettere che qualcuno di cui non ci fidiamo viaggi con l'Equipaggio.» La durezza di quelle parole mutò l'aria intorno a loro.

Silla balzò in piedi, indietreggiando. La luce del fuoco danzò negli occhi di Rey, lungo lo zigomo abbronzato, sul mantello di pelle di lupo che gli copriva le spalle.

«Ti prego» implorò lei. «Ti prego, ti avevo detto il mio nome prima di conoscere le tue regole.» Urtò il frangivento improvvisato con la schiena.

Rey si fece avanti, la lunga lama dell'hevrít che luccicava malevola. «Perché dovrei darti un'altra possibilità? Hai già dimostrata di essere una bugiarda.»

«Perché gli uomini meschini sono governati dalla paura, mentre i grandi uomini sanno mostrare pietà. E chiunque può vedere che non sei un uomo meschino.»

Rey aggrottò le sopracciglia folte, e qualcosa passò dietro i suoi occhi scuri. «Cosa hai detto?»

Il cuore le batteva così forte che riusciva a malapena a sentirlo. «Ho detto...»

«Dove l'hai sentito?» chiese. «Dove hai imparato queste parole?»

Silla stringeva i pugni così forte che le unghie le si conficcarono nei palmi. «D-da m-mio padre.»

Lo sguardo di Rey sembrò posarsi sul suo occhio sinistro, sulla sua cicatrice, mentre il braccio che teneva l'hevrít gli ricadeva mollemente lungo il fianco. E sebbene quella vista le regalò un lievissimo sollievo, Silla non osò muoversi per non rischiare di rompere l'incantesimo.

Quando Rey parlò, lo fece con una voce bassa e roca. «C'è una taglia sulla tua testa?»

Silla fece un respiro per calmarsi. «No.»

«Non ti verranno a cercare?»

«Hanno già ciò che vogliono. La nostra terra. E nessuno che la rivendichi.»

«Quindi nessuno si presenterà qui chiedendo di te?»

Silla scosse lentamente la testa, lo stomaco annodato per tutte quelle bugie.

«Perché Kopa? Perché non Reykfjord?»

«Il fratello di mia madre vive a Kopa. Sarò al sicuro lì. Reykfjord è troppo vicino a Skarstad. Temo... che mi guarderei sempre alle spalle.» Gli occhi le pungevano. Era esausta, quella conversazione le stava prosciugando le ultime riserve di energia.

«Ripetimi le regole» sbottò Rey.

«Fare ciò che mi viene detto» riuscì a dire Silla con voce calma. «Niente bugie.»

«Mi stai mentendo?» Gli occhi scuri e glaciali di Rey seguirono ogni suo respiro, ogni suo battito di ciglia.

Silla sentì un brivido che minacciava di scorrerle lungo la schiena e se ne liberò con una scrollata di spalle. «No.»

«Se mi menti di nuovo, donna, ti ritroverai un'ascia piantata nel cranio. Non avrai altre possibilità.»

Il corpo di Silla si rilassò all'istante. Non l'avrebbe uccisa... non quella notte.

«Non ti mentirò» mentì Silla. Per le sacre ceneri degli dèi, adesso diceva bugie sulle sue bugie! Come era arrivata fino a quel punto? Fissò Rey e proseguì, non del tutto sicura di dove avesse trovato il coraggio di pronunciare le parole successive: «Arriverò a Kopa».

Rey sbuffò. «Ci andrai a bordo del tuo ottimismo? Illudersi e comportarsi da ingenui sono il modo migliore per farsi uccidere, su questa strada.»

In silenzio, Silla sostenne il suo sguardo. Rey la superò scrollando la testa, poi si inoltrò furtivamente nel bosco che si stava facendo buio. Silla lo vide fondersi con le ombre, come se fossero fatti della stessa sostanza.

Mi avrebbe uccisa, pensò. *Mi avrebbe uccisa davvero*. Glielo aveva letto negli occhi: la voleva morta. Cosa lo aveva fermato? Perché aveva cambiato idea? Forse per quelle parole pronunciate da suo padre, che lei aveva ripetuto per pura disperazione? *Non importa. Quest'uomo è pericoloso*, pensò Silla, e si fece una promessa: la prossima volta che avesse temuto per la sua vita, non avrebbe esitato ad andarsene. Forse le creature della foresta erano più sicure del capo dell'Equipaggio dell'Ascia Insanguinata.

La voce dolce di Hekla la scosse dal suo stordimento. «Non c'era nessun marito.»

Stelle ardenti! L'interrogatorio di Rey era stato così impegnativo che si era completamente dimenticata del resto dell'Equipaggio dell'Ascia Insanguinata. Si era dimenticata di Hekla e di come la sua nuova storia avrebbe ferito quella donna coraggiosa che le aveva dimostrato soltanto gentilezza. Sentì una stretta al torace.

«No» disse infine, sedendosi di nuovo sulla sua cassa vicino al fuoco. Le lanciò uno sguardo implorante. «Non avrei dovuto assecondare le tue supposizioni. È stato scorretto da parte mia.»

«Mmm» disse lei, alzandosi. «Una cosa del genere non dovrebbe essere usata per i propri scopi.»

Silla sussultò ed Hekla si girò, seguendo Rey nel bosco.

Silla rimase seduta davanti al fuoco, intontita. Aveva offeso in modo irreparabile una potenziale amica, la sua più grande alleata fino a quel momento. E la montagna ambulante le stava addosso come un cane da caccia fa con l'odore di un animale ferito. *Però respiri*, pensò. Respirava ancora. E avrebbe fatto tutto il necessario per continuare a farlo.

Il silenzio attorno al fuoco si prolungò per diversi, lunghi minuti.

«Hai più palle tu di un troll, ragazzina» ridacchiò Gunnar.

Silla arricciò il naso. «Cosa?»

Sigrún segnò qualcosa.

«Dice: "Hai tenuto testa a Occhi d'Ascia come non ho mai visto fare a nessun altro"» tradusse Jonas con voce pigra. Sdraiato accanto al fuoco, muoveva il pugnale su un pezzo di legno con tale destrezza che non aveva nemmeno bisogno di guardarlo.

Silla si trovò a fissare le sue mani, così ferme e controllate, il modo in cui facevano scorrere il pugnale lungo il pezzo di legno...

«Pensavo che sarebbe andato a fuoco» cinguettò fortunatamente Ilías, distogliendo la sua attenzione.

Silla gemette. «Mi disprezza.»

Ilías sprofondò accanto a lei, stappando una fiaschetta. «Rey? Non lasciarti spaventare da lui. Abbaia ma non morde.» Si accigliò. «Anche se una volta l'ho visto uccidere un uomo con un cucchiaio.»

Gunnar ridacchiò. «Me ne ero dimenticato.»

Silla deglutì. «Un cucchiaio?»

Ilías non fornì ulteriori dettagli. «È sempre meglio essere sinceri con Occhi d'Ascia. Hai visto come riesce a costringere le persone a dire la verità. Più velocemente di quanto ci voglia a far spogliare la madre di Pugno di Fuoco e convincerla a infilarsi sotto le pellicce.»

La risposta di Gunnar fu tagliente come lo sguardo che lanciò a Ilías. «Cerchi qualche dente rotto, Senza Barba?»

«Non pensarci» disse Ilías, ignorando Gunnar. «Rey ed Hekla... la rabbia gli passerà. Lo so, sono il bersaglio abituale della loro furia.»

«È più coraggiosa di quanto sembri» disse Jonas, osservandola. «E meno un topo.» Fece affondare la lama nel ceppo, che al suo passaggio liberò trucioli di legno. «Ma tu non sei uno dei nostri, Riccioli.»

A quelle parole, Silla sentì una stretta al petto. Non era niente di nuovo: lei non era parte dell'Equipaggio. Ma faceva comunque male.

«Bevi un goccio di brennsa» le disse Ilías, passandole la fiaschetta. Silla la annusò, arricciando il naso. «Brucia solo per un attimo» aggiunse lui con un sorriso sbilenco.

Silla si portò la fiaschetta alle labbra, rabbrividendo quando il sapore forte dell'acquavite le riempì la bocca. Dovette sforzarsi di non sputarlo subito. Tossì, mentre il liquido le scendeva in gola, lasciandole una scia infuocata sulla lingua.

«Ceneri!» riuscì a dire, asciugandosi le labbra con il dorso della mano.

«Ceneri?» ripeté Ilías con una risatina, riprendendo la fiaschetta. «Non avevi mai assaggiato la brennsa, vero?»

«No» ammise lei, guardando di nuovo le fiamme.

«Perché no?»

«Mio padre e io ce ne stavamo per conto nostro. Non prendevamo parte a feste né frequentavamo le sale dell'idromele.» Percepì lo sguardo critico di Jonas su di sé e si accigliò.

Sigrún prese la fiaschetta da Ilías, infilandola sotto il braccio mentre faceva dei segni con le mani.

«Dice: "La brennsa è uno stile di vita in viaggio"» spiegò Gunnar mentre Sigrún beveva. «È vero. Ti tiene al caldo e aiuta a passare il tempo. Inoltre, un po' di questo fuoco ti aiuta a dormire come un ciocco.»

Ilías gemette.

Sigrún scosse lentamente la testa.

«Gunnar, non contagiare la ragazza con le tue orribili battute» si lamentò Ilías.

Silla sorrise. Poteva già sentire la brennsa allentarle il nodo che aveva nello stomaco, riscaldandola, placando i battiti del cuore e facendola rilassare.

«E poi» continuò Ilías, «se devi viaggiare con l'Equipaggio dell'Ascia Insanguinata, dovremo lavorare sulle tue imprecazioni.»

«Cosa?»

«Dovrai imprecare, Silla Mano di Martello. È un requisito fondamentale per viaggiare con l'Equipaggio.»

Una risata le sfuggì dalle labbra. «Mano di Martello?»

«Abbiamo visto tutti il martello che porti. Un'arma audace, il martello di un falegname. Solo il più coraggioso dei guerrieri lo sceglierebbe. Uno che merita il nome Mano di Martello.»

Silla si lasciò sfuggire una risata, poi si coprì la bocca con una mano. «Sono piuttosto feroce, non è vero?» riuscì a dire. «Anche se non dico parolacce.»

«Devi» disse Ilías. «Fa bene alla salute. Allenta la tensione. Altrimenti, senza una via di fuga, i cattivi sentimenti si accumulano.»

Un sorriso le illuminò le labbra. «Benissimo.» La fiaschetta tornò a Silla, che bevve un altro sorso. Questa volta riuscì a non tossire, anche se fece una smorfia non particolarmente graziosa. «Oh, *cirripedi*!» sibilò.

«No, no, no, Mano di Martello. Parolacce. Parolacce *vere*.» Ilías gonfiò il petto. «Per le tette infuocate di Malla! Per tutti gli stronzi torcibudella! Figlio di uno scarabeo stercorario che ingroppa una pecora!»

Jonas soffocò una risata e Sigrún, seduta al suo fianco, sogghignò piano. Silla aggrottò le sopracciglia guardando Ilías e scosse la testa. «Se uno è un figlio di uno scarabeo, come può mai... fare una cosa del genere a una pecora? La differenza di altezza... Non ha senso, Ilías.»

«Ha ragione, Senza Barba» ridacchiò Gunnar.

Ilías agitò una mano in aria. «I dettagli non contano. Solo il significato, che è che mangiano me...»

«*Quello* non lo dico» intervenne Silla prima che potesse finire.

«Perché no?»

Lei scosse appena la testa. Un piacevole calore le fluiva nello stomaco, aveva la testa ovattata dalla felicità. Spostò lo sguardo su Jonas, facendolo scorrere sulle sue gambe e lungo il suo ampio petto da guerriero. Quando raggiunse il suo viso, si rese conto che i suoi occhi azzurri erano già su di lei, e che aveva le labbra incurvate agli angoli.

Beccata, pensò. Arrossendo per la vergogna, Silla tornò a guardare il fuoco. «Cazzo» sussurrò. L'ultima cosa che voleva era che lui pensasse che lo trovava attraente.

«Più forte, Mano di Martello» la incoraggiò Ilías. «Devono sentirti anche gli dèi.»

«Cazzo!» disse Silla un po' più forte. Sfoderò un sorrisino quando vide l'espressione di orgoglio sul volto di Ilías. Le piacevano quelle persone... alcune, se non altro. La facilità con cui stavano insieme e il cameratismo le fecero pensare che non sarebbe stato poi così male viaggiare con loro, purché riuscisse a mantenere le distanze da Occhi d'Ascia e da Lupo.

«Scommetto che alla fine dirà cose peggiori di quelle che dice la madre di Pugno di Fuoco tra le pellicce» disse Ilías.

Gunnar ringhiò, poi si lanciò su di lui. Silla riuscì a malapena a fare un salto indietro che i guerrieri già si azzuffavano a terra.

«Non li fermate?» chiese, raccogliendo le gonne e ritirandosi vicino al fuoco. Jonas ridacchiò piano, mentre Sigrún si limitò a scrollare le spalle. Silla intanto aveva già capito come Gunnar si fosse guadagnato il nome Pugno di Fuoco: le sue mani erano solo una macchia sfocata mentre colpivano Ilías.

Silla abbassò le sopracciglia. «Questo è... normale.» Accanto a Jonas c'era una cassa vuota e solitaria. Deglutendo, vi si sedette sopra e lo guardò, le labbra dischiuse. Lui teneva tra le mani la statuetta di un guerriero, e con la punta del pugnale approfondiva i solchi della barba curva e dell'armatura spigolosa.

«Ti piace quello che vedi, Silla?» mormorò, e lei serrò di scatto la bocca. Il suo vero nome sulle sue labbra suonava strano e... piacevole.

«È una statuetta molto bella» riuscì a dire. Poi, sforzandosi di mostrarsi gentile, aggiunse: «Sei molto bravo».

«E tu sei stata molto brava a insinuarti in questo Equipaggio» replicò lui.

Silla inspirò rumorosamente. «Sono una vipera, adesso?» chiese. «E io che pensavo di essere un topo.»

«Sei un guaio, ecco cosa» disse Jonas, alzando su di lei gli occhi azzurri e penetranti. «Non mi lascio ingannare.»

Lo stomaco le bruciava, la pelle le formicolava. Era sempre più evidente che viaggiare con quel gruppo di persone avrebbe messo a dura prova la sua pazienza e la sua forza di volontà.

«Non metterti troppo comoda» disse Jonas, girandosi di nuovo verso la sua scultura.

Silla si lasciò sfuggire una risata roca. «Sì, certo, essere legata a un albero ed essere minacciata di morte sono una gran comodità.»

«Ci sono donne a cui piace essere legate.»

Silla spalancò la bocca. Non aveva davvero... Non si era davvero azzardato... Lottò contro la tentazione di sfilargli il pugnale dalle dita e conficcarglielo nella mano.

Jonas si girò, scrutandola con attenzione. «A te non penso, ma in passato mi è già capitato di sbagliarmi.»

Silla schizzò in piedi. Distese le dita, che aveva stretto a pugno. «Penso che mi ritirerò per la notte.»

Si allontanò goffamente dal fuoco, mentre la risatina sommessa di Jonas la inseguiva nell'oscurità. Prese una pelliccia dal carro e scelse un posto dove stendersi sull'erba. Rannicchiandosi su un fianco, si coprì con il mantello e la pelliccia, poi tenne gli occhi aperti e fissi davanti a sé. Doveva aspettarsi che Rey tornasse e la trascinasse fuori dal letto per legarla a un albero?

La bambina bionda si sistemò a pancia in giù sull'erba davanti a lei, poggiando le guance sui pugni. «Devi conquistarli, Silla.»

Lei emise un lungo sospiro. «Me lo stanno rendendo più difficile di quanto avessi immaginato.»

Quella sera era riuscita a evitare per un pelo l'ascia di Rey, ma cosa sarebbe successo il giorno dopo? Il solo pensiero la sfiniva.

La bambina si sistemò una ciocca di capelli spettinati dietro l'orecchio. «Puoi farcela. Sei una sopravvissuta.»

"Sopravvissuta". Quella parola le fece venire le lacrime agli occhi. Silla tirò fuori la tunica di suo padre dalla borsa e se la premette sul naso. Il suo profumo persistente le dava conforto, un ultimo pezzetto di lui che viaggiava ancora con lei.

«Resta vigile» proseguì la bambina. «Conquistali, ma non avvicinarti troppo.»

Silla annuì. Doveva conquistarli senza rivelare la verità. Se l'Equipaggio dell'Ascia Insanguinata avesse scoperto che la regina le dava la caccia, l'avrebbe sicuramente consegnata. In ogni caso, Silla non poteva permettersi di abbassare la guardia.

15

«C'è un'unica soluzione» disse Jonas. Prese un po' dell'impiastro di erbe dalla ciotola, e respirò con la bocca mentre lo spalmava sulla mascella gonfia di sua madre.

La donna fissava con sguardo vitreo le travi della longhouse, e lui si chiese se, nello stato in cui si trovava, fosse in grado di parlare. Immerse le dita nella miscela pungente di erbe, ne tirò fuori un altro po' e gliela stese appena sotto l'occhio. Stavolta l'aveva ridotta male, peggio di quel che Jonas aveva visto da mesi.

«Devi divorziare» disse Jonas a bassa voce, facendo guizzare gli occhi nella stanza. Suo padre era ancora svenuto, accasciato sul tavolo. Anche da dove era seduto, Jonas riusciva a sentire il puzzo di urina e birra.

Sua madre aprì la bocca, poi la richiuse. Jonas si incupì. Dunque aveva scelto di non parlare.

«Se i nostri vicini testimoniano sull'origine delle tue ferite, l'Assemblea ti concederà facilmente il divorzio.» A quel pensiero, Jonas si sentì travolgere dalla speranza. Un nuovo inizio per loro tre. Niente più violenza. Liberi dalla prigione costruita dal carattere di suo padre, non più obbligati a camminare in punta di piedi, incerti su quale minuscolo dettaglio lo avrebbe fatto infuriare. Poteva essere perché avevano riso di qualcosa che secondo lui non era divertente. O perché sua madre gli aveva dato la ciotola di stufato con pochi pezzi di montone. O perché pioveva, o aveva perso altri dieci sólas giocando d'azzardo alla sala dell'idromele.

A dieci anni, Jonas aveva sviluppato un ottimo orecchio per il tono della voce di suo padre. Sapeva esattamente quando farsi piccolo, quando sgattaiolare nell'ombra con Ilías e sparire all'olmo. Aveva imparato a sopportare le urla di sua madre quando lui la picchiava.

Ma questo piano... doveva funzionare. Il loro vicino aveva trovato Jonas e Ilías all'olmo. Aveva lanciato un'occhiata alla longhouse, poi aveva pronunciato la parola che li aveva riempiti di speranza.

"Divorzio."

Jonas si era aggrappato a quella parola per settimane e aveva raccolto informazioni in silenzio. Aveva imparato che se una donna aveva ferite visibili sul corpo e persone onorevoli che garantissero per lei all'Assemblea, il Presidente della Legge le avrebbe prontamente concesso il divorzio.

Sua madre schiuse le labbra screpolate e disse solo una parola, un sussurro appena udibile: «No».

La speranza nel petto di Jonas si spense, e lui sentì le membra farsi pesanti. «Ma...»

I suoi occhi incontrarono quelli della madre: tutta la luce che un tempo li aveva animati era ormai svanita. Lei si leccò di nuovo le labbra, poi parlò con voce arrochita. «È mio marito. Non posso.»

Jonas udì anche le parole che lei non osò dire ad alta voce.

Lo amo.

Lo amo e non me ne andrò.

Lo amo e condannerò te e tuo fratello a quest'infelicità.

Era quello, l'amore. Rendeva la gente egoista. La instupidiva. La spingeva dritta verso la rovina.

Guardò sua madre, un odio bruciante che gli avvampava dentro. L'amore non era altro che un'arma che gli altri possono usare contro di te. Era più sicuro stare da soli.

Jonas sentì il cuore farsi di pietra, e giurò a sé stesso in silenzio: "Tu non diventerai mai così".

* * *

Jonas si svegliò di soprassalto, con la nausea che gli annodava lo stomaco. Fece qualche respiro affannoso e si mise seduto. *Un sogno*, si disse. Non era altro che un sogno. Chiuse gli occhi. Immaginò il tronco robusto dell'olmo, la sua cascata di rami verdi. Vide i campi ondulati di grano dorato, i cieli dipinti dalle pennellate degli dèi – rosa, giallo, azzurro – mentre il sole tramontava oltre la linea dell'orizzonte.

Il battito del suo cuore si calmò e l'angoscia diminuì. I sogni erano una benedizione e una maledizione, un'eco del suo passato, ma un promemoria per il suo futuro.

Una risata sconosciuta raggiunse le sue orecchie e il suo stomaco si contrasse di nuovo. Per un breve momento aveva dimenticato che c'era qualcun altro con loro. Si strofinò gli occhi cercando di liberarsi della stanchezza.

La giornata era fosca. Le nuvole erano basse nel cielo e un corvo gracchiava, appollaiato su uno dei pini che li circondavano. L'erba era inumidita dalla rugiada e Jonas sapeva che non ci sarebbe voluto molto prima che questa si tramutasse in brina, e che l'Equipaggio abbassasse le tende del carro.

Alla sua destra, Gunnar giaceva a pancia in giù, i dreadlock neri che spuntavano da sotto un cumulo di pellicce. Le altre erano state già riposte per la giornata. Jonas cercò con lo sguardo suo fratello, sempre l'ultimo ad alzarsi, prima di ricordare che la notte precedente il turno di guardia era toccato proprio a lui.

L'odore del cibo appena cucinato gli arrivò alle narici e all'improvviso si ritrovò completamente sveglio.

Arrotolò il giaciglio, si spruzzò il viso con l'acqua fresca del ruscello e indossò l'armatura lébrynja. Lisciandosi le scaglie sul petto e sulle spalle, lanciò un'occhiata verso il fuoco. Vide Silla di schiena, scossa da una risata silenziosa, e Ilías che le parlava animato, gli occhi luminosi nonostante la notte trascorsa a fare la guardia.

Jonas provò un'ondata di affetto per il fratello minore e un pizzico di gelosia per la sua capacità di mettere le persone a proprio agio. Certo, lui era circondato dalle donne, ma quelle relazioni erano tutte superficiali.

Che è quello che vuoi, ricordò a sé stesso.

Ilías, d'altro canto, era un maestro nel fare amicizia, nell'affascinare gli altri spingendoli a confidarsi. Anche dopo tutto ciò che avevano passato, non aveva mai perso quella scintilla. E Jonas sperava che non la perdesse mai.

Un clangore metallico catturò la sua attenzione. Rey ed Hekla si esercitavano con la spada al limitare della radura. Jonas guardò Hekla abbassarsi per schivare la traiettoria della spada lunga di Rey, e rispondere con un fendente sferrato con la mano sinistra. Barcollò, protendendo la mano artificiale verso il basso per stabilizzarsi, imprecando mentre le dita si curvavano inaspettatamente e lei cadeva a terra. Rey continuò a incalzarla ed Hekla rotolò via per sfuggire ai suoi colpi.

Jonas sbadigliò e si diresse a passi lenti verso il fuoco.

«Buongiorno» disse, con la voce impastata dal sonno.

«Buongiorno, Jonas.» Silla gli mise una tazza fumante di róa speziato tra le mani. Lui la fissò per un lungo secondo. La sera prima aveva cucinato con entusiasmo e quella mattina si era svegliata presto.

Due pasti non cancelleranno le sue bugie, pensò amaramente. Incrociò il suo sguardo, sfoggiava un sorriso forzato quanto il suo.

«Il róa ti piace con il miele?» chiese lei.

«Sì, grazie» replicò Jonas a denti stretti.

Lei non poté evitare di sorridere, rivelando una fossetta sulla guancia.

«Anche a me» disse, voltandosi verso suo fratello. «Vedi, Ilías? Devi provarlo!»

Mentre Silla faceva sciogliere un cucchiaio di miele nella sua tazza, un buon profumo catturò l'attenzione di Jonas. Era odore di porridge, ma... nocciolato.

«Cos'è quest'odore?»

Si avvicinò al fuoco e guardò nella pentola. Sembrava un porridge come si deve, non la mostruosità che Sigrún serviva ogni mattina. E aveva un odore... incredibile.

«Ha tostato l'avena per il porridge» spiegò Ilías. «L'ha *tostata*!»

Jonas si costrinse ad assumere un'espressione neutra, poi si girò verso la donna dai capelli ricci. Un rossore le arrivò al collo mentre gli porgeva una ciotola.

«Non è niente di che, davvero. Ti impressioni troppo facilmente, Ilías.»

Sedendosi davanti al fuoco, Jonas si costrinse a concentrarsi sul suo pasto. Al primo boccone, sgranò gli occhi: non sapeva che il porridge potesse avere quel sapore. Doveva essere, come aveva detto Ilías, merito della tostatura. Pensò per un momento a come potesse essere mangiare così ogni giorno. Avrebbe reso il viaggio decisamente più sopportabile. Ma avrebbe anche significato assecondare quella donna quando l'Equipaggio dell'Ascia Insanguinata aveva cose più urgenti di cui preoccuparsi.

Rey si avvicinò rivolgendo a Silla, che gli porgeva una tazza fumante di róa, un'espressione acida.

«Ben trovato, Rey!» disse lei allegramente. «Hai finito il tuo addestramento? Ti alleni ogni mattina?»

Rey si accigliò. «E tu parli sempre così tanto?»

«Sì» cinguettò l'irritante donna. Non aveva paura di Occhi d'Ascia ed era molto meno silenziosa di quanto Jonas avesse inizialmente pensato. E mentre il suo sguardo percorreva la lunghezza del suo vestito trasandato, abbottonato fino al collo, si chiese quali altri segreti potesse nascondere. *Per le palle rugose di Hábrók*, pensò, accigliato. Il sogno gli aveva confuso la mente.

Silla mise una ciotola nelle mani di Rey: difficile non notare che era traboccante, una porzione molto più abbondante di quella concessa agli altri. Aveva già notato che Rey non smetteva mai di mangiare; quell'uomo era perennemente affamato.

Sempre più contrariato, Rey le disse: «È innaturale essere così... entusiasti a quest'ora del mattino».

Silla fu sul punto di scoppiare a ridere; poi parve rendersi conto che Rey parlava sul serio e dissimulò la risata con una specie di verso strozzato, affaccendandosi con il porridge. Jonas passò il resto del pasto a pensare ai sólas sepolti nei suoi nascondigli, al lavoro a Istré e alla sua terra. Lui e Ilías avevano faticato per cinque lunghi anni per riconquistarla. Avevano dormito sulla terra fredda e dura, avevano versato sangue altrui e pagato con il proprio. Quando avessero riconquistato le loro terre, sarebbe stato perché se le erano *guadagnate,* non perché qualcuno aveva avuto pietà di loro.

* * *

Quella notte si accamparono in una radura in mezzo a pini dagli aghi verdi e affilati che incorniciavano un cielo coperto di nuvole. Sigrún aveva catturato altri due conigli e Silla li aveva cotti allo spiedo e serviti con l'ultimo pezzo di pane. Non era la cosa migliore che avesse mai cucinato, ne era consapevole, ma avere pochi ingredienti la limitava. L'Equipaggio dell'Ascia Insanguinata aveva ripulito i piatti, però, e nessuno si era lamentato. Con qualche fungo o un po' di erbe, Silla avrebbe preparato un piatto mille volte più gustoso, tanto buono che l'equipaggio avrebbe voluto tenerla con sé per tutto il tragitto verso nord.

Dopo aver lavato i piatti, diede un'occhiata agli altri. Il fuoco, quasi spento, emanava un bagliore arancione; Ilías, Sigrún e Jonas erano vicinissimi, immersi in una partita a dadi, mentre non c'era traccia di Rey, Hekla o Gunnar.

Per tutta la sera, Silla era riuscita a impedire alla sua mente di perdersi nel ricordo di suo padre. Ma adesso che si stavano preparando per la notte, il pensiero di lui si insinuò tra le sbarre che proteggevano la sua mente, riempiendola di dolore e tristezza.

"Ti ho amata come se fossi mia."

Allora perché non ti sei fidato di me? avrebbe voluto urlare. *Perché non mi hai detto la verità?*

Sfiorò la fiala che le pendeva dal collo, e i suoi pensieri cambiarono all'istante direzione.

Foglie per dimenticare. Foglie per sentirsi meglio.

Chiuse gli occhi con forza, cercando di far tacere la voce dentro di sé. Aveva già preso la foglia di skjöld prevista per quella notte, ma il suo corpo ne voleva ancora. Continuava a dire: *Ancora una*. E: *Che male fa?* E: *Ti meriti un po' di felicità*. Aveva tirato fuori le foglie dalla fiala, le aveva disposte in fila e le aveva contate una, due, tre volte.

Dieci.

Dieci foglie, dieci notti, dieci antidoti rimasti prima che l'ennesima ondata di dolore la rendesse impotente. Silla aveva aperto la mappa e aveva sfiorato con le dita il punto contrassegnato con il nome "Svarti". Se avessero proseguito a quel ritmo, l'avrebbero raggiunta prima che la fiala si svuotasse. Se lo ripeté più volte, cercando di rassicurarsi, ma l'angoscia le bruciava ancora nello stomaco.

Prendine una.

«Devo muovere i piedi» disse Silla, incapace di rimanere seduta con i suoi pensieri a preoccuparsi ancora. Guardò verso il bosco. Era silenzioso. Immobile. E prima, mentre l'Equipaggio dell'Ascia Insanguinata era distratto, si era infilata delle croste di pane in tasca per lasciarle agli spiriti. Se avesse trovato delle piante commestibili, avrebbe potuto aggiungerle alla sua offerta e forse compensare la sua mancanza della sera prima.

Prese una scatola vuota dalla cassa delle provviste. Aveva deciso: non si sarebbe allontanata e avrebbe fatto in fretta. Si immerse nel buio della foresta. C'era un profumo dolce e terroso, e regnava il silenzio, a parte lo scricchiolio degli aghi di pino sotto i piedi. Dopo qualche minuto, il familiare ricciolo di una foglia di acetosa selvatica che si stagliava contro il tronco sbiancato di una betulla catturò il suo sguardo. Si chinò per esaminarla, ma si raddrizzò di colpo al lieve schiocco di un ramoscello. Si girò lentamente, lasciandosi sfuggire un sospiro tremante quando riconobbe la sagoma appoggiata a un albero.

Jonas.

L'ultima luce del giorno indugiava sulle fibbie bronzee che allacciavano la sua giacca corazzata, sulla chioma dorata lisciata all'indietro e legata sulla sommità della testa. Jonas non disse nulla, ma la guardò con occhi azzurri così profondi e intensi che sembravano volerla inglobarla. Silla aprì la bocca, poi la richiuse. «Ciao, Jonas» disse infine. «Dobbiamo smetterla di incontrarci in questo modo.» Lui la guardò perplesso e lei strinse forte le labbra.

L'espressione di lui si indurì. «Non dovresti andartene in giro da sola. Ci sono i lupi in questi boschi.»

Lo sguardo di Jonas si fece ancora più intenso, e lei fu percorsa da un brivido. «Allora sono grata per la tua compagnia, guerriero.»

«No» disse lui, sempre più contrariato.

«No?»
«No. Sono venuto per riportarti all'accampamento. Ho cose migliori da fare che la balia a una ragazzina imprudente che vuole raccogliere fiori in una foresta piena di mostri.»
Silla sostenne il suo sguardo, stringendo forte i pugni. «Non sono una ragazzina. Ho visto venti inverni.» *E lui, quanti ne avrà visti?* si chiese Silla esaminando il suo viso. Venticinque, forse? «E apprezzo la tua preoccupazione, ma non mi serve una balia.»
Jonas incurvò le labbra in un sorriso e incrociò le braccia sul petto. «Ci sono cose in questi boschi che ti farebbero venire gli incubi.»
«Sono sicura che non sono niente, rispetto a quelli che già faccio.» Le parole le erano sfuggite prima che potesse fermarle. Fissò lo sguardo a terra, tormentata dal ricordo del suo brutto sogno. Odiava il fatto che lui avesse assistito a quel momento di vulnerabilità. Scosse la testa, sospirando. «Perché mi hai seguito? Pensavo che ti avrebbe fatto piacere vedermi divorata da una creatura della foresta.» Jonas percorse con lo sguardo l'albero accanto a lei e strinse ancora di più le labbra. «Non è questo che vuoi?»
«No.»
La sorpresa la colpì e la lasciò senza parole.
«Non pensare che significhi chissà che, Riccioli. È la mia stupida coscienza, niente di più.»
Silla aveva la mente in subbuglio. Quel guerriero prepotente e avido di denaro si preoccupava per la sua sicurezza. Allora ce l'aveva, una coscienza! «La tua coscienza ha visto qualche fungo da queste parti?»
Jonas alzò gli occhi al cielo. «No. La mia coscienza insiste che tu torni al sicuro all'accampamento.»
«Cinque minuti.» Silla tornò a guardare l'acetosa, e si chinò a raccoglierne un mazzolino.
Jonas sbuffò. «Non riesco a capire se sei coraggiosa o soltanto stupida.»
«Coraggiosa, senza dubbio» scherzò lei, infilando le foglie nella scatola. Raddrizzandosi, fece un passo tra gli alberi, studiando il terreno alla ricerca di funghi.
«Potrei tranquillamente caricarti in spalla» ringhiò Jonas, arrancando dietro di lei. «E allora cosa faresti?»
Con suo grande disappunto, Silla si rese conto che a quel pensiero il suo stomaco si scaldava. Decise che la cosa migliore era ignorare Jonas.
Alle sue spalle sentì lo schiocco secco di un ramo spezzato. «Non mettere alla prova la mia pazienza, Riccioli.»

«Lasciami in pace, Jonas.»

«Non posso» ringhiò lui.

«Perché no?» insistette Silla, girandosi a fissarlo. Perché gli importava tanto? Che razza di strano codice morale seguiva quel tizio? Poi lo sguardo le cadde sullo zigomo di lui, e sulla sua cicatrice. «Io... non posso starmene lì ferma» borbottò, distogliendo gli occhi. «Non riesco a starmene sola con i miei pensieri. Devo fare qualcosa. Devo muovermi.»

Jonas si passò una mano tra i capelli, tirando lo chignon in cima alla testa. Con un profondo sospiro, concesse: «Cinque minuti».

Un sorriso spuntò sul volto di Silla, che cercò di non mettersi a saltellare dalla gioia. «Il tuo stomaco ti ringrazierà domani sera, Jonas, quando avrò funghi ed erbe per lo stufato.» *E quando gli spiriti della foresta non ci inghiottiranno nella nebbia né apriranno buche nelle radure dove i cavalli potrebbero inciampare*, pensò, ma non lo disse a voce alta.

Lui borbottò qualcosa che lei non riuscì a capire. Proseguirono in silenzio, con Silla che setacciava il terreno nella luce fioca. Ma non trovarono tracce di piante commestibili, e lei sentì lo stomaco sprofondare. Avrebbe dovuto accontentarsi della poca acetosa che aveva raccolto. Sempre meglio di niente.

«Hai davvero perso le tue terre?» chiese Jonas, strappandola ai suoi pensieri.

Silla si girò e sbatté le palpebre. C'era qualcosa nella sua espressione che non riusciva a decifrare. Lentamente, annuì.

«Mi dispiace.» Jonas aprì la bocca, poi la richiuse. Con espressione indurita, aggiunse: «Però questo non giustifica il fatto che tu sia salita sul nostro carro».

«Fidati, se avessi saputo che era il *vostro* carro, mi sarei tenuta alla larga» disse Silla acida. «Ma ormai avrai capito che ero disperata. Non avevo soldi, temevo che gli uomini di... di mio cugino mi prendessero e mi sgozzassero. Cosa avrei dovuto fare?»

«Avresti dovuto guadagnarti il passaggio, non *rubarlo*.»

«Certo che sei testardo» disse lei con un sospiro esasperato. La mente di quell'uomo era inamovibile, come un troll esposto alla luce del sole.

«Sono determinato perché so cosa significa lavorare» rispose Jonas a bassa voce. Si avvicinò piano a lei e Silla si costrinse a non allontanarsi. «Le cose non mi sono mai capitate in mano.»

Silla non riuscì a trattenere una risata. «Se pensi che sia mai successo a me...»

Ora Jonas era più vicino, e torreggiava su di lei. Silla sentì le parole morirle sulla lingua e il cuore pomparle energia nelle vene.

«Questo incarico è importante. È la ricompensa più alta che abbiamo mai avuto. Se rovini tutto...»

Silla avvampò di rabbia, e si sentì più forte. Lasciando cadere la scatola, agguantò Jonas per le fibbie dell'armatura e lo costrinse a indietreggiare fino a spingerlo contro un albero. Il cuore le martellava nelle orecchie e un'ondata di calore la inondò da capo a piedi. «Stammi a sentire, Lupo» ringhiò. «Ho appena visto mio padre morire. Sono sopravvissuta ai mannari bruni e alle bande di guerrieri nella Pineta Contorta. Non ho nessuna intenzione di permettere a un guerriero troppo cresciuto e avido di denaro di fare il prepotente con me.»

Jonas la fissò con espressione intensa. «Allora non sei un topo! E sei tutt'altro che accondiscendente.»

A quelle parole Silla fu colta da una lieve vertigine, ma non ebbe il tempo di rifletterci troppo, perché Jonas alzò le mani di scatto e, più veloce di un lampo, le fece fare un giro, finché fu lei a ritrovarsi con la schiena premuta contro l'albero, i polsi bloccati lungo i fianchi. Silla inspirò a fondo. Fissò i suoi occhi azzurri e irritanti. Era così vicino che riusciva a sentire il suo odore: ferro, cuoio e quel profumo tutto suo.

Jonas si sporse in avanti, sfiorandole la mascella con l'alito caldo. «Non mi interessa cosa pensi.»

Per un momento, Silla non riuscì a parlare. Ma ne aveva abbastanza di lui e voleva farglielo sapere. «Oh, invece ti importa eccome» sussurrò, fissandolo intensamente. «Ti interessa quello che pensano *tutti*, vero? Perché non hai altro che una bella faccia. Sotto sotto, sono certa che non c'è niente che varrebbe la pena menzionare.»

Forse aveva perso la testa, o ogni residuo di spirito di conservazione. Non capiva perché provasse tanta soddisfazione nel provocare quel guerriero, che poteva spezzarle il collo senza pensarci due volte. Ma lui l'aveva seguita nel bosco. Le aveva detto che non voleva farle del male. E ogni volta che contraeva i muscoli della mascella, ogni volta che il suo respiro irregolare le sfiorava la pelle, lei sentiva un brivido scuoterla da dentro.

Di più. Voleva di più.

Jonas abbassò per un attimo lo sguardo sulle labbra di Silla, poi lo fissò nei suoi occhi. «Dovresti stare attenta a come mi parli.»

«Oppure...?» Silla si leccò le labbra, il cuore che le martellava nel petto. Sentiva una rabbia pura, primordiale aleggiare tra di loro. Avrebbe dovuto spaventarla, e invece la faceva sentire più viva, la *eccitava*.

I suoi occhi azzurri la trafissero. «Tu porti guai, Silla. Ma c'è una cosa che chiaramente devi ancora imparare.» Si sporse in avanti e lei chiuse gli occhi. Quando Jonas parlò di nuovo, lo fece con voce bassa e roca. «Non giocare se non sei sicura di vincere.»

Silla sgranò gli occhi.

La pressione sui suoi polsi si allentò e Jonas si ritrasse. «Torna all'accampamento. Il bosco non è un posto sicuro per te.» Silla sentì il suo stupido corpo fremere, ancora desideroso del calore di lui. Ma Jonas si stava già allontanando, come il lupo che era.

Per un folle momento, lei pensò di inseguirlo. Ma dopo aver inalato a fondo l'aria del bosco, il buon senso prevalse. Recuperando la scatola abbandonata e tirando fuori un ciuffo di acetosa, assemblò un piccolo altare per gli spiriti alla base dell'albero. Aggiunse le croste di pane con mani tremanti, e sussurrò: «Non ho idromele, ma spero che questo basti».

Fatto ciò, tornò all'accampamento, la pelle ancora bruciante di irritazione... di rabbia. Ma quando le fiamme del fuoco da campo apparvero alla vista, le venne in mente un pensiero. Non una sola volta, negli ultimi venti minuti, aveva pensato alle foglie... o a suo padre.

16

Silla era sempre stata un'inguaribile e allegra mattiniera, eppure il giorno dopo si sentiva restia a uscire da sotto le pellicce. Aveva combinato un bel pasticcio e ora avrebbe dovuto affrontare Rey, che ostinatamente fiutava le sue bugie; Hekla, che aveva profondamente offeso; e Jonas, che... be', non sapeva proprio cosa pensare del loro incontro della sera prima.

«Fatti forza, Silla» mormorò, acconciandosi i capelli in una serie di trecce. «È un nuovo giorno. Una nuova occasione per sistemare le cose.»

Era un'altra giornata fosca, le nuvole erano gonfie di pioggia e il respiro si condensava nell'aria fredda. Silla si avviò verso il fuoco superando Rey, che si allenava con la spada assumendo varie posizioni. Stringendo l'elsa con entrambe le mani, la fece roteare in aria, poi si inginocchiò rapido e sollevò la lama in posizione difensiva. Accadde tutto in un paio di secondi, o anche meno, si vedeva che aveva memorizzato alla perfezione quei movimenti. Lavorava con concentrazione incrollabile, e un'espressione severa che suggeriva che prendesse quell'addestramento sul serio, come d'altronde faceva con tutto.

Dopo una lunga notte di guardia, Sigrún stava attizzando le braci del fuoco. Quando Silla si avvicinò, lei fece un gesto con le mani che riconobbe come un saluto, e che ricambiò. Con un cenno del capo, Sigrún si diresse verso il ruscello, e Silla si mise al lavoro.

Dopo aver aggiunto legna, mise il bollitore d'acciaio sulle fiamme e versò i cereali per il porridge in una pentola. Era un sollievo potersi seppellire in un lavoro che non le richiedeva di pensare, anche solo per poche ore al giorno. Un pizzico di normalità in una vita ridotta in macerie.

A mio padre sarebbe piaciuto, pensò Silla. Gli occhi le si riempirono di lacrime mentre mescolava i cereali. «Mi manchi» sussurrò, mentre una morsa le stringeva il petto. Ma la tenerezza fu rapidamente sostituita dalla rabbia per il tradimento di suo padre.

Per fortuna non ebbe tempo di pensarci, perché i membri dell'Equipaggio dell'Ascia Insanguinata erano svegli e la tennero impegnata. Distribuì ciotole di porridge, tazze di róa speziato e "buongiorno" a tutti i presenti. Perfino a Hekla, che accettò con un silenzioso cenno del capo. Perfino a Rey, che si limitò a grugnire. E a Jonas, il cui sguardo era come un amo agganciato al suo ventre, che l'attirava verso di lui.

Maledetto quell'uomo e il suo carattere litigioso. La notte prima, però... se l'era immaginato o qualcosa era cambiato? Ripensare al corpo di lui contro il suo le scatenò qualcosa dentro e la fece avvampare. Ma non importava. Anche se Jonas non la disprezzava, Silla non poteva permettergli di avvicinarsi.

Dopo aver ripulito e spento il fuoco con l'acqua dei piatti, l'Equipaggio montò a cavallo. Silla si diresse verso il lucente cavallo bianco. Guardandosi alle spalle, tirò fuori dalla tasca una carota rubata e la sollevò perché Cavallo la prendesse tra i denti.

«Lo so, è piccola. Ti prometto che le cose miglioreranno se mi lasceranno restare» sussurrò, accarezzando la fronte dell'animale. «Puoi aiutarmi con il tuo guerriero? Dirmi come guadagnarmi la sua fiducia?»

Cavallo le diede una leggera musata, in cerca di altre carote.

«Domani. Te lo prometto.»

Silla lo accarezzò, poi salì sul carro e si sistemò nel suo nido di pellicce. Sebbene la sera prima l'avesse lasciata slegata, quella mattina Rey le assicurò di nuovo le mani all'anello fissato sul lato del carro. Sotto un cielo plumbeo, si avviarono lungo il sentiero e sulla Strada d'Ossa.

La mattina trascorse tranquilla, e incredibilmente noiosa. Silla si spostò, cercando di mettersi comoda; fissava, senza concentrarsi, la strada che il carro si lasciava alle spalle. Si trovava in quel luogo sospeso tra il sonno e la veglia quando intuì un movimento nel folto della foresta. Raddrizzò la schiena e strizzò gli occhi per vedere meglio.

Niente: era tutto immobile.

Probabilmente era un cervo, pensò, adagiandosi di nuovo sulle pellicce.

Un uccello emise un trillo, stranamente lungo e acuto. Qualcosa in quel suono le fece rizzare i peli sulle braccia. Si sedette di nuovo.

«Rey?» chiamò, ma lui non si voltò. Si stava comportando da sciocca. Era soltanto un uccello, o forse uno spirito giocoso della foresta.

Ma poi accadde, tanto in fretta che ebbe a malapena il tempo di capire: un'ondata di guerrieri emerse dal bosco, circondandoli. Dovevano essere una ventina, con grandi asce e scudi, i capelli che svolazzavano selvaggiamente da sotto gli elmi. Avevano sguardi feroci, le loro corazze di cuoio erano consumate e sfregiate e sullo scudo era disegnato un corvo nero con una spada nel becco. Sincronizzandosi alla perfezione, si distribuirono silenziosamente in gruppetti di tre o quattro. Era chiaramente un'aggressione ben pianificata.

«Rey!» urlò Silla, ma lui le era già accanto. Recise la corda che la legava con l'hevrít, l'afferrò da sotto le ascelle e la trascinò fuori dalle pellicce. Poi la lasciò cadere bruscamente a terra e la spinse sotto il carro.

«Resta lì» abbaiò.

Silla sentiva il cuore battere all'impazzata. I sassi disseminati sulla Strada d'Ossa le si conficcarono nelle costole mentre si slegava le mani, e vide tre paia di piedi avvicinarsi a Rey.

«Questo tratto di strada è sotto il controllo dei Corvi di Ferro» ringhiò uno degli uomini. «Dobbiamo esaminare il vostro carro. E ci dovete cinquecento sólas di pedaggio.»

«Noi non paghiamo alcun pedaggio» disse Rey burbero. I suoi stivali si allontanarono di qualche centimetro. «E voi non toccherete il nostro carro. Abbiamo l'ordine di mantenere confidenziale ciò che contiene.»

«Tutti pagano il pedaggio» disse un'altra voce. «Ci sono altri venti di noi tra gli alberi, pronti a mostrarvi l'ascia.»

«Sai chi siamo?» chiese Rey.

Un paio di stivali si fece avanti. «Non importa. Pagate il pedaggio, o la nostra disponibilità si esaurisce qui.»

«Noi non paghiamo alcun pedaggio» ringhiò Rey. «E permettermi di ribadirlo, poiché mi sembra che tu abbia difficoltà a comprendere: difenderemo questo carro con le armi. Ora hai capito o devo ripeterlo più lentamente?»

Gli stivali avanzarono di un altro passo. «Se ci tenessi alla vita, non ti rivolgeresti a noi in questo modo, guerriero» abbaiò l'uomo. «Cosa contiene di tanto prezioso quel carro?»

«Risparmia il fiato» grugnì Rey. «Lo sai già.»

«Forse hai le orecchie foderate di lana» disse il primo uomo. «Mostraci il carro, o le tue ossa si uniranno a quelle che danno il nome a questa strada.»

«Perché dovrei mostrarti qualcosa che già conosci?» chiese Rey. «Ci aspettavate, non è così?»

«Deve esserci qualcosa di valore» disse il primo uomo, avvicinandosi.

«Non ti consiglio di proseguire» lo ammonì Rey. «A meno che tu non voglia che ti stacchi la testa dal collo.»

Silla sentì il lieve stridio di una spada sguainata e lo scricchiolio dei sassi sotto diversi stivali che le sfilarono davanti agli occhi. Il suo cuore riprese a galoppare. Un paio di stivali si slanciò verso il retro del carro. Con un grugnito, Rey spostò il peso da una gamba all'altra. Silla udì un suono umido di risucchio. Poi il guerriero grugnì e crollò a terra.

Occhi neri spalancati la fissavano, mentre la bocca dell'uomo caduto si apriva e si chiudeva come quella di un pesce. Si strinse il collo con le mani, il sangue filtrava tra le dita e si raccolse in una pozza sulla strada. Un orribile susseguirsi di sussulti disperati fece rabbrividire Silla, che si costrinse a chiudere gli occhi finché i suoni della battaglia non si furono placati.

«Te ne pentirai, kunta mangiamerda» ringhiò uno degli uomini, e Silla aprì gli occhi allarmata; di nuovo, sentì lo scricchiolio di stivali che si avvicinavano.

«Non è l'offesa peggiore che ho sentito» borbottò Rey.

Un fischio acuto squarciò l'aria e il caos calò su di loro.

Ovunque risuonavano urla rabbiose e lo stridio del metallo contro il metallo. Rey si lanciò all'inseguimento degli altri due uomini, allontanandosi dal carro a sufficienza perché Silla potesse vederlo affrontare entrambi gli avversari con la stessa spietata concentrazione che gli aveva visto sfoggiare nei suoi allenamenti. Squarciò il collo di uno dei due, e il sangue disegnò un ampio arco in aria, prima di ricadere sul viso di Rey e sulla Strada d'Ossa.

«Dèi misericordiosi» borbottò Silla, animata al contempo dal disgusto e da un certo timore reverenziale. Voleva distogliere lo sguardo, ma non ci riusciva. Nei gesti di quell'uomo c'era una certa macabra poesia; i suoi movimenti sinuosi infliggevano la morte in modo efficiente, quasi teatrale.

Schivando un fendente sferrato dall'avversario sopravvissuto, Rey gli affondò la lama nella parte posteriore delle ginocchia. Con un latrato animalesco, l'uomo crollò a terra, e il suo elmo rotolò via. Rey – la morte incarnata – si raddrizzò, incombendo su di lui, e gli conficcò la spada lunga nel cranio, tanto a fondo che lo scricchiolio delle ossa riecheggiò tra gli alberi.

Silla, travolta dalla nausea, distolse lo sguardo, rivolgendo l'attenzione al resto del l'Equipaggio dell'Ascia Insanguinata, che affrontava un numero apparentemente impossibile di guerrieri.

Jonas, Ilías, Hekla e Gunnar combatterono schiena contro schiena, gli scudi alzati e le spade che menavano fendenti contro i Corvi di Ferro che gli si lanciavano addosso. Con velocità serpentina, la spada di Jonas affondò nell'ascella di un aggressore, più in profondità di quanto Silla ritenesse possibile, e gli fuoriuscì dal collo, facendolo cadere in ginocchio, un fiotto cremisi che gli gorgogliava dalle labbra. Con un grugnito, Jonas liberò la spada, facendola roteare sopra lo scudo e infilzando la gola dell'uomo che aveva sostituito il compagno caduto.

Silla cercò Sigrún con lo sguardo e, mentre una freccia dalle piume bianche trafiggeva il collo di un guerriero, capì che l'arciera era nascosta tra le ombre del bosco. Un altro dardo abbatté un guerriero che caricava Ilías; l'uomo cadde a terra, calpestato dai suoi fratelli d'armi che si scagliavano contro l'Equipaggio dell'Ascia Insanguinata.

«Frecce!» urlò Rey, e il gruppo si accovacciò, gli scudi sollevati sopra la testa a proteggersi da una raffica. Imprecando, caricò gli arcieri, una mano che sollevava lo scudo, l'altra che brandiva la spada lunga. Gli arcieri si dispersero quando l'enorme figura di Rey piombò tra di loro, ma non andarono lontano. Colpo dopo colpo, Rey li abbatté come se fossero contadini inesperti.

Il muro di scudi si infranse, l'Equipaggio dell'Ascia Insanguinata si liberò e si avventò con ferocia sui Corvi di Ferro. Hekla, la treccia nera che le sferzava le spalle e gli occhi luminosi, lasciò cadere lo scudo e divenne una chiazza indistinta di artigli e pugnale, che usava con velocità e maestria impressionanti. Sembrava vibrare di vita, come se stesse facendo ciò per cui era nata. Abbassandosi di scatto, abbatté il suo avversario con un affondo rapido che lo colpì dietro un ginocchio. Silla intravide lo scintillio argenteo degli artigli che gocciolavano sangue un attimo prima che Hekla li usasse per sgozzare l'uomo.

Quattro paia di piedi scricchiolarono piano sui sassi, costeggiando il carro. Silla non li aveva sentiti avvicinarsi, e nemmeno, a quanto pareva, l'Equipaggio dell'Ascia Insanguinata, che si era gradualmente allontanato per andare incontro una nuova ondata di Corvi di Ferro.

«Sono distratti. Sganciate il carro.»

No. Silla sentì il panico travolgerla. Era disarmata e i guerrieri ora erano su entrambi i lati. Il cavallo nitrì, scalpitando, ma gli uomini non si fecero scoraggiare. Si affollarono intorno alle fibbie, allentando le cinghie del cavallo bianco di Rey.

Gli occhi di Silla saettarono sul morto che giaceva sul retro del carro, sulla spada stretta nella sua mano senza vita. Avanzò a pancia in giù verso di lui.

Una volta raggiunto il retro del carro, si guardò intorno. Non c'erano stivali in vista: Silla fece un profondo respiro, poi si lanciò in avanti. Il suo mantello si impigliò in una roccia e lei lo liberò con uno strattone. Poi allungò un braccio il più possibile, finché le sue dita non si chiusero attorno alla fredda impugnatura di cuoio dell'arma, che liberò dalla presa del guerriero morto.

Proprio mentre cominciava a sentirsi sollevata, qualcuno le schiacciò il polso con lo stivale. Il dolore le salì lungo il braccio e le strappò un grido. Cercò di liberarsi, ma il polso era inchiodato saldamente a terra.

«Bene, bene, bene» gracchiò una voce fredda. «Cosa abbiamo qui?»

Una mano ruvida e callosa le afferrò la spalla, trascinandola fuori dal suo nascondiglio. I sassi le graffiarono la carne morbida del ventre mentre l'uomo la sfilava, scalciante, da sotto il carro. Silla fu costretta ad alzarsi e si ritrovò a fissare gli occhi azzurro pallido di uno dei Corvi di Ferro.

La faccia e l'armatura dell'uomo erano imbrattate di fango secco. Come le era accaduto quando aveva incontrato le Spine da Battaglia, bastò guardarlo negli occhi per capire che aveva avuto una vita difficile. Nel suo sguardo c'era un accenno di disperazione che le fece gelare il sangue.

«Ciao, bellezza.»

Silla gli sferrò un calcio, più forte che poteva, proprio tra le gambe. Ululando, lui la prese per i capelli, nel momento esatto in cui lei si girava per scappare. Si liberò con uno strattone, e una fitta dolorosa le attraversò il cuoio capelluto, mentre una ciocca rimaneva in mano all'uomo. Il suo sesto senso prese il controllo, spingendola a correre il più in fretta possibile verso il bosco.

Sentì qualcuno alle sue spalle che gridava: «Hóra!», ma non si fermò. Corse a perdifiato tra gli alberi, scavalcando con un salto i tronchi caduti, la vegetazione che le sfrecciava accanto in un turbinio di verde e marrone. Mentre i rami le frustavano le braccia, sollevò le gonne, maledicendole perché la intralciavano.

Si fermò, appoggiando la schiena contro il tronco ruvido di un pino, inspirando ed espirando con forza.

«Vieni fuori, ragazza» ringhiò una voce dietro di lei. «Non mordiamo. Non troppo, almeno.»

Con la mente in subbuglio, Silla si rese conto che più si fosse allontanata dall'Equipaggio dell'Ascia Insanguinata, più si sarebbe messa in pericolo; il suo nascondiglio però era troppo esposto, l'uomo l'avrebbe trovata presto. Furono i piedi a decidere per lei: si spostò con un balzo dall'albero e si immerse nelle profondità nel bosco. Ci fu un altro grido e Silla si concesse di guardarsi alle spalle. L'uomo, l'ascia sguainata, era sul punto di raggiungerla. Il panico si intensificò.

E poi Silla si schiantò contro qualcosa di duro, e un'esplosione rossa le offuscò la vista. Sentì qualcuno avvolgerla, bloccandole le braccia lungo i fianchi. Mentre la foschia rossa si diradava, Silla alzò lo sguardo e vide un uomo con una folta barba nera e occhi di un azzurro slavato, straordinariamente simili a quelli del guerriero a cui aveva appena dato un calcio. L'uomo la strinse più forte, costringendola a posare il viso contro il suo petto: la puzza del suo corpo non pulito le fece venire da vomitare.

«Lasciami andare!» urlò, prendendolo a calci. Lui la fece girare e la tenne ferma, la schiena di lei premuta contro il suo petto. Una mano pesante le chiuse la bocca, e un'altra le immobilizzò le braccia.

«Attento ai piedi.» L'uomo che aveva preso a calci li raggiunse, ansimando pesantemente. «Kunta» aggiunse con uno sguardo carico di odio.

«E le spade?» chiese l'uomo che stringeva Silla.

«Mi sono distratto. Si era nascosta sotto il carro.»

«Concentrati, Vilmar. Il rodio. Dov'è il rodio?» ripeté l'uomo che la teneva, in tono esasperato.

«Sono guerrieri migliori di quanto ci era stato detto. Le probabilità di sopraffarli erano molto ridotte.»

Vilmar rimase in silenzio per un momento, osservando Silla come se stesse valutando un capo di bestiame. Quando parlò di nuovo, ciò che disse la terrorizzò. «Ma la sorte è a nostro favore, fratello. Adesso abbiamo lei. Ci procurerà lei le armi.»

17

«Cammina» abbaiò l'uomo, e Silla barcollò tra gli alberi in direzione della Strada d'Ossa. Aveva i pensieri che correvano selvaggi. Lottò per liberarsi, ma più lottava, più forte lui la stringeva. E mentre marciavano verso la strada, il silenzio del bosco le fece annodare lo stomaco. L'Equipaggio dell'Ascia Insanguinata non avrebbe mai ceduto le sue armi in cambio di lei.

Quando alla fine arrivarono a destinazione, i suoni della battaglia erano svaniti del tutto. Uscirono dal limitare del bosco, dove gli alberi si aprivano sulla luce torbida di mezzogiorno. L'odore della morte appestava l'aria. C'erano corpi sparpagliati ovunque, e per un attimo Silla dimenticò di respirare. Il suo sguardo si posò sul cadavere di un guerriero dei Corvi di Ferro, un uccello gli beccava il bulbo oculare, poi su un altro, le cui ossa frantumate e i tendini mutilati penzolavano da una gamba mozzata.

L'Equipaggio era stipato attorno al carro, dove un membro solitario dei Corvi di Ferro era trattenuto tra Jonas e Rey, e supplicava di essere risparmiato.

«Ehi!» gridò Vilmar. «Abbiamo trovato la tua ragazza. Ti scambieremo con lei.»

Lo sguardo di Silla rimbalzò dall'espressione omicida di Rey al feroce azzurro degli occhi di Jonas, mentre i due alzavano lo sguardo dal loro prigioniero.

«Tenetevela» ringhiò Rey. «Ci fareste un favore.»

Il cuore di Silla prese a battere all'impazzata, mentre il panico la faceva avvampare e tremare allo stesso tempo.

I suoi rapitori si scambiarono occhiate confuse. Silla, disperata, fece per protestare, ma il suo carceriere la zittì mettendole una mano sulla bocca. Allora lei riprese a divincolarsi, ma si fermò quando un gorgoglio umido le raggiunse le orecchie.

Vilmar crollò in ginocchio, un rivolo di sangue che gli colava dal collo, dove ora era conficcata un'ascia.

Era avvenuto tutto così in fretta che Silla non riuscì nemmeno a pensare, né a reagire. Poi sentì qualcosa di lieve arruffarle i capelli. Un debole sibilo le colpì le orecchie. Un liquido caldo e appiccicoso le schizzò sul viso. L'uomo dietro di lei annaspò e allentò la presa. Cadde in avanti, finendole addosso. Lei atterrò in ginocchio sul terreno roccioso, e il contraccolpo fu così forte che i denti batterono tra loro. Poi si ritrovò schiacciata sotto l'intollerabile peso del guerriero.

Giaceva a faccia in giù, incastrata tra la strada e il corpo massiccio dell'uomo. L'odore della terra si mescolava al tanfo di lui, e Silla era troppo stordita per muoversi.

«Aiutami a toglierle questo imbecille di dosso, Gunnar.»

Hekla. Era la voce di Hekla. Silla sentì che l'uomo veniva spostato, che delle mani la prendevano delicatamente sotto le ascelle, e che qualcuno la girava sulla schiena. Sbatté le palpebre e sopra di sé vide Gunnar, Hekla e Sigrún, i volti deformati e distorti.

«Stai bene, dúlla?» chiese Hekla.

Silla si sedette lentamente, inspirando a fondo. «Mi hanno... mi hanno scoperta sotto il carro. Non avevo armi. Non avevo altra scelta che scappare.»

«Ora sei al sicuro. Corvi di Ferro... la peggior feccia che esista» aggiunse Hekla, girando la testa e sputando a terra.

«Grazie» mormorò Silla: dentro di sé, però, stava urlando. Provò ad asciugarsi il viso, ma se lo imbrattò del sangue del guerriero morto. Ne sentiva l'odore, le pareva che fosse dappertutto... e quella lama. Era atterrata a pochi centimetri dal suo viso. E se il lanciatore avesse sbagliato mira? Avrebbe potuto morire!

«Grazie, Jonas» mormorò Hekla, quindi sfilò l'ascia dal collo di Vilmar e la ripulì del sangue rappreso sui pantaloni del morto. Tese l'arma, indicando il motivo triangolare inciso sull'impugnatura. «È la sua ascia.»

Le labbra di Silla si aprirono leggermente. Jonas.

Gunnar le si accovacciò accanto. «Ti hanno fatto male, Martello?»

Silla sollevò il braccio tremante, girandolo per esaminarsi il polso. Strinse i denti mentre una fitta di dolore lo attraversava. «Mi fa male il polso, ma passerà.»

Sigrún glielo prese, lo toccò con delicatezza e lo girò da una parte all'altra. Fece una rapida serie di segni con le mani a Hekla.

«Sigrún ha un unguento che fa miracoli» disse lei, offrendole la mano sinistra. Silla la prese, alzandosi in piedi, ma si bloccò. Un lamento basso e angoscioso riverberò nel bosco, facendole drizzare i capelli sulla nuca.

«Cosa...»

«Rey e Jonas stanno interrogando l'ultimo» rispose Hekla.

Lo sguardo di Silla tornò al carro, fermandosi sui due guerrieri che avevano immobilizzato tra loro l'ultimo sopravvissuto. Erano uno spettacolo terrificante: le facce macchiate di terra e sangue, i capelli dorati di Jonas striati di rosso, le nocche di Rey squarciate. E tra loro il prigioniero rannicchiato, con l'hevrít di Rey premuto tra due nocche.

«Anders» ringhiò Rey. «Se vuoi una morte rapida e misericordiosa, ti conviene iniziare a parlare. Presto finirai le dita delle mani e dovrò cominciare con i piedi.» L'uomo gemette, ma Rey lo interruppe. «Chi ci ha tradito, Anders? Chi ti ha detto cosa conteneva il nostro carro?»

«Nessuno!» pigolò l'uomo. «Vi abbiamo perquisiti come avremmo fatto con qualsiasi altro carro sulla strada.»

Rey fece un versetto contrariato e trinciò ossa e tendini con la stessa facilità con cui Silla avrebbe tagliato una cipolla. Quando il dito cadde sul carro con un leggero tonfo, lei si sentì svenire.

All'uomo erano rimaste solo due dita.

Anders ululò, facendola rabbrividire in modo così violento che il tremore si riverberò lungo tutta la spina dorsale. Chiuse di scatto gli occhi.

«Non credo che gli strapperai delle risposte, Occhi d'Ascia» disse in tono ironico Ilías, alle spalle di Rey.

«Vedremo, Senza Barba» ringhiò Rey, girandosi di nuovo verso Anders. «Parlerà, o lo condurrò al limite della sopportazione e ce lo terrò finché non implorerà la morte come atto misericordioso. Anders, le tue bugie non fanno altro che ritardare il tuo destino» continuò Rey. Poi si girò verso l'amico. «Jonas, dimmi. I Corvi di Ferro sono soliti accogliere i viaggiatori con più di venti guerrieri armati fino ai denti?»

«Non l'ho mai visto succedere in vita mia. E ho percorso questa strada molte volte.»

Rey tornò a rivolgersi ad Anders. «Jonas non l'ha mai visto succedere, Anders. Io non l'ho mai visto succedere. Il che significa che sei un uomo disonesto.»

Jonas lo guardò accigliato. «Chi ti ha parlato delle armi, Anders?»
«N-nessuno! Non c'è stata nessuna soffiata.»
Si udì uno scricchiolio nauseante, seguito da un altro strillo acuto. Rey aveva piegato il braccio dell'uomo dietro la schiena, torcendolo a un angolo innaturale e poi ruotandolo fino a produrre un altro scricchiolio, altrettanto nauseante. Quindi tornò a posare il braccio maciullato dell'uomo sul carro.
«Basta!» supplicò Anders. «Fermi!»
E poi Silla parlò, la voce che risuonava limpida dall'altro lato della strada. «Sapevano del rodio. Uno degli uomini nel bosco ha chiesto dove si trovasse.» Mentre Rey finse di non averla sentita, lo sguardo azzurro di Jonas incontrò il suo, poi scese sul polso che lei teneva adagiato sul petto. I suoi occhi parvero bruciarle la pelle, e Silla emise un respiro tremolante mentre riportava la sua attenzione su Anders.
«Anders» disse Jonas con delusione affettata. «Quanto sei ottuso? Morirai. Puoi scegliere il modo in cui succederà, eppure continui a chiedere altro dolore.»
La sua presa sul braccio dell'uomo si fece più stretta. Poi, con un movimento brusco che contrastava con il suo comportamento calmissimo, gli mozzò un altro dito. Anders prese a dimenarsi, ma Rey e Jonas lo immobilizzarono.
«Ultima possibilità, Anders» lo avvertì Jonas. «Hai quasi finito le dita. Non vorrai che Occhi d'Ascia passi ai piedi. Per cominciare, userà un martello.»
«È stato Leif!» ululò Anders. «Leif dalla Locanda del Gufo. Ci ha fatto lui la soffiata.»
Rey curvò le labbra in un ringhio. Avvicinò la testa all'orecchio dell'uomo e parlò così piano che Silla lo udì a malapena. «Ti ci sono volute *nove dita* per dire la verità. Mi hai raccontato nove bugie, Anders. Non sei un uomo onesto e non dovrei concederti una morte rapida. Ma non mi servi, e noi dobbiamo andare.»
Sollevò la testa e inchiodò Silla con uno sguardo così gelido che lei sentì il sangue ghiacciarsi nelle vene.
Era un messaggio. Un avvertimento.
Gli occhi di Rey sembravano impassibili in superficie, senza vita, ma lei vide benissimo ciò che si nascondeva al di sotto. Un barlume di eccitazione. Di godimento. C'era qualcosa di sbagliato in quella scena. Qualcosa di profondamente sbagliato.
Silla sapeva cosa stava per succedere. Sapeva che avrebbe dovu-

to distogliere lo sguardo. Si sforzò di farlo, ma il suo corpo non collaborò. Rey tenne gli occhi fissi su di lei mentre faceva scorrere la lama sulla gola dell'uomo, recidendola senza resistenza. Alla fine, le palpebre ostinate di Silla si chiusero di scatto, ma non riuscirono a bloccare il suono dei gorgoglii che riempiva l'aria. Poi ci fu un silenzio assoluto.

Fu in quel momento che Silla si rese conto del suo errore.

Non avrebbe mai dovuto intrufolarsi su quel carro, a Reykfjord. Rey non era solo un guerriero sgradevole e autoritario: era più pericoloso dei mostri che abitavano i boschi. Si sarebbe sentita più al sicuro dormendo all'aperto che vicino a lui.

Rey lasciò cadere il corpo a terra e la raggiunse, senza fretta, incombendo su di lei con la sua mole massiccia. Aveva ancora la morte e la violenza appiccicate addosso, e lei sentì il cuore battere forte contro le costole.

«Hai paura di me, Raggio di Sole?»

A sentire quel nomignolo, Silla sbatté le palpebre. Rey lo aveva brandito come un'arma, pronunciato con un tono beffardo con lo scopo di ferirla. Deglutendo per liberarsi del nodo che le si era formato in gola, Silla non rispose, e si rifiutò di incrociare il suo sguardo.

Ma evidentemente il suo comportamento gli disse tutto ciò che aveva bisogno di sapere.

«Bene. La prossima volta, fai quello che ti dico.»

Lei sussultò quando lui le prese il polso ferito nella mano enorme; considerando che aveva un'anima di ghiaccio, era sorprendente quanto fosse calda la sua pelle. Le girò il polso e aggrottò la fronte.

«Sali sul carro.»

* * *

Quella sera si accamparono prima del solito. Dopo che Silla si era lavata il sangue dal viso e aveva vomitato la colazione, l'Equipaggio dell'Ascia Insanguinata aveva ripreso in fretta il cammino. Si erano fermati solo per mangiare qualcosa a mezzogiorno, e per far riposare e abbeverare i cavalli. Il polso di Silla era gonfio e rosso, e quando sostarono in una radura, ben distante dalla Strada d'Ossa, pulsava ferocemente. Per fortuna Rey non le aveva legato le mani al carro. Forse, dopo aver visto con i suoi occhi quanto fosse inutile in caso di aggressioni, aveva finalmente deciso che era innocua.

Sebbene non tremasse più, Silla era nervosa, e sussultava al cinguettio degli uccelli o allo sbuffare dei cavalli. Sigrún tirò fuori l'unguento dalla sua bisaccia e la aiutò a spalmarselo sul polso prima di avvolgerlo in strisce di lino. L'unguento aiutò moltissimo a ridurre il dolore e il gonfiore, ma anche mentre lo applicava la mente di Silla rimase annebbiata e tornò agli eventi di poco prima. Si ritirò presto, stringendo forte la tunica di suo padre e il sasso a forma di cuore.

Ma non le portarono alcun conforto.

Di nuovo, ripensò alla scena sulla strada. L'ascia che le passava a pochi centimetri dal viso. Il fiotto di sangue caldo che le schizzava sulle guance. Le suppliche disperate del guerriero. L'espressione negli occhi di Rey mentre tagliava la gola di quell'uomo. I suoi occhi... così freddi. Così... indifferenti.

La perseguitavano.

Non riusciva a scrollarsi di dosso la sensazione di aver commesso un errore unendosi all'Equipaggio dell'Ascia Insanguinata. Non si era resa conto che quelle persone lavoravano per il re finché non era stato troppo tardi, ma c'era anche qualcosa di sbagliato in Rey. Lo rivide mentre mozzava le dita del guerriero.

«Si è *divertito*» disse la bambina bionda, sdraiata supina nell'erba accanto a Silla. «Quell'uomo è pericoloso.»

«Grazie» sussurrò Silla. «Così mi tranquillizzi.»

Era ormai notte fonda quando si girò per la millesima volta. Aveva lo stomaco sottosopra e la bocca secca.

«Ricordati» disse la bambina. «Ricordati la tua promessa.»

Silla si drizzò a sedere. La piccola aveva ragione. Si era promessa che se si fosse sentita in pericolo, se ne sarebbe andata. Determinata a farlo, raccolse le sue cose e le infilò nella borsa. Si strinse il cappuccio intorno al viso, il bordo di pelliccia che le solleticava le guance. E poi se ne andò, con la bambina bionda al seguito.

Il fuoco le illuminava la schiena. Non era sicura di come lo sapesse, ma *lui* era seduto a guardarla mentre si incamminava verso il limitare del bosco.

«Non girarti» le consigliò la bambina. «Gli farebbe solo montare di più la testa.»

Silla si inoltrò tra gli alberi e si diresse verso la Strada d'Ossa. Più si allontanava da Rey, più il nodo allo stomaco si scioglieva e la tensione alle spalle si allentava.

«Siamo sopravvissute al viaggio a piedi da Skarstad» disse la bambina con un'allegria irritante nella voce. «Possiamo arrivare al prossimo villaggio e cercare riparo. Ci saranno altri gruppi con cui viaggiare.»

Ma Silla si sentì vacillare quando si rese conto di una cosa. «Occhi d'Ascia ha il nostro pugnale e il nostro martello.» Si passò una mano sul viso. «Siamo indifese.»

Una sensazione fastidiosa la pervase, del tipo che si prova quando si è appena usciti di casa e ci si è dimenticati di spegnere le braci nel focolare. «Hai dimenticato qualcosa?» chiese la bambina. Ma Silla frugò rapidamente nella sacca e la sensazione si dissipò.

Sola nel bosco, immersa in un buio assoluto, Silla sentì la gola bruciare di lacrime. Con improvvisa, vivida chiarezza, le tornarono in mente le Pinete Contorte. Il silenzio soffocante, la solitudine disperata, la consapevolezza che nessuno avrebbe mai saputo se fosse morta. Era insignificante come un granello di sabbia su un lungo tratto di spiaggia.

Cosa stava facendo? Si allontanava dall'incertezza per andare incontro a una morte certa?

Ebbe un momento di lucidità. Se Rey avesse avuto intenzione di ucciderla, l'avrebbe fatto senza esitazione.

«Rey pensa che tu sia debole» disse la bambina. «Forse questa era una prova. E se stesse cercando di spaventarci?»

Silla strinse i denti. Era proprio come tutti gli altri, che pensavano che la forza si misurasse in base alla decisione con cui si brandiva la spada. Rey aveva sottovalutato la sua resilienza. Aveva deciso che la sua gentilezza equivaleva alla debolezza.

«Allora gli faremo vedere quanto si sbaglia» ringhiò Silla, girando sui tacchi.

* * *

Seduto davanti al fuoco, Rey passò la pietra per affilare lungo la lama della sua ascia.

Era fatta. Se n'era andata.

Avrebbe dovuto sentirsi sollevato, e invece... non era così. Provava, semmai, uno strano desiderio di inseguirla. Di impedirle di andare incontro alla morte.

È inevitabile, pensò. *La sua morte è inevitabile. Meglio per lei affrontarla di petto.*

Quando ripensò all'imboscata, sentì la rabbia inondargli le vene, minacciando di sopraffarlo ancora una volta. Ma rabbia per cosa? Per il tradimento di Leif? Non proprio. Leif era soltanto un conoscente, uno che avrebbe baciato la sua ascia la prossima volta che fossero andati a Reykfjord.

Rabbia per i Corvi di Ferro che avevano cercato di barattare la donna con le lame di rodio? Sì, in parte, anche se prima che potesse eliminarli lui stesso l'ascia di Jonas aveva reclamato vendetta. Quello avrebbe dovuto calmarlo.

E invece non era calmo. Era arrabbiato... con *lei*. Non aveva ascoltato i suoi ordini, ecco perché era rimasta ferita. E anche perché l'Equipaggio dell'Ascia Insanguinata non era stato abbastanza abile. Perché *lui* non lo era stato.

Ecco il punto cruciale. Come potevano svolgere il lavoro mentre si prendevano cura di quella donna? Non avrebbe mai dovuto viaggiare con loro. Era una distrazione. Avrebbe potuto metterli in pericolo. E poi non era sincera; lui lo sapeva fin dall'inizio. C'era qualcosa che non gli stava dicendo, se lo sentiva nel profondo. C'era la cicatrice all'angolo dell'occhio, che lo aveva spinto a esitare la prima volta che aveva cercato di ucciderla. E poi quelle parole...

"Gli uomini meschini sono governati dalla paura, mentre i grandi uomini sanno mostrare pietà."

Rey conosceva quelle parole. Suo padre le ripeteva spesso a lui e a suo fratello Kristjan. Ascoltarle era stato come sentir parlare un fantasma. Se le era rigirate in testa per tutta la notte e il giorno dopo, e i suoi pensieri avevano preso direzioni che non gli piacevano affatto.

Deve andarsene, aveva deciso. Avere la mente lucida era più importante del suo contributo nel recuperare il libro da Kraki. E se aveva sfogato le sue frustrazioni su Anders, forse era stato per il bene di lei.

Aveva bisogno di sapere con chi viaggiava.

Sembrava che la sua dimostrazione avesse avuto l'effetto desiderato. Si era allontanata di sua spontanea volontà.

Adesso se n'è andata, pensò. *Riuscirai a concentrarti sul lavoro che ti aspetta.*

Ma mentre formulava quel pensiero, vide un movimento ai margini della radura, e un mantello rosso che emergeva tra gli alberi. Una figura minuta si diresse verso di lui, a passi fieri e determinati. Rey fermò la pietra che stava passando sulla lama, troppo sorpreso dal suono dei suoi passi che si avvicinavano per proseguire. Era quasi impercettibile, ma la vide: l'espressione soddisfatta con cui lo fissava.

La donna gli andò di fronte, si abbassò il cappuccio e avvicinò il viso al suo, finché fu a pochi centimetri. Poteva persino contare le lentiggini sparpagliate sul suo naso e sentire il suo profumo: primavera, quando i fiori di montagna sono appena sbocciati.

«So cosa stai cercando di fare, Rey» disse con ferocia. «Non funzionerà. Ho già vissuto il mio peggior incubo. Non puoi spaventarmi.»

Rimasto senza parole, Rey si lasciò sfuggire un singulto. Con espressione trionfante e un sorrisino, Silla girò sui tacchi, tornò alle sue pellicce abbandonate tra le altre figure addormentate, e ci si sdraiò sotto.

Cazzo, pensò Rey, passandosi una mano tra i capelli. E alla fine capì: forse quella ragazza non era in grado di brandire una lama, ma aveva lo spirito di una guerriera.

18

Skraeda fissava intontita le interminabili file di pini che fiancheggiavano la Strada d'Ossa. Le sue trecce ramate frusciavano in una leggera brezza che trasportava il sorprendente tepore dell'estate. Una cosa come quella aveva breve durata a Íseldur: ben presto il vento avrebbe portato il tipo di freddo che conficca delle schegge sotto la pelle. La testa le martellava, la schiena le doleva e non riusciva a pensare ad altro che a soffici letti di piume. Presto avrebbe avuto bisogno di riposare.

La ragazza con il mantello rosso era chiaramente scomparsa. Skraeda aveva trascorso giorni cavalcando lungo la Strada d'Ossa, fermandosi in ogni villaggio e fattoria che incontrava, e non aveva trovato alcuna traccia del suo passaggio. E adesso aveva coperto un tragitto molto più lungo di quello che lei avrebbe potuto percorrere a piedi.

Sei stata troppo avventata a lasciare Reykfjord, si rimproverò. La ragazza probabilmente era ancora lì, a nascondersi chissà dove finché non avessero smesso di cercarla. Che stupida era, a vagare per la campagna alla ricerca di qualcosa che non si poteva trovare. *Un altro fallimento*, pensò. *La regina si arrabbierà*. Il solo pensiero la fece agitare.

L'ennesima cosa rovinata dal suo carattere impulsivo. Nel delirio della sua stanchezza, era impotente di fronte all'affiorare dei ricordi.

L'acqua defluiva poco distante, il gocciolio ritmico riempiva il silenzio. L'odore di fieno e pietre umide appesantiva l'aria e Skraeda si appoggiò al muro freddo della sua cella, il terrore che la assaliva ancora una volta.

Era stata troppo sfacciata, ora lo sapeva. Era stato un po' troppo bello per essere vero: avrebbe dovuto lasciare che gli uomini nella sala dell'idromele vincessero qualche altra partita, non avrebbe dovuto tornare nella stessa sala per la terza sera di fila. Skraeda lo sapeva, ormai. Avrebbe dovuto dare ascolto a Ilka.

«Vieni con me, Skraeda, ti troveremo un lavoro onesto» aveva implorato la sua gemella.

«Un lavoro onesto?» era stata la sua risposta sprezzante. «Perché dovrei lavorare fino allo sfinimento quando posso vincere una settimana di stipendio in una notte giocando a dadi?»

«È troppo pericoloso, Skraeda» le aveva detto Ilka, con un tremolio nella voce. «Se continui a leggere le loro emozioni, presto ti scopriranno. Attirerai su di te attenzioni indesiderate.»

La aiutava a rimanere lucida avere una persona che si preoccupava tanto del suo benessere. Quando i suoi impulsi avevano la meglio, Ilka era sempre pronta a calmarla, a spingerla a pensare razionalmente.

«Almeno sii furba» le aveva detto Ilka, gettandosi una lunga treccia rossa sulla spalla. «Sii paziente.»

Avrebbe dovuto darle retta. Ma la logica e la pazienza erano svanite all'istante quando aveva visto l'uomo corpulento seduto nella sala dell'idromele. Se c'era una cosa che Skraeda sapeva di lui, era che non rifiutava mai una scommessa. Aveva sentito un prurito alle dita, come se una parte di lei la supplicasse di non immischiarsi. Invece, lo aveva raggiunto. La sua avidità era stata la sua rovina. Era così concentrata sulla prospettiva di fargli sganciare sólas per la terza notte di fila che non si era accorta dei Klaernar che aspettavano nell'ombra. Le erano piombati addosso nel momento stesso in cui si era seduta sulla panca.

E adesso era in cella.

E presto sarebbe stata messa al pilastro.

Non sono pronta a morire, *pensò, mentre il panico allungava i suoi tentacoli dentro di lei. E di certo non desiderava la morte riservata ai Galdra, legata a un palo per il pubblico scherno. Costretta a sanguinare per il loro Dio Orso, e poi lapidata a morte.*

Annaspò in cerca d'aria.

Un colpo di tosse riecheggiò nel corridoio, e Skraeda tese le orecchie. Sentì delle voci basse e ovattate. Un uomo e una donna. Pian piano si fecero più forti, finché, alla fine, Skraeda riuscì a dare un senso alle loro parole.

«Un Segugio Ombra» stava dicendo l'uomo. Aveva la voce fragile di un uomo anziano. «E un Fortificatore.»

La donna rispose con un lieve sospiro. «Dove si nascondono gli Inceneritori? A cosa ci serve un altro empatico? Un Segugio Ombra... Immagino che Lekka possa farne uso a Svaldrin.»

Skraeda sentì la collera montare. Non sapevano cosa poteva fare un For-

tificatore? Il potere che lei era in grado di esercitare oltre la semplice regolazione emotiva?

I passi si fecero più forti. Sebbene la sua cella fosse rivestita di hindrium, era chiaramente vecchio: il suo dono vi filtrava attraverso. Riusciva a percepire debolissimi sprazzi delle emozioni dei due interlocutori: curiosità e delusione. Prima di poter riflettere su quell'insolita combinazione, Skraeda si ritrovò faccia a faccia con la regina di Íseldur.

Si alzò in piedi a fatica, il respiro affannoso. Sebbene fosse inutile, si lisciò le gonne sporche e si passò una mano tra i capelli arruffati e aggrovigliati. Si sentiva del tutto impresentabile di fronte alla sovrana... eppure, eccola lì.

La regina Signe era bella come si diceva nelle sale dell'idromele. Indossava una tunica color avorio e la pelliccia di volpe artica avvolta sulle spalle brillava persino nella luce fioca della prigione. I suoi famosi capelli bianco-oro, ambiti sia dai Norvalandesi sia dagli Urkan, erano acconciati in trecce intricate che mettevano in risalto gli orecchini d'oro. Aveva occhi azzurro ghiaccio e, mentre studiava Skraeda con le labbra incurvate all'ingiù, un nastro di disgusto si dipanò dalla sua aura.

Lo stomaco di Skraeda si contrasse. Per lei vali meno di niente, pensò. Era feccia. Innaturale. Una cosa da disprezzare e di cui liberarsi.

«Questa è la Consolatrice, Vostra Altezza» disse l'uomo.

Skraeda fece guizzare lo sguardo su di lui, e notò subito la cicatrice rossa che gli solcava il lato sinistro del viso. Nemmeno l'occhio era stato risparmiato, e adesso, dove avrebbe dovuto esserci la palpebra, si trovava una scheggia bianco latte circondata da una massa grumosa di carne. L'uomo, basso e vestito con una tunica marrone con le maniche lunghe, stava diventando calvo.

«Sì» commentò la regina, e si girò per proseguire.

«Aspettate» disse Skraeda, stupendo anche sé stessa. Cosa stava facendo?

La regina si fermò, poi si voltò a guardarla.

«Io... io posso esservi utile» si sentì dire Skraeda. «Posso aiutarvi.»

La regina Signe serrò le labbra. «Hai un bel coraggio a parlarmi con tanta audacia» disse. La sua voce era piena e melliflua, e Skraeda deglutì nel sentirla. «Non abbiamo bisogno di Fortificatori.»

«Non sono una Consolatrice qualunque, Vostra Altezza» affermò Skraeda. «Sembra che stiate cercando la Guerriera Galdra. E le mie capacità mi permettono di percepirla.»

Lo sguardo della regina si fece così intenso che Skraeda si sentì graffiare la pelle. «E come?»

Skraeda trasse un profondo respiro per calmarsi. «I Galdra hanno una... firma emozionale. La loro angoscia, la loro paura li rendono riconoscibili in mezzo alla folla.»

La regina lanciò un'occhiata al suo compagno. «Vostra Altezza, non abbiamo bisogno di altri Fortificatori in questo momento» disse il vecchio. «Sono troppi. Sono ovunque.»

Il disgusto dell'uomo sarebbe stato evidente anche se Skaedra non fosse stata capace di percepire le sue emozioni. La regina però la guardava, e i fili della sua curiosità si intrecciavano luminosi.

Dimostraglielo, *si disse Skraeda.* Falle vedere quanto puoi essere utile. Potrebbe essere la tua unica possibilità di sopravvivenza.

«Vi garantisco che sono la migliore Consolatrice che abbiate mai ospitato in queste celle» disse Skraeda, con voce sempre più sicura. «Mia regina, sono a vostra disposizione. Permettetemi di diventare un'arma segreta al vostro servizio.» Usando un tocco delicatissimo, sfiorò la curiosità della sovrana.

«Come ti chiami, Consolatrice?» le chiese lei.

«Skraeda.»

«E devo credere che ti rivolteresti contro la tua stessa specie, Skraeda?» rifletté la regina, con un sorriso che le stuzzicava gli angoli delle labbra.

«Cosa hanno mai fatto per me i Galdra?» La bugia aveva un sapore amaro in bocca, ma il suo desiderio di vivere la rendeva facilmente accettabile.

Il sorriso della regina si fece più ampio. «Davvero? Come potresti dimostrarmi il tuo valore?»

«Ho un vantaggio che i Klaernar non hanno. I Galdra mi vedono come una di loro. Lasciate che ve li porti. C'è un'abilità in particolare che vi serve?»

«Inceneritori» disse la regina Signe, incrociando le braccia sul corpetto ricamato della sua veste. «Ci servono persone dotate della magia del fuoco.»

«Conosco un Inceneritore» disse Skraeda, alzando la voce. Non puoi, *pensò, con il cuore che le batteva forte. Ma voleva vivere,* doveva *vivere, e in quel momento nient'altro importava.*

«Se mi liberate, ve lo porterò.»

La regina osservò Skraeda per un lungo momento, in silenzio.

«È un rischio» disse l'uomo con la tunica marrone. «Ma ultimamente è diventato difficile trovare Guerrieri Galdra. Forse potrebbe funzionare.»

«Sì» disse la regina, gli occhi azzurri ancora fissi su Skraeda.

«Lasciatemi dimostrare la mia lealtà, Vostra Altezza» disse lei. «Non ve ne pentirete. Ve lo giuro.»

La regina Signe si picchiettò il mento con un'unghia dalla forma perfetta. «Vedo del fuoco in te, ragazza. Vedo ambizione. Forse rivedo un po' me stessa, a dire il vero.» Rimase in silenzio per un momento. «Ti concedo una possibilità. Se non riesci a portarmi un Inceneritore entro un giorno, ti sguinzaglierò dietro tutti i Klaernar del regno. Non ce la farai ad arriva-

re al pilastro, Skraeda. E ti assicuro che il tuo destino sarà molto peggiore di una lapidazione.»

Skraeda deglutì, ma tenne la schiena dritta. «Vi porterò un Inceneritore, Vostra Altezza. Non vi deluderò.»

Un corvo volò basso sopra di lei, e il forte gracchiare distolse Skraeda dai suoi ricordi. I pini si innalzavano di nuovo tutt'intorno e la Strada d'Ossa, attraversata da solchi regolari, si estendeva davanti a lei. In lontananza, sentiva diversi uccelli battibeccare per chissà cosa.

Devi trovare la ragazza, disse Skraeda a sé stessa. *Non devi deludere la regina.*

Ma la sua mente era confusa, le sue ossa così stanche. Forse era meglio cercare una locanda e dormire per una notte. Dopo un sonno ristoratore, avrebbe deciso come procedere. Mentre imboccava una curva, si trovò davanti una scena raccapricciante. Cadaveri – almeno una ventina – che impregnavano di sangue la strada di terra battuta. Uno stormo di corvi aveva preso d'assalto i corpi, e gli uccelli lottavano per beccarne il viso e le mani. Cosa era successo lì? Skraeda spinse il suo cavallo in avanti, e i corvi, costretti ad allontanarsi, protestarono a gran voce. Skraeda smontò di sella, si chinò per esaminare il cadavere e individuò subito il sigillo sullo scudo che gli giaceva accanto: un corvo nero con una spada nel becco.

«Corvi di Ferro» mormorò, guardandosi intorno. Conosceva quella banda di guerrieri: si vantavano di collezionare le armi delle loro vittime. C'era un che di poetico nel fatto che adesso giacessero uccisi sulla strada, con le loro stesse armi a disposizione dei passanti.

Il suo sguardo cadde su uno spazio vuoto tra i cadaveri, come se la battaglia avesse risparmiato quel piccolo tratto di terreno. Forse c'era un carro, prima? Accovacciata, esaminò uno dei corpi proprio lì accanto: un guerriero coperto di sangue a cui mancavano tutte le dita delle mani tranne una. Interessante: lì c'era stato un interrogatorio violento. Sebbene non fosse il suo metodo preferito, Skraeda provava rispetto per i guerrieri che facevano ciò che era necessario per ottenere risposte.

Studiò la coppia di solchi su entrambi i lati di quello spazio. Sì. Sembrava ci fosse stato un carro. Poi gli occhi le caddero su un oggetto fuori posto, e Skraeda sentì il cuore accelerare i battiti.

Era un quadrato di lana rossa. Forse si era strappato dai vestiti di qualcuno che si era nascosto sotto il carro. Avvicinandosi, vide qualcosa brillare nella luce fioca del mattino. Skraeda lo raccolse e lo esaminò più da vicino. Una ciocca di capelli lunghi, castani e ricci.

Un sorriso le si disegnò sulle labbra: la stanchezza cominciò ad abbandonarla, subito sostituita da un moto di speranza.

«Non hai tutto questo vantaggio su di me, vero, ragazzina?» disse ad alta voce. «E adesso lo so. Viaggi su un carro. E ti sei trovata dei compagni.»

19

Silla scoprì che prendere una decisione importante dava un certo potere. Il giorno seguente l'aggressione dei Corvi di Ferro, si svegliò piena di fiducia e di vita, e animata da una nuova determinazione. Avrebbe di certo trovato un modo per convincere l'Equipaggio dell'Ascia Insanguinata a portarla a Kopa. E il suo sesto senso le diceva che aveva superato una specie di prova.

Silla si diresse verso il ruscello ai margini dell'accampamento, si mise in ginocchio sul soffice tappeto di muschio e si spruzzò il viso con l'acqua gelida. Arrotolandosi la manica, esaminò il polso. Sebbene fosse ancora rosso e gonfio, il dolore pulsante si era ridotto a un fastidio sordo. Provò a stringere il pugno e a rilassare i muscoli.

Sull'altra sponda del ruscello, una creaturina simile a un topo con gli aculei si mosse furtivamente sul muschio, scomparendo tra le felci e nel bosco più in là. Mentre Silla la seguiva con lo sguardo, si rese conto di essersi avventurata più a nord di quanto non fosse mai stata in vita sua; stava vedendo cose nuove e strane, e presto ne sarebbero arrivate molte altre. Forse il topo con gli aculei era un promemoria degli dei: anche le creature più piccole sono resistenti e adattabili.

«Skarpling» la raggiunse la voce di Hekla. «Piccole creature timide, comuni da queste parti e ancora di più tra l'erica delle Highlands.»

Era la prima volta che si ritrovavano sole da quando Silla aveva scoperto le sue carte. Deglutendo a fatica, optò per delle scuse sincere. «Hekla, so di averlo già detto, ma devo farlo di nuovo. Mi dispiace di averti lasciato intendere che mio marito mi picchiava. Ho confermato la tua ipotesi e adesso me ne vergogno. Vorrei potermi rimangiare tutto.»

Hekla la studiò con gli occhi color ambra, poi si mise in ginocchio e iniziò a togliersi la protesi.

Silla fece un secondo tentativo. «Temo di essere stata maledetta da una lingua disobbediente. Parla sempre prima che io abbia formulato un pensiero sensato e si blocca quando non dovrebbe.»

Hekla ridacchiò. «Allora forse Ilías soffre della tua stessa malattia.» Rimase in silenzio per un momento. «Hai ammesso il tuo errore, e per questo ti perdono. Ma ti avverto, non farlo più.»

Si lavò la parte esposta del moncone, e la sua espressione si sciolse in qualcosa di simile al sollievo quando l'acqua entrò in contatto con la pelle irritata e deturpata che circondava l'articolazione metallica. «E dobbiamo insegnarti come difenderti. Mi preoccupa che tu non sia capace di farlo.»

Silla si sistemò sull'erba accanto a Hekla, appoggiandosi sui gomiti. «Mio padre ci ha provato, ma ero una pessima allieva. È che disprezzo la violenza. Il solo pensiero di ferire qualcun altro mi fa stare male.»

«Non c'è bisogno che diventi una guerriera» disse Hekla, spruzzandosi dell'acqua sulle guance, «ma se non impari a difenderti cederai tutto il potere ai tuoi nemici. E con quel potere loro decideranno per te. Stai mettendo il tuo destino in mani altrui.»

Silla rimase in silenzio per un lungo momento. «Hai ragione. Sono stata compiacente, felice di mettere il fardello della mia sicurezza sulle spalle d'altri. Se voglio sopravvivere senza mio padre, dovrò imparare.»

Hekla si accovacciò di nuovo e un ampio sorriso le comparve sulle labbra. «Posso insegnarti a usare il pugnale, e sarai più preparata quando ti troverai di nuovo da sola.» Il suo sorriso vacillò.

«Ti ho vista batterti da sotto il carro» disse Silla. «Sei straordinaria. Davvero incredibile.»

«Ti ringrazio, dúlla. La strada per arrivare qui è stata lunga. Ho dovuto imparare di nuovo a fare quasi tutto, dal vestirmi al montare a cavallo. Lo ammetto, è stato impegnativo. Ma ero motivata. La vendetta fa miracoli per l'ambizione.»

«Vendetta. Contro... il tuo ex marito?»

Hekla avvitò la protesi sull'ancoraggio di metallo finché scattò. «Sì. Ogni volta che estraevo il pugnale, immaginavo lo sguardo terrorizzato nei suoi occhi quando sarei tornata a prenderlo. Quando si sarebbe reso conto che la moglie a cui aveva mozzato il braccio, e che aveva dato per morta, era anche colei che lo avrebbe ucciso. Volevo che lo sapesse: non mi aveva spezzata, perché spezzarmi non era mai stata una sua scelta. Volevo vedere il momento in cui si sarebbe reso conto che tutto quello che mi aveva fatto – ogni schiaffo, ogni pugno, ogni calcio – era stato una miccia. Mi aveva trasformato in un incendio, e per lui era arrivato il momento di bruciare.»

Silla spalancò la bocca. «Ceneri. Sei davvero incredibile.»

«Io ho deciso da sola il mio destino. E tu avrai la stessa libertà, Silla» disse lei con un sorriso. «Vivo seguendo l'istinto. Di pancia. E la mia pancia mi dice che sei un'alleata e un'amica. Perciò è deciso: ti aiuterò a imparare a difenderti. E farò il possibile per convincere Occhi d'Ascia a portarti a Kopa. Anche se, come ben sai, è testardo come una capra di montagna.»

Silla sentì un brivido percorrerle la schiena. Quella donna aveva affrontato il peggio del peggio, era forte e coraggiosa e non le importava niente di cosa pensavano gli altri di lei. Nonostante l'apparenza inflessibile, Hekla era dolce, gentile e generosa. Silla avrebbe voluto essere come lei. E per gli dèi, voleva che fosse dalla sua parte.

«Ti ringrazio» rispose, ma non era abbastanza. Non era certa che esistessero parole che potessero esprimere la sua gratitudine.

«Troveremo la guerriera che si nasconde dentro di te, Mano di Martello» disse Hekla con un sorriso.

Silla scosse la testa. «Spero di non sentirmi mai più così: impotente e in preda al panico, in attesa che qualcuno mi salvi.»

«Ricordati quella sensazione, dúlla. Tirala fuori quando ci alleneremo. Trasforma il tuo dolore in potere.» Hekla fece una pausa. «Tutti i membri dell'Equipaggio dell'Ascia Insanguinata hanno avuto momenti di sfortuna. Ci hanno resi ciò che siamo ora. Com'è che si dice? Senza pioggia, non ci sarebbero fiori?»

«Ultimamente ho avuto un sacco di pioggia» mormorò Silla.

«Questo significa che il sole deve essere all'orizzonte.»

Il sole all'orizzonte. Quell'idea le piaceva.

La speranza sbocciò nel suo petto e lei non la represse. La lasciò lì e si fece invadere.

* * *

Silla si dedicò alla routine mattutina come se la sera prima non fosse accaduto nulla e, anche se si accorse che il cipiglio di Rey era peggiorato, non consentì che questo la turbasse. Anzi, si sforzò di sfoggiare il suo sorriso più radioso mentre gli passava una ciotola di porridge, e lui borbottava qualcosa come "è troppo".

Jonas le si avvicinò e Silla servì la colazione anche a lui.

"Non giocare se non sei sicura di vincere."

Silla si schiarì la voce, allontanando il ricordo. Jonas aveva ucciso i Corvi di Ferro che la tenevano prigioniera e lei non sapeva come interpretare quel gesto. L'aveva protetta di nuovo, anche se di giorno di rado le rivolgeva lo sguardo, e rispondeva a monosillabi alle sue domande. Mentre gli porgeva la ciotola di porridge, Silla cercò le parole giuste, ma lui andò a sedersi accanto al fuoco prima che potesse trovarle.

Quando quella mattina salì sul carro, Silla si bloccò. Accanto alla pila di pellicce c'era il suo pugnale nel fodero: quando lo estrasse, si accorse che era stato appena affilato. Diede un'occhiata all'ampia schiena di Rey, che sedeva stoicamente su Cavallo.

«Non mi leghi, oggi?» gli chiese.

Lui rispose senza nemmeno girarsi. «Dopo aver visto come ti sei comportata durante la battaglia di ieri, ho deciso che sei più rischiosa per te stessa che per me, con quella lama. Attenta, Raggio di Sole. Il lato affilato è parecchio tagliente.»

Silla non poté reprimere un sorriso, e sperò che lui si girasse a guardarla e lo notasse. Rey avrebbe potuto pensare di averle appena assestato un bel colpo, ma Silla sapeva chi era il vero vincitore. Qualcosa era cambiato dalla sera prima. Non rabbrividiva e non sentiva il nodo di tensione allo stomaco quando era con lui. Non la spaventava più come una volta. Sperava che lui lo sapesse. Sperava che la cosa lo infastidisse a morte.

* * *

Per cena, Silla preparò di nuovo lo stufato di coniglio. Non era niente di eccezionale, almeno secondo i suoi standard, ma mentre distribuiva le ciotole l'entusiasmo sui volti dell'Equipaggio dell'Ascia Insanguinata le fece capire che per loro andava più che bene.

«Peccato che non abbiate avena macinata» disse tra un boccone e l'altro. Sapeva che in cucina avrebbe potuto fare magie, con appena qualche ingrediente in più. Provava a sparpagliare quelle idee come dei semi. Presto si sarebbero fermati nella città di Svarti e si chiedeva se avrebbero fatto provviste. La Dorsale di Skalla, il punto in cui avrebbero lasciato temporaneamente la Strada d'Ossa per dirigersi al villaggio di Kraki, incombeva sempre più vicino. Le serviva qualcosa che li convincesse a portarla più a nord.

«Potrei preparare una salsa o del pane. Ho sentito che si possono catturare i lieviti che circolano nell'aria per far crescere il lievito madre...» Una fitta dolorosa le trafisse il cranio, così improvvisa e intensa che Silla sussultò e si bloccò a metà frase. *Skjöld*, pensò, e il suo corpo gioì al pensiero delle foglie. Chissà come, si era dimenticata di prendere la sua dose giornaliera: il pensiero era scivolato tra le crepe della sua mente. Silla tirò il sottile cordino di cuoio attorno al collo, liberando la fiala. Dischiuse le labbra lasciandosi sfuggire un rumore strozzato. *No, no, no, no, no!*

Il tappo era socchiuso.

In testa le turbinavano stralci di pensieri: quando, dove, come. *Come*. Com'era successo? Come avrebbe fatto ad arrivare a Svarti? Come avrebbe potuto sopravvivere alla furia dei suoi mal di testa?

Si rovesciò in mano l'unica foglia rimasta e la spezzò a metà. Represse a stento le lacrime mentre il suo corpo urlava e la sua mente sfrecciava qua e là. Rimise l'altra metà della foglia nella fiala.

Non manca molto a Svarti, pensò.

Poteva farcela. Poteva farsela bastare. Mezza foglia era meglio di niente. Ma la sua mente era in acque pericolose, che minacciavano di annegarla in un mare di disperazione. *Ne serve di più. Non basta. Stupida! Come hai potuto permettere che succedesse?*

Il dolore cominciò a dissiparsi, ma i suoi pensieri avevano appena iniziato a tormentarla. Le foglie le servivano anche come forma di conforto, di sicurezza. Senza una scorta assicurata, si sentiva nuda e vulnerabile. Avrebbe voluto scoppiare in singhiozzi, urlare, strapparsi i capelli dalla testa. Non ce l'avrebbe fatta senza suo padre. Non riusciva nemmeno a tenere al sicuro la sua scorta di skjöld. Come era possibile...

Silla sentì lo sguardo di ghiaccio di Rey dal lato opposto del fuoco. «Cos'è?» chiese, facendo un cenno col capo verso la fiala.

I loro occhi si incrociarono e Silla fu grata di venire strappata alla corrente che la stava trascinando verso il basso. «Skjöld.»

Lo sguardo di Rey avrebbe potuto frantumare una pietra. «Perché dovresti prendere un'erba come quella? Non sai quanto è pericolosa?»

Silla si costrinse a ridere, ma la sua risata risuonò stridula. «Pericolosa? È un rimedio per il mal di testa.»

Rey conficcò un bastone nel fuoco con aggressività gratuita. «I fanatici di Sunnavík la adorano. Li aiuta a "sentirsi più vicini agli dèi".»

Silla lo fissò, assorbendo le sue parole ma non riuscendo a digerirne il significato. «Come potrebbe fare una cosa del genere?»

Rey scrollò le spalle. Silla abbassò lo sguardo sulla fiala, e un nuovo turbinio di emozioni le invase la mente. *Fanatici? Pericolosa? No.* Suo padre non le avrebbe mai dato qualcosa di pericoloso.

Ma lui ti ha lasciato.

Ti ha mentito.

Non hai mai nemmeno saputo il suo vero nome.

«Sono sicura che ti sbagli» disse in tono forzato. Si alzò e fece il giro del fuoco, raccogliendo le ciotole sporche. Fu riconoscente quando Rey si allontanò furtivamente nella foresta, poiché le rese ancora più facile evitarlo quella notte.

* * *

«Presa in avanti» disse Hekla. «Tieni la lama verso l'alto, nella direzione opposta al mignolo.»

Il sole, ammantato di nubi, era ancora alto, ma l'aria si era fatta decisamente più fredda e l'alito delle due donne disegnava nuvolette in aria. La mente di Silla continuava a tornare alla fiala che le pendeva dal collo, al fatto che fosse vuota e inutile. Sebbene il momento peggiore del mal di testa fosse passato, un dolore sordo le avvolgeva ancora il cranio, e in più non riusciva a far tacere la voce dentro di sé.

Di più. Prendi l'ultima metà. Prendila.

Silla si era tuffata nell'addestramento come diversivo. Coprendole una mano con la propria, Hekla le mostrò la posizione corretta delle dita lungo l'elsa del pugnale.

«Tienilo stretto, dúlla, così.»

Silla non si perdeva nemmeno una parola, memore della sensazione di impotenza del passato. Non voleva provarla mai più.

«Questa presa funziona bene per i fendenti verso l'alto. Ti sembrerà più naturale, perché è simile a quella che usi per tagliare il cibo.»

Hekla aggiustò la sua presa, poi fece un passo indietro, soddisfatta. «La cosa più importante: quando pugnali qualcuno, fallo con tutto l'impegno.»

«Pugnala la gente con impegno! Che saggezza, Costole!» ruggì Ilías, dando una gomitata a Gunnar.

«Fa parte dell'addestramento?» chiese Silla, massaggiandosi le tempie per cercare di attenuare il dolore. Lanciò un'occhiata furibonda agli uomini seduti accanto al fuoco, che si passavano una fiaschetta di brennsa. Avevano già bevuto abbastanza e, a quanto pareva, lei era il loro intrattenimento. Per fortuna, Sigrún si era allontanata per una delle sue perlustrazioni tra i cespugli e Rey non si vedeva ancora da nessuna parte. «Avere a che fare con loro?»

Hekla li liquidò con un cenno. «Fa bene abituarsi alle distrazioni. Non farci caso, dúlla. Vogliono soltanto vedere cosa succede quando un gattino tira fuori gli artigli.»

«Gattino?» Silla non riuscì a trattenere una nota indignata nella sua voce. Si sforzò di inspirare dal naso mentre il dolore tornava a pulsare.

«Ah, ma io so che hai un gatto di montagna lì dentro, e ho intenzione di tirarlo fuori. Però questi scemi sono sempre pronti a giudicare.» Hekla le lanciò un'occhiata tagliente e abbassò la voce. «Dimostra loro che si sbagliano.»

Silla si mise le mani sui fianchi. «Lo farò.» Lanciò uno sguardo infastidito a Ilías. «Perché ti chiama Costole?»

«Perché Hekla mi fa ridere così tanto che mi fanno male le costole!» urlò Ilías.

Gunnar ridacchiò.

«Perché mi ha afferrato una tetta e io gli ho rotto le costole» rispose Hekla con dolcezza, fissando Ilías con uno sguardo severo. «Meglio tenere a mente che potrei farlo di nuovo, kunta!»

Silla fece rimbalzare lo sguardo tra i due, poi scoppiò a ridere.

«Ilías, smettila di distrarre la mia allieva» gridò Hekla. «Adesso torniamo alla nostra lezione. Quando pugnali qualcuno, non puoi esitare. L'Equipaggio dell'Ascia Insanguinata può gestire un combattimento prolungato, ma per te l'elemento sorpresa è necessario, e avrai una sola possibilità. E... vai!»

Silla eseguì i movimenti che Hekla le aveva mostrato una, due, tre volte... Uno schiocco sonoro la distrasse. Jonas. Che tagliava la legna. Abbassava l'ascia con colpi potenti, spaccando i ciocchi apparentemente senza sforzo.

Dèi misericordiosi!

Silla lo scrutò con la coda dell'occhio quando si fermò per arrotolarsi le maniche della tunica di lino. Ogni piega metteva in mostra un altro centimetro di avambraccio muscoloso. La temperatura sembrava essere salita di diversi gradi, e per un attimo Silla si dimenticò completamente del dolore alle tempie.

«Vai!» abbaiò Hekla.

Silla ripeté il movimento senza convinzione. Jonas recuperò l'ascia, contraendo visibilmente i muscoli, che guizzarono in risposta al peso dell'attrezzo. Quando sollevò le braccia all'indietro, Silla vide che la tunica gli tirava sulle spalle. Jonas posizionò un ciocco di legno in piedi, la luce del fuoco che giocava sui suoi capelli dorati e sugli zigomi abbronzati.

«Vai!» Silla menò un fendente all'aria.

Jonas portò l'ascia sopra la testa, le labbra strette per la concentrazione, lo sguardo intenso puntato sul suo bersaglio. Silla riusciva a distinguere i muscoli forti e tesi del collo, vedeva gli addominali contrarsi sotto la tunica. Poi l'ascia fendette l'aria con tale violenza che per un attimo Silla dimenticò come respirare. La lama colpì, il legno si spezzò e il ciocco cadde tagliato a metà.

Silla si tirò il colletto del vestito.

«Vai!»

Qualche ciocca di capelli sfuggita alla treccia ricadde sulla fronte di Jonas, e lui la scostò.

La voce di Hekla interruppe le sue fantasie. «Silla? Ti sei bloccata? Oh, fuochi eterni...» Hekla fece un sorrisino. «Ci risiamo.»

«Non sono distratta» disse Silla in fretta – troppo in fretta – girandosi subito verso di lei con le guance arrossate.

«M-mh.»

«Provo ancora?» chiese Silla, cercando disperatamente di cambiare argomento.

Hekla tamburellò con le dita metalliche sul suo pugnale, studiandola divertita. «Non ti conviene pensarci, dúlla.»

«Pensare... a cosa? Non penso proprio a niente.» Sembrava che la sua voce fosse salita di un'ottava e si sentiva il viso in fiamme.

«Lui è... come posso dire... molto apprezzato dalle donne. Affiderei a Jonas la mia stessa vita, ma nei confronti delle donne di cui si circonda...» Tirò fuori la lingua. «Lo chiamano Lupo per un motivo. Non le tratta bene.»

«Non stavo... Non volevo...» Silla non sapeva come finire la frase.

«Certo che no.» Hekla ammiccò. «Ma è meglio che tu lo sappia, in caso ti vengano idee strane. Adesso ripeti i movimenti ancora una volta.»

20

Era colpa di Jonas se Silla non riusciva a dormire. Si rigirò sotto le pellicce per gran parte della notte, la fronte imperlata di sudore nonostante sentisse un gran freddo. Il mal di testa persisteva, anche se ormai si era abituata; il dolore era come un rumore di sottofondo. E non importava quante volte si girasse, non riusciva a trovare una posizione comoda.

Ogni volta che chiudeva gli occhi, lo vedeva brandire l'ascia e risentiva le parole che le aveva sussurrato all'orecchio.

"Non giocare se non sei sicura di vincere."

Le risuonavano nella mente, ancora e ancora, un coro di voci baritonali che le scendevano lungo le spalle e le si riverberavano lungo la spina dorsale. Maledetto quell'uomo e i suoi ridicoli avambracci, e come riusciva a distrarla brandendo la sua stupida ascia. Chi spacca un tronco con un solo colpo? Che assurdità.

Silla si costrinse a ricordare il resto delle cose orribili che aveva detto.

"Non permetterò a un topo di mettersi tra me e i miei sólas."

Ecco, pensò, vittoriosa. Gli importava solo del denaro. Chiaramente, era egoista. *Però ti ha salvato dai Corvi di Ferro*, disse una vocina invadente. *E ti ha aiutato a superare il panico quando hai avuto quell'incubo. E ti ha seguito nei boschi perché non ti mettessi in pericolo...*

Irritata, Silla si girò per la terza volta in un minuto.

Alla fine il sonno la colse, e con il sonno arrivarono i sogni. Silla vide degli occhi che sembravano due pozze d'acqua, catturavano i raggi del sole estivo, zaffiri scintillanti che mutavano quando li fissava. Sognò dita che la sfioravano sul punto sensibile dietro le ginocchia, sulla pelle liscia dell'interno coscia. Labbra morbide come la seta che sfioravano le sue.

L'immagine si infranse, poi riprese consistenza, e lei fissò la sagoma malconcia di suo padre, un rivolo rosso ruggine gli colava dal petto mentre i suoi respiri veloci diventavano rantoli. Riusciva a leggere le sue emozioni negli occhi azzurro ghiaccio: rimpianto, il desiderio disperato di avere più tempo, paura – ma non della morte – che lo travolgeva come una valanga giù per una montagna. Paura per *lei.*

Chi erano i miei genitori? gli chiese.

Le sue labbra si mossero. Lei abbassò la testa, sgranando gli occhi quando i nomi le arrivarono alle orecchie...

Silla si raddrizzò di scatto, ansimando. Si guardò rapidamente intorno: la luce dorata e burrosa del sole filtrava tra i rami dei pini e si riversava sulla radura coperta di muschio. Una patina di sudore freddo le ricopriva la fronte. Il lieve russare delle figure addormentate accanto a lei la raggiunse. Si palpò il collo. Nessun dolore.

Non era più lì, sulla strada vicino a Skarstad. Adesso era al sicuro. Si premette una mano sullo stomaco per calmare i nervi tesi. I nomi. Quali erano i loro nomi? Erano proprio lì, appena fuori dalla sua portata, in un ricordo che avrebbe potuto recuperare se solo si fosse sforzata abbastanza...

L'eco del sogno le rimase appiccicato addosso mentre preparava la colazione, mentre sprofondava nelle pellicce, mentre il carro procedeva a fatica lungo la strada. Suo padre era morto mille volte, finché lei non aveva memorizzato lo sguardo nei suoi occhi, il rantolo dei suoi ultimi respiri. Eppure, poco importava quante volte lo rivivesse, non riusciva a sentire i nomi che aveva pronunciato. Era morto per lei, per proteggerla, e questo le fece venire i brividi. Quella sensazione nauseante le rimase addosso per tutto il giorno, e infettò ogni angolo del suo corpo.

È colpa tua se è morto.

«Non essere sciocca» disse la bambina bionda, rannicchiata tra le pellicce accanto a lei. «Non potevi sapere che sarebbe successo.»

Ma il pensiero le si conficcò dentro, facendo riaffiorare un dolore terribile e ancora fresco. Era morto. Non c'era più. Forse lei non l'aveva accettato. Tendeva ancora le orecchie per cogliere il suono della sua voce, annusava ancora l'aria in cerca del suo odore familiare. Silla tirò fuori la tunica dalla borsa. Se la premette sul naso. Inspirò.

È colpa tua, colpa tua, colpa tua.

Gli occhi le si riempirono di lacrime e li chiuse con forza. Se solo fosse stata più attenta quando lui aveva provato a insegnarle a difendersi, avrebbe potuto sguainare il pugnale, avrebbe potuto aiutarlo a combattere.

«E lui avrebbe potuto dirti la verità» disse la bambina con rabbia.

Se solo fosse stata una figlia migliore. Se solo si fosse fidato del fatto che lei fosse in grado di custodire quei segreti.

«Dovresti fare pensieri da focolare» suggerì la bambina.

Ma Silla era impotente di fronte al dolore che la travolgeva, alle domande tormentose che le risuonavano in testa.

Perché non si è fidato di te?

Chi sono i tuoi genitori di sangue?

Perché la regina Signe ti vuole?

«Pensieri da focolare» disse la bambina. «Gattini. Nuotare. Affondare le dita nell'impasto del pane...»

Con un verso esasperato, Silla si raddrizzò, attorcigliando la sua chioma ribelle in una treccia. Ignorando il pulsare alle tempie, sciolse il laccio di cuoio dal polso e lo usò per fissare i riccioli. Spostò lo sguardo sulla strada, oltre il carro. Jonas cavalcava in silenzio sulla sua cavalla bruna, il volto calmo, la solita espressione intensa e indecifrabile negli occhi.

Un brivido le percorse la schiena e si immobilizzò, consapevole di una cosa: l'immensa sofferenza per la perdita di suo padre si era momentaneamente attenuata; era la prima volta da molte ore che provava qualcosa di diverso dal dolore. Ed era accaduto lo stesso quella notte nel bosco. Il desiderio delle foglie di skjöld, il dolore e la perdita... erano stati tutti messi a tacere.

Silla si sdraiò sulle pellicce e chiuse gli occhi, abbandonandosi ai ricordi della prima parte del sogno. Le carezze sulle gambe, il contatto delle labbra di Jonas contro le sue. Sentì il cuore accelerare i battiti e il sangue infiammarsi nelle vene, mentre un fastidio insistente le si insinuava tra le gambe. Sospirò. Che nuova tortura era questa? Cosa c'era in quell'uomo irritante? E perché non riusciva a smettere di pensare alla sua faccia, stupida e bellissima? Silla non sapeva cosa significasse.

«Niente di buono» borbottò la bambina bionda. E con ciò, si nascose sotto le pellicce fino a scomparire del tutto.

* * *

«Abbiamo finito la legna per il fuoco, Lupo.»

Jonas abbassò lo sguardo sui dadi intagliati nell'osso che aveva appena lanciato. Sulle due facce erano incisi un corvo e due orsi polari: il peggior tiro che avesse fatto in tutta la serata. Aveva già perso abbastanza sólas contro Gunnar, e si sentiva bruciare lo stomaco per i sensi di colpa. Quei sólas erano destinati ad aumentare il suo tesoro, e adesso Gunnar li avrebbe trasformati in piscio in una qualche sala dell'idromele. Con un sospiro irritato, si alzò.

«Io non gioco più» borbottò, afferrando la sua ascia e inoltrandosi nel bosco. Vicino all'accampamento i rami di pino morti erano bagnati e ammantati di muschio, perciò si addentrò più a fondo, alla ricerca di licheni secchi e fibrosi.

Era entrato nella foresta da appena due minuti quando sentì Silla che camminava alle sue spalle. Cosa aveva intenzione di fare? Gli bruciava lo stomaco. Gli sembrava di essersela appena tolta di mente. Non sapeva come, ma quella donna gli era entrata sottopelle; aveva dovuto impegnarsi al massimo per ignorarla tutto il giorno.

Jonas aveva cavalcato dietro al carro, i suoi occhi inesorabilmente attratti da lei, che la cosa gli piacesse o meno. Qualcosa l'aveva turbata. Era chiaro, e lui lo aveva notato anche se non erano affari suoi.

E adesso lo aveva seguito nel bosco.

Vuole continuare a giocare, pensò, attraversato da una pura soddisfazione maschile. Gli tornò in mente il lieve tepore del suo corpo mentre la spingeva contro l'albero, il fuoco nei suoi occhi mentre lo provocava. La sua rabbia l'aveva eccitata.

E le parole provocatorie di Silla gli avevano scaldato il sangue più di quanto lei potesse immaginare. Gli era servito ogni grammo della sua volontà per allontanarsi da lei, per evitare di metterle le mani ovunque, di scoprire se aveva un sapore buono quanto il suo odore.

Jonas sentì il desiderio divampare e si accigliò. Si ricordò che era una bugiarda, una clandestina, un peso per l'Equipaggio. Si costrinse a pensare ai calzini di Ilías. Ai mannari bruni. A suo padre.

Ecco. Suo padre funzionava sempre.

Un ramoscello si spezzò e lui sospirò, girandosi con espressione torva. «Cosa vuoi, Riccioli? Perché mi hai seguito?»

Silla avvampò e si morse il labbro inferiore. «Mi hanno detto che è pericoloso vagare da soli nei boschi. Qualcuno deve proteggerti, Lupo.»

Jonas inclinò la testa di lato. Aveva fegato, e questo gli piaceva più di quanto fosse disposto ad ammettere. «E chi proteggerà te, topo?» Il fuoco divampò negli occhi di lei e gli fece accelerare i battiti. *Cazzo*, pensò Jonas. Voleva vederlo di nuovo.

«Mi proteggerò da sola» disse Silla con fervore. «Mi sono allenata con Hekla.»

Lui sorrise. «Ho visto. Hai quasi raggiunto il livello di abilità di una bambina di otto anni.»

Silla sbuffò, incrociando le braccia sul petto e attirando l'attenzione di lui su quella zona. Per l'ennesima volta, si ritrovò a chiedersi cosa si nascondesse sotto quei vestiti orribili.

«Almeno io cerco di migliorarmi» disse lei aspramente. «Non spreco tutte le mie notti.»

«Cosa stai insinuando?»

«Non sto insinuando niente. Sto *dicendo* che secondo le tue parole avevi cose migliori da fare che accompagnarmi mentre andavo a procacciarci del cibo, e a quanto pare le "cose migliori" in questione erano perdere i tuoi sólas giocando a dadi. E io che pensavo fossi uno spilorcio con le tue preziose monete.»

L'irritazione gli riempì lo stomaco. Detestava il fatto che lei avesse rimarcato proprio ciò che lo infastidiva così tanto. Lasciando cadere l'ascia, la raggiunse a grandi falcate. Lei inspirò, ma rimase ferma. Per gli dèi, quella donna... Era un'impudente, e avrebbe voluto darle una lezione. Assaporare la sua pelle. Sfiorarle la gola palpitante con i denti.

Jonas abbassò il viso finché fu a pochi centimetri dal suo. La fissò, e vide le sue pupille dilatarsi. «Stai cercando di provocarmi, Riccioli?»

«Forse.»

Lui le posò lo sguardo sulle labbra, poi tornò a puntarlo nei suoi occhi. Erano scuri, senza fondo, il tipo di occhi in cui ci si poteva perdere. «Non ti avevo avvertito di non fare questi giochetti con me?»

«Forse non voglio vincere» sussurrò lei. «Forse voglio solo giocare.»

Lui la fissò, una vampata di calore gli salì lungo la spina dorsale. Le posò una mano alla base della gola e poi la fece scivolare lentamente verso l'alto, fin sotto la mascella. Con sua grande soddisfazione, la sentì rabbrividire. «Ne sei proprio certa, Silla?» Le palpebre di lei tremarono e Jonas non riuscì a reprimere un sorrisino compiaciuto. «Potrei essere un pericolo per te.»

«Forse l'idea... mi piace.» Terminò la frase a dispetto delle guance che avvampavano.

Jonas sentì una risatina sorpresa risalirgli dal fondo della gola. «Non hai alcun senso di autoconservazione, vero, donna? Come hai fatto a sopravvivere a venti inverni in questo regno?»

«Non lo so» sussurrò lei, poi chiuse gli occhi. Aggrottò la fronte, abbassò le spalle e parve ripiegarsi su sé stessa.

Tutto l'ardore di Jonas si spense in un istante. Fece un cauto passo indietro, lasciando ricadere la mano che le toccava il viso. «Sul serio, perché mi hai seguito?»

Silla fece un'espressione contrariata e strinse le dita attorno alla fiala che le pendeva dal collo. «Non riesco a starmene seduta lì» disse. «Non posso... pensare. Avevo bisogno di camminare. Mi serve una distrazione.»

«Una distrazione?»

Silla distolse lo sguardo. «Non ti disturberò oltre. Ho solo bisogno di camminare.»

Se fosse stato un uomo migliore, Jonas le avrebbe chiesto cosa la turbava. Cosa aveva spento il fuoco nei suoi occhi così all'improvviso. Ma nessuno lo avrebbe definito un brav'uomo, e così si limitò a dire: «Benissimo» prima di addentrarsi più a fondo nel bosco.

Camminarono in silenzio per diversi, lunghi minuti, e Jonas si fermò quando vide dei licheni. Non ci mise molto a raccogliere tutta la legna che gli serviva, ma intuì che lei aveva bisogno di più tempo, e una minuscola parte di lui, una parte stupidamente tenera, scelse di assecondare le sue necessità.

«Dovrei ringraziarti» disse Silla alla fine, staccando i licheni da un bastone che aveva raccolto e sollevando gli occhi a incontrare i suoi. Erano così vuoti e smarriti. Dove erano finite le fiamme? Cosa le aveva smorzate? «Per avermi liberato dai Corvi di Ferro, dico. Grazie.»

Con gli occhi della mente, Jonas la vide di nuovo nelle grinfie di quella feccia, e sentì la collera tornare a bruciargli nelle vene. Quel giorno aveva estratto l'ascia e gliel'aveva conficcata in testa senza nemmeno pensarci.

Digrignando i denti, rispose: «È gentaglia, mangiacarogne. Sai da dove viene il loro nome? Fanno affari con le armi, prendendole dai cadaveri delle loro vittime».

Silla strinse la fiala finché le nocche non le diventarono bianche. Si aggrappò a quell'oggetto come se potesse salvarla dagli abissi della disperazione. «Ringrazio gli dèi per essermi intrufolata proprio nel vostro carro.»

Lui la guardò accigliato, ma l'espressione tagliente si addolcì subito. Stava cominciando a rendersi conto quanto fossero sbagliate le sue impressioni iniziali su di lei: si alzava prima di tutti loro per cucinare la colazione, lavava i piatti senza protestare o lamentarsi, si esercitava con Hekla per ore e ore ogni sera. Era chiaro che lavorare sodo non la spaventava.

A Jonas non piaceva che si fosse intrufolata nel loro carro. Ma più ci pensava, più riusciva a capire la disperazione che doveva averla spinta a farlo. Anche lui una volta aveva fatto affidamento sulla gentilezza degli altri. Cercò le parole per dirle che, forse, si era sbagliato, ma non parve trovarle.

«Come va il polso?» chiese invece. Lasciando cadere la legna da ardere, Jonas si spazzò i filamenti di lichene dalle mani e le si accostò. Con cautela le sollevò l'avambraccio, arrotolando con delicatezza la manica di lana. Quel tocco le mozzò il fiato, e il cuore di Jonas prese a galoppare.

Poi si accigliò. Sebbene il gonfiore fosse notevolmente diminuito, la pelle chiara era deturpata da lividi neri e violacei. La sua rabbia tornò a divampare.

«È molto migliorato. L'unguento di Sigrún funziona davvero.»

Jonas sentì il sangue pulsare sotto la pelle delicata di Silla e intravide una scintilla nei suoi occhi.

Incapace di fermarsi, le sistemò i riccioli ribelli dietro le spalle. «E il collo?» chiese dolcemente. Fece scorrere un dito nel punto in cui il collo incontrava la spalla. «Anche quello è guarito.»

Silla fu scossa da un brivido.

Uno strano tepore le riempiva lo stomaco. Gli occhi di Jonas incontrarono i suoi. «Hai freddo, Silla?»

«No» riuscì a dire lei con un sussurro appena udibile.

Si fissarono. L'aria che li separava crepitava, carica di desiderio, di potenzialità, come se stesse per scoppiare un temporale.

«Jonas!» chiamò una voce maschile, tagliando la tensione come un pugnale appena affilato. Ilías. «Il fuoco si è spento, cazzo, razza di cretino!»

Imprecando sottovoce, Jonas arretrò di un passo. Espirò bruscamente, poi raccolse la legna che aveva lasciato cadere. «Meglio se torniamo indietro.»

Stringendosi le braccia attorno al corpo, Silla annuì con decisione.

Rientrarono all'accampamento in silenzio.

21

Il giorno dopo fu emozionante come guardare l'erba crescere. Proseguirono attraverso fitti boschi per quasi tutto il giorno, fermandosi in una radura dove Silla preparò la cena. Dopo aver infilato gli ultimi piatti nella cassa delle provviste, aspettava Hekla per la sua lezione serale. L'aria era fresca, più buia del solito: le nuvole avevano minacciato pioggia per tutto il giorno, ma per il momento il tempo reggeva. *Bene*, pensò Silla, portando la cassa al carro. Voleva impegnarsi per imparare quanto più possibile da Hekla, ma detestava l'idea di esercitarsi sotto l'acqua.

I suoi occhi saettarono verso il fuoco, dove Jonas sedeva accanto a Rey e faceva scorrere il pugnale lungo un pezzo di legno, da cui stava ricavando una statuina. Ogni sera ne intagliava una nuova, gettandola nel fuoco una volta completata e ricominciando da capo il giorno dopo.

Quando la luce colpì la sua barba dorata, Jonas sollevò gli occhi azzurri, incrociando i suoi. Silla sentì un gran caldo, divisa a metà tra il desiderio e il puro imbarazzo. Cosa le era preso la sera prima?

Era seduta vicino al fuoco da campo, tormentata dal mal di testa che le stringeva il cranio come un serpente che l'avvolgesse nelle sue spire, e lottava contro la tentazione di prendere la sua ultima mezza foglia. E poi lo aveva visto entrare nel bosco, con l'ascia sollevata sulla spalla. Dopo essersi assicurata che gli altri fossero troppo presi dai dadi per notarla, Silla gli era sgattaiolata dietro.

"Forse non voglio vincere. Forse voglio solo giocare."

Al solo ricordo sentì le guance andare in fiamme. Lo aveva detto davvero. A Lupo. E lo aveva desiderato... disperatamente. Negli occhi di lui aveva visto la stessa fame. Per un momento, aveva pensato che lui l'avrebbe baciata. L'avrebbe distratta da tutto il resto.

Fuochi eterni, lo desiderava ancora. Eppure non le piaceva per niente. Era esasperante. Sconcertante.

Le labbra di Jonas si sollevarono agli angoli, come se le stesse leggendo la mente, e lei sentì un piacevole tepore nello stomaco. Con un respiro tremolante, Silla si sforzò di distogliere lo sguardo. Per tutto il giorno aveva pensato alla sua mano che le scivolava sul collo. Al modo in cui sembrava affamato di lei, come se volesse divorarla. Sebbene il dolore sordo per aver preso solo mezza dose di skjöld persistesse, Silla non si era crogiolata in quella sensazione quel giorno; non aveva pensato alla sua fuga, né al mistero dei suoi genitori di sangue.

«La tua fissazione per lui mi fa venire da vomitare» borbottò la bambina bionda, appoggiata al lato del carro.

Silla le lanciò uno sguardo omicida.

«È un *maschio*.» La bambina arricciò il naso. «E a parte questo, sai che è meglio non lasciarlo avvicinarsi troppo.»

«Hai ragione» sussurrò Silla. «Non deve succedere di nuovo.»

Lo sguardo le cadde sull'uomo dai capelli neri alla sinistra di Jonas, e le sfuggì un lungo sospiro. Non era più vicina a conquistare il favore di Occhi d'Ascia di quanto lo era stata il giorno in cui l'avevano scoperta. Ultimamente lui le si rivolgeva a monosillabi, allontanandosi furtivamente dall'accampamento quasi tutte le sere. Silla non aveva la minima idea di come guadagnarsi la sua fiducia. Sapeva benissimo che la sua abilità come cuoca non sarebbe bastata a convincerlo a portarla a Kopa.

Entro pochi giorni avrebbero raggiunto la Dorsale di Skalla, e man mano che si avvicinavano il nodo che sentiva allo stomaco si stringeva sempre di più. Come poteva convincerlo?

«Devo trovare un modo» disse Silla.

Hekla uscì dalla foresta, con i vestiti umidi appesi al braccio sano. «Pronta per esercitarti?» chiese, stendendo gli indumenti su una corda.

Silla annuì.

Le due donne si allontanarono dal fuoco e iniziarono ad allenarsi. Hekla stava mostrando a Silla come bloccare un attacco in arrivo e contemporaneamente colpire il suo avversario. Sollevando il braccio destro, Silla si preparò a bloccare la lama inguainata con il sinistro.

«Bene» disse Hekla. «Ancora.»

Silla aggiustò la presa sul pugnale in quella che ora sapeva essere una presa inversa. Ripeté il movimento, un po' più velocemente, con più forza. Hekla si tolse la protesi, grattandosi la pelle sottostante con un sospiro di soddisfazione.

Lo sguardo di Silla cadde sul braccio metallico. «È pesante?»

Hekla sorrise. «Quello vecchio era più pesante di un masso. Senti questo.»

Le porse il braccio. Lei lo soppesò tra le mani. «È leggerissimo! Dove hai preso una cosa del genere?»

Hekla inarcò un sopracciglio. «La nonna di Rey mi ha dato il nome di un talentuoso artigiano dei metalli. Me l'ha costruito lui, ma ho dovuto pagare un extra per gli artigli. La moglie dell'artigiano ha anche applicato ai miei vestiti dei fermagli magnetici, così è più facile vestirmi. L'unica nota dolente è che prude da morire nei mesi caldi.»

Hekla aggiustò la presa sul pugnale, il che significava che era ora di riprendere ad allenarsi. «Stavolta arriverò alla tua sinistra. Mira all'ascella, il punto debole nell'armatura: se sei precisa, il sangue è garantito.»

Ripeterono i movimenti più volte, e Silla migliorava a ogni tentativo. *Ci vuole soltanto un po' di pratica*, pensò. Poteva farcela. Lavorare sodo non la spaventava. Dopo un'altra mezz'ora, però, aveva la fronte imperlata di sudore e i muscoli delle braccia doloranti.

«Hekla» disse, asciugandosi la fronte con la manica del vestito «vorrei farti una domanda.»

Hekla si posò la mano sinistra sul fianco. «Dimmi pure.»

«Hai scelto di non fare affidamento su un uomo. Ti senti mai sola?»

«Sola?» chiese Hekla, facendosi roteare il pugnale in mano. «No.» Si sporse in avanti e abbassò la voce. «È a questo che serve Gunnar.»

Gli occhi di Silla si illuminarono: lanciò un'occhiata verso il fuoco, dove Gunnar sedeva con Sigrún e Ilías, tutto preso da una chiassosa partita a dadi. Grazie alla misericordia degli dèi, quella sera avevano deciso di non assistere al suo allenamento.

«Gunnar? *Quel* Gunnar?»

Hekla si strinse nelle spalle.

Silla aprì la bocca. Non aveva avuto nemmeno un vago sentore che ci fosse qualcosa tra loro. Mille domande le si affollarono in mente. Quando? Dove? Come mantenevano il segreto? Ma tutto quello che le uscì di bocca fu: «Tu e Gunnar state *insieme*?».

Hekla sorrise compiaciuta. «Se per "stare insieme" intendi adorare l'uno il corpo dell'altra, allora sì. A volte stiamo *insieme*.»

«Insomma state insieme, ma non... insieme.»

Hekla sospirò. «Non do una definizione alle cose. Faccio quello che voglio, quando voglio e con chi voglio. E a volte lo faccio con Gunnar.»

Silla strinse le labbra. «Non avevo nemmeno idea che ti piacesse.»

«Piacermi?» Hekla sbuffò, poi alzò lo sguardo. «Oh, dèi, ma allora fai sul serio. Fuochi eterni, Silla. La maggior parte delle volte non mi piace, no. Forse... mi piacciono alcune parti di lui» concluse con una risatina.

Silla annuì. Prima di Jonas, non avrebbe mai creduto che fosse possibile desiderare e detestare qualcuno allo stesso tempo. «Credo di aver capito.»

«Di cosa si tratta, dúlla? Ti senti sola?»

Si poteva dire così, in effetti. Sola. Travolta dai sensi di colpa. Triste. Con un disperato bisogno di una distrazione. «Forse.»

«Be', Svarti è a un giorno di viaggio. Se vuoi, possiamo trovarti una distrazione lì.»

«Forse» ripeté Silla, anche se non le sembrava del tutto giusto. Ma magari ciò che le serviva era proprio qualcosa di sbagliato.

* * *

Jonas fissava senza espressione la figurina che teneva in mano, mentre la lama sbucciava un altro strato di trucioli di legno e dava forma all'elmo del guerriero. Alla sua sinistra, Ilías, Sigrún e Gunnar si erano raggruppati attorno a una partita a dadi. Alla sua destra, Rey sedeva in silenzio, perso nei suoi pensieri.

Le risate provenienti dal bordo della radura attirarono la sua attenzione: Silla ed Hekla eseguivano una mossa di base che lui aveva imparato da bambino. Non per la prima volta, si chiese come quella donna fosse sopravvissuta tanto a lungo senza avere la più pallida idea di come maneggiare un'arma. Jonas glielo aveva chiesto la sera prima, e lei era appassita come un fiore davanti ai suoi occhi. Si era scervellato, cercando di capire quella reazione. Forse le era tornato in mente suo padre, e l'idea di dover sopravvivere senza di lui l'aveva sopraffatta.

Non è un tuo problema, ricordò a sé stesso. Era lei che si era intromessa in cose che non la riguardavano. La sua infelicità non era affar suo.

Jonas si costrinse a distogliere lo sguardo. Non si erano più parlati dalla sera prima, e quando quel giorno lei gli aveva portato da mangiare, lui si era goduto il rossore che le saliva al collo. Alla luce del giorno, l'audacia che aveva visto due volte nel bosco era evaporata del tutto. Nonostante ci avesse provato, non riusciva a dimenticarla; bruciava dal desiderio di vedere ancora una volta quel lato di lei.

Contrariato, Jonas si accorse di non essere in grado di trattenersi: i suoi occhi finivano sempre per posarsi su di lei. Guardare le emozioni che le scorrevano sul viso era come un gioco. Le adorabili occhiate corrucciate che lanciava a Rey quando lui non la guardava. La cupa determinazione quando lavorava con Hekla. Le emozioni che l'avevano travolta quando era seduta nel carro: rabbia e frustrazione che alla fine avevano lasciato il posto alla tristezza.

Gli era venuto il bizzarro desiderio di portar via quella tristezza. Di farla sorridere, e far comparire la fossetta che aveva sulla guancia. Di assicurarsi che la scintilla negli occhi non la abbandonasse mai. Forse era per questo che gli piaceva tanto farla arrabbiare. Uno strano tepore gli invase il petto, rendendolo inquieto.

Jonas bevve a pieni polmoni dalla sua fiaschetta, osservando Silla che ripuliva il suo pugnale dall'erba. *I sentimentalismi non portano altro che debolezza,* disse a sé stesso, rinforzando le proprie barriere interiori con ferro e acciaio. Non doveva pensarci. Non doveva pensarci mai. *Devi allontanarti da lei prima che questa cosa vada oltre.*

Un profondo sospiro gli ricordò la presenza di Rey. «Dovrai portarla al mercato di Svarti» gli disse, tirando fuori la fiaschetta e bevendo a grandi sorsate.

Jonas si girò di scatto a fissarlo. «Cosa?»

«Quando saremo a Svarti, portala al mercato e aiutala ad acquistare provviste sufficienti per la prossima tappa del viaggio.»

«Perché io?» protestò Jonas.

Rey fissò le fiamme. «Perché va sorvegliata e sei l'unica persona di cui mi fido, Jonas. Senza Barba, Pugno di Fuoco e Spaccacostole pendono già dalle sue labbra.»

Jonas fece un verso esasperato.

«Non è male in cucina» aggiunse Rey piano. «Se devo sopportare la sua presenza per i prossimi giorni, voglio almeno mangiare bene. E avrà un occhio per gli acquisti che a Sigrún manca.» Rey si voltò verso Jonas, osservandolo in quel suo modo freddo e distaccato. «Posso fidarmi di te, vero?»

Jonas corrugò la fronte. «Certo. Perché me lo chiedi?»

«Non trasformarla in una delle tue conquiste, Jonas.» Rey tornò a guardare le fiamme. «Ho promesso di consegnarla sana e salva a Hver. Ma... non è sincera. Nasconde qualcosa.»

Jonas sbuffò. «Per il culo di Hábrók, Rey. Pensi che abbia sviluppato una simpatia per le Zie della Casa di Ursir?»

Gli occhi di Rey si indurirono, ma tenne lo sguardo fisso sul fuoco. «Immagino che non sia il tuo tipo. Ma in caso l'idea ti sfiori, ti ordino di non andare a letto con lei.»

Adesso Jonas era davvero arrabbiato. Glielo *ordinava*? Non gli piaceva il suono di quella parola sulle labbra di un fratello dell'Equipaggio. Gli faceva venir voglia di fare l'esatto contrario.

I due uomini furono raggiunti dalle risate di Hekla e Silla. Rey fece un versetto di scherno quando Silla cercò di bloccare Hekla, invece incespicò nelle gonne e cadde a quattro zampe con uno scoppio di risa.

«Non avrei dovuto lasciarla vivere» borbottò Rey. «Questo incarico a Istré è troppo pericoloso per portarcela dietro. Dovremmo organizzarci, e invece mi scopro a rimuginare su di lei. C'è qualcosa che non ci dice, Jonas.»

«Forse.»

Jonas guardò Silla spazzare via il muschio dal vestito e chinarsi a raccogliere il pugnale caduto. Seguì con lo sguardo la curva della sua schiena, il rigonfiamento del sedere, e si lasciò sfuggire un brusco sospiro. «O forse semplicemente la spaventi a morte, e lei si comporta in modo strano con te.»

Rey gli lanciò un'occhiata, poco convinto. «Non ha paura di me.» Il suo disprezzo era evidente. «Nasconde qualcosa, ti dico. E scoprirò cosa.»

Jonas guardò il fratello dell'Equipaggio con la coda dell'occhio. Allora Rey non era così contento della sua decisione, dopotutto. «Non starà con noi ancora a lungo, Rey. E potrebbe andare peggio.»

«Come?»

«Non cerca di parlarti, vero?»

«Canticchia. Secondo me non si rende nemmeno conto di farlo. È parecchio irritante.» Rey prese un'altra gran sorsata dalla fiaschetta e si asciugò la bocca con la manica. «Il cibo non è male. Accompagnala a prendere ciò di cui ha bisogno.»

Jonas sbuffò. «Bene.»

Alzò lo sguardo. Hekla e Silla camminarono verso di loro, sorridenti. Mentre Silla si sistemava una ciocca di capelli dietro l'orecchio, inciampò su un sasso. Con una risata, si girò a guardarlo.

Jonas quasi si strozzò quando sentì la parola "scusa" uscire dalle sue labbra.

«Per le tette di Malla» borbottò Rey, passandosi una mano sul viso. «Dimmi che non si è appena scusata con un sasso!»

22

A sud di Svarti

Skraeda allontanò un nugolo di mosche e osservò la coppia di volti ormai sciolti annidati nell'erba umida di rugiada. Era un contrasto affascinante: perle luccicanti di liquido accanto a orbite annerite che trasudavano una specie di... melma di bulbi oculari. I cadaveri erano stati staccati dal muro di cinta dove erano rimasti legati per un po' e adagiati a terra, le avevano detto.

Rivolgendosi al kaptein Klaernar, Skraeda arricciò le labbra. Si era radunata una folla di curiosi, tenuta a distanza dagli Artigli del Re. Skraeda detestava avere tante persone che la guardavano, perché preferiva rimanere nell'ombra. E l'ondata travolgente di emozioni della folla non faceva che aumentare la sua irritazione.

«È decisamente morto» affermò con voce tagliente.

«Decisamente» disse l'uomo, Kaptein... Bolsund? Boskuld? Già non ricordava più niente di lui, se non che era stato mandato da sud. Skraeda ignorava come i Klaernar l'avessero trovata: avevano bussato alla sua porta alle prime luci dell'alba, facendole rimpiangere la scelta di passare la notte in una locanda piuttosto che nella natura selvaggia, dove non sarebbe stata disturbata. Ma aveva voluto interrogare gli abitanti di quel piccolo villaggio per vedere se qualcuno aveva visto la ragazza e i suoi compagni di viaggio, ed era troppo tardi per farlo quando era arrivata la sera prima.

Che fortuna che lo Slátrari avesse bussato alla sua stanza, risparmiandole la seccatura di andare di porta in porta.

Skraeda fece un lungo sospiro. «Kaptein, sono impaziente di rimettermi in viaggio, quindi, vi prego, parlate.»

Il kaptein sembrava felice quanto lei di trovarsi in quel villaggio dimenticato dagli dèi. Accigliato, la studiò.

«Mi hanno informato che eravate in zona» disse esitante. «Ho sentito delle voci su di voi.»

Dentro di sé, Skraeda gemette. Le voci erano pericolose. Una volta catturata la ragazza, sarebbe tornata a Reykfjord, avrebbe trovato il Klaernar che le aveva diffuse e gli avrebbe tagliato la lingua.

«Sono comparsi dei cadaveri» continuò il kaptein. «Di sicuro avrete sentito parlare di questo assassino, questo Slátrari.»

Skraeda guardò l'uomo con aria fiduciosa.

«Sono... bruciati, come potete vedere. Finora erano nella zona di Reykfjord. Ma ora sembra che l'assassino sia in movimento.»

«E allora?» chiese lei esasperata.

«Magnus Hansson vuole che la faccenda venga risolta» sbottò il kaptein.

Magnus Hansson, pensò Skraeda, con la pelle d'oca che le rizzava i peli delle braccia. Il Mangiacuori, uno dei pochi uomini di Íseldur che la spaventavano davvero.

«Non è un mio problema» disse bruscamente. «Parlerò alla folla e me ne andrò.»

Il Klaernar tese di scatto la mano, agguantandole il braccio. Skraeda la guardò. Le ci volle ogni grammo della sua volontà per non mozzargliela e ficcargliela in gola.

«So che avete aiutato i Klaernar a Reykfjord, Lingua Lesta» le sibilò l'uomo. «Speravo che poteste fare lo stesso qui.»

Skraeda riuscì a sentire la minaccia inespressa: "So cosa sei". Un calore bruciante le invase il torace, la rabbia le strinse la gola.

«Voglio solo sapere se riuscite a percepire una traccia di colpa tra i presenti» proseguì il Kaptein. «Di sicuro vorrete che l'assassino venga catturato. Per la sicurezza del nostro regno.»

Skraeda respirò a fondo per calmarsi. *Agnello, Skraeda,* ricordò a sé stessa. *Fagli credere che sei un agnello.*

«Molto bene» disse con uno sforzo. «Non mi piace l'idea che ci sia un assassino in libertà.»

Avvicinandosi alla folla, si scostò le trecce dalle spalle. Avrebbe percepito le emozioni della gente mentre otteneva le sue risposte. «Ben trovati» esclamò. «Sto cercando una donna.»

Alle sue spalle, il kaptein grugnì, ma lei non si interruppe. «Prometto una sostanziosa ricompensa a chiunque possa fornire informazioni.» Skraeda lasciò che i suoi sensi si distendessero. L'aura della folla si dipanava in lunghi fili di paura e sfiducia, ci voleva precisione per ignorarli e individuare quelli più sottili. In mezzo a tanto caos, con tante persone presenti, solo una Consolatrice esperta come lei poteva riuscirci.

«Ma che sapete dirci dello Slátrari?» si lamentò una donna.

«Ha ucciso il nostro Gothi!» urlò un uomo.

La rabbia si riavvolgeva e si srotolava dalla folla, e Skraeda usò il suo tocco per placarla, per lenirne gli spigoli vivi e allentare la tensione.

«Adesso qui ci sono i Klaernar» continuò Skraeda. «E tra un momento riprenderanno a lavorare. Ma non prima che io sappia se qualcuno ha visto una ragazza: mantello rosso, capelli castani ricci, indossa una fiala legata al collo.»

«Cosa state facendo?» le borbottò il Klaernar all'orecchio.

«Sto cercando qualcuno che... sembra arrabbiato» mentì lei parlando a bocca socchiusa. «L'assassino vuole attenzione, giusto? Vuole il merito dell'omicidio? Sarà arrabbiato perché sto chiedendo della ragazza, perché non sta ricevendo l'attenzione che pensa di meritare. Lasciate che provi a stanare il vostro colpevole, Kaptein.»

Con un brontolio, il guerriero indietreggiò. Skraeda piegò le labbra in un sorriso e continuò a frugare tra la folla, non in cerca di rabbia, ma di sorpresa. C'erano pesanti nastri di angoscia e paura, e lei li sfogliò finché non trovò ciò che stava cercando, un'emozione che vibrava intensamente sul fondo dell'adunata. Avanzando tra la folla, Skraeda si concentrò su un uomo anziano.

«Tu» disse, incontrando il suo sguardo. «Sai qualcosa, lo so. Fai un passo avanti, mio buon uomo, e dimmi di cosa si tratta.» Skraeda sganciò una borsa di pelle dalla cintura e gliela porse. «La tua ricompensa ti aspetta.»

La folla si divise quando l'uomo, coperto di rughe per l'età avanzata, si fece avanti nervosamente. Indossava un mantello di lana rattoppato in più punti e camminando si tolse un berretto logoro, stringendolo al petto. «P-potrei averla vista» disse piano, strizzando gli occhi verso di lei. «Ho superato una banda di guerrieri sulla strada, ieri sera. Una donna sedeva nel loro carro, avvolta in un mantello rosso. Ho pensato: "Strano che una donna come lei viaggi con dei guerrieri".»

Aveva senso, rifletté Skraeda, che la donna viaggiasse con dei guerrieri, dati i cadaveri che aveva superato sulla strada. «E i capelli?» incalzò.

Gli occhi dell'uomo saettarono verso la borsa di monete, poi tornarono su Skraeda. Con un sospiro, lei estrasse tre sólas dorati e li porse all'uomo.

«Aveva i capelli intrecciati, ma alcuni si erano sciolti. Sembravano ricci.»

Skraeda espirò. «Grazie, vecchio» disse, lanciandogli un altro sóla. Quando si girò, lo sguardo le cadde sul kaptein, il cui sguardo vagava tra la folla. Gli mise una mano sulla spalla. «Il vostro assassino non è qui» disse dolcemente. «Avrete più fortuna con il prossimo cadavere, kaptein.»

Cercò di non sorridere al gemito udibile dell'uomo, ma l'infelicità di lui non fece che aumentare la sua gioia. La ragazza era a meno di un giorno di distanza da lei.

Poi, però, Skraeda si accigliò. La città di Svarti era vicina. Se non l'avesse raggiunta in fretta, avrebbe avuto il tempo di svanire tra la folla.

23

La Strada d'Ossa

Il verde lussureggiante dei boschi si trasformava in pascoli di grano e segale dorati, che si piegavano frustati dalla brezza. Silla individuò la prima facciata di legno di una fattoria incastonata tra l'oro, poi una seconda e una terza. Quando aumentarono, si fece più impaziente.

Foglie, supplicava tra sé e sé. *Foglie*. La supplica crebbe fino a diventare un coro di voci disperate che le risuonavano dentro, ma non poteva fare nulla per il vuoto che sentiva: solo una cosa poteva riempirlo. Svarti, però... C'erano quasi. Presto avrebbe potuto rifornire le sue scorte, e si sarebbe sentita di nuovo completa. Si sarebbe sentita sé stessa.

Ma mentre Svarti si avvicinava, in lei montava anche un tipo diverso di ansia. I mercenari della regina l'avrebbero aspettata alle porte della città? Avrebbero setacciato le strade per trovarla? Quando il carro si avvicinò alle mura di cinta, ogni muscolo del suo corpo si tese allo spasimo.

Varcarono la porta, e Silla rilasciò la tensione in un lungo respiro; non c'erano guardie a controllare i viaggiatori in entrata. Ma essere di nuovo in una città, di nuovo tra la gente, l'agitava. Il pericolo poteva essere in agguato dietro ogni angolo. Magari c'era qualcuno, in attesa nell'ombra, che aspettava solo l'occasione per balzarle addosso.

Silla cercò di distrarsi. Il rumore ipnotico degli zoccoli si fece più lento all'aumentare degli edifici che svettavano alti ai lati del carro. Sprofondando più in basso nel pianale, osservò la città. Svarti era una versione leggermente più piccola di Reykfjord, una tavolozza di marroni e grigi pietrosi punteggiata di verde muschio. Dopo tante ore di noia, la città pulsava di vita. Il tintinnio dei martelli, le risate fragorose di una sala dell'idromele, lo scricchiolio delle ruote e lo scroscio delle pozzanghere si intrecciavano in un sottofondo dissonante. Oltrepassarono fucine e botteghe, case con tetti di torba e bancarelle di merci scadenti.

Silla si raddrizzò quando superarono l'insegna blu della bottega di uno speziale. Il solo vederla fece aumentare il suo mal di testa.

Ne ho bisogno.

«Presto» sussurrò, tracciando il contorno del portamonete premuto contro il fianco nella sua tasca nascosta. Era rischioso spendere alcuni dei suoi preziosi sólas, ma non farlo era impensabile.

"I fanatici di Sunnavík la adorano."

Non sapeva perché le fossero tornate in mente le parole di Rey, ma le scatenarono una nuova ondata di rabbia. O lui si sbagliava, o le aveva mentito. Perché Silla sapeva che suo padre, che aveva fatto tutto il possibile per tenerla al sicuro – che era *morto* per tenerla al sicuro –, non le avrebbe mai dato una sostanza pericolosa come quella che Rey aveva descritto.

Finalmente si fermarono, e il suo sguardo cadde su un'insegna bianca su cui campeggiava il disegno di un maiale, e le parole LA TESTA DEL CINGHIALE scarabocchiate sopra.

«Scendi» le disse Rey, dando una pacca sul lato del carro. Silla scese di corsa, tirandosi la borsa sulla spalla.

Rey stese il telo di lana sul carro, fissandolo ai lati. Un ragazzo apparve dalle stalle, prendendo le redini di Cavallo, e Silla accarezzò affettuosamente la fronte dell'animale prima di seguire Rey.

«Quanti uomini sorvegliano le stalle?» chiese lui al ragazzo mentre si dirigevano verso la porta della Testa del Cinghiale. «Sono svegli? Sono degli ubriaconi?»

Silla fece un sorrisino. Si lasciò cadere su una panca ricoperta di pelle di pecora all'ingresso mentre Rey prendeva accordi per le stanze. I suoi occhi trovarono Jonas. Stava appoggiato alla parete opposta, le braccia incrociate sull'armatura ancora allacciata. Sollevò lo sguardo, agganciando quello di Silla solo per un attimo. Il corpo di lei rispose come se si fossero toccati: quello stupido del suo cuore prese a farle capriole nel petto.

Devi mantenere le distanze, ricordò a sé stessa, ma il suo corpo non sembrò recepire il messaggio.

Alla fine, riuscì a distogliere lo sguardo, sforzandosi di fare un respiro profondo. Dopo alcuni interminabili minuti, Rey si voltò e si incamminò, le chiavi di ferro strette in mano. Un paio di ospiti appena entrati nella locanda si fecero da parte per farlo passare e Silla non poté fare a meno di notare il sollievo sul volto del locandiere. Perfino loro sapevano che quell'uomo era un incubo in carne e ossa.

Rey le si avvicinò e la fissò dall'alto in basso coi suoi occhi glaciali. «Magnus ha pagato per le camere. Scegli un compagno di stanza o dormi nella stalla.»

Silla serrò i denti di scatto, ma poi sentì il freddo del metallo toccarle una spalla.

«Fai coppia con me, dúlla» le disse Hekla con un gran sorriso. Finalmente anche lei si concesse di sorridere, sollevata di avere un'alleata. Mentre si avviava verso la porta, una manona le circondò il polso, costringendola a fermarsi. Jonas la squadrò infastidito. Silla, la pelle accesa dal calore del suo tocco, gli guardò la mano.

«Mi è stato ordinato di portarti al mercato» disse lui con rassegnazione.

«Ordinato?» Silla lo guardò accigliata.

«Vorrei fare un bagno prima di andare. Fatti trovare pronta tra mezz'ora.»

E, detto ciò, Jonas si avviò senza fretta verso la porta. Silla sospirò. Uscire *in pubblico* con Jonas. Non sarebbe stato un pomeriggio riposante, lo sapeva.

* * *

A quanto pareva, l'Equipaggio dell'Ascia Insanguinata aveva molti più sólas a disposizione di quanti ne avessero mai avuti Silla e suo padre; invece di un fienile sopra le stalle, potevano permettersi alloggi adeguati. Sebbene piccola, la stanza di Hekla aveva letti di legno ricoperti di pelli di pecora e di cervo, un focolare con della legna da ardere accanto e una panca su cui era appoggiata una bacinella di acqua fresca.

«Puoi lavarti per prima, dúlla» le disse Hekla, togliendosi la protesi con un sospiro e posandola sul letto. Fece ruotare le spalle, poi piegò il collo da una parte e dall'altra. «Ceneri, mi serve una pausa da questo coso. Vado a sorvegliare il carro, ma stasera ci facciamo una bella bevuta alla sala dell'idromele.» I suoi occhi scintillavano all'idea del divertimento che le attendeva. Con un sorrisino, lasciò la stanza, la manica destra che pendeva vuota.

Silla si tolse stivali e calze, poi si spogliò completamente. Si spruzzò l'acqua sul viso e usò il grumo di sapone di cenere accanto alla bacinella per lavare via lo sporco dalla pelle, arrivando fino alle dita dei piedi. Concluse lavandosi i capelli come meglio poteva nella piccola bacinella, prima di strizzarli e passare il pettine tra i riccioli.

Dopo aver indossato il suo vestito più pulito, si intrecciò i capelli e si sedette sulla panca. Fissò il focolare vuoto. Per la prima volta in quasi due settimane, non stava scappando da qualcosa o qualcuno e non stava inventando bugie per eludere le domande incessanti di Occhi d'Ascia.

Tirò fuori dalla borsa la tunica di suo padre. Se la portò al naso. Inspirò.

«Mi manca» disse la bambina bionda, apparsa sulla panca accanto a lei.

«Anche a me» mormorò Silla. Erano stati loro due contro il mondo, e adesso... cosa? Tutto era cambiato, non solo la perdita di suo padre, ma anche la sua intera percezione del passato e del futuro.

«Ma ti ha mentito» disse la bambina dondolando i piedi. «Non è nemmeno tuo padre.»

«No» disse Silla brusca. «Era mio padre. Questo va ben oltre il sangue.»

«Non si chiamava nemmeno Matthias» disse la bambina. Questo, per Silla, era il tradimento più duro di tutti. Era Tómas. Uno sconosciuto.

Come era finita con lui? Era stata rapita? I suoi genitori di sangue erano vivi e la stavano cercando? Il suo nome era davvero Silla? Avrebbe mai trovato le risposte a quelle domande, o l'avrebbero tormentata per sempre?

Non ce la faccio. Pensare a lui le faceva troppo male. E così rimise il suo dolore nella gabbia, chiuse la porta e ingoiò la chiave. Poi andò a incontrare Jonas.

24

Svarti

Silla e Jonas percorrevano la strada centrale in terra battuta di Svarti in un imbarazzante silenzio. Lei aveva la pelle d'oca, ma non sapeva se fosse per la vicinanza di Lupo o perché era uscita senza mantello. Si era ripromessa di non indossare il mantello rosso a Svarti, in caso *loro* fossero a conoscenza di quel dettaglio.

Ignorando il pulsare sordo del mal di testa, Silla si guardò alle spalle, in cerca di qualunque cosa che sembrasse fuori posto. Un indizio che qualcuno la seguiva, uno sguardo strano, e lei sarebbe sgattaiolata in una stradina laterale e sarebbe scomparsa. Ma, con l'aiuto degli dèi, gli uomini della regina non si sarebbero accorti che aveva trovato un passaggio arrivando così in fretta fino a Svarti.

Guardando Jonas, rabbrividì. Un silenzio spiacevole pesava tra di loro, e lei cercò qualcosa da dire: ma l'unica cosa a cui riusciva a pensare era il modo inebriante in cui lui le aveva fatto scivolare la mano sul collo. Lo sentì girarsi per studiarla e si strinse le braccia attorno al corpo.

«Hai freddo, Riccioli?»

Silla si lasciò sfuggire un sospiro: aveva pronunciato quelle stesse parole qualche sera prima. «Ho... dimenticato il mantello.»

Jonas sospirò, si sfilò il mantello nero e glielo porse.

«Grazie» disse lei, tirandoselo sulle spalle e assicurando la fibbia di bronzo. Quando sollevò il cappuccio per coprire il viso, l'odore di Jonas e il calore del suo corpo che ancora indugiava sulla stoffa la avvolsero.

Passarono davanti a un seguace del Dio Orso. In una mano stringeva il canino ricurvo di un orso, infilato in un sottile cordino di cuoio stretto attorno a un polso. Nell'altra teneva un libro rilegato in pelle. Silla si irrigidì quando frammenti del sermone che stava leggendo le giunsero alle orecchie.

«... l'Orso è l'incarnazione del Padre, del Marito, del Figlio, colui che sarà adorato e obbedito...»

I membri della Casa di Ursir le avevano sempre suscitato un senso di profondo disagio. Per fortuna, la voce dell'uomo si smorzò presto, e con essa la tensione che le aveva contratto le spalle.

Foglie. Ne ho bisogno.

Silla sollevò con ansia la mano verso la fiala, strofinandone la superficie liscia. Il dolore pulsante alla testa si faceva più feroce di ora in ora. Doveva raggiungere una bottega di spezie, e presto.

Faceva decisamente freddo, e Silla infilò le mani nelle tasche del mantello di Jonas. Le sue dita si chiusero attorno all'argento martellato del suo talismano. Lo tirò fuori ed esaminò i tre triangoli sovrapposti incisi sulla superficie.

«Cosa stai facendo?» Jonas provò a strapparle l'oggetto di mano, ma Silla si girò di scatto. Lui le afferrò le spalle con le mani muscolose, stringendo forte e costringendola ad avvicinarsi. Gli occhi di Silla incontrarono un fuoco di un azzurro purissimo, e lei esitò. Jonas era teso come se fosse pronto per la battaglia, e una vena gli pulsava rapida sulla tempia. Le era piaciuto provocarlo nei boschi, ma questo... questo andava oltre il gioco.

«Non è uno scherzo, Silla. Dammelo.»

Deglutendo, lei gli porse il talismano. «Il legaccio è spezzato.»

Lui non rispose.

«È importante per te?» chiese lei dolcemente.

«Sì.» Jonas strinse il pugno così forte che le nocche gli diventarono bianche. «È tutto ciò che mi è rimasto della mia vecchia vita. Questo e Ilías.»

«E quel simbolo ha un significato?»

Jonas esitò, poi aprì lentamente la mano per rivelare il disco. «I triangoli rappresentano i valori fondanti della mia stirpe. Famiglia, rispetto e dovere. Le tre cose che dobbiamo impegnarci a difendere.» Si infilò il talismano in tasca.

«Quindi per te è importante portare avanti i valori della tua famiglia?»

Jonas inspirò profondamente. Silla si morse il labbro, osservandolo. Ogni briciola di tenerezza che aveva mostrato poco prima era stata sostituita dal suo solito sguardo di pietra.

«Benissimo, Lupo, non parliamone. Volevo solo capirti meglio.»

«E che te ne importa? Ci lascerai tra qualche giorno.»

A quelle parole, Silla abbassò lo sguardo sulla strada. *Sì. Perché sprecare tempo cercando di capire quell'uomo insopportabile?* Ma le sue contraddizioni la confondevano. La incuriosivano.

Protettivo ma bellicoso.

Egoista, avido, e tuttavia, da quel che suggeriva il talismano, legato alla famiglia. E il modo in cui l'aveva guardata nel bosco...

«Benissimo» ripeté Silla alla fine. «Di cosa dovremmo parlare, allora?»

«Forse dei giochetti pericolosi a cui ti piace tanto giocare?»

Le sue guance si infiammarono. «È stato un momento di debolezza.» Silla sapeva che la stava provocando, e si odiò per aver abboccato.

Jonas ridacchiò. «Se lo dici tu.»

«Che significa?» chiese lei contrariata.

«Solo che sembri spesso in cerca di distrazione.»

«Due volte» protestò Silla. «Non montarti la testa, Lupo. Ringrazio gli dèi che Ilías ti abbia chiamato. Non ero nel pieno delle mie facoltà.»

«Bugiarda.»

Gli occhi di Silla incrociarono quelli di Jonas. «Cosa?»

«Ho visto come mi guardi, Silla.» Quando il suo nome uscì dalle sue labbra, lei rabbrividì. «Davanti al fuoco. Mentre viaggi sul carro. Lo sapevi che ogni tuo pensiero ti si legge chiaramente in faccia? E hai avuto dei pensieri molto perversi.»

«Ceneri» sbottò lei accelerando il passo. Ma Jonas fece altrettanto, coprendo facilmente la distanza. «Hai un'opinione di te stesso molto alta, vero, Lupo?»

Jonas si limitò a stringersi nelle spalle.

«Sei un grandissimo arrogante» proseguì lei esasperata. Come aveva potuto desiderare quell'uomo impossibile? Era momentaneamente impazzita; non c'era altra spiegazione. «Ero... sola. Mi mancava mio padre.»

«Se lo dici tu, Riccioli.»

«Be'... lo dico, infatti!» Si calcò il cappuccio ancora di più sulla testa, desiderando di potersi nascondere dall'uomo che le camminava accanto.

«Non è proprio questo che vuoi? Discutere con me? Non ti eccita? Non ti infiamma il sangue nelle vene?»

«Ti diverte farmi arrabbiare?» sbottò lei.

«Sì.» Quell'onestà la fece sussultare. «Ti brillano gli occhi quando ti arrabbi.»

Pensieri da focolare, si disse Silla, massaggiandosi le tempie. *Lenzuola pulite. L'odore del pane appena sfornato. Il chiocciare delle galline.* Pian piano il battito del cuore si placò, la stretta al petto si allentò.

Un carro trainato da cavalli si avvicinava e loro si spostarono di lato per farlo passare. Ciò che avvenne poi la distrasse dalla vicinanza di Jonas: un cucciolo si lanciò in mezzo alla strada, le orecchie morbide che sventolavano mentre correva direttamente incontro al carro.

«No!»

Senza riflettere, Silla si slanciò verso la creaturina, prendendola in braccio al volo mentre correva. Lo zoccolo del cavallo la sfiorò, ma per fortuna lo slancio acquisito la depositò sana e salva sul lato opposto della strada.

Il conducente del carro imprecò, ma lei aveva il sangue che le rimbombava così forte nelle orecchie che non riuscì a sentire ciò che diceva. Si appoggiò al muro, stringendo il cucciolo al petto, gli occhi di tutti i presenti puntati addosso.

Stupida! pensò. *Non avresti dovuto attirare tutta quest'attenzione.* Ma il cucciolo si dimenava felice tra le sue braccia, e il tocco della sua lingua vellutata sulla guancia era una consolazione sufficiente. Silla sorrise e lo accarezzò dietro le orecchie.

«Piccola peste» mormorò. «Devi stare più attento.»

Un bambino di otto o nove anni arrivò di corsa, la faccia preoccupata, e setacciò la strada con lo sguardo. Scorgendo il cucciolo, si accasciò per il sollievo. «Klofi!»

«È quasi finito sotto un carro» lo avvertì Silla, cercando di assumere un tono severo e fallendo miseramente. Gli restituì il cucciolo, che ricoprì di baci il viso del padroncino, felice di aver ritrovato il suo umano. Silla sentì il cuore gonfiarsi, e registrò quel momento nella mente per inserirlo tra i futuri pensieri da focolare.

Il bambino la ringraziò, poi corse via per una strada laterale.

Jonas le ricomparve al fianco, scuotendo la testa. «Davvero, è un miracolo che tu sia sopravvissuta così a lungo.»

Lei gli lanciò uno sguardo incredulo. «Avresti lasciato che un cucciolo finisse schiacciato?»

«Alcune bestie non sono destinate a sopravvivere» rifletté lui.

«Per gli dèi misericordiosi, Jonas» borbottò Silla. «Proprio quando penso che tu non possa fare peggio, apri bocca.»

«E io che pensavo ti piacesse, la mia bocca.»

Silla si premette le dita sulle tempie, cercando di placare con un massaggio la tensione crescente. «Sei proprio un idiota. Se non sbaglio, sembrava che anche a te piacesse la mia.»

«Ah, sì. Mi piace.» Jonas tacque, e il suo sguardo azzurro brillante indugiò sulle labbra di lei. «Sono giorni che non riesco a smettere di pensarci.» Per un momento sembrò irritato con sé stesso, ma poi la sua espressione cambiò e lui tornò al suo solito comportamento arrogante. «Mi chiedo se sia morbida come sembra.» Abbassò la voce. «Mi chiedo che sapore abbia.»

«Fuochi eterni» borbottò Silla avvampando.

«E mi chiedo se gli abiti trasandati e quella facciata da innocentina non siano un trucco, perché le ragazze per bene non hanno una lingua tagliente e maligna come la tua. Dèi misericordiosi, Silla. Non sono un brav'uomo, perché adesso non riesco a pensare ad altro che attirarti tra le mie pellicce e scoprire di cos'altro è capace quella lingua.»

Silla sentì quelle parole riverberare a lungo sottopelle, anche dopo che lui ebbe smesso di parlare. Sbatté le palpebre più volte, sforzandosi di pensare lucidamente a dispetto della mente annebbiata.

«Abiti trasandati? Hanno le *tasche*. Sono pratici! Stiamo percorrendo la Strada d'Ossa!»

Lui scoppiò in una gran risata, un suono gradevole e genuino. Lei lo guardò di sfuggita e vide il suo viso addolcito, gli occhi leggermente increspati agli angoli. Ceneri. Perché doveva essere così bello?

«Di tutto quello che ti ho detto, scegli di concentrarti su *questo*?» Si passò una mano sulla testa, tirandosi la treccia. «Sei... bizzarra.»

Jonas riprese a camminare e, con un profondo respiro, Silla lo seguì. Si aggiustò il cappuccio del mantello preso in prestito mentre coglieva il bagliore delle cotte di maglia color argento e nero: due Klaernar, che si avvicinavano alla loro destra. Altissimi, i due uomini avevano stivali con le fibbie che tintinnavano; a ogni loro passo, la tensione dentro di lei aumentava. Sentì su di sé il peso dei loro sguardi, affilati come pugnali.

Lo sanno? Hanno ricevuto notizie da Reykfjord?

I Klaernar rallentarono il passo, e la mano del più vicino si avvolse attorno al suo hevrít. Il tempo sembrò rallentare. Silla trattenne il fiato, tenendo lo sguardo fisso sulla strada dissestata.

E poi i Klaernar le passarono accanto, il rumore delle fibbie di ferro che si indeboliva a ogni passo. Le venne un capogiro, e lampi luminosi le esplosero davanti agli occhi. Si costrinse a rilassarsi facendo qualche respiro profondo.

Ricordati cosa c'è in gioco, disse a sé stessa.

Jonas la guardò. «Tutto bene?»

Sforzandosi di sorridere, Silla annuì. Aveva bisogno di una distrazione, qualcosa che impedisse alle sue preoccupazioni di farla impazzire. «Ricominciamo da capo, Jonas. *Per favore.* Di sicuro possiamo parlare di qualcos'altro.» Ci pensò per un attimo. «Dimmi una cosa vera che ti riguarda. Qualcosa che solo un tuo amico potrebbe sapere.» E subito aggiunse: «Niente di osceno».

Lui le lanciò un'occhiata sorpresa. «Una cosa vera?»

«Sì. Dimmi qualcosa di reale.»

Jonas incrociò le braccia, poi le distese, guardandosi alle spalle. Rimase in silenzio per un po', e lei desiderò che dicesse qualcosa, qualsiasi cosa, per placare la tensione che ancora la attanagliava.

«Cosa faresti se non fossi nell'Equipaggio dell'Ascia Insanguinata?»

Lui si passò il pollice sulla barba ruvida mentre rifletteva sulla domanda. «Idealmente, avrei abbastanza sólas per non lavorare mai più. Vivrei in un palazzo e mi nutrirei solo di carne e birra, imboccato da donne bellissime.»

Silla alzò gli occhi al cielo. «Ti hanno mai detto che sei senza vergogna, Jonas?»

«In tanti.»

Jonas sospirò. «Perché mai dovrei desiderare di lasciare l'Equipaggio? Starmene al freddo a congelarmi le palle e mangiare la merda che cucina Sigrún per mesi e mesi. Cosa potrebbe esserci di meglio?»

«Si direbbe che non ti piaccia.»

Silla azzardò un'occhiata. Con la sua armatura di cuoio a scaglie, le armi assicurate alla cintura e i capelli rasati ai lati della testa, Jonas sembrava esattamente il temibile guerriero che aveva visto combattere contro i Corvi di Ferro. L'idea che quell'uomo le avesse appena confessato di volersela portare a letto... le fece girare la testa.

Jonas rimase in silenzio per un lungo momento. «Immagino che il brivido iniziale sia passato.»

«Perché continui?»

«Mi servono i sólas.»

«Come mi hai fatto capire alla perfezione.» Perché insisteva tanto con l'idea di accumulare soldi? «Non potresti trovare un altro modo per guadagnarteli? La felicità non conta niente?»

«È... complicato.»

«Come mai?»

Jonas esitò. «Devo tenere d'occhio Ilías.»

«Sei un fratello premuroso.»

Jonas sbuffò, ma non aggiunse altro. Allora aveva davvero un forte senso della famiglia. Silla aveva notato che i fratelli sedevano spesso insieme, rannicchiati, a conversare e a giocare a dadi. Era facile immaginare che potessero completarsi a vicenda: Jonas temperava la temerarietà di Ilías, Ilías forniva a Jonas la leggerezza che gli mancava. Esaminò l'uomo freddo ed egoista che le camminava al fianco, e si chiese se non nascondesse più di quanto facesse vedere.

«Se non avessi bisogno di vegliare su Ilías e non avessi bisogno di soldi, cosa faresti? Se potessi fare tutto ciò che desideri.»

Lui si lasciò sfuggire un sospiro esasperato. «Non lo so.»

«Io vorrei avere una mia fattoria» disse Silla, in parte per riempire il silenzio, in parte perché il pensiero la riscaldava da dentro. «Con qualche animale e un grande orto. Allora passerei tutto il giorno accanto ai fuochi con le mani in pasta, una grande pentola di skause che cuoce e, a fine giornata, mi accoccolerei in un nido di pelli di pecora, con una tazza di róa caldo, accanto al focolare.» Fece una pausa. «E avrei delle galline.»

Lui inarcò le sopracciglia. «Ci hai pensato parecchio.»

«Lunghe giornate di lavoro in cucina trascorse fantasticando» rispose lei con una scrollata di spalle. «Insomma, cosa faresti?»

«Uccidere è l'unico talento che abbia mai avuto. Che senso ha sognare qualcosa che non avrò mai? Questa è la mia vita. Non sono destinato a fare altro.»

«Ma... può ancora succedere. Quanti inverni ha visto Ilías?»

«Ventuno» rispose Jonas. C'era una certa freddezza nella sua voce, un avvertimento che lei ignorò.

«Ha *davvero* bisogno della tua protezione? Sembra molto capace.»

«Ne ha bisogno.»

Silla sospirò. Il tono perentorio della risposta le disse che Jonas aveva chiuso con quella conversazione, e così camminarono in silenzio per diversi minuti. Lei sentì l'odore del mercato ben prima di arrivarci: bestiame, fumo di legna e l'acciaio incandescente della fucina di un fabbro. Eccitazione e apprensione si mescolarono nelle sue viscere: il mercato sarebbe stato affollato e avrebbe dovuto rimanere vigile. Quando svoltarono l'angolo, lo videro. Era un mix di tavoli ombreggiati da tendoni e vetrine di botteghe aperte. Capre e pecore belavano nervose, i rintocchi del martello da fabbro rimbombavano e delle casse venivano scaricate dai carri con gran tonfi: ovunque regnava il caos.

Silla fece saettare gli occhi intorno alla piazza, identificando tutti i Klaernar che riusciva a vedere: una coppia in fondo, che passeggiava davanti al tavolo di un fornaio, e un'altra poggiata al muro di una bottega, che vendeva passamaneria dai colori vivaci.

Quattro, dunque, pensò.

Fu colta da una strana sensazione, e si girò per scoprire che Jonas la stava studiando. Le braccia incrociate sul petto, la luce che gli rimbalzava sugli zigomi dorati e sulle ciocche della barba. Silla si accorse che non riusciva a distogliere lo sguardo.

«Oi!» abbaiò una profonda voce maschile. Spinta da dietro, Silla cadde a terra, atterrando a quattro zampe sulla strada sterrata.

Mi hanno trovata, pensò, mentre il panico cresceva. *È finita.*

25

Il gran chiasso del mercato si allontanò, mentre Jonas vedeva un'ombra scura allargarsi alla periferia del suo campo visivo. La rabbia gli ribolliva nel petto mentre fissava lo sguardo sull'uomo che aveva buttato a terra Silla: corporatura da guerriero, armatura di cuoio bollito, bocca contorta in una smorfia arrogante mentre li spingeva di lato. Afferrandogli il colletto, Jonas gli sferrò un pugno sulla mascella.

Rialzandosi in piedi, Silla emise un grido angosciato. Non importava, però: lui aveva una missione, e non si sarebbe fermato finché non l'avesse conclusa. L'uomo barbuto non esitò prima di reagire. Ma non sapeva chi aveva di fronte, non sapeva che Jonas aveva anni di esperienza nello schivare pugni, e che in quegli anni aveva perfezionato una sua particolare forma di giustizia. Jonas schivò facilmente il colpo e gli sferrò un secondo pugno, stavolta allo stomaco. Sentì un dolore vago, un bruciore, e capì che le nocche gli avrebbero fatto male il giorno dopo: ma in quel momento contava solo la sua sete di sangue.

«Jonas» implorò Silla, coprendosi meglio col cappuccio del mantello – del *suo* mantello – e guardandosi intorno. Lui non le aveva detto quanto gli facesse piacere vederla con il suo mantello addosso, ma forse lo avrebbe fatto dopo aver insegnato a quel guerriero qualcosina sul rispetto.

«Scusati» abbaiò Jonas, colpendolo stavolta al mento.

«Jonas!» implorò di nuovo Silla, ancora più angosciata. Lui la ignorò. Quella faccenda era affar suo, e intendeva chiuderla a modo suo.

L'uomo lo guardava con espressione feroce, e Jonas capì che non aveva ancora recepito il messaggio. Ringhiando, quello fece scivolare il piede dietro quello di Jonas e lo fece cadere sulla schiena; poi lo colpì alla guancia, e, per un attimo solo, Jonas rimase stordito.

Mentre un sapore metallico gli pizzicava la lingua, però, sorrise. Bloccando nella mano il pugno successivo del suo avversario, gli diede una testata, che si tramutò in uno scricchiolio di cartilagine e ossa. L'uomo sbatté le palpebre; gli occhi si fecero vitrei e dal naso rotto gli sgorgò un fiotto di sangue. Con una mossa che aveva provato cento volte, Jonas lo costrinse a sdraiarsi prono, bloccandogli le braccia a terra con le ginocchia e sedendoglisi sopra a cavalcioni. Caricando il braccio con il palmo aperto, gli diede uno schiaffo in faccia. Era una mossa pensata più per umiliarlo che altro, e mentre le guance rubizze dell'uomo diventavano ancora più rosse Jonas capì di essere riuscito nel suo intento.

«Chiedi scusa alla mia compagna.»

L'uomo sputò sangue, dimenandosi per liberarsi. Jonas lo schiaffeggiò così forte che lo schiocco riecheggiò su un edificio vicino. «Posso continuare per tutto il giorno» ringhiò.

Il guerriero sbatté le palpebre: sulla guancia sfoggiava il contorno nitido della mano di Jonas. Sapere che portava addosso un marchio della vergogna che tutti avrebbero visto fece sorridere Jonas.

«C-chiedo scusa, signorina» riuscì a gracchiare l'uomo.

Jonas lo prese per il colletto e gli sollevò le spalle da terra. «Voglio che ricordi cos'hai provato a essere preso a pugni, la prossima volta che ti verrà in mente di mettere le tue sporche mani su una donna, kunta» sibilò, assestandogli un ultimo colpo violento su una guancia. La testa dell'uomo scattò di lato e Jonas lo lasciò cadere a terra.

Rialzandosi, si guardò intorno. Si era radunata una folla che ora stava iniziando a disperdersi. Ma Silla... non c'era traccia dei suoi ricci.

Jonas si accigliò, strofinandosi le nocche. Dov'era andata? Mentre osservava la folla, il suo sguardo si posò finalmente su di lei. In piedi in un angolo in ombra tra due edifici, si spazzolava la polvere dalle gonne, lanciando occhiate nervose verso di lui. Ancora eccitato per la rissa, Jonas aveva una gran voglia di spingerla contro il muro e baciarla fino a farle perdere i sensi. Voleva assaggiare la sua pelle, voleva sentirla ansimare, voleva vedere cosa si nascondeva sotto quegli abiti.

Per tutto il giorno, le due metà della sua mente erano state in guerra: la voce calma e razionale, che lo esortava a mantenere le distanze, ricordandogli di stare in guardia e concentrarsi sul compito che lo attendeva a Istré. E la voce impulsiva, più forte e implacabile, che lo incoraggiava a stuzzicarla e gli ricordava il suo profumo dolce, il modo in cui lo aveva guardato con i suoi occhi scuri e senza fondo. *È innocua*, gli diceva. Se ne sarebbe andata presto. Rey non l'avrebbe mai scoperto. Perché non avrebbero dovuto divertirsi finché lei era ancora lì?

Jonas le si avvicinò a passo lento, un lieve sorriso sulle labbra. Facendola indietreggiare ancora di più nell'angolo, si appoggiò al muro. Lei era stranamente tesa, e si lanciava occhiate furtive alle spalle: Jonas si posizionò in modo da impedirle la vista del mercato.

«Perché l'hai fatto?» chiese Silla, adorabilmente contrariata.

Jonas aggrottò la fronte. «Ti ha spinta. Ti ha mancato di rispetto e quindi ha mancato di rispetto anche a me.»

Lei incrociò le braccia. «Non era necessario.»

«Non sono d'accordo, Riccioli. Non permetto a nessuno di mancarmi di rispetto. E non sopporto di vedere che qualcuno lo fa con te.» Aveva lavorato sodo per conquistarsi un posto d'onore tra i guerrieri, e avrebbe fatto tutto il necessario per mantenere la sua posizione. Non avrebbe mai più tollerato una cosa simile.

«Ma gli hai fatto male. Sei stato violento, e...» Si morse il labbro.

«Ti ho spaventata, Silla?»

Jonas lottò contro l'impulso di farle scivolare il palmo sulla guancia, intuendo che lei non avrebbe apprezzato il gesto. «O avevi paura *per me*?» Sorrise all'irritazione evidente che le lesse in faccia.

«Non avevo paura per te» ribatté lei. Si appoggiò all'edificio, alzando il viso verso il cielo. «È stato brutale. Non mi è piaciuto.»

«È il modo di fare dei guerrieri. Non era altro che un divertimento.»

«Divertimento» ripeté Silla. Gli guardò una spalla prima di tornare a fissarlo in viso. «Hai attirato l'attenzione di tutti quanti.»

Il sorriso di Jonas si fece più profondo. «Sì» rispose, «così adesso nessuno in questo mercato ti metterà più le mani addosso.»

«Non è così che facevamo le cose, mio padre e io» borbottò Silla.

«Allora tuo padre non ti ha fatto un favore, nascondendoti come va il mondo.»

Lo sguardo di Silla si fece distante, e Jonas si chiese a cosa stesse pensando.

«Sì» mormorò alla fine. «Hai ragione.» Con un profondo sospiro, si sistemò il mantello. «Be', immagino sia ora di riprendere ciò che stavamo facendo.» Ma non si mosse. Un'espressione strana le attraversò il viso mentre guardava alle spalle di Jonas, seguita da una risata soffocata a stento.

Jonas aggrottò la fronte e si girò a sua volta, confuso perché a lui non sembrava che ci fosse nulla di strano. «Cosa c'è?»

Il sorriso di Silla si fece più ampio, e la fossetta fece la sua comparsa. «Mi sa che sto iniziando a capirti.» Aveva gli occhi accesi di divertimento.

Jonas incrociò le braccia sul petto. «E cos'è che capisci?»

«Sembra che tu abbia molti ammiratori, Jonas» disse Silla, facendo un cenno con la testa. Lui si girò verso la folla. Una madre con un bambino appollaiato sul fianco li guardò, girò di scatto la testa e tornò a dare una seconda occhiata; un anziano panettiere sul lato opposto della strada li fissò senza vergogna; un trio di adolescenti che passeggiavano li sbirciò timidamente.

Jonas era così abituato a quegli sguardi che ormai non li notava quasi più. Si strinse nelle spalle. «E allora?»

Lei sembrava fuori di sé dalla gioia. «Ora capisco perché sei così sicuro di te. Puoi avere tutte le donne che vuoi, non è vero?»

«Prima o poi...» La fissò, sperando che capisse.

Lei sostenne il suo sguardo per un momento, poi si riscosse e si staccò dal muro. Allontanandosi a grandi falcate tra la folla, si girò a gridargli: «Dai, Lupo! Lo so io che cosa ci serve».

Jonas la seguì mentre lei riempiva i loro cestini di cipolle, carote, cavoli e mele. Acquistarono pane, burro, miele, formaggio stagionato, frutta secca, una varietà di pesce salato e alce affumicato. Jonas vide Silla curiosare nella bancarella di un erborista, scegliendo con cura mazzi di erbe di cui lui ignorava il nome. Dopo aver pagato, si spostarono alla bancarella successiva, dove acquistarono sacchi di farina, orzo e farina d'avena, che Ilías avrebbe ritirato di lì a poco con il carro. Jonas notò una bobina di spago di cuoio e la acquistò per riparare il cordino del suo talismano.

Quando si avviarono verso la Testa del Cinghiale il sorriso stordito sulla bocca di Silla era inequivocabile, anche da sotto le ombre del cappuccio. Dopo averla vista risistemare il cestino sul braccio per la terza volta, Jonas sospirò e glielo tolse di mano.

Silla gli rivolse un sorriso riconoscente, ma la sua attenzione fu presto distolta da un'insegna blu. «Aspetta un attimo, Jonas. Devo sbrigare una commissione veloce.» Senza dargli la possibilità di replicare, attraversò la strada di corsa ed entrò nella bottega dello speziale.

Dopo diversi, irritanti minuti, Silla riemerse, con un gran sorriso e la sua collana stretta in una mano.

Jonas si accigliò quando la vide infilarsi una fogliolina in bocca. «Perché prendi quelle foglie?» chiese. Lei si appoggiò al muro accanto a lui, reclinò la testa all'indietro e chiuse gli occhi. Adesso sembrava rilassata, più a suo agio. «Sono per i miei mal di testa» borbottò.

Jonas socchiuse le palpebre. «E quello che ha detto Rey? Non ti preoccupa?»

Silla spalancò gli occhi e squadrò Jonas come se volesse incenerirlo. «Non conosco Rey, ma conosco mio padre: non mi avrebbe mai dato niente di pericoloso.»

«Be', invece io lo conosco, Rey, e so che non dice certe cose alla leggera.»

Lei evitò di guardarlo e Jonas capì: la conversazione era finita.

Tornarono alla locanda in silenzio.

26

Seduta a un lungo tavolo nella sala dell'idromele, Silla si sforzava al massimo di mimetizzarsi con gli altri avventori. Avrebbe voluto poter tenere il mantello nero di Jonas, invece l'aveva sostituito con il suo. Sedersi in mezzo alla folla con il cappuccio rosso tirato sulla testa sarebbe stato come annunciare "Eccomi!", così se lo era tolto, poggiandolo sulla panca accanto a sé. Senza l'ombra del cappuccio si sentiva esposta, e si ritrovò a scrutare tra la folla per la decima volta in dieci minuti. Rispetto alla quiete assoluta della strada, il rumore della sala e l'odore della birra erano un assalto ai suoi sensi.

Lei ed Hekla avevano trovato uno spazio vuoto sulla panca davanti al camino, accanto al quale dormiva un cane lupo. Dopo una cena a base di trote arrostite e rape alla brace, non erano riuscite a farsi notare dalla locandiera oberata di lavoro, perciò Hekla si era allontanata a grandi passi per prendere la birra direttamente al bancone. La mano di Silla tornò a sfiorare la fiala che le pendeva dal collo. Piena. Rifornita. Il dolore alla testa domato da una foglia intera. Si sentiva più leggera, invasa da un piacevole tepore. Forte, come se non fosse più sul punto di frantumarsi in mille pezzi. Come se davvero avesse una possibilità di arrivare a Kopa.

Ancora. Prendine un'altra.

Inspirò. Trattenne il fiato. Espirò lentamente.

Una porta che sbatteva catturò la sua attenzione. Un gruppo di quattro Klaernar entrò nella sala dell'idromele. Parve che la temperatura scendesse improvvisamente di diversi gradi. Silla fissò con trepidazione il Klaernar più alto, che fece scorrere lo sguardo sulla sala e lo posò infine su di lei. E poi iniziò a farsi strada per raggiungerla, seguito dagli altri. Sentendo il sangue gelarsi nelle vene, Silla abbassò gli occhi sulle proprie mani. Le mani... a che le servivano, di solito, le mani?

Deglutì. Con la coda dell'occhio seguì i movimenti dei Klaernar, sempre più vicini, che camminavano dritti verso di lei. Stavano venendo ad arrestarla? Doveva alzarsi e scappare? Dov'era la porta più vicina?

Quando il più alto le si fermò alle spalle, il cuore prese a batterle all'impazzata.

Hai aspettato troppo a lungo per scappare, idiota, si rimproverò. Ormai non aveva più vie di fuga. Il cuore le batteva fortissimo, rimbombandole nelle orecchie.

Una mano le atterrò sulla spalla, e lei sussultò per la paura.

«Signorina» disse il Klaernar.

Le stava parlando. Era finita. L'avevano trovata.

«Signorina» ripeté l'uomo, intensificando la stretta. «È vostro?»

Con un respiro tremolante, Silla si girò e alzò gli occhi a incontrare quelli dell'uomo. Lui torreggiava su di lei, e la scrutava con espressione severa da sotto le sopracciglia aggrottate. Lo sguardo di Silla cadde sui tatuaggi che gli correvano lungo gli zigomi scuri, e sulla barba nera arrotolata in due trecce.

«S-scusate?» balbettò.

«È vostro? Era sul pavimento.»

Silla osservò la sua mano, e vide il suo mantello rosso stretto nel pugno.

«Oh» riuscì a dire, prendendolo. «S-sì. Grazie.»

L'uomo annuì, ma, con suo sommo orrore, si accomodò sulla panca accanto a lei. Un altro Klaernar si unì al compagno, mentre gli altri due girarono intorno al lungo tavolo e si sedettero di fronte.

Silla fissò un nodo nel legno del tavolo, stringendo il mantello così forte che perse la sensibilità alla mano. Quella situazione... non era ideale. Poteva alzarsi e andarsene?

No. Attireresti troppa attenzione, pensò. *Rimani per un po', e poi vai via.*

La locandiera trovò subito i Klaernar e prese l'ordinazione. E mentre loro si appoggiavano al tavolo per parlottare a bassa voce, Silla si sforzò di ascoltare ciò che si dicevano.

«Quanti corni di birra dobbiamo darti, Brak, per farci dire cosa ti porta a Svarti?» chiese quello accanto a Silla.

Un omone enorme dall'altra parte del tavolo, con le due trecce bionde di barba che gli arrivavano ben sotto le spalle, ridacchiò. «Non c'è molto da dire, in realtà. Tutto quello che so è che sono stato chiamato a Sunnavík. Non ci sono molti dettagli.»

«Ti hanno fatto percorrere la Strada d'Ossa per raggiungere Sunnavík? Sicuramente una nave sarebbe stata più veloce.»

L'uomo dalle trecce bionde si guardò alle spalle e poi si chinò per avvicinarsi al gruppo. «Ho ricevuto ordine di non prendere una nave. È un po' strano, in effetti.»

Tutti si zittirono quando la barista tornò, distribuendo corni di birra.

Non appena si fu allontanata, lui riprese a parlare. «E tu, Runolf, che ci dici di Svarti?»

L'uomo dalla barba nera seduto alla destra di Silla ridacchiò. «Neanche io ho grosse novità.» Si sporse in avanti, abbassando la voce al punto che divenne roca. «Anche se abbiamo appena saputo che lo Slátrari ha colpito a sud di Svarti. Altri due cadaveri: il Gothi del villaggio e un ricco proprietario terriero.»

Silla era sbigottita. L'assassino era forse uno dei viaggiatori che avevano incrociato sulla strada? Il pensiero la fece rabbrividire.

«Mostri» sbottò un Klaernar. «Quei Galdra sono solo feccia, dovrebbero vergognarsi. Gli farei vedere la mia spada.»

Silla si accigliò.

«Potrebbe essere una donna» intervenne un altro. «Le donne Galdra non sanno stare al loro posto.»

Il gruppo espresse il proprio consenso. Il Klaernar dalla barba nera si sporse di nuovo in avanti e inclinò la testa per sentire meglio. «Avete saputo quello che è successo a Reykfjord?»

La peluria sulle braccia di Silla si rizzò. Anche loro sapevano della caccia a Signe? Però non l'avevano riconosciuta...

«La miniera di berskium è stata distrutta» continuò l'uomo, quasi sussurrando. «Il Kommandor Thord sta cercando di organizzare le importazioni dall'estero.»

«La miniera non è più utilizzabile?» mormorò quello con la barba bionda.

«Non conosco i dettagli» gracchiò l'uomo accanto a Silla. «So solo che c'è stata un'esplosione. E che presto il berskium potrebbe scarseggiare.»

Silla vide Hekla tornare con due corni di birra infilati sotto il braccio sinistro, e la tensione dentro di lei si allentò un po'. Fece un respiro profondo e cercò di bloccare il suono delle voci dei Klaernar.

Non ti hanno riconosciuta, si rassicurò. *Non stanno cercando te. Rimani seduta per qualche altro minuto prima di trovare una scusa per andartene.*

«Com'era il mercato, dúlla?» chiese Hekla, porgendole un corno di birra e scivolando sulla panca accanto a lei. Silla passò un dito sul bordo, poi ne prese un sorso. Era amara, e lei fece una smorfia. «Il *mercato* era fantastico.»

«Invece Jonas è stato un idiota?»

«Fa tutto il possibile rendere le cose più difficili.»

«Allora non gli hai chiesto di tirare fuori l'ascia e spaccare un po' di legna per te?»

Silla lanciò a Hekla un'occhiata furibonda. «Adesso che so com'è fatto, sono guarita da qualsiasi... attrazione che potrei aver provato un tempo.» Per gli dèi, era una tale bugiarda!

Gli occhi ambrati di Hekla scintillarono. «Sono felice di sentirtelo dire.»

I Klaernar scoppiarono in una gran risata, e Silla strinse più forte il corno di birra. Si costrinse a tornare a concentrarsi sulla voce di Hekla.

«Cosa ha combinato? Devo rifare i connotati di quel bel visino?»

Silla le diede un buffetto sulla mano, divertita. «La mia eroina. Temo sia stato Jonas a cambiare i connotati di qualcuno. Ha colpito un uomo... molte volte.»

«Perché?»

«Mi aveva spinto e fatto cadere. Io... ero in mezzo alla strada, gli intralciavo il passaggio...»

«È una ragione sufficiente.» Hekla sorseggiò la birra, poi studiò Silla. «Jonas disprezza in modo particolare chi maltratta le donne. Lo chiamavo il nostro Cavaliere Bianco, come quelli nei racconti del Continente Meridionale. Finché non ho capito che non c'è niente di nobile nel modo in cui lui stesso tratta le donne.»

Silla si accigliò. Quello strano atteggiamento protettivo... *È la mia stupida coscienza, niente di più.*

«E come se non bastasse, c'è... una specie di codice tra noi guerrieri» proseguì Hekla. «Quando qualcuno ti manca di rispetto, devi rispondere con la forza.»

«Ho notato...»

«Forse io avrei fatto lo stesso, dúlla» disse Hekla con un sorriso. «Anche se avrei tirato fuori gli artigli per giocare. Adoro vedere quei guerrieri grandi e grossi pisciarsi addosso dalla paura.»

«Ceneri, ma nel carro di chi mi sono infilata?» borbottò Silla, prendendo un altro sorso di birra.

«Cos'altro ha fatto Jonas? L'idiota con te?»

Silla sorrise. «Non preoccuparti. All'inizio era un po' scontroso, ma l'abbiamo superata.»

«Ne sei sicura?» Hekla sbuffò. «Che bambinoni, questi uomini. Sono in viaggio da troppo tempo. Credimi, Silla. Hanno dimenticato come usare la bocca, anche se ce l'hanno attaccata alla faccia. La usano solo per bere brennsa.»

Silla strinse le mani attorno al corno. «È andata bene. Alla fine l'ho fatto parlare.»

Hekla sorrise compiaciuta. «E di cosa avete parlato, tu e Lupo?»

«Oh... di sogni a occhi aperti e dei vantaggi degli abiti con le tasche. Niente di che, in realtà.»

«Cosa?»

Arrivò la locandiera e posò taglieri di pesce allo spiedo, cosce di pollo arrosto e focacce con ciotoline di burro e skyr davanti ai Klaernar.

Silla dimenticò di cosa stessero parlando. «Dov'è Gunnar stasera?» chiese invece.

Hekla si lasciò sfuggire un sospiro esasperato. «Rey lo ha messo a sorvegliare il carro. Ci sono due guardie fuori dalle stalle, ma no! Rey non si fida più di nessuno tranne che dei suoi. Li ha annusati! Ha chiesto loro quando avevano bevuto l'ultima volta. Il più piccolo sembrava sul punto di pisciarsi addosso. Poi ha deciso che avremmo sorvegliato il carro di persona.»

Silla fu scossa da una risatina. «Oh, per l'amor delle stelle. Non ho mai incontrato nessuno diffidente quanto quell'uomo.»

«Non ne hai idea.»

«Be', ti chiedo scusa. Immagino che sia colpa mia se Gunnar è di guardia.»

Hekla la liquidò con un cenno. «Tua e dei Corvi di Ferro. Le lame di rodio sono preziose, e non è il caso di farsele rubare. Alla fine non è un'idea così malvagia.» Un'espressione maliziosa le attraversò il viso. «Allora, dúlla. Hai ancora bisogno di una distrazione?»

«Devo pisciare» annunciò una voce maschile accanto a lei. Il Klaernar dalla barba nera scese dalla panca dando una gomitata a Silla e si diresse verso il corridoio.

Lei, con il cuore che galoppava e rimbombava nelle orecchie, cercò di non lasciarsi distrarre. «Credo che la birra sarà una distrazione sufficiente, stasera.» Bevve un altro sorso e fece una smorfia. «Bleah. Ma alla gente piace davvero questa roba?»

«Diciamo che col tempo ti ci abitui.»

«A cosa ci si abitua col tempo, Spaccacostole?» Ilías sprofondò sulla panca di fronte a Hekla. «Alla mia personalità irresistibile, scommetto.»

«Sì. A *quella* ci si abitua col tempo... come a un eritema. O a una verruca.»

Silla gettò indietro la testa e scoppiò in una risata che si spense quando Jonas si accasciò sulla panca accanto a lui, proprio davanti a Silla. Distese le lunghe gambe sotto al tavolo, tanto che uno dei suoi stivali finì per toccare il suo.

«Buonasera, signore» disse. «Spero stiate bene.»

Erano solo due stivali che si toccavano, ma quel contatto parve stranamente intimo a Silla, che spostò il piede.

«Dov'è il tuo seguito, Lupo? A quest'ora non dovresti già avere una donna appesa a ciascuna spalla?» chiese Hekla.

«La notte è giovane» rispose lui. Riavvicinò il piede a quello di Silla: adesso erano i loro polpacci a sfiorarsi. Lei era acutamente consapevole di ogni formicolante punto di contatto, di ogni filo di calore che penetrava nei suoi vestiti.

«Birra, Jonas?» chiese Ilías, tendendo una mano. Lui si frugò nelle tasche, prendendo diversi sólas e porgendoli al fratello.

Mentre Ilías si dirigeva lentamente verso la locandiera, Hekla sbuffò. «Sai che Ilías è un uomo adulto perfettamente in grado di gestire i suoi sólas, vero, Jonas?»

Lui la fulminò con lo sguardo. «Non mi immischio negli affari della tua famiglia e mi aspetto la stessa cortesia da te, Spaccacostole.»

Si appoggiò al tavolo e lasciò scivolare gli occhi su Silla, mentre curvava le labbra in un sorriso d'intesa. "Chissà che sapore hai" sembrava dire. Silla, il respiro accelerato, guardò la sua birra.

«Silla la Generosa ti ha raccontato cosa è successo oggi?» chiese Jonas. «Del suo coraggioso atto di eroismo?»

Questa gente e i loro cavolo di soprannomi, pensò Silla, accigliata.

«No.» Hekla la guardò in attesa.

«Eh, sì. Ha salvato un cucciolo che rischiava di essere investito. È quasi finita sotto un carro per portarlo in salvo. Però la fortuna era dalla sua parte. Silla la Martire non sarebbe stato un nome altrettanto soddisfacente.»

Silla allontanò di nuovo la gamba dalla sua. «Sì, be', Jonas sarebbe semplicemente rimasto a guardare quella creaturina morire.»

«È così che vengono eliminati gli stupidi, Riccioli. È il motivo per cui il nostro mondo non è invaso da mezzi scemi.»

Silla incontrò lo sguardo di Jonas, pesante e cupo. C'era una sfida nei suoi occhi, che lei ricambiò con un'espressione feroce. «Quel cucciolo era semplicemente nel posto sbagliato al momento sbagliato. Sarebbe stata una morte molto triste.»

Jonas si leccò il labbro inferiore. «Forse invece era nel posto giusto, visto che Silla la Generosa si è precipitata in suo soccorso.»

Il Klaernar dalla barba nera era tornato, e sfiorò la spalla di Silla con la propria mentre sedeva di nuovo sulla panca.

Con un sospiro tremante, lei prese un sorso di birra. «Dov'è Rey?» chiese per cambiare argomento.

«Doveva incontrare un amico» disse Jonas.

«Un amico?» rise Silla. «Cos'è, c'è un ingresso per i fuochi eterni qui nei dintorni?»

«Proprio dietro l'angolo» disse Hekla. Sorridendo alla sua battuta, Silla si distrasse per un momento. E poi sentì il calore della gamba di Jonas, il ginocchio di lui che premeva contro il suo. La risposta del suo corpo fu immediata: una scossa le investì l'intera gamba.

Quando Ilías fu di ritorno e porse un corno di birra a Jonas, lui lo sollevò proclamando: «Ai letti morbidi e alla birra fredda».

Silla brindò con Jonas, sulle cui labbra indugiava un sorrisino obliquo, e bevve il liquido fresco, sibilando mentre riappoggiava il corno. «Ha il sapore della linfa degli alberi» gemette, tra i sogghigni di Ilías.

Il gruppo di Klaernar scoppiò a ridere e Silla sussultò.

«Sei già stata al Nord, Silla?» chiese Hekla.

Lei scosse la testa, cercando di calmarsi. Tra poco se ne sarebbe andata. Tra poco. «È freddissimo, ma è bello» proseguì Hekla. «Credo che Kopa ti piacerà. Non è gelida come i dintorni, perché è stata costruita ai piedi di un vulcano dormiente...»

Ma Silla non stava ascoltando. Jonas si era spostato di nuovo: aveva fatto scivolare la gamba lungo la sua e appoggiato lo stivale sul suo piede, bloccandolo. Per gli dèi! Che uomo insopportabile. Nel liberare il piede, Silla urtò con il ginocchio il Klaernar seduto alla sua destra.

L'uomo tatuato si girò e la fissò; Silla sentì lo sguardo di tutti i Klaernar su di sé.

«Le mie scuse» mormorò, con le guance in fiamme.

Dopo alcuni lunghissimi secondi, l'uomo tornò a rivolgersi ai suoi compagni per riprendere la conversazione.

Devi andartene subito, si disse Silla. *Ma devi farlo senza destare i sospetti dell'Equipaggio dell'Ascia Insanguinata.*

Il piede di Jonas tornò a posarsi sul suo. Silla si lasciò sfuggire un sibilo tra i denti serrati: avrebbe potuto strangolarlo in quel momento, e gli lanciò un'occhiata fulminante per farglielo sapere. Ma poi si materializzò un altro pensiero: quello era un gioco che si poteva giocare in due. Silla liberò il piede e prese a trascinarlo verso l'altro, passandolo il più lentamente possibile sul polpaccio di Jonas.

Quando lui strinse forte il corno, una smorfia di soddisfazione le si disegnò sulle labbra.

«... La gente del Nord è un po' diversa da quella del Sud. Sono più superstiziosi, credono nei miti.»

Hekla continuava a chiacchierare, ignara di cosa stesse succedendo sotto il tavolo. Il piede di Silla continuò ad avanzare pigramente, superando il ginocchio di Jonas e scivolando sulla sua coscia. Jonas si sistemò sulla panca, mentre lei si spostava sul bordo del sedile per mettergli il piede sempre più vicino. Quando fu a pochi centimetri dalla sua destinazione, lasciò ricadere il piede sul pavimento. Jonas emise un sospiro e Silla nascose un sorrisino prendendo un sorso di birra.

«... presto sarà il Giorno più Lungo» continuò Hekla. «Se la sorte è a nostro favore, avremo finito con Kraki e torneremo a Hver in tempo per goderci i festeggiamenti.»

«Sarebbe bello» mormorò Silla distrattamente. Jonas raddrizzò le spalle.

«Qualcuno ne vuole un'altra?» chiese Silla, scendendo dalla panca.

Hekla scosse la testa, mostrando il corno ancora mezzo pieno. «Ma non hai ancora finito la tua...»

«Ho voglia di un bicchiere d'acqua. Ci metto un attimo.»

Silla serpeggiò tra la folla finché non raggiunse il bancone. Vi si appoggiò con un gomito, un ronzio che le cresceva nella testa mentre si voltava a guardare il lungo tavolo. I Klaernar si erano raggruppati a destra del posto che lei occupava, e adesso avevano Jonas proprio di fronte. Era una fossa di serpenti, e lei non aveva alcuna intenzione di tornarci.

Due donne si poggiarono barcollando contro il bancone, e dal loro tono Silla dedusse che erano piacevolmente brille.

«L'hai visto?» chiese una. «Il guerriero laggiù con gli occhi azzurri e la barba dorata? Dèi misericordiosi!» sospirò.

«Dove? Fammelo vedere» chiese l'amica, che aveva il singhiozzo.

La prima indicò Jonas. «Quanto mi piacerebbe rotolarmi tra le pellicce con uno così.»

«Quello è un mio amico» disse Silla, mentre un piano malvagio prendeva forma nella sua testa. Le donne arrossirono, ma lei si sporse in avanti con aria cospiratrice. «È libero.»

Le donne si avvicinarono. «Davvero?» chiese la prima. Era molto bella, con i capelli biondi e le labbra carnose, e lunghe ciglia scure che le incorniciavano gli occhi.

«Sì» continuò Silla. «Se c'è una cosa che Jonas apprezza sono le donne sicure di sé.»

La donna sollevò le sopracciglia. «Sì?»

Silla sorrise. «M-mh. Soprattutto quelle abbastanza sfacciate da avvicinarsi a lui e comunicargli subito quali... cose intime le piacciono.»

La donna si morse il labbro e si girò a guardare Jonas. «Davvero?»

«Oh, sì» rispose Silla. Forse era uno scherzo crudele, ma il suo desiderio di vendicarsi di Jonas era molto più grande del suo senso di colpa verso le due donne. «Se mi piacesse, mi avvicinerei subito, mi siederei accanto a lui, e gli sussurrerei all'orecchio...» Mormorò alcune parole.

Raddrizzandosi, le donne si scambiarono occhiate incuriosite e risatine nervose.

«Che dite, vado?» chiese la prima, alzando un sopracciglio.

«Buttati, Dagny» la incoraggiò l'amica.

«Sì, buttati, Dagny» le fece eco Silla con entusiasmo.

Dagny fece un respiro profondo e si avviò verso il tavolo. Silla la guardò divertita scivolare sulla panca tra Ilías e Jonas. Un'espressione stupita attraversò il volto di Jonas quando Dagny gli posò un braccio sulla spalla, e si chinò per sussurrargli qualcosa all'orecchio.

Jonas girò di scatto la testa, e fissò Silla con quella sua espressione torva e pericolosa. La vertigine che aveva colto Silla fu spazzata via dall'improvviso e disperato bisogno di uscire dalla sala dell'idromele e di nascondersi al sicuro dietro la porta chiusa a chiave del suo alloggio. Girando sui tacchi, si fece largo tra la folla e uscì.

Il cuore le martellava forte nelle orecchie mentre sfrecciava lungo il sentiero che portava sul retro della sala dell'idromele, dove si trovavano gli alloggi.

Mentre svoltava l'angolo nella piazza, finì contro qualcosa di duro e barcollò all'indietro. Grandi mani le si strinsero intorno alle spalle per sorreggerla, e lei alzò lo sguardo sorpresa, incontrando gli occhi di Rey.

Quell'uomo era una montagna, un vero e proprio muro di pietra: il giorno dopo avrebbe avuto i lividi a dimostrarlo.

«Dove vai così di fretta?» borbottò, lasciandole all'istante le spalle, neanche fosse un'appestata.

La bocca di Silla prese a fare come suo solito, rigurgitando frammenti di informazioni senza senso, prima che lei riuscisse a fermarla. «Così... eccitata. Un letto morbido e la birra e... devo liberarmi. E...»

«La tua bocca si muove più velocemente della tua mente, non è vero?» la interruppe lui, massaggiandosi la barba nera con una mano. «Immagino che fosse troppo sperare che stessi cercando un altro carro.»

Lei si sforzò di sfoggiare un sorriso raggiante. «Ma se trovassi un altro passaggio, sentirei la mancanza della tua travolgente personalità, Occhi d'Ascia.»

«E a me mancherebbe il ronzio incessante che mi fa sempre venire un gran mal di testa.»

Silla sbatté le palpebre. «Io non ronzo.» *O sì?*

Lui la fissò per un attimo di troppo.

E proprio mentre apriva bocca per parlare, Jonas comparve da dietro l'angolo. Bastò un'occhiata alla tempesta che infuriava dentro di lui e Silla rimise in discussione tutte le sue scelte di vita. Gli vide le mani strette a pugno attorno al suo mantello rosso.

«Per tutti i cazzo di fuochi eterni» borbottò Rey, osservando Jonas. «Stasera avete tutti una gran fretta.»

Finalmente, Jonas vide Rey, e l'agitazione nei suoi occhi si placò un po'. «Sapevano qualcosa?»

Rey si passò una mano tra i capelli. «No...» Aprì la bocca per dire altro, ma poi si ricordò di Silla. «Ti offro un corno di birra, così ne parliamo meglio.»

Jonas guardò oltre Rey, lanciando a Silla un'occhiata furibonda. «Hai lasciato il mantello nella sala dell'idromele, Generosa» disse con un tono di avvertimento nella voce. «Dovresti stare più attenta.»

«Generosa?» borbottò Rey. «Mi chiedo... no. Non voglio saperlo.»

Silla si riprese il mantello, le dita che formicolavano e un gran sorriso sulle labbra. «Grazie, Jonas. Sei stato gentile a portarmelo. Non ti avrà fatto piacere lasciare i tuoi amici nella sala dell'idromele.»

Non le sfuggì il fatto che lui strinse più forte i pugni. Né le sfuggì l'occhiata che lui le lanciò, un'occhiata che prometteva una punizione. Né seppe capire il motivo per cui, a quell'idea, il suo stomaco fece un sobbalzo, come se non vedesse l'ora.

«Puoi chiedere scusa a Hekla da parte mia? All'improvviso mi sento stanchissima.»

Rey annuì, poi lui e Jonas tornarono dentro. Silla espirò. Non poteva fare a meno di sentirsi come se avesse schivato una palla di neve che rotolava, ma la valanga era ancora in arrivo.

27

La Strada d'Ossa

Lasciando la città di Svarti, Silla provava emozioni contrastanti. Da un lato, allontanarsi dai Klaernar e dalla necessità di guardarsi costantemente alle spalle era meraviglioso. Dall'altro, erano ormai a un giorno e mezzo di cavallo dalla Dorsale di Skalla, dove avrebbero fatto una deviazione di tre giorni per raggiungere il villaggio montano di Kiv e andare a far visita a Kraki. Le probabilità di convincere Occhi d'Ascia a portarla fino a Kopa erano quasi nulle. E poi c'era la promessa di estorcere informazioni al misterioso Kraki... un compito che aveva appena preso in considerazione.

"Le sue debolezze sono le belle ragazze e la brennsa" aveva detto Rey. Finora, Silla aveva escogitato un solo stratagemma, ovvero cercare di ammaliare Kraki mentre bevevano brennsa. Doveva solo assicurarsi che la sua lingua non se ne andasse per conto suo, e doveva mantenersi lucida pur bevendo.

È un'idea terribile. Ma per quanto ci pensasse e ripensasse, non riusciva a trovare altre soluzioni. Doveva parlare con l'Equipaggio dell'Ascia Insanguinata e scoprire qualcosa in più su Kraki.

Quella sera, dopo cena, Silla aveva fatto un impacco con le erbe che aveva comprato al mercato per alleviare l'irritazione al braccio di Hekla: era una ricetta che le aveva insegnato sua madre, e che lei aveva preparato nel corso degli anni per suo padre.

«Lascialo agire per un'ora, poi risciacqualo nel ruscello. Dovrebbe aiutare con il prurito» aveva mormorato mentre spalmava l'impacco sul moncone e lo fasciava con strisce di lino.

Hekla l'aveva guardata con occhi scintillanti, poi l'aveva stretta in un abbraccio a un braccio solo che le aveva tolto il respiro.

«Non puoi capire, Silla, mi stava facendo diventare matta» aveva detto Hekla, dopo averla lasciata andare. «Già sento un po' di sollievo. Grazie!»

Seduta davanti al fuoco, Silla sorrise. Era bello aiutare gli altri. Ma adesso Hekla si era intrufolata nel bosco, e Gunnar l'aveva seguita non più di cinque minuti dopo. Rimasta sola, i suoi pensieri rimbalzavano tra il compito con Kraki e suo padre.

Non avrebbe mai più rivisto i suoi occhi azzurro ghiaccio. Non avrebbe mai più sentito la stretta del suo abbraccio da orso. Non avrebbe mai più ascoltato la sua risata fragorosa o la sua voce tranquillizzante. Erano stati solo loro due per così tanto tempo. Chi era senza di lui?

Ormai era sola. Sola al mondo.

Cercò di ricacciare il suo dolore nella gabbia che gli aveva costruito, ma quello si insinuò attraverso le sbarre, invadendola.

La soluzione sono le foglie. Prendine un'altra per intorpidire il dolore. Per dimenticare tuo padre.

«Potresti alzarti e muovere i piedi» disse la bambina bionda dall'altra parte del fuoco. «Distrarre la mente dai suoi angoli oscuri.»

Dopo essersi asciugata una lacrima, Silla frugò nella tasca del suo grembiule. Tirò fuori due mele e un paio di focacce avvolte in una pezza di lino pulita, offerte che avrebbe lasciato ai margini dell'accampamento.

«Una per gli dèi, una per gli spiriti» sussurrò, alzandosi in piedi.

«Pensavo che non credessi più negli dèi» disse la bambina.

Non lo so, in cosa credo, pensò Silla. Sebbene fosse vero che non capiva perché gli dèi avessero permesso che soffrisse quegli orrori, c'era un che di consolatorio nel credere che avessero un piano per lei. E se c'era anche una minima possibilità che fare un'offerta avrebbe significato che la sorte sarebbe stata in suo favore, allora Silla l'avrebbe fatta.

Afferrando il mantello dell'Equipaggio dell'Ascia Insanguinata (aveva "dimenticato" il suo a Svarti), si infilò nel bosco. Forse fu un gesto un po' avventato, forse inutile, ma il dolore che aveva provato vicino al fuoco era già stato sostituito da un piccolo barlume di ottimismo. Silla camminò per diversi minuti, osservando il mosaico di licheni che ricopriva i tronchi degli alberi, alla ricerca del posto giusto per allestire un altare. Gli Skarpling sfrecciavano sul suo cammino e gruppetti di funghi spuntavano dai tronchi degli alberi.

Si fermò quando individuò un enorme tiglio con rami tentacolari e muschiosi che oscuravano il cielo. Alla base, il tronco si affossava in un'apertura cava, da cui spuntava un grappolo di fiori bianchi. Mentre si avvicinava, Silla sentì una stretta al cuore alla vista dei delicati steli curvi e dei fiori a forma di campana, che sapeva si sarebbero piegati verso le lune nelle notti senza nubi.

«Fiori di luna» sussurrò la bambina bionda.

E in quel momento, la fede vacillante di Silla divenne un po' più salda. Di sicuro quello era un segno degli dèi, e il posto perfetto per lasciare la sua offerta. Cadendo in ginocchio davanti all'albero secolare, tirò fuori le mele e le focacce, sistemandole intorno ai fiori di luna. Poi giunse le mani e recitò una preghiera silenziosa.

Ti prego. Aiutami a convincerli a portarmi a Kopa. Aiutami a trovare un luogo sicuro.

Un fruscio lievissimo alle sue spalle la fece schizzare in piedi. Silla sguainò il pugnale e premette la lama nell'incavo di un collo maschile, fermandosi appena prima di tagliare la pelle.

«Ben fatto» disse Jonas, battendo le mani in un finto applauso. «Stai migliorando. Forse adesso sei al livello di un bambino di nove anni.»

Jonas si era liberato dell'armatura di cuoio, e sotto la semplice tunica blu la sua corporatura da guerriero era ancora più possente. Portava un hevrít, un'ascia e una spada appesi alla cintura, e lei lo guardò, tracciando prima la curva delle sue labbra sorridenti, e poi incontrando i suoi occhi azzurri. Il cuore le batteva forte mentre lottava contro la tentazione di attirarlo a sé, di passargli le dita nella barba.

Invece premette il pugnale più a fondo; la lama affondò nella pelle, ma non abbastanza da farlo sanguinare.

«Cosa vuoi, Jonas?»

Il sorriso di lui si fece più profondo. «Hai intenzione di continuare a tenermi quel pugnale alla gola?»

«Forse» rifletté lei, mantenendo un'espressione serissima. «Come faccio a sapere che non sei un pericolo per me?»

Lo sguardo di Jonas si fece torvo. «Te l'ho già detto, Riccioli. Io *sono* un pericolo per te.»

«Cosa?»

Lui si mosse velocemente, le afferrò il polso e le sfilò il pugnale. Prima ancora di rendersi conto di cosa fosse successo, Silla si ritrovò con un braccio piegato all'indietro e la schiena premuta contro il suo petto, caldo e muscoloso.

«È adorabile che tu credessi di avere il controllo» sussurrò lui, il suo respiro che le solleticava l'orecchio.

«Perché mi hai seguito?» chiese lei.

«Potrei chiederti perché lasci le provviste dell'equipaggio dentro alberi cavi.»

Silla valutò con cura cosa dire, il cuore che le martellava furiosamente in petto.

«Adori gli antichi dèi» indovinò Jonas osservando il tronco. «Ah. Due di ogni cosa. Quindi anche gli spiriti?»

Silla tenne le labbra ben chiuse.

«Non mi interessano le offerte, Silla» sussurrò Jonas. «Ma sai che è meglio non vagare da sola in questi boschi.» Fece scivolare la mano libera sul fianco di lei, e poi, senza fretta, le sfiorò la pancia. «E dal momento che sei qui, ti dico che ho pensato a tutti i modi in cui potrei vendicarmi per ciò che hai fatto alla sala dell'idromele.»

Silla chiuse gli occhi, chiedendosi quali fossero esattamente tutti quei modi, e se includessero le labbra di Jonas posate sulle proprie. Il solo pensiero le scatenò un torrente di farfalle nello stomaco. «Pensavo ti saresti mostrato più riconoscente, Jonas. Dopotutto, te l'ho spedita dritta in braccio.»

«Mmm. E non era una presa in giro? Perché, vedi, quella donna mi ha detto all'orecchio...» Jonas si fece più vicino, e in un sussurro appena pronunciato concluse: «"Permettimi di mostrarti quanto so essere *generosa*"».

Silla fece un sorrisino, ma lui le strinse il braccio più forte e lei sussultò. «Mi farai del male?»

«L'idea non era questa.»

Silla sentì il respiro farsi più corto, e seppe che quella era una risposta sufficiente.

Jonas si lasciò sfuggire una risata bassa, un brontolio che nasceva dal profondo del petto. «Silla la Generosa. Credo che tu ti sia cacciata in un guaio.»

Le scostò i capelli dal collo e si chinò, passandole il naso appena sotto l'orecchio. Il suo alito contro la pelle sensibile le fece sfuggire un suono che stava a metà tra un lamento e un gemito.

«Hai ancora intenzione di giocare?» Jonas le passò il naso sulla tempia, inspirando lentamente.

Tutto ciò che Silla riusciva a sentire era il battito del proprio cuore, il proprio respiro tremante. La sensazione di lui addosso, il suo odore... avrebbe voluto odiarli, ma non era così. Nemmeno lontanamente.

Non devi permettergli di avvicinarsi, ricordò a sé stessa.

Con un ultimo brandello di forza di volontà, Silla gli conficcò il gomito nelle costole, proprio come Hekla le aveva insegnato a fare quella sera. Jonas grugnì, allentò la presa sul suo braccio e lei si liberò con uno strattone.

Gli lanciò un'occhiataccia mentre lui si massaggiava lo stomaco. «No. Se vuoi tenermi compagnia, puoi camminare con me. Altrimenti, vattene.» Non aveva intenzione di indugiare nel bosco. Ma il pensiero di tornare al fuoco, ai suoi pensieri interminabili, la spinse a recuperare il pugnale e, senza guardare Jonas, addentrarsi ulteriormente nella foresta.

Con un ringhio, lui la seguì. «Non puoi stare qui fuori da sola, Silla. Non stavo scherzando.»

Lei sapeva che aveva ragione, ed era contenta che lui l'avesse seguita. Ma sarebbe morta prima di ammetterlo.

«Sono sopravvissuta alle Pinete Contorte.»

«Così bene che sei finita nel nostro carro.»

Silla fece un verso contrariato, ma continuò ad avanzare, studiando gli strani funghi e chiedendosi se ce ne fossero di commestibili. Non riusciva a decidersi a parlare con Jonas, perciò si limitò a trascinarselo dietro. Era agitato, lo si capiva dal modo melodrammatico in cui sospirava e dalla violenza gratuita con cui faceva schioccare i ramoscelli.

Dèi, cosa avrebbe dato per tornare indietro nel tempo e infilarsi in un carro diverso! Se avesse saputo che sarebbe finita in quella situazione, in compagnia di un guerriero burbero e gigantesco che la seguiva ovunque, giocando con lei, mettendo alla prova i limiti della sua forza di volontà, di certo avrebbe deciso di rimanere a terra.

«Voglio una fattoria tutta mia.»

Silla si fermò di colpo, girandosi a guardarlo. «Scusami?»

«Quando finalmente lascerò l'Equipaggio dell'Ascia Insanguinata. Avrò un focolare tutto mio. Terra. E pace.»

Silla lo guardò stupita. «Davvero?»

Lui fece scorrere lo sguardo sull'albero accanto a lei, stringendo forte il talismano che gli pendeva dal collo. Aveva riparato il laccio. «Era quello che un tempo aveva la mia famiglia. Una fattoria tutta nostra. Come te, siamo stati derubati.» Lo vide contrarre appena la mascella.

«Vi hanno rubato... la fattoria?»

Jonas rimase in silenzio per un momento. «C'è stata una disputa per un'eredità. La terra che avrebbe dovuto passare a me e a Ilías è stata confiscata. Non da nostri parenti, è stata una sentenza del Presidente della Legge che non ha deliberato a nostro favore. La nostra terra e i nostri beni ci sono stati ingiustamente sottratti.»

Silla gli mise una mano sul braccio. Jonas era più alto di lei di mezza testa, perciò dovette allungare il collo per guardarlo negli occhi. «Mi dispiace tanto, Jonas.»

Lui abbassò lo sguardo verso il punto in cui lei aveva poggiato la mano. «Non mi piace pensarci. Ma credevo... che tu, più di chiunque altro, avresti capito come ci si sente. A essere derubati della propria terra.»

Lo stomaco di Silla si contrasse. *Odiava* dire bugie... quanto avrebbe voluto che ci fosse un altro modo. Tuttavia, nonostante la sua disputa sulla terra fosse immaginaria, non poté evitare di empatizzare con lui. Era evidente che portava quella ferita con sé ovunque andasse. E forse adesso lo capiva un po' meglio.

Ritrasse la mano, la aprì e la richiuse per scrollarsi di dosso la sensazione persistente di lui. «Pensavo fossi egoista e avido di soldi. Ma è per questo che tieni tanto a questo lavoro.»

Jonas annuì. «Manca poco alla cifra che ci serve per ricomprarci la fattoria. Allora lasceremo l'Equipaggio dell'Ascia Insanguinata. Chiederemo che i nostri diritti sulla terra siano ripristinati. E cancelleremo ogni macchia dal nome della nostra famiglia.»

Silla guardò il pollice di Jonas che sfiorava il talismano. Famiglia, rispetto e dovere. Il talismano al collo, un promemoria costante di ciò che aveva perso. Di ciò che cercava di riconquistare.

Sbatté le palpebre. Jonas nascondeva molto più di quanto avesse pensato all'inizio.

Silla decise di alleggerire l'atmosfera. «Avevate delle galline, nella vostra fattoria?»

Jonas fece un verso di scherno. «Ma perché hai questa fissazione per le galline?»

«Tutti miei ricordi più felici includono le galline. Quando le cose andavano ancora bene, io, mia madre e mio padre vivevamo in una casa a Hildar con un grande giardino e un'altalena appesa a un albero. E avevamo le galline. È stato il periodo più felice della mia vita. Le galline mi ricordano di quando avevo una vita stabile.» Lo stomaco le si annodò. *Hai detto troppo*, pensò. *Jonas non deve sapere che c'è stato un periodo in cui la tua vita era instabile. Lui crede che tu abbia vissuto in una fattoria, stupida.* Per nascondere il panico che le cresceva dentro, si girò e riprese a camminare.

«Ti ha insegnato a cucinare tua madre?» chiese Jonas alle sue spalle, a bassa voce.

«Sì.» Silla si morse il labbro per non permettere alla malinconia che la stava invadendo di prendere il sopravvento. Sua madre non era tanto un ricordo, quanto un odore... un suono. Il profumo dei panini dolci che cuocevano nel forno, lo sfrigolio della cipolla che toccava il burro caldo, il canticchiare costante e sommesso mentre mescolava una pentola di skause fumante.

Alla fine Silla trovò il coraggio di parlare. «Quando cucino, è come se lei fosse con me. Guida le mie mani, mi sussurra all'orecchio di aggiungere altro sale o più timo. Mi chiama bjáni e mi schiaffeggia la mano con un cucchiaio di legno quando il sale è troppo.»

Doveva fare in modo che quella conversazione cambiasse direzione. «Ma non hai risposto alla mia domanda. Ce le avevate o no, le galline?»

Jonas ridacchiò. «Avevamo galline. E pecore. E capre e cavalli. Pascoli ondulati di grano e segale. Una longhouse che aveva visto giorni migliori. Una fucina, anche se era abbandonata da tempo quando ce ne siamo andati...»

Silla sentì la franchezza nella sua voce, come se fosse tornato giovane. Spensierato. Libero. Ma c'era di più in quella storia, di questo era certa. E sebbene fosse curiosa, non avrebbe ficcato il naso, proprio come sperava che lui non le chiedesse altro su sua madre. Invece, cambiò di nuovo argomento.

«Come ti sei unito all'Equipaggio dell'Ascia Insanguinata?»

«Per via di Rey. Lo abbiamo incontrato a Sunnavík. Ilías e io avevamo... lasciato casa e non riuscivo a trovare nessuna banda di guerrieri disposta a dare una possibilità a due ragazzi di campagna senza esperienza. Siamo rimasti in città per settimane, girando da una sala dell'idromele all'altra in cerca di lavoro. Ma ci prendevano tutti in giro: Ilías aveva visto solo sedici inverni e non aveva ancora raggiunto l'ultimo picco di crescita. I nostri sólas erano quasi finiti e dovevamo trovare... Non avevamo una casa a cui tornare.»

Silla sentì una stretta al torace.

«Un giorno siamo andati in una sala dell'idromele mai vista prima, e subito uno dei guerrieri più grossi ha cominciato a prendere in giro Ilías. Ne avevo abbastanza delle mancanze di rispetto e sono... esploso. A quanto pare, ho picchiato quell'uomo fin quasi a ucciderlo. Io nemmeno me ne ricordo. Mi hanno detto che Rey mi ha strappato via da lui, trascinandomi fuori. Mi ha parlato finché la mia rabbia non si è placata. Mi ha raccontato che era cresciuto al Nord, e mi ha riferito storie su sua nonna toccata dalla luna e di come era sceso a Sunnavík in cerca di lavoro, e qualcuno gli aveva offerto un'occasione.»

Jonas scosse la testa. «Ha detto che vedeva qualcosa di sé in me, che gli piaceva la mia lealtà verso mio fratello. Che avevano bisogno di guerrieri onorevoli nel loro Equipaggio. Mi ha fatto aspettare con Ilías mentre parlava con il capo dell'Equipaggio dell'Ascia Insanguinata. E ha convinto Kraki a prenderci con loro. Il resto è storia.»

«Kraki era il capo prima di Rey?»

Jonas scoppiò in una risata. «Sì. Non è uno che si sforza di piacere.»

«Hai qualche consiglio per me?» chiese Silla. «Come dovrei cercare di ottenere le informazioni da lui?»

Jonas si fermò, guardandola per un momento. Qualcosa sembrò passare dietro i suoi occhi: rabbia? Irritazione? Non ne era del tutto certa. «L'ego è sempre stato il punto debole di Kraki. Assecondalo e potresti ottenere da lui ciò di cui hai bisogno. Ma...»

Un gran silenzio calò sul bosco e Silla si spazientì. «Ma?»

Jonas chiuse e riaprì la mano a pugno. «Non voltargli le spalle. Non rimanere sola con lui.»

Silla deglutì, riflettendo sulle sue parole. «Secondo te...» Sospirò, sentendosi senza speranza. «Secondo te Rey mi porterebbe a Kopa?»

«No.»

Non ci fu esitazione in quella risposta, e qualcosa, nel tono definitivo di Jonas, la fece sentire meglio. L'Equipaggio dell'Ascia Insanguinata non l'avrebbe portata a Kopa. In un certo senso, quella consapevolezza la rese libera. Alla fine, si voltarono e iniziarono a tornare all'accampamento. Con sua sorpresa, Silla scoprì che la presenza di Jonas non era poi così male. Quando non faceva lo stronzo, era piacevole stargli accanto.

Non avrebbe saputo perché disse le parole successive, ma si ritrovò comunque a parlare senza riflettere. «Con tutto quello che è successo, ho capito che la vita è breve e non sai mai quanto tempo ti rimane. Non dovresti sprecarla facendo cose che non ami. Se vuoi una fattoria tutta tua, l'avrai con o senza l'Equipaggio dell'Ascia Insanguinata, Jonas. So che ci riuscirai.»

Lui rimase in silenzio, ma a lei non parve che si fosse arrabbiato, quindi proseguì.

«Mia madre direbbe che non ha senso aspettare che la fortuna ti piova addosso. Quando vuoi qualcosa, devi prendertela.»

Jonas aveva smesso di camminare e anche lei si fermò, alzando lo sguardo verso di lui. Vide un'emozione attraversargli gli occhi, e lo prese come un incoraggiamento. Sembrava che la stesse ascoltando. Forse anche lui aveva solo bisogno di qualcuno che gli desse coraggio. «Bisogna pianificare, faticare e lavorare sodo. Certo, lei stava parlando del suo orto, ma io... Aspetta, cosa...»

Jonas le si avvicinò, e lei arretrò di un passo, poi un altro, finché si ritrovò con la schiena premuta contro il tronco di un albero. «Cosa stai facendo? Jonas, io...»

Le parole le si dissolsero sulla lingua mentre lui le piantava le mani ai lati della testa, intrappolandola. Poi si chinò, il respiro affannoso. «Mi prendo quello che voglio.»

28

«N-non è questo che intendevo!» balbettò Silla, fissandolo.

Lui fece scorrere lo sguardo lungo i suoi riccioli ribelli e il suo vestito trasandato. Non avrebbe dovuto desiderarla: non era il suo tipo, era spericolata e irritante oltre ogni dire. Ma la lussuria che gli ribolliva nelle vene era più potente di qualsiasi cosa avesse mai provato.

«Perché, che cambia? Sprecherai altro tempo a fingere? O sarai coraggiosa e ti prenderai ciò che vuoi?» Aveva scelto le parole con cura, appositamente per irritarla.

Eccoti qui, pensò soddisfatto mentre lo sguardo di Silla si incendiava. Il topo era sparito, ed ecco comparire la volpe.

«Fatti distrarre, Silla.»

Il calore gli percorse la schiena mentre fissava lo sguardo risoluto su di lei. Spostandole i capelli sopra la spalla, le sfiorò con un dito la curva elegante del collo. Per gli dèi, quant'era morbida. E mentre lei esalava un respiro tremante, capì di averla in pugno.

Si mossero nello stesso momento: Jonas abbassò la testa, Silla si spinse sulle punte dei piedi. E poi le loro labbra si incontrarono. Lui capì all'istante che lei non l'aveva mai fatto prima. I suoi movimenti erano rigidi e incerti, ma in un certo senso la sua inesperienza era accattivante. E, se Jonas doveva essere onesto, seducente.

Dovette trattenersi a fatica per concederle il tempo di abituarsi a quel bacio, sfiorandole giocosamente le labbra con le sue finché lei non si rilassò. Era morbida come la seta, e si inarcava verso di lui come se qualcuno stesse strappando via tutti i suoi strati difensivi. Tra le sue braccia era vulnerabile, e gli rivelava parti di sé che non aveva mai condiviso con nessun altro. Dèi, quanto la desiderava. Voleva spingerla contro quell'albero, voleva prenderla con molta più forza di quanto una donna come lei meritasse.

Silla si ritrasse, il suo alito tiepido ancora su di lui. «Solo una distrazione» sussurrò contro le sue labbra, come un ultimo tentativo di autodifesa. Lui abbassò la fronte in segno di assenso, senza curarsi minimamente di ciò che diceva. Il suo solo pensiero, mentre faceva scivolare di nuovo le sue labbra su quelle di lei, fu: *Ancora*.

Ma con sua estrema irritazione, Silla si ritrasse ancora una volta. «Per essere chiari» disse con voce roca, «questo non accadrà mai più.»

Il desiderio gli inondò le vene, non capace di trattenersi oltre. «Va bene.»

«Va bene.» Lo sguardo di Silla tornò sulla bocca di lui. «E se lo dici a qualcuno, avveleno il tuo cibo.»

Suo malgrado, Jonas sorrise. «Piccolo crudele...»

Lei lo interruppe, premendo con fermezza la bocca sulla sua. All'inizio, la sua assertività spaventò Jonas; ma poi gli fece perdere qualsiasi freno.

Affondandole le dita nei fianchi la attirò più vicina, per sentire le curve dei suoi seni e la pressione del suo bacino contro di sé. Le fece scivolare un palmo ruvido tra i riccioli, tirando finché lei non inclinò la testa all'angolazione giusta. E poi approfondì il bacio. "Così" le disse senza parole, aprendole le labbra ed esplorandola con affondi delicati. Lei rispose muovendo a sua volta la lingua, curiosa, e una strana stretta possessiva gli strinse il petto.

Prima timorosa, Silla si fece presto più audace, tanto da strappargli un gemito di apprezzamento dal fondo della gola. Sembrava che le piacesse quel suono: spostò la mano che gli teneva sul petto e strinse il pugno attorno alla sua tunica. Il suo tocco esitante, la sua curiosità, scacciarono ogni pensiero dalla mente di Jonas. C'era solo lei. Solo il desiderio – no, il *bisogno* – di averla sotto di lui, di farle vedere quanto sapeva essere bravo.

Jonas mosse le mani lungo la curva dei suoi fianchi, sulla vita, sulle irregolarità della sua gabbia toracica, e ovunque toccasse sembrava che a lei piacesse. Sembrava così giusto.

In estasi, scacciò via quel pensiero. Le mordicchiò il soffice labbro inferiore, e sorrise quando a lei scappò un gridolino. A Jonas sembrava di vivere per quel suono, e cominciò a escogitare altri modi per strappargliene un altro. Quando lei gli restituì il favore, lui ringhiò e si slacciò la cintura delle armi. Mentre cadeva a terra, Jonas sollevò Silla, scostandole le gonne.

«Stringimi le gambe intorno» le ordinò. Silla non si fece pregare, e gli avvolse le gambe attorno ai fianchi; mentre la inchiodava contro l'albero, Jonas ebbe la vaga consapevolezza di non essere mai stato tanto eccitato in vita sua.

Si sfregò contro di lei, inebriandosi del delizioso attrito dei loro corpi, dei versetti di piacere che lei si lasciava sfuggire. Le infilò una mano tra i capelli, tirandole la testa di lato.

Spostò la bocca sul suo collo, e per un attimo rimase sospeso, inalando il suo profumo.

«È questo che volevi?» sussurrò contro la sua pelle. «Sei abbastanza distratta, Silla?»

Lei rispose con un sospiro che gli procurò una fitta di calore bruciante lungo la schiena. Jonas disegnò una linea bollente di baci lungo tutta la lunghezza del suo collo. Posò le labbra nel punto in cui la giugulare pulsava e la sfiorò delicatamente coi denti, guardando Silla scossa dai brividi.

Avrebbe dovuto distrarla, ma era lui quello che si stava smarrendo. Tremando per la fatica di mantenere il controllo, era pericolosamente vicino a perderlo del tutto.

«Perché mi fai quest'effetto?» le chiese senza riflettere, spingendo il bacino in avanti a incontrare il suo. Riconobbe a malapena la propria voce: nemmeno quella sembrava in grado di controllare.

Ma la sua domanda svanì rapidamente nella nebbia che aveva invaso la sua mente: riportò le labbra su quelle di Silla e la baciò con passione sfrenata. Era un fuoco primordiale... era bello, era troppo. Continuò a spingersi contro di lei, vittima di un'erezione dura e dolorosa.

Fu allora che la sentì: una vibrazione nell'aria. Se non fosse stato un guerriero esperto, non ci avrebbe fatto caso. Ma il suo istinto lo mise in allarme.

Veloce come un fulmine, interruppe il bacio, adagiando Silla a terra.

«Hai sentito?»

Mantenendosi perfettamente immobile, lei lo fissò con gli occhi sgranati. Se lui avesse potuto concedersi un momento per guardarla, sarebbe stato orgoglioso delle sue labbra turgide, del rossore sulle sue guance. Invece afferrò la cintura da battaglia e sguainò la spada, voltandole le spalle. Uno schiocco secco confermò i suoi timori. C'era qualcosa nel bosco. Alle sue spalle, Jonas sentì il leggero stridio del pugnale di Silla che veniva sguainato.

Un ringhio sibilante gli fece drizzare i peli sulla nuca.

«Cazzo» borbottò Jonas, piazzandosi tra lei e il punto da cui proveniva il suono. «Resta dietro di me.»

* * *

Silla sbatté le palpebre e tornò in sé. Jonas aveva assunto una posizione difensiva: le gambe divaricate, la spada stretta in mano. Ma non aveva armatura né scudo, ed era lontano dai suoi fratelli e sorelle dell'Equipaggio per colpa sua.

«Se ti dico di correre» disse Jonas a bassa voce, «torna subito all'accampamento. Non fermarti. Hai capito?»

«Sì.»

Adesso il cuore di Silla martellava per una ragione completamente diversa rispetto a pochi istanti prima.

«È uno skógungar» sussurrò Jonas, e la sua postura si rilassò appena. «Un camminatore della foresta. Non dovrebbe farci del male.»

Silla setacciò le ombre in cerca della creatura, e intravide un movimento. Le si gelò il sangue mentre osservava quell'essere. Altissimo, con la pelle fin troppo tesa sul viso, gli occhi che brillavano come braci rosse incastonate nei nodi contorti di un albero, la bocca spalancata in un sorriso di ampiezza innaturale. Con le lunghe braccia dinoccolate che terminavano ciascuna in tre artigli affilati, avanzò a capo chino. Quando vide Silla e Jonas, la sua bocca si allargò ulteriormente, rivelando file di denti affilati come rasoi.

«C'è qualcosa che non va in lui» borbottò Jonas. «Qualcosa non mi convince negli occhi.»

Ecco perché hai bisogno dell'Equipaggio dell'Ascia Insanguinata per sopravvivere alla Strada d'Ossa, pensò Silla. Creature che non aveva mai visto, che non avrebbe mai potuto immaginare, si aggiravano per quei boschi. Lei non sapeva nulla degli skógungar... che razza di creature erano? Era un pericolo o potevano semplicemente tornarsene all'accampamento?

Jonas si piazzò a gambe larghe mentre il camminatore della foresta si avvicinava. Con i suoi lunghi arti e la sua innaturale furtività, era come un'estensione della foresta stessa, un albero che camminava. Ma dagli occhi rossi malevoli e dall'odore di decomposizione che riempiva la radura, Silla intuì che era anche qualcosa di completamente diverso. Qualcosa di sinistro.

Il suo ringhio sibilante risuonò di nuovo, facendole venire la pelle d'oca. Era innaturale, inquietante. Un avvertimento. Il suo istinto le diceva di scappare, ma Silla rimase ferma, come le aveva ordinato Jonas.

Con un movimento improvviso e fulmineo, lo skógungar caricò Jonas, sferrando un colpo con i suoi artigli letali. Lui si abbassò con un movimento rapido e fluido, roteando la spada per assestagli un colpo dal basso in alto. Con uno schiocco inquietante, l'arma affondò nell'ascella del mostro, che barcollò all'indietro.

Si riprese subito, però, lanciandosi su Jonas e colpendolo forte con il braccio illeso. Lui parò l'attacco, ma fu costretto ad accucciarsi. La creatura si lanciò verso di lui, producendo una raffica di colpi rapidi. Silla soffocò un gridolino quando Jonas ebbe a malapena il tempo di raddrizzarsi e schivare un colpo. E se quella cosa lo avesse ferito, o addirittura ucciso? Era colpa sua se si era distratto, se non aveva avuto il tempo di trovare gli altri.

La creatura si muoveva con una velocità così innaturale che era impossibile prevedere dove avrebbe colpito. Ringhiò di nuovo, questa volta con uno strano schiocco che a Silla parve provenire direttamente dai propri incubi.

«Fatti sotto, kunta.» Jonas aggiustò la presa sulla spada, sempre scrutando lo skógungar. La creatura schizzò in avanti con improvvisa aggressività, mirando con gli artigli al volto di Jonas. Lui lo schivò, e mentre si abbassava gli squarciò il costato. Lo skógungar barcollò all'indietro con uno verso, e Jonas gli fu addosso, assestando colpo dopo colpo, conficcandogli la spada nel petto finché il mostro non cadde all'indietro. Jonas continuò a colpire, implacabile, e Silla dovette distogliere lo sguardo mentre sgozzava la creatura, i cui strilli si fecero sempre più disperati prima di affievolirsi.

Fece l'errore di aprire gli occhi e vide la testa dello skógungar staccata dal corpo, il sangue nero che gli colava dal collo; l'orribile bocca era spalancata in un sorriso che l'avrebbe perseguitata per sempre. Silla si seppellì il viso tra le mani, lo stomaco che le si contorceva.

Jonas l'afferrò per la spalla e la trascinò nel folto del bosco. «Cos'era quel coso, per il culo di Hábrók?» borbottò. Puzzava di cose marce. Di decomposizione e muffa. Silla ebbe un conato di vomito. Quando giunsero al limitare dell'accampamento, Jonas si fermò. «Merda. Ci serve una storia. Tu eri al ruscello, e io stavo raccogliendo legna da ardere quando ho sentito lo skógungar e sono venuto ad assicurarmi che stessi bene. Hai capito?»

Lei annuì, fissandolo. «Grazie» riuscì a dire.

Lui le prese il viso tra le mani e le diede un bacio sulle labbra. «Peccato essere stati interrotti, Riccioli. Cazzo. Puzzo da fare schifo. Dovrò bruciare questi vestiti e lavarmi fino a scorticarmi la pelle.»

Silla lo seguì con le gambe tremanti verso il fuoco, verso gli sguardi curiosi dell'Equipaggio, e un dubbio la colse.

Cosa sarebbe successo quando l'Equipaggio dell'Ascia Insanguinata l'avrebbe abbandonata e lei sarebbe stata costretta a proseguire da sola sulla Strada d'Ossa?

29

Svarti

Quando la porta della sala dell'idromele sbatté alle sue spalle, Skraeda inspirò bruscamente, e un odore acre di urina stantia e birra la invase.

Sopprimendo un urlo di rabbia, si avviò a grandi passi lungo la strada di terra battuta, mentre mercanti e guerrieri si allontanavano di corsa dal suo cammino. Non aveva raggiunto la ragazza e i suoi compagni sulla Strada d'Ossa, e ora li stava cercando nella città di Svarti. Era un compito impossibile, come trovare un ago in un pagliaio.

Aveva sprecato un giorno intero setacciando mercati, sale dell'idromele e alloggi senza trovare traccia della ragazza. Poiché Svarti era l'ultima città di grandi dimensioni sulla Strada d'Ossa, era consuetudine che i gruppi di viaggiatori trascorressero diversi giorni per radunare provviste e godersi i comfort prima del lungo tratto verso nord. Ma la ragazza avrebbe potuto anche evitare quella sosta.

Dipendeva dai suoi compagni di viaggio, supponeva, il che la riportava al problema attuale: scoprire qualcosa di più sulle persone con cui viaggiava. Chi erano questi guerrieri che avevano accettato di portarla a nord? Lei aveva pagato per la loro protezione? Sapevano chi stavano ospitando?

L'ultima lettera della regina Signe era ridotta in cenere nel focolare dell'alloggio di Skraeda, ma lei ricordava ogni parola scarabocchiata sulla pergamena.

Sapeva chi era la ragazza. *Che cosa* era la ragazza. La regina Signe aveva accolto Skraeda tra i suoi, nel circolo delle sue persone di fiducia, perciò adesso aveva ancora più fretta di riuscire nella missione.

Sapeva che se avesse portato a termine quel compito, il suo valore sarebbe solo aumentato agli occhi della regina. Ma se avesse fallito... be', non poteva permettersi di indugiare su certi pensieri.

Non sprecherai questa opportunità, pensò. Non poteva deluderla. La ragazza era un elemento centrale nei piani della regina Signe e Skraeda aveva mandato un falco a sud con una lettera, giurandole che non si sarebbe fermata finché il bersaglio non fosse stato catturato.

Adesso che aveva capito la ragazza, doveva capire i suoi compagni. Chi erano quei guerrieri? Dove erano diretti? Quali erano le loro debolezze? E così arrancò lungo la strada dissestata finché non raggiunse la successiva sala dell'idromele. Il suo sguardo cadde su un'insegna bianca: LA TESTA DEL CINGHIALE.

Spingendo la porta pesante, Skraeda entrò. Con il passare del giorno, le sale dell'idromele erano diventate sempre più affollate e la Testa del Cinghiale brulicava di gente già a metà pomeriggio. Nella sala campeggiavano due file di lunghi tavoli, e le candele dei lampadari di ferro gettavano una tremolante luce gialla sugli avventori. Skraeda individuò un Klaernar solitario, seduto all'estremità di un tavolo, e poi si voltò a guardare la locandiera che porgeva corni di birra a un gruppo di chiassosi mercanti.

Mentre la donna si affrettava verso le cucine, Skraeda le afferrò il gomito, costringendola a fermarsi. «Cerco una donna che potrebbe essere stata qui negli ultimi due giorni.»

Lei emise un sospiro esasperato. «Girano parecchie donne, qui.»

«Questa era in compagnia di un gruppo di guerrieri. Poteva essere nervosa. Capelli ricci, anche se magari li portava legati. Mantello rosso...»

«Mantello rosso?» chiese il Klaernar seduto all'estremità del tavolo. Lo sguardo di Skraeda si posò su di lui: barba nera ispida divisa in due trecce, pelle liscia e marrone, occhi scuri, l'aria di un uomo che lavorava ormai da molti anni.

«Sì» rispose, decisamente incuriosita. Skraeda aveva immaginato che la ragazza si sarebbe tenuta alla larga dai Klaernar, ma forse si era sbagliata.

«L'ho vista» disse lui, osservando Skraeda con interesse. «Era seduta alla mia stessa panca assieme a un'altra donna, una guerriera.» L'uomo si accarezzò la barba. «Cosa vuoi da lei?»

«È una questione privata» rispose Skraeda.

«Posso andarmene? Ho parecchi clienti che stanno aspettando» borbottò la donna.

«Sì, sì» rispose Skraeda, senza staccare lo sguardo dal Klaernar. Lasciò che i suoi sensi si distendessero, cogliendo le aure all'interno del locale, ricche di filamenti luminosi e circolari di divertimento, morbidi fili svolazzanti di desiderio sessuale e... ah! Eccolo lì. Un sottilissimo nastro di curiosità, che si contorceva e si dimenava.

«Quanto vale per te questa informazione?» chiese il Klaernar, le folte sopracciglia nere aggrottate.

Skraeda sospirò, portando le dita in tasca e accarezzando la treccia di Ilka mentre manteneva la presa della sua mente sul filo di curiosità dell'uomo. «Tre sólas.»

L'uomo sbuffò. «No» disse. «Secondo me vale molto di più.»

«Come mai?»

«Il rossore del tuo collo mi dice che sei irritata. Il pugno che stai stringendo nella tasca fa altrettanto. E quando ho detto di no, hai sussultato. È stato un battito di ciglia, ma l'ho visto.»

Skraeda si sforzò di inspirare profondamente. Quell'uomo era abbastanza perspicace da rivaleggiare con la maggior parte dei Fortificatori, ma non con lei, ovviamente. Forse le informazioni che poteva fornirgli le sarebbero state utili.

Accarezzando il nastro della sua curiosità, Skraeda saltò quello del divertimento, fermandosi sul sottile filo dorato sottostante. Aveva avuto subito voglia di giocarci, fin da quando l'aveva scoperto per la prima volta. Tipico dei Klaernar, era sottile e delicato. Sebbene fosse meglio eseguire tali esperimenti in privato, Skraeda era spinta dall'urgenza: quelle informazioni erano essenziali se desiderava rintracciare la ragazza.

E così si decise.

Con estrema prudenza, per non strapparlo, Skraeda estrasse il filamento dorato e lo tenne nella morsa della sua mente. Le pupille dell'uomo si contrassero fino a diventare sottili come un capello. Il cuore di Skraeda iniziò a battere forte: il resto delle emozioni dell'uomo, già attutite, si era ormai spento del tutto.

«Grattati il naso» disse dolcemente Skraeda.

Lui alzò il dito e si strofinò la punta del naso. Skraeda non poté fare a meno di sorridere. Bene, era proprio ciò che aveva sospettato: teneva in pugno il libero arbitrio dell'uomo. Era un effetto collaterale indesiderato della polvere di berskium? O quel filo dorato era intenzionale, un modo per gli Urkan di radunare i loro soldati quando necessario?

Non importava. Era grazie a quello che Skraeda avrebbe ottenuto ciò di cui aveva bisogno.

«Raccontami della donna con il mantello rosso» esortò. «Raccontami tutto ciò che ricordi di lei e dei suoi compagni.»

La voce dell'uomo era monotona e calma, e Skraeda si avvicinò per sentirlo meglio.

«La donna guerriera con cui era seduta aveva i capelli neri intrecciati all'indietro, una risata fragorosa e una protesi al braccio. A loro si sono uniti due uomini, abbronzati, biondi, uno con la barba. La donna che cerchi, però, se ne è andata subito. Il guerriero biondo più grosso l'ha rincorsa con il suo mantello rosso, e poi è tornato con un altro uomo. Grosso anche lui. Capelli neri, pelle scura, sguardo spaventoso.»

Skraeda aggrottò la fronte. Non conosceva quei guerrieri... Avrebbero potuto essere praticamente chiunque. Ma sembrava che l'uomo non mentisse.

«Sono rimasti seduti accanto a noi a bere per diverse ore. Il più giovane era parecchio chiassoso, e l'ho sentito dire qualcosa su Kiv. Ha detto: "Preferirei saltare giù dalla Dorsale di Skalla piuttosto che andare a Kiv e affrontare Kraki. Non può recuperare lei il libro?".»

Skraeda aggrottò le sopracciglia. «Stava parlando della donna con il mantello rosso?» chiese.

«Non lo so per certo» disse il Klaernar. «Quello grosso ha dato un pugno sulla spalla del ragazzo. Gli ha detto che se non la smetteva lo avrebbe buttato giù dalla Dorsale di Skalla lui stesso.»

«Quando è successo?» abbaiò Skraeda.

L'uomo si concentrò. «È stato... due sere fa?»

Skraeda allentò la presa sulla mente del guerriero, osservando le sue pupille allargarsi come inchiostro nell'acqua. Lui sbatté le palpebre più volte, poi la guardò accigliato.

«Allora?» chiese. «Quanto valgono queste informazioni per te?»

Skraeda sorrise. «Niente. Goditi la tua birra, guerriero.»

E, detto ciò, lasciò la sala dell'idromele. Il sole estivo era ancora alto, ma la temperatura si stava abbassando di ora in ora. Stringendosi le pellicce intorno alle spalle, Skraeda tornò al suo alloggio, persa nei propri pensieri.

Due giorni. Se il gruppo fosse partito la mattina precedete, avrebbe avuto due giorni interi di vantaggio su di lei. Ma se avessero fatto una deviazione verso Kiv, avrebbero lasciato la Strada d'Ossa per diversi giorni, dopodiché avrebbero dovuto riprenderla.

«Li aspetterò all'incrocio» si disse Skraeda, un sorriso che le incurvava le labbra.

30

La Strada d'Ossa

«Sta cercando di ottenere il mio favore ingraziandosi Cavallo» borbottò Rey, passandosi il pugnale appena affilato lungo il collo e rifinendo il bordo della barba. «Non funzionerà.»

Jonas fissò la tazza che Silla gli aveva passato pochi minuti prima, cercando di schiarirsi le idee. Il vapore si arrotolava nell'aria fresca del mattino, infondendole il ricco profumo della corteccia di róa. Il fuoco crepitava piano, le voci di Sigrún, Ilías, Gunnar ed Hekla si mescolavano lì vicino, mentre preparavano i cavalli per il viaggio che li attendeva. Mentre Jonas sorseggiava il suo róa, non riusciva a distogliere lo sguardo dalla sagoma vicino al carro. Silla si era legata i capelli quel giorno, ma una ciocca si era sciolta, e adesso le ricadeva sul viso. Lui la guardò mentre la soffiava via, solo per vederla ricadere dove era un attimo prima. Accarezzando la fronte di Cavallo con una mano, con l'altra gli porse una carota. Jonas indugiò con lo sguardo sulla parte bassa della sua schiena, dove il vestito rientrava e poi si gonfiava intorno al suo fondoschiena perfetto.

Era confuso: il desiderio per quella donna stava sbriciolando i muri, già sgretolati, della sua autoconservazione. *Perché ti senti così?* si era chiesto, e ci aveva riflettuto a lungo, fino a notte fonda. Quando lei l'aveva toccato, lui aveva sentito la sua armatura dissolversi. Come aveva fatto a smarrirsi in quel modo, a perdere così il controllo? Lei era inesperta... non era qualcosa che aveva fatto apposta.

La consapevolezza lo colpì come una mazzata. Era la sua sincerità. Non c'era stata finzione, con lei, nessun falso incoraggiamento. Era stata vera, genuina, e aveva risposto con una sfrenata impazienza.

Aveva bisogno di baciarla di nuovo.
Aveva bisogno di farla completamente sua.
Jonas cercò di scacciare quei pensieri dalla mente. Era assurdo. Non aveva mai pensato niente del genere. Non era fatto per certe cose. Ma quando ricordò come lei lo aveva guardato – con ottimismo, con convinzione –, una sensazione di calore gli attraversò il petto. Sentì che avrebbe potuto raccontarle le sue esperienze, se avesse voluto, e lei non lo avrebbe giudicato. E lui *voleva* raccontarle di sé. Il che lo turbava molto. Jonas non capiva niente, se non che questo era un problema. Si impose di ricordarsi che l'affetto era una cosa pericolosa, che portava solo a devastazione e rovina.
Fece un respiro profondo per schiarirsi le idee, poi cercò di tornare a concentrarsi sulla sua conversazione con Rey.
«È parecchio intelligente, a dire il vero» disse Jonas. «Ha individuato la tua unica debolezza.»
Rey protestò. Il cavallo era davvero il suo unico punto debole. Con una smorfia, Jonas si ricordò della volta che Cavallo si era preso una malattia della pelle e Rey aveva interrotto il loro viaggio per comprargli un sapone speciale. L'Equipaggio dell'Ascia Insanguinata aveva aspettato un'intera settimana, durante la quale Rey gli aveva insaponato il manto ogni giorno, prima di potersi finalmente rimettere in viaggio.
«Ancora non le credo, Jonas. La sua storia fa acqua da tutte le parti.»
«Devo ricordartelo? Le dispute per la terra sono comuni, Occhi d'Ascia.»
Rey gli lanciò un'occhiata, tirandosi le ciocche più lunghe della barba sul mento, poi passandoci il pugnale. «Scusami, Jonas. Non volevo offenderti.»
«Lo so» disse lui. «Dico solo... perché non darle una possibilità?»
Rey espirò. «Questo incarico mi sta facendo impazzire. È già abbastanza importante e pericoloso, senza ulteriori complicazioni. E ora gli skógungar hanno cominciato ad aggredire gli esseri umani? Dovrebbero essere neutrali! Perché mai dovrebbero comportarsi così? Per non parlare del fatto che si sono spinti così lontano dai Boschi Occidentali.»
Jonas scosse la testa. Non aveva risposte, piuttosto altre domande. Aveva visto solo un altro skógungar, prima. Docile e pacifico, aveva camminato lungo il ruscello dove lui aveva riempito la sua borraccia, senza prestargli attenzione. Sebbene Jonas avesse sentito storie di aggressioni a opera di camminatori della foresta, erano sempre nate da qualche provocazione: un boscaiolo che tagliava alberi in una parte

sacra della foresta o un guerriero ignorante che attaccava per primo le creature. Ma ripensando alla selvaggia aggressione che aveva subito, allo strano rosso acceso degli occhi dello skógungar e al suo fetore putrido, Jonas capì che c'era qualcosa di sbagliato in quella situazione.

La notte prima, quando era tornato all'accampamento puzzando come il culo di un troll, l'Equipaggio dell'Ascia Insanguinata lo aveva tempestato di domande. Silla aveva a malapena aperto bocca, anche se non la biasimava. La testa mozzata dello skógungar non era stato un bello spettacolo, e lei non era abituata a tanta violenza.

Rey aveva subito preteso di esaminare il cadavere, anche se non c'era molto da vedere: gli occhi luminosi si erano spenti alla morte e, a parte questo, lo skógungar sembrava uguale a tutti gli altri della sua specie. Ma il tanfo di decomposizione, innaturale per un camminatore della foresta, era rimasto, tanto che Rey stesso aveva fatto una smorfia, riflettendo. L'Equipaggio aveva setacciato i boschi alla ricerca di tracce di altri e, per fortuna, non aveva trovato nulla. Tuttavia, Rey aveva ordinato a Gunnar di unirsi a Sigrún per il turno di guardia quella notte.

Jonas vuotò l'ultima goccia di róa. «Non ho idea del perché ci siano camminatori nella foresta così a est.»

«Istré confina con i Boschi Occidentali. Questa storia potrebbe avere a che fare con il nostro incarico?»

«Forse. Impossibile saperlo.»

«Mmm.» Rey si passò una mano sulla barba per controllare la lunghezza prima di cambiare argomento. «Ho deciso di vedere Kraki da solo. Con lei.» Indicò Silla con un cenno del capo.

Jonas sollevò di scatto la testa. «La porterai lì da sola? Perché non con tutto l'Equipaggio?»

Rey inclinò la testa, passandosi il pugnale lungo i lati del cranio con rapidi movimenti. «È molto più probabile che ci faccia entrare, se siamo solo noi due. Se si presentasse l'intero Equipaggio dell'Ascia Insanguinata, scommetto che Kraki si barricherebbe in casa senza darci l'opportunità di spiegare.»

Jonas sentì una stretta al petto. Il pensiero delle mani rugose di Kraki che toccavano Silla risvegliò una parte primitiva di lui, che prese a ringhiare. Qualcuno avrebbe dovuto badare a lei. Tenerla al sicuro da quel vecchio stronzo. «Non permettergli di farle del male» si ritrovò a dire.

«Sono sorpreso che te ne freghi qualcosa, Jonas.»

«Abbiamo parlato mentre eravamo al mercato, ed è... gentile.»

Jonas sentì lo sguardo di Rey su di sé e fissò le fiamme. Per i fuochi eterni, cosa gli era successo? Era sopravvissuto badando a sé stesso e ai suoi, all'Equipaggio dell'Ascia Insanguinata. Perché rischiava la collera di Rey per quella ragazza?

«La terrò d'occhio» disse Rey alla fine, mettendo da parte la lama e strofinandosi la nuca. «Sai che sono un uomo d'onore e non permetterei che le cose andassero in quel modo. Voi prendete il carro, noi andremo da Kraki e ci incontreremo a Hver in tempo per il Giorno più Lungo.»

«Fai quello che devi, Rey» borbottò Jonas.

Silla si avvicinò a loro, pulendosi le mani sulle gonne. «Vuoi dell'altro porridge, Rey? Jonas? Ce n'è ancora un po'.»

Jonas rifiutò scuotendo la testa, ma Rey grugnì e le passò la ciotola. Jonas alzò gli occhi al cielo: il suo capo era determinato a comportarsi da stronzo. Ma Silla non parve prendersela, e anzi gli riempì la ciotola. Mentre la porgeva a Rey, le sue labbra si curvarono in uno di quei sorrisi che le facevano gonfiare le guance e brillare gli occhi.

Jonas sentì il calore avvolgerlo, e si costrinse a guardare a terra con espressione accigliata. Era meglio che si separassero. Perché quello in cui si trovava era il tipo di guaio che aveva evitato per tutta la vita.

* * *

La Dorsale di Skalla era bellissima, ma era difficile per Silla ammirarla. Con i suoi fiordi frastagliati che si tuffavano a picco verso spumeggianti mari neri, c'era in quel luogo qualcosa di selvaggio e sublime. Sembrava un promemoria del fatto che la natura era crudele e spietata: un passo falso e si rischiava di finire in una tomba d'acqua.

La Strada d'Ossa serpeggiava lungo la cresta, e l'aria frizzante e salata risvegliò Silla dal suo stordimento. I gabbiani volavano in cielo, stridendo con voci che le pugnalavano il cranio, ricordandole che il suo tempo con l'Equipaggio dell'Ascia Insanguinata stava per finire; presto sarebbe rimasta sola, a farsi strada verso nord tra assassini, bande di guerrieri e creature mostruose.

Se non altro, stare con l'Equipaggio dell'Ascia Insanguinata le dava un fragile conforto. Occhi d'Ascia era ostile come sempre, ma avevano raggiunto un accordo silenzioso: lei non lo disturbava e lui manteneva le distanze. Sembrava funzionare: raramente, viaggiando sul carro, aveva visto più della sua nuca.

Ma una volta raggiunta la Dorsale di Skalla, le cose erano precipitate rapidamente. Per prima cosa, Occhi d'Ascia l'aveva informata che si sarebbero separati dall'Equipaggio dell'Ascia Insanguinata e avrebbero viaggiato da soli fino alla casa di Kraki.

Poi Rey condusse fino a lei la cavalla bruna di Gunnar e la fissò con aria fiduciosa.

«Non so cavalcare» disse Silla, stringendo la fiala attorno al collo e preparandosi alla sua risposta. «Non possiamo portare il carro?»

Rey sbatté le palpebre, come se non riuscisse a comprendere le parole che aveva appena sentito. «Il carro ci rallenterebbe. Aggiungerebbe un giorno di viaggio ai nostri piani.» Esasperato, aggiunse: «Davvero non sai cavalcare?».

Silla scosse la testa.

Rey serrò la mascella, sforzandosi di parlare con calma. «Il mio cavallo può portarci entrambi.»

Il cuore di Silla saltò un battito. Condividere un cavallo con Occhi d'Ascia?

«Credimi, nemmeno io sono felice di questa soluzione, Raggio di Sole.» L'uomo gigantesco la guardò torvo. «È solo per un paio di giorni.»

Un paio di giorni. Le ginocchia di Silla quasi cedettero. Un paio di giorni su un cavallo con quel masso ambulante! Con l'uomo che aveva cercato di ucciderla. Due volte.

Silla afferrò la sua borsa e si diresse imbronciata verso Cavallo, soffiandosi una ciocca di capelli via dagli occhi. Tirò fuori una manciata di avena dalla tasca, offrendo il palmo aperto all'animale.

«A quanto pare passeremo un po' di tempo insieme, tesoro» mormorò. Cavallo frugò sul davanti del vestito di Silla in cerca di altra avena. «Su, su!» disse lei ridacchiando. «Lasciane un po' anche per dopo.»

Silla si leccò il pollice, poi strofinò una macchia di cenere sulla fronte di Cavallo finché il suo manto non fu di nuovo immacolato. «Molto meglio, bellezza» disse allegramente. Per gli dèi, se avesse avuto un cavallo tutto suo gli avrebbe spazzolato il pelo e intrecciato la criniera con i fiori, lo avrebbe reso la creatura più felice di tutta Íseldur...

Girandosi in cerca di Jonas, sentì una strana fitta di dispiacere. Dov'era finito? Non sapeva ancora cosa pensare della sera prima. Passare da un estremo all'altro così in fretta era stato sconcertante. Le sembrava di riuscire ancora a sentire l'odore di quella... *cosa*. Di udire il suo sibilo strozzato. Di sentire il fantasma delle dita di Jonas che le sfioravano la clavicola, l'anca. Rabbrividì.

E adesso lui non si vedeva da nessuna parte.

«Continua ad allenarla al posto mio, va bene, Occhi d'Ascia?» abbaiò Hekla in groppa al suo cavallo. Lei, insieme a Gunnar e Ilías, si era ribellata ai piani di Rey, e questo aveva reso il bruciore allo stomaco di Silla ancora più insopportabile. «Sta iniziando a fare progressi.»

La risposta di Rey fu un sospiro melodrammatico. Hekla si girò verso Silla e borbottò: «Non voltare mai le spalle a Kraki, capito, dúlla? Resta vicino a Rey. Portati il pugnale».

Silla si sforzò di sorridere. «Andrà tutto bene» disse, con un po' troppo entusiasmo.

Rey sganciò il carro da Cavallo. «Dov'è Jonas? Gunnar, dovrai tirare tu il carro.»

Dov'era Jonas? La stava evitando? Silla si disse che non importava. Il bacio del giorno prima era stato solo una distrazione e non avrebbe mai avuto un seguito. E poi entro pochi giorni sarebbe stata di nuovo sola.

Dopo che Rey e Gunnar ebbero legato il carro al cavallo di quest'ultimo, Rey infilò la sacca di Silla nella sua bisaccia insieme al cibo che aveva preso dalla cassa delle provviste. Silla salì su Cavallo, e Rey montò alle sue spalle. Lo sentiva incombere su di lei, così grande da oscurare la luce del sole. Quando lui allungò la mano verso le redini, le sue braccia la ingabbiarono, e per lei fu troppo. Adesso sentiva anche il suo odore: tracce di falò e pinete. Le sembrava che lui fosse dappertutto.

È un errore, urlò la sua mente. *Un gigantesco errore.* Si era già dimenticata di Anders? Del suo sguardo mentre Rey gli tagliava la gola? Deglutì. I suoi occhi si spostarono sulle mani guantate di lui. Erano enormi. Quante vite avevano spezzato? Un brivido di disagio le percorse la schiena.

«Be', ci sarà da divertirsi» disse, cercando disperatamente di riempire quel silenzio imbarazzante.

Cavallo si mosse in avanti e le mani di Silla finirono sul pomo della sella. Lo afferrò goffamente, non abituata a quel nuovo e molto più alto punto di osservazione e al dondolio.

Rey si lasciò sfuggire un respiro esasperato, che le scompigliò i capelli. «Davvero non hai mai cavalcato?»

«Mai.»

Lui emise un risolino incredulo.

«Mi fa piacere che ti sembri tanto divertente.» Silla strinse il pomo della sella così forte che le si sbiancarono le nocche. Le sembrava impossibile l'idea di resistere così un'ora, figuriamoci dei giorni.

Dopo diversi minuti di imbarazzo assoluto, Rey trasferì le redini in una mano. Strinse l'altra attorno alla spalla di lei, e la tirò indietro. «Siediti dritta, ma rilassata. Asseconda il ritmo del cavallo. Non contrastarlo.»

Silla cercò di rilassarsi, ma ogni volta che la sua schiena gli sfiorava il petto si irrigidiva. Il fatto che ogni schiocco di ramoscello le facesse scattare la testa alla ricerca di alberi ambulanti affamati della sua carne non aiutava. E a ogni passo, la tensione silenziosa tra Silla e Rey cresceva, finché divenne tanto intensa che a lei parve di sentirla fin nelle ossa.

Alla fine, non ce la fece più. «Quali informazioni vuoi che ottenga da Kraki, esattamente?»

«Sei durata ben cinque minuti senza parlare. Deve essere un nuovo record.»

Silla si accigliò, poi tornò alla carica. «Che tipo di libro è?»

«Vuoi dire che quel dettaglio ti è sfuggito quando hai origliato una conversazione che non dovevi ascoltare?»

«Sì.»

«Non deve interessarti.»

Silla sbuffò. «Ma allora non ti fidi proprio di me. Anche se ho accettato di accompagnarti – da sola, potrei aggiungere – per procurarti questo libro.»

«La fiducia si guadagna.»

Lei alzò gli occhi al cielo. «E se il libro non c'è, come posso aiutarti a recuperare le informazioni?»

«Con la tua *lingua d'oro*, ovviamente.» Impossibile non sentire il sarcasmo nella sua voce.

Giusto. Vero.

Silla serrò le labbra. «Forse potresti darmi qualcosa di più su cui lavorare. Jonas mi ha detto che Kraki ha un ego spropositato. E tu mi hai detto che gli piace la brennsa.»

«E le belle ragazze.»

Silla fece una smorfia perplessa. Occhi d'Ascia la stava forse definendo bella? Aprì la bocca, poi la richiuse subito.

«Ti sto usando come esca, nel caso non fosse chiaro» disse Rey.

«Esca?»

«Per convincerlo a farci entrare.»

«Posso fare altro a parte essere un'esca, sai?» protestò Silla indignata.

«Giusto. La tua *lingua d'oro*. Per quanto ne so, deve essersi rotta.»

Silla sentì l'occhiata gelida di lui penetrarle la nuca.

Quindi era bloccata senza altra compagnia che quella di Occhi d'Ascia in quei boschi pieni di alberi carnivori, e sarebbe stata usata come esca per un vecchio viscido. Quell'impresa diventava sempre più allettante.

«Se hai intenzione di usarmi come esca, dovresti almeno dirmi qualcosa di questo Kraki. Ho saputo che era a capo dell'Equipaggio dell'Ascia Insanguinata. È vero?»

«È stato il nostro capo per molti anni, finché non è stato costretto ad andarsene.» L'entusiasmo di Rey all'idea di parlarne era pari a quello che avrebbe mostrato se avesse dovuto farsi estrarre un dente con un ascesso.

«Da te?»

«È stata una decisione del gruppo.»

«Ma tu hai preso il comando al posto suo.» Silla stava iniziando a mettere insieme i pezzi di quella storia. «Sicuramente la cosa l'ha fatto infuriare, Rey. Forse avresti dovuto mandare Hekla o Ilías.»

Rey la ignorò. «Kraki è vecchio, è litigioso e serba spesso rancore. L'Equipaggio dell'Ascia Insanguinata lo sopportava perché era bravissimo nel suo ruolo. Ma poi ha iniziato a perdere colpi, mettendo l'Equipaggio in pericolo, ed è giunto il momento per lui di andarsene.»

Silla era certa che quello fosse il discorso più lungo che Rey le avesse mai fatto: le parve di meritare un premio. Voleva che continuasse a parlare. «Qualcuno è rimasto ferito? Sigrún, forse?»

«Sigrún? No.» Rey fece una pausa. «Le sue ustioni... Non ce ne ha mai raccontato l'origine e noi non abbiamo insistito per saperlo. Ma sì, qualcuno è rimasto ferito sotto la sorveglianza di Kraki. Più di una volta.»

Rimase in silenzio per un po', e Silla strinse il pomo, in attesa di una spiegazione. «Chi è rimasto ferito?» chiese piano. Lui non rispose. «Il tempo è l'unica cosa che non ci manca, Rey. Puoi dirmelo, oppure potrei raccontarti lo strano sogno che ho fatto la notte scorsa.»

Lui emise un verso a metà tra un lamento e un ringhio. «Ilías è quasi morto. Kraki si è confuso sui tempi di un cambio di guardia. Ilías è stato accoltellato.» Fece una pausa. «Il fatto che quel bjáni abbia caricato senza coprirsi il fianco non ha aiutato.» Poi borbottò qualcosa sottovoce che suonava molto come "crede di essere invincibile".

«E una volta non ha ordinato la ritirata in una situazione in cui eravamo in netta inferiorità numerica. Grazie a lui mi sono beccato una freccia nella coscia.» Imprecò sottovoce. «Se non avessi avuto addosso l'armatura lébrynja, non sarei qui a raccontartelo.»

«Quindi è per questo che Kraki ce l'ha con te.» Silla rifletté per un secondo. «Come posso ottenere informazioni da lui se non so nemmeno cosa ti serve?»

«Ci penserò io a spingere il discorso in quella direzione. Tu limitati a essere... te stessa.» La sua voce era intrisa di disprezzo. «Se non funziona, tienilo occupato per qualche minuto mentre setaccio la casa.»

Silla considerò il piano per un momento, poi sorrise. «Benissimo.»

«"Benissimo" cosa?»

«Semplicemente... benissimo. Magari sarà divertente.»

«*Divertente.*» Rey pronunciò quella parola come se avesse un sapore amaro.

«Più divertente che stare seduta in un carro senza nessuno con cui parlare, niente da leggere, niente da fare. E mi porterà un passo più vicina a Kopa, e di questo sono riconoscente.»

Rey emise un verso sprezzante. La rabbia divampò dentro di lei arroventandole la gola, come una torcia lasciata cadere sull'erba secca.

Dalle labbra le uscì un fiume di parole, che non fu in grado di fermare. «Perché sei così sgradevole?»

«È stato questo regno a rendermi così.»

«Deve essere faticoso, però. Portare tanta rabbia dentro di sé per tutto il tempo.»

Fare polemica con l'uomo con cui sarebbe rimasta intrappolata per due giorni non era un'idea brillante, ma non riusciva a fermarsi.

«Me la tiri fuori tu, la rabbia. È uno dei tuoi tanti talenti. Insieme all'abitudine di scusarti con i sassi e a quella di inventarti nuovi nomi per te stessa.»

La voce di Rey era calma, ma i suoi pugni stringevano le redini con troppa forza.

Pensieri da focolare, Silla, disse a sé stessa, chiudendo gli occhi.

«Cos... cosa hai detto?»

Lei sbatté le palpebre. Un attimo. L'aveva detto ad alta voce? «Zitto. Sto facendo pensieri da focolare. È un trucco che mi ha insegnato mia madre per risollevarmi l'umore...»

«Dèi del Cielo! Ti prego, non dirmelo. Non lo voglio sapere.»

«Ti diverti a fare l'idiota o ti viene naturale?»

Lui esalò un respiro infastidito, facendole scendere un brivido di disagio lungo la schiena. «Un po' tutti e due, in realtà.»

«Cos'hai contro di me? Non mi conosci nemmeno.» *Non lasciarti turbare,* si disse. Però faceva male, come sempre. Silla voleva essere apprezzata, e quell'uomo era assolutamente impermeabile.

«Ti conosco abbastanza.»

Silla digrignò i denti. «Ti piace giudicare gli altri senza sapere chi sono? Va bene. Magari ci provo anche io.»

«Benissimo.»

Silla lo valutò per un momento. «Fammi pensare. Sei... un uomo ambizioso, ma pretendi di avere sempre il controllo. È necessario nel tuo lavoro, perché gli errori possono costare la vita agli altri; ma secondo me c'è anche dell'altro. Cerchi di mantenere un ordine perfetto intorno a te perché in passato hai perso il controllo.» A ogni parola che pronunciava, la sua sicurezza aumentava. «Sei sgradevole perché non vuoi che qualcuno ti si avvicini. Ti sei eretto una fortezza intorno e non lasci entrare gli altri, perché hai qualcosa da nascondere. O forse hai paura di qualcosa.» Ci pensò per un momento. «Sei stato ferito.»

«Mi dispiace deluderti, Raggio di Sole, ma non potresti essere più fuori strada di così.»

«M-mh. Invece secondo me ci ho azzeccato. Sembri il tipo di uomo che è tormentato dal suo passato. Da una tragedia. Qualcuno a cui volevi bene è morto. Ho ragione, non è vero?»

Rey non rispose, ma lei lo sentì irrigidirsi alle sue spalle, e percepì la sua collera sfiorarla come dita gelide.

Un verso di trionfo le sfuggì dalle labbra. «Ah, ti ho capito proprio bene, non è vero, Rey? Ti assicuro che tutti abbiamo le nostre ferite. Io ho perso mia madre. Ho visto la vita abbandonare gli occhi di mio padre. Sono stata aggredita nelle Pinete Contorte. Ma nonostante tutto, riesco a essere educata e gentile e a trovare un motivo per cui essere felice. Non devi lasciare che le cose orribili che ti sono successe ti definiscano.»

Rey si sporse in avanti, premendo il petto contro le sue spalle, e riaccendendo il fuoco nel suo stomaco. Quando parlò, le sue labbra le sfioravano quasi l'orecchio. «Pensi di essere migliore di me perché sorridi e fingi che il mondo sia pieno di persone per bene? Perché sei convinta che tutto andrà per il meglio? Il tuo ottimismo è superficiale e affettato, e un giorno, *Raggio di Sole,* finirà per farti ammazzare.»

Silla si morse la lingua. Non aveva altro da dire a quell'uomo impossibile, arrogante e maleducato.

31

A ovest della Dorsale di Skalla

Cavalcarono tutto il pomeriggio, fermandosi due volte per far abbeverare Cavallo. Mentre si allontanavano dal clima costiero e si spingevano più in alto sulle colline dei Draghi Dormienti, la foresta, prima lussureggiante, si andava diradando. Attraversarono campi di fiori selvatici e radure magiche di erba lanosa che ricordavano centinaia di piccole pecore che si piegavano al vento.

Nonostante il loro disaccordo, Silla non poté fare a meno di indicargli ciò che notava lungo il cammino: una macchia di timo artico, una formazione rocciosa che sembrava un trono e i Draghi Dormienti innevati, che incombevano più grandi e più evidenti man mano che cavalcavano verso ovest. Non riusciva a trattenersi; era bellissimo avere qualcuno con cui parlare, anche se quel qualcuno la disprezzava. Anche se le sue risposte consistevano esclusivamente in grugniti e monosillabi. Anche se borbottava tra sé che avrebbe dovuto "riflettere più a lungo su quella decisione".

Dèi misericordiosi, doveva sentirsi disperatamente sola se persino Rey le sembrava una compagnia piacevole!

Cavalcarono fino a tarda sera, molto più a lungo del solito. Quando si fermarono, la foresta alpina li circondava completamente: radi pini ricoperti di licheni, cespugli di erica stentati, rocce esposte venate di striature blu scuro. Il vento, non ostacolato da nulla, era freddo.

Silla aveva il corpo indolenzito per via della sella. Mentre smontava da Cavallo, le cedettero quasi le gambe.

«Ceneri degli dèi» gemette. «Quanto ci vuole per abituarsi?»

«Qualche settimana.»

Silla si lasciò sfuggire uno sbuffo frustrato, e prese a massaggiarsi vigorosamente le cosce.

Foglie, le sussurrò una voce da dentro, mentre un vago fastidio alle tempie cominciava a farsi sentire. Ma mise da parte il desiderio di skjöld, perché prima di rilassarsi nel suo abbraccio confortante per la notte voleva lavarsi di dosso la sporcizia della strada.

«È un ruscello quello laggiù?» chiese, indicando il bordo della radura, vicino a un boschetto di pioppi tremuli dai rami bianchi. «Vado a rinfrescarmi un po' la faccia.»

Con cautela, si diresse verso il limitare del bosco, trovando un piccolo ruscello che solcava il terreno coperto di muschio. Cadde in ginocchio, e il muschio soffice sprofondò come un cuscino sotto di lei. Era stata una lunga giornata, e dubitava che avrebbe avuto difficoltà a prendere sonno, quella notte. Immerse le mani, le unì a coppa e si spruzzò il viso. L'acqua gelida la fece ansimare, e per un attimo perse la cognizione del tempo.

Poi una sensazione familiare ma indefinibile le annodò lo stomaco. All'improvviso il ruscello le parve insopportabilmente rumoroso, l'aria attorno al suo viso si mosse e qualcosa le fece suonare dei campanelli nella mente. Campanelli d'allarme.

Silla sollevò lo sguardo dal ruscello e vide due occhi di un rosso incandescente che la fissavano.

La creatura sbatté le palpebre.

Il tempo rallentò mentre Silla la osservava. Alta un metro e ottanta. Il manto bianco intriso di sangue, lacerato e penzolante in alcuni punti. Le corna di un bianco spettrale, affilate come pugnali.

Vampírudýr.

Il cervo vampiro. Non ebbe alcun dubbio, anche se non ne aveva mai visto uno prima. Non era sicura di come la sua mente fosse in grado di fornirle certe informazioni, e allo stesso tempo si fosse dimenticata come ci si muoveva.

Silla aprì la bocca per urlare, ma l'odore di carne in putrefazione le spense la voce.

La creatura si accovacciò, poi balzò.

Era finita. Era così che sarebbe morta.

Si preparò all'impatto, che fu devastante. Il cervo vampiro la schiacciò contro il muschio. Sotto il suo peso, i polmoni le si svuotarono di tutta l'aria. La pressione era intollerabile, totalizzante. Stava morendo. Erano i suoi ultimi momenti, ne era certa. Chiuse forte gli occhi, aspettando che le zanne le affondassero nella carne, lacerando la pelle e ponendo fine alla sua vita.

Non accadde nulla.

Invece, un liquido caldo e appiccicoso le gocciolò sul viso. Silla aprì un occhio e si ritrovò a fissare un bulbo oculare rosso, senza vita. Quando aprì l'altro, vide una piccola ascia conficcata nel cranio della creatura. Sangue, si rese conto. Era sangue quello che le stava gocciolando addosso.

Due mani forti le strapparono di dosso il cervo, la presero sotto le ascelle e la trascinarono in piedi.

«Che cos'era *quello*, per il culo peloso di Hábrók?» chiese Rey.

Lei sbatté le palpebre. Le sue mani si tastarono la gola, il viso e le braccia, alla ricerca di una ferita. Era morta, ne era sicurissima.

«Co... come?» sussurrò finalmente.

«Che fine ha fatto il tuo pugnale, Raggio di Sole? Non hai nemmeno provato a prenderlo.»

Rey incrociò le braccia sul petto, uno sguardo di delusione sostituiva la sua solita espressione annoiata.

«Cosa?»

«Sei crollata. Non hai nemmeno provato a estrarre il pugnale. Dopo tutta la pratica con Hekla, pensavo che avresti fatto di meglio.»

Ci volle un momento perché le sue parole si depositassero dentro di lei. «L'avevi visto?» Silla gli si avvicinò, mentre la rabbia si diffondeva dentro di lei, sostituendo l'intorpidimento con un calore bruciante. «Avevi visto quella... quella cosa e non l'hai uccisa?»

«Gli ho tenuto l'ascia puntata addosso per tutto il tempo.»

Adesso Silla ribolliva di rabbia. «Pensavo di morire! Ero convinta di essere *morta*!»

«Quella bestia ci ha seguito per tre ore. Volevo vedere come te la saresti cavata da sola.» Rey scosse la testa. «Che delusione.»

«Hai lasciato che mi attaccasse? *Di proposito?*»

«Datti una calmata. Non ti ha proprio attaccata. L'ho ucciso prima.»

Rey sollevò un angolino della bocca, come se la reazione di Silla l'avesse divertito. *Divertito.*

«A proposito, prego.»

La rabbia era tornata, indomita e rovente come un incendio. Silla si avvicinò a Rey, piantandogli le mani sul petto. «Razza di kunta! Non provare mai più a fare una cosa del genere con me!»

La sua collera era tanto feroce che la sua vista si oscurò e l'aria intorno a lei sembrò crepitare. L'energia si concentrò nelle sue mani, scosse da una strana sensazione di formicolio. Silla lo spinse. E Rey *volò* in aria.

Atterrò con un tonfo sordo ad almeno sei passi di distanza. Silla sbatté le palpebre, cercando di capire cosa fosse successo. Spostò lo sguardo sulle proprie mani, poi di nuovo su Rey, che si massaggiava la testa seduto sul muschio.

«Rey? Ceneri, Rey, stai bene?» Gli fu subito accanto, e si inginocchiò. Lui la guardava sbattendo le palpebre in modo strano, ogni traccia di divertimento scomparsa dai suoi occhi.

La studiò con espressione torva e imperscrutabile. «Come hai fatto?»

«Io... ti ho spinto» rispose lei, incerta. «Forte, a quanto pare. Sei ferito? Hai sbattuto la testa? Non volevo farti male!»

Rey continuava a fissarla, e Silla fece un bel respiro. Aspettò che scatenasse la collera a lungo trattenuta, che l'inferno che gli aveva visto bruciare dietro gli occhi esplodesse.

Invece distese il viso, gettò indietro la testa e scoppiò a ridere.

Rey stava *ridendo*.

Occhi socchiusi.

Denti bianchi.

Fossette.

Fossette.

Quella combinazione fu come un pugno allo stomaco. Con il sangue che le rimbombava in testa, le labbra socchiuse, Silla lo fissava. Cercò di capire quello che stava vedendo: non aveva senso. Ma quando Rey non la guardava accigliato – quando le *sorrideva* –, lei non riusciva a distogliere lo sguardo.

Mentre lui continuava a ridere, lei si sforzò di riacquistare la capacità di pensare razionalmente.

Cosa avrebbe dovuto pensare della sua risata? Quanto forte aveva sbattuto la testa? Era possibile che la botta gli avesse fatto perdere la ragione? Agitò tre dita in aria. «Rey, quante dita sono queste? Qual è la capitale di Íseldur? Qual è il secondo nome di Hekla? Ceneri, questo non lo so nemmeno io...»

Alla fine, la sua risata si placò, e lui la afferrò per le spalle, piantando gli occhi color nocciola in quelli di lei. Il cuore di Silla batteva all'impazzata. Sembrava aver dimenticato come respirare.

«La prossima volta una spinta così dalla al cervo, idiota.»

Si tirò su e tornò verso Cavallo. Silla espirò.

* * *

Pochi minuti dopo, Silla era seduta sul giaciglio di Rey e cercava di evitare il suo sguardo. Senza dire una parola, lui le aveva dato il giaciglio, assieme alla sua sacca, dopo che lei si era lavata il sangue del cervo vampiro dalla faccia ed era tornata da Cavallo.

«Prendilo tu. Io starò comodissimo sul muschio» aveva borbottato.

Era possibile che si sentisse in colpa per quello che era appena successo? *No*, pensò Silla. Questo avrebbe significato che Rey aveva una coscienza. Per un attimo aveva valutato se rifiutare, non voleva avere debiti con quell'uomo. Ma aveva tenuto a freno la lingua, perché desiderava davvero riposare su qualcosa di morbido, anche solo per una notte.

Poi Rey le aveva passato alcune strisce di alce affumicato e aveva disteso il corpo troppo alto sul terreno muschioso lì vicino. La luce del giorno morente sfiorava i tatuaggi tentacolari che gli si attorcigliavano sul collo.

«Niente fuoco stasera, perché potrebbe attirare attenzioni indesiderate» disse piano. «Sei vestita abbastanza pesante?»

Come se ti importasse, pensò Silla, ma non lo disse. «Ho questo mantello. Dovrebbe bastare.»

Lui guardò il mantello preso in prestito e aggrottò le sopracciglia. «Dov'è quello rosso?»

«L'ho... dimenticato a Svarti. Hekla ha detto che potevo usare questo di riserva.»

Lui sbuffò. «L'hai dimenticato? Dèi del Cielo, donna!»

Seduta in un silenzio forzato, Silla guardò ovunque tranne che verso di lui. Ma mentre masticava la carne essiccata, sentiva che la stava studiando come se stesse cercando di scomporla un pezzo alla volta.

Be', era imbarazzante come si era aspettata.

Foglie! L'idea le si presentò all'improvviso, infettando di desiderio ogni suo pensiero. Il dolore basso e costante nelle tempie si intensificò fino a diventare una morsa che le attanagliava la testa. Stappò la fiala e si rovesciò diverse foglie nel palmo della mano.

Ne prese una, poi esitò.

Due per dimenticare. Due per cancellare la macchia di quel cervo dalla mente.

Strinse tra le dita una seconda foglia. Sì. Se l'era guadagnata, quella sera.

Rey si raddrizzò a sedere. «Quelle foglie sono veleno. Se ti interessasse il tuo bene, smetteresti di prenderle.»

Silla fissò i suoi occhi implacabili, poi distolse rapidamente lo sguardo. In silenzio, si infilò in bocca entrambe le foglie, chiudendo gli occhi e aspettando che i nodi e i grovigli nel suo cranio si sciogliessero. Quella giornata era stata fin troppo lunga, e aveva bisogno di sentirsi di nuovo sé stessa.

Ma Rey non si arrese. «Ti rovineranno la vita.»

«Smettila» mormorò lei, gli occhi già chiusi. «Smettila di fingere.» La tensione nella sua testa si liquefaceva, sgocciolandole nello stomaco e radunandosi in una pozza di squisito tepore. Silla si poggiò all'indietro, le mani giunte.

«Fingere? Non ti sto ingannando. Quelle foglie sono orribili. Distruggono le persone.»

«Non fingere che ti importi.» Aveva la lingua ovattata, e le parole le uscivano dalla bocca lente e allungate.

La voce di Rey risuonò aspra nella quiete della notte. «Non fingo che mi importi. Prosegui pure su questa strada carica di rischi, se vuoi. Pensavo soltanto che ti interessasse sapere verso cosa ti stai dirigendo.»

Silla aprì gli occhi e assorbì il primo barlume di stelle nel cielo. Suo padre era lassù, tra gli antenati, assieme a sua madre? I suoi genitori di sangue erano lì? Gli occhi le si riempirono di lacrime a quel pensiero, e sebbene quella sera non avesse lasciato un'offerta, mosse comunque le labbra in una silenziosa preghiera. *Sunnvald, proteggi mio padre. Malla, dagli coraggio. Stjarna, illumina il suo cammino.*

I pensieri le fluttuavano intorno come nuvole nel cielo. Non le importava niente di ciò che Rey le stava dicendo. Si concentrò sul tepore che sentiva pulsare nel profondo di sé. Era il caldo abbraccio d'orso di suo padre, l'odore che la accoglieva sulla soglia della loro capanna, il crepitio del fuoco mentre si scaldava i piedi. Era casa... la cosa a cui poteva sempre tornare, non importa dove atterrassero i suoi piedi. Poco importava quanto male si mettessero le cose.

Quel momento era il culmine della sua giornata, la vetta più alta. E non avrebbe permesso a Rey di rovinarglielo.

Strizzò gli occhi verso l'alto e cercò di individuare le costellazioni degli antenati. Individuò il martello di Hábrók, il cavallo alato di Marra, il serpente di Myrkur e la Stella Madre. Il tempo scivolava via; Silla si rese conto del suo passaggio solo per l'oscurarsi del cielo, per la luce sempre più vivida delle stelle.

«Chi è che ti ha aggredito?»

L'intrusione della voce profonda di Rey nei suoi pensieri le fece sbattere le palpebre. «Come?»

«Nelle Pinete Contorte. Chi ha cercato di farti del male?»

Silla era vagamente consapevole della tensione nella voce di Rey, come se farle quelle domande gli facesse male.

«Oh. Una banda di guerrieri. Le Spine da Battaglia.» Rabbrividì. «Non preoccuparti. Ora sono tutti morti.»

Lo sguardo di Rey le bruciava addosso; Silla percepiva le sue domande accumularsi l'una sull'altra. Con la coda dell'occhio, lo vide aprire la bocca e richiuderla subito. «Non sono stata io, per l'amor delle stelle. È stato un enorme mannaro bruno. Forse è stato mandato dagli spiriti della foresta. O forse faceva parte del loro piano e io sono sfuggita per pura fortuna. Ha inseguito i guerrieri, e poi sono scappata anch'io, così lontano, così in fretta, che mi sono persa, e gli uccelli hanno dovuto aiutarmi a trovare la strada.»

Rey borbottò qualcosa sottovoce che suonava come "non ha tutti i cavalli nelle stalle", ma lei lo ignorò. Invece fissò le stelle, riflettendo su come potessero rimanere così inamovibili mentre tutto il resto era cambiato. Anche a lei venne in mente una domanda e, per quanto ci provò, non riuscì a zittirla.

«Rey. Chi conosci?» chiese con voce rotta.

«Cosa?»

«Chi conosci che prende le foglie?»

Lui rimase in silenzio per così tanto tempo che Silla credette di aver solo pensato la domanda. Alla fine, però, rispose.

«Le prendeva mio fratello.» E poi pronunciò le parole che cambiarono tutto. «È morto, adesso. Le foglie lo hanno avvelenato.»

Silla sentì le sue parole, sentì il lieve tremolio nella sua voce. Avrebbe dovuto dire qualcosa, lo sapeva, ma era troppo stanca per parlare. Stanca di sentire l'infinito richiamo dello skjöld, di essere intrappolata in quel ciclo. L'incertezza germogliò in un angolino della sua mente, e lei non seppe cosa farne. Si girò su un fianco, voltando le spalle a Rey.

Chiuse gli occhi, respirando a fondo dal naso, cercando di scacciare la paura che le montava dentro.

Uno. Due. Tre. Quattro. Cinque.

«Puoi smettere quando vuoi» disse la bambina. Sedeva a gambe incrociate sull'erba di fronte a Silla, cogliendo petali bianchi da un camedrio alpino. «È solo che non ti va.»

«Lo so» sussurrò Silla con gli occhi umidi.

E poi si addormentò.

32

Se il loro primo giorno di viaggio le era sembrato imbarazzante, la situazione se possibile peggiorò ancora la mattina dopo che il cervo vampiro l'aveva attaccata. Silla aveva la bocca così secca che l'acqua non sembrava bastarle mai... il che comportava frequenti pause lungo il sentiero per correre tra i cespugli a liberarsi, con grande irritazione di Rey. Ma, pause a parte, il disappunto di Rey per le foglie era palpabile, si addensava nell'aria come una bufera di fastidio. Silla non ne avrebbe discusso con lui, non sopportava di sentirlo parlare del fratello. Solo a pensarci le veniva mal di stomaco.

Perché aveva voluto dirle una cosa del genere? Ci aveva pensato tutta la mattina e aveva deciso che nemmeno lui si sarebbe inventato una storia simile. Ma non aveva senso: le foglie erano un rimedio per il mal di testa, e lei le prendeva ormai da dieci inverni. *Papà non ti avrebbe mai dato qualcosa di tanto pericoloso*, pensò. Ma ogni volta che la ripeteva tra sé, l'efficacia di quell'affermazione diminuiva. Il padre le aveva nascosto tante cose. Che differenza avrebbe fatto una in più?

Il sentiero si fece presto più ripido, gli alberi rimpicciolivano man mano che loro salivano, finché scomparvero del tutto. Alla fine, raggiunsero un campo infinito e ondulato di epilobio, sul cui sfondo, in lontananza, svettava una montagna innevata. Il paesaggio era di una bellezza così inattesa che Silla dimenticò completamente la sua apprensione.

«È uno dei Draghi Dormienti?» chiese, facendo un cenno con il capo verso la montagna quando si fermarono per permettere a Cavallo di brucare. Silla passò le mani tra i fiori selvatici, inspirando il profumo intenso ed erbaceo.

«Fáfnir» rispose Rey, disegnando pigramente un arco con la spada che mozzò i fiori rosa sostituendoli con una striscia verde.

«Non sapevo che quassù fosse tanto bello. E l'aria è così fresca.»

Rey rispose con un altro fendente irritato. Silla colse un fiore e se lo portò al naso. "Epilobio per i nuovi inizi" sentì dire alla voce di sua madre. «Capisco perché Kraki sia venuto a vivere qui. Mi sento come se fossi in un racconto di uno scaldo.»

«Kraki vive in un buco di culo sulle montagne perché non vuole essere disturbato» disse Rey con voce tagliente.

«Purtroppo per lui» replicò Silla, «noi siamo parecchio ansiosi di vederlo.»

Rey non rispose.

Silla si protesse gli occhi dal sole, guardando verso Fáfnir. «È lì che andiamo?»

«Un'altra ora circa.»

Silla tornò a fissare Rey. Aveva le spalle contratte, la mascella tesa. «Cosa ti preoccupa, Rey?»

Nonostante il suo cipiglio, il sole illuminò le pagliuzze dorate nei suoi occhi. «Niente. Io non mi preoccupo mai. Se non posso cambiare il mio destino, perché agitarsi?»

Silla aggrottò le sopracciglia e aprì la bocca per dargli del bugiardo, ma lui la prevenne.

«Kraki non tiene mai le mani a posto.» Un muscolo della sua mascella si contrasse.

«L'avevo capito» disse Silla, chiedendosi perché all'improvviso a lui importasse.

Rey incrociò le braccia sul petto, attirando lo sguardo di lei sul modo in cui le scaglie di cuoio si tiravano sui suoi bicipiti. «Non gli lascerò fare nulla di sconveniente. Mi hai capito?»

Lei lottò contro l'impulso di alzare gli occhi al cielo: Rey era prepotente anche quando cercava di rassicurarla.

«Facci entrare in casa sua. Magari potresti fingere di non disprezzarmi» continuò.

«Non ti disprezzo...»

«Sei una pessima bugiarda, Raggio di Sole. Dovrai fare di meglio se vuoi convincere Kraki.»

"In realtà, Occhi d'Ascia, sono piuttosto brava a mentire" avrebbe voluto ribattere Silla. Invece, tenne saggiamente la bocca chiusa.

«E non lasciare che le sue parole ti innervosiscano, va bene?» Sebbene la voce profonda di Rey fosse tagliente, le sue parole avevano un significato inaspettatamente dolce.

Silla sorrise, ricordando la sua espressione quando era tornata all'accampamento la notte in cui aveva ucciso Anders. «Sappiamo entrambi che sono più resiliente di quanto sembri, Rey.»

Lui la fissò per un secondo di troppo, facendole venire la pelle d'oca e accendendole un fuoco nello stomaco. Silla si costrinse però a sostenere il suo sguardo, finché lui non lo distolse. Solo quando si allontanò per recuperare Cavallo si concesse un sospiro.

* * *

Circa un'ora dopo, Cavallo entrò arrancando nel piccolo villaggio montano di Kiv, avanzando sulle colline pedemontane di Fáfnir fino al punto in cui si ergeva una casa isolata. A ogni passo, lo stomaco di Rey si contraeva un po' di più, come anche la sua presa sulle redini.

Lui dava la colpa al rumore costante prodotto da Silla, un canticchiare ininterrotto alternato a chiacchiere senza senso. Le sue domande erano stupide. Davvero si aspettava che lui rispondesse? E poi che c'era di sbagliato nel silenzio? Quella donna sembrava incapace di non riempire la quiete con un rumore infinito.

Per non parlare dei suoi capelli, selvaggi e ribelli, che gli finivano sempre sul viso e lo inondavano con zaffate del suo profumo. E poi c'era il modo in cui si spostava sulla sella, facendo scivolare le gambe contro le sue. Lo distraeva, rendendo impossibile concentrarsi sul compito che lo attendeva. Condividere un cavallo era stata una pessima idea. Doveva aver avuto un momento di follia temporanea quando l'aveva proposto.

Svoltarono oltre una curva e una figura impellicciata, appoggiata a una staccionata di pietra, apparve nel loro campo visivo. Kraki.

Sembrava lo stesso di sempre – alto e imponente, ancora con la corporatura di un guerriero –, anche se il tempo aveva sciupato il suo viso pallido e striato d'argento i suoi capelli biondi. Mentre si avvicinavano, Rey sentì gli occhi azzurri dell'uomo su di sé, penetranti e astuti come sempre.

«Non avrei mai pensato che avresti avuto le palle di far vedere la tua faccia, Reynir» disse Kraki con voce strascicata.

Il suo ex mentore non aveva sguainato la spada che portava al fianco, né aveva chiesto loro di voltarsi e di tornarsene giù per la collina. Un inizio promettente.

Inspirando a fondo, Rey smontò da cavallo, incamminandosi verso di lui con una mano tesa. Kraki fece scivolare lo sguardo sulla mano di Rey, ma non la prese. Nessuna sorpresa. Invece, gli occhi si posarono su di *lei*, ancora seduta in groppa a Cavallo.

«E chi abbiamo qui? Sei del vicolo di Hver?»

Mentre Silla guardava Kraki sbigottita, Rey soffocò una risata. Si accorse che era sul punto di dire qualcosa di inopportuno e la prevenne.

«Non è un'hóra, Kraki. Ti presento...»

«Piacere di conoscerti, Kraki. Sono Silla, cuoca dell'Equipaggio dell'Ascia Insanguinata» disse lei allegramente. Rey dovette fare uno sforzo supremo per non gemere per l'imbarazzo.

«Cuoca?» chiese Kraki, scoppiando in una risata così fragorosa che dovette sostenersi con le mani sulle ginocchia. Quando tornò a respirare normalmente, posò lo sguardo glaciale su Rey. «Hai fottuto l'Equipaggio dell'Ascia Insanguinata così presto, Reynir? Sembra che tu ti sia rammollito.»

Kraki si avvicinò per aiutare Silla a smontare da cavallo, ma lei scivolò giù dalla sella prima che lui potesse raggiungerla.

Bene, pensò Rey. Doveva lasciare che Kraki si avvicinasse, ma non troppo. «Oh! Le mie scuse...» Quando i piedi di Silla toccarono terra, le sue ginocchia cedettero e lei afferrò il braccio di Kraki per sostenersi.

«Che succede, tesoro?» chiese Kraki, il sorriso tagliente come un pugnale. «Non sei abituata a stare tanto tempo in sella? Avresti dovuto domarla un po' meglio, Rey.»

Silla posò lo sguardo su Rey, furibonda.

Non lasciarti irritare, pensò lui, ma sentiva il sangue ribollire nelle vene.

Silla si girò verso Kraki, sorridendo dolcemente. «Grazie, Kraki. Temo di dover ancora prendere confidenza con la sella.»

«Certo, tesoro.» Kraki aggrottò la fronte, guardando oltre la sua spalla, verso Cavallo. «Cavalchi ancora quel vecchio ronzino? È ora di abbatterlo, se vuoi sapere come la penso. Sembra vecchio e lento.»

Cavallo sbuffò, le orecchie rivolte all'indietro, mentre lo stomaco di Rey si contrasse. Lo stava provocando, lo sapeva, e doveva resistere, ma...

«Vecchio e lento» si ritrovò a dire. «Mi ricorda qualcuno.»

Subito si pentì di averlo detto: stava dando a Kraki esattamente ciò che voleva.

«Queste sono le mie terre e mi tratterai con il rispetto che mi è dovuto, Reynir!» tuonò lui, così forte che Silla sobbalzò.

Rey espirò, poi frugò per un momento nella bisaccia di Cavallo ed estrasse una botticella. «Le mie scuse, Kraki. Ti ho portato in regalo la miglior brennsa di Reykfjord.» Gliela porse. Kraki la esaminò. «Avrei preferito che te ne rimanessi fuori dalle palle, come regalo.»

Prima che Rey potesse impedirlo, un ringhio basso gli sfuggì dal fondo della gola. Dopo tutti quegli anni, il suo ex mentore era ancora in grado di irritarlo semplicemente scegliendo con cura le parole da rivolgergli. Quella sera la pazienza di Rey stava per essere messa a dura prova.

«Che bella vista hai quassù, Kraki» intervenne Silla con la sua voce più squillante. «Si vede fino alla costa.»

«Grazie, tesoro.» Lui le sorrise in un modo che fece venire voglia a Rey di fargli saltare tutti i denti. Poi Kraki si girò proprio a guardare lui, e la sua espressione si indurì. «Cosa vuoi, Reynir?»

Rey aprì la bocca per rispondere, ma Silla lo batté sul tempo. «Temo che sia colpa mia se siamo qui» disse con un sorrisino. «Ho detto a Rey che morivo dalla voglia di vedere più da vicino i Draghi Dormienti, e lui ha detto che il suo mentore viveva quassù, e... be'... so essere piuttosto convincente quando voglio davvero una cosa.»

Rey aggrottò le sopracciglia, ma si sforzò di distenderle quando lo sguardo di Kraki si spostò da lei a lui.

«Davvero, tesoro?» chiese Kraki, con la voce di un'ottava più bassa. «E come, esattamente, l'hai convinto?»

«E dove sarebbe il divertimento se te lo dicessi?» replicò Silla. «Una ragazza non può rivelare tutti i suoi segreti.»

Le avvamparono le guance e il suo sorriso si fece più schivo. Rey sbatté le palpebre. Dov'era finita la ragazza svampita e maldestra che aveva visto in tante occasioni?

«Mentre eravamo in viaggio, Rey mi ha raccontato che sei un uomo onorevole, Kraki» continuò. «Un guerriero preceduto dalla sua gloria, che ha compiuto azioni valorose sul campo di battaglia.»

Lo sguardo di Kraki guizzò su Rey per un attimo prima di posarsi di nuovo su di lei. «Ah, ti ha detto così?»

«Oh, sì. Ero molto ansiosa di incontrarti, di sentirmi raccontare quelle imprese di persona.»

Il petto di Kraki sembrò gonfiarsi e Rey pensò che forse Silla non aveva mentito sulla sua lingua d'oro, dopotutto. Appoggiando una mano sul braccio di Kraki, lei proseguì: «E prevedo che un uomo d'onore come te sia anche un ospite cortese per una coppia di viaggiatori stanchi, dico bene?».

«Certo, tesoro» mormorò lui offrendole il braccio. «Vorresti vedere la casa?»

La stretta al petto di Rey si allentò. Si era preparato al peggio, ma Silla aveva mantenuto le sue promesse.

«Sarebbe fantastico.» Silla esitò un attimo, poi si mise sottobraccio a Kraki, lanciando un'occhiata penetrante a Rey.

"Oh, è solo l'inizio, Raggio di Sole" avrebbe voluto dirle lui. Invece si passò la lingua sui denti e li seguì.

Non metteva piede in casa di Kraki da molti anni, ed era evidente che il suo ex mentore l'aveva organizzata con grande cura. Come la maggior parte delle case di Íseldur, aveva le pareti in legno e il tetto di torba, la facciata decorata con corna di cervo e un'imponente catasta di legna da ardere. Rey seguì Kraki e Silla all'interno, dove i suoi occhi impiegarono un momento per abituarsi al buio. Era più luminosa della maggior parte delle case, aveva un focolare rettangolare al centro della stanza dove ardeva un bel fuoco e la luce filtrava attraverso un paio di grandi finestre a vetri sulla parete di fondo.

«Finestre di vetro?» chiese Silla, correndo a guardarle.

«Sì, tesoro. Dimmi, che te ne pare della vista?» Appoggiando la botte sul pavimento, Kraki tenne gli occhi ben piantati sul fondoschiena di Silla mentre lei fissava ignara fuori dalla finestra e commentava: «Bellissimo».

«Sì» mormorò Kraki. Rey sentì una stretta al torace, e strinse involontariamente i pugni.

È proprio per questo che l'hai portata, ricordò a sé stesso. Scuotendo la testa, esaminò il resto della casa. Un tavolo fiancheggiato da panche di legno era appoggiato a una parete, con un gruppetto di candele accese sopra. Sul lato opposto della stanza c'erano armadi, scaffali e scale che conducevano a un soppalco al piano superiore, dove, immaginò Rey, doveva esserci il letto.

Il libro, disse tra sé. *Dove può averlo messo?*

Vicino agli armadi e agli scaffali c'erano casse e provviste accatastate alla rinfusa. Rey osservò un angolo della stanza ingombro di oggetti: uno scudo decrepito gettato con noncuranza su una pila di pellicce, da cui spuntava un paio di sci. Kraki non aveva la stessa ossessione per l'ordine di Rey, e le condizioni di quella stanza lo fecero rabbrividire.

Poi notò che un'asse del pavimento, vicino al bordo di uno sci, era un centimetro più in alto rispetto alle altre. *Lì!* pensò soddisfatto. *Ecco il posto perfetto per nascondere un libro.* Ma perché Rey potesse cercare, Kraki doveva essere all'esterno, o incapacitato. Lo sguardo gli cadde sulla botte.

«Una coppa di brennsa, Kraki?» gli chiese.

L'ex mentore si girò verso di lui, gli occhi azzurri indagatori come sempre.

Lascia parlare lei, pensò Rey, maledicendosi per non essersi fidato di Silla abbastanza per darle tutte le informazioni. Se la stava cavando molto meglio di quanto avesse sperato, e il vecchio chiaramente non era ansioso di parlare con lui. Kraki infilò la mano in uno degli armadietti a muro, tirò fuori tre coppe di argilla e le posò sul tavolo. Stappò l'acquavite e la versò nelle coppe, che porse ai suoi ospiti.

Mentre le veniva offerta una coppa, Rey vide Silla aggrottare la fronte.

«Oh, no» disse. «Ti ringrazio, ma non mi piace molto il sapore della brennsa.»

«Su, su, ragazza mia» cantilenò Kraki. «Se io devo essere un padrone di casa educato, allora tu devi essere un'ospite cortese e accettare ciò che ti offro da bere.»

Spinse la coppa verso di lei. Rey serrò la mascella quando la prese per un braccio e la trascinò su una panca davanti al fuoco. Come previsto, le si sedette fin troppo vicino. Silla si spostò appena, accostando la coppa alle labbra con un sorriso, che fu subito sostituito da una smorfia quando assaporò il liquore.

Rey prese la coppa rimasta sul tavolo e bevve una gran sorsata. Per superare quella notte sarebbe stato necessario del coraggio liquido.

«Gunnar è ancora capace di vincere sólas da tutti?» chiese Kraki con un sorrisetto disinvolto mentre Rey si sedeva di fronte a loro.

«Sì» rispose lui, prendendo un sorso.

«Lo sai che imbroglia.» Kraki ridacchiò, scuotendo la testa. «Ed Hekla chiacchiera ancora di continuo?»

«Sì» disse Rey asciutto, trattenendo a fatica la stizza.

«Non mi manca per niente sentirla blaterare di continuo» borbottò Kraki. «Mi tormentava sempre. Almeno riesco a sentire i miei pensieri, quassù. C'è un sacco di silenzio.»

Rey guardò la mano di Silla stringersi attorno alla coppa e si ritrovò d'accordo con lei per quella che forse era la prima volta in assoluto.

«Quindi l'Equipaggio dell'Ascia Insanguinata non è cambiato» disse Kraki. «A parte questa deliziosa aggiunta.» Si girò a guardare Silla, facendo scivolare un braccio lungo lo schienale della panca.

Lei si irrigidì quando Kraki le prese una ciocca di capelli, avvolgendola intorno al dito. Rey si costrinse a mandare giù un grande sorso di brennsa.

«Lei non fa parte dell'Equipaggio dell'Ascia Insanguinata» disse Rey, cercando di non sembrare troppo sulla difensiva. «È solo una compagna di viaggio, per adesso.»

«Una compagna di viaggio?» lo derise Kraki. «Dovresti scegliere accompagnatori con più attenzione, ragazza. Quest'uomo non ha altro che nemici.»

«Kraki» ringhiò Rey.

Lui si girò a guardarlo. «E tu, Reynir? Cos'è, un'opera di beneficenza? Non ti ho insegnato meglio di così? Quando ti rammollisci, la gente viene uccisa.»

«Mi hai insegnato bene» affermò Rey. «Infatti si fermerà con noi solo per poco.»

Kraki si girò di nuovo verso di lei, e lasciò scivolare lo sguardo sulle sue labbra. «Come l'hai convinto, ragazza?»

«Non nel modo in cui pensi, vecchio pervertito» borbottò Rey.

Kraki inarcò un sopracciglio. «Dico davvero. Come li hai convinti, mia cara? Muoio dalla voglia di saperlo.»

Silla deglutì e Rey la vide sforzarsi di trovare una risposta. «Io ho... cucinato per loro?»

«Hai cucinato per loro» ripeté Kraki piano.

«È una... cuoca... di talento» disse Rey con espressione accigliata.

«Va bene, Reynir» sospirò Kraki. «Non sono stupido. Sappiamo entrambi che non ti trascineresti mai da queste parti senza motivo. Hai fatto bene a portare con te questa deliziosa ragazza: è l'unica ragione per cui non ti ho ancora cacciato a calci nel sedere. Ma sono stanco di questi giochetti. Cosa vuoi?»

Rey guardò la sua coppa per un momento, facendo roteare il liquido al suo interno. Temeva che quel momento sarebbe arrivato, e sapeva di dover scegliere con cura le parole. «Abbiamo un incarico a nord» disse piano. «Una brutta faccenda da risolvere a Istré. Non voglio arrivare impreparato. Abbiamo bisogno del libro. Sai quale. *Creature di Íseldur* di Frans Gilmar.»

«Allora non sai proprio tutto» disse Kraki. «Che peccato, Reynir. Quel libro è andato distrutto: è una condanna a morte possedere libri che menzionino il galdur, di questi tempi. Ma non temere. Ho imparato a memoria ogni parola. Se la persona giusta me lo chiedesse, potrei condividere liberamente le informazioni.»

Rey sostenne il suo sguardo. «Di sicuro non vorrai biasimare il tuo ex equipaggio se cerca informazioni. Stanno morendo degli innocenti, e noi vogliamo solo fermare questa carneficina.»

«Hai un'alta opinione di te stesso, Reynir, se credi che io possa semplicemente perdonarti. È sempre stato il tuo maggior difetto.»

Un pesante silenzio calò sul terzetto e Rey comprese che ci sarebbe voluto un miracolo per convincere Kraki a condividere volontariamente le informazioni con loro. Non gli importava nemmeno dei morti. Gli interessava solo del suo orgoglio ferito e del rancore verso di loro, a cui si aggrappava disperatamente.

«Intanto io potrei cucinare la cena» intervenne Silla balzando in piedi.

Rey fu invaso dalla gratitudine. Grazie agli dèi misericordiosi non era venuto da Kraki da solo. Non tutto era perduto. Silla poteva ancora aiutarlo in quel compito impossibile.

«Permettimi di cucinare la cena» riprese Silla. «Ci sentiremo tutti meglio a pancia piena. Posso preparare uno stufato con qualsiasi provvista. Ti farebbe piacere, Kraki?»

Gli occhi gelidi di Kraki incontrarono quelli della ragazza. «Mi piacerebbe molto assaggiare la tua carne, tesoro.»

L'allusione era così sfacciata che Rey sentì l'impulso irresistibile di mettergli le mani attorno al collo e stringere finché non gli fossero scoppiati gli occhi. Invece, fece un respiro profondo. *Supera questa serata*, si disse. *E poi potrai liberarti di lui. Di entrambi. E tutto tornerà a posto.*

33

Kiv

Silla fece dondolare la gamba sotto il tavolo mentre il cucchiaio di Kraki raschiava contro la ciotola di legno. La luce del fuoco danzava lungo le pareti, il profumo di cibo riempiva l'aria. Kraki aveva acceso il fuoco, che scoppiettava dolcemente al centro della stanza, conferendo alla casa un'atmosfera calda e piacevole. Un contrasto stridente con la tensione che le stringeva le viscere.

L'uomo si poggiò allo schienale della panca, si mise le mani sullo stomaco e studiò Silla in un modo che le fece venire i brividi.

«Mmm» disse alla fine. «I tuoi metodi di persuasione sono inusuali, ma efficaci.»

Mentre cucinava, Silla aveva riflettuto su come convincerlo a condividere le informazioni con loro. Aveva pensato di chiedergli di fare un giro della sua proprietà, ma rabbrividiva al pensiero di rimanere sola con lui. Aveva pensato di schiacciare alcune foglie di skjöld nel suo stufato per stordirlo e distrarlo più facilmente, ma non voleva rinunciare a nemmeno una.

Poi le era venuto in mente un terzo piano e, anche se non sarebbe stato facile, era tutto ciò che aveva.

Sparecchiò la tavola, poi tornò con la botte di acquavite. Riempì un'altra coppa per Kraki, per sé e, a malincuore, per Rey. Tutti la sollevarono.

«Skál» disse Silla, con gli occhi fissi su Kraki, mentre si portava la tazza alle labbra. Poi appoggiò il mento sul palmo della mano, inclinando la testa. «Vorrei sentire alcuni dei tuoi racconti, Kraki. Com'era Reynir quando si è unito per la prima volta all'Equipaggio dell'Ascia Insanguinata?»

Si rifiutò di considerare lo sguardo omicida di Rey, ma se lo sentì addosso.

Kraki si lasciò sfuggire una risatina cupa. «Oh... ne ho, di storie da raccontare. Ho insegnato a quest'uomo tutto quello che sa. Quando si è unito a noi per la prima volta, era debole come una ragazzina. Non riusciva nemmeno a sollevare una spada lunga. Ho dovuto iniziare con una corta.» Kraki sbatté la coppa vuota sul tavolo e Silla si affrettò a riempirla di nuovo.

Poi gli sorrise con aria cospiratoria. «Immagino combinasse un sacco di guai.»

Kraki sorrise compiaciuto all'indirizzo di Rey. «Mmm. Ho dovuto salvargli l'osso del collo più volte di quante riesca a ricordare. Aveva sempre la guardia abbassata. Era come prendersi cura di un bambino piccolo.»

Silla ridacchiò, girandosi verso Rey con un sopracciglio alzato. Lui la fissò con lo sguardo a cui doveva il suo soprannome. In quegli occhi lei vide sangue, morte e una dozzina di tecniche diverse per smembrare il suo corpo. Un tempo quello sguardo l'avrebbe spaventata, ma adesso le fece solo venire voglia di ridere.

«Oh, smettila con quegli occhi d'ascia, Reynir» disse, dandogli le spalle.

Kraki scoppiò in una risata che parve un latrato. «Sei proprio un bel tipetto, tesoro, vero?»

«Una rompiscatole, ecco cos'è» borbottò Rey, poi ingollò la sua acquavite.

Si rese conto che Silla avrebbe fatto tutto il necessario per ottenere le sue preziose informazioni, anche se questo avrebbe significato gettarlo in pasto ai lupi.

Lei spostò lo sguardo su Kraki. «Non mi dice mai niente. Mi farebbe piacere saperne di più.»

«Scommetto che questo non te l'ha detto» disse Kraki, chinandosi verso di lei. «Quando aveva diciotto anni, il nostro Occhi d'Ascia, qui, era così ubriaco che sellò il cavallo sbagliato, gli montò in groppa e se ne andò con lui.»

Silla guardò Rey a bocca aperta. «Non ci credo!»

Lui fece roteare la brennsa nel bicchiere. «Ed è così che ho preso Cavallo.»

Silla ridacchiò, sorseggiando la sua acquavite. La coppa di Kraki era di nuovo vuota, quindi la riempì subito. «E il suo vero proprietario? Cosa ha detto?»

«Non lo so. Ma sono sicuro che Cavallo preferisca me, comunque» disse Rey.

«Sei un bandito!» lo canzonò Silla. «Nient'altro che un comune fuorilegge, Occhi d'Ascia.»

Quell'aneddoto la divertì; era una crepa nella corazza del grande e perfetto guerriero. Silla appoggiò di nuovo il mento sul pugno. A differenza del resto dell'Equipaggio dell'Ascia Insanguinata, Rey era così guardingo... così riservato. Quella era la sua occasione per saperne di più e si scoprì curiosa. L'acquavite le scaldò le vene e le affilò la lingua. «E i suoi amanti?» Sentì le guance avvampare, ma la sua bocca continuò a muoversi. «Donne? Uomini? Immagino che qualcuno debba avere un debole per gli uomini rudi a cui piace passare le giornate affilando lame.»

Un formicolio le risalì lungo la schiena e si fermò sulla nuca. Sapeva che Rey la stava osservando, ma si rifiutava di guardare nella sua direzione.

Kraki ridacchiò, poi alzò brevemente gli occhi al soffitto. «Mmm, nessuno di davvero memorabile. Oh. C'è stata quella... Kaera... no. *Kaeja*.»

Silla incurvò le labbra in un sorrisino. «Rey... chi è Kaeja?»

Dopo aver riempito la coppa di Kraki, rabboccò anche la propria, un tentativo poco convinto di rendere meno ovvio il suo stratagemma.

«La progenie di Myrkur» borbottò Rey.

Mille domande germogliarono nella mente di Silla, ma Kraki riprese a parlare. «Rey se le teneva intorno per un po'. Mai troppo a lungo, però. Finiva sempre per liberarsene, prima o poi.»

Probabilmente quando scoprivano la sua passione per gli omicidi, pensò Silla. "Ecco cosa ti meriti per avermi usata come esca" comunicò a Rey con lo sguardo.

Lui non era affatto divertito.

Kraki si appoggiò allo schienale, studiando Silla. «So cosa stai cercando di fare, tesoro, e poiché sono un uomo d'onore è mio dovere porre fine a questi giochetti.»

Silla sentì le guance infiammarsi.

«Non riuscirai a farmi ubriacare. Ho decenni di bevute alle spalle, molti più di te.» Kraki si portò la coppa alle labbra, svuotandola in un sorso. «Anzi, la mia capacità di reggere l'alcol è famosa nelle sale di idromele di tutto il regno. Lo reggo anche meglio di questo idiota.» Fece un cenno verso Rey.

«Io non stavo... Non è...» balbettò Silla, sentendosi una stupida. Come aveva potuto credere che quello stratagemma potesse funzionare? Le girava già la testa, invece Kraki sembrava inamovibile come una montagna.

«Cerchi informazioni e io non sono un uomo irragionevole.» Kraki riempì la coppa di Silla, poi la fece scivolare verso di lei. «Facciamo un gioco. In nome dei vecchi tempi, Rey?»

Silla azzardò un'occhiata a Rey e si accorse che i suoi occhi d'ascia erano puntati su Kraki, che gli sorrise con un ghigno lupesco.

«Alcol o verità. Tu mi fai una domanda e io sceglierò se rispondere sinceramente o bere.» Scrutò con attenzione la faccia di Silla. «E faremo a turno, Silla. Non si può ripetere una domanda già fatta.»

Silla deglutì.

Rey sbatté la sua coppa vuota sul tavolo così forte che lei sussultò. «Lei non beve, Kraki. Lo farò io.»

«No» disse lui con tono tagliente e freddo. «Ho già sentito le tue verità, Reynir *Galtung*.» Kraki sputò quel nome come se fosse veleno.

Rey si irrigidì all'istante, e strinse la mano attorno alla coppa con tanta forza che Silla temette potesse rompersi. Quella reazione la lasciò perplessa, ma, prima che potesse rifletterci, Kraki proseguì.

«Vorrei saperne di più su questa creatura. Giocherò con Silla o non giocherò affatto.»

Lei si sfregò le mani, facendo rimbalzare lo sguardo da Rey a Kraki. Lo stomaco era sommerso da un piacevole calore. Si sentì traboccante di felicità e audacia. Poteva farcela. Poteva ottenere le informazioni che servivano a Rey.

E poi un pensiero le attraversò la mente. Se avesse recuperato quelle informazioni, forse Rey le sarebbe stato tanto riconoscente che l'avrebbe accompagnata fino a Kopa. Dopotutto, non sarebbe stato facile come le aveva fatto credere.

«Ci sto» disse. «Ma sarà Rey a fare le domande per me.»

Lui le afferrò il braccio e le sussurrò: «Non sei obbligata».

Lei rabbrividì, poi si liberò dalla sua presa. «Ti ho dato la mia parola che avrei ottenuto queste informazioni, Occhi d'Ascia, e ho intenzione di mantenerla.»

Un sorriso si allargò sul volto di Kraki, rivelando denti bianchi e perfetti. «Dato che sono un ospite cortese, ti permetterò di fare la prima domanda.» Si appoggiò allo schienale della panca e mise una caviglia sul ginocchio.

Rey si strofinò la nuca mentre tornava a sedersi.

«Una fitta nebbia... o una foschia, da cui viene il suono di un cuore che batte. Potrebbe celarsi una qualche creatura dietro una cosa del genere?» chiese Rey in tono sbrigativo e senza preamboli. Silla lo sfiorò con lo sguardo mentre si sforzava di mantenere un'espressione neutra. Certi dettagli erano stati attutiti dalla copertura del carro, e questa informazione le giungeva nuova.

Kraki aggrottò le sopracciglia e passò un dito sul bordo della coppa. «Può darsi.» Non aggiunse altro.

Silla lanciò un'occhiata furibonda a Rey. "Più specifico" disse muovendo solo le labbra.

Kraki sorrise e fece la sua prima domanda senza esitazione. «Come sei arrivata a viaggiare con l'Equipaggio dell'Ascia Insanguinata, Silla?»

Lei si lasciò sfuggire un lieve sospiro. Questa era facile. «Mi sono nascosta nel loro carro a Reykfjord e li ho convinti a portarmi a nord.»

Kraki la guardò con un sopracciglio alzato e qualcosa nei suoi occhi le disse che la sua risposta aveva generato mille nuove domande. L'apprensione le strinse il petto.

La voce roca di Rey interruppe i suoi pensieri. «Quale creatura potrebbe nascondersi dietro la nebbia pulsante?»

Kraki fece ruotare il bicchiere per un minuto prima di rispondere. «Non ho mai sentito parlare di questa... nebbia pulsante. Ma i draugur sono capaci di estrarre la nebbia dal terreno. Anche se... non abbastanza da nasconderli.»

Rey si passò una mano sui riccioli. «Draugur» ripeté, come se per lui significasse qualcosa. Silla non aveva mai sentito parlare di quelle creature e decise che sarebbe stata ben felice di non vederne mai una.

Kraki strinse le labbra e seguì il bordo della tazza con le dita. «Perché viaggi verso nord tutta sola, Silla?»

La stretta al petto le si diffuse fino alle spalle. *Sii concisa,* si disse. «Era il desiderio di mio padre.»

Kraki annuì, ma continuò a scrutarla in viso. Sembrava che riuscisse a vedere attraverso le sue parole, a leggere quello che non aveva detto.

«Un draugur entrerebbe in una casa per uccidere?» chiese subito Rey, e lo stomaco di Silla si contorse. Per i fuochi eterni, in cosa si stava cacciando l'Equipaggio dell'Ascia Insanguinata?

Qualcosa balenò dietro gli occhi di Kraki. «Non ho mai sentito una cosa del genere.»

Rey imprecò a bassa voce, sollevando la testa verso il soffitto. Silla sentì la preoccupazione per l'Equipaggio prendere piede dentro di sé, ma... no. Quello non era un suo problema.

Quando incontrò di nuovo lo sguardo di Kraki, si sentì quasi mancare. Perché rispondeva così in fretta alle sue domande?

«Perché tuo padre non viaggia con te, Silla?»

Lei chiuse gli occhi mentre il dolore le stringeva il petto. Perché non aveva previsto che l'interrogatorio avrebbe imboccato quella direzione? Fece guizzare lo sguardo su Rey, poi di nuovo su Kraki. «È morto» rispose in tono asciutto.

Rey era già pronto con la domanda successiva. «Conosci una creatura che entrerebbe in una casa abitata? Che ucciderebbe in un modo che provoca una notevole perdita di sangue, per poi portarsi via il corpo?»

Quello scambio stava diventando difficile da seguire per Silla.

Kraki sorrise. «Oh, oh. Una domanda alla volta.» Svuotò la coppa e la sbatté sul tavolo.

Silla scoccò a Rey un'altra occhiataccia. "Domande più intelligenti" gli mimò con le labbra. Lui rispose con una smorfia, ma lei non ebbe il tempo di pensarci, perché Kraki le aveva già fatto la sua prossima domanda.

«Come è stato ucciso tuo padre?»

Il sangue le defluì dal viso, e i ricordi di quel giorno tornarono a travolgerla. Li respinse, rispondendo con una voce lontana che a malapena riconosceva. «È stato pugnalato.»

Mentre Rey poneva la sua domanda, Silla guardò la propria coppa, e le parve che i suoni intorno a lei si facessero più attutiti. Era stato un errore. Non avrebbe mai dovuto accettare. Sapeva quale sarebbe stato il quesito successivo di Kraki, e sapeva che Occhi d'Ascia avrebbe sviscerato ogni sua risposta.

La domanda interruppe le sue riflessioni e annullò ogni possibilità di schivarla. «Perché tuo padre è stato ucciso, Silla?»

Attieniti alla tua storia, Silla. Menti come hai già fatto altre cento volte. Ma quei due la scrutavano come falchi, aveva bevuto troppa brennsa e le parole del guerriero le echeggiavano in testa, rallentando ogni sua reazione.

"La regina non ti ucciderà. Non subito, almeno."

Silla fissò Kraki dritto negli occhi, sforzandosi di apparire decisa. «Per una disputa territoriale.»

Lui socchiuse gli occhi. «Stai mentendo.»

«Non è vero.»

«Non sono uno stupido, ragazzina. So quando mi mentono.»

Fu una decisione sciocca, presa in una frazione di secondo, alimentata dalla brennsa che aveva già bevuto. Silla prese la coppa e la vuotò. Il liquido le scivolò sulla lingua e giù per la gola, e capì di aver commesso un grave errore. Aveva praticamente ammesso di aver mentito. *Di nuovo*.

«Tutto, Silla.» Kraki fece un gesto verso l'alto con due dita. Lei lo fulminò con lo sguardo prima di finire ciò che rimaneva nella coppa, che, un attimo dopo, fu riempita di nuovo.

Silla guardò Rey, e i loro occhi si incrociarono. Quelli di lui ardevano con tale intensità che la sua pelle iniziò a bruciare. Senza dubbio, quella confessione avrebbe avuto delle ripercussioni. Eppure, era difficile preoccuparsene troppo in quel momento, mentre spirali di tepore e un piacevole formicolio la invadevano. Quelli erano problemi della futura Silla. Si costrinse a distogliere lo sguardo, fissando la tazza di liquido ambrato.

Era così assorta nei suoi pensieri che quasi non sentì le parole di Rey. «Un Klaernar appeso con viticci e trafitto. Bastoni a Spirale scarabocchiati nei dintorni. Chi potrebbe fare una cosa del genere?»

Kraki si abbandonò contro lo schienale, immerso nei suoi pensieri. «Un uppreisna?» mormorò, facendo rimbalzare gli occhi su Silla, poi di nuovo su Rey.

«No» disse lui. «Questa volta i ribelli non c'entrano.» Silla guardò dall'uno all'altro. «E i... viticci non hanno senso.»

Entrambi tornarono a guardare lei.

«Che c'è?»

Un sorriso obliquo deformava la faccia di Kraki. «Sto pensando a cosa chiederti.»

«Come mai è già il mio turno?» piagnucolò Silla, premendo le mani sulle guance calde. «Penso che dovresti bere, Kraki. Per rimetterti in pari.»

Lui gettò indietro la testa e scoppiò a ridere. «Va bene, tesoro. Facciamo come vuoi.» Inclinò la coppa, vuotandola in un attimo. Non sussultò nemmeno.

Lo sguardo di Silla si soffermò su un nodo nelle venature del tavolo. Le parve che oscillasse leggermente e afferrò il bordo, aggrappandosi forte. Un grugnito alle sue spalle la indusse a spostare l'attenzione su Rey, che sbatté le palpebre. Lei ricambiò. L'espressione di lui era più dolce, come quando aveva riso in quel campo, e la sua pelle liscia era intaccata da un singolo ciglio nero appoggiato sullo zigomo.

Silla allungò la mano per prenderlo, ma lui fece guizzare la sua con la velocità di un serpente e le afferrò il polso. Silla trattenne il respiro.

«Ciglio» sussurrò, incontrando il suo sguardo. Il cuore le martellava nel petto.

«Sei ubriaca, Raggio di Sole» borbottò Rey, lasciandole piano la mano.
«Nah.» Silla gli fece scivolare il dito lungo la guancia, prendendo il ciglio. Se lo tenne davanti alle labbra. «Esprimerò un desiderio.» *Voglio arrivare a Kopa*, pensò, poi lo soffiò via dalla punta del dito.
Quando alzò lo sguardo, trovò gli occhi di Rey puntati nei suoi. «I desideri sono una cosa da sciocchi» borbottò.
«O forse per chi ha speranza» si ritrovò a dire lei.
«Il tuo ottimismo è fuori luogo.» Lui distolse lo sguardo, bevendo avidamente. Silla pensò che avrebbe dovuto essere irritata, ma era solo curiosa. Cosa gli era successo che lo aveva reso così freddo e severo?
Stordita, tornò a concentrarsi su Kraki, che li guardava con un sorrisino spalmato sul viso. Sembrava un rospo, decise Silla. Un rospo malvagio. «Cosa ne pensi davvero di Reynir, Silla?»
La sua bocca cominciò a muoversi di sua spontanea volontà. «In genere è un prepotente, con il temperamento di un troll. A pensarci bene, ha anche i modi di un troll.» La sua voce si abbassò fino a diventare un sussurro. «E non mi piace che abbia cercato di uccidermi. Due volte.»
Kraki scoppiò a ridere e Silla aspettò che il rumore si placasse. «Ma, a parte tutto, secondo me, sotto sotto, è un tenerone. È gentile e leale al suo Equipaggio.» Si scostò i capelli dal viso. «Non lo capisco. Forse non vuole che nessuno noti la sua gentilezza e la scambi per debolezza.»
Kraki batté le mani, e il suono riecheggiò tra le pareti. «Oh, questa è troppo bella. La miglior distrazione da mesi.»
Il coraggio fornito dall'acquavite non fu sufficiente per arrischiarsi a guardare Rey, ma con la coda dell'occhio lo vide stringere e allargare le mani.
Si sta sforzando di non ammazzarmi per la terza volta, pensò.
Il silenzio interminabile fu infine interrotto dalla voce ringhiante di Rey che chiedeva qualcosa sui segni di artigli... Silla aveva di nuovo lasciato vagare la mente. Guardò Rey e poi Kraki, percependo il cameratismo sepolto, un'eco di ciò che era stato una volta. Studente e mentore, due menti che lavoravano insieme.
Durò solo un attimo, però, e poi lo sguardo di Kraki si spostò dalla sua coppa al viso di Silla. Sorrise di nuovo e lei rabbrividì, sicura che stesse per fare qualcosa di malvagio.
«Silla, tesoro. Sei mai stata con un uomo?»
«Kraki» ringhiò Rey.
Lei fissò la sua acquavite, chiedendosi se avrebbe potuto tollerarne ancora, dopo quella coppa. Con un brusco sospiro, se la portò alle

labbra e la svuotò. Il bruciore era intorpidito dalle tazze precedenti, ma mentre la posava sul tavolo si lasciò comunque sfuggire un sibilo.

Kraki inarcò un sopracciglio. «Notevole, tesoro.»

Silla aveva il viso in fiamme, ma non sapeva se dipendesse dalla brennsa o da quella domanda.

Sentì la grande mano di Rey toccarle la spalla, stringendola delicatamente. «Basta. La partita è finita.»

«Ce la posso fare, Reyneeer» protestò Silla. Però la sua lingua non teneva il tempo con la mente. «Tu pensi che io sia inutile, ma so fare tante cose.»

Kraki ridacchiò. Rey borbottò qualcosa sottovoce.

«È più che evidente che sai fare delle cose, Raggio di Sole. Ma non devi fare *questa*.»

Il suo viso ondeggiò e Silla afferrò di nuovo il bordo del tavolo.

Kraki stava parlando. Ma parlava con *lei*?

«Quali sono le tue fantasie, Silla?»

«Kraki» ringhiò Rey. Ma la sua voce suonava lontana, come se fosse in un'altra stanza.

«Non gli devi una risposta. Il gioco è finito.» La trascinò su dalla sedia e verso la porta. Le pareti della casa di Kraki ondeggiavano.

Silla abbassò lo sguardo sulla mano attorno al suo braccio. «Hai delle mani *enormi*!» sbottò.

E poi uscirono, le stelle che vorticavano sopra di lei. Il gelido vento montano le graffiava la pelle, ma la brennsa nelle vene le forniva uno strato di protezione extra.

Silla sentì lo stomaco ribaltarsi. «Non mi sento bene, Rey» disse, con una vocina fragile come ghiaccio fresco. Fu travolta da un conato, e si appoggiò con le mani alle cosce. Qualcuno le raccolse i capelli, e lei vomitò, la brennsa che bruciava esattamente come quando era entrata.

I conati si susseguirono finché lo stomaco non si fu svuotato del tutto. Sentì qualcosa premere contro la sua schiena, con un movimento delicato e rilassante. Alla fine, Silla si rialzò e si girò a guardare Rey.

Era una notte buia e limpida, e le lune gemelle le illuminavano il viso. L'espressione di Rey era la più dolce che avesse mai visto. Se non fosse stata ubriaca fradicia, avrebbe detto che le sembrava preoccupato.

«Sono andata bene, Rey?» chiese, barcollando. «Hai ottenuto le risposte di cui avevi bisogno? Te ne servono altre?»

«Sì, Raggio di Sole. Sei andata benissimo.»

Fu l'ultimo ricordo di quella notte.

34

Hver

Jonas sedeva in un angolo buio della sala dell'idromele, circondato da un rumore incessante e dall'odore di birra stantia. Poco più avanti sul tavolo comune c'era un gruppetto di uomini chiassosi che parlava con il tipo di entusiasmo che gli insinuava schegge di invidia sotto la pelle; strinse più forte la sua tazza di birra.

Era la vigilia del Giorno più Lungo, e l'aria vibrava per l'attesa. Il giorno dopo, i tavoli sarebbero stati spostati all'aperto, apparecchiati con muschio, ghirlande di foglie e mazzolini di fiori selvatici. Tutta la città avrebbe preso parte ai folli festeggiamenti per il giorno più lungo dell'anno con cibo, giochi, balli e falò. Era una delle sue festività preferite e, considerando che avrebbe avuto cibo, bevande e donne in abbondanza, sapeva che avrebbe dovuto essere eccitato.

Invece la malinconia gli si appiccicava addosso come una ragnatela, ed era così da quando Rey e Silla si erano diretti a ovest. A Jonas pareva che il sangue gli fosse diventato più pesante, che gli scorresse nelle vene al rallentatore, rovinandogli l'umore.

Una donna dai capelli corvini gli si avvicinò, un sorriso timido sulle labbra carnose. I loro occhi si incontrarono per un brevissimo secondo, ma Jonas abbassò subito lo sguardo sulla birra. Sperava che lei capisse l'antifona e lo lasciasse in pace; parlare gli sembrava uno sforzo troppo grande in quel momento. Emise un lungo sospiro. Cosa gli era preso? Avrebbe potuto avere qualsiasi donna in quella stanza. Non gli serviva altro che un sorriso e un gesto, e un bel corpo morbido gli sarebbe atterrato in grembo.

Ma non gli andava affatto.

Riusciva a pensare solo a lei. *Lei.* Chiuse gli occhi e si massaggiò le palpebre con le mani. Cosa gli era successo, in nome dei fuochi eterni? Lei avrebbe presto lasciato l'Equipaggio dell'Ascia Insanguinata, e non c'era niente che lui potesse fare al riguardo.

Ma ogni volta che Jonas chiudeva gli occhi, rivedeva quelli di lei, castani, che lo guardavano. Non solo lo guardavano: lo *vedevano.* Vedevano oltre tutte le barriere che aveva eretto con cura, vedevano il suo vero io. E invece di scapparsene, lei aveva continuato a guardarlo con ottimismo, con fiducia.

Quando si era sdraiato sul suo sacco a pelo la notte prima, aveva sentito l'eco delle dita di lei sfiorargli il cuoio capelluto, le spalle, il torace. Ricordava come si era mossa all'inizio con cautela, poi con abbandono. Il suo entusiasmo era contagioso e non ci era voluto molto perché Jonas venisse consumato dal suo tocco, dai suoi gemiti, dal suo odore. Il semplice ricordo lo riempì di pensieri sconsiderati: voleva attirarla nelle sue pellicce e scoprire tutti i modi in cui poteva farla impazzire, convincere Occhi d'Ascia ad accompagnarla sana e salva a Kopa, portarla nella sua fattoria perché potesse vederla con i suoi occhi.

Quell'ultimo pensiero lo riscosse dal suo torpore. Era una follia totale... quella donna gli aveva infettato la mente, non c'era altra spiegazione.

Concentrati, si disse. *Lei lascerà l'Equipaggio e tu devi concentrarti sul vostro prossimo incarico, e su come riprenderti ciò che ti spetta. Un focolare tutto tuo. Terra per te e per Ilías.*

Famiglia. Rispetto. Dovere. Jonas chiuse gli occhi, obbligandosi a riportare un'immagine alla mente: la longhouse. Ilías. Una moglie per suo fratello. Le risate dei bambini che riempivano la casa... una casa che lui e suo fratello non avevano mai avuto. Essere liberi dalla violenza. Liberi dalla paura. Avere l'opportunità di rimodellare il futuro della loro stirpe.

«Wow!» disse una voce maschile alle sue spalle.

Fece per girarsi, e uno schizzo di liquido freddo gli colpì il collo; le gocce gli colarono lungo la spina dorsale come una presa in giro.

Mancanza di rispetto.

Mancanza di rispetto.

Mancanza di rispetto.

Mai più, pensò Jonas. Sfilandosi dalla panca, si girò verso l'origine di quella voce. Un uomo camminava barcollando per la sala, e la birra gli traboccava dalla tazza a ogni passo.

Jonas sentì il sangue ribollirgli nelle vene. La visuale gli si offuscò agli angoli, facendosi nera come il carbone, e un bisogno divorante di vendetta lo travolse.

Mai più.

Si lanciò all'inseguimento dell'uomo, gli afferrò la treccia nera e lo tirò indietro. Girandosi di scatto, l'uomo sgranò gli occhi per la sorpresa, poi per la rabbia. *Bene*, pensò Jonas, togliendogli la coppa di mano e versandogliela lentamente sulla testa.

Nulla si muoveva nella sala dell'idromele, tutti gli occhi erano puntati su di loro. Jonas aspettò il colpo, anticipando il bacio divorante del dolore, sentendosi rinvigorito alla sola idea della rissa. Si sentiva già più vivo, ma non bastava: la sua mente era affamata, voleva di più.

L'uomo caricò il pugno e lo colpì alla mascella, facendogli scattare la testa di lato. Un velo rosso gli appannò la vista e il sapore metallico del sangue gli invase la bocca. Jonas si voltò verso il guerriero.

Sorrise.

E gli schiantò le nocche sui denti.

Li sentì frantumarsi.

Caricò di nuovo il pugno. E poi ancora. E ancora. Il tempo scivolò via.

La sala dell'idromele svanì mentre l'uomo crollava a terra e Jonas gli si gettava sopra. Mentre gli insegnava cosa significava mancare di rispetto al Lupo. *Mai più*, pensò. Gli avevano preso la casa. La terra. Il rispetto di sé. *Non tollererai mai più mancanze di rispetto. Non permetterai mai più agli altri di trattarti da stupido.*

E poi due mani lo afferrarono da sotto le ascelle e lo trascinarono via dal guerriero insanguinato. Jonas fece resistenza. Non aveva finito. Non ancora.

«Basta, Jonas» gli gracchiò Ilías all'orecchio, spingendolo verso la panca. «Se continui così lo ammazzi.»

Lui sbatté le palpebre, guardando il volto del guerriero, rosso di sangue e tumefatto. L'uomo si lamentava, e i suoi amici lo circondarono, lanciando occhiate minacciose a Jonas.

«Siediti, Lupo» borbottò Gunnar, mettendogli in mano una coppa di birra. «Bevi.»

Jonas tracannò la birra, finendola in pochi, lunghi sorsi. Non voleva sedersi. Aveva ancora una gran voglia di fare a pugni. Aveva bisogno di una donna.

Il pensiero si cristallizzò nella sua mente, e all'improvviso tutto acquistò un senso. Silla aveva spezzato qualcosa dentro di lui, e adesso doveva sistemarlo. Doveva andare a letto con una donna, e poi tutto sarebbe andato a posto. Era passato troppo tempo da Rossa.

I suoi occhi vagarono per la sala dell'idromele, posandosi sulla donna dai capelli neri che gli si era avvicinata prima. Stava poggiata al lungo tavolo, e parlava con qualcuno che lui non riusciva a vedere. La donna si guardò alle spalle, inviandogli un altro sorriso seducente.

Jonas le sorrise a sua volta, questa volta sostenendo il suo sguardo.

E poi le fece cenno di avvicinarsi.

35

A ovest della Dorsale di Skalla

Era l'ennesima giornata grigia, e l'aria montana era abbastanza frizzante da indurre Rey a sollevare il cappuccio del mantello. Mentre il sentiero si snodava tra pini radi ed erbe selvatiche, Rey si accorse di avere lo sguardo incollato sulle chiazze di roccia esposta, striate da venature blu che rivelavano depositi minerali di halda.

Davanti a lui, Silla si stringeva lo stomaco e si lamentava. Avendo sperimentato lui stesso, in numerose occasioni, la spiacevole combinazione di una sbornia e dell'ondeggiamento di un cavallo, Rey si ritrovò a provare un pizzico di empatia per lei.

Stare in groppa a Cavallo le rimescolava lo stomaco al punto che avevano già dovuto fermarsi diverse volte perché potesse vomitare tra i cespugli.

Non ha bevuto quasi niente, pensò Rey con un sospiro. Come aveva potuto ubriacarsi così tanto con tre coppe di brennsa? Era quasi divertente. Ma il sorriso di Rey svanì quando ricordò il momento in cui lei gli aveva fatto scorrere un dito lungo la guancia. Per non parlare dell'espressione dei suoi occhi, grandi e scuri, incorniciati da lunghe ciglia. O delle sue labbra, incurvate agli angoli, l'ombra di una fossetta sulla guancia destra. Lo aveva guardato come se le piacesse ciò che vedeva.

Era ubriaca, si disse. Ma ubriaca o no, Silla aveva mantenuto le sue promesse. Senza di lei, non sarebbe riuscito a entrare in casa di Kraki, né avrebbe ottenuto risposte da lui.

Sebbene si fosse infastidito quando lei aveva cercato di far ubriacare Kraki, doveva anche ammettere che era stato divertente vederla tentare. Scavare nel passato di Rey, trasformare la sua antipatia per lui in un mezzo per conquistare il favore di Kraki... era stata astuta; questo poteva concederglielo. E poi, quando Silla era svenuta sulla panca, anche Kraki si era appisolato con la testa sul tavolo. «Ma non reggevi l'alcol meglio di me?» aveva ridacchiato Rey mentre sollevava le assi del pavimento.

Quella mattina, Silla si era arrampicata su Cavallo senza lamentarsi. Il suo spirito era ammirevole, senza dubbio.

Ma Rey si accigliò. Gli nascondeva qualcosa. Non solo aveva ottenuto risposte da Kraki, ma aveva anche rivelato qualcosa di preoccupante riguardo a sé.

"Perché tuo padre è stato ucciso, Silla?"

"Per una disputa territoriale."

"Stai mentendo."

E poi aveva bevuto. Il che significava che gli aveva mentito per tutto quel tempo. Rey non tollerava le bugie all'interno dell'Equipaggio dell'Ascia Insanguinata. La fiducia era fondamentale quando si combatteva fianco a fianco. Ma la cosa andava oltre il campo di battaglia. Per la sua stessa sicurezza, Rey doveva sapere tutto sugli uomini e le donne che viaggiavano con lui.

E lei non aveva mai smesso di mentirgli.

Ti libererai di lei entro la fine della giornata, si ricordò. Ma se non era stata onesta con lui fino a quel momento, come avrebbe potuto fidarsi del fatto che non rivelasse i dettagli dell'incarico a Istré una volta che si fossero separati? Cosa le avrebbe impedito di condividerli con altri?

Quel dubbio lo tormentava.

Erano quasi arrivati alla Dorsale di Skalla. Una volta lì, ci sarebbero volute poche ore per raggiungere Hver. E poi si sarebbe liberato di lei. Avrebbe potuto scrollarsi di dosso il chiacchiericcio continuo mentre viaggiava sul carro, non sarebbe più stato costretto a guardare i suoi pietosi tentativi di imparare a usare un pugnale grazie alle lezioni di Hekla. Tutto sarebbe tornato a posto.

Niente più distrazioni.

Cavalcarono in silenzio per alcune ore, mentre gli alberi si facevano più alti e la foresta più rigogliosa man mano che si avvicinavano alla costa.

«Voglio parlare, Occhi d'Ascia» disse lei alla fine.

Per tutta l'ultima ora, aveva bevuto a piccoli sorsi dal suo otre e sbocconcellato del pane. A quanto pareva, adesso si sentiva meglio. Rey trattenne a stento un grugnito. Il suo silenzio era stato troppo bello per durare.

Si avvicinarono all'incrocio con la Strada d'Ossa, e lui sentì la nuca formicolare: gli uccelli avevano smesso di cinguettare, l'aria era di un'immobilità innaturale. Mentre si guardava alle spalle, Rey posò istintivamente la mano sul pugnale.

«Ti servivo più di quanto tu abbia lasciato intendere» disse Silla, costringendolo a spostare di nuovo l'attenzione su di lei. «Kraki non aveva il libro, e io ti ho comunque procurato le informazioni. Ti ho dimostrato che puoi fidarti di me.»

Rey boccheggiò. «Fidarmi di te?»

«Ho mantenuto la parola. Ho dimostrato che puoi fidarti di me, Occhi d'Ascia. E ti chiedo di portarmi a Kopa.»

Lo stomaco di Rey si rivoltò. «No.»

«Ma...»

«Hai mantenuto la parola, e di questo ti ringrazio. Ma non c'è posto per te nell'Equipaggio dell'Ascia Insanguinata.»

«Come avresti recuperato le informazioni senza di me?» chiese Silla, alzando la voce.

«Ci sarei riuscito, in un modo o nell'altro» protestò Rey.

«Come?» insistette lei.

«Kraki ha mentito. Ce l'aveva, il libro. Sapevo che non l'avrebbe mai distrutto. E quando è svenuto perché lo hai fatto bere troppo, gliel'ho rubato da sotto le assi del pavimento.» Rey tornò a infilare la mano nella bisaccia, recuperò il libro e lo agitò davanti a sé.

«Mi piace essere preparato» continuò. Quel giorno era loquace. Forse gli piaceva l'idea di sbatterle in faccia il suo trionfo. «Hai mantenuto la parola data, ma questo non fa di te una persona sincera.»

«Persona sincera, ma cosa...»

«Hai bevuto, Raggio di Sole. Mi hai mentito su Skarstad. Almeno la storia della disputa territoriale era vera?»

Silla sbuffò e incrociò le braccia sul petto.

Rey non riuscì a trattenersi. «Cosa è successo?» le chiese. «Raccontami.»

Lei si irrigidì, ma rimase in silenzio. Mentre La Dorsale di Skalla si stendeva davanti a loro, Rey guidò Cavallo sulla Strada d'Ossa. A sinistra della strada, fitte pinete svettavano verso il cielo cupo. A destra, fiordi frastagliati scendevano a picco nel mare. Lo stridio dei gabbiani li raggiungeva dal cielo, le onde si infrangevano alla base dell'insenatura, parecchio più in basso. Il formicolio di prima non si era placato: Rey aveva la strana sensazione di essere osservato. Ma quando si guardò intorno, non vide nessuno.

Digrignò i denti, infastidito dall'ostinato silenzio di Silla. «Te l'ho già detto, non permetto ai bugiardi di viaggiare con l'Equipaggio del...»

Il pugnale arrivò dal nulla, con un guizzo così rapido che Rey ebbe a malapena il tempo di lanciarsi giù di sella assieme a Silla. Lo schianto fu così violento che i denti di Rey sbatterono tra loro.

Ma il suo istinto da guerriero lo indusse a mettersi in ginocchio prima ancora di riprendere fiato. Sganciò rapido lo scudo dalla sella e sguainò la spada lunga.

«Che cosa...» cominciò Silla, ma per fortuna tornò subito in sé, estraendo il pugnale. «Prendi la mia ascia» borbottò Rey, scrutando la strada da sotto la pancia di Cavallo. «Vai nel bosco e nasconditi.»

Sentì che Silla sfilava l'ascia dall'anello della sua cintura da battaglia e la udì scappare nella pineta alle sue spalle.

Grazie agli dèi, pensò. *Se non altro sa ascoltare.*

«Cosa vuoi?» gridò, sollevando lo scudo e colpendo Cavallo sul posteriore in modo che trotterellasse via dal pericolo. «Dimostrati degno d'onore e rivelati.»

L'unica risposta fu una macchia di capelli rossi e pellicce marroni, e il luccichio dell'acciaio, mentre una figura volava in aria e si schiantava contro il suo scudo. Con un grugnito, Rey la respinse, sollevando la spada e conficcandola sotto lo scudo. Ma il misterioso guerriero schivò con grazia quell'affondo, come se avesse già previsto tutto.

Era una donna, si rese conto Rey, non troppo grande, ma nemmeno minuta. I suoi capelli rosso fuoco erano intrecciati lungo i lati del cuoio capelluto, ed era vestita con una cotta di maglia argentata scintillante che sembrava essere costata una piccola fortuna, e una bella pelle di lupo avvolta intorno alle spalle. Mentre osservava i suoi occhi azzurri, accesi di furia omicida, Rey cercò di collocarla.

«Chi sei?» chiese.

«Sono venuta a sfamare i corvi» rispose lei con aria altezzosa, poi affondò un'ascia nello scudo di lui, spaccandolo al centro.

Con un'imprecazione, Rey la respinse usando il bordo dello scudo, ma la donna rotolò a terra con movimenti sinuosi.

«Li sfamerò con il tuo sangue, guerriero» ringhiò, rimettendosi in piedi.

Lo scudo era troppo ingombrante contro un'avversaria così agile, e in una frazione di secondo Rey decise di gettarlo via e di estrarre l'hevrít.

«Ti divoreranno le viscere. Berranno dal tuo cranio.»

Rey si lanciò in avanti, alternando colpi frenetici sferrati con la spada e con l'hevrít, sorridendo quando la lama incontrò la carne e la donna gridò di dolore. Il sangue colava da uno squarcio sul braccio della guerriera, appena sotto il punto in cui la cotta di maglia si interrompeva; ma il danno non sembrava grave.

Lei si tamponò la ferita con la mano e si spalmò il sangue sul viso.

«Non sai chi hai di fronte, donna» ringhiò Rey.

«No» ringhiò lei in risposta, schivando la traiettoria della spada lunga. «*Tu* non sai chi hai di fronte, guerriero.»

Come avvolto da una nebbia, Rey vide svanire i boschi e i fiordi frastagliati della Dorsale di Skalla, sostituiti da un'immagine familiare. Suo fratello minore, di appena diciotto inverni, giaceva su una pila di pellicce sporche. Kristjan aveva la fronte punteggiata di gocce di sudore, e i suoi occhi scuri e vitrei fissavano il nulla. Mentre quella ferita invisibile si riapriva di nuovo, Rey si sentì squarciare da un'agonia senza fine.

Sentì la propria voce che diceva: "Kristjan. Ti stai consumando. Non posso perdere anche te".

Il dolore gli esplose in una gamba e Rey sbatté le palpebre finché il volto sporco di sangue della donna non tornò a fuoco. Fece roteare la spada con furia selvaggia, ma lei reagì con un movimento fluido.

Abbassando lo sguardo, Rey si rese conto di avere i pantaloni strappati, e che un fiotto di sangue sgorgava da una ferita superficiale.

«Hai così tanto dolore dentro, guerriero» disse la donna, un sorriso crudele sulle labbra. «Così tanta rabbia con cui banchettare.»

Con un grido inferocito, Rey scagliò la spada, e la donna si abbassò senza sforzo. Era vagamente consapevole che lei si stava ritirando verso il bordo della cresta, ma non ci fece caso perché un altro ricordo gli si stava formando davanti agli occhi.

Un tumulo funerario, due mucchi di sassi, le montagne innevate di Nordur che si ergevano a un'altezza impossibile tutt'intorno.

"Non me li ricordo, Rey" disse un giovane Kristjan, stringendogli la mano. "Ma mi mancano lo stesso."

Il petto di Rey si riempì di una tale angoscia a quel ricordo che quasi smise di respirare. Un'altra fitta di dolore – stavolta all'altra gamba – seguita da un calcio, e si rese vagamente conto delle sue ginocchia che cedevano, del suo corpo che si schiantava a terra. Inspirò a fondo, e il cielo grigio tornò turbinando a fuoco. I gabbiani volteggiavano sopra di lui, lanciando garriti striduli. Rey si rese conto che giaceva proprio sul bordo della Dorsale di Skalla, la testa quasi nel vuoto, la guerriera dai capelli rossi che incombeva su di lui.

«Mi rendi le cose fin troppo facili, guerriero» disse la donna, reggendo un'ascia a due mani.

«Sei...» gracchiò Rey, mentre un sospetto si trasformava in certezza. «Codarda! Disonorevole!»

«Cosa ci si guadagna, con l'onore?» chiese lei, calpestando il polso della mano con cui lui teneva la spada.

Rey sentì qualcuno gridare: era *lui*. Il dolore gli serpeggiò lungo il braccio, e la mano si aprì involontariamente.

«Una morte più rapida?» La donna rise, allontanando la spada con un calcio. «No. Non fa per me. Preferisco il potere. E tu, guerriero, morirai con grande onore. Anche se è un peccato ucciderti così in fretta. Hai così tanto dolore con cui potrei giocare.»

La visuale di Rey fu inondata da nuove immagini, che mutavano rapide davanti ai suoi occhi. Kristjan che parlava alle pareti di legno della loro casa. "Sono qui, Rey! Mamma e papà!" Rey, che guardava Harpa lavorare al telaio, mentre una terrificante sensazione di vuoto gli si diffondeva nel petto. Kaeja, una coperta avvolta attorno al corpo nudo, che gli chiedeva scusa a ripetizione. Non riusciva a respirare, non riusciva a muoversi, non poteva fare altro che immergersi nella foschia dei suoi ricordi peggiori.

Era vagamente consapevole che la donna dai capelli rossi aveva sollevato la sua grande ascia sopra la testa. Una serena accettazione discese su di lui e Rey attese... di rivedere suo fratello, i suoi genitori, di camminare tra le stelle.

La donna gridò e le visioni si interruppero bruscamente. Ansimando, Rey si strinse il petto. Il cuore gli batteva come se volesse uscire dalla gabbia toracica. La sofferenza gli rimase appiccicata addosso come un'ombra. Mentre la vista tornava gradualmente, individuò un groviglio di riccioli scuri. Silla stringeva l'ascia, con la lama verso di sé; poi, ansimando, la lasciò cadere di colpo, come se si fosse ustionata.

Rey si mise a sedere e si massaggiò la testa. Era sicuro di morire e adesso... fissava quella donna dai capelli ricci. Gli aveva salvato la vita. Quella donna che faceva "pensieri da focolare", si scusava con i sassi e si era ubriacata con tre tazze di brennsa gli aveva salvato la vita.

«Lei è...» disse Silla.

Lo sguardo di Rey cadde sulla guerriera dai capelli rossi. Non la conosceva, in effetti. Non vide sangue, però, e alzò di scatto lo sguardo su Silla. «Dovresti usare la parte affilata dell'ascia, Raggio di Sole» borbottò, fissandola contrariato.

«Non ce l'ho fatta a ucciderla» sussurrò lei, circondandosi con le braccia.

Rey la fulminò con lo sguardo. «Devi imparare a reagire rapidamente e senza pietà, o farai una brutta fine.»

Non sapeva perché ci provasse: Silla era chiaramente una causa persa.

Il petto della guerriera si alzò e si abbassò. Non rimaneva altro da fare che finirla. Rey fece rotolare il corpo della donna sul bordo della Dorsale di Skalla.

«Aspetta» disse Silla. «Devi proprio...»

Con un ultimo colpo di stivale, il corpo della guerriera cadde oltre la cresta.

Rey si girò, contrariato.

Lei arricciò il naso. «È stato...»

Lui alzò gli occhi al cielo. «Facile.»

«Crudele» disse lei, fissandolo. «C'è qualcosa di crudele, in te.»

«Perché quell'assassina ti ha attaccato?» chiese Rey. «Ha a che fare con ciò che è successo a Skarstad? Qualcuno ti vuole morta?»

Silla spalancò la bocca e sgranò gli occhi. «Me?» chiese con una vocina stridula. «Mi pareva evidente che avesse attaccato te, Occhi d'Ascia.»

«Ha cercato di liberarsi di me per poter uccidere te.»

Ma il seme del dubbio gli si era insinuato nella mente. Aveva molti nemici e non sarebbe stata la prima volta che un assassino cercava di eliminarlo. Silla si scostò i riccioli dal viso, lanciando un'occhiata alla cresta. Quando lo guardò di nuovo la sua espressione si era indurita, e lui seppe che stava tramando qualcosa.

«Perché un assassino dovrebbe attaccare me, Reynir Galtung, quando sei tu ad avere così tanti nemici?»

Reynir Galtung.

Quel nome fendette l'aria come la spada di un guerriero, lasciando dietro di sé sangue e detriti.

Rey sentì una fitta alla testa, e le sue ginocchia minacciarono di cedere di nuovo. Si era convinto che lei non avesse sentito quello scivolone di Kraki. Ma il suono del suo vero nome sulle labbra di Silla lo spaventò, e si maledisse... sapeva essere più abile di così.

Lei se ne stava a braccia conserte e lo studiava attentamente. «Questo nome è per caso un segreto, Occhi d'Ascia? Qualcosa che hai tenuto nascosto?»

Lui si sforzò di non lasciar trapelare alcuna emozione, ma fallì miseramente. Era sopravvissuto molto a lungo tenendo nascoste parti di sé, e in quel momento si sentiva esposto, vulnerabile.

«I nomi possono avere un gran potere» mormorò Silla. La sua voce era dolce, non minacciosa, ma in quel momento a Rey parve un serpente in posizione, pronto a colpire.

Il silenzio calò su di loro mentre Silla sembrava combattuta; ma Rey seppe cosa avrebbe detto prima che lei pronunciasse le parole ad alta voce.

«Portami a Kopa e non lo dirò a nessuno.»

Lui chiuse gli occhi, digrignando i denti. Si maledisse per non aver ucciso quella donna miserabile quando l'avevano scoperta. Per averla portata da Kraki. Per essere stato costretto ad affidare i suoi segreti a un uomo amareggiato come il suo mentore. Non si sarebbe sorpreso se avesse scoperto che il vecchio non aveva fatto alcun passo falso, dopotutto, e aveva rivelato il suo nome di proposito.

La frustrazione gli ribolliva nelle vene. Quando aprì gli occhi, le lanciò uno sguardo incandescente. «E se invece ti uccidessi?»

Un guizzo di paura comparve negli occhi di Silla, ma lei la dominò, e assunse subito un'espressione sicura. «Sei un uomo d'onore, non lo faresti» disse. «Ti ho appena salvato la vita. So che non ricambieresti un simile favore con la morte.»

A denti stretti, Rey alzò gli occhi al cielo. Lo aveva in pugno. Ucciderla ora non gli sembrava giusto. Ma tenerla in vita significava che un'altra persona, una di cui non si poteva fidare, conosceva il suo vero nome.

Portare con sé quella donna comportava anche dei rischi per l'Equipaggio dell'Ascia Insanguinata. Magnus avrebbe voluto il loro sangue se avesse saputo che era a conoscenza dell'incarico a Istré. E l'assassina era davvero sulle tracce di Rey, o il suo vero bersaglio era Silla? Rey si maledisse. Avrebbe dovuto legare la guerriera e interrogarla come aveva fatto con Anders.

Con un sospiro profondo, spostò di nuovo lo sguardo sulla donna, studiandola per un momento. Irrequieta, in punta di piedi, sembrava trattenere il respiro. Era piccola. Debole. Non era nemmeno capace di uccidere una guerriera quando era necessario. Non aveva niente a che fare con l'Equipaggio dell'Ascia Insanguinata. Eppure non aveva altra scelta.

«Bene» ringhiò. «Kopa.»

Un gran sorriso si allargò sulle labbra di Silla, e tutto il suo viso parve rilassarsi per il sollievo. Rey si sforzò di distogliere lo sguardo. Non ne sarebbe venuto fuori niente di buono. Se lo sentiva.

«Come faccio a sapere che manterrai la parola, Raggio di Sole?» chiese.

«Come faccio io a sapere che tu manterrai la tua?» ribatté lei.

Si fissarono con espressione sprezzante per diversi secondi.

«Non lo dirò a nessuno» disse infine lei con voce dolce. «Puoi fidarti di me.»

«Giusto. Fidiamoci della donna che finora ha detto più bugie che verità.»

Ma lei sostenne il suo sguardo in quel suo modo snervante. Ora era Rey che faceva fatica a non abbassare il suo.

«Sappiamo entrambi che i segreti ci tengono al sicuro, Rey» disse piano. «Sono brava a mantenere quelli che contano.»

Si fissarono, e una silenziosa comprensione calò su di loro. Forse erano più simili di quanto lui avesse pensato. Il che non significava che si fidasse di lei. «Giuramelo» ringhiò. «Voglio un giuramento solenne.»

«Lo giuro, Rey. Giuro che non dirò a nessuno il tuo nome. E adesso tocca a te» proseguì. «Giurami che mi porterai sana e salva a Kopa.»

Lui la fulminò con lo sguardo. Era l'ultima cosa di cui aveva bisogno, tra l'incarico e... «Lo giuro» grugnì. «Giuro che ti porterò sana e salva a Kopa.»

Lei batté le mani, e quel sorriso odioso tornò a risplenderle sul viso. Rey non lo sopportava: la felicità di lei non faceva che aumentare la sua infelicità.

Fischiò bruscamente e aspettò che Cavallo tornasse trotterellando da lui.

«Stai sanguinando» disse Silla, facendo un passo avanti. «Posso pulirti la ferita, se vuoi.»

«Non preoccuparti» borbottò lui, dandole le spalle. Dopo aver versato dell'acqua sulle ferite, Rey le avvolse in strisce di lino prese dalla sua sacca medica. Fece per recuperare lo scudo, ma aggrottò la fronte quando vide la crepa al centro. Avevano degli scudi di riserva nel carro, quindi decise di buttare via quello danneggiato.

Poi montò a cavallo, sistemandosi alle spalle di Silla. E insieme si avviarono lungo la Strada d'Ossa.

36

La Strada d'Ossa

Silla cercò di non far trasparire la sua eccitazione mentre cavalcava con Rey verso Hver, ma era quasi impossibile. Sebbene il cielo fosse grigio, a lei sembrava che il sole le risplendesse dentro, e non riusciva a trattenersi. Occhi d'Ascia l'avrebbe portata a Kopa! Non solo, aveva *giurato solennemente* che ce l'avrebbe portata sana e salva. E se c'era una cosa che aveva capito di quell'uomo, era che prendeva molto sul serio i giuramenti e l'onore.

Quando le tornava in mente l'attacco della guerriera, però, la sua luce si affievoliva appena. La donna dai capelli rossi... Silla l'aveva riconosciuta subito. Era la guardia che aveva incontrato al ponte di Reykfjord, e quella consapevolezza le fece gelare il sangue. Li aveva semplicemente trovati per caso? O l'aveva braccata per tutto quel tempo?

Non importa, cercò di rassicurarsi. *Ormai è morta.*

L'attacco alla Dorsale di Skalla era stato inaspettato e spaventoso, eppure si era concluso a suo favore.

Aveva salvato la vita di Rey, e quel pensiero era sufficiente a renderla ebbra di gioia.

Ah, quanto deve scocciarti, Occhi d'Ascia, pensò, anche se l'intera scena era stata sconcertante.

Rey aveva la meglio sulla donna, e poi, all'improvviso... le cose erano cambiate. Le era sembrato che lui soffrisse moltissimo, eppure la donna gli stava accanto senza nemmeno toccarlo. Silla non aveva osato chiedere spiegazioni a Rey, né aveva voluto sbattergli in faccia la sua vittoria. Dopotutto, li aspettavano settimane di viaggio insieme.

Raggiunsero Hver nel primo pomeriggio. Mentre le case diventavano più numerose, Silla si tirò sul viso il cappuccio del mantello preso in prestito, nonostante fosse una giornata calda. *Rimani all'erta,* ricordò a sé stessa. L'assassina poteva anche essere morta, ma questo non significava che lei potesse abbassare la guardia. Magari c'era qualcun altro che la cercava lungo quella strada, o barricate alla città dove i viaggiatori venivano perquisiti.

Preparata al peggio, Silla fece un lungo sospiro quando invece oltrepassarono le mura di cinta di Hver senza problemi. Inaspettatamente tentacolare, Hver era carica di eccitazione per i preparativi per il Giorno più Lungo. Dopo aver trascorso parecchio tempo sentendo solo il vento e l'occasionale sbuffo di Cavallo, i suoni dei carri traballanti e le grida dei mercanti erano una piacevole novità, e la rinfrancarono.

Cavallo si fermò davanti a un vecchio edificio in legno.

«Scendi» disse Rey con quel suo tono brusco. «Porto Cavallo alle scuderie.»

Senza dire una parola, Silla scivolò giù e prese le sue cose dalla bisaccia. «Cosa dico agli altri?» chiese, guardando Rey. «All'Equipaggio dell'Ascia Insanguinata.»

Rey si massaggiò la nuca con un sospiro profondo. «Di' che sono stato soddisfatto dei tuoi sforzi e ho accettato di portarti a Kopa.»

Silla provò un pizzico di senso di colpa, poiché sapeva che per lui l'onestà contava più di ogni altra cosa, e che con ogni probabilità odiava mentire al suo Equipaggio. Ma a quanto pareva valeva la pena mentire per il segreto in cui si era imbattuta.

Il vento le soffiò una ciocca di capelli sul viso, e lei la scostò. «Ti ringrazio, Rey, perché come ti ho salvato la vita oggi, tu hai salvato la mia. Immagino che quella guerriera non si sarebbe fermata dopo aver ucciso te. Non dirò una parola oltre a questo, ma... ti ringrazio.»

Lo sguardo di Rey indugiò su di lei per un momento; poi, senza dire nulla, condusse Cavallo sul retro dell'edificio.

Scuotendo appena la testa, Silla si fece strada sotto un arco dove era appesa un'insegna con su scritto: LA TANA DEL LUPO. Si chiese come avrebbe fatto a trovare Hekla. Non vedeva l'ora di dire alla sua amica che avrebbe viaggiato fino a Kopa con l'Equipaggio dell'Ascia Insanguinata... e subito dopo, forse lo avrebbe detto a Jonas.

"Questo non accadrà mai più" gli aveva detto, ma adesso... era in vena di festeggiamenti. Forse aveva cambiato idea. La testa le si riempì di pensieri focosi.

Dopo una rapida occhiata nella sala dell'idromele, che si rivelò infruttuosa, si inoltrò in un cortile sul retro dell'edificio. I tavoli erano allineati uno accanto all'altro, e una donna vi sistemava sopra rami ricurvi di verde e gruppetti di candele. I lavoratori trascinavano botti di birra e idromele e fissavano nel terreno bracieri di ferro grezzo. Tutt'intorno aleggiava il profumo del cinghiale arrosto e del pane appena sfornato, che le fecero brontolare lo stomaco.

«Silla?»

Silla si rilassò all'istante, e tutta la tensione degli ultimi giorni si sciolse come la cera di una candela. «Vengo con voi!» sbottò, incapace di trattenersi. «Rey dice che posso. Verrò con voi a Kopa.»

Hekla sorrise, l'espressione felice e stupita. «Davvero?»

«Davvero.»

L'amica le passò un braccio intorno alla vita. «Allora stasera dobbiamo brindare! Vieni, puoi lavarti prima che inizino i festeggiamenti.»

Silla la seguì lungo un corridoio buio e su per una rampa di scale fino alla sua stanza. Come quella di Svarti, la stanza conteneva letti di legno sormontati da coperte e morbide pellicce, un semplice focolare con un tavolino e due sedie, e un angolo privato nascosto da un divisorio di vimini intrecciati.

Silla si lavò usando un secchio d'acqua che trovò dietro la parete divisoria, sentendosi più umana man mano che lo sporco veniva rimosso. Sbirciò nella stanza, e vide che Hekla teneva in mano un indumento violetto.

«Ho portato i tuoi vestiti alla lavandaia... Zitta, non voglio sentire niente; ho preso i soldi dalla sacca, era lì sul tavolo.»

Silla espirò quando i suoi occhi caddero sulla sacca in filato grezzo.

«La lavandaia aveva un vestito lasciato da un'altra ospite» continuò Hekla, «e tu dovrai pur indossare qualcosa per i festeggiamenti stasera, se non vuoi andare in giro nuda.»

Silla si morse la guancia. «Quanto è costato...»

«Qualche sólas, ma lasciamo stare.»

Gli occhi di Silla si riempirono di lacrime. «Non avresti dovuto...»

Hekla sorrise. «Sai che faccio solo ciò che desidero. E sono stata al tuo posto. Col tempo ti rialzerai del tutto, ma anche adesso meriti di essere felice.»

Silla sentì una stretta al cuore. «Ti ripagherò, Hekla. Un giorno ti ripagherò per tutto.»

Indossò il vestito color lavanda, annodando i lacci sul davanti. Era un modello semplice di lana pregiata con una trama a spina di pesce e maniche lunghe. Stretto in vita, con una gonna ampia ma non voluminosa, le arrivava fino ai piedi. Ma furono i dettagli a catturarla: splendidi ricami bianco avorio attorno ai polsini e lungo la scollatura, che scendeva ben sotto le clavicole.

Dopo aver annodato i lacci, Silla deglutì. Il vestito era bellissimo... e avrebbe sicuramente attirato l'attenzione. Esattamente ciò che non avrebbe dovuto fare in quel momento. «Forse dovrei restare qui, stasera. È stato un lungo viaggio e sono molto stanca.»

«No!» esclamò Hekla con veemenza inattesa, le guance arrossate. Era... imbarazzata? Sospirò. «Ascolta. Forse ti ho comprato questo vestito per motivazioni egoistiche.» Fissò il soffitto con gli occhi color ambra, poi tornò a guardare Silla. «Non ridere.»

Silla attese, divorata dalla curiosità. «Giuro che non riderò.»

Hekla strinse le labbra. «A volte mi stanco di essere circondata da uomini tutto il tempo. Se ne stanno seduti e bevono e lanciano asce e raccontano storie esagerate di battaglie e di donne con cui vanno a letto. È sempre la stessa solfa, giorno dopo giorno. Vorrei qualcuno con cui intrecciarmi fiori nei capelli, liberare flíta e ballare attorno ai falò, e finalmente ce l'ho.» Hekla guardò Silla con gli occhi che le scintillavano. «Ti va di venire con me?»

Silla non poté trattenere un sorriso. «Be', suppongo che restare a casa sarebbe inappropriato quando c'è una festa in onore del nostro magnifico regno. Bisogna fare dei sacrifici, per essere buoni cittadini.»

Hekla le diede una spallata giocosa. «Esatto. Sarebbe sconveniente restare a casa.»

Silla si morse il labbro. «E Sigrún? Viene anche lei?»

Hekla scosse la testa. «Detesta quando c'è troppa gente. Magari verrà a bere qualche coppa di birra, ma se ne andrà presto.» Fece una pausa. «Ma adesso raccontami del viaggio. Rey ha continuato il tuo addestramento?»

Passandosi un pettine tra i capelli, Silla raccontò a Hekla i dettagli della loro escursione, iniziando dal cosiddetto "addestramento" di Rey e passando a tutto ciò che era successo a casa di Kraki. Evitò di menzionare l'assassina, la rivelazione di Rey e il modo in cui lei stessa si era tradita. Acconciandosi i capelli sui lati della testa in trecce ordinate, ne lasciò libera una parte, una cascata di riccioli che le ricadeva fino a metà della schiena.

Hekla scosse la testa. «Hai le palle, ragazza mia. Non posso credere che tu abbia cercato di bere più di Kraki. Il fegato di quell'uomo è forgiato nell'acciaio.» Hekla scomparve dietro la parete divisoria per diversi minuti, e ne riemerse con indosso una splendida tunica blu abbinata a un gilet di pelle lucida, i dettagli intrecciati che catturavano la debole luce nella stanza. Si era sciolta sulle spalle i capelli, che erano luminosi e dritti come spilli.

«Sei bellissima, Hekla!» esclamò Silla.

«Anche tu, dúlla.» Hekla sorrise, ma l'attenzione delle due fu catturata da uno scoppio di risa proveniente dal corridoio. «Sembra che la gente stia iniziando a radunarsi» disse Hekla. «Scendiamo?»

Quando le due donne arrivarono, il cortile brulicava di persone che indossavano il loro abito più bello. Senza l'ombra del cappuccio, Silla si sentiva nuda, e lanciava occhiate tutt'intorno per placare il suo nervosismo.

La gente sedeva su panche che circondavano i tavoli a cavalletto, passandosi corni di birra e idromele; nei bracieri ardevano fiamme scoppiettanti che riscaldavano l'ambiente. In un angolo della piazza, un vecchio scudo era stato montato sul muro e un gruppo di guerrieri dalla lunga barba si alternava nel lanciare asce a una mano contro un manichino di legno; in un altro, i bambini più piccoli giocavano a tirare una lunga corda, altri si rincorrevano lanciandosi una palla.

Nessuno prestò attenzione a Silla; nessun guerriero vestito di scuro le si scagliò addosso e pian piano la tensione nel suo petto si allentò. *L'assassina è morta*, disse tra sé, per rassicurarsi. *Non ti hanno cercato alla porta della città. Goditi questa notte. Hai molte cose da festeggiare.*

«Ecco Gunnar.» Hekla trascinò Silla verso la fine del lungo tavolo. Gunnar, Ilías, Jonas e Rey erano curvi sul tavolo, tutti presi da una partita a dadi, con indosso tuniche eleganti, i capelli e la barba pettinati. Sigrún, vestita con una casacca color prugna, si era unita a loro. Si era fatta una treccia che seguiva la rasatura dei capelli, e l'orecchio esposto era adornato per tutta la lunghezza da cerchietti d'argento scintillanti.

Silla non poté fare a meno di guardare Jonas, e nel vederlo dopo tanti giorni il cuore prese a batterle forte. Il bagliore delle lanterne illuminava le ciocche dorate della sua chioma, raccolta quella sera in una treccia ordinata, e metteva in risalto la sua barba folta. Silla, incuriosita, notò subito il livido che gli deturpava la guancia sinistra.

«Guardate, è arrivata la nostra amichetta vivace con il talento di pugnalare la gente» disse Ilías con voce strascicata, prendendo un gran sorso dalla sua coppa di brennsa.

«Ben trovato, Ilías» sorrise Silla.

«Io parlavo di Hekla.»

«Amichetta vivace?» rispose Hekla. «Sembra che tu abbia voglia di farti rompere un'altra costola.»

Silla allargò le labbra in un sorriso complice. «Sono felice di vedere che in effetti ce l'hai, un pettine, Ilías.»

«Nel caso non fosse chiaro, passo ore a curare il mio aspetto, in viaggio. Lo chiamo Disordine Curato.»

Silla rise. «Forse dovresti rinominarlo Orso delle Caverne Appena Sveglio.»

Poi tornò a puntare gli occhi su Jonas. Sebbene fosse proprio di fronte a lei, fissava un punto dal lato opposto della piazza, e aveva la mascella contratta con tale rigidità che era chiaro che la stava evitando di proposito. Silla sentì un peso farle sprofondare lo stomaco.

Le mani di Sigrún si mossero in rapidi gesti.

«Sigrún è felice di vederti, Mano di Martello» interpretò Ilías. «Siamo tutti sorpresi che Occhi d'Ascia non ti abbia ammazzata lasciandoti sul ciglio della strada.»

Silla fece una smorfia. «Ammetto di averlo temuto, per un attimo. Rey via ha dato la notizia?»

Gli occhi di Silla saettarono su Rey, che teneva i pugni stretti così forte attorno al corno di birra che sembrava sul punto di romperlo. Silla si sforzò di non godere troppo della sua condizione, ma non fu facile.

«La sua gratitudine per l'aiuto che gli ho dato con Kraki era così immensa che posso continuare a viaggiare con l'Equipaggio dell'Ascia Insanguinata fino a Kopa. Cosa hai detto, Occhi d'Ascia? Che era "solo grazie a me" che abbiamo recuperato quelle informazioni?» Non riuscì a trattenersi.

Rey grugnì in risposta, scoccandole il suo sguardo più feroce. Per fortuna, ormai lei non ci faceva nemmeno più caso.

Gunnar e Ilías le fecero spazio e Silla scivolò tra di loro sulla panca, mentre Hekla si insinuò tra Rey e Jonas, di fronte a lei.

«Sembri pronta a spaccare un cuore o due stasera, Martello» disse Gunnar, facendole l'occhiolino.

Silla gemette.

«Sta inventando giochi di parole sui martelli da giorni, ormai» disse Hekla alzando gli occhi al cielo.

«Raccontateci come avete fatto a far crollare Kraki» continuò Gunnar, imperturbabile.

Rey bevve la sua birra a grandi sorsi.

«Be', merito del mio ingegno e del mio fascino, ovviamente» disse Silla, sollevando le sopracciglia e sfoggiando uno sguardo misterioso, che suscitò un altro verso sprezzante di Rey. Il capo dell'Equipaggio dell'Ascia Insanguinata piegò la testa all'indietro e alzò gli occhi al cielo, una vena sulla tempia che pulsava.

«Abbiamo giocato ad alcol o verità» ammise Silla.

Gunnar fece un mugolio strozzato. «*Tu* hai giocato ad alcol o verità?» Rivolse lo sguardo al suo capo, poi lo posò di nuovo su Silla. «Quanti round hai fatto?»

«Tre» borbottò Rey. «È riuscita a bere *tre coppe* prima di vomitare tra i cespugli.»

Jonas lanciò un'occhiata rapida a Rey.

La risata fragorosa di Gunnar riempì il cortile. «A quanto dici, la brennsa ha dato a Mano di Martello una bella botta in testa!»

Ilías gettò indietro la testa e scoppiò a ridere. «Tre? Oh, Martello, è una cosa inaccettabile. Dovremo rimediare mentre viaggiamo verso nord.»

Anche Silla si concesse una risatina. «Ceneri, no, Ilías. Ho chiuso con la brennsa fino alla fine dei tempi.»

Ilías ridacchiò. «Certo. L'abbiamo detto tutti, prima o poi.»

Sollevò la sua coppa di brennsa in un allegro brindisi.

«Racconta loro del cervo vampiro» intervenne Hekla con un sorriso.

Silla lanciò un'occhiata severa a Rey. «Rey ha lasciato che un cervo vampiro mi attaccasse.»

L'Equipaggio dell'Ascia Insanguinata scoppiò a ridere, e Silla reagì con uno sguardo sbigottito.

«L'hai fatto anche con *lei*, Occhi d'Ascia?» chiese Ilías, asciugandosi le lacrime.

Silla notò che lo sguardo tagliente di Jonas era ancora puntato su Rey.

«Non è riuscita nemmeno a estrarre il pugnale» disse Rey con voce monocorde. Studiò Silla, poi abbassò lo sguardo sul suo vestito. Dilatò le narici, come se fosse disgustato da ciò che vedeva. Lei si accigliò.

«Forse avrei fatto meglio a non intervenire» disse lui, lanciandole un'occhiata di sfida.

«Ah» rispose Silla, sostenendo il suo sguardo. «Ma allora saresti venuto meno alla tua parola. E sappiamo che non faresti mai una cosa così disonorevole.»

Rey si alzò e Silla provò una fitta di rammarico. Per quanto fosse allettante e la ravvivasse, non avrebbe dovuto provocarlo. Ma era troppo tardi. Senza dire una parola, Rey se ne andò.

«Che cosa è appena successo?» chiese Hekla, tamburellando con le dita metalliche sul tavolo.

«Forse ha gli stivali troppo piccoli» disse Silla. Lo guardò allontanarsi, alto e imponente, mentre la folla si disperdeva per farlo passare. Davvero le sue provocazioni l'avevano infastidito tanto? Quell'uomo aveva la gamma emotiva di un temporale. «Questo spiegherebbe molte cose di Occhi d'Ascia.»

Hekla ridacchiò, accettando la birra da una donna di passaggio. «Dèi, se solo fosse così semplice. Da quando l'ho conosciuto ha cambiato diverse paia di stivali, dúlla. È proprio il suo carattere.»

Silla aggrottò la fronte. «Perché vi sembra tanto divertente che abbia lasciato che fossi attaccata?»

Sulle labbra carnose di Hekla comparve un sorrisino. «Perché ha fatto lo stesso con tutti. L'ha tenuto sotto tiro per tutto il tempo, non è vero?»

«Sì, ma credevo davvero che sarei morta, Hekla. Lo giuro sugli dèi, mi sono vista passare davanti tutti gli errori della mia vita.» Mentre lo diceva, Silla spostò gli occhi su Jonas. Lui aveva ancora lo sguardo fisso su qualcosa che stava dall'altra parte della piazza e l'espressione imperturbabile, e Silla sentì una morsa allo stomaco.

Aveva pensato di essere carina, che forse avrebbero riso del fatto che finalmente indossava un bel vestito dopo che lei lo aveva trascinato in un angolo buio per sussurrargli all'orecchio promesse misteriose. Invece no. Qualcosa era cambiato nei giorni in cui erano stati separati. Forse Jonas era arrabbiato perché lei non avrebbe lasciato l'Equipaggio dell'Ascia Insanguinata, alla fine. Forse si era semplicemente divertito e aveva chiuso con lei.

Hekla ti aveva avvertito, si rimproverò. *Ti aveva detto che era fatto così.* Be', Jonas era proprio un idiota. E non avrebbe lasciato che le rovinasse il divertimento, quella sera.

Arrivarono i lavoratori della cucina e sistemarono il cibo sul tavolo: taglieri di cinghiale allo spiedo, trote grigliate, rape e carote rosolate nel burro, polli interi arrostiti e ripieni di erbe aromatiche, fette di pane servite con burro, formaggi morbidi, skyr e miele e, per la gioia assoluta di Silla, panini dolci appena sfornati.

Mentre il cibo veniva distribuito, percorse con lo sguardo il tavolo per valutare le offerte. Seguendo la folla, prese un piatto di legno da una pila in fondo e iniziò a riempirlo con un po' di tutto. Saltò il pollo in favore di un secondo panino dolce.

Mentre si sedeva di nuovo, il resto dell'Equipaggio si alzò per andare a riempire i piatti. Silla accolse con favore la solitudine, concentrandosi interamente sul cibo. Chiuse gli occhi e si gustò ogni boccone, assaporando ciò che i cuochi avevano cucinato e godendo del fatto che non avrebbe lavato lei i piatti.

«Vedo che hai un debole per i panini dolci» disse una voce accanto a lei, distogliendola dai suoi pensieri. Silla aprì gli occhi di scatto e vide un uomo alto e dalle spalle larghe. Lui le rivolse un sorriso luminoso e Silla osservò la sua pelle abbronzata, i caldi occhi castani, i capelli scuri e la barba. Davvero una bella vista, se doveva essere onesta.

Gli rivolse un sorriso malizioso. «Che vita sarebbe senza panini dolci, dico bene?»

Il sorriso dell'uomo si fece più ampio. «E perché una bella ragazza come te se ne sta seduta tutta sola?»

Silla arrossì. «I miei amici sono andati a servirsi.»

«Allora ho ancora qualche minuto da solo con te.» Le porse la mano e si presentò: «Io sono Asger».

«Silla» disse lei, facendo scivolare la mano in quella di lui, grande e calda. Ma mentre stava per ritrarla, Asger la sorprese girandola, e sfiorandole con le labbra la pelle tenera del polso. Silla sentì le guance andare in fiamme.

«E cosa ti porta a Hver, Silla?» chiese, sedendosi sulla panca accanto a lei e distendendo le gambe lunghe. «Se fossi di qui, sono certo che mi ricorderei di te.»

«Sono solo di passaggio, sto andando a Kopa» rispose lei, sentendosi avvampare sotto il suo sguardo. Si impose di darsi una regolata. *Tieni a freno la lingua, stupida*, pensò, studiando Asger. Sembrava gentile, ma ciò non significava che non avesse doppi fini. Forse lavorava per la regina?

«È un peccato, anche se per me è una fortuna che almeno stasera tu sia qui.» Puntava i suoi occhi scuri dritti in quelli di Silla, senza lasciarli vagare per il cortile. In quello sguardo lei non vide nulla di malizioso, come non lesse alcun significato nascosto nelle sue parole. Sembrava semplicemente interessato a lei. Sarebbe stata una sciocca a negare che le faceva piacere. Un uomo le cui intenzioni erano chiare. Che non sembrava propenso a fare giochetti. Era una bella novità.

Silla allontanò il piatto, girandosi verso il nuovo arrivato. Portò il corno di birra alle labbra e prese un sorso. «Tu vivi a Hver, Asger?»

«Sì. Sono nato qui e non mi sono mai allontanato molto. Anche se il mio lavoro mi porta lontano, alla fine torno sempre indietro.»

«E cosa fai per vivere?» chiese lei, posando il mento sulla mano.

«Raccolgo i tributi per lo Jarl Hakon» rispose lui.

«Lo Jarl Hakon?» ripeté Silla. Il nome le suonava stranamente familiare, anche se non riusciva a collocarlo.

«Sì. Ha le terre più estese della zona nord di Eystri, ma io raccolgo i pagamenti dei tributi solo dalle terre che circondano Hver.»

Gunnar e Jonas stavano tornando al tavolo. Diverse teste femminili si voltarono al passaggio di Jonas, e Silla dovette zittire una fitta di gelosia. *Il culo di un troll. È il culo di un troll.*

Asger vide i due che si avvicinavano e si alzò in piedi, un'espressione di sorpresa sul viso. «È l'Equipaggio dell'Ascia Insanguinata?» borbottò, scuotendo la testa. Poi afferrò il polso di Silla e lo sfiorò di nuovo con le labbra. Il suo tocco era leggero come una piuma, e lei sentì la pelle bruciare a quel contatto. «Piacere, Silla. Spero di rivederti, stasera.»

Mentre si allontanava senza fretta, lei continuò a sorridere.

Gunnar sollevò le sopracciglia. «Chi era, Martello?»

«Asger.» Fece guizzare lo sguardo su Jonas, ma lo distolse subito.

«Ah, sì?» chiese Gunnar. «Sembrava fosse una conversazione interessante.»

«Infatti» disse lei distrattamente. Era infastidita, e forse per questo aggiunse: «Mi ha chiesto di cercarlo più tardi».

Gunnar ridacchiò. «Be', sai come si dice... ciò che accade nel Giorno più Lungo rimane nel Giorno più Lungo.»

Silla scoppiò in una risatina. «Davvero, Gunnar?»

Lui le sorrise. «Già.»

Arrivò anche Hekla e l'Equipaggio dell'Ascia Insanguinata deliziò Silla raccontandole degli insoliti metodi di reclutamento di Rey. Lei finì i suoi panini dolci e setacciò il cortile con lo sguardo, ancora all'erta per eventuali minacce. Ma il cortile brulicava solo di gente allegra, guerrieri ubriachi e un bambino o due che si godevano il loro pasto. Si costrinse a rilassarsi.

Alla fine, Hekla si alzò. «Noi ce ne andiamo a divertirci in modi che non concernono voi, signori. Godetevi la vostra birra e i vostri giochi.»

Fece l'occhiolino a Gunnar. Poi prese Silla a braccetto e si avviarono.

37

Hver

Hekla diede il via ai festeggiamenti trascinando Silla verso un tavolo di donne anziane e ragazze impegnate a infilarsi fiori tra i capelli. Lei le fece una treccia, poi ci infilò gli steli dei fiori selvatici.

«Allora, dúlla, hai detto che volevi una distrazione, stasera?» chiese Hekla.

Silla stropicciò il fiore che teneva in mano, pensando a Jonas. «Sì. Credo di sì.»

«Allora dimmi, cosa ti piace? Posso aiutarti. So già che hai un debole per gli uomini dagli occhi azzurri con un'ascia in mano.»

Silla le diede un pizzicotto sul fianco. «Finiscila. Ti ho detto che ormai sono guarita da certe fantasie insensate.» Fece una pausa. «Mi piacciono... gentili. Vorrei un uomo gentile che dice quello che pensa. Uno che non sia un... com'è che l'hai chiamato? Un bambinone?»

Hekla sbuffò. «Allora buona fortuna. Per quanto ne so, sono tutti bambinoni.»

«Mi basta che sia affettuoso e solido, e che mi distragga. Ultimamente ho avuto fin troppi guai... Stasera voglio solo divertirmi. Voglio sentirmi viva.»

Forse era la birra, o il fatto di essere lì con Hekla, ma più diceva certe cose, più Silla ne era convinta.

«Ti troveremo un guerriero forte... non troppo vecchio, non troppo ubriaco.» Hekla sfoggiò un sorriso malizioso mentre Silla le infilava l'ultimo fiore nelle trecce. «Dimmi se vedi qualcuno che ti attrae.»

Silla aprì la bocca per raccontare a Hekla di Asger, ma in quel momento apparve una donna con due corni in mano. «Birra?»

Hekla ne afferrò uno e lo passò a Silla, poi prese l'altro per sé con un mormorio di ringraziamento.

«Skál» disse, e le due brindarono.

Quindi prese Silla per mano e la trascinò verso il cancello ad arco che conduceva alle strade di Hver.

Silla era agitata: si sentiva al sicuro in quella piazza, ma fuori, in mezzo a tutti quegli sconosciuti...

«Vieni, Silla» disse Hekla, continuando a trascinarla. «In piazza ci sono un falò e dei musicisti, e ho sentito che libereranno le flíta quando calerà il buio.» Con riluttanza, Silla seguì Hekla, che si faceva guidare dalla musica, lungo le vie di Hver e verso la piazza.

In effetti c'era un falò, circondato da una folla festante. Silla guardò i residenti baciarsi le nocche e gettare con cautela offerte nel fuoco: fasci di erbe, tazze di idromele, spade intagliate e teste d'ascia, stinchi di manzo e montone. Quella vista la riempì di nostalgia.

"Quando si fa un'offerta a Sunnvald e al suo possente destriero di fuoco" le aveva detto suo padre, "si deve scegliere solo la migliore qualità di idromele, di carne o armi, e il dono deve essere fatto con tutto il cuore." Lei e suo padre avevano acceso i propri falò, sempre in segreto. Sempre in solitudine.

Hekla tirò fuori un sóla dalla tasca e lo gettò tra le fiamme. «Male non farà» disse con una scrollata di spalle.

«E i Klaernar?» chiese, guardandosi intorno. «Non disapprovano queste esibizioni pubbliche?»

«Non condannano i falò» mormorò Hekla. «Non è che la gente se ne va in giro con un bastone a spirale sul petto, cantando lodi agli antichi dèi. E poi... i Klaernar saranno probabilmente ubriachi come tutti gli altri.»

«Avresti dovuto conservare un po' della cena per fare un'offerta» disse la bambina bionda, che le era comparsa accanto all'improvviso. Silla la ignorò, mordendosi la guancia in silenziosa contemplazione.

«Forse qualche fiore?» suggerì la bambina.

Con un sospiro, Silla strappò alcuni petali dai fiori che si era infilata nelle trecce e si avvicinò al fuoco. Mentre il calore le lambiva il viso, aprì la mano e soffiò sui petali, che svolazzarono verso le lingue di fuoco e furono consumati dalle fiamme.

Poi si baciò le nocche e chinò la testa.

Ti ringrazio per la tua protezione, pensò. *Ti ringrazio per avermi dato un riparo. Per favore, Sunnvald, ti prego di portarmi a Kopa. Non chiedo altro.*

«Siamo andate più lontano di quanto avevo immaginato» disse la bambina bionda.

Un grido si levò dalla folla, attirando l'attenzione di Silla. Corni e coppe furono sollevati all'unisono, poi rapidamente svuotati. Un rumore concitato di tamburi emerse dal chiasso, e la bambina bionda fece volteggiare la camicia da notte seguendo il ritmo. Poi i presenti iniziarono a ballare e Silla ed Hekla, che avevano appena finito la birra, presto si unirono. Per l'ora successiva, Silla dimenticò dove si trovava, dimenticò chi era, dimenticò cos'era successo nei pressi di Skarstad, dimenticò l'assassina del giorno prima. Si limitò a godersi il momento, completamente libera.

Era ormai tardi quando il sole iniziò a calare sull'orizzonte e il cielo a oscurarsi. Hekla trascinò Silla, sempre seguita dalla bambina, lungo la strada principale di Hver. All'angolo di una strada vicino alla locanda si era formato un capannello di persone e, mentre lo aggiravano, dal centro del gruppo emerse una luce tremolante.

«Flíta!» esclamò la bambina deliziata. «Oh, sono bellissime!»

Hekla prese Silla per un braccio, trascinandola tra la folla. «Ho sempre desiderato farlo.» Una vecchia donna distribuiva cestini con il coperchio; Silla ed Hekla ne accettarono uno ciascuno e poi si diressero ai margini dell'assembramento. Silla sbirciò attraverso l'intreccio. Sebbene non vedesse delle flíta da quando era bambina, le riconobbe subito. Simili a farfalle, avevano ali membranose trasparenti e sottili come la seta. E a ogni battito, una luce arancione illuminava le loro minuscole venature.

«Ceneri, altro che i nostri solstizi, questo è molto più divertente, Silla» disse la bambina bionda, infilando un dito nel cestino. Aveva ragione: i suoi precedenti rituali del solstizio si erano limitati alle offerte in giardino a Sunnvald nel suo giorno. La festa, il falò, la musica e ora quel rituale: non aveva mai visto niente del genere. Era così che tutti gli altri celebravano il Giorno più Lungo? Silla aggrottò la fronte.

«Cosa dobbiamo fare?» chiese a Hekla.

«Aspetta e vedrai.» Indicò il sole al tramonto, la luce di un arancione brillante che si riversava in cielo.

Il giorno più lungo dell'anno stava rapidamente volgendo al termine. Il silenzio calò sulla strada, le flíta svolazzavano serene mentre l'indaco spegneva l'ultima luce del cielo. Alla fine, la vecchia che aveva distribuito i cestini diede il segnale.

Tutti sollevarono i coperchi di vimini, e Silla si affrettò a fare altrettanto. Le flíta balenarono nella notte, le ali trasparenti che scintillavano di luce a ogni battito. Silla alzò lo sguardo, immersa in un silenzio rapito, mentre migliaia di flíta si alzavano in volo, illuminando il cielo come stelle vive. Con le labbra dischiuse per lo stupore, Silla decise che era lo spettacolo più bello a cui avesse mai assistito.

Gli occhi le si riempirono di lacrime e per un attimo si sentì piccola e ingenua. La rabbia le ribolliva nelle vene. Suo padre l'aveva schermata da così tante cose. Cosa aveva fatto in tutti quegli anni? Quello non era vivere. Era sopravvivere. Le ultime settimane erano state terrificanti ed esaltanti, piene di momenti così bui e di altri così belli. Ma era come se si fosse svegliata, come se stesse davvero vivendo per la prima volta.

«Speranza e rinascita» mormorò la bambina bionda, fissando il cielo con stupore.

L'eco della voce di sua madre risuonò nelle orecchie di Silla. "Le flíta sono il simbolo di speranza e rinascita di Íseldur, Fiordiluna. Quando raggiungono la vecchiaia, si trasformano in una gloriosa esplosione di luce. E quando le ceneri si diradano, da esse emerge un bruco, e il ciclo ricomincia."

Sorrise ai bellissimi insetti alati. Era perfetto che, tra tutte le notti, fossero ricordati proprio in quella. Lei stessa si sentiva molto simile alle flíta. Era riemersa dalle proprie ceneri, vulnerabile e affamata.

Hekla le passò un braccio intorno alla vita e le appoggiò la testa sulla spalla. «Grazie per esserti unita a me, dúlla. È bello avere un'amica interessata a qualcosa di più che bere e scopare.»

Silla reagì a quella volgarità prima con un'espressione sbigottita, poi con una risata. «E io ringrazio te per avermi portata, Hekla. È stato incredibile. Davvero.»

Tornarono nel cortile della Tana del Lupo oltrepassando l'arco. Il buio regalava alla piazza un'atmosfera seducente. I bambini erano stati accompagnati a letto e il cortile sembrava più tranquillo, più intimo. Guardandosi alle spalle, Silla fu felice di vedere che la bambina bionda era scomparsa. Passarono davanti a una coppia allacciata in un abbraccio in un angolo buio e Silla colse un lampo di capelli biondi arruffati: Ilías e una ragazza bruna che non riconobbe.

Hekla fece un verso divertito e continuò verso l'angolo dove sedevano Gunnar e Jonas, illuminati dal bagliore tremolante delle candele sul lungo tavolo. Il cuore di Silla ebbe un sussulto. Una donna dai capelli neri sedeva sulle ginocchia di Jonas e gli cingeva il collo con un braccio, facendogli scivolare le dita lungo i capelli intrecciati. Lo sguardo di Silla incrociò l'azzurro acceso degli occhi di lui e lei fu in trappola... invischiata come una mosca nel miele, sommersa dalla propria infelicità.

Hekla ti aveva avvertito, pensò, lottando contro la tentazione di girare sui tacchi e scappare da quell'umiliazione bruciante. Jonas si sporse in avanti, sussurrando qualcosa all'orecchio della donna. Lei gettò indietro i capelli corvini, e aprì le labbra carnose in una risata. Silla sentì lo sguardo di Hekla su di sé.

«Io vado a prendere da bere, Hekla» disse subito. «Vuoi qualcosa?»

«Nah» rispose lei, posando lo sguardo su Gunnar. «Cavolo, non ti abbiamo trovato un uomo. C'è forse qualcuno...»

Silla la zittì posandole un dito sulle labbra. Liberò il braccio con cui ancora la teneva allacciata a sé e le strinse il polso. «Non preoccuparti per me. Vai a divertirti, Hek.»

«Sicura?»

Silla annuì.

«Avrai la stanza tutta per te. Io non torno stasera, dúlla.»

Con un sorriso forzato, Silla si avviò fuori dal cortile. Su un tavolo c'erano ancora delle coppe di birra, le fiamme scoppiettavano nei bracieri montati su entrambi i lati dell'ingresso della locanda. Afferrando una coppa, Silla si poggiò al muro dell'edificio. Non aveva una gran voglia di bere, ma aveva bisogno di qualcosa a cui aggrapparsi mentre tentava di placare il suo cuore riottoso. *Insopportabile*, pensò. *Arrogante.*

Aveva fatto la figura della stupida e la colpa era solo sua. Quando si erano baciati, era stata lei a dirgli che non sarebbe mai più successo. Eppure, in fondo al cuore, aveva sperato che lui potesse volere di più. Pensava di essere lei, a volere di più. Perché era delusa? Avrebbe dovuto essere contenta di essersi liberata di un uomo così irritante.

«Oh, eccoti qui» disse una voce familiare. Silla si girò e vide il sorriso luminoso di Asger. L'uomo si poggiò al muro accanto a lei e le passò un dito lungo le trecce. «Che bei fiori.»

«Grazie.» Gli sorrise. Jonas forse non la desiderava, ma Asger sì. E Silla voleva disperatamente vivere quella notte, voleva mantenere viva l'euforia suscitata dalle flíta e dal falò. Lasciò che i suoi occhi indugiassero sul bel viso di lui, un gesto audace che in qualsiasi altra occasione forse non avrebbe osato compiere.

«E dire che io pensavo che soltanto i bambini giocassero con i fiori nel Giorno più Lungo» le disse lui con una strizzatina d'occhio.

«Io da piccola non l'ho mai fatto» ammise lei con un sorrisino. «Non ho mai festeggiato il Giorno più Lungo come oggi. Credo di voler recuperare il tempo perduto.»

«Davvero?» chiese lui, abbassando lo sguardo sulla sua bocca. «E perché te lo sei perso?»

«Padre iperprotettivo» mormorò lei, girandosi a guardarlo. «Ma non preoccuparti, stasera sono tutta sola.»

Nel dire quelle parole, provò una fitta di sofferenza. Suo padre avrebbe adorato quella notte, ne era certa. Il solito tumulto di emozioni confuse la travolse: senso di colpa, rabbia e profonda tristezza. Nel tentativo di nascondere i propri pensieri, si portò la tazza alle labbra.

«Che fortuna per me.» La voce di Asger si era fatta più bassa. Le prese la mano, la rigirò e le sfiorò con le labbra la parte inferiore del polso. Silla si sentì riscaldare dentro. Quell'uomo attraente la desiderava e a lei piaceva il fatto di riuscire a capire esattamente cosa stesse pensando. Era diretto e sicuro di sé, e non la trascinava in giochetti infantili. Il giorno dopo si sarebbe rimessa in viaggio con l'Equipaggio dell'Ascia Insanguinata, seduta su quel carro per ore e ore, bloccata con la sua rabbia e le infinite domande. Il solo pensiero la rendeva al contempo disperata e desiderosa di godersi le ore di libertà che le rimanevano.

Resa spavalda da quell'idea, afferrò la mano di Asger, trascinandolo tra i bracieri e nel corridoio buio della locanda. Mentre si addentravano tra le ombre, lui le posò le mani sulla vita e l'attirò al sé. Silla sentì il calore del suo corpo, il suo odore di birra e di sudore.

«Mi hai portato qui per un motivo, Silla?»

Lei fece un respiro tremante. Asger la fece girare e lei lo guardò nel buio del corridoio. Sentì una mano affondarle tra i capelli e un'altra scivolarle lungo la schiena, tracciando la linea della sua spina dorsale.

«Non riuscivo a staccarti gli occhi di dosso, stasera» disse Asger con voce roca.

Silla si chiese se ci sarebbe riuscita. Lui chinò il viso verso il suo, avvicinandosi sempre di più, sempre di più.

E poi il dubbio l'assalì. Non si sentiva come se il cuore fosse sul punto di balzarle fuori dal petto. Non sentiva la pelle fremere sotto lo sguardo scrutatore di lui, né il corpo vibrare d'ebbrezza all'idea di ciò che la aspettava. Invece, le si contorse lo stomaco.

Cosa stava facendo?

Prima che potesse riflettere oltre, prima che le labbra di Asger sfiorassero le sue, le fu strappato di dosso, e lei sentì freddo dove prima c'era stato calore.

E poi... sollievo.

Asger ringhiò, girandosi di scatto. Silla si sforzò di riconoscere la sagoma che si stagliava contro la luce del cortile.

«Vattene» disse una fredda voce maschile.
Lei sbatté le palpebre.
Il suo cuore cominciò a battere forte.
Un'ondata di brividi bollenti le corse lungo la schiena.
Era Jonas.

38

Jonas è qui. Silla, la mente ancora annebbiata dalla birra, arretrò finché si trovò con le spalle contro il muro di legno freddo. La scena che le si parava davanti le sembrava un sogno febbrile, più che la realtà.

Asger che barcollava all'indietro con un ringhio. Jonas con le braccia incrociate sul petto, lo sguardo duro e impassibile.

"Ti ha mancato di rispetto e quindi ha mancato di rispetto anche a me."

Quando le parole di Jonas le tornarono in mente, Silla si accorse di avere le mani sudate. I due uomini si studiarono a vicenda: Jonas era di diversi centimetri più alto di Asger e i suoi bicipiti erano un'ovvia indicazione di chi avrebbe vinto, se fossero arrivati alle mani. *Non gli farà del male,* cercò di rassicurarsi Silla. Ma la sua mente le suggerì l'immagine del guerriero al mercato, con il viso tumefatto e insanguinato.

«Cosa vuoi?» grugnì Asger.

«Vattene. Subito.»

Asger spostò lo sguardo su Silla, poi di nuovo su Jonas. «Conosci quest'uomo, Silla?»

Lo shock iniziale della ragazza era svanito, ed era stato sostituito dall'irritazione. «Purtroppo» rispose. Cosa pensava di fare Jonas? Era intenzionato a rovinarle il divertimento o, semplicemente, voleva ciò che non poteva avere?

«Vattene subito» ripeté Jonas, spintonando Asger verso il cortile.

«Non la lascio da sola con te» ringhiò lui, allungando la mano verso l'elsa del suo pugnale nella cintura.

Jonas espirò bruscamente. «Non ti consiglio di farlo.»

Ma Asger era imperturbabile, e strinse l'impugnatura.

«No!» Silla balzò in avanti, frapponendosi tra i due uomini, una mano posata sul petto di ciascuno. «Fermatevi.»

Si girò verso Asger, e il tepore del corpo di Jonas le penetrò nella schiena. Un'ondata di calore la stordì, ma lei si costrinse a guardare Asger, e ad aprire la bocca per parlare.

Asger la batté sul tempo. «Non me ne vado a meno che tu non lo voglia. Cosa vuoi, Silla?» La guardò in silenzio, con espressione supplichevole, e lei non riuscì a dire nulla. Non voleva umiliarlo davanti a Jonas.

Asger le mise una mano sulla spalla, ma Jonas la allontanò. «Non toccarla.»

Silla spalancò la bocca, ma la richiuse subito. Girandosi verso Jonas, gli scoccò un'occhiata feroce. «Che significa, Jonas? Ti è venuto un altro stupido attacco di coscienza e adesso ti preoccupi per la mia sicurezza?»

I loro sguardi si incrociarono, e lei ebbe l'impressione che il sangue le scorresse più lento, più caldo. Ma quando si passò una mano tra i capelli, Silla lo vide agitato, quasi insicuro. «Ho bisogno di parlarti. Da solo» le disse.

«Adesso, Jonas? Dopo che hai avuto tutta la serata?»

Asger si schiarì la voce e Silla sussultò: per un momento si era dimenticata di lui. Ma un lento sorriso si insinuò sul volto di Jonas e lei seppe che aveva capito la sua reazione. "Vuoi che me ne occupi io?" sembrava dire il suo sguardo. Silla esitò.

Jonas aveva già incrociato lo sguardo di Asger da sopra la sua spalla. «Silla vuole che tu te ne vada, kunta.»

Lei si fece sfuggire un verso esasperato.

«L'unica ragione per cui non ti ho ancora preso a pugni è che a lei non piace la violenza» continuò Jonas. «Vattene subito e potrai tenerti tutti i denti. Oppure possiamo fare a modo mio.» Fece roteare il collo.

Silla sentì l'irritazione risalirle lungo la spina dorsale. «Finiscila, Jonas. Dammi un po' di spazio. Lasciami respirare.»

Con riluttanza, lui arretrò di qualche passo.

Silla si girò verso Asger.

«Quest'uomo sembra violento. Sarai al sicuro con lui? Cosa vuoi che faccia, Silla?»

Il senso di colpa parve divorarla. Perché doveva essere così gentile?

«Sono al sicuro.» Si costrinse a incrociare il suo sguardo. «Perdonami, Asger. Per favore, vattene.»

Lui sussultò, poi girò sui tacchi e se ne andò a grandi passi, imprecando sottovoce.

Silla e Jonas rimasero soli nel corridoio.

E poi lei gli si scagliò addosso, dandogli uno spintone sul torace. Sorpreso, lui incespicò. «Perché l'hai fatto, razza di somaro troppo cresciuto?»

Lui si accigliò. «Sto semplicemente facendo ciò che vuoi.»

«Cosa...» balbettò lei. «Non te l'ho chiesto io!» Non gli avrebbe mai confessato di essere contenta. *Mai.* «Che ti prende, Jonas? Che motivo avevi di rovinarmi la serata?»

Lui la ignorò, e iniziò a marciare avanti e indietro con i pugni chiusi. «Gli hai permesso di baciarti.»

«*No*, invece, ma a te che importa? Hai chiarito che non ti interesso.»

Lui si fermò, inchiodandola con uno sguardo omicida. «Devi essere più cauta. Quell'uomo poteva essere pericoloso.»

«Perché ti importa, Jonas?»

Lui si fece avanti, schiacciandola contro il muro. Le posò le mani ai lati della testa e si avvicinò senza toccarla, tanto che le parve di impazzire.

«Chi dice che mi importa?» sussurrò, l'alito che le riscaldava il viso.

Lei sbatté le palpebre, indecisa se schiaffeggiarlo o attirarlo più vicino e unire la bocca alla sua. Jonas si mosse così in fretta che non ebbe bisogno di decidere: premette le labbra sulle sue, e lei sprofondò in lui, sollevata che avesse scelto al posto suo. Gli fece scivolare le mani sul collo, e mentre le loro labbra si incontravano e si separavano di nuovo, il sapore di lui e i suoi respiri roventi e affannosi le svuotarono la mente da ogni pensiero razionale.

La frustrazione e il desiderio represso degli ultimi giorni ebbero finalmente una via di sfogo. Jonas le strinse la vita, attirando a sé il bacino di lei. Con un desiderio quasi doloroso, Silla inarcò la schiena, perché quella vicinanza non era sufficiente. Infilò le dita sotto l'orlo della tunica di Jonas e sfiorò la sua pelle liscia e calda. Quella sensazione la stordì.

Di più.

Jonas le immobilizzò le mani e Silla lo sentì contro di lei, già duro, come quella notte nel bosco. Il calore le divampò tra le gambe, e si ritrovò a strofinarsi contro di lui, strappandogli un gemito.

«Vergogna» disse una voce femminile alle loro spalle, mentre qualcuno correva lungo il corridoio. Si separarono, e faticarono a ricordare dove si trovavano. Alla fine, Silla ricordò: erano in un luogo pubblico. Il petto di Jonas si alzava e riabbassava mentre lui lottava per riprendere fiato, e finalmente lei tornò in sé.

«Perché?» gli chiese. «Perché mi hai trattato così, Jonas?»

La vena sul collo gli pulsava veloce, ma non rispose. Invece, si sporse per baciarla ancora una volta, ma lei lo respinse premendogli le mani sul petto. «No.»

Lui si appoggiò alla parete, sbattendo piano la testa contro il muro. «Ho commesso un errore.»

«Un errore?»

«Ho combattuto questa cosa per giorni, Silla. Ogni notte. Non riesco a fermarmi.»

Lei fissò il suo pomo d'Adamo che faceva su e giù, incerta su cosa dire. «Cosa hai combattuto?» riuscì a domandare alla fine.

«Mi hai spezzato... stregato... Non so più niente, se non che sono infelice. Non riesco a pensare ad altro che alle tue labbra, all'odore dei tuoi capelli. A che effetto mi ha fatto averti tra le braccia, a come mi hai fatto sentire vivo.»

Vivo, cantava il suo corpo. *Vivo. Vivo.*

Silla Margrét, non guardarlo, pensò. Si costrinse invece a fissare il muro accanto alla sua testa. *Non fargli vedere che ti ha ferito.*

«Una distrazione, Jonas» disse. «Doveva limitarsi a questo. Non doveva succedere di nuovo.»

Sentì il suo sguardo scivolarle sulla pelle, e la carne palpitare. «E adesso, Silla? Viaggerai con noi per un bel po'. Abbiamo tempo, un sacco di tempo per le distrazioni.»

Silla, il corpo che fremeva, chiuse gli occhi per un momento. «Tu... tu lo vorresti?»

«Non riesco a pensare ad altro. Lascia che ti distragga, Silla.» C'era una nota di urgenza nella sua voce. La desiderava, eppure...

«Hai fatto finta che non esistessi, stasera» sbottò.

Jonas aprì la bocca, poi la richiuse e deglutì.

«No» proseguì lei. «È stato peggio che ignorarmi. Mi stavi *provocando*. Con quella donna.» Incrociò le braccia.

Lui si toccò la nuca. «Ma lei non significa niente. Io ero... confuso.»

Silla fece una smorfia disgustata.

Jonas gettò indietro la testa e alzò lo sguardo. «Pensavo che se fossi andato a letto con lei avrei potuto scacciarti dalla mia mente. Ma non è successo. Non ce l'ho fatta...» Si passò una mano nella barba, poi la fissò con uno sguardo risoluto. «Ascolta, io ho Ilías. Ho l'Equipaggio dell'Ascia Insanguinata. E non mi affeziono mai a nessun altro. È più sicuro così. Però... tu mi piaci. Più di quanto dovresti.»

Il cuore di Silla batteva così forte che riusciva a malapena a sentire le sue parole.

«Forse... mi sono spaventato. Forse pensavo che se ti avessi tenuta a distanza, tutto si sarebbe sistemato. Ma quando ti ho vista trascinare qui quel guerriero, ho capito di aver sbagliato.» Si lasciò sfuggire un lungo respiro. «Ho sbagliato a trattarti in quel modo. E ho smesso di combattere, Silla. Non dovresti stare con altri uomini. Dovresti stare con me.»

Ogni parola scioglieva un po' dell'ansia che la attanagliava, e alla fine Silla lasciò che i suoi occhi incontrassero i suoi.

Azzurro, azzurro, azzurro.

«Cosa intendi con "stare con te"?» chiese dolcemente.

«Qualsiasi cosa tu voglia.»

Il cuore le martellava nel petto, nelle orecchie, nei polpastrelli delle dita.

«Una distrazione» sussurrò. Lo stava facendo davvero? Ma lo voleva, desiderava ardentemente la corrente di energia che sembrava scorrere tra loro, il modo in cui il tocco di Jonas le ravvivava il sangue e le riscaldava la pelle. «Voglio che tu mi porti nella tua stanza e mi distragga.»

Lui inspirò bruscamente. Si fissarono per qualche secondo e poi si mosse verso di lei. Le posò le mani lungo la mascella, le sollevò il viso, poi premette la fronte sulla sua. Silla chiuse gli occhi, respirandolo. Cuoio. Ferro. Un tocco di sudore. Le diede subito alla testa e le regalò una sensazione di leggerezza assoluta, come se stesse fluttuando in aria.

«Ti distrarrò così bene che ti dimenticherai come ti chiami.»

Silla fece una risatina. «Sei così arrogante, Lupo.»

«Sicuro di me» replicò lui con voce profonda. La condusse alla fine del corridoio, armeggiò con delle chiavi di ferro e aprì la porta. Seguendolo dentro, Silla vide che la stanza era quasi identica a quella di Hekla: un letto con struttura in legno ricoperto di pellicce e coperte, un tavolo e un paio di sedie accanto a un piccolo camino.

Appoggiata con la schiena contro la parete, guardò Jonas accendere il fuoco. Dopo diversi minuti, le fiamme crepitarono dolcemente nel focolare, illuminando la camera e diffondendo un bel tepore, che la raggiunse. Jonas chiuse la porta, regalando a entrambi una certa intimità, e si voltò a guardarla.

Silla sentì il cuore rimbombarle nelle orecchie. La stanza era illuminata solo dalla luce tremolante delle fiamme, che danzavano lungo la barba dorata di Jonas, sulla curva delle sue labbra, nei suoi occhi azzurri e scintillanti a dispetto della penombra.

Lo aveva sempre considerato bello, ma non era la parola giusta per definirlo; più del suo aspetto, era il modo in cui si comportava a colpirla: potente e sicuro di sé, il tipo di uomo che prendeva ciò che voleva. E sentire su di sé il suo desiderio era tanto travolgente da farle girare la testa.

Silla fece un passo avanti, accorciando la distanza tra loro, allungando le mani tremanti ad afferrare quelle di Jonas. I palmi grandi e ruvidi di lui scivolarono contro i suoi, facendole correre dei brividi lungo le braccia. Silla alzò gli occhi nei suoi e mormorò: «Anche io ho pensato a te, sai».

«E a cosa hai pensato?» le chiese lui, muovendo dolcemente in cerchio i pollici sul dorso delle sue mani.

«Alle tue normalissime labbra.» Si alzò sulle punte dei piedi, sfiorandogli la bocca con la sua.

«A questi affari minuscoli.» Si mise le mani di lui intorno alla vita.

«A questo corpo assolutamente ordinario.» Gli fece scorrere le braccia sul petto, poi gliele avvolse intorno alle spalle, fissandolo.

Lui soffocò una risata, poi la strinse a sé e le sfiorò la tempia con il naso. «Ecco, vedi, adesso mi costringi a chiedermi se sei davvero la donna generosa che credevo fossi.»

Silla si lasciò sfuggire un respiro tremante, e un attimo dopo si stavano baciando. Lui la condusse verso il letto e la adagiò sulle pellicce morbide. Lei scivolò indietro e Jonas si sistemò sopra di lei, i gomiti appoggiati ai lati della sua testa. E poi la baciò di nuovo, più intensamente, più impetuosamente, con una nuova urgenza. La sua bocca era calda e umida, la sua barba ruvida contro le guance: la combinazione la fece impazzire.

Lei si perse completamente in quel bacio, tanto che il tempo sembrò cessare di esistere. I secondi diventarono minuti, ma non importava. C'erano solo loro due e il desiderio che la scombussolava, così intenso che le sembrava di non essere mai abbastanza vicino a Jonas.

Lui fece per alzarsi, ma lei lo tirò giù.

«Non fermarti» disse, con voce impastata. «Se ti fermi potrei morire.» E lo pensava davvero: niente importava se non continuare ad avere lui, a sentirsi così persa, a provare quel desiderio inebriante che la stava consumando.

Lui ridacchiò, una risata bassa che la fece fremere in tutto il corpo. «Non posso permetterlo» mormorò contro le sue labbra. «Ho dei programmi per te, stasera.» Le scostò i capelli di lato e le baciò il punto sensibile del collo, appena sotto l'orecchio. Gemendo, Silla si spinse in avanti verso le sue labbra, avida di lui.

«Volevo dirti» ansimò «che il mio vestito non ha le tasche. È poco pratico. Pensavo che avresti approvato.»

«Ho cambiato idea sui tuoi vestiti» disse lui, sollevando la testa.

«Come?»

Lui le accarezzò il ricamo lungo la scollatura. «Tieniti i tuoi vestiti trasandati, Silla. Stasera avrei voluto prendere a pugni ogni uomo che ti guardava.» Si mise ad armeggiare con i lacci. «Togliamolo subito e gettiamolo nel fuoco.»

Lei sgranò gli occhi. «Non puoi bruciarlo! Me l'ha comprato Hekla.»

Jonas continuò ad affannarsi goffamente con i lacci, finché riuscì nel suo intento e spinse il vestito in basso, sempre più in basso, fino a sfilarglielo. Le tolse anche la biancheria, e lei rimase nuda, con un possente guerriero dai capelli dorati che incombeva su di lei.

«Bellissima» mormorò Jonas, con una sfumatura di riverenza nella voce. Studiò ogni curva e ogni avvallamento con sguardo possessivo, sfiorandole dolcemente il seno con le nocche, facendola impazzire di desiderio. «Sei perfetta, Silla» disse, fissandola negli occhi.

L'emozione le fece venire un nodo in gola. Nessuno l'aveva mai definita bella prima, e certamente non perfetta. Ma poi si ricordò che forse Lupo diceva le stesse cose a tutte le sue donne.

Lui abbassò il viso per baciarla, ma lei gli mise le dita sulle labbra. «Anche tu» sussurrò. Voleva vederlo, voleva disperatamente sentire la sensazione della pelle nuda di lui contro la propria.

Jonas inarcò un sopracciglio, ma non se lo fece ripetere due volte. Senza mai staccare gli occhi dai suoi, allungò una mano dietro di sé, sfilandosi la tunica con un movimento rapido. Mentre lo osservava, Silla era quasi certa di aver smesso di respirare per un minuto. Era sbalorditivo, con quella pelle dall'abbronzatura dorata e i muscoli ben definiti sul petto ampio e sull'addome scolpito. Mentre si toglieva gli stivali e si slacciava i pantaloni, lei vide un altro spettacolo eccitante. Un lampo di orgoglio gli attraversò lo sguardo quando la colse a fissarlo affascinata.

«Arrogante» mormorò lei con un accenno di sorriso.

«Sicuro di me» ripeté lui, raggiungendola lentamente. Poi tornò a sistemarsi su di lei. Il tepore della pelle di lui che sfiorava la sua era inebriante come Silla aveva immaginato. Le loro bocche si unirono in un bacio appassionato e famelico; Jonas le passò una mano lungo lo stomaco e il seno, e lei si inarcò in risposta. Poi lui spostò la mano ancora più in basso, finché fu tra le sue gambe, dove iniziò a sfiorarla delicatamente con le dita, disegnando piccoli cerchi. Con un sussulto, Silla si sollevò sui gomiti, le sopracciglia aggrottate.

Jonas sollevò la testa, gli occhi fissi nei suoi. «Non hai mai conosciuto il tocco di un uomo, vero, Riccioli?»

Lei sentì che stava arrossendo. Jonas incurvò le labbra in un sorriso soddisfatto e le sistemò una ciocca di capelli dietro l'orecchio. «Non hai idea di quanto mi piaccia. Le mie labbra, le uniche a toccare le tue. Le mie dita, le uniche ad accarezzarti.» I suoi occhi avevano un bagliore possessivo che la fece avvampare, prima sul viso e poi nel ventre. «Fidati di me e ti farò stare così bene che ti si arricceranno le dita dei piedi e non vedrai altro che le stelle.»

«S-sì» riuscì a dire lei. «Per favore.»

Quindi tornò a sdraiarsi, rabbrividendo quando lui riprese a toccarla, accarezzando delicatamente le sue parti più intime. Infilò un dito dentro di lei, e Silla gli si strinse attorno mentre si ritraeva. Jonas aggiunse un secondo dito e non ci volle molto perché lei si sentisse stordita, le dita dei piedi arricciate davvero mentre dalla bocca le sfuggivano suoni incoerenti: sussurri e sospiri e borbottii che suonavano come "sì" e "ti prego". Silla avvertì qualcosa dentro di sé stringersi sempre di più e sollevò i fianchi dalle pellicce; ma Jonas la spinse verso il basso con una mano, mentre le dita dell'altra erano ancora dentro di lei. Le mosse finché Silla gridò.

Con un verso di soddisfazione, Jonas le chiese: «Questo era per me, Riccioli? Dammi anche il resto».

Sentirlo parlare così la spinse oltre il limite. La pressione si fece insopportabile per un secondo o due. E poi, con un respiro affannoso, Silla si frantumò in un milione di pezzi vorticanti. Il piacere la scosse, e i muscoli attorno alle dita di Jonas si contrassero pulsando. L'estasi parve allungarsi all'infinito, mentre Jonas le strappava fino all'ultima goccia, fermandosi solo quando il suo corpo fu di nuovo immobile.

Silla rimase così per momento che parve infinito, ansimando, mentre piccole scintille di luce le esplodevano dietro le palpebre.

Ecco, pensò. Non si era mai sentita più viva di così. Quando il mondo tornò a fuoco e il martellare del suo cuore si affievolì, Silla si accorse che Jonas la fissava. Ciuffi di capelli dorati si erano sciolti dalla sua treccia, e gli ricadevano sulla fronte; le labbra morbide erano piegate in un sorriso. Dèi. Era così virile, in quel momento, che lo stomaco le si contrasse.

«Toccami» sussurrò lui.

Sì, pensò Silla. Voleva mostrargli quanto l'avesse resa felice. Voleva farlo sentire vivo come lui aveva fatto con lei. «Fammi vedere» gli sussurrò.

Lui le sorrise mentre si girava sulla schiena, sollevandola e sistemandola a cavalcioni sulle sue cosce, perché lo guardasse dall'alto. La luce del focolare catturava ogni increspatura sulla sua pelle dorata, ogni cicatrice, e il piccolo sentiero di peli biondo cenere che gli scendeva lungo il ventre.

Jonas prese la mano di Silla e la avvolse intorno a sé, poi si sfilò, mentre lei tenne ferma la sua. «È questo che ti piace?» mormorò, muovendola lentamente su e giù.

«Sì» rispose lui a voce bassa.

Incoraggiata, Silla continuò a esplorare, scoprendo i punti che lo facevano rabbrividire, gemere e muovere i fianchi. Con l'altra mano gli accarezzava i muscoli scolpiti dell'addome: era duro, caldo e liscio ovunque lo toccasse. Non riusciva a credere che lui la desiderasse. Il solo pensiero le provocò un'ondata di piacere, un'estasi che l'attraversò tutta.

Silla si tirò indietro, guardandolo dall'alto in basso. «Jonas... Voglio...»

«Cosa vuoi, Silla?»

Fissandolo con occhi spalancati, lei fece un gran respiro. Era arrivata fin lì; era ormai persa in quelle profondità. Tutta la sua vita era stata fatta di decisioni intelligenti e prudenti, e quella sera si era resa conto di quante cose si era persa. Quella sera non voleva pensare. Voleva semplicemente sentire.

«Fammi sentire viva, Jonas. Prendimi. Prenditi tutto di me.» La sua voce era tranquilla e forte allo stesso tempo.

Jonas la fissò con un'intensità selvaggia, che le si riverberò fin nelle ossa. Con un ringhio basso, la rigirò sulla schiena, inchiodandola alle pellicce con un bacio di puro, crudo desiderio.

«Ne sei sicura?» mormorò, espirando quando lei annuì. Quindi spinse la sua erezione contro di lei, muovendosi su, giù, su, giù, e lei strinse i muscoli, pronta ad accoglierlo. Silla ebbe un momento di trepidazione: Jonas era grosso, molto più grosso di lei, e sapeva, per aver trascorso tanto tempo in cucina in compagnia di donne più esperte, che avrebbe fatto male. Ma lo desiderava più di ogni altra cosa. Voleva godere della vita fino all'ultima goccia, finché poteva.

Le parole di Jonas le parvero distanti, attutite. «Sigrún ha delle erbe che puoi prendere per evitare di avere un bambino. Gliele chiederò. Non lo dirà a nessuno.»

Silla annuì. Il suo corpo fremeva, ansioso, famelico. Chiudendo gli occhi, Jonas borbottò delle imprecazioni sottovoce mentre si preparava a entrare dentro di lei. E poi Silla lo sentì spingere lentamente ma con fermezza. Il sudore gli imperlava la fronte mentre si faceva strada, centimetro dopo centimetro. Era piena di lui, piena in modo insopportabile, e proprio quando si sentì certa che non sarebbe successo, il dolore la trafisse. Silla gridò, conficcando le unghie nelle spalle robuste di Jonas.

Rabbrividendo, lui imprecò di nuovo, rimanendo immobile mentre le disegnava una scia di baci lungo la mascella, il collo, fino all'orecchio. «Per gli dèi, donna. Sembri fatta apposta per me.»

Jonas roteò i fianchi con un gemito, e il bruciore si intensificò quando si ritrasse. Quando tornò a riempirla, Silla fu tentata di chiedere se era normale che fosse tanto spiacevole, ma si morse il labbro e cercò di rilassarsi.

«Sei ancora più bella così» mormorò Jonas, guardando il punto in cui i loro corpi erano uniti. «Piena di me.» La guardò incantato mentre tornava a spingere.

Sentirlo parlare così accese una fiamma dentro di lei. «Piena» fu tutto ciò che riuscì a dire.

«Sto cercando di andarci piano, ma sei così...» Socchiudendo gli occhi, Jonas si spinse di nuovo dentro di lei.

Silla inspirò profondamente, e le venne la pelle d'oca. Era un'invasione più brutale di quanto si aspettasse, eppure era esattamente ciò che voleva, ciò di cui aveva bisogno. L'aveva scelto lei; aveva scelto di vivere. E aveva scelto lui, Jonas. C'erano solo loro, il dolore e un debolissimo barlume di piacere.

«Mi hai dato tu *questo*» borbottò Jonas. La sua voce suonava cruda, roca. Le passò lo sguardo famelico sul suo viso e sui seni, e si mosse più velocemente. «È mio.»

Quelle parole le strapparono un verso: un gemito di puro bisogno. *Di più*, implorava il suo corpo mentre gli affondava le unghie nella schiena, mentre si smarriva più profondamente che mai. A ogni spinta, il bordo tagliente del dolore si smussava un po', finché non divenne altro che un lieve fastidio.

Jonas cambiò posizione, affondando ancora di più dentro di lei, toccandole luoghi di cui lei nemmeno sapeva l'esistenza. Silla sussultò e poi una scintilla di piacere si levò, come un fuoco appena acceso, e una nuova sensazione montò dentro di lei. Era un piacere mischiato al dolore, fusi insieme fino a diventare indistinguibili. Silla dischiuse le labbra, aggrottò le sopracciglia e si concesse di esplorare quella nuova sensazione, più profonda, più struggente di prima.

«Sì. Ne voglio ancora, Riccioli.» Sostenendosi su un gomito, Jonas spostò una mano tra i loro corpi, accarezzandole il suo punto più sensibile, e lei rabbrividì.

Il mondo prese a vorticare. «Non fermarti.»

Jonas aumentò il ritmo e le sollevò il ginocchio verso l'alto, riuscendo a raggiungere un punto ancora più profondo dentro di lei. Era come gettare legna nel fuoco. Il calore si faceva sempre più incandescente, ma in qualche modo anche più profondo, a ogni spinta del bacino di Jonas, e Silla si sentì sull'orlo di qualcosa di nuovo, di qualcosa di più grande... Lui le posò la mano sul collo, stringendo leggermente. «Quando raggiungerai il piacere, voglio sentire il mio nome sulle tue labbra.»

Ma il suo sguardo era troppo intenso, troppo... qualcosa, e Silla chiuse gli occhi mentre la tensione diventava insopportabile.

«Oh. Oh...»

Si disfece, con il nome di lui sulla lingua, in un inferno ardente di luce, calore e piacere che la travolse e la lasciò come un mucchietto di cenere fumante. Era niente e tutto, volava più in alto che mai e annegava nella più dolce delle sensazioni.

Era vagamente consapevole di Jonas sopra di lei. Un gemito devastante, le braccia scosse da tremiti, le spinte che si facevano irregolari, per poi fermarsi del tutto mentre lui si svuotava dentro di lei. Jonas crollò su un braccio, il petto che si sollevava a ogni respiro.

Silla aveva la mente svuotata.

Inspirò. Espirò. Aprì gli occhi per guardarlo. Notò la patina di sudore sulla sua fronte, l'ampio petto che si sollevava mentre lui lottava per riprendere fiato, le macchie verdi nei suoi occhi azzurri. La stava guardando dall'alto con un'espressione strana, come se avesse appena scoperto qualcosa.

Quando riuscì di nuovo a parlare, Silla disse la prima cosa che le venne in mente. «Possiamo farlo di nuovo?»

Lui rise, e il suo cuore fece una capriola. «Se sei ancora in grado di parlare, non mi sono impegnato abbastanza.»

39

Il fuoco si era ridotto a carboni ardenti, un odore di cenere aleggiava nell'aria. Jonas sapeva che avrebbe dovuto alzarsi per aggiungere un altro ceppo, ma non riusciva a lasciare le pellicce.

Guardò le dita sottili di Silla scivolare lungo il dorso della sua mano, tracciando la pelle deturpata. «E questa cicatrice?» chiese. Avrebbe dovuto chiudere quella storia. Avrebbe dovuto concentrarsi sulle cose che contavano: il lavoro a Istré, reclamare le sue terre. Ma non riusciva a pentirsi di ciò che avevano fatto.

Prima, Jonas le aveva portato un secchio per pulirsi le cosce, e alla vista di lei sdraiata tra le sue pellicce il suo corpo si era svegliato. Era stato il primo, per lei. Dopo tutto ciò che era successo, si era affidata a lui. Un'ondata di calore gli aveva invaso il petto, ma lui lo aveva respinto.

A un certo punto non era più riuscito a trattenersi, aveva premuto le labbra sulle sue, e avevano ricominciato daccapo. Si erano rotolati nelle pellicce, arti e labbra che si sfioravano e intrecciavano. Jonas si era preoccupato che lei potesse essere dolorante, ma sembrava impaziente, quindi era sprofondato di nuovo dentro Silla. Il calore avvolgente del suo corpo era una beatitudine che non aveva mai conosciuto.

La curiosità di lei, la sua impazienza, il suo viso bello ed espressivo... tutto questo aveva risvegliato in lui qualcosa di primitivo, come un guerriero bramoso di conquiste. Aveva bisogno di rivendicare il suo diritto. Non si era mai sentito così, come se non ne avesse mai abbastanza.

È solo una questione fisica, si disse. *Puoi andare a letto con lei senza svelare parti di te stesso.* Ma in fondo, Jonas non ne era sicuro. Le aveva già rivelato cose di cui parlava di rado, e il calore nel suo petto era solo cresciuto durante la notte. Silla soffocò uno sbadiglio mentre un ceppo crollava nel fuoco con una raffica di scintille. Jonas sapeva che si sarebbero dovuti alzare nel giro di poche ore per intraprendere la tappa successiva del loro viaggio, ma in quel momento era disposto a lasciare l'Equipaggio dell'Ascia Insanguinata. A chiudersi in quella stanza con lei e a non lasciarla mai andare via.

«Jonas?» chiese lei, riportandolo al presente. «Questa bruciatura?»

«Serpente di fuoco» rispose lui, deglutendo. «Uno dei nostri incarichi peggiori è stato liberare Holt da un'infestazione.» Stavolta fu lui a sfiorarle l'angolo dell'occhio, seguendo i contorni di una piccola cicatrice a forma di mezzaluna. «E questa?»

Lei scrollò le spalle. «Mi hanno detto che ho sbattuto contro uno spigolo del tavolo quando avevo due anni. Non è divertente come i tuoi racconti.» Ma parve rifugiarsi in sé stessa per un momento.

«Dove sei andata?» mormorò Jonas, sfiorandole la guancia con le nocche.

Lei scosse la testa, sorridendogli. «Da nessuna parte. E... questo?» Gli toccò un segno sullo zigomo.

Jonas aggrottò la fronte. «Mio padre.»

Silla fissò gli occhi nei suoi.

«Mi sono messo in mezzo tra il suo pugno e mia madre. Portava il suo maledetto anello.»

Silla lo scrutò attenta. «Tuo padre c'entra qualcosa con il motivo per cui a te e Ilías non sono stati concessi i diritti sulle vostre terre?»

Jonas contrasse un muscolo della mascella e spostò lo sguardo in un punto vicino alla testa di lei. «Sì.» Capì che Silla avrebbe voluto saperne di più e le fu grato quando non chiese altro. Non voleva rovinare quel momento ripensando a quei giorni. Eppure... se c'era qualcuno a cui lo avrebbe raccontato, forse era proprio lei.

Fermati, si disse Jonas. *Devi proteggerti. Devi mantenere la concentrazione.* Ma le sue argomentazioni si facevano sempre più deboli. Silla era una brava persona. Affidabile. Con lei si sentiva al sicuro.

«Silla» disse, perdendosi nei suoi grandi occhi scuri. «Dobbiamo mantenere questa storia segreta.»

«Perché?»

«Rey mi ha ordinato di starti alla larga» disse Jonas, sistemandole una ciocca dietro l'orecchio.

Silla aveva i capelli spettinati, le guance arrossate e le labbra turgide, il che la rendeva solo più bella. Solo lui poteva vedere quel lato di lei. Sentì una fitta di possessività. *È mia.*

«E a Rey che importa?»

«È convinto che mi distrarresti dal nostro incarico.» Jonas si lasciò sfuggire un lungo sospiro. Sapeva che Rey aveva ragione, ma non riusciva a preoccuparsene in quel momento.

Lei, invece, era arrabbiata. «Se Rey non lo sa, non può prendersela.» Poi si coprì la bocca quando le sfuggì un grande sbadiglio.

«Ti ho sfinita?» Jonas le strofinò il viso contro il collo.

«Devastata» rispose lei con un sorriso subdolo. «Puoi distrarmi di nuovo domani?» Gli infilò le dita nella barba e un brivido di piacere gli corse lungo la schiena.

Le fece scorrere le mani sui fianchi e lungo la pelle liscia delle cosce. «Sì. Voglio prenderti sotto le stelle.»

Lei gli diede una pacca giocosa sul braccio. «Sei volgare. Cosa dice di me il fatto che mi piaccia?»

«Conferma i miei sospetti. Non sei una donna perbene.» Le strizzò una coscia.

«Ci serve un segnale» riprese lei. «Potrei arrotolarmi i capelli intorno alle dita. O grattarmi il naso con la mano sinistra. E a quel punto ci inventeremo ciascuno una scusa e spariremo nel bosco.»

«Potrebbe piacermi» mormorò lui, sfiorandole la pancia. «Il nostro piccolo segreto.» Si sollevò per darle un bacio sulle labbra.

Mentre si ritraeva, lei lo fissò, una strana espressione negli occhi. «Se dobbiamo continuare a frequentarci, non sopporterò che mi tratti come hai fatto stasera» lo ammonì. «Non essere crudele con me. Non possiamo essere amici in presenza degli altri?»

Sospirando, Jonas fissò le travi di legno del tetto. «Possiamo essere amici. Non ti ignorerò più, Silla, lo giuro. Ma non sarà bello starti vicino e non poterti mettere le mani addosso.»

Silla si raddrizzò a sedere. «Be', dovrai trattenerti. Dopotutto, sono una donna di saldi principi.» Un sorriso le curvò le labbra. «E nessuno di noi due ha voglia di affrontare l'ira di Rey.»

Silla scese dal letto e si infilò la sottoveste.

«È successo qualcosa durante il vostro viaggio?» le chiese Jonas. Un sentimento sconosciuto gli contrasse le viscere: gelosia, si rese conto con un sussulto.

Per un attimo Silla parve quasi spaventata, ma quasi subito si ricompose in un'espressione neutra. «Ha lasciato che un cervo vampiro mi attaccasse. Ed era... be'... Occhi d'Ascia.»

«Non ha provato a fare niente di sconveniente, vero?»

Silla si girò di scatto a guardarlo. «No! Cosa? Certo che no.»

«Bene. Non voglio che baci nessuno, a parte me.» Dèi misericordiosi. Chi era quest'uomo che le diceva certe cose?

L'espressione del suo viso la fece scoppiare a ridere.

«Perché ridi?»

«È... eccitante essere l'oggetto della tua gelosia.»

Jonas si accigliò. «Non farti venire strane idee, donna.»

«Tipo?»

Silla si infilò il vestito.

«Tipo cercare di farmi ingelosire.»

A Silla scintillarono gli occhi. «Mmm. Supponiamo che la notte io metta le pellicce su cui dormirò accanto a quelle di Ilías, questo ti ingelosirebbe?»

Lui si lasciò sfuggire un ringhio. «Non pensarci nemmeno.»

«E... se mi sedessi vicino a Gunnar, a cena, in modo che le nostre gambe si tocchino un po'?»

Jonas sospirò. «Sarei costretto a mostrargli l'ascia. Non costringermi a farlo, Silla.»

Lei si appoggiò alla porta ed esalò un lungo sospiro. «Vorrei poter restare.»

In pochi secondi Jonas la raggiunse, le avvolse le braccia intorno alla vita e la baciò. Fu un bacio dolce e delicato per concludere la serata, ma Jonas fece guizzare la lingua in modo provocante, promettendo nuovi sviluppi. Silla si abbandonò contro di lui e sospirò.

«Buonanotte, Jonas.» Aprì la porta e percorse il corridoio.

«Buonanotte, Silla» le mormorò lui alle spalle.

* * *

Silla si diresse verso le scale e salì nella stanza che condivideva con Hekla. Era così stanca e tremante che, quando armeggiò con la chiave, i primi due tentativi di infilarla nella serratura fallirono. Proprio quando ci riuscì, la porta fu spalancata da dentro, e lei si trovò davanti Hekla che la fissava con occhi assonnati.

Silla ricambiò lo sguardo, acutamente consapevole dello stato dei suoi capelli e del suo vestito.

Le labbra di Hekla si curvarono in un sorriso malizioso. «Oh, dúlla. Hai un sacco di cose da spiegarmi.»

Parte 2

Ceneri

Azioni gloriose e azioni malvagie spesso vivono l'una nell'ombra dell'altra.

SAGA DI GÍSLI SÚRSSONN

40

Dorsale di Skalla

I suoi capelli rosso fuoco erano fuori posto nella cella umida. Erano troppo luminosi, troppo esuberanti, in quel luogo di miseria e morte. Skraeda sentiva il petto in fiamme mentre fissava attraverso le sbarre la sua copia esatta. Con le mani ammanettate con l'hindrium per neutralizzare le sue abilità di Inceneritrice, Ilka tremava di shock e paura.

«Skraeda, hai commesso un errore» sussurrò. «Ma puoi rimediare. Puoi sistemare le cose. Di' loro che hai sbagliato.»

Skraeda sentiva un vortice di emozioni: senso di colpa e disprezzo per sé stessa; ma, più forte di tutte, irritazione. Irritazione per il fatto che dopo tutti quegli anni Ilka non aveva nemmeno provato a adattarsi a quel mondo. Era troppo tenera. Troppo gentile. Il galdur che le scorreva nelle vene le avrebbe potenzialmente donato un grande potere, e invece... lei lo considerava un peso. E poi Ilka sembrava incapace di capire Skraeda.

«Sto facendo ciò che devo per sopravvivere, Ilka» le rispose con silenziosa determinazione. Fu allora che vide, negli occhi della sua gemella, lo sguardo che l'avrebbe perseguitata per sempre. Il momento in cui Ilka finalmente capì.

«Non sei migliore di loro» sbottò, le sue parole che grondavano veleno.

È troppo tardi per te, *pensò Skraeda. La rattristava essere arrivata a quel punto. Ma in quel regno, essere una Galdra significava scegliere tra uccidere o essere uccisa. E Skraeda non era pronta a morire.*

«Dovresti essere orgogliosa, sorella» disse. «Il tuo dono non sarà più sprecato con te. Sarà usato per plasmare questo regno secondo la visione della regina. Sarà la tua eredità, Ilka.»

Gli occhi di Ilka si riempirono di lacrime. «Sei una traditrice della tua stessa gente, Skraeda.»

«Sono un'opportunista...»

«Pensi solo a te stessa!» urlò Ilka. La sua voce riecheggiò tra le pareti di pietra della cella. Skraeda non riusciva a ricordare un momento in cui la sua gemella avesse alzato la voce, e vederglielo fare la lasciò senza parole.

Poi Ilka arricciò le labbra in un ghigno orribile. «Ti credi coraggiosa... ti credi un'opportunista... ma non sei altro che una vigliacca egoista, Skraeda. Morirai sola e infelice, proprio come meriti.»

Con quelle parole che le rimbombavano in mente, Skraeda si svegliò dal suo sogno febbrile. Si ritrovò sdraiata su una sporgenza a metà del fiordo. Il sole era così luminoso che per diversi, lunghi istanti pensò di essere rimasta immortalata nella luce tra le stelle.

Fu il becchettare di un corvo, che le tirò le trecce e le provocò una fitta di dolore al cuoio capelluto, a riportarla in sé. Skraeda lo colpì. Con un grido di protesta, l'uccello prese il volo, unendosi allo stormo che le volteggiava sopra, in attesa che lei esalasse l'ultimo respiro.

E poi tutto le tornò improvvisamente in mente: il guerriero gigantesco disteso sul bordo della cresta, pronto a ricevere il colpo di grazia. Il dolore alla testa, che la faceva precipitare nell'oscurità.

La ragazza.

Skraeda si era lasciata distrarre così tanto dalla sofferenza del guerriero che si era dimenticata di lei.

Come hai potuto essere così stupida? si rimproverò. Non era riuscita a controllarsi. Dopo giorni di attesa, se li era visti davanti: la ragazza non aveva il suo mantello rosso, ma Skraeda l'aveva riconosciuta subito. Dopo centinaia di chilometri e innumerevoli notti passate a rimuginarci, il momento era arrivato.

C'era stata la piccola questione del guerriero: era grosso e abile, e nel momento in cui Skraeda si era resa conto di essergli inferiore con la spada, aveva raggiunto il filo del suo dolore con la stretta della sua mente. Lo aveva srotolato dall'aura dell'uomo e, dopo qualche rapido strattone, lui si era ritrovato disteso sulla schiena, con la testa che penzolava oltre il bordo della Dorsale di Skalla.

Quanto era stata sciocca Skraeda a dimenticare la ragazza.

La testa le pulsava come a dirsi d'accordo, e Skraeda allungò la mano per strofinare il bernoccolo gonfio. La rabbia le divampò dentro e lei sentì il bisogno di bruciare... di distruggere.

Prima devi risalire la parete rocciosa, idiota, si disse.

E allora cominciò ad arrampicarsi. Con le costole ammaccate e una spalla dolorante, risalire il fiordo richiese tempo, e anche un solo passo falso poteva tradursi in una morte certa.

Ma era spinta dal bisogno di sopravvivere, dal bisogno di rimediare al suo errore e conservare il favore della regina. La ragazza era sfuggita alle sue grinfie non una, ma due volte.

Quella era una rara giornata senza nuvole, e il sole era accecante. Skraeda aveva la bocca riarsa, la lingua le sembrava enorme e i muscoli protestavano mentre si teneva aggrappata alla parete del fiordo. A un certo punto chiuse la mano attorno a una radice che sporgeva e tirò, testandone la resistenza. La radice si staccò, e lei fu investita da una pioggia di sassi e rocce sbriciolate. Chiudendo gli occhi, resistette alla tempesta.

Dopo molte ore di arrampicata, esaminò l'ultimo tratto di roccia scoscesa che la separava dalla cima: due metri di pietra liscia e immacolata. Non c'era modo di trovare un appiglio. Le venne un'idea.

Inspirò profondamente, sguainò l'ascia e la conficcò nella parete. Alcuni sassolini rotolarono in basso, ma la lama era penetrata in profondità nella roccia.

Incoraggiata da quel successo, Skraeda sguainò l'hevrít con l'altra mano, puntando la lama diverse spanne sopra l'ascia. Quindi si sollevò facendo forza sulle braccia, colpo di lama dopo colpo di lama. Non osava guardare in basso: l'incessante fragore delle onde sottostanti era un promemoria sufficiente di ciò che l'aspettava se avesse perso la presa.

I corvi che le volavano sulla testa protestarono e lei incurvò le labbra in un sorriso.

«Non banchetterete con me, oggi» borbottò.

Poi si issò sulla cima della Dorsale di Skalla e si sdraiò ansimando a terra. Aveva i muscoli a pezzi, la gola tanto asciutta che le faceva male. Il mondo le vorticò attorno per un brevissimo istante, ma Skraeda si costrinse a mantenere la lucidità. *Sei sopravvissuta,* si disse, e la sua mano trovò i contorni rassicuranti della treccia di Ilka nella tasca. *E ora finirai ciò che hai iniziato.*

Mettendosi in ginocchio, si diede un'occhiata intorno: la Strada d'Ossa procedeva verso nord lungo la cresta, i pini la costeggiavano, appuntiti come cime di lancia verdi verso il cielo azzurro, le scogliere precipitavano a strapiombo verso l'oceano sottostante sull'altro lato.

Gli occhi le caddero su un oggetto rosso annidato nell'erba sul bordo della strada. Costringendosi ad alzarsi in piedi, Skraeda inspirò profondamente prima di andare a indagare.

Lo scudo del guerriero, tagliato in due metà frastagliate e tenuto insieme solo dalla borchia di ferro, era abbandonato nell'erba alta. Skraeda si avvicinò. I suoi occhi seguirono l'ascia dipinta sullo scudo, il cremisi che ricopriva la lama e gocciolava in una pozza sottostante.

«Non conosco questo sigillo» disse a sé stessa raccogliendo lo scudo rotto. «Ma scoprirò a chi appartiene.»

Un rumore di zoccoli la indusse a stringere più forte la sua ascia; ma era solo il suo cavallo, che galoppava verso il suono della sua voce. Il sollievo la travolse. Finalmente la fortuna le sorrideva. Aveva il suo cavallo, le sue provviste nelle bisacce e il sigillo di coloro con cui la ragazza viaggiava.

Dopo una lunga bevuta dal suo otre, Skraeda montò a cavallo e si diresse a nord lungo la Strada d'Ossa.

«So chi sei» disse ad alta voce, «e presto saprò con chi viaggi.»

Le onde si infrangevano ben al di sotto della cresta, i corvi gracchiavano in alto.

«La prossima volta che ci incontreremo sarà l'ultima, ragazza.»

41

Hver

Era decisamente troppo presto quando Silla si trascinò fuori dalle pellicce e strisciò sul carro. La città di Hver stava ancora dormendo per le celebrazioni del Giorno più Lungo e l'Equipaggio dell'Ascia Insanguinata si muoveva al rallentatore. Ilías ondeggiava in un modo che suggeriva che potesse essere ancora ubriaco, e aveva una zazzera arruffata da perfetto Orso delle Caverne Appena Sveglio.

Gli occhi di Silla si posarono su quelli azzurri di Jonas. Lo studiò: le occhiaie e un lungo sbadiglio furono l'unico indizio delle loro attività della sera prima. Quando lo sguardo le cadde sulla sua barba e i ricordi riaffiorarono – la sensazione di sentirla sotto le dita, la ruvidezza contro il suo collo –, Silla fu invasa una vampata di calore. Come se le avesse letto nel pensiero, Jonas le fece un sorrisino, che prometteva altre distrazioni in futuro.

Mentre si sistemava sulla pila di pellicce nel suo angolo del carro, Silla sentì un oggetto spigoloso conficcarsi nella sua schiena: un libro. Anzi, tre libri, per essere precisi. Li tirò fuori ed esaminò le copertine. Il primo era quello che Rey era andato a cercare da Kraki: *Creature di Íseldur*. Fece scivolare le dita sulla semplice copertina in pelle del successivo, tracciando ogni lettera delle parole: *Guida alle Erbe di Íseldur*. Il terzo libro, curiosamente, era: *Breve storia di Íseldur*. Lo sguardo di Silla passò dai libri a Rey. Alto e stoico, lui era in groppa a Cavallo, e la luce del sole rimbalzava sui suoi riccioli crespi. «L'hai rubato per me, Occhi d'Ascia?»

Rey inclinò la testa. «Quei libri appartengono all'Equipaggio dell'Ascia Insanguinata. Ho semplicemente ripreso ciò che è nostro.»

«Ma allora sei davvero un bandito, Reynir.»

Lui rispose con un ringhio, e lei sorrise. Evidentemente non gli piaceva essere chiamato con il suo nome completo.

«E li hai affidati a me?»

Lui si strinse nelle spalle, facendo alzare e abbassare la pelle di lupo che le ricopriva. «I libri mi sono sembrati un buon modo per impedirti di parlare.» Sospirò. «Ma sto mettendo in dubbio la mia scelta.»

Accigliata, Silla studiò l'ampia schiena del capo dell'Equipaggio dell'Ascia Insanguinata. Era sconcertante, quell'uomo. Aveva minacciato di ucciderla più di una volta, e ora le offriva una semplice gentilezza, una tregua dalla sua noia.

Selezionando *Guida alle erbe di Íseldur*, Silla si mise a sfogliarlo. Era decisamente contenta, anche se il libro non parlava di storie d'amore e avventure.

Andò all'indice e fece scorrere il dito oltre la R, fermandosi su *skjöld*. Il cuore le saltò un battito.

Andò a pagina 233 e cominciò a leggere.

Nome botanico: skjöldablóm
Nome popolare: skjöld

Saltò i paragrafi *habitat* e *descrizione* e raggiunse la sezione che cercava.

Usi: Lo skjöld ha storicamente proprietà calmanti e viene somministrato in piccole dosi per trattare la tensione nel corpo e i terrori della mente.

Effetti collaterali: il blocco della sorgente, che impedisce l'innesco agli utilizzatori. Si raccomanda di usare lo skjöld solo per brevi periodi, perché può causare visioni spettrali, e gravi effetti collaterali sono stati segnalati dagli utilizzatori a lungo termine.

Attenzione: lo skjöld deve essere assunto con estrema cautela, poiché una dose elevata può causare dolori al petto, respiro affannoso, perdita di controllo del proprio corpo e morte. Lo skjöld crea una forte dipendenza. L'interruzione del trattamento può causare sintomi tra cui mal di testa, tremori, febbre, nausea, tachicardia e perdita di coscienza.

Le parole la colpirono come uno schiaffo in faccia.

Un pugno allo stomaco.

Una freccia dritta nel cuore.

«Cosa significa?» chiese la bambina bionda, seduta accanto a lei sul carro.

«Non lo so» sussurrò Silla. Rilesse i paragrafi. Una volta. Due. E poi tante altre ancora, finché non ebbe assorbito ogni parola. Alcune non avevano senso per lei. Ma quelle che capì la devastarono.

L'interruzione del trattamento può causare sintomi tra cui mal di testa.

Silla non riusciva a respirare. Non riusciva a pensare. Riusciva solo a mandare giù le parole e cercare di digerirne il significato. Lo skjöld non era usato per *curare* il mal di testa.

«Il mal di testa è il sintomo che si presenta quando l'effetto delle foglie svanisce» sussurrò la bambina.

Silla voleva vomitare. Voleva urlare. La sua mente si attorcigliava su sé stessa nel tentativo di comprendere. Tutti quegli anni di paura, ansia, mal di testa lancinanti che la incatenavano. Era stata solo una bugia? I suoi mal di testa cronici erano così integralmente parte di lei che l'avevano plasmata come persona. Adesso le pareva di aver scoperto che un'intera parte di sé non era mai esistita.

Non si conosceva affatto.

Chi era?

Chi era, per le sacre ceneri degli dèi?

Preda di una collera ribollente e incontrollabile, Silla afferrò il lato del carro, cercando di non frantumarsi in mille pezzi. Maledisse suo padre, e vide la fiducia che aveva nutrito in lui infrangersi ancora una volta.

«Ti ha mentito» disse solennemente la bambina. «Un sacco di volte.»

Ma la mente di Silla non si sarebbe fermata lì, perché c'era dell'altro.

Visioni spettrali sono state segnalate dagli utilizzatori a lungo termine...

La bambina. La *bambina.*

«Sono solo un effetto delle foglie?» chiese lei, studiandosi la mano.

«Per forza» mormorò Silla. «Quando ci siamo incontrate per la prima volta?» Tornò indietro con la mente, cercando di ricordare quando aveva iniziato a prendere lo skjöld. Tutto era successo nella caotica estate dei suoi dieci anni. Era passato così tanto tempo... ricordava solo degli sprazzi, brevi lampi confusi. Gli occhi verdi di sua madre. L'aneto. L'eclissi. Un lampo di luce bianca. Dolore e infelicità, e poi correre, correre, correre.

Un suono strozzato le sfuggì dalle labbra e si sentì andare in pezzi. Per tutti quegli anni, si erano spostati per sfuggire ai sussurri, per eludere i sospetti dei Klaernar. Per tutti quegli anni avevano vissuto in solitudine, come emarginati. Per tutti quegli anni si erano nascosti ed erano fuggiti... vivendo a malapena. E per cosa?

«Le foglie» rispose la bambina. «È tutto legato alle foglie.»

Lo skjöld crea una forte dipendenza... una dose elevata può causare dolori al petto, respiro affannoso, perdita di controllo del proprio corpo e morte.

Le foglie erano veleno, proprio come aveva detto Rey. Silla si girò e gli puntò gli occhi sulla schiena, che ondeggiava assecondando il movimento di Cavallo. Tutto quello che lui le aveva detto era vero, secondo quel libro. *Suo fratello*. Strinse forte le palpebre.

La fiala le pendeva dal collo, improvvisamente pesante, non più un conforto quanto piuttosto un'ancora che la trascinava sott'acqua, annegandola lentamente. Avrebbe voluto strapparsela e gettarla il più lontano possibile. Ma non ci riusciva. Lei voleva le foglie... ne aveva *bisogno*.

Il dolore di quel nuovo tradimento le riempì gli occhi di lacrime. La sua vita era una bugia e l'unica persona che avrebbe potuto darle delle risposte era morta. Perché? Perché le avrebbe mentito sulla natura delle foglie? Quale ragione poteva avere avuto per darle una pianta così pericolosa, e che creava dipendenza? Una pianta che le aveva fatto vedere una bambina fantasma. Che li costringeva a spostarsi di continuo, a vivere un'esistenza miserabile.

«Era per controllarti?» chiese la bambina. «Perché dipendessi da lui?»

Silla sprofondò nelle pellicce, intorpidita dallo shock, mentre la bambina si sistemava accanto a lei, accarezzandole i capelli.

«Calma» mormorò la bambina. «Reale o no, Silla, sono qui con te.»

Silla continuava a rimuginare, la mente inchiodata a ciò che aveva letto in quel libro. Cedette al tocco delicato della bambina e cercò di rimettere insieme i pezzi della sua vita. Ma trovò solo altre domande.

Forse passarono alcuni minuti, forse persino delle ore. Ma, alla fine, la bambina svanì nell'oscurità e lo sguardo sfocato di Silla si posò su Jonas. Affiancato da Ilías e Sigrún, cavalcava dietro il carro.

La sua tensione si sciolse lentamente mentre lo guardava. Lui le lanciò un'occhiata fugace, uno sguardo intimo, d'intesa. Come se la stesse valutando, facendo progetti per lei. E sebbene fosse dolorante dalla notte prima, Silla rabbrividì di desiderio.

«Hai l'aria stanca oggi, Jonas» disse Ilías, guardandolo. Lui non disse nulla, ma si limitò ad alzare un sopracciglio.

«La prossima volta chiederò una stanza lontana dalla tua» continuò Ilías scontroso. «Non sono riuscito a dormire per i rumori che arrivavano dall'altra parte del muro.» Fece una pausa. «Non era la bellezza dai capelli neri; l'ho vista abbracciata a un altro guerriero dopo che te ne sei andato. Chi ti sei portato a letto, fratello?»

«Mi sorprende che tu abbia notato qualcosa, visto che eri sulla buona strada per farti quella mora proprio in cortile.»

«Sì» sorrise Ilías, poi aggrottò la fronte. «Prometteva bene. Finché sua sorella non l'ha trascinata via e mi ha rovinato il divertimento.»

Jonas ridacchiò. «Forse dovresti sceglierteie meno ubriache, fratellino.»

«Ma non posso farci niente. Quelle con tendenze distruttive chiedono solo di essere amate, e io sono ben felice di accontentarle.»

«Stai diventando un cattivo, non è vero?» chiese Jonas, anche se con una sfumatura affettuosa nella voce. «Dove ho sbagliato con te?»

Ilías sorrise come se fosse orgoglioso. «Tu, invece... nessuno ti ha rovinato il divertimento, Jonas. Con chi eri?»

Lui emise un lungo sospiro.

«Da quando hai smesso di fornire dettagli?» lo incalzò Ilías.

Jonas alzò gli occhi al cielo. «Non ho voglia di parlarne, Ilías.»

«Mi deludi, fratello. Dov'è allora il divertimento?»

«Certe chiacchiere mi stancano, Ilías. Vai a chiedere a Pugno di Fuoco della sua serata.»

«Non credo proprio» disse Ilías. «Preferisco che le mie palle rimangano intatte, e che non vengano ridotte a brandelli.»

Mentre Jonas ridacchiava, Silla si ripromise di informare Hekla che i suoi incontri con Gunnar non erano segreti come pensava.

Intanto Ilías non si arrendeva. «Più tu stai zitto più mi incuriosisco. La considero una sfida: la accetto, scoprirò chi era questa donna.»

«Continua e dovrò rifarti i connotati» disse Jonas alla fine, incapace di reprimere uno sbadiglio. «Non c'è nessun mistero. Non era nessuno di speciale, solo una ragazza come tante.»

Silla aggrottò la fronte, ma il calore del sole e la morbidezza delle pellicce erano una combinazione potente. Le sue palpebre si abbassarono e, mentre le voci sfumavano e la stanchezza prendeva il sopravvento, lei cedette al sonno.

* * *

«Ah, che bella faccia riposata!» sorrise Hekla, aggiustando la posizione di Silla.

Erano a trenta passi dal fuoco, sul bordo della radura in cui l'Equipaggio dell'Ascia Insanguinata aveva allestito il campo per la notte. La brezza si faceva sempre più fredda, portando con sé il familiare profumo dei boschi. Mentre percorrevano la Strada d'Ossa, quel giorno, i pascoli a nord di Hver si erano rapidamente ridotti, lasciando posto alla foresta costiera che si inerpicava a bordo strada. Secondo la mappa di Silla, avrebbero continuato lungo la costa di Íseldur per un po' prima di raggiungere le Highlands e la città di Skutur.

Silla tirò indietro le spalle e si preparò a sfuggire di nuovo a una presa al collo con strangolamento da dietro. Le tempie le pulsavano leggermente, ma non aveva ancora preso la sua dose di skjöld. Quella sera l'avrebbe saltata, aveva deciso.

«Sì. Ho dormito tutto il giorno» ammise con una fitta di senso di colpa.

«Lo so. E un po' ti odio.»

Silla soffocò un sorriso. «Se ti fa stare meglio, probabilmente stanotte soffrirò di insonnia.»

«Mmm. Un po' aiuta, ma potrei addirittura perdonarti se mi dicessi cosa è successo ieri sera.»

Per tutto il giorno, Hekla aveva cercato di estorcere a Silla qualche dettaglio sulle sue avventure notturne.

Silla strinse le labbra. «Non posso.»

Hekla le lanciò uno sguardo ostentatamente esasperato, poi si posizionò alle sue spalle.

Le strinse il braccio metallico attorno al collo, piegandolo all'altezza del gomito.

«Posso sempre estorcerti le risposte.»

«Non si soffocano gli amici solo per ottenere sordidi dettagli.»

«Va bene.» Hekla sospirò. «Però ricorda, devi cogliere l'aggressore di sorpresa. Muoviti rapidamente e con potenza.»

Hekla strinse la protesi attorno al collo di Silla, e la bloccò in posizione con l'altra mano. Silla fu costretta a inarcarsi all'indietro, e si preparò a reagire facendo un gran respiro. Proprio come avevano provato, scattò di lato, fece un passo indietro, strinse le braccia attorno alla vita di Hekla e la trascinò a terra.

«Passabile» commentò Hekla. «Adesso rifallo, ma come lo farebbe un guerriero, come se ne andasse la tua vita. E non aver paura di farmi male. Ce la faccio.»

Hekla ripeté la mossa diverse altre volte, e, a ogni ripetizione, Silla reagì con maggiore velocità e intensità. Poi la liberò e fece un passo indietro, facendo scattare gli artigli dentro e fuori con un'aria impaziente.

«Non posso credere che tu me lo voglia nascondere. Pensavo che fossimo amiche!»

«Sei un tormento!»

Hekla sorrise. «Preferisco "determinata".»

Silla sospirò. «Avevo incontrato un uomo, ieri sera, e siamo diventati... intimi.»

Hekla inarcò un sopracciglio nero e appoggiò la mano metallica sul fianco sinuoso. «I dettagli, Silla.»

«Gunnar mi aveva detto che gli eventi del Giorno più Lungo non sarebbero stati rivangati» si lamentò Silla.

«Dammi almeno un nome!»

«Asger.»

Silla rabbrividì: le era tornata in mente l'espressione mortificata dell'uomo quando gli aveva chiesto di andarsene.

«Hai fatto una smorfia. Cosa significa? Non ti ha dato piacere?»

«Oh, no. Me lo ha dato eccome... parecchie volte.»

Silla si mise una mano sulla bocca. Ma Hekla scoppiò a ridere piegandosi in avanti, e la sua risata fu contagiosa. Ben presto le due donne ridevano a crepapelle. Spostando lo sguardo verso il fuoco, Silla trovò cinque paia di occhi che le guardavano.

«E tu, Hekla? Non mi avevi detto che avrei avuto la stanza tutta per me? Perché sei tornata?»

Lei sbuffò. «Gunnar russa così forte che le pareti tremano. Sono stata costretta ad abbandonarlo per dormire un po'. Immagina la mia sorpresa quando sono tornata in camera e l'ho trovata vuota.» Fece un sorrisino. «Sono felice per te, dúlla.»

Silla aprì la bocca per rispondere, ma fu interrotta.

«Non posso più sopportare di assistere a questo» abbaiò Rey, marciando verso di loro. Il pulsare nelle tempie di Silla si intensificò. «I tuoi goffi tentativi di difesa mi fanno venire il mal di testa. Ecco perché sei stata quasi dissanguata da un cervo vampiro, Raggio di Sole. Questi allenamenti, per te, non sono altro che una scusa per spettegolare.»

Silla strinse le labbra mentre Rey annullava a grandi falcate la distanza che li separava. Sperò che non avesse sentito la sua conversazione con Hekla.

«Su, finiscila, Rey» disse Hekla stizzita. «Non vorrai mica prendertela perché ci divertiamo un po'. Silla sta facendo progressi, considerando che qualche settimana fa non è nemmeno riuscita a sguainare il pugnale.»

Illuminato dal fuoco da campo, Rey aveva una stazza e un portamento ancora più impressionanti.

«Non è riuscita a sguainarlo nemmeno due giorni fa, a quanto ricordo» disse con la sua voce profonda. «Sono stufo di assistere ai tuoi pietosi tentativi, Raggio di Sole, e ho deciso che ti serve aiuto.»

Silla socchiuse gli occhi. «Cosa ti importa delle mie capacità di difesa?»

«La catena è forte quanto il suo anello più debole» disse Rey. «E,

Raggio di Sole, tu manderai in rovina l'intero Equipaggio dell'Ascia Insanguinata.»

Silla capì di essere arrossita e si maledisse silenziosamente per aver reagito alle sue parole. «Forse dovresti ricordare chi ti cucina i pasti, Rey.»

Hekla ridacchiò, battendo le mani. «Se fossi in te le darei retta, Rey. Non farti ingannare dal suo sorrisino dolce. Credo che la ragazza, qui, sia segretamente perfida.»

«Non credo che ci sia niente di segreto in questo» borbottò Rey stringendo i denti. Silla si sentì in colpa.

«Be'» rifletté Hekla, «potrebbe essere utile un suo aiuto. È difficile per me notare certe cose quando ti sto alle spalle.»

Rey rimase imperturbabile. «Allora è deciso. Ripeti quello che hai fatto prima e correggerò i tuoi numerosi passi falsi.»

Silla deglutì. Hekla si mosse dietro di lei, stringendole un braccio attorno al collo, e Silla ripeté i movimenti sotto lo sguardo vigile di Rey. Tutte le prove precedenti svanirono dalla sua mente. Goffa e scoordinata, crollò a terra in modo scomposto. Soffiando via una ciocca di capelli dal viso, si rialzò in piedi.

Rey chiuse piano gli occhi. Silla strinse i pugni, lottando contro la tentazione di strozzarlo. Non riusciva a capire come quell'uomo fosse capace di farla infuriare con il semplice movimento delle palpebre.

Silla si leccò le labbra, togliendosi un filo d'erba dalla manica. «Sei tu che mi innervosisci. Posso fare di meglio.» La seconda volta, il miglioramento fu marginale.

«È che aspetti troppo.»

Silla lo vide avvicinarsi e si irrigidì. La luce del fuoco sottolineava la curva dei suoi zigomi, i suoi riccioli neri. Rey le prese il gomito, che entrò facilmente nella sua manona, e con un lieve strattone le riposizionò il braccio appena più a sinistra.

«Dalle una gomitata nelle costole e sfrutta il movimento del suo corpo per costringerla a girarsi.»

La lasciò andare e lei allargò i piedi per stabilizzarsi. Riprovarono, e il consiglio di Rey portò a un successo quasi immediato. Silla sfoggiò un sorriso trionfante, che però si spense subito.

«Peggio di un bambino» sbottò Rey; i suoi occhi, però, brillavano. «Di nuovo.»

Le costrinse a riprovare almeno dieci volte, aggiustando la posizione di Silla e l'angolazione del suo gomito, abbaiando suggerimenti. Al decimo tentativo, Silla aveva tutti i muscoli indolenziti. Però, mai come allora era andata vicina a far cadere Hekla a terra.

Rey si sfilò la pelle di lupo dalle spalle e la ripose a terra, ordinatamente piegata. Sotto indossava una tunica di lana blu, dei tatuaggi scuri gli si arrampicavano sul collo.

«Adesso tenterai la fortuna contro di me. Cerca di buttarmi a terra, Raggio di Sole. Un'altra volta.» Gli angoli delle sue labbra si contrassero. Per uno come Rey, era praticamente un sorriso.

Hekla spostò lo sguardo da Rey a Silla, e poi di nuovo a Rey. «C'è qualcosa che non so?»

Rey cominciò a rimboccarsi le maniche della tunica e Silla posò lo sguardo sui suoi avambracci muscolosi e ricoperti di altri tatuaggi. Sul destro erano vorticosi come quelli sul collo, ma sul sinistro erano tortuosi e serpentini. Silla si ritrovò a chiedersi quanto lontano si estendesse l'inchiostro, cosa potesse esserci inciso sul petto...

«Mi ha fatto finire con il sedere per terra» stava dicendo Rey. «La sua più evidente dimostrazione di competenza da quando si è unita a noi.»

Silla strinse i pugni. «Vorrei poterlo fare di nuovo.»

«Provaci.»

Aveva scoperto il suo punto debole: l'incapacità di tirarsi indietro di fronte a una sfida. Ma non era ancora sicura di come fosse riuscita a farlo cadere. Dopo averci ripensato, l'unica spiegazione che riuscì a trovare fu che lo aveva colto di sorpresa.

«Molto bene, *Reynir*» disse Silla, con un sorrisetto. «Ci proverò.»

«Non chiamarmi così» scandì lui.

«E tu non chiamarmi Raggio di Sole.»

I loro occhi si incrociarono e le fu impossibile distogliere lo sguardo: castani con delle pagliuzze di fuoco dorato.

Hekla si schiarì la voce. «Forza, voi due. Cominciate.»

Rey le si mise alle spalle e lei deglutì a fatica. Era almeno una testa più alto e con tutti i muscoli che le premevano contro la schiena non c'era dubbio che dietro di lei ci fosse un guerriero possente. E per gli dèi, era come un braciere: caldo, anche attraverso gli strati di vestiti.

Rey le posizionò il braccio intorno al collo e strinse. Le dimensioni del suo braccio e la pressione sul collo innescarono qualcosa dentro di lei. Il tempo si fermò e Silla tornò sulla strada vicino a Skarstad, quando una stretta simile le aveva impedito di respirare.

"La regina non ti ucciderà. Non subito, almeno."

Il panico le artigliò la gola, il cuore prese a battere selvaggiamente. Un suono animalesco le fuoriuscì da dentro; Silla affondò le unghie nella carne di Rey e graffiò.

Imprecando, lui la lasciò andare e Silla crollò in ginocchio.

Non è lui.

Non sei lì.

Sei al sicuro.

Se lo ripeté più e più volte, annaspando disperatamente per riprendere fiato.

«Stai bene, dúlla?» le chiese Hekla con dolcezza.

Silla annuì, alzandosi in piedi. Adesso la testa non le pulsava soltanto, ma le batteva incessantemente, come un tamburo.

Rey si massaggiava i graffi che gli correvano lungo l'avambraccio destro. La scintilla nei suoi occhi si era trasformata in un incendio. «Solo una vigliacca combatte così.»

«Non ce la faccio» disse Silla con un singulto.

E poi scappò nel bosco.

42

La Strada d'Ossa

Con la schiena appoggiata al tronco di un sorbo, Silla fissava un uccellino. Aveva ali nere e scintillanti punteggiate di macchie verdi e viola iridescenti, e frugava nel muschio con determinazione ammirevole. Con un sospiro, Silla sollevò la testa verso le chiome degli alberi, stringendo la presa attorno al pugnale. Si era assicurata di non allontanarsi troppo dall'accampamento – sentiva le risate attorno al fuoco da campo riverberare tra gli alberi –, eppure la minaccia del pericolo incombeva in quei boschi.

Un dolore brutale la tormentava. Odiava suo padre. E lo amava. Le mancava così tanto da far male fisicamente.

Silla non sapeva più chi era. Una bugiarda. Una sognatrice. Una stupida illusa. Un'irrimediabile ingenua.

Lo scricchiolio delle foglie fece volare via l'uccello nero e la avvertì che Hekla si stava avvicinando. Mentre la sua amica si faceva strada tra gli alberi, una strana combinazione di imbarazzo e gratitudine le rimescolò lo stomaco. Hekla si lasciò cadere accanto a lei senza parlare, offrendole una fiaschetta. Silla la prese, inclinò la testa all'indietro e la brennsa le bruciò in gola.

«Dovevamo farlo insieme» disse piano. «Il viaggio verso Kopa.»

«Con tuo padre?» chiese Hekla.

Silla annuì, restituendole la fiaschetta. *Non rovinare la tua storia di copertura*, si appuntò, mentre un'ondata di disprezzo per sé stessa la assaliva. Era stanca di essere schiava delle bugie, di ingannare gli altri, specialmente Hekla. Ma era incastrata: non aveva altra scelta che continuare a recitare.

«Lui voleva percorrere la Strada d'Ossa con me» disse Silla stancamente. «L'aveva già fatto una volta, da giovane, e voleva ammirarne ancora la bellezza.»

Hekla si portò la fiaschetta alle labbra.

Silla sospirò. «È inquietante scoprire con quanta rapidità una vita possa andare in frantumi.»

«Può succedere in un attimo» rispose Hekla, sollevando il braccio di metallo.

Silla rabbrividì. «Ti chiedo scusa, Hekla. Non volevo essere insensibile.»

«Sei tutt'altro che insensibile, dúlla. È normale perdere il controllo a volte. È umano.»

Silla rimase in silenzio per un momento, riflettendo sulle parole dell'amica. «Quando quegli uomini ci hanno attaccati, uno mi ha stretta così forte intorno al collo che non riuscivo a respirare. E quando Rey lo ha fatto stasera, mi sono sentita come se fossi di nuovo in viaggio. Pensavo di averla superata. I lividi sono svaniti, ma a quanto pare ho ferite che non si possono vedere.»

«Non preoccuparti troppo per Rey» disse Hekla dolcemente. «Starà bene, anche se ti garantisco che sarà di cattivo umore per un po'. L'hai graffiato come una lince selvatica.» Ridacchiò.

Silla strinse le labbra.

«Le ferite interiori richiedono un po' di tempo a guarire, dúlla. Ma ti prometto che pian piano il dolore diventerà meno forte, e i ricordi meno dolorosi. Sei forte e coraggiosa, e ce la farai. Non ho dubbi.»

«Coraggiosa? Io?» Silla si asciugò una lacrima dalla guancia.

«Non stai evitando ciò che ti è successo. Lo affronti di petto. E poi guardati: stai vivendo il sogno di tuo padre. Sarebbe orgoglioso di te.»

Per gli dèi, quanto avrebbe voluto rivedere suo padre ancora una volta, a dispetto delle bugie, a dispetto della rabbia e delle domande prive di risposta. Cosa le avrebbe detto se l'avesse vista viaggiare verso Kopa senza di lui, imparare a usare il pugnale, cavalcare, bere brennsa e affrontare guerrieri grandi il doppio di lei?

«Ne avevo proprio bisogno, Hekla. Grazie per averlo detto.»

Rimasero sedute in silenzio per qualche istante, poi Hekla si alzò. «Torni all'accampamento?»

Silla scosse la testa. «Vorrei stare un po' tranquilla. Secondo te sarò al sicuro?»

Hekla esaminò il bosco. «Non vediamo traccia di creature da giorni. Rimani all'erta per qualsiasi suono anomalo e tieni il pugnale sguainato. Se chiami, ti sentiremo.»

Allontanandosi senza fretta, lasciò Silla alla sua solitudine. Di solito il silenzio non la disturbava, ma in quel momento la possibilità di sentire i propri pensieri con tanta chiarezza le faceva male.

Foglie. Ti sentirai meglio. Ti smarrirai.

Mosse distrattamente la mano verso la fiala, poi la allontanò rapidamente. Da quando aveva letto quel passaggio in *Guida alle erbe di Íseldur*, i suoi sentimenti erano cambiati. Il suo corpo chiedeva disperatamente le foglie: voleva sentirsi lieve, leggero, spensierato. Voleva sentirsi come se non fosse sul punto di andare in pezzi.

Ma la sua testa faceva resistenza. Rey le aveva mostrato la verità: le foglie erano pericolose, e Silla aveva imboccato una via maledetta, che conduceva alle tenebre più assolute.

Silla voleva lasciare quella via.

Di nuovo la mano si sollevò, spontaneamente, verso la fiala. Adesso cominciava a sentire la morsa alle tempie, il rimbombo di tamburo nelle orecchie: ogni cellula del suo corpo le implorava di cedere alla tentazione.

Puoi smettere quando vuoi.

Una foglia.

Ti fermerai a una sola.

Non farai male a nessuno prendendola.

Era incredibile quanto fosse facile trovare buone scuse, con quanta semplicità riuscisse a giustificarsi. Dopo aver passato un'intera serata a resistere, adesso era stanca. E la sua determinazione andò in fumo davanti ai suoi stessi occhi.

Stappò la fiala e si mise rapidamente una foglia in bocca. Sospirando, alzò di nuovo la testa verso la volta della foresta. Dopo aver preso la decisione, la tensione si allentò, subito sostituita dalle fiamme del senso di colpa.

Era incastrata.

Stupida.

Debole.

Mentre la foglia le si dissolveva in bocca, la morsa alla testa si affievolì.

«Puoi riprovare domani» le disse dolcemente la bambina bionda. Silla la guardò, guardò i suoi occhi rivolti all'insù e i suoi capelli chiari e arruffati. Aveva colto un rametto di sorbo e aveva iniziato a staccare ogni fogliolina.

«Sei una consolazione e una maledizione» mormorò Silla. Cercò di non pensare a lei. Alle bugie. Alla sua dipendenza. «E poi non sei reale.»

«Sono reale quanto tu vuoi che io lo sia» ribatté la bambina.

«Perché tu?» sussurrò Silla. «Perché, di tutte le visioni possibili, vedo proprio una bambina?»

«Forse stai cercando di ricordare qualcosa» le rispose lei, accartocciando una foglia nella mano.

«Ricordare che cosa?» chiese Silla. «Ha a che fare con il sogno?»

Il sogno della bambina bionda che veniva strappata via dalle sue braccia, mille e mille volte.

«Mi hai lasciato» disse la bambina bionda, d'un tratto triste. Ma la tristezza si trasformò presto in paura. «Devi rimanere vigile, Silla. Non permettergli di avvicinarsi troppo. Sei troppo fiduciosa.»

A quel velato rimprovero, Silla fece una smorfia. Aprì la bocca per chiedere di chi stesse parlando la bambina, ma proprio in quel momento le foglie frusciarono di nuovo. Stringendo la mano sul pugnale, Silla si rilassò solo quando Jonas emerse dagli alberi. Aveva un mantello di pelliccia drappeggiato sulle spalle, i capelli umidi e appena intrecciati. Gli occhi di Silla caddero sulla coperta che teneva sottobraccio mentre si avvicinava.

«Ciao» le disse sorridendo.

La luce fioca nella radura non era sufficiente a nascondere l'intensità con cui la fissava mentre si avvicinava.

Silla lanciò uno sguardo al luogo in cui la bambina si trovava qualche istante prima; non ce n'era più traccia, e lei si rilassò. «Ciao» disse, sorridendo a sua volta.

Il suo corpo fremeva d'impazienza mentre lui si sistemava a terra accanto a lei, le cosce che si sfioravano. Facendole scivolare un braccio sulla spalla, la attirò più vicina. Con un sospiro, Silla si appoggiò a lui, la rigorosa facciata di indifferenza che aveva mantenuto per tutto il giorno che si scioglieva adesso che erano finalmente soli.

«Era quello il segnale?»

Silla alzò gli occhi e lo guardò con espressione interrogativa. «Cosa?»

Jonas sciolse i lacci del suo soprabito, che le ricadde sui fianchi. «Non ne abbiamo più stabilito uno. Ho pensato che forse artigliare il braccio di Rey come un gatto selvatico poteva essere il segnale per incontrarci nel bosco.»

Lei si lasciò sfuggire una risatina. «Potrebbe diventarlo. Anche se non credo che a Rey piacerebbe molto.»

Jonas le tolse la sottoveste dalle spalle, poi le fece sollevare i fianchi per sfilarle sia quella che l'abito con un unico movimento.

«Allora graffia chi ti pare» mormorò Jonas, e posò le labbra nel punto in cui il collo di Silla incontrava la spalla. «Tu pianta gli artigli sulle braccia di chiunque, e mi ritirerò immediatamente nei boschi.»

Silla piegò la testa all'indietro, lasciandosi sfuggire un sospiro di piacere. «Hekla mi ha beccata mentre tornavo furtivamente in camera, ieri sera. Ha cercato di estorcermi dettagli per tutto il giorno.»

«Anche Ilías.» Jonas le tolse la biancheria, e le passò i palmi ruvidi sui seni prima di abbassare la testa e percorrerli con la lingua.

Quando lui la mordicchiò, lei ansimò. «Ho sentito.»

Jonas si ritrasse, e l'intero corpo di Silla protestò per quell'interruzione. Ma lui voleva solo stendere la coperta a terra. Si sdraiò sulla schiena, e Silla ammirò il suo corpo: petto e spalle ampi, cosce muscolose, mani che potevano provocare piacere o sofferenza. Rabbrividì. Era il corpo di un guerriero, ed era a sua completa disposizione.

Jonas si tolse la tunica, tornando subito a sdraiarsi. Un delizioso viticcio di calore le si avviluppò nel ventre mentre gli strisciava sopra. Ecco ciò che le serviva: una distrazione, per dimenticare, per smarrirsi per qualche breve istante.

«Niente ululati, Lupo» mormorò. Posando la bocca su quella di lui, Silla gli passò una mano sul petto nudo, facendola poi scivolare nei suoi pantaloni e afferrando il suo membro eretto. Si ritrasse quel tanto che bastava per vedere la sua espressione mentre lo accarezzava lentamente; incantata, vide le sue pupille dilatarsi per il desiderio. Il sangue le ronzava languidamente nelle vene, e Silla si sentì all'improvviso leggera.

Jonas le prese il viso tra le mani, quasi con reverenza. Quando i loro occhi si incontrarono, lei parve incapace di distogliere lo sguardo.

«Sei inaspettata» le sussurrò Jonas con sorprendente tenerezza. Poi aggrottò la fronte. «Vuoi parlarne? Di qualunque cosa ti turbi?»

«No» disse lei, infastidita da quel ritorno alla realtà. «Sono stufa di pensarci. Fammi dimenticare.»

«Sarà fatto.» Un sorriso gli curvò le labbra mentre la faceva rotolare sulla schiena. «Così vedrai le stelle nel cielo sopra di te, Riccioli. E poi ti farò vedere molto altro.»

La sfiorò con le labbra appena sotto l'orecchio, e lei si lasciò sfuggire un sospiro tremolante.

Fu colta da un'improvvisa rivelazione. La bocca di lui sulla sua pelle era proprio come le foglie: alleviava il dolore e smorzava la rabbia. Silla non sapeva cosa pensare di quella scoperta.

E poi smise di pensare del tutto.

43

Sdraiata sulle pellicce morbide nel suo angolo del carro, Silla inspirò profondamente, sentendo il sapore del sale sulla lingua. Dopo Hver, la Strada d'Ossa aveva cominciato a declinare, costeggiando un'ampia spiaggia di sabbia nera. Era bello avere qualcosa da guardare oltre ai boschi: i gabbiani spaccavano conchiglie su scogli di rocce nere, navi con la prua a forma di drago si dirigevano verso nord in lontananza, l'oceano ribolliva ipnotico.

Con un lieve sorriso, Silla tornò al suo libro. Aveva smesso di leggere *Guida alle erbe di Íseldur*, anche se la sua mente ci tornava spesso, e ora aveva cominciato *Breve storia di Íseldur*. Si era presto resa conto che non era il genere di libro di storia che aveva usato a scuola.

«In effetti è proprio strano» concordò la bambina bionda, sbirciando oltre la sua spalla. Non parlava dei potenti Re del Mare Urkan; non faceva menzione della liberazione di Sunnavík da parte di Ivar Cuor di Ferro e dei suoi guerrieri berserker; non accennava alla brutale aquila sanguinaria dell'oppressivo re Kjartan Volsik, né all'uccisione della regina Svalla e della principessa Eisa. Non c'era nulla nemmeno su Saga Volsik, cresciuta nel castello di Askaborg e onorata dal fidanzamento con il principe Bjorn. Quelle assenze erano strane, perché quei fatti erano conosciuti da tutti i bambini di Íseldur.

Invece il libro si concentrava sulla storia di Íseldur prima dell'arrivo di re Ivar, e Silla ne bevve avidamente ogni riga. I Volsik avevano governato Íseldur per centinaia di anni, tramandandosi la corona di generazione in generazione, indipendentemente dal fatto che l'erede al trono fosse maschio o femmina. Anzi, era la regina Svalla a essere una Volsik, e il re Kjartan l'aveva sposata, diventando così sovrano.

«Mi piace molto di più della monarchia Urkan» mormorò la bambina bionda.

Silla era d'accordo. La corona degli Urkan si tramandava solo tra eredi maschi: un figlio per razziare all'estero e conquistare nuove terre, e uno per ereditare il trono.

Sfogliando le pagine, esaminò le illustrazioni che ritraevano le famiglie reali di Íseldur degli ultimi secoli. Sebbene non fossero molto dettagliate, le immagini erano sbalorditive.

«Saresti uno spettacolo con quello addosso» la prese in giro la bambina bionda, indicando il disegno di una donna che indossava un'infelice combinazione di maniche voluminose e polsini stretti.

«Immagino che questa fosse la moda di cento anni fa» sussurrò Silla con le sopracciglia aggrottate.

Sospirò, chiudendo il libro. Si sentiva la testa pesante, come se non ci fosse spazio per assorbire altre informazioni. Molto probabilmente perché continuava a rimuginare sulla pagina 233 di *Guida alle erbe di Íseldur*. Aveva letto quel libro da cima a fondo e poi aveva ricominciato. Ma la pagina 233 era quella su cui tornava sempre: ne aveva memorizzato ogni parola, cercando di ricavarne un nuovo significato. E il brano su cui si soffermava più a lungo era quello che le faceva rizzare i peli sulle braccia:

L'interruzione del trattamento può causare sintomi tra cui mal di testa, tremori, febbre, nausea, tachicardia e perdita di coscienza.

Emise un lungo sospiro. Nessuno suonava piacevole.

La notte prima era stata la prova che smettere con lo skjöld non sarebbe stato semplice. Con tante giustificazioni pronte e le foglie disponibili, la determinazione di Silla era destinata a sbriciolarsi più in fretta di una focaccia d'orzo stantia. Le serviva qualcuno che la aiutasse. Qualcuno che la tenesse sotto controllo. Qualcuno che non le permettesse di cedere.

Ma non ce la faceva a condividere quella parte di sé. Era troppo dolorosa. Troppo imbarazzante.

Si sfregò le mani mentre fissava il mare spumeggiante. Nonostante fosse circondata dall'Equipaggio dell'Ascia Insanguinata, si sentiva completamente sola.

«Puoi farcela» disse la bambina bionda. «Fai uno sforzo e ci riuscirai.»

Silla si ritrovò ad annuire.

E così cercò di smettere di prendere le foglie quella notte. Ci provò la notte successiva e quella dopo ancora. Ma la tentazione era troppo forte, più irresistibile della voce della sua coscienza.

E volta dopo volta, finiva per cedere.

* * *

Rey chiuse il libro con un respiro affannoso. Gli pulsavano le tempie, e sentiva tutto il suo corpo in tensione. Poco prima, aveva aiutato Hekla con l'addestramento. Aveva scaricato un po' di energie in eccesso, ma sentiva comunque il bisogno di muoversi. Fissò le fiamme scoppiettanti, i pensieri che vagavano liberi. Aveva spolpato i libri come farebbe un lupo con le ossa di un cadavere. Da nessuna parte si parlava di nebbia pulsante, né c'era alcuna indicazione del fatto che nascondesse creature al suo interno. Sebbene occasionalmente accompagnasse i draugur, come aveva detto Kraki, non li nascondeva del tutto.

Forse i testimoni di Istré erano inaffidabili come aveva sospettato Magnus? O quello era un nemico del tutto nuovo?

Rey aveva preso il controllo dell'Equipaggio dell'Ascia Insanguinata quando aveva ventitré inverni, tre inverni prima, e non aveva mai avuto una sensazione simile riguardo a un incarico. La nebbia pulsante, i segni degli artigli e il sangue... c'era qualcosa in quei dettagli che lo attraeva, come un ricordo che non riusciva ad afferrare. Era esasperante. Dovevano capire chi era il nemico, o quel lavoro avrebbe segnato la loro rovina. Stringendo i denti, si massaggiò la fronte, cercando di schiarirsi le idee.

Una risata attirò la sua attenzione, e si ritrovò a seguire con lo sguardo i ricci di Silla, che le ricadevano lungo la schiena. «Stai imbrogliando, Ilías!» esclamò. Non c'era malizia nella sua voce, solo puro divertimento.

Quella donna lo aveva ricattato. Il solo pensiero fu sufficiente perché Rey serrasse i pugni, e le braci della sua rabbia crepitassero e avvampassero. Lo aveva costretto a portarla a Kopa, e lui avrebbe dovuto disprezzarla per questo, ignorarla, renderla tanto infelice da farla scappare via per sempre. Ma non ce la faceva.

Sembrava che non riuscisse a permetterle di autodistruggersi. Serrò la mascella ancora più forte. Sebbene non avessero parlato del libro che aveva rubato per lei, era certo che avesse letto il paragrafo sulle foglie di skjöld. Adesso la sua mano raggiungeva più spesso la fiala legata al collo, come se le foglie fossero diventate un pensiero fisso. Non che lei gli piacesse granché, ma nessuno avrebbe dovuto subire la stessa sorte di Kristjan. E Silla sembrava non capire il pericolo di quella sostanza. Rey avrebbe dovuto farsi i fatti suoi, ma se non altro lei meritava di sapere la verità.

Silla rise di nuovo, e quel suono rimescolò il sangue di Rey. Con una smorfia contrariata, si costrinse a guardare il fuoco. *Istré*, si disse, sforzandosi di concentrarsi. Doveva pensare a Istré. Doveva chiedere una seconda opinione sulla nebbia prima di ritrovarsi nel vivo dell'azione. *Forse Harpa ne sa qualcosa.* Quel pensiero gli provocò il mal di stomaco. *Niente più deviazioni*, si ripromise.

«Smettila, Ilías!» esclamò di nuovo Silla. «Sigrún e io non giochiamo più se non hai intenzione di essere onesto. Cosa ne pensi, Sigrún? Quale sarebbe una prova sufficiente del fatto che Ilías l'Astuto fa sul serio?» Eseguì alcuni semplici gesti con le mani mentre parlava, e Sigrún li corresse.

Ilías si posò una mano sul petto. «Giuro sul culo di Hábrók che non imbroglierò.»

«Ci servirà qualche garanzia in più» replicò Silla. «Una ciocca della tua barba dimostrerebbe sicuramente il tuo impegno.»

Il viso di Ilías si contorse in una smorfia di autentico orrore. «Assolutamente no, Martello! Chiedi troppo.» Rifletté per un attimo. «Ti dico io cosa farò. Correrò nudo per tutto l'accampamento come prova della mia buona volontà.»

"Se volessimo vedere una spada corta, io ne ho una nel fodero" segnò Sigrún.

Ilías rimase di sasso.

«Non ho capito cos'ha detto, puoi tradurre, Astuto?» chiese Silla.

«No!» esclamò Ilías. «E, tanto perché si sappia, è una spada *decisamente* lunga.»

A quelle parole, Silla scoppiò in una risata.

Rey cercò di riordinare i suoi pensieri vaganti. Nebbia. Segni di artigli. Draugur... forse. E quello strano incidente con lo skógungar. Quell'odore, gli occhi scintillanti. Si era avventurato così lontano dai Boschi Occidentali. C'era qualcosa...

Un'altra risata riecheggiò nell'aria. La *sua*. Aveva gettato la testa all'indietro, e i riccioli rimbalzavano mentre lei era scossa dalle risa. Rideva come se fosse libera, e questo accese una fiammella di calore nel petto di Rey.

Si accigliò, scacciando il calore. Colto da un impeto di rabbia, si alzò in piedi.

«Dove te ne vai, Occhi d'Ascia?» gli chiese Ilías.

Silla si girò a guardarlo.

Rey si morse l'interno della guancia. Aveva cose più importanti da fare durante quel viaggio che fare una partita a dadi e, come se non bastasse, doveva scaricare un po' di energie.

«Vado a camminare. Ho bisogno di riflettere. Non riesco nemmeno a sentire i miei pensieri con tutto questo chiasso.»

Le scoccò un'occhiataccia, ma Silla non batté ciglio. Ovviamente.

Con un ringhio di irritazione, si addentrò furibondo nella foresta.

44

Canticchiando, Silla passò accanto a Hekla e Ilías che conficcavano lance nel terreno per preparare il frangivento per la notte, con in mano un secchio vuoto che oscillava a ogni passo. Sigrún le rivolse un sorriso complice dal suo posto accanto a Gunnar, mentre strappava le piume di un fagiano. Lei ricambiò il sorriso, e un rossore le salì sul collo. Sigrún era l'unica a sapere di lei e Jonas. Dopo il Giorno più Lungo aveva discretamente passato a Silla un sacchetto di foglie sminuzzate, e le aveva spiegato come usarle con lenti gesti delle mani, che aveva ripetuto più volte.

«Un cucchiaio?» aveva sussurrato Silla. Stava cominciando ad afferrare un po' del linguaggio dei segni di Sigrún, almeno i termini di base. Ilías, naturalmente, si era assicurato che imparasse tutti i gesti che significavano parolacce.

Sigrún aveva annuito, sfoggiando un sorrisino malizioso.

«Grazie» aveva sussurrato Silla, facendo il gesto corrispondente.

Adesso che Sigrún non doveva più preoccuparsi della cucina, era libera di andare a caccia nei boschi con arco e frecce, e forse per questo Silla la vedeva sorridere più spesso. Sembrava che apprezzasse la solitudine delle sue escursioni nei boschi: non era insolito che sparisse per lunghe ore, riapparendo ben oltre il tramonto e portando con sé la cena per la sera successiva.

Il giorno prima, era tornata con quattro fagiani.

Quattro. Silla sorrise. Avrebbero mangiato come dei re.

I suoi occhi caddero sul guerriero dalle spalle larghe che stava scavando una buca per il fuoco, la treccia bionda che gli ondeggiava sulle spalle mentre lavorava. Jonas si fermò per asciugarsi il sudore dalla fronte, lanciandole un'occhiata cupa.

La notte prima lui era di guardia; avevano aspettato che gli altri si fossero addormentati, poi erano sgattaiolati nel bosco. Per due volte Silla aveva visto le stelle, per due volte il nome di Jonas le era sfuggito dalle labbra in sussurri disperati ed era diventata più insaziabile. Jonas era la distrazione perfetta. Silla cominciò a desiderarlo anche di giorno, quando il corpo indolenzito le ricordava cosa avevano fatto la notte prima. Suo padre, le foglie, il senso di colpa, la paura e la tristezza furono tutti accantonati, spodestati dai sordidi ricordi di lui: la sua pelle nuda contro la sua, le cose perverse che le aveva mormorato all'orecchio.

Silla Margrét, si rimproverò mentre si inoltrava nella pineta ai margini della radura. *La cena. Concentrati, bjáni.* Si fece strada tra i tronchi, lo scroscio dell'acqua che si intensificava mentre raggiungeva la cima di una collina. Un argine si tuffava ripido nel ruscello e Silla si aggrappò a rami e radici per discenderlo.

I suoi piedi slittarono, il secchio rotolò giù per la collina. Conficcò a terra mani e piedi per non scivolare lungo il pendio, e una fitta di dolore le trafisse il palmo. Per fortuna, si fermò a mezzo metro dall'acqua.

Espirò bruscamente, sollevata di non essersi bagnata, ma infastidita per essersi scorticata la mano. Avvicinandosi piano al ruscello, vi immerse la mano e risciacquò via lo sporco. Quando la sollevò, la vide arrossata e screpolata.

«Per fortuna è la sinistra» rifletté. Sarebbe riuscita comunque a macellare il fagiano, tagliare le verdure e tutto il resto.

Poi lo sentì.

I capelli sulla nuca le si rizzarono, e il rumore del ruscello si fece sempre più fragoroso. Il suo sesto senso si attivò. Era una sensazione che ormai sapeva riconoscere: il pericolo era vicino.

Sguainò il pugnale, allontanò lo sguardo dall'acqua e si ritrovò a fissare due occhi agghiaccianti e ormai familiari.

Un cervo vampiro.

La scrutò con uno sguardo ardente, poi scoprì le zanne, affilate come lame. Era altissimo: quasi due metri, le corna luccicanti di rosso sulle punte frastagliate.

Più veloce di un fulmine, spettrale e silenzioso, il cervo fece un balzo. Spinta dal puro istinto, Silla sollevò il braccio sinistro, facendo roteare il destro con un grido strozzato. Il pensiero di mirare al collo si materializzò in un angolino della sua mente, e il corpo rispose inclinando il pugnale verso destra. Fece centro, e la lama affondò dritta nel collo del cervo.

Un'esplosione di luce la accecò, dissolvendosi rapidamente mentre le zanne della creatura schioccavano a pochi centimetri dal suo viso. Silla grugnì sotto il peso schiacciante dell'animale. Non riusciva a respirare, ma non importava. L'unica cosa che contava era tenere quelle zanne lontane. Riuscì a passare la mano sinistra sotto la mascella della creatura e usò ogni grammo della sua forza per respingerla.

Il cervo emise un verso gutturale, scalciando e sgroppando. Silla cercò di liberare il pugnale, ma era incastrato, e più il cervo si agitava più si conficcava in profondità. Lei sentiva i muscoli tesi allo spasimo, che minacciavano di cedere, ma strinse i denti e scavò a fondo dentro di sé, alla ricerca delle ultime briciole di energia.

Adesso era solo il brivido della battaglia ad alimentarla, mentre un liquido caldo e appiccicoso le colava lungo la mano destra e le gocciolava sul viso. Eppure, mentre i movimenti del cervo si indebolivano, fu colta da una serena convinzione.

Non sarebbe morta quel giorno.

Doveva solo resistere ancora un po'.

Non sarebbe morta.

Dopo un istante che le parve eterno, i movimenti del cervo si trasformarono in sussulti e spasmi. Silla si divincolò, liberandosi e rilassando finalmente i muscoli intorpiditi. Crollò sulla riva, riempiendo i polmoni di aria pura, deliziosa. Era intorpidita, gli arti le formicolavano e non riusciva nemmeno a guardare l'enorme creatura che le giaceva accanto.

A dispetto della stanchezza, una sensazione di puro trionfo le gonfiò il petto. Ce l'aveva fatta! Aveva ucciso un cervo vampiro.

Ma poi lo sentì. Uno schiocco proveniente dall'altra sponda del fiume. Lentamente, si girò. Altri due globi rossi e ardenti ammiccarono nella sua direzione.

Cacciano in branco, pensò Silla, mentre il panico la afferrava la gola. Il suo pugnale... era conficcato nella carcassa accanto a lei. Rannicchiandosi su sé stessa con un gemito, si preparò all'impatto.

Che però non arrivò mai.

Un tonfo leggero preceduto da un sibilo umido la spinsero a drizzarsi a sedere. Il cervo giaceva sulla sponda opposta, con l'elsa di un hevrít che gli sporgeva dall'occhio.

Silla sentì uno scricchiolio di ghiaia alle spalle.

«Devo ammettere che mi hai sorpreso, Raggio di Sole. Forse c'è ancora speranza per te.»

Silla non riuscì a reprimere un sorriso quando si girò a guardare

Rey. Studiandola con occhi severi, lui si massaggiò la nuca. Diede una spinta al cervo con lo stivale, facendo ondeggiare la testa dell'animale all'indietro.

«È un esemplare grande, questo.»

Sebbene non avesse freddo, Silla iniziò a tremare. Rey scomparve a valle, poi tornò con il secchio e scese sulla riva asciutta del fiume, accanto a lei. Sembrava che fosse passata un'eternità da quando era arrivata lì.

«È il brivido della battaglia» spiegò Rey. La sua voce profonda era inaspettatamente dolce. «Regala una forza notevole, ma quando svanisce a volte il corpo viene scosso da brividi.»

Lei lasciò che Rey le prendesse la mano tremante, la immergesse nel secchio e la strofinasse per pulirla dal sangue. Mentre il palmo di lui scivolava lungo il suo, i tremori parvero calmarsi.

Si sentì inaspettatamente al sicuro.

Non aveva senso, certo. Quell'uomo aveva cercato di ucciderla due volte, e non la voleva affatto nel suo Equipaggio. Ma, nonostante tutto, Silla si trovò a osservare i movimenti precisi di Rey mentre le puliva il sangue dalle mani.

Alla fine lui si alzò, cambiò l'acqua nel secchio e si inginocchiò. Silla, il viso proprio davanti al suo, sentì il suono lieve di qualcosa che si strappava. Lo guardò negli occhi, cercando di contare le pagliuzze dorate dell'iride mentre lui cominciava a pulirle il viso.

Ti odia, ricordò a sé stessa.

Ma a ogni passata sulle sue guance di quella pezza di fresca e umida, la sua fiducia in lui sembrava crescere. Alla fine, il gigante si sedette a terra vicino a lei. Silla aveva i denti che battevano e, stordita, fissò le acque impetuose del ruscello.

«Apri la bocca» le disse Rey, e Silla obbedì. Un oggetto duro e rotondo le fu piazzato sulla lingua e, mentre lo masticava rompendolo tra i denti, Silla sgranò gli occhi.

«Nocciole?» chiese.

«Aiutano a recuperare le energie» disse lui. «Temo che ti serviranno dei vestiti puliti. Devo andare a chiamare Hekla?»

«No!» disse lei, così forte che la propria voce la fece sussultare. Poi si schiarì la voce. «Per favore. Rimaniamo qui seduti solo per un momento.»

Rimasero insieme in un silenzio che, con sorpresa di Silla, non fu né imbarazzante né fastidioso. Al contrario: era riposante e ristoratore. A poco a poco, il tremore si placò e Silla tornò in sé. L'enormità di ciò che era appena accaduto la travolse. Aveva ucciso un cervo vampiro, era stata quasi uccisa da un secondo. Quasi. Il che significava...

«Sei un idiota, lo sai?»

Sebbene il viso di Rey fosse in ombra, lei riusciva a percepire il suo divertimento. «Sapevo che potevi affrontarlo da sola.»

La sua infondata fiducia in lei era piacevole. «Però stavi guardando.»

«Ho visto il cervo quando ho riempito la borraccia qualche minuto fa, e ho deciso di stare a vedere cosa sapevi fare.»

«Quanto tempo è rimasta lì quella... cosa?»

«Cinque secondi o giù di lì» rispose lui. «Non hai esitato, e questo è un bene. Hai brandito il pugnale con sicurezza. Ma c'è sempre una lezione da imparare. Qual è quella di oggi?»

Silla si morse il labbro, fissando il ruscello. «Devo cercare anche altri cervi?»

«Vero, ma a parte questo, devi sempre recuperare la tua arma. E a proposito...» Afferrò le corna del cervo, estraendo con uno strattone il pugnale dalla sua gola. Immerse l'arma nel ruscello, poi se la asciugò sui pantaloni e la restituì a Silla.

Mentre tornava a sedersi, Silla dischiuse appena le labbra: Rey si era strappato una manica. L'aveva fatto per pulirle il sangue dal viso?

«Come ti senti?» le chiese lui.

Silla rifletté. «Forte. Come una guerriera.» Una nuova sicurezza le sbocciò nello stomaco. Si sentiva capace. Era il promemoria di cui aveva bisogno: era in grado di fare cose difficili.

Lui sbuffò. «Intendevo come va il tremore, anche se sono felice di sapere che ti senti più sicura. Questo è il miglior risultato che hai raggiunto finora. Al secondo posto c'è buttarmi a terra.»

Silla sorrise e un pensiero le attraversò la mente. «Rey...»

«Sì?»

«Niente.» Silla scosse la testa. Mosse distrattamente la mano verso la fiala, ma si costrinse a lasciarla andare.

«Forza, Raggio di Sole. Dimmi cosa ti preoccupa.»

Lei scosse di nuovo la testa. «N-non ci riesco.»

«Certo che ci riesci. E non ce ne andremo finché non me lo dirai. Quindi sbrigati.»

Lei strinse le labbra e sentì il cuore che batteva all'impazzata al solo pensiero di ciò che stava pensando di fare. Ce l'avrebbe fatta? *No.*

«Butta tutto fuori. Ho fame e al campo ci sono dei fagiani che vanno cucinati. E con questo intendo che devi cucinarli tu.»

«Andiamo.» Silla fece per voltarsi, ma lui le afferrò il gomito, costringendola a girarsi e a guardarlo in faccia. Il suo sguardo era intenso, ma non tagliente come al solito. «Chiedimelo, Raggio di Sole. Ti giuro che non mi comporterò da stronzo.»

Silla sentì forte e chiaro anche ciò che non disse ad alta voce. "Puoi fidarti di me."

Distogliendo lo sguardo, si concentrò sulle acque vorticose del ruscello. Cercò di ricordare a sé stessa la spietatezza con cui Rey aveva ucciso Anders e l'assassina alla Dorsale di Skalla. Che lavorava per il re e lei non poteva fidarsi di lui.

Ma la sensazione che sentiva nello stomaco le diceva qualcos'altro. Le diceva che almeno in questo, forse Rey poteva essere suo alleato. Rey, che le aveva detto la verità sulle foglie fin dall'inizio. Rey, che aveva perso un fratello per colpa loro. Non era stato obbligato a raccontarglielo. L'aveva fatto in modo sincero, soffrendo. Lui capiva meglio di chiunque altro.

Silla era stanca della tentazione continua, di quel peso morto che si portava appeso al collo, che la trascinava sempre più giù. Era stanca di sentirsi stanca, di essere bloccata in quel ciclo infinito. E sapeva che Rey era testardo come il fuoco eterno e non avrebbe lasciato perdere.

Fece un respiro profondo, si tolse la collana dal collo e gli premette la fiala tra le mani.

Le folte sopracciglia nere di lui si sollevarono quando si accorse di cosa gli aveva dato. «Puoi tenerla tu per me?» chiese Silla piano.

Rey annuì, e il suo viso si addolcì appena. «Va bene.»

Lo disse con assoluta indifferenza, come se lei non si fosse appena sfilata di dosso un pezzo di sé, consegnandolo a lui. Come se non avesse appena ammesso il suo segreto più imbarazzante.

«Non...» Silla si schiarì la voce, raddrizzando la schiena. «Non lo rivoglio indietro.»

«Capito.» Rey se lo infilò in tasca, e lei se ne pentì subito: sentì l'impulso di riprenderselo e di dirgli che era stato solo uno scherzo. Ma era troppo tardi, e sapeva che lui non glielo avrebbe mai restituito, poco importava cosa lei avesse detto.

Silla si era buttata dal precipizio. Adesso il mondo le sfrecciava accanto, e, nonostante cercasse un ramo a cui aggrapparsi, non ne trovò nessuno. Non c'era modo di tornare indietro. Era tempo per lei di spiccare il volo.

O di cadere a faccia in giù.

Sentì un groppo in gola, e il terrore le attorcigliò le viscere. Cosa l'aspettava quella sera, e domani, e per chissà quanti giorni?

Un piede davanti all'altro.

Era così che avrebbe affrontato le cose. Era così che aveva sempre fatto.

* * *

Silla era certa che il fagiano fosse delizioso, ma non riusciva a ricordarne il sapore. Di sicuro l'Equipaggio dell'Ascia Insanguinata l'aveva apprezzato. Avevano quasi leccato i piatti, facendole molti complimenti, ma lei si era limitata ad annuire distrattamente. Per tutta la sera era stata assente, con la mente altrove, col pensiero fisso alla fiala che adesso Rey teneva in tasca. Il suo corpo le chiedeva disperatamente lo skjöld, ogni pensiero nella sua testa era proiettato verso le foglie.

Cosa le era venuto in mente? Era stato un momento di follia. Era stata appena attaccata, aveva rischiato di morire. Era stato lo shock. Di sicuro Rey avrebbe capito, le avrebbe restituito la fiala se gliel'avesse chiesta.

No, pensò. *Gliel'hai data proprio per questo motivo. È un grandissimo stronzo, e testardo. Non esiste nulla al mondo che lo convincerebbe a restituirtela.*

Spostò la mano sul petto, dove di solito era appesa la fiala. Ma non c'era più nulla, lì, solo uno spazio vuoto. Una perdita che in quel momento le sembrava profonda quanto quella di suo padre.

Dieci anni senza mai saltare una dose. Dieci anni di terrore quotidiano mentre aspettava con ansia i mal di testa. Dieci anni di bugie, bugie, bugie.

Il primo ad arrivare fu il dolore pulsante alle tempie. Iniziò come un fastidio sordo, crescendo gradualmente d'intensità fino a diventare un battito di tamburo che la costrinse a prendersi la testa tra le mani. Quando quella notte si infilò sotto le pellicce, aveva la fronte imperlata da minuscole gocce di sudore, e sentiva al contempo un caldo soffocante e un freddo che la faceva tremare.

Non chiuse occhio per tutta la notte. Al mattino, il cielo vorticava e le pareva di cadere... precipitava in un abisso profondissimo e oscuro, dove non c'era niente... niente a cui aggrapparsi per rallentare la sua caduta, per facilitare l'atterraggio. Era tutto buio e vuoto come lei, perché Silla non era altro che un contenitore... un contenitore per quelle dannate foglie... una cosa vuota che traboccava solo di bugie.

I suoni del mattino si fondevano. Silla cercò di concentrarsi sulle parole mormorate intorno a lei, ma quelle sgusciavano, scivolando via dalla sua presa.

Forse morirai.

Il pensiero non la riempì del terrore che si aspettava. Le parve invece di essere in pace, come se si stesse riposando.

O forse sarai libera.

Cosa avrebbe provato a essere libera dai mal di testa che la imprigionavano da sempre? Non lo sapeva, non riusciva a immaginarselo. Senza le foglie...

Foglie. Ne ho bisogno.

Cercò di scacciare i pensieri, ma erano sempre di più, sempre di più, e la schiacciavano, la seppellivano.

Tutto questo può finire in un battito di ciglia.

Una foglia basterebbe a porre fine a questo dolore.

Una foglia sola.

Alla fine cedette al sonno, e ai sogni febbrili da cui non riusciva a svegliarsi.

45

Hver

Scrollandosi di dosso la stanchezza, Skraeda camminò tra i tavoli nella sala dell'idromele adiacente alla Tana del Lupo. Con la mano infilata in tasca accarezzava i contorni lisci della treccia di Ilka, mentre con l'altra stringeva lo scudo spaccato, con quel misterioso sigillo rosso dipinto sopra.

Grazie agli dèi Hver non è grande come Svarti, pensò. Le città lungo quel tratto della Strada d'Ossa erano tutte uguali: piccole, racchiuse da mura circolari, con una o due sale dell'idromele al massimo. *Non puoi nasconderti da me, ragazzina*. Un sorriso maligno le curvò le labbra.

Il tentativo fallito del guerriero gigante di ucciderla aveva fatto un regalo a Skraeda: avrebbe goduto di nuovo dell'elemento sorpresa. Ma la fine della Strada d'Ossa si avvicinava, e lì lo Snodo Settentrionale si biforcava verso Kunafjord a est e Kopa a ovest. Se avesse scelto la strada sbagliata, la ragazza le sarebbe sfuggita di nuovo, scomparendo in una di quelle città.

Sebbene fosse tardo pomeriggio, c'era poca gente nella sala dell'idromele, il che fece riflettere Skraeda. *Il Giorno più Lungo è già passato?* Il tempo era diventato sfuggente mentre si trovava su quella sporgenza, cercando di scappare dalle grinfie della morte.

Il suo sguardo si posò sul locandiere, un uomo anziano che stava asciugando una tazza con un pezzo di lino. Skraeda lo raggiunse e lui si fermò. Anelli di paura si dipanavano luminosi dalla sua aura, e lei si costrinse ad ammorbidire la sua espressione.

«Buon uomo» gli disse, aggiungendo un tocco rassicurante per smorzare la sua paura. «Ho bisogno di una persona esperta che possa aiutarmi a identificare il sigillo su questo scudo.» E così dicendo lo sollevò.

«A-Asger» borbottò l'uomo, facendo un cenno con la testa verso il lungo tavolo. «Ti aiuterà Asger. È esperto in queste cose. Viaggia molto, incontra tanta gente.»

Skraeda si girò a guardare Asger, che indossava una tunica verde ed era curvo su una coppa di birra. In lui percepì rabbia, disgusto e tristezza fusi insieme. Stava rimuginando su qualcosa.

«Grazie mille» borbottò lei, avviandosi. Con la mano stretta intorno alla coppa, Asger guardava torvo la sua birra. Quando Skraeda si avvicinò, lui rivolse lo sguardo accigliato su di lei.

«Sei Asger?» chiese Skraeda. L'uomo sollevò le sopracciglia, e filamenti di sorpresa dispersero i nastri di rabbia. Annuì.

«Mi hanno detto che puoi aiutarmi a identificare il proprietario di questo scudo.» Lo sollevò di nuovo, impaziente di liberarsene.

«L'Equipaggio dell'Ascia Insanguinata» rispose subito lui, fissando lo scudo rotto. «Quello è il sigillo dell'Equipaggio dell'Ascia Insanguinata.»

L'Equipaggio dell'Ascia Insanguinata? pensò Skraeda sorpresa. Ne riconobbe subito il nome: aveva sentito raccontare le loro gesta nelle molte ore trascorse dentro le sale dell'idromele del regno. Mercenari cacciatori di mostri. Dannazione, cosa ci faceva la ragazza proprio con loro, tra tutte le persone? E per gli dèi, perché avrebbero deciso di portarla a nord? Come li aveva convinti?

È astuta, pensò Skraeda. *Più astuta di quanto pensassi.*

«Sono stati qui» continuò Asger. Lo sguardo di Skraeda si posò sui suoi caldi occhi castani cerchiati da occhiaie scure: Asger si stava riprendendo dai postumi di una sbornia, a quanto pareva.

«Raccontami» ordinò, sedendosi sulla panca di fronte a lui. Cercò di reprimere le sue emozioni, ma il bisogno di vendetta avvampò dentro di lei. Il locandiere le posò davanti una coppa di birra, e lei gli passò una moneta con un brusco cenno del capo.

Asger osservò Skraeda con circospezione, l'angoscia e la sorpresa che si contorcevano in filamenti caldi e ondeggianti. «Perché vuoi saperlo?» chiese.

Allungando la mano con il tocco della sua mente, Skraeda placò l'angoscia dell'uomo, scoprendo un filamento di rabbia che si contorceva incandescente lì vicino. Con una smorfia, lo tirò delicatamente.

«Vendetta» disse semplicemente, guardando la rabbia di lui montare.

«A quanto pare potremmo avere qualcosa in comune» rispose.

Skraeda sentì il formicolio della curiosità; la voce di Ilka, però, la invitava alla pazienza.

Aspetta il coniglio, Skraeda.

Asger si passò una mano tra i capelli, arruffandoli. «Erano qui per i festeggiamenti del Giorno più Lungo. Sono rimasti alla Tana del Lupo. Li ho riconosciuti subito.» La sua mano ebbe un fremito. «C'era una donna con loro.»

Skraeda cercò di nascondere l'impazienza nella sua voce. «Una donna?»

L'uomo distolse lo sguardo, e la sua gelosia si dispiegò in vortici selvaggi. «Mi ha detto di chiamarsi Silla. E che stava viaggiando verso Kopa.»

Kopa, pensò Skraeda euforica. Era diretta a Kopa.

«Questa donna era con l'Equipaggio dell'Ascia Insanguinata?» gli chiese.

«Sì» disse lui sprezzante. «Era con l'Equipaggio dell'Ascia Insanguinata. Ce n'era uno, biondo, con una cicatrice sulla guancia... un violento. Penso che siano amanti» concluse in tono chiaramente amareggiato.

Si dà da fare, pensò Skraeda. Era così che si era guadagnata un passaggio con l'Equipaggio dell'Ascia Insanguinata? Non avrebbe giudicato una donna sola perché aveva fatto ciò che doveva per sopravvivere in quel regno abbandonato dagli dèi. «E sei certo che siano diretti a Kopa?» chiese, stuzzicando la gelosia dell'uomo.

Lui la guardò. «La donna era diretta a Kopa. L'Equipaggio dell'Ascia Insanguinata non lo so.» Fissò la sua coppa. «Lei... sembrava una brava persona. Non vorrei che le capitasse qualcosa di male. Ma quel guerriero biondo... non mi dispiacerebbe se qualcuno gli riducesse quella bella faccia in poltiglia.»

Skraeda sorrise. «Si potrebbe fare» disse, alzandosi e gettando qualche sólas sul tavolo. «Ti ringrazio per il tempo che mi hai dedicato.»

Tornando sulle strade di Hver, Skraeda inspirò profondamente. I suoi muscoli erano doloranti, la testa pulsava per la stanchezza, ma era euforica. Ora sapeva dove stava andando la ragazza e con chi viaggiava. Giurò che non si sarebbe fermata finché non l'avesse catturata.

«Skraeda Lingua Lesta» disse una voce maschile alle sue spalle. Lei si girò e vide, mentre l'euforia si trasformava rapidamente in irritazione, il kaptein Klaernar in piedi davanti a lei.

Sforzandosi di assumere un'espressione neutra, annuì. «Kaptein?»

L'uomo sorrise, deformando il tatuaggio che gli correva lungo la guancia. «Abbiamo ricevuto un falco da Sunnavík che ci avvisava della tua possibile presenza in zona.»

Infilò la mano nel suo mantello di pelle d'orso, tirò fuori una pergamena e la porse a Skraeda, che la srotolò con espressione perplessa, mentre l'irritazione aumentava sempre di più a ogni parola che leggeva.

Skraeda,
recati a Skutur e cerca il Kommandor Laxa. Ti fornirà ulteriori istruzioni. Adesso è lui che guida la ricerca del nostro obiettivo.

Tua,
Regina Signe

Il disappunto della regina le parve evidente in ogni singolo carattere scarabocchiato sulla pagina. La lettera era di una concisione esasperante. Brusca. Come se non ci fosse tempo di spiegare altro.

Sentì una stretta al petto e un mal di testa incipiente. Si costrinse a concentrarsi. Skutur era di strada, ma il Kommandor Laxa... chi era?

Hai messo un Klaernar sopra di me, mia regina? pensò, infuriata. Non funzionava così. Non aveva mai funzionato così. La rabbia le ribolliva dentro e aveva le mani in fiamme. Dèi, quanto avrebbe voluto dare fuoco alla pergamena, sfogarsi con qualcuno, bruciare qualcosa...

Non qui, Skraeda, si disse. *Non vicino a questo maledetto Klaernar.* Avrebbe placato la sua rabbia a modo suo quando fosse stata da sola.

Inspirando a fondo, guardò il kaptein Klaernar.

«Benissimo» disse asciutta. «Grazie.»

Girando sui tacchi, andò a cercare il suo cavallo.

46

La Strada d'Ossa

Sul retro del carro, Silla si lasciò sfuggire un gemito basso e Jonas imprecò sottovoce. Un'altra giornata nuvolosa, che sembrava ancora più cupa senza la luce che Silla gli regalava. La ragazza era ormai febbricitante da un giorno e una notte, e a ogni ora che passava senza che si svegliasse, la preoccupazione di Jonas aumentava.

«Per caso il cervo l'ha morsa, Rey?» aveva chiesto Hekla quella mattina, passando una pezzetta umida sulla fronte bruciante di Silla.

«No» aveva risposto lui, facendo scorrere la lama del suo hevrít su una pietra per affilare. Sarebbe stato facile pensare che Rey non fosse preoccupato, ma Jonas conosceva bene il suo capo, aveva combattuto al suo fianco per anni: riconobbe un accenno di apprensione nella ruga tra le sue sopracciglia.

Rey non aveva raccontato molto della disavventura con il cervo, spiegando soltanto che Silla "se l'era cavata da sola". E lei era stata insolitamente silenziosa al suo ritorno. Era successo qualcosa; Jonas ne era sicuro. Quali erano le probabilità che fosse stata attaccata da un cervo vampiro e che si fosse ammalata poco dopo? Era una faccenda sospetta, e più ci pensava più Jonas si convinceva che Rey ne sapesse di più.

Ti nasconde qualcosa.

Sentì un nodo allo stomaco a quell'idea, e il suo umore si inasprì ulteriormente.

Te la porterà via.

Assunse un'espressione fredda e indifferente, ricordandosi che lei non significava niente per lui. Si stavano solo divertendo insieme. Era una distrazione. Non gli importava.

Bugiardo.

«Raccontamelo di nuovo» disse Ilías, distogliendo Jonas dai suoi pensieri. Il calore gli riempì il petto, allentando la tensione. Ilías sapeva sempre qual era la cosa giusta da dire per sollevargli il morale.

«Campi ondulati di grano e orzo che brillano dorati al tramonto. Una longhouse fatta di quercia robusta. Un bel focolare con tanto spazio per riunire i parenti. Amplieremo la casa in modo che ognuno di noi possa avere i propri alloggi privati.» Jonas si sentiva già più leggero. «I tuoi saranno all'estremità opposta rispetto ai miei, fratello, così non dovrò sopportare le tue lamentele per le mie ospiti rumorose.» Il suo sorriso vacillò quando lo assalì un nuovo pensiero.

E per la prima volta nella sua vita, Jonas si concesse di immaginare la vita con una compagna: una donna dai capelli ricci seduta accanto a lui al lungo tavolo. Silla che canticchiava mentre mescolava il contenuto di una pentola sul focolare, gli odori della sua cucina che riempivano la loro casa. Silla che lanciava manciate di orzo a uno stormo di galline.

Avrebbe potuto regalarle delle galline.

Lo sguardo gli cadde sul groviglio di ricci che spuntavano da sotto un cumulo di pellicce e un'ondata di panico lo invase. E se non si fosse svegliata? Lo stomaco gli si annodò in una morsa.

«Hai mai...» La voce di Ilías si spense. Jonas si scosse dalla sua disperazione.

«Ho mai cosa?» lo incitò, tornando a guardare il carro.

«Hai mai pensato che forse il nostro passato non è il nostro futuro?»

Jonas rifletté sulle parole del fratello, l'espressione accigliata. «No» disse infine con assoluta certezza. La sua mano trovò il talismano che aveva al collo. «Famiglia, rispetto, dovere. Niente è più importante che restituire l'onore alla nostra stirpe, Ilías. Niente.»

Lui annuì in silenzio, mordendosi il labbro mentre fissava lo sguardo vacuo davanti a sé.

«Che cosa c'è?» gli chiese Jonas in tono severo.

«Mi piace viaggiare con l'Equipaggio dell'Ascia Insanguinata. Dopo tutto quello che abbiamo visto, è difficile immaginare che la vita in una fattoria possa essere così appagante.»

Il nodo allo stomaco di Jonas si tramutò in un groviglio di anguille. «Non sarà prima di qualche anno, fratello» disse. La sua voce suonò tesa, persino a sé stesso. «Ti stancherai presto della strada. E quando vedrai la fattoria, ti ricorderai di ogni cosa. Amerai la pace. La quiete.»

«Forse hai ragione» rispose Ilías con un sospiro. «La prima cosa che farò sarà costruire il letto più bello. Ci metterò sopra un materasso imbottito di lana e piume. Berrò fino a istupidirmi, poi dormirò per una settimana di fila.»

Jonas ridacchiò.

«Secondo te cos'ha Martello che non va?» chiese Ilías. «Non può essere il cibo, visto che lo mangiamo tutti. Forse il morso di un cucciolo di ragno lupo?» Rimase in silenzio per un momento. «Speriamo si svegli presto. Quello che cucina Siggie sa di chiodi arrugginiti.»

Jonas inchiodò il fratello con uno sguardo omicida. «Non fare lo stronzo, Il. La ragazza brucia di febbre e tutto quello a cui riesci a pensare è la tua cavolo di colazione?»

Ilías gli lanciò un'occhiata tagliente. «Era una battuta, Jonas. Dovresti imparare a stare agli scherzi.»

«Io sono capacissimo di stare agli scherzi. Ma forse i tuoi non fanno ridere.»

«Per le tette di Malla. Perché ti rode tanto il culo, oggi?»

Jonas si limitò ad aggrottare la fronte.

Ilías sospirò in modo melodrammatico. «Certo che spero che Mano di Martello guarisca presto. Lei mi piace. È divertente. Perfino Occhi d'Ascia inizia ad ammorbidirsi con lei.» Sbuffò. «L'hai visto a cena ieri sera? Giuro sugli dèi che ha quasi sorriso. Era orgoglioso di lei, perché ha ucciso quella bestia.»

Jonas si raddrizzò sulla sella.

Per fortuna, il rumore degli zoccoli soffocò le parolacce che gli si formarono sulla lingua. Si guardò alle spalle e vide due uomini che cavalcavano lungo la strada.

Mentre i cavalieri guadagnavano terreno sull'Equipaggio dell'Ascia Insanguinata, si incuriosì. *Perché hanno tanta fretta?* si chiese.

I cavalieri rallentarono quando furono accanto all'Equipaggio, e Jonas li osservò: un uomo più vecchio, forse nel quarto decennio di vita, e uno più giovane, con una barbetta rada.

«Ehi» disse il maggiore. Il suo viso era segnato dalla tensione e dalla stanchezza. «Meglio che vi date una mossa.»

Rey fece rallentare Cavallo, e il carro si fermò con un sobbalzo. «Cosa c'è?»

«Lo Slátrari ha fatto altre due vittime sulla strada.»

«Quando?» chiese bruscamente Hekla.

L'uomo fu scosso da un brivido. «Li hanno trovati questa mattina a sud di dove siamo noi. Carbonizzati al punto che non sono stati riconosciuti nemmeno dai loro stessi parenti.»

«Cazzo» borbottò Ilías, accigliato. «Non è così che voglio morire.»

«Già» disse l'uomo, colpendo il fianco del suo cavallo. «Adesso noi andiamo, se non vi dispiace. Fate attenzione.»

«Anche voi» gridò loro Ilías.

Gli uomini scomparvero. Jonas guardò Sigrún che cavalcava davanti a loro, e si accarezzava le cicatrici che le correvano lungo il collo e il cuoio capelluto. Non ne aveva mai spiegato l'origine e, per la prima volta in molti anni, lui si ritrovò a riflettere sull'agonia che doveva aver provato, non solo durante, ma anche molto tempo dopo le ustioni. Forse, in un certo senso, lo Slátrari faceva una gentilezza alle sue vittime ponendo fine alle loro vite.

Quando lo sguardo gli cadde sulla donna dai capelli ricci che dormiva nel carro, però, tornò ad assalirlo la paura, scacciando ogni pensiero sull'assassino.

47

I sogni non avevano né fine né inizio, si fondevano in un tormento senza tempo da cui Silla non riusciva a svegliarsi. Suo padre a terra sulla strada vicino a Skarstad, il sangue che sgorgava da una dozzina di ferite da taglio. Con rantoli rochi, le faceva cenno di avvicinarsi.

"Ti ho amata come se fossi mia."

"Chi erano i miei genitori di sangue?" chiedeva lei, avvicinando l'orecchio alle labbra di lui. La sua bocca si muoveva, i suoi sussurri le raggiungevano le orecchie, eppure non riusciva mai ad afferrare i nomi, non riusciva mai a conoscere la verità che Matthias le aveva nascosto per tutti quegli anni.

Una foschia densa le calava addosso e, quando si dissolveva, il sogno era cambiato.

Il fumo le pungeva le narici e la cenere le ostruiva la gola. C'era un caldo insopportabile, e lei abbassava lo sguardo sui viticci neri che le fuoriuscivano dai palmi, sulle braci che sibilavano e scoppiettavano luminose nell'oscurità. Teneva le braccia davanti a sé, deliziata dalla sensazione del fumo che si liberava dalle sue mani, attorcigliandosi verso l'alto in una colonna di ombre vorticose.

Un suono catturava la sua attenzione: un uomo legato a un pilastro, che supplicava disperato. Un desiderio assoluto di rettitudine la coglieva. Di giustizia. Il fumo le scendeva lungo la gola, l'odore di capelli bruciati e carne arrostita le riempiva il naso.

L'uomo urlava.

E Silla sorrideva.

Poi il sogno cambiava ancora; adesso era la bambina bionda a comparire davanti ai suoi occhi. Era lo stesso sogno di sempre: passi che rimbombavano sui muri, diventando più forti mentre gli uomini si avvicinavano al loro nascondiglio.

«Ascoltami, sorella» le diceva la bambina bionda.

Sorella? pensava Silla, con il cuore che le martellava.

La bambina le sfiorava una guancia con la mano, riportando l'attenzione di Silla sui suoi occhi azzurri dal familiare taglio all'insù.

«Cosa succederà se smetto di prendere le foglie?» chiedeva Silla, piena di trepidazione.

«Questa potrebbe essere l'ultima volta che mi vedi» sussurrava la bambina.

Silla veniva travolta da un'ondata di tristezza. La bambina era diventata l'unica costante della sua vita, l'aveva accompagnata ovunque. «Mi mancherai» diceva piano Silla. «Anche se è strano dirlo.»

«Cerca di ricordarti di me, va bene?» rispondeva lei.

«Come potrei dimenticarti?» chiedeva Silla mentre la porta si spalancava e gli uomini si riversavano nella stanza.

Come sempre, la bambina le veniva strappata dalle braccia, la sua mano allontanata da quella di Silla. Un urlo lacerante di pura angoscia riempiva l'aria, facendole venire la pelle d'oca.

Silla fissava gli occhi azzurri della bambina e si sforzava di memorizzarli. Le stringeva mani intorno alla vita, tirandola verso di sé. Il viso della bambina era sereno mentre veniva trascinata via. «Vieni a cercarmi, sorella. Ho bisogno di te.»

Silla fu travolta dallo shock. Per tutta la vita, la bambina le aveva detto la stessa cosa: "Non lasciarmi".

"Vieni a cercarmi."

Era una sfida.

Era un messaggio.

«Lo farò» sussurrò Silla.

* * *

Quando si svegliò, Silla era certa di due cose.

Uno: la bambina era sua sorella. E due: sua sorella era viva, da qualche parte nel Regno di Íseldur.

Si mise seduta, con la testa che le pulsava. Era buio, un debole barlume di luce danzava sulle pareti accanto a lei. Pareti? Brancolando, Silla sentì il morbido fruscio delle pellicce sotto di sé, e la sensazione ruvida di una parete di lana.

Una tenda. Era in una tenda.

Proprio in quel momento, i lembi della tenda si aprirono, e una sagoma scura entrò.

«Ti sei svegliata!» strillò Hekla, facendola sobbalzare. Sporse la testa fuori dalla tenda e gridò: «Martello è sveglia!».

«Quanto ho dormito?» chiese Silla con voce roca.

E poi, all'improvviso, si ricordò: le foglie. Ce l'aveva fatta. Era sopravvissuta alla malattia che accompagnava la fine del trattamento. Un sorriso incredulo le si allargò sul viso.

«Due giorni.»

Silla spalancò la bocca. «Due giorni?»

«Sì, dúlla. Per i fuochi eterni, sei stata malissimo. Ilías pensa che sia stato il morso di un giovane ragno lupo, ma non siamo riusciti a trovare alcun segno. Secondo Gunnar qualcosa che hai mangiato ti ha fatto male. Ovviamente, hanno fatto delle scommesse. Kunta.»

Silla sbatté le palpebre. Rey non aveva detto all'Equipaggio dell'Ascia Insanguinata della sua dipendenza dalle foglie di skjöld. Non sapeva cosa pensare.

«Hai dell'acqua?» gracchiò.

Hekla frugò in giro, poi le spinse una borraccia in mano. Silla bevve tanto avidamente che l'acqua le gocciolò dal mento e sul vestito. Non le importava: il suo corpo era così assetato che le pareva di essersi prosciugata.

Hekla la osservava. «Come ti senti? Vuoi del brodo? Abbiamo la minestra sul fuoco. L'ha preparata Siggie.»

A Silla parve di percepire una nota di avvertimento nelle parole di Hekla.

Si sentiva debole, ma stranamente viva. «Sì, grazie, vorrei del brodo. Ma...» La sua voce si spense. «La tenda... Perché sono in una tenda?»

«Perché ha rinfrescato. C'è stata una gelata e vento freddo da nord, negli ultimi giorni. Ora ci stiamo avvicinando alle Highlands e Rey ha ordinato di piantare le tende. Lavoro in più, ma per stare al caldo ne vale la pena.»

Silla trovò il mantello accanto al suo letto. Il *suo* letto? Era nel letto di qualcuno.

«Di chi è il letto...» L'odore familiare le colpì le narici.

«Jonas. Immagino che Lupo abbia un cuore, dopotutto.» Hekla ridacchiò, e Silla fu grata che la penombra nascondesse il suo rossore. Cercò a tastoni finché non trovò gli stivali. Li infilò, poi si allacciò il mantello sulle spalle e seguì Hekla fuori dalla tenda. Sebbene il sole fosse tramontato, il fuoco da campo illuminava la radura in cui si erano accampati. Alberi sottili e cespugli robusti fornivano poca protezione dal vento gelido, che portava con sé un odore erbaceo. Quando Silla si alzò, la vista ancora offuscata, Hekla le passò un braccio intorno alla vita, aiutandola a nascondersi dietro un cespuglio per fare i suoi bisogni.

Mentre andavano verso il fuoco, Silla sentì il petto riempirsi di calore fin quasi a scoppiare. Erano tutti lì: i membri dell'Equipaggio dell'Ascia Insanguinata, sdraiati pigramente attorno a un fuoco scoppiettante. Il suo sguardo si posò prima su Jonas, con le spalle avvolte in un mantello di pelliccia nera e i capelli appena rasati ai lati. Era impegnato con Ilías e Gunnar in una partita a dadi, ma quando lei arrivò si girò, incrociando il suo sguardo. La sua mascella si mosse appena, la postura rigida si allentò un po'.

«Martello!» tuonò Gunnar, battendo forte le mani mentre Hekla la aiutava a sedersi su un ceppo vicino al fuoco. «Come un gatto con nove vite. Cos'è questa... la terza che consumi in questo viaggio? Faresti meglio a razionarle.»

Silla gli rivolse un sorriso, ma il suo sguardo si posò rapidamente su Rey. Seduto vicino al fuoco, aveva incastrato la protesi di Hekla tra le ginocchia e usava una pietra per affilare gli artigli. Quando i loro occhi si incontrarono, gli angoli delle sue labbra si sollevarono di poco. Non era proprio un sorriso, ma era la cosa che più gli si avvicinava. Contrariamente all'irritazione che di solito Silla gli procurava, adesso sentiva qualcos'altro arrivare da lui: orgoglio, forse, e la stessa strana, infondata fiducia in lei che aveva dimostrato quando aveva ucciso il cervo vampiro. Quella consapevolezza la riempì di un calore inaspettato.

Sigrún le passò una ciotola di brodo, un cucchiaio e un pezzo di pane, e Silla si avventò sul cibo, improvvisamente affamata. Mentre mangiava, Hekla le raccontò gli eventi degli ultimi due giorni, incluso l'incontro con i due uomini in fuga dallo Slátrari. Un brivido la attraversò. Pensare che quell'assassino condivideva la strada con loro... pensare che magari li aveva superati, che magari avevano guardato il mostro in faccia senza nemmeno rendersene conto...

Ma, osservando ciò che aveva intorno, Silla non poté fare a meno di sentirsi tranquilla. Se doveva condividere la strada con un assassino, era certa che non ci fosse posto più sicuro per lei che tra i guerrieri dell'Equipaggio dell'Ascia Insanguinata.

* * *

«Sei certa di volerti allenare stasera, dúlla?»

Silla annuì con veemenza. Era passato un giorno intero da quando si era svegliata dopo la febbre e, sebbene le sue forze non fossero ancora del tutto ristabilite, era piena di un'energia irrequieta. Quella mattina, quando si era alzata, si era accorta di riuscire a pensare più lucidamente che mai. E poi era di splendido umore, ricca di energie: era come una versione più vivida di sé stessa.

Quando aveva passato a Rey la sua ciotola colma di porridge con un sorriso luminoso, lui aveva brontolato che era "offensivo essere felici in quel modo così presto". Lei aveva ridacchiato. Ultimamente le parole di Rey erano meno velenose.

Gli alberi che circondavano il loro accampamento erano raggruppati in boschetti, gli spazi vuoti riempiti da rovi spinosi. Il giorno dopo avrebbero raggiunto le Highlands, che segnavano l'ultimo tratto della Strada d'Ossa prima dello Snodo Settentrionale. Kopa non le era mai sembrata così vicina.

Adesso che i piatti erano stati lavati e riposti, e la sera si allungava libera davanti a lei, il desiderio delle foglie cominciava a farsi sentire. *Concentrati, Silla Margrét*, si disse. *C'è solo una via d'uscita, e non include quelle foglie.*

Le parole da sole non bastavano, però. Aveva bisogno di una distrazione. Avrebbe voluto trascinare Jonas dietro i rovi e farsi distrarre, ma lui non si trovava da nessuna parte. Invece si dedicò all'addestramento con Hekla. E con Rey, a quanto pareva, che infatti le raggiunse a passo lento.

Silla non riuscì a trattenere un gemito.

«Non montarti la testa solo perché hai abbattuto un piccolo cervo vampiro» disse lui con voce strascicata.

Silla si mise una mano sul fianco. «E *te*, Rey. Non dimenticare che ho abbattuto anche te.»

Lui si strofinò la barba nera. «Sono certo che non mi permetterai di dimenticarmene.»

«Qualcuno deve assicurarsi che neanche tu ti monti la testa.» Sorrise, compiaciuta dall'espressione contrariata di lui. Decise che glielo avrebbe ricordato più spesso. «Per la tua sicurezza, ovviamente. Si dice che gli uomini troppo orgogliosi diventino ciechi alla morte che bussa alla loro porta.»

Gli occhi di Rey la trafissero e lei si costrinse a sostenere il suo sguardo. «Anche questa è una cosa che ti diceva tuo padre?» chiese.

«Sì» confermò lei perplessa. «Come ti ho detto...»

«Era un uomo saggio.» Rey la studiò con attenzione. «Comincio a chiedermi se i nostri padri avessero delle conoscenze in comune.»

Silla dischiuse le labbra. «Tu credi?»

Rey la fissò per un altro secondo. «Non importa. Sono morti tutti e due.»

Hekla si schiarì la voce. «Cominciamo con la presa con strangolamento da dietro?» Lanciò un'occhiata a Rey, poi di nuovo a Silla. «Inizierai con me e, se ti sentirai pronta, potrai provare di nuovo con Rey.»

Silla si spostò sulle punte dei piedi, ricordando cosa era successo durante il loro ultimo allenamento. Ma da allora aveva abbattuto il cervo vampiro e aveva superato due terribili giorni di astinenza da skjöld. C'era qualcosa di enormemente gratificante nell'affrontare le cose che la spaventavano. «Sì» si ritrovò a dire.

Cominciarono, con Hekla che eseguiva la presa al collo e Rey che abbaiava suggerimenti e correzioni.

«Non so come, ma sei diventata più lenta, Raggio di Sole.»

«Pensi che il tuo aggressore aspetterà mentre tu decidi con quale piede farlo inciampare?»

E il suo preferito in assoluto: «Mi viene da piangere, donna, e non di felicità».

«Va bene, *Mano di Martello*» disse alla fine. «Vuoi tentare la fortuna con me?»

Silla fece un respiro profondo e annuì. Lui si tirò su le maniche della tunica, e Silla vide i graffi che gli aveva provocato, ormai guariti. «Fatti coraggio» le disse Rey. «Tieniti pronta. Sai cosa farò. Pensa sempre in anticipo, visualizza ciò che accadrà prima che avvenga.»

Lei annuì, mettendo i piedi in posizione mentre Rey si sistemava dietro di lei. Era così imponente che il cuore cominciò a batterle più forte. Era impossibile non pensare a quanto facilmente un guerriero come lui avrebbe potuto finirla. Silla emise un sospiro riconoscente verso Rey, che aveva optato per una presa più blanda.

«Ci ho pensato» disse Hekla. «Rey è semplicemente troppo grosso perché tu possa farlo cadere come faresti con me. Invece, lo combatterai come Hekla Spaccacostole.»

«Hekla...» la ammonì Rey.

«Zitto, Rey. Non può abbatterti come farebbe un uomo. Dovremo essere creative.» Hekla guardò Silla, con un lampo malizioso negli occhi. «Allarga il braccio che ti tiene intorno al collo, poi sferragli un pugno all'inguine. Una volta che lo avrai distratto sfruttando questa ridicola debolezza maschile, prendilo a gomitate nelle costole.»

«Cosa?» sibilò Silla. «Non ci penso proprio a dargli un pugno all'inguine!»

«Non se ci tieni alla tua vita» borbottò Rey, spostandosi un po'.

Hekla sorrise. «Occhi d'Ascia si sta innervosendo, Silla. Sfrutta la sua paura, falla diventare un tuo potere. Ricorda: più grande è il guerriero, più fa rumore quando cade. Pronta, dúlla?»

«No.»

Hekla sospirò. «Va bene. Allora fai finta di colpirlo all'inguine. Anche se non credo succederebbe niente, se il tuo pugno dovesse scattare davvero all'indietro. Gli incidenti capitano, dico bene, Rey?»

«Se avviene un "incidente", Raggio di Sole, mi assicurerò che la prossima volta che incontrerai un altro cervo vampiro sarà ben lontano dal mio sguardo vigile.»

«Puoi star certo che non lo avvicino nemmeno, il pugno, Rey» sibilò Silla.

Hekla ridacchiò, lo sguardo che passava da lui a lei. «Al tre?»

Dopo che Hekla ebbe contato alla rovescia, Silla provò l'azione, ma si ingarbugliò. Fu un allenamento disastroso, rallegrato solo dal fatto che Rey sussultava a ogni passaggio.

La cosa rallegrava anche Hekla, evidentemente.

«Tutto questo ti diverte troppo, Hekla» borbottò Rey. Al quindicesimo – ventesimo? – tentativo, Silla non era migliorata affatto, a dispetto del sudore che le imperlava la fronte.

«Finiamola qui per stasera e riproviamo quando Martello avrà ripreso le forze» disse Hekla.

Si diressero verso il focolare, dove Sigrún, Ilías e Gunnar se ne stavano accoccolati insieme dietro il frangivento a giocare a dadi. Sempre più spesso si rifugiavano dietro le pellicce appese per sfuggire al vento del Nord, e Silla rabbrividì quando una raffica gelida le colpì il viso. Tre tende erano raggruppate appena oltre il focolare, con i tessuti di lana tesi sui montanti e fissati con cunei di sicurezza. All'interno delle tende, pellicce per dormire e coperte erano impilate le une sulle altre. Sigrún ed Hekla avevano accolto Silla nella loro tenda, mentre gli uomini si erano separati in coppie dividendosi le altre due.

Sigrún batté le mani, saltando felice. Ilías e Gunnar si frugarono nelle tasche in cerca di monete, borbottando.

«Contatemi per la prossima partita» disse Hekla, trascinando una cassa verso di loro. «Silla? Vuoi giocare?»

«Forse più tardi» rispose lei. Si diresse verso le tende per recuperare il mantello, avanzando con cautela nell'erba alta e cercando di non slogarsi una caviglia. Oltre le tende, la luce del fuoco non arrivava; Silla sbatté le palpebre mentre gli occhi si abituavano alla penombra del crepuscolo.

A un tratto, qualcuno le premette una mano sulla bocca; fu trascinata all'indietro, e sbatté contro un torace muscoloso. Un secondo braccio le avvolse la pancia, bloccandole le braccia contro i fianchi come una banda d'acciaio. Silla sgranò gli occhi, il cuore che le martellava nel petto.

«Non urlare» le sussurrò una voce all'orecchio.

48

Jonas sentì il cuore di Silla rimbombargli sotto le dita e inspirò a fondo, concedendosi finalmente di rilassarsi. Si era svegliata; si era ripresa dalla sua strana malattia. E quando percepì il tepore del suo corpo, Jonas si sentì afflitto da una malattia tutta sua.

Le portò una mano sulla pancia, poi la fece scivolare fino alla curva dei suoi seni. Si accorse del momento esatto in cui lei si rendeva conto che era lui. Quando, con forza sorprendente, gli diede una gomitata, lui le permise di liberarsi. Vide il fuoco nei suoi occhi e lui stesso si sentì avvampare. Un calore che gli si accumulò nel petto, riempiendogli anche lo stomaco.

«Mi hai spaventata» disse Silla, schiaffeggiandogli il braccio. Jonas la attirò a sé, abbassando la testa per reclamare le sue labbra. Non fu un bacio lento né esitante, ma piuttosto urgente e famelico, sensuale. Aveva tremendamente bisogno di lei. La fece arretrare finché la sua schiena non sfiorò una tenda.

Senza fiato, Silla si divincolò. «Jonas» protestò, ma lui la superò, si chinò, entrò nella tenda e l'attirò sul morbido giaciglio all'interno.

Era buio dentro, ma la luce del fuoco tremolava sulle pareti. Jonas si sistemò sopra di lei. «Sono giorni che aspetto di farlo» mormorò. Premette la bocca su quella di lei, consumato da un desiderio insaziabile, intanto che armeggiava con i lacci del suo vestito.

Erano stati due giorni senza di lei, due lunghi giorni di preoccupazione e infelicità. Adesso voleva ritrovare pace e serenità grazie alla sua presenza. Mentre le toglieva l'abito, Silla girò la testa per interrompere il bacio.

«Aspetta» sussurrò. «Non possiamo.»

«Perché no?» chiese Jonas piano, sorridendo malizioso.

«Perché l'Equipaggio...» fece una pausa. «Sono lì, a soli dieci passi di distanza.»

L'idea eccitava Jonas più di quanto volesse ammettere. «Io so essere molto silenzioso» mormorò, tracciandole un sentiero di baci appassionati lungo il collo. «E tu?»

Concentrò baci e morsi sulla zona appena sotto l'orecchio, e ogni sospiro affannoso che riusciva a strapparle aumentava il suo desiderio. Ansimando, lei si inarcò verso di lui, e lui capì di averla convinta.

«È un sì?» sussurrò.

«Sì» ansimò lei. Mentre una vampata di calore le saliva dal basso ventre, Jonas le strattonò il vestito così forte che lei sussultò. E poi ci fu solo il bisogno disperato di farla sua. «Hai troppi strati addosso» borbottò Jonas, sfilandole senza cerimonie la sottoveste e l'abito. Qualcosa si strappò, ma a lui non importava. Alla fine, si trovò davanti lei, nuda.

Silla afferrò l'orlo della tunica di lui, sfilandogliela dalla testa mentre Jonas lottava con la fibbia dei pantaloni. Alla fine, le si avvicinò, la pelle calda che scivolava languidamente sulla sua. Le sfiorò la gola con i denti, inspirando a fondo il suo profumo. La tenda era silenziosa, fatta eccezione per il fruscio delle lenzuola e qualche roco sospiro. Li raggiunse una risata di Gunnar, la risposta attutita di Hekla, e Jonas si lasciò sfuggire un mugolio: sapere che erano lì vicino gli regalò un brivido di eccitazione che gli corse lungo la schiena.

Le fece scorrere le dita nel punto più sensibile, soffocando a malapena un gemito. «Per gli dèi. Ti sono mancato, donna, ammettilo. Sei già pronta a prendermi.»

Silla allungò una mano per toccarlo con delicatezza. «Sembra che anche io sia mancata a te.»

«Per quanto mi piaccia quando mi tocchi» borbottò Jonas sollevando i fianchi, «solo questo mi soddisferà in questo momento.» Spinse le dita dentro Silla, sorridendo quando lei gli si strinse attorno.

«Di più» ansimò Silla. «Ne ho bisogno.»

Parlava a fatica, il che disse a Jonas che lei lo voleva quanto la voleva lui. «Mi sei mancata» ammise in un sussurro, posizionandosi su di lei. «Mi sono mancati la tua lingua lunga e il tuo calore.» Esitò. «Ero preoccupato per te.» *È cambiato tutto,* non poté dirle, *quando pensavo che non ti saresti svegliata. Mi ha fatto desiderare cose che non avrei dovuto desiderare.* Ma il solo pensiero lo faceva sentire fragile e vulnerabile, e non riuscì a pronunciare quelle parole ad alta voce. Invece, provò a dirgliele con il suo corpo.

* * *

Dopo, Jonas rimase disteso sul letto, respirando a fatica, e Silla si rannicchiò al suo fianco, abbandonata e inerte. Jonas sapeva che se avesse potuto vederla in viso avrebbe avuto un'espressione stordita e sorpresa, la stessa che le veniva sempre dopo aver raggiunto il piacere. Come se non riuscisse a capire come fossero arrivati lì. Non lo sapeva neanche lui.

Silla cominciò a sussultare, e Jonas le fece scivolare una mano sulla bocca prima che la risata sgorgasse. Ma lei era scossa da un tremito incontrollabile e lui non poté trattenere un sorriso. Lei gli provocava questo. Lei lo faceva sorridere. Lo rendeva... felice. Lei era luce e calore e tutto ciò che c'era di bello. Tutto ciò che un uomo come lui non meritava.

Ma che si prendeva lo stesso.

Una volta che Silla riacquisì il controllo, si voltò e gli sorrise. «Ero sicurissima che ci avrebbero sentito» sussurrò. La tenda era buia, ma la luce che filtrava dal fuoco le illuminava l'angolo di un occhio, lo zigomo obliquo, la curva della mascella.

«Perfetta» borbottò Jonas, intrecciando le sue dita alle sue. Per un momento, avrebbe potuto giurare di averle visto un'espressione accigliata in viso, ma scomparve così in fretta che non ne fu sicuro. «Sei perfetta» ripeté, osservandola attentamente.

Per quante insicurezze Silla potesse nutrire, per lui era perfetta, una cosa di cui non aveva mai pensato di aver bisogno, una complicazione che non aveva mai visto arrivare.

Gli sfiorò la cicatrice sulla guancia con le nocche, l'espressione accigliata stavolta innegabile. E Jonas sentì ciò che lei non gli disse. "Cosa ti è successo?" Sospirò, mosso da un bizzarro desiderio di dirle tutto: d'altronde, se c'era qualcuno che poteva capire era lei. Fece un respiro profondo e si preparò a raccontare ad alta voce la cosa di cui si vergognava di più.

«Sai cosa si prova a vedersi negate terre che sono di diritto tue, Riccioli. Vorrei raccontarti tutta la storia di ciò che è successo a me... a noi.»

Silla gli strinse delicatamente la mano.

«Ho ucciso mio padre.» Jonas fu travolto da un'ondata simultanea di caldo e freddo, ma si costrinse a proseguire. «Era un uomo crudele, picchiava mia madre. All'inizio ero troppo piccolo, troppo debole per aiutarla. Lei mi diceva di portare Ilías all'olmo ai margini della nostra proprietà. Ci arrampicavamo e ci nascondevamo da nostro padre, guardando le nuvole e immaginando le avventure che avremmo vissuto da grandi. Era il nostro rifugio. Il posto dove sognavamo una vita migliore.»

Jonas esalò un lungo respiro.

«Crescendo, ho cominciato a difendere mia madre, ma pareva che il mio intervento peggiorasse solo le cose. Lui me le dava di santa ragione, poi tornava da lei ancora più inferocito. Vivevamo nella costante paura della sua rabbia. "Momenti bui" li chiamava lui. Diceva che non erano colpa sua. Non era mai colpa sua. E poi, un giorno, si spinse troppo oltre. La uccise.» Jonas si interruppe, i pugni serrati. La mano di Silla gli corse lungo il braccio, con il suo tocco rassicurante. «Ho mandato Ilías all'olmo e sono tornato a casa. Mio padre stava piangendo sul suo cadavere. Ho perso la testa. L'ho strappato via da lei e gli ho restituito ogni pugno che ci aveva dato.»

Il silenzio calò su di loro. Jonas chiuse gli occhi. Aveva commesso un errore decidendo di raccontarglielo? Non l'aveva mai detto a nessuno prima, nemmeno a Rey. E se lei non fosse più riuscita a guardarlo allo stesso modo?

Ma la sua stupida bocca riprese a parlare. «Siamo andati all'Assemblea e mi sono messo alla loro mercé. Avevamo testimoni, buoni amici e vicini che hanno attestato la natura violenta di mio padre. L'uccisione di mio padre è stata giudicata giusta. Ma la... l'uccisione di mia madre è stata giudicata un omicidio.»

Silla deglutì.

«Il Presidente della Legge ha spogliato mio padre delle sue terre e ha confiscato tutti i suoi beni a nome della corona. Ilías e io siamo rimasti senza un'eredità. Con una macchia sul nostro nome e nient'altro, abbiamo deciso che era meglio lasciare la nostra comunità. Solo la gentilezza di alcuni amici e vicini ci ha procurato abbastanza soldi per arrivare a Sunnavík. E quando abbiamo trovato Rey e l'Equipaggio dell'Ascia Insanguinata, abbiamo iniziato a farci un nome in questo regno.»

Fuochi eterni! Jonas deglutì un groppo in gola grande come un masso. Si sentiva svuotato e tuttavia... più leggero. Era stato un sollievo raccontarlo a qualcuno. E se c'era qualcuno che poteva capire era la donna che aveva davanti, a cui avevano ingiustamente portato via ciò che le apparteneva.

La guardò scegliere con cura le parole. Poi aprì la bocca, e lui si preparò al peggio. Ma come sempre, Silla lo sorprese.

«In un certo senso, io ho ucciso mia madre.»

Jonas parve sbigottito. Dopo un momento, le strofinò il pollice sul dorso della mano in quello che sperava fosse un gesto incoraggiante. Non era bravo in queste cose, ma per lei ci avrebbe provato.

«È successo quando avevo dieci inverni. Ne sono passati altri dieci e sono ancora confusa.»

Jonas intuì che anche lei era titubante a condividere la sua vicenda con lui, quindi rimase in silenzio.

«Se non avessi dimenticato quel maledetto aneto, forse le cose sarebbero andate diversamente.» Si leccò le labbra. «Sono tornata al mercato per prenderlo. C'era stata un'eclissi e per l'eccitazione io avevo dimenticato di metterlo nel cestino. Così sono tornata mentre la mamma preparava l'impasto del pane. Quando sono rientrata a casa, lei non c'era più. L'avevano portata via. I Klaernar.»

Jonas si irrigidì.

«Un vicino li aveva informati che una Galdra viveva in casa nostra. Bugie, ovviamente, noi non possediamo alcuna magia. Avevo avuto un incidente con la figlia dei vicini. Una discussione. Lei diceva che io... avevo emanato luce dalle mani. Ma non era vero. Era stata un'increspatura nello stagno, un lampo, un riflesso di luce sulla superficie dell'acqua. Lei era una ragazza volubile. Con una fantasia sfrenata. E lo ha detto ai suoi genitori, che lo hanno detto ai Klaernar. La cosa più brutta è che hanno raccontato che mia madre ha confessato di essere stata *lei* a creare quella luce. Ha detto loro che era una...» cercò la parola giusta «Inceneritrice. Non so nemmeno cosa significhi, ma so che mia madre non era una di loro. Non era una Galdra.» Si accigliò. «Cosa sperava di guadagnare confessando? Non capisco. Voleva proteggermi? Ci ho pensato così tante volte. Se fossi stata a casa, avrei potuto spiegare dello stagno, del lampo di luce. Avrei potuto difenderla.» La sua voce risuonava vuota, negli occhi aveva un'espressione tormentata. «Quando l'ho rivista, era appesa a un pilastro, incatenata. Non potrò mai dimenticare i suoi occhi. I suoi bellissimi, scintillanti occhi verdi. Ho capito che voleva che distogliessi lo sguardo, ma mi sono rifiutata. Volevo che vedesse qualcuno in quella folla che la amava. Io... ho guardato tutto. L'ho vista morire. Sono stata costretta a scagliare una pietra. Ho contribuito a porre fine alla sua vita, Jonas.»

Tremava, e lui, con un nodo allo stomaco, l'attirò più vicina. Non sapeva cosa dire, così la tenne stretta per diversi minuti, durante i quali rimasero in silenzio. Silla si ritrasse e lo guardò con occhi grandi e sinceri. «Sei una brava persona, Jonas.»

Lui fece un verso scettico.

La bocca di lei era serrata in una linea severa. «È vero. Lo vedo dal modo in cui ti prendi cura di tuo fratello.» Aggrottò le sopracciglia e aggiunse: «So che non tutti farebbero quello che hai fatto tu per lui».

Lui la fissò in silenzio.

«Sei un brav'uomo, Jonas.»

«Non sono un brav'uomo, Riccioli.» Le tolse una ciocca di capelli dal viso e la fece sdraiare. «Ma tu mi fai sentire come se potessi esserlo.»

Silla lo fissò, e a lui parve che il suo petto fosse troppo piccolo per contenere il suo cuore.

«Che c'è?» le chiese. «Perché mi guardi così?»

Portò le labbra sulle sue e la baciò senza fretta, intensamente. Poi si scostò, appoggiando la fronte a quella di lei. «Voglio rivederti dopo Istré. E se venissi a Kopa e ti facessi visita?» Le passò una mano lungo la curva liscia della guancia. «Ti piacerebbe?»

Lei annuì e Jonas divenne un'aquila che volava in cielo, libera e spensierata. Si mise seduto, prese i pantaloni e vi frugò dentro finché non lo trovò. «Ho fatto una cosa per te» sussurrò, premendole il disco nel palmo della mano.

Aveva lo stomaco in fiamme mentre lei teneva in mano l'oggetto contro la luce tremolante. I simboli triangolari sovrapposti erano ombreggiati in prossimità delle venature scure del legno, una cinghia di cuoio pendeva da un piccolo foro praticato nella parte superiore.

«È come il tuo talismano» mormorò Silla alzando lo sguardo verso di lui.

«Voglio che ne abbia uno anche tu.» Jonas la studiò attentamente. «Qualcosa a cui aggrapparsi mentre siamo lontani. Ti piace?»

Silla si ritrovò a trattenere il respiro. «Lo adoro, Jonas» disse, facendo scorrere il pollice lungo la superficie intagliata. Ma c'era un significato nascosto nelle parole di lei, qualcosa che lui non riusciva a identificare. «È bellissimo. Hai un gran talento come intagliatore.»

Prendendole di mano il pendente, Jonas le infilò delicatamente la cinghia di cuoio, sistemando il disco sopra il suo cuore. La vista di lei con indosso quel talismano lo inondò di calore.

Si chinò per baciarla, ma fu interrotto dal grido di Gunnar.

«Attacco! Tenetevi pronti! Stanno arrivando!»

49

Silla affondò le unghie nell'avambraccio di Jonas mentre quelle parole si depositavano dentro di lei.

Attacco. Erano sotto attacco.

Mille domande le vorticavano in testa. Chi li attaccava? Quanti erano? E, cosa più importante, perché? Erano gli uomini della regina? L'avevano trovata?

«Cosa devo...» chiese Silla, sbattendo rapidamente le palpebre mentre Jonas si vestiva in tutta fretta.

«Resta qui» ringhiò lui, infilandosi la tunica. «Non uscire dalla tenda.»

Lei sentì lo stomaco annodarsi mentre lo guardava prepararsi. Dopo l'intimità che avevano appena condiviso, sentiva che tra loro c'era un legame reale, e il terrore la riempì al pensiero che gli potesse capitare qualcosa di male.

«Stai attento» sussurrò.

Lui fissò gli occhi severi, seri e senza paura, nei suoi. Si sporse verso di lei, le prese il viso tra le dita e la baciò. «Anche tu» disse dolcemente.

Silla sentì una stretta al petto, ma fu presto distratta da un rumore di legno spezzato. «Vai» lo esortò. «Devi andare.»

La luce del fuoco sulla parete della tenda si oscurò, coperta da alcune sagome che correvano, mentre le urla dell'Equipaggio dell'Ascia Insanguinata riempivano l'aria.

«Coraggio!» ringhiò Rey da oltre la parete della tenda. «In alto gli scudi, lance pronte!»

Il suono distintivo delle lame che urtavano gli scudi di legno riempiva l'aria, e Jonas imprecò mentre armeggiava con le fibbie della sua armatura.

«Jonas!» gridò Ilías. «In quale buco di culo deserto sei finito? Ho la tua lancia, stupido kunta!»

«Eccomi!» rispose lui, allacciandosi la cintura da battaglia e uscendo di corsa dalla tenda. «Arrivo!»

Una folata di vento freddo risvegliò Silla dal suo torpore. Mentre si infilava la sottoveste, un orribile schiocco le fece fermare le mani a metà movimento.

«Cos'è?» sussurrò.

«Mirate al ventre!» urlò Rey. «Evitate le zanne. Non separatevi!»

Zanne?

Zanne?

Un suono stridulo riempì l'aria, facendo drizzare ogni pelo sulla nuca di Silla, come la pelliccia di un gatto terrorizzato. Scuotendo la testa, trovò l'abito e se lo infilò, poi cercò a tentoni il suo pugnale, sguainandolo tremante.

«Dov'è Silla?» chiese Hekla, e il suo stomaco si rivoltò.

«Sono qui!» gridò lei. «Nella tenda.»

«Resta lì!» abbaiò Rey. «Non uscire. Saresti solo d'intralcio.»

Un altro stridio, più forte stavolta, come se chiunque l'avesse provocato avesse appena fatto irruzione nella radura. Ilías ruggì ed Hekla urlò; i suoni della battaglia riecheggiarono nella notte: grugniti, graffi e gli strilli strazianti di qualunque cosa avesse attaccato l'Equipaggio dell'Ascia Insanguinata.

Silla sentì la tensione crescere, il cuore rimbombarle fin nelle orecchie.

Fu allora che lo vide: un lampo di luce bianca. All'inizio, pensò che giungesse da fuori, dalle creature. Ma con orrore crescente, si rese conto che non proveniva affatto da fuori.

Proveniva da *lei*.

Silla ebbe l'impressione di uscire dal suo corpo: guardava dall'alto una ragazza spettinata con una luce di un bianco purissimo che fuoriusciva turbinando dalla parte inferiore dei suoi avambracci.

«In nome dei fuochi eterni, che cosa...» mormorò, e il pugnale le cadde di mano. I suoni della battaglia oltre la tenda si attutirono, e la sua attenzione fu risucchiata da quella luce bianca, che era un prodigio ma anche una condanna.

Era impossibile, eppure stava succedendo. Si toccò la pelle con un dito, e la scoprì freddissima. Cos'era quella magia? Era forse questo, il galdur che le scorreva nelle vene? La sua memoria tornò alla conversazione di pochi minuti prima.

"Lei diceva che io... avevo emanato luce dalle mani."

«No» mormorò. Un'agghiacciante consapevolezza le percorse la schiena con un brivido. Le foglie. Le foglie non erano più in circolo.

Effetti collaterali: il blocco della sorgente, che impedisce l'innesco agli utilizzatori.

Silla non aveva capito quella frase quando l'aveva letta, e ci aveva rimuginato a lungo. Ma adesso, mentre si guardava le braccia, tutto le fu chiarissimo.

Qualunque cosa significassero quelle parole, si riferivano alla magia. Le foglie avevano *soppresso* la sua magia.

Silla era una Galdra.

E allora il passato acquistò un senso: la confessione di sua madre, il lampo di luce, il fatto che lei e suo padre fossero sempre in fuga dai Klaernar. Le foglie. La mente di Silla era come una tazza piena fino all'orlo, che cominciava a traboccare. Mentre fissava la luce che pulsava nelle sue vene, non seppe cosa pensare, se non che quella scoperta avrebbe portato guai.

Altri guai.

«Colpite!» urlò Rey, e la luce del fuoco si spense.

Stordita, Silla fu trascinata al momento presente. Fuori da quella tenda c'era il caos più totale. Stridii da insetto, uno squittio, l'urlo di rabbia di Hekla, il tonfo degli scudi che si scontravano e i continui comandi di Rey.

Si sforzò di inspirare a fondo, allungando la mano verso il suo pugnale.

«La tenda!» fu l'unico avvertimento.

I muscoli di Silla si irrigidirono, la presa attorno al pugnale si fece più stretta.

E poi il tetto della tenda fu abbattuto da una sagoma enorme, che la fece cadere sulla schiena. I montanti di ferro si piegarono come fuscelli; il tessuto si lacerò come se fosse stato di pergamena e l'aria fredda della notte la colpì. La luce che le fuoriusciva dagli avambracci esposti si riversò verso l'alto, posandosi su file scintillanti di zanne affilate come pugnali, ciascuna lunga quanto il suo piede. La creatura, il cui alito rancido puzzava di cose morte e marce, strillò e fece scattare i denti verso di lei, digrignandoli a pochi centimetri dal suo viso.

Spostati! pensò Silla, rotolando sul ventre e strisciando sul pavimento della tenda. Le pareti erano crollate e il tessuto di lana, spesso e ingombrante, era difficile da scostare. Silla drizzò il collo in previsione del pericolo e rotolò sulla schiena; la creatura colpì il punto esatto in cui si trovava pochi istanti prima.

Poi indietreggiò, guardandola dall'alto. Da quell'angolazione, Silla vide otto occhi che brillavano come le braci di un fuoco e una pelliccia grigia e ispida che ricopriva un corpo enorme. Un ragno lupo, si rese conto, ma era troppo tardi perché quella consapevolezza potesse aiutarla: la cosa si stava lanciando su di lei con una velocità innaturale. Silla fece roteare il pugnale e colpì l'aria, ma la creatura indietreggiò comunque con uno strillo assordante. Quel suono era così orribile, così insopportabile, che Silla ebbe l'istinto di coprirsi le orecchie: il suo addestramento con Hekla, però, la spinse a non farlo.

Rialzandosi in piedi, vide una lancia che sporgeva dal ventre del mostro, con un rivolo di icore nero che sgocciolava dalla ferita. La creatura si dimenò, il muso a pochi centimetri da lei. Senza battere ciglio, Silla vide la sua occasione e aspettò, contando.

Uno. Due. Tre.

Si scagliò in avanti, e il suo pugnale fendette la fila di occhi.

Il ragno si ritrasse di corsa con uno stridio, e poi comparve Rey, che liberò la lancia e gliela affondò di nuovo nel ventre. Un liquido nero sgorgò dall'animale, che, con un ultimo strillo, si schiantò a terra, le zampe che cedevano all'unisono. Rey rotolò via e si chinò all'istante sotto il suo scudo, senza perdere tempo a tornare nella mischia.

Ansimando per riprendere fiato, Silla fu assalita dall'odore putrido della decomposizione. Coprendosi il naso, fece il punto della situazione: due cadaveri di ragni giganti riempivano la radura, una tenda era crollata, il carro si era ribaltato e l'Equipaggio dell'Ascia Insanguinata stava rannicchiato dietro un muro di scudi vicino a un terzo ragno gigante all'estremità della radura. Il muro di scudi si aprì quando Rey raggiunse sfrecciando i compagni.

Il ragno sollevò la testa, gli occhi rossi che scrutavano direttamente Silla. Deglutendo, lei si guardò gli avambracci: la luce... la luce attirava quei mostri verso di lei! Si tirò giù le maniche del vestito, ma filtrava debolmente da sotto il tessuto. Come faceva a spegnerla, come faceva...

Il ragno si fece avanti verso di lei, proprio sopra il muro di scudi. Con un grido collettivo, cinque lance gli si conficcarono nel ventre.

Quando la bestia si schiantò a terra con un tonfo che le fece tremare le ossa, Silla fu travolta dal sollievo, ma durò poco. Le sue braccia sfolgoravano, e l'Equipaggio non aveva più distrazioni. Girandosi di scatto, Silla corse alla sua tenda, fortunatamente intatta, e strisciò dentro. La luce la illuminò, e lei frugò in cerca del suo mantello e del paio di guanti di pelle di lupo che Hekla le aveva prestato. Le tremavano le mani mentre indossava i guanti e infilava le braccia nelle pieghe del mantello.

Quindi emerse dalla tenda, trovandosi faccia a faccia con il muro umano anche noto come Occhi d'Ascia.

«Hai acceso una dannata *torcia* nella tenda?» chiese, furente. «Razza di stupida, il ragno lupo è attratto dalla luce! Avresti potuto essere uccisa.»

«Io...» Silla deglutì. «Sì?» Pregò silenziosamente che il mantello e i guanti nascondessero la luce.

Lui si passò una mano sul viso. «Certe volte sembra che tu voglia morire.»

«Non ho esitato» gli ricordò lei. «Non mi sono rannicchiata... non molto. Gli ho squarciato gli occhi.»

Nonostante la notte senza luna, Silla riuscì a vedere la lieve contrazione della mascella di Rey. «Questo è vero» disse lentamente. «Ben fatto. È stato un diversivo sufficiente per permettermi di assestargli il colpo di grazia.»

Poi si girò di scatto, lasciandola sbigottita, e si diresse verso l'Equipaggio dell'Ascia Insanguinata. Con riluttanza, Silla si avvicinò. Il carro era stato rimesso in piedi, ma pendeva da un lato: il telaio era in parte danneggiato.

Trascorsero l'ora successiva a rimettere a posto il contenuto del carro e a recuperare ciò che potevano della tenda strappata. Dopo un'accesa discussione sul fatto che il fuoco avrebbe potuto attirare altri ragni lupo, decisero di bruciare le carcasse per liberare la radura da quell'odore orribile.

I membri dell'Equipaggio dell'Ascia Insanguinata si lavarono via il sangue di ragno a turno; per fortuna, Silla era riuscita a evitare la puzzolente melma nera e non dovette arrischiarsi a scoprire le braccia. Invece si mise a riscaldare gli avanzi del pasto serale sul fuoco e a preparare tazze calde di róa per i guerrieri, stanchi dopo la battaglia. Uno alla volta, si accomodarono attorno al fuoco. Era tardi, ma avevano ancora energia residua, e si misero a rievocare la gloria della battaglia. Silla li ascoltava stordita discutere dello strano odore e degli occhi rossi dei ragni lupo, e chiedersi se quel fenomeno potesse essere collegato allo strano skógungar dagli occhi rossi che avevano incontrato giorni prima. Dopo mangiato, lavò i piatti e si sedette su un ceppo, tirandosi il cappuccio sul viso e fissando le fiamme danzanti.

Era stata una lunga notte, ed era già stanca prima dell'attacco. Adesso era oltre la stanchezza. Proprio mentre si preparava a dare la buonanotte a tutti, Rey parlò.

«Perché eri nella tenda di Jonas?» chiese con la sua voce profonda, tonante. Le conversazioni attorno al fuoco da campo ebbero un attimo di esitazione, poi si spensero.

Silla si sentì intorpidita, il cuore prese a martellarle nelle orecchie mentre tutti gli occhi si concentravano su di lei.

«Io...» balbettò. I suoi occhi incontrarono quelli di Jonas, stretti e cupi, dall'altra parte del fuoco. Dopo il caos con il ragno, dopo la faccenda della luce negli avambracci, se n'era del tutto dimenticata.

Stupida, pensò. *Avresti dovuto sapere che Occhi d'Ascia non si sarebbe lasciato sfuggire un dettaglio simile.*

«Chiediamolo a Jonas» disse Rey con voce fredda. «Perché eri nella tenda con Silla, Jonas? Perché ci hai messo così tanto a unirti a noi in battaglia?»

Lui si schiarì la voce, ma non rispose.

Rey tirò fuori una fiaschetta dalla tasca e bevve un lungo sorso, poi si asciugò la bocca sulla manica. «So che non può essere quello che stiamo pensando tutti, Jonas, perché ricordo di averti ordinato esplicitamente di non farlo.»

Silla si morse la guancia, fissando le fiamme e augurandosi che potessero ridurla in cenere.

«Qualcuno dovrebbe iniziare a parlare» sbottò Rey.

Jonas espirò. «Silla e io...» Scrollò le spalle.

Un'immobilità innaturale seguì quella non-confessione.

Rey si accigliò.

«Voi due...?» lo incitò Hekla.

«Scopiamo!» esclamò Jonas. «Scopiamo, va bene? Dèi misericordiosi. Siamo adulti. Non trasformate questa cosa in uno scandalo.»

«Jonas!» gemette Silla, coprendosi gli occhi con una mano. Gli sguardi increduli degli altri le bruciavano la pelle come attizzatoi infuocati. «Non potresti dirlo in un altro modo... in *qualunque* altro modo?»

«Dúlla» gemette Hekla, una mano sulla fronte. «Ti avevo avvertito.»

«Lo so» disse Silla, stringendo le labbra mentre Jonas lanciava a Hekla un'occhiata omicida. «E ho preso i tuoi avvertimenti in considerazione.»

Hekla fissò Jonas. «L'hai ferita, Lupo, e adesso dovrai rispondere a me.»

«Oh, per l'amor delle stelle» borbottò Silla, chiudendo gli occhi.

«Da quanto tempo?» chiese Rey, con voce fredda e dura come il ferro.

Un muscolo nella mascella di Jonas si contrasse. «Da prima della Dorsale di Skalla.»

«Mi hai mentito» borbottò Rey, fissando Jonas. «Perché, Jonas? Perché mi disonori in questo modo? Perché disonori il tuo equipaggio?»

«Non intendevo disonorare...»

«Mi hai mentito» ringhiò Rey. Gli pulsava una vena sulla tempia; Silla deglutì a fatica. «Hai trasgredito i miei ordini.»

«I tuoi ordini erano stupidi» sbottò Jonas, alzando la voce.

Rey balzò in piedi, si allontanò dal fuoco e incrociò le braccia sul petto. «Ti stai scavando una fossa ancora più profonda, Jonas. Sei uno stupido, questo è certo. Uno stupido che non sa dominare i propri istinti. Questa volta hai esagerato. Avevamo concordato di proteggerla, e invece hai approfittato di lei quando era sola e in lutto per suo padre.»

Con un singulto, Silla fissò Rey.

Jonas strinse i pugni. «Non è andata così. Mi sono semplicemente offerto come diversivo, e lei ha accettato...»

Rey scosse piano la testa, arrotolandosi le maniche della tunica. «Ammetti il tuo errore, Jonas. Salva il tuo onore.»

Il volto di Jonas si trasformò: le sue pupille si dilatarono così tanto che i suoi occhi sembravano neri. Si alzò e raggiunse Rey, fermandosi con la faccia a pochi centimetri dalla sua. «Vuoi che lo ammetta?» ringhiò. «È vero. Ho trasgredito i tuoi ordini e ti ho apertamente mentito. Ma non l'ho costretta, e lei mi vuole come io voglio lei. E io... ci tengo a lei. Puniscimi come devi, Occhi d'Ascia» continuò con un'occhiata torva, «ma lo rifarei mille volte. Non cambierei nulla.»

Jonas e Rey si fissarono, due guerrieri faccia a faccia. Rey, la mascella contratta, parve considerare le sue opzioni.

«Sai che non posso tollerare bugie in questo Equipaggio. Risolveremo la cosa alla vecchia maniera. Con i pugni.» Lasciò cadere la cintura da battaglia a terra, dove le spade atterrarono con un tonfo sonoro.

Lo sguardo di Jonas guizzò su Silla, poi tornò di nuovo su Rey. «Molto bene» disse, lasciando cadere le sue armi.

«Aspettate» cominciò Silla, alzandosi, ma era troppo tardi: quando Rey si scagliò su Jonas e lo gettò a terra, fu il caos. I due si rotolarono in una bufera di pugni e gomitate. «Non voglio che facciate così!» urlò lei, una stretta allo stomaco quando il pugno di Rey colpì la guancia di Jonas. «Smettetela, idioti!» Silla si voltò verso l'Equipaggio dell'Ascia Insanguinata per chiedere sostegno, ma incrociò due occhi color ambra dall'espressione impaziente.

«Dúlla. Dimmi che Jonas non è Asger. Oh, dèi! "Me lo ha dato ecco come... parecchie volte."» Hekla si passò una mano sul viso. «Adesso ha senso.»

«Se può consolarti, c'era davvero un uomo di nome Asger» mormorò Silla, il senso di colpa che le torceva lo stomaco. «Jonas ha minacciato di spaccargli la faccia.»

«Silla!» esclamò Hekla, socchiudendo gli occhi. «Come hai potuto tenermi nascosta una storia simile su questa strada noiosa dove non succede mai niente di eccitante? Pensavo fossimo amiche.»

«Credimi, Hekla, avrei voluto dirtelo...» La sua voce si spense quando Jonas assestò un pugno allo stomaco di Rey. «Devono proprio fare così?» chiese, gesticolando impotente verso i lottatori.

Hekla si strinse nelle spalle. «È il loro modo.»

Gli occhi di Silla incontrarono quelli di Sigrún dall'altra parte del fuoco, e vide che la piccola donna bionda nascondeva un sorriso dietro la mano. Lanciò a Silla uno sguardo complice mentre scuoteva dolcemente la testa. Sembrava dire: "Sapevo che sarebbe successo".

«Sei *tu* la donna che mi ha tenuto sveglio nel Giorno più Lungo!» la accusò Ilías, e Silla spostò l'attenzione su di lui.

Sentì le guance avvampare. «Io...»

«Non ce la faccio» disse lui in tono melodrammatico, alzando una mano. «È come scoprire che la tua sorellina e il tuo fratello maggiore si sono intrufolati nel fienile.»

Silla incrociò le braccia sul petto. «Ilías, noi non siamo parenti.»

«E, insomma, Jonas ha inchiodato il nostro Martello» tuonò Gunnar.

Sigrún fece una rapida serie di gesti con le mani, che Ilías interpretò: «Sigrún chiede quante volte ha affondato la sua ascia nel ceppo».

«Hai subito la zampata di Lupo, eppure sei ancora viva» aggiunse Gunnar. «E hai ululato alla luna?»

L'Equipaggio scoppiò a ridere.

Silla gemette, massaggiandosi la fronte. «Siete dei bambini. Tutti quanti!»

Ilías scosse la testa, con un gran sorriso sulla faccia. «Non lo avrei scelto» rifletté. «Tu e mio fratello insieme. Ma forse sarai un bene per lui. Forse lo distoglierai dalla brama di denaro e di vendetta.» Il suo sguardo si fece distante.

Silla fu sopraffatta dalla stanchezza, dagli eventi della notte. «Ho visto abbastanza» disse, alzandosi a fatica. «Buonanotte.» Lanciò un'occhiata di disgusto agli uomini che ancora si rotolavano a terra. «Bambinoni» borbottò, allontanandosi a grandi passi verso la sua tenda.

* * *

Quando si svegliò la mattina dopo, Silla si sentì soffocare, e le ragioni divennero subito evidenti. Una: un grosso guerriero maschio era stretto a lei, e due: indossava ancora i guanti e il mantello.

Quando vide Jonas, Silla sentì lo stomaco annodarsi. Un livido violaceo gli era sbocciato sullo zigomo, e aveva le nocche scorticate e spaccate. Aveva detto a tutto l'Equipaggio dell'Ascia Insanguinata che teneva a lei, aveva fatto a pugni con Rey. Silla si morse il labbro, e lo stomaco si annodò ancora più stretto. Non voleva creare scompiglio nell'Equipaggio e odiava averlo fatto.

Già tre donne erano state un po' strette in quella tenda... ma con l'aggiunta di un guerriero maschio, quella notte avevano dormito praticamente ammucchiati l'uno sull'altro. Silla si guardò intorno, vide che gli altri occupanti russavano piano e decise che era al sicuro. Sollevò appena la manica e si concesse di prendere fiato. La pelle al di sotto era pallida e opaca, ma niente brillante luce bianca.

Spostando il braccio di Jonas, si divincolò dal bozzolo del suo corpo e strisciò fuori dalla tenda. L'aria fresca del mattino le sfiorò la pelle e lei sospirò di sollievo. Mordendosi il labbro, abbassò lo sguardo sulle sue braccia. Cosa aveva provocato la fuoriuscita di luce in quel punto? E perché si era fermata?

Non ti toglierai i guanti finché non avrai raggiunto Kopa, giurò a sé stessa. Skeggagrim proteggeva coloro che fuggivano dai Klaernar. Forse avrebbe saputo come aiutarla con quella... magia. Scosse la testa. Era l'ennesimo problema. Non avrebbe dovuto smettere di prendere le foglie. Non avrebbe dovuto dare ascolto a Rey.

Alzando lo sguardo al cielo, sospirò: un altro giorno grigio, il sole coperto da nuvole scure. Alla luce del mattino, le conseguenze dell'attacco del ragno sembravano ancora più sinistre: i tronchi degli alberi più giovani spezzati a metà, la lana a brandelli e i montanti della tenda spezzati, il carro che si inclinava innaturalmente di lato.

Una figura solitaria sedeva davanti al fuoco, la pelliccia di lupo avvolta intorno alle spalle, i riccioli crespi che catturavano la poca luce che filtrava tra le nuvole. Con un sospiro, Silla si avvicinò. Si sedette di fronte a Rey, studiò il livido che gli scuriva lo zigomo gonfio e aggrottò la fronte.

«Mi dispiace» disse. «Non volevo intromettermi tra voi. Non volevo disonorarvi.» Silla esitò. «Mi sentivo sola» aggiunse dolcemente. «Lui me lo ha fatto dimenticare.» Sentiva di dovergli quella spiegazione. Non era sicura del perché.

Rey la guardò torvo per un momento, poi attizzò il fuoco con un bastone. Scoppiettando, le scintille fluttuarono verso il cielo.

«Io... ti ringrazio per esserti preoccupato per me» tentò di nuovo Silla.

«Non era preoccupazione per te, Raggio di Sole» sbottò Rey. «Quelli sono affari tuoi, e comunque te ne andrai presto. Ma deve esserci sincerità totale tra i miei guerrieri. È difficile mantenerla quando con noi viaggia una persona tanto disonesta.»

Non sono l'unica ad avere segreti, pensò lei, colta da una rabbia improvvisa, ma non lo disse ad alta voce.

Il silenzio si prolungò, poi Rey riprese: «Dobbiamo arrivare alla prossima città, un posto chiamato Skutur, e cercare di riparare il carro. La ruota si muove, ma si incastra nel corpo del carro a ogni giro».

«Benissimo» disse lei. «Cosa posso fare per aiutare?»

«Puoi preparare la colazione» rispose lui con voce calma.

Silla annuì e si ritirò per andare a prendere l'acqua per il porridge.

50

Quando l'Equipaggio dell'Ascia Insanguinata entrò nelle Highlands, la copertura fornita da alberi e rovi svanì e dovettero affrontare un vento gelido. Ghiacciò le ciocche dei capelli di Silla, riempiendola di trepidazione: quanto freddo avrebbe fatto a Kopa? Sarebbe riuscita a superare i lunghi e cupi inverni del Nord? Per fortuna, le sue preoccupazioni erano mitigate dagli splendidi paesaggi: dolci colline di erba verde striate di vibrante erica viola.

Ci volle solo un'ora per arrivare a Skutur, una cittadina di medie dimensioni che brulicava di persone impegnate nella loro routine mattutina. Il profumo del pane appena sfornato si mescolava all'odore di fieno, cavalli e ferro, gli odori di una città abbastanza affollata da far venire i brividi a Silla. Tirando su il cappuccio del mantello preso in prestito, si accasciò ancora di più sul cavallo che condivideva con Jonas: dato che il telaio del carro era danneggiato, aveva cavalcato con lui per alleggerire il peso che Cavallo avrebbe dovuto trainare. Il manto bianco immacolato del povero animale era già imperlato da una patina di sudore.

Mele e carote per te stasera, pensò Silla. Proseguirono lungo la strada principale di Skutur, passando davanti a botteghe e locande, abitazioni con pareti in legno e una sala dell'idromele che aveva visto giorni migliori. Un treppiede svettava verso il cielo nella piazza centrale della città, con una decina di Klaernar raggruppati davanti.

Silla fu scossa da un brivido e tenne lo sguardo fisso sulla criniera del cavallo. L'atmosfera di quel posto era strana, e non le piaceva. Uscirono dalla piazza in silenzio, fermandosi davanti alla bottega di un falegname. L'Equipaggio dell'Ascia Insanguinata smontò, gironzolando mentre Rey contrattava con l'artigiano.

Silla, nel frattempo, ispezionò i dintorni da sotto l'ombra del suo cappuccio. La strada centrale era trafficata, i negozianti spazzavano le botteghe e risistemavano le merci esposte. Ovunque c'erano persone e capi di bestiame, un brusio di energia e movimento. Nessuno le prestava attenzione, ma lei non riusciva a scrollarsi di dosso la sensazione di essere osservata.

Una grossa mano le scivolò attorno ai fianchi e lei fu risucchiata nel calore di Jonas. «Riccioli» le sussurrò all'orecchio. «Cosa ti preoccupa?»

«Niente» mentì lei, gli occhi incapaci di non setacciare i dintorni in cerca di qualcosa fuori posto.

Jonas accarezzò il talismano di legno che le pendeva dal collo. «Mi piace vederti con questo.»

«Penso ancora che siate una strana coppia» disse Ilías, osservandoli con cautela.

«Abituati, fratello» disse Jonas. C'era una tale... certezza nella sua voce. Deglutendo, Silla distolse lo sguardo.

Fu allora che lo sentì: un formicolio come di aghi affilati che le strisciavano lungo il collo. Scrollandosi di dosso Jonas, guardò lungo la strada, verso la piazza centrale di Skutur.

La donna guerriera indossava delle pellicce sopra la cotta di maglia, e la sua chioma color rame brillava al sole.

Silla sbatté le palpebre per metterla a fuoco meglio.

Non può essere, pensò. *È morta. Ho visto Rey spingerla giù dalla cresta.*

«Silla?» La voce di Jonas era attutita dal battito del suo cuore. Gli occhi della donna guerriera erano puntati sull'Equipaggio dell'Ascia Insanguinata, ma procedettero lungo la strada, fermandosi su di lei. I loro sguardi si incrociarono. Silla faticava a respirare. Poi la donna si avviò nella sua direzione e finalmente lei si riscosse. Non era una visione. Per quanto impossibile, quella donna era reale. E stava venendo a prenderla.

Il panico la assalì. L'assassina l'avrebbe denunciata, avrebbe rivelato i suoi segreti all'Equipaggio dell'Ascia Insanguinata e avrebbe mandato in fumo ogni possibilità di mettersi in salvo. Silla doveva prima attirarla lontana dall'Equipaggio, e poi sfuggirle.

«Mi serve una boccata d'aria... un po' di silenzio» sentì la sua voce dire a Jonas. Suonava tesa, innaturale. «Torno tra un momento.»

«Vuoi compagnia?» chiese lui, preoccupato.

«No» disse Silla. «Voglio solo stare da sola con i miei pensieri per un po'.»

Fece un passo indietro, poi girò sui tacchi. Affrettandosi lungo la strada, svoltò in un vicolo così angusto che poteva sfiorare con le mani gli edifici su entrambi i lati. Un lampo luminoso la distrasse e lei abbassò gli occhi. La luce... era tornata, e fuoriusciva turbinando dai suoi polsi. Silla li nascose rapida tra le pieghe del mantello. Perché, di tanti momenti possibili, appariva proprio quando lei era in pericolo? Avrebbe portato l'assassina dritta da lei!

Chinandosi sotto lenzuola stese ad asciugare, Silla si mosse tra le abitazioni affollate. La via si apriva su cortili racchiusi da recinti di rami intrecciati. Silla si mise a correre, ma, mentre saltava oltre uno dei recinti, il suo mantello si impigliò nell'estremità appuntita di un ramo di salice. «Oh, porridge» sussurrò, girandosi per liberarlo. Un movimento tra le case catturò la sua attenzione e si immobilizzò.

I capelli della donna, arancioni come fiamme, si materializzarono sul prato. Si fermò, un sorriso che le incurvava le labbra. «Puoi scappare, piccola Galdra, ma non puoi nasconderti da me» disse l'assassina.

La stava aspettando, si rese conto Silla. Aspettava che lei scappasse, che quel perverso gioco del gatto e del topo proseguisse. Il panico la sopraffece, e i suoi piedi si rifiutarono di muoversi. Per un secondo appena, le due donne si fissarono.

E poi Silla scappò.

Si liberò del mantello abbandonandolo nel giardino, e con tutta la forza che aveva si lanciò oltre una seconda staccionata di vimini. Sfrecciando tra due case vicine, sbucò in un vicoletto. Disorientata, lasciò che il suo sesto senso scegliesse per lei, guidandola di nuovo sulla strada principale.

Stringendo al petto gli avambracci luminosi, vide con gratitudine che la luce che emanava si era attenuata. Un rumore di passi rimbombava sulla strada sterrata, e lei sapeva che l'assassina era vicina, che stava guadagnando terreno. A dispetto dei suoi allenamenti, Silla non era una guerriera; era solo una sguattera che lavorava in cucina. La guerriera l'avrebbe inevitabilmente catturata, e sapeva che la sua unica possibilità era nascondersi. Azzardando un'occhiata alle sue spalle, Silla colse un luccichio d'argento: l'assassina aveva sguainato una lama.

Correndo, diede una spallata a un uomo, che inciampò all'indietro, imprecando.

«S-scusa!» riuscì a dire Silla, spingendolo da parte e filando lungo la strada.

Venti passi più avanti, un pastore accompagnava un gregge di pecore al mercato, due dozzine o più di velli soffici riempivano tutta la strada. Silla vide la sua opportunità. Una sferzata di energia le arrivò alle gambe, e lei aggirò le pecore proprio mentre il gregge attraversava la strada.

Respirando affannosamente, Silla si rese conto che quella era la sua occasione per trovare un nascondiglio.

Un edificio incombeva su di lei, più alto di tutti gli altri in città. La sua guglia svettava verso il cielo; dove un tempo ci sarebbe stato il raggio di sole di Sunnvald, ora sedeva un grande corvo.

«Un tempio» ansimò Silla. Rallentò il passo e si girò a guardare indietro: l'assassina lottava con il gregge di pecore, accompagnata dalle proteste del pastore, che brandiva il suo bastone di legno. Una piccola folla si era radunata, e osservava con curiosità la guerriera dai capelli rossi.

Silla tornò a voltarsi verso il tempio di Sunnvald e provò invano ad aprire la porta sbarrata. Senza darsi la possibilità di ripensarci, corse lungo il lato dell'edificio e sbucò in un ampio cortile posteriore erboso, disseminato di diversi edifici annessi. Una rampa di scale conduceva a una porta sul retro del tempio, sbarrata da assi di legno che però lasciavano scoperta un'apertura alla base.

Fiondandosi su per le scale, Silla strattonò una delle assi, cadendo sulla schiena quando quella si staccò all'improvviso. Si lanciò contro la porta, spalancandola e poi chiudendosela alle spalle il più silenziosamente possibile.

Era nel tempio di Sunnvald.

Ebbe l'improvvisa consapevolezza di non aver mai messo piede in un posto del genere. Dentro era buio, la luce filtrava dalle fessure delle finestre sbarrate e da sotto le porte, mentre il bagliore tremolante che fuoriusciva dalle sue braccia illuminava ulteriormente lo spazio abbandonato. Il tempio era polveroso e in rovina, con detriti e macerie sparsi ovunque, e alcune chiazze scolorite sui pavimenti di legno suggerivano la posizione di panche e altari ormai scomparsi. Le nicchie, che un tempo avrebbero potuto ospitare le statue degli dei, erano piene di cumuli di pietre sbriciolate. Le pareti erano solcate da segni di colpi d'ascia, come se degli uomini furiosi avessero tentato, senza successo, di abbattere la casa di Sunnvald.

«Sunnvald, proteggimi» sussurrò Silla, ispezionando la stanza in cerca di un nascondiglio.

«Malla, dammi coraggio.»

Strisciò verso un angolo in ombra dove erano ammucchiati frammenti di legno.

«Marra, donami la saggezza.»

Sollevò il gomito, illuminando la catasta con la sua luce. Assi con chiodi arrugginiti sporgenti erano impilate assieme a braccioli di sedie scheggiati. Ma, al di sotto, una sagoma squadrata sul pavimento catturò l'attenzione di Silla.

«Stjarna, illumina il mio cammino.»

Rapida e furtiva, Silla spinse da parte i detriti, rivelando un lieve contorno che la fece sussultare: una botola. Cadde in ginocchio e affondò le dita tra le assi del pavimento, tastando finché non riuscì ad afferrare il bordo del quadrato. Con uno strattone, aprì la botola e si spostò di lato. Il sangue le rimbombava nelle orecchie mentre fissava il buco nero sottostante.

«Esci, piccola Galdra» la chiamò la guerriera da fuori. «So che sei nella casa degli antichi dèi.»

Con un respiro profondo, Silla si calò di sotto. I suoi piedi toccarono il terreno irregolare e, stando in equilibrio sulle punte, riuscì a sollevare la mano e a far scivolare la botola al suo posto. L'oscurità la avvolse, interrotta solo dalla luce che emanava dai suoi avambracci. Lì dentro faceva freddo e c'era puzza di cose vecchie. Cose ammuffite, morte da tempo.

Silla era nella cripta.

Tenendo gli avambracci in alto, studiò l'ambiente circostante: una stanzetta quadrata, un pilastro di pietra al centro, con scolpite le immagini degli dèi: Sunnvald sul suo destriero di fuoco, Malla con la spada di fuoco ghiacciato, Marra in groppa al suo cavallo alato, Stjarna che versava delle stelle da una brocca, Hábrók in forma di falco, che volava sopra una battaglia con il martello stretto nel becco, e Myrkur che scrutava dalla caverna oscura, mentre i fuochi eterni ardevano dai bracieri alla sua destra e alla sua sinistra.

Muoviti, mezza scema! si rimproverò Silla, obbligando i suoi piedi ad avanzare. Non aveva tempo per ammirare opere d'arte che tutti credevano fossero andate perdute da tempo. Se voleva vivere, doveva muoversi. C'era una porta in pietra scolpita su ciascuna delle quattro pareti della stanza, e lei si precipitò verso quella centrale. Il suo stomaco si contrasse quando sentì l'inconfondibile cigolio del legno: era la botola che si apriva.

«Sento l'odore della tua paura» gridò la guerriera. «Te l'ho già detto: non puoi nasconderti da me. Ti troverò, a tutti i costi. È il mio dono, piccola Galdra.»

Arrivata a un bivio, Silla avanzò lungo il tunnel a sinistra, sollevando gli avambracci per fare luce davanti a sé. La ghiaia le scricchiolava sotto i piedi mentre camminava. Quanto erano lunghi quei corridoi? Portavano a un'uscita? Sarebbe riuscita a scappare prima che quella donna la catturasse?

La luce che emanava si fece più intensa, e Silla si maledisse di nuovo. Come poteva nascondersi nell'oscurità con quella luce... senza nemmeno un mantello per coprirsi?

Era una sciocca, e la sua fortuna si era esaurita, alla fine. Sarebbe stata catturata, uccisa... Inciampò finendo in uno spazio aperto, una stanza circolare con un soffitto alto e senza uscita. Le pareti erano costruite in modo inusuale: rocce dalla forma strana si incastravano in equilibrio precario, come se non fosse stata usata malta per fissarle. Silla si guardò intorno, presa dal panico. Era in un vicolo cieco. Non c'era via di fuga. Gli occhi le caddero su un foro di sfiato alla base del muro. Poteva intrufolarsi nel condotto? Corse fino al foro, poggiando una mano sul muro e infilandoci dentro la testa: piegò il collo verso l'alto, vide in lontananza la luce del giorno e sentì un filo d'aria fresca. Il suo cuore ebbe un sussulto.

La pietra a cui si era appoggiata cadde a terra. Raddrizzandosi, Silla guardò in basso e si sentì soffocare. Girò su sé stessa, il cuore che le rimbombava nelle orecchie. Le pareti di quella stanza non erano fatte di pietra.

Pile di ossa erano ordinatamente accatastate dal pavimento al soffitto, assemblate come un intricato puzzle. L'intera struttura sembrava pericolante, come se fosse sul punto di crollare da un momento all'altro. Le lunghe ossa delle gambe riempivano la maggior parte dello spazio, con qualche teschio sparpagliato qua e là. *Teschi!*

Cos'era quel posto orribile?

«Vedo che hai trovato l'Ossario» disse la donna dai capelli rossi, entrando nella stanza.

Silla si girò di scatto, estraendo il pugnale e poggiando la schiena contro la parete di ossa vicino all'apertura del condotto.

La donna era più alta e più robusta di Silla, e si muoveva con l'andatura sicura di una guerriera. Aveva i capelli intrecciati lungo un lato del cranio e negli occhi azzurri scintillava un bagliore rapace. C'era un che di arrogante nel modo in cui si abbandonò contro il muro, incurante delle ossa e dell'evidente disagio di Silla.

Un piano prese forma nella sua mente; era folle e disperato, nonché la sua unica possibilità di fuga.

Stupita, la guerriera fece cadere lo sguardo sulle sue braccia. «Vedo che stai finalmente rivelando la tua vera natura.»

«Sta' indietro!» ringhiò Silla, fendendo l'aria con il pugnale. *Forza, Silla. Lascia che ti creda con le spalle al muro.*

La guerriera alzò le mani. «Calmati, ragazzina. Tu e io siamo più simili di quanto tu creda.»

«Ne dubito» scattò lei.

La guerriera ridacchiò, incrociando le braccia sul petto. «Non ci siamo presentate come si deve. Io sono Skraeda. E anch'io ho un dono.»

«Questo non è un dono» ribatté Silla, facendo un cenno del capo verso le sue braccia. «Questa è una maledizione. È una condanna a morte.»

«Forse hai ragione» le concesse Skraeda. «Noi dobbiamo lottare per sopravvivere.»

Noi. Quella parola si fece strada dentro Silla, che guardò la guerriera stupefatta. «Tu... sei una Galdra?»

«Sì» rispose lei, scrutandola attentamente.

Vuole portarti da qualche parte. Lasciale credere che la seguirai. Lasciale credere che ti stai ammorbidendo.

«Perché fa così?» chiese Silla, spingendo il braccio in avanti. «Come faccio a farlo smettere?»

L'eco della risata della donna rimbalzò sulle pareti della cripta. «Non riuscirai a controllarlo finché il tuo cuore e la tua mente non saranno una cosa sola. Devi superare il Rito di Coesione.»

«Parli per enigmi» sbottò Silla, delusa. Ancora domande, e nessuna risposta.

«Poverina» disse Skraeda in tono di disapprovazione. «Sei completamente sola. Nessuno ti ha insegnato a gestire il tuo galdur.» Fece una pausa. «Ma posso dirti qualcosa io.»

«E perché dovrei fidarmi di te?»

«Perché in questo siamo simili. Come te, anche io sono una Galdra, ma il mio dono funziona in modo diverso. Mi chiamano Consolatrice.» Skraeda sfoderò un sorriso sinistro, scaltro. «In quanto Consolatrice, io percepisco le emozioni, e posso aumentarle o smorzarle a mio piacimento; è in questo modo che ti ho rintracciata tanto facilmente. Ma sono più potente di così. Ho affinato la mia abilità in anni di pratica, trasformandola in un'arma. Posso usarla per indebolire i miei nemici, posso arrivare ai ricordi legati a quelle emozioni.» Skraeda incrociò le braccia sul petto. «Uno strattone alla rabbia, e la mia vittima rivive una terribile ingiustizia. Uno strattone al terrore, e la sua più grande paura emerge. E il desiderio... mi basta tirare quel filo, e la vittima viene distratta da pensieri amorosi.» Ridacchiò piano. «I guerrieri crollano più facilmente di quanto ci si aspetterebbe.»

«È così che hai sconfitto Rey?» chiese Silla. Rey, il guerriero più possente che Silla avesse mai visto, disteso sulla schiena, alla mercé di quella donna... finché lei non l'aveva colpita con la testa di un'ascia.

«Devo ringraziare te per i mal di testa che ora mi tormentano ogni notte» disse Skraeda con una smorfia. «Ma sì. Il tuo amico aveva così tanta rabbia e dolore, dentro.»

Silla lasciò ricadere il braccio che teneva il pugnale lungo il fianco. *Falle credere che sei senza speranza. Lasciale pensare che la lotta ti ha tolto ogni energia.*

Skraeda incurvò le labbra in un sorriso di trionfo. «Mettiamo fine a questa caccia inutile. Il tuo destino è segnato. Vieni con me e rivedrai tua sorella.»

I piani di Silla crollarono in un istante. «Cosa sai di mia sorella?» chiese in fretta. Troppo in fretta. *Non apparire troppo disperata, Silla.*

Skraeda la studiò con attenzione. «È a Sunnavík. Non...» La guerriera inarcò le sopracciglia e sorrise, come una volpe. «Allora non lo sai! Quello stupido di tuo padre.»

Silla strinse forte il pugnale. Forse non era d'accordo con quella donna su molte cose, ma su una sì: Matthias era stato davvero stupido a lasciarla nell'ignoranza.

«Ti offro una tregua» disse Skraeda. «Vieni con me a Sunnavík e vedrai tua sorella. Basta con tutti questi...» Skraeda fece roteare un dito in aria «inseguimenti per il regno. Puoi smettere di scappare. Goderti un po' di pace.»

Silla fissò la donna, mentre la collera cominciava a ribollirle nelle vene. Non c'era pace per lei a Sunnavík; di questo era certa. Ma sua sorella... la tentazione era forte, e aveva bisogno di certezze.

«Ma la regina... mi vuole morta» disse, studiando il viso di Skraeda. Ed eccolo lì: un leggero movimento del sopracciglio, che le disse tutto ciò che le serviva sapere.

«La regina è una donna giusta» rispose. «È buona con i suoi alleati. Se ti dimostri utile, sarà gentile, a modo suo. Dammi il pugnale e andiamo via da qui.»

«Benissimo» disse Silla, rassegnata. Skraeda si allontanò dal muro e lei fece la sua mossa, lanciandole il pugnale con tutta la forza che aveva. La sua mira era orribile, ma, fortunatamente per lei, non importava. Il coltello colpì il muro con un tonfo, cadendo a terra, inutile.

«Sarai anche coraggiosa, ma come combattente fai pena» ridacchiò Skraeda. Prima che potesse scagliarsi su di lei, però, un teschio crollò a terra in una nube di polvere. Un secondo osso cadde un attimo dopo, e un terzo si schiantò contro la sua testa; prima che potesse girarsi, l'intero muro di ossa le crollò addosso.

Silla agì subito, intrufolandosi nel condotto di sfiato e avanzando, il corpo premuto contro le pietre. Per fortuna, lo stretto tunnel non aveva pareti di ossa, anche se la polvere e l'odore di cose morte da tempo appesantivano l'aria mentre lei arrancava verso la luce. Strisciando lungo il condotto in salita, Silla si strappò un'unghia e si lacerò il vestito, ma continuò a guardarsi intorno in cerca di pietre smosse.

Lo spazio era stretto, e le pareti la opprimevano. Voltò la testa, ma tenne lo sguardo fisso sul cerchio di luce sopra di lei.

«Te ne pentirai, ragazzina» ringhiò Skraeda.

Nel condotto. È nel condotto, si rese conto Silla. Mentre la speranza che Skraeda non l'avesse seguita si spegneva, raddoppiò i suoi sforzi. Aveva i muscoli in fiamme e le dita sanguinanti, ma l'alternativa era la morte. Si spinse ancora avanti, e vide una pietra sul soffitto oscillare. *Eccola,* pensò, il cuore traboccante di speranza. Si trascinò su, centimetro dopo centimetro, ma i suoi progressi rallentavano man mano che il pozzo si faceva più ripido. Con la schiena appoggiata a una parete, i piedi puntati sull'altra, si spinse verso l'alto. Una strana sensazione, come di qualcuno che le frugasse nel cervello, la fece fermare. Il cerchio di luce che splendeva in alto tremolò, poi svanì mentre una nebbia nera le si riversava dentro. La scena che aveva davanti cambiò, e la vide.

Con gli occhi azzurri sgranati per il terrore, la bambina bionda passò la mano sulla guancia di Silla.

«Guardami» sussurrò sua sorella. «Respira. Non siamo sole. Malla e Marra vegliano su di noi.»

La porta si spalancò, gli stivali si precipitarono nella stanza. La bambina fu trascinata indietro. La sua mano lasciò quella di Silla. Ci fu un urlo stridulo. «Non lasciarmi!» gridò la bambina.

La luce del giorno tornò a brillare sopra la sua testa, l'odore polveroso della cripta le riempì le narici. Il condotto. Era di nuovo nel condotto di sfiato.

Sta usando il suo galdur su di te, si disse Silla. *Cerca di rimanere lucida.*

Non aveva tempo per soffermarsi su ciò che aveva visto. I grugniti che provenivano da sotto di lei le dissero tutto ciò che aveva bisogno di sapere: Skraeda stava guadagnando terreno, e in fretta.

«Ti trascinerò fuori da qui, kunta insolente» ringhiò alle sue spalle.

Silla si issò, e i suoi muscoli protestarono in risposta.

«Ti legherò al mio cavallo e ti farò camminare fino a Sunnavík.»

La strana sensazione – come se qualcuno le stesse pungolando il cervello – proseguì, e Silla capì che era Skraeda. Si costrinse a escluderla, ma invano: la luce del giorno sopra di lei fu inghiottita dalle tenebre, e lei si ritrovò in quella stanza.

Qualcuno afferrò Silla per la vita, strappandola via dalla sorella.

Lei aprì la bocca.

E urlò.

Una mano le coprì la bocca e attutì il suono. Una porta si chiuse e lei precipitò nell'oscurità. Le lacrime le scorrevano sul viso. Sua sorella. Avevano sua sorella.

«Perdonami, mio re» mormorò l'uomo che la teneva. Sconvolta, Silla alzò lo sguardo. Quella voce era inconfondibile: era da una vita che la sentiva. Matthias – Tómas – si baciò le nocche e chinò la testa.

«Saga» gli disse lei. «Dobbiamo prendere Saga.»

Lui abbassò lo sguardo e sorrise tristemente.

«Fai la brava, Eisa» disse con una voce familiare e rassicurante. «Non possiamo raggiungerla.»

Silla si sentì svuotata, come se le fosse stato strappato un pezzo di sé. Matthias le asciugò le lacrime e la prese in braccio. «Non piangere, andrà tutto bene. Vivremo una piccola avventura, Eisa, solo tu e io.»

Il suono della voce di suo padre svanì. Era di nuovo nel condotto, e il sangue le scorreva tumultuoso nelle vene mentre, ancora stordita, ripensava a ciò che aveva appena visto. Non poteva essere. Non poteva essere *lei*.

Eisa.

Il suo petto si strinse sempre di più... Non riusciva a respirare. Non riusciva a pensare. Non si rese conto che le lacrime le scorrevano sulle guance finché non ne sentì il sapore salato. E poi le sembrò di soffocare, per le lacrime, per quel ricordo, per il peso di ciò che significava. Eisa.

Saga.

Oh, dèi.

Una pietra le si conficcò nella schiena e le ricordò che doveva continuare a salire. Non aveva il tempo, lo spazio, il lusso di pensare al significato di quello che aveva visto. C'era solo la salita. La sopravvivenza. *La pietra smossa*, si ricordò mentre si issava arrancando centimetro dopo centimetro.

«Ti farebbe piacere camminare dietro al mio cavallo, principessina?» chiese Skraeda.

Silla fermò la mano.

«Oh... adesso lo sai. Stavolta ho tirato più forte. Era questa la tua paura peggiore, *Eisa Volsik*?»

A Silla si spezzò il fiato.

«Hai vissuto così al riparo, principessa» proseguì Skraeda, e poi rise, un suono lugubre che la fece rabbrividire fin nelle ossa. «Volevi rivedere tua sorella. Te la farò vedere mentre cammini, Eisa. Te la farò vedere finché la tua mente non sarà annebbiata al punto da non riuscire più a formulare nemmeno un pensiero. Per me è un giochetto stuzzicare i fili delle tue emozioni. Forse posso trovare qualcosa sulla tua cara mamma e sul tuo caro papà.»

Muoviti! si disse Silla, obbligandosi a salire ancora. Un piede, due... fu sufficiente.

Lo stretto passaggio era molto ripido, ma Silla riuscì a sdraiarsi sulla schiena, sollevando le braccia e aggrappandosi alla parete per sostenersi.

«Fermati!» strillò Skraeda, rendendosi conto di ciò che aveva in mente.

Silla trovò la pietra smossa e le diede un calcio, subito seguito da un secondo. L'odore di polvere si fece più intenso. Silla diede un altro calcio. Poi un altro. E un altro ancora.

La pietra si liberò e lei si concesse di sorridere. Sollevando le ginocchia il più possibile, la colpì con entrambi i piedi. Una pioggia di pietre, piccole e grandi, si staccò dal muro, sufficiente a bloccare il passaggio di Skraeda.

«Aspetta!» urlò lei, la voce ormai attutita. Silla si girò sulla pancia e si issò verso l'alto. Le mancavano tre metri per raggiungere la libertà. Tre metri per respirare aria fresca. Tre metri per lasciarsi alle spalle quel posto orribile e tornare dell'Equipaggio dall'Ascia Insanguinata e sulla Strada d'Ossa.

Un'ultima spinta e spuntò da un buco nel cortile dietro il tempio di Sunnvald. Una costruzione in pietra svettava sopra di lei, e il cielo era così luminoso che per un attimo la accecò.

Due mani forti la afferrarono per le spalle, tirandola su. Una figura imponente oscurò in parte la luce del sole. Silla sbatté le palpebre.

«Cosa ci fai qui, Riccioli?» le chiese Jonas.

51

Skutur

Jonas, lo stomaco contratto, posò lo sguardo su Silla. Aveva il viso sporco di terra, i riccioli selvaggi e spettinati, e le braccia... Facendo un passo indietro, le fissò le braccia e la luce bianca che le fuoriusciva pulsando dalle vene.

«Cosa...?» borbottò, prendendole la mano ed esaminandole il polso. La luce crebbe d'intensità, e quando lui le premette un dito sulla pelle la sentì fredda come il ghiaccio.

«Silla?» chiese, aspettandosi una spiegazione.

Ma lei teneva gli occhi fissi su qualcosa oltre la sua spalla. Attirandolo a sé, gli fece scivolare le mani sotto il mantello e intorno alla schiena, e lo baciò. Lui chiuse gli occhi e ricambiò il bacio, sperando di placare il tumulto della sua mente, di avere delle risposte, perché in quel momento niente aveva senso. Quando Silla lo strinse più forte, spingendo entrambi contro la costruzione in pietra, il freddo penetrò attraverso la sua giacca corazzata.

Jonas le aprì le labbra, ma l'odore che le era rimasto addosso era sbagliato, tutto sbagliato: polvere e terra, e qualcos'altro che non riusciva a identificare.

Poi sentì un rumore alle sue spalle e si fermò, cercandone la fonte. Silla gli si aggrappò alla schiena con le mani, tanto fredde da fargli venire la pelle d'oca. O forse erano state le tre facce tatuate a farlo rabbrividire: tre Klaernar, che si dirigevano minacciosi verso il cortile. A ogni passo, i loro hevrít dalla lama lunga tintinnavano contro le cotte di maglia.

La mano di Jonas si mosse istintivamente verso la sua arma, ma si trattenne con uno sforzo mentre i tre uomini si sparpagliavano tra gli annessi.

«Posso... aiutarvi?» chiese al più vicino del gruppo. Silla gli posò il viso sul petto, mentre le spalle le si alzavano e abbassavano al ritmo del suo respiro affannoso.

«Ci dispiace interrompere il divertimento» ridacchiò l'uomo. «Ma non avete visto una ragazza con i capelli ricci passare di qui?»

«No» rispose Jonas, con la voce più bassa di quanto avrebbe voluto. «Temo di no. La mia donna e io siamo qui da un po' e non abbiamo visto nessuno.»

L'uomo annuì, aggirandosi dietro uno degli edifici.

Lo sguardo di Jonas si spostò su Silla, che lo fissava con le pupille dilatate. Tremava tutta, e l'istinto di proteggerla gli fece tendere i muscoli.

«Per favore, Jonas» gli chiese dolcemente. «Portami via da qui. Per favore... ti prego.»

Lanciando un'occhiata cauta alle sue spalle, lui si slacciò lo spesso mantello di lana e glielo avvolse attorno, scorgendo un ultimo lampo di luce bianca.

Questa non se l'aspettava.

«Mi serviranno delle risposte» gracchiò.

«Sì» sussurrò lei, abbandonandosi contro di lui.

Jonas le cinse le spalle con un braccio e la attirò a sé, resistendo a fatica alla tentazione di scuoterla e chiederle di spiegarsi subito.

Si affrettarono lungo la viuzza dietro il tempio, con Silla che si rinchiudeva sempre di più in sé stessa a ogni passo. Alla fine, raggiunsero il retro della bottega del falegname, dove erano assicurati i cavalli. Ilías era sdraiato su una panca, con una mela in mano. Silla tirò su col naso, affondando ancora di più nel cappuccio del mantello preso in prestito, e Jonas fece un cenno con la testa in direzione del fratello.

«Martello sta bene?» chiese lui, aggrottando le sopracciglia bionde. I tremori di Silla si erano intensificati, e si appoggiava a Jonas come se temesse di crollare senza il suo sostegno.

«Non sta bene» rispose Jonas. «Prendiamo un cavallo e ci avviamo; ci fermeremo a Black Rock. Era questo il piano per l'accampamento di stasera, no?»

Ilías addentò la mela, annuendo. «Credo di sì. Lo dico io agli altri. Andate pure.»

Jonas aiutò Silla a montare a cavallo, facendo attenzione a tenere fermo il mantello nero mentre saliva dietro di lei. Quando si accasciò di nuovo contro di lui, Jonas circondò con le braccia il suo corpo tremante.

Non era sicuro di cosa fosse successo dopo che Silla aveva lasciato l'Equipaggio dell'Ascia Insanguinata, ma aveva notato qualcosa che non andava in lei: la tensione nelle spalle, i passi insolitamente rapidi. Dopo averci pensato qualche minuto, l'aveva seguita. E quando era sbucata da un vicolo sfrecciando in strada senza il mantello, lui aveva sentito i peli delle braccia rizzarsi.

Aveva visto la guerriera dai capelli rossi inseguirla ed estrarre un pugnale e si era messo a correre, ma aveva perso le due donne quando un gregge di pecore aveva attraversato la strada. Le aveva individuate di nuovo, però, mentre giravano intorno al tempio abbandonato. Una fitta di panico lo aveva attraversato, ma il suo sesto senso gli aveva suggerito di aspettare.

Stava marciando nervosamente intorno agli annessi sul retro del tempio, quando Silla era spuntata fuori da un buco nel terreno, spettinata e in preda al panico, con una luce bianca che si irradiava dalle sue braccia.

Più ci pensava, più lo stomaco gli bruciava. Silla era una Galdra.

"Un vicino li aveva informati che una Galdra viveva in casa nostra. Bugie, ovviamente, noi non possediamo alcuna magia."

Solo un giorno prima lo aveva guardato negli occhi e gli aveva detto quelle parole. Jonas si sentì male. Le aveva raccontato cose... cose che non aveva confidato nemmeno all'Equipaggio dell'Ascia Insanguinata. Era impossibile pensare che gli avesse mentito in quel modo. Non la sua Silla.

Jonas strinse più forte le redini mentre guidava il cavallo lungo una strada laterale per evitare la piazza della città. Incrociarono una coppia di Klaernar che bussava alla porta di una bottega. Una ciocca di capelli castani usciva da sotto il cappuccio di Silla, e lui gliela risistemò proprio mentre andavano incontro a un'altra coppia di Klaernar, che studiava scrupolosamente tutti quelli che si trovavano davanti.

La città brulicava di guardie, tutte alla ricerca di qualcuno.

Jonas digrignò i denti.

Con una spinta dei piedi, esortò la sua cavalla ad accelerare il passo.

Presto avrebbero messo degli uomini alla palizzata per perquisire coloro che entravano e uscivano da Skutur, sempre che non l'avessero già fatto. Ma forse pensavano che Silla fosse a piedi, il che avrebbe dato loro una possibilità.

Stai rischiando il tuo futuro per una ragazza che ti ha mentito. Il pensiero si materializzò dal nulla, colpendolo in pieno.

Si ritrovò a rifletterci: le conseguenze per chi dava rifugio a una

Galdra erano la cella o il pilastro. Il crollo del sogno di reclamare le sue terre. Cinque anni di duro lavoro per farsi un nome sarebbero finiti nel nulla in un attimo. Un segugio lanciò un latrato acuto, e Silla sussultò tra le sue braccia. Jonas la strinse più forte al petto e le sistemò il mantello. Aveva bisogno di lui. Gli si strinse il cuore al pensiero che avrebbe potuto soffrire.

"Il tuo atto di coraggio non porterà altro che guai, figliolo."

Jonas grugnì, scuotendo la testa. Erano le parole di suo padre. Le parole di un uomo che picchiava suo figlio.

Le ombre si allungarono mentre si avvicinavano all'imponente muro di cinta. Il rumore del centro di Skutur era cessato, e adesso c'era silenzio, fatta eccezione per il suono degli zoccoli, e di un corvo che gracchiava su un palo infisso nel muro. Con un leggero strattone alle redini, Jonas rallentò il cavallo. I suoi occhi incontrarono quelli di una guardia in piedi in cima al muro; Jonas ricambiò il suo brusco cenno del capo.

Quando oltrepassarono il cancello, emise un lungo sospiro. Erano usciti dalla città.

«Tieni duro» mormorò a Silla, e spinse il cavallo al galoppo.

* * *

Quando finalmente osò fermarsi, Jonas era teso come una corda. Dopo un'ora di cavalcata sotto i venti brutali delle Highlands, aveva condotto il cavallo ormai stanco fuori dalla Strada d'Ossa, sistemandosi sotto uno sperone roccioso perché fosse protetto dai venti. Un fiume serpeggiava tra le colline ondulate di erba ed erica, alimentato dallo scioglimento della neve sui Draghi Dormienti.

Dopo aver assicurato il cavallo, Jonas scivolò giù di sella e aiutò Silla a smontare. Si girò a guardarla pieno di aspettativa, ma si irrigidì quando la vide precipitarsi verso il ruscello, strappandogli il mantello di dosso e sciogliendo in tutta fretta i lacci del vestito. Mentre artigliava la sottoveste, quella le si impigliò nei capelli arruffati e Silla gemette per la frustrazione.

«Lascia fare a me» disse Jonas dolcemente, avvicinandosi.

Lei si arrese subito. Sarebbe stato divertente, se non fosse stato per la disperazione che trasudava da lei. Con movimenti delicati, le liberò i capelli dal vestito e glielo sfilò. Silla si spogliò nuda, fatta eccezione per il talismano di legno che le pendeva dal collo, poi si tuffò nel fiume gelido e iniziò a strofinarsi la pelle.

Lui la guardò, un peso gli gravava sullo stomaco. Le era successo qualcosa di terribile. La sua Silla Generosa. *Non è la tua Silla*, gli disse una voce sinistra. *Non la conosci nemmeno. È una Galdra!* Ma era impossibile rimanere arrabbiato di fronte alla sua follia. L'acqua era gelida, e la sua pelle stava cominciando ad arrossarsi.

«Non dovresti restarci tanto a lungo, Silla» le disse. «Ti prenderai un raffreddore.»

Lei non diede segno averlo sentito. Dopo essersi pulita il viso e il corpo, si inginocchiò e si lavò i capelli. Ormai doveva essere completamente gelata.

Alla fine, riemerse dal ruscello strizzandosi l'acqua dai riccioli. Jonas raccolse il mantello che aveva gettato a terra e glielo tenne aperto. Lei evitò di guardarlo mentre, con la pelle ancora rossa e formicolante, si lasciava avvolgere nella stoffa. Si strinse nel mantello, e Jonas la sentì battere i denti.

«Va meglio, adesso?» chiese dolcemente, prendendola tra le braccia.

Lei annuì. «Non potevo rimanere così. Con quella sporcizia addosso. Mi pareva di sentire i morti sulla pelle.»

«Qualcuno ti ha toccata?» chiese lui a bassa voce. «Qualcuno ti ha messo le mani...»

«No» rispose lei in fretta. «No.»

Jonas cercò di essere paziente, ma non era mai stato un uomo quieto. «Devo accendere un fuoco? L'acciarino è nel carro, ma...»

«No» disse lei. «Il fumo. Non possiamo attirare l'attenzione e rivelare dove ci troviamo.»

Si girò tra le sue braccia, stringendosi il mantello di lui contro il corpo nudo, e lo guardò. Goccioline d'acqua le si aggrappavano alle ciglia, i riccioli bagnati le ricadevano sulle spalle. Era sbalorditiva, disperata e vulnerabile allo stesso tempo, e lui sentì il bisogno di pugnalare a morte chiunque l'avesse fatta tanto soffrire.

«Grazie per avermi portata via da lì, Jonas» sussurrò.

Mille domande gli si affollavano in mente, e avrebbe voluto urlarle tutte in una volta. Invece strinse i denti e aspettò che lei spiegasse.

Respirando a fatica, le spalle che si alzavano e si abbassavo a ritmo, Silla puntò gli occhi sul suo mento. «Credo di essere una Galdra» disse.

Era del tutto insufficiente. «Credi? Tu *credi* di essere una Galdra? Mi è parso abbastanza evidente quando le tue braccia si sono messe a brillare come l'aurora, Silla.»

Lei sussultò, e fece scivolare la mano fuori dalle pieghe del mantello. Jonas la prese, girandola per esaminare l'avambraccio, di nuovo spento e pallido. «Dov'è finita?»

«Fa così, a quanto pare» sussurrò lei, studiandolo con un'apprensione nello sguardo che gli fece stringere il petto. Non voleva che lo scrutasse in quel modo. L'aveva portata via dalla città, giusto? Perché lo guardava come se non riuscisse a decidere se fidarsi di lui?

«Cosa intendi?» chiese, cercando di ammorbidire l'asprezza nella voce.

«Le luci si accendono nei momenti più inopportuni, poi svaniscono senza preavviso» disse Silla. «Non capisco.»

«Mi hai guardato negli occhi e mi hai detto che non possedevi alcuna magia, Silla.» Jonas strinse i pugni. *Ti ha nascosto la verità. È una mancanza di rispetto.* Ma scacciò il pensiero scuotendo la testa.

«Non lo sapevo! Le... le foglie, Jonas. Ho smesso di prendere le foglie e le mie braccia hanno iniziato... a brillare.»

«Foglie?» ripeté lui. Abbassò gli occhi sul talismano che pendeva al petto di lei. Ma l'altra collana... perché non se n'era accorto prima? «Dov'è la tua fiala?»

Lei si morse il labbro. «L'ho data a Rey.»

«Cosa?» chiese Jonas.

Silla emise un respiro brusco. «Io... l'ho data a Rey. Gli ho chiesto di tenermela.»

Quelle parole lo colpirono con tale violenza che si sentì stordito. Rey. Aveva dato la collana a Rey. Si era affidata a *Rey*. I segreti si stavano accumulando troppo in fretta perché Jonas riuscisse a tenere il passo. *Ti ha preso in giro, ti ha trattato da stupido.*

«Perché?» chiese. «Perché l'hai data a lui?»

Silla strinse le labbra, come se non volesse parlarne. Perché non voleva dirglielo? Jonas aveva condiviso con lei il suo vergognoso passato. Gli doveva la verità.

«Avevo bisogno di smettere di prenderle per un po'. Ne prendevo troppe, Jonas, e mi confondevano la mente. Non mi facevano bene.» Fece una pausa, come se stesse riflettendo su quali parole scegliere. «Rey ne sapeva qualcosa, quindi ho pensato... ho pensato che potesse aiutarmi.»

Un'altra consapevolezza prese forma nella mente di Jonas. «Quando ti sei ammalata...» disse «era colpa delle foglie, non è vero?»

Con apprensione, lei annuì.

«Perché non hai chiesto il *mio* aiuto?»

Perché ti prende in giro, pensò. *Ti ritiene uno stupido.*

Silla deglutì. «Rey aveva capito che le foglie...»

«Dovevi venire da me, Riccioli.» Si sforzò di calmare il battito del suo cuore, che aveva cominciato a martellargli nel petto.

È ancora una brava persona, cercò di rassicurarsi Jonas. *È ancora una persona gentile. Solo che non è onesta.*

«Ma io... io credevo che desiderassi solo un diversivo, Jonas» disse lei con voce dolce. «Non volevi sentire del pasticcio in cui mi aveva lasciato mio padre. E... era una cosa di cui mi vergognavo.» Fece una pausa. «Forse non volevo che le cose cambiassero tra noi. Non volevo che tu mi guardassi in modo diverso.»

«Ma ti sei fidata di lui.»

«Mi dispiace, Jonas, non era pianificato...»

Rey l'aveva aiutata a smettere con lo skjöld. Silla era una Galdra. Orde di Klaernar le davano la caccia. Una guerriera dai capelli rossi l'aveva inseguita per tutta la città in pieno giorno. Jonas cominciò a mettere in discussione tutto ciò che pensava di sapere su di lei. Si chiamava davvero Silla? Era davvero di Skarstad?

Sentì una fitta dolorosa alla testa, e si premette con forza i pollici sulle tempie. Una nuova consapevolezza prese forma. Era fuggita dai Klaernar, il che significava...

«Non c'è mai stata una disputa territoriale, vero?»

Silla chinò la testa con un lieve sospiro. «No.»

Fu come se un pugnale gli avesse trafitto il torace. Tutto ciò che avevano condiviso – ciò che lo aveva portato a fidarsi di lei, ad aprirsi con una donna per la prima volta nella sua vita – era stato una bugia.

«Hai detto così tante bugie, Silla, che non riesco nemmeno a contarle. Per tutto questo tempo mi hai soltanto preso in giro.» *Non avresti mai dovuto raccontarle la tua storia*, pensò. *Ecco cosa ti meriti per averle permesso di avvicinarsi tanto.* «C'era qualcosa di vero in ciò che mi hai detto?» Alzò la voce, tanto da spaventare uno stormo di uccelli, che spiccò il volo dall'erba oltre il fiume.

«Sì. Te lo giuro, Jonas» lo implorò lei. «So che sembra terribile, ma ti prego di credermi: mia madre, le mie storie... sono tutte vere. Non volevo ingannarti. Ci sono stata malissimo.»

Era pallida, batteva i denti, e lui sentì la sensazione ormai familiare del petto che si stringeva. Nonostante le bugie, nonostante il fatto che non conoscesse nemmeno quella donna, non desiderava vederla soffrire.

«Vieni» disse dolcemente. «Fatti rivestire.»

La aiutò a indossare il suo abito, poi le offrì la sua fiaschetta: un sorso di brennsa era sempre un'ottima idea quando ci si doveva scaldare. Tirò fuori un rotolo di coperte di lana dalla sua bisaccia, ne stese una a terra e le avvolse l'altra intorno alle spalle mentre Silla si lasciava cadere accanto a lui. Con riluttanza, Jonas la strinse a sé. Non poteva farne a meno: voleva starle vicino.

Eppure lei lo aveva ingannato. Lui le aveva detto cose che non aveva mai detto a nessun altro, tutto a causa della sua bugia.

Si sentiva uno stupido.

La sua testa era un campo di battaglia, in cui pensieri discordanti lottavano per prendere il comando: alla fine non provò altro che confusione.

Non tollererai mai più mancanze di rispetto.

Ma era spaventata.

Ti ha preso in giro.

Non sapeva di potersi fidare di te, ma ora le hai dimostrato che può.

«Non volevo mentirti» sussurrò lei, guardandolo a disagio. «Io... ho dovuto inventare una storia sul momento per convincere Occhi d'Ascia a non uccidermi. Se avessi saputo del tuo passato, avrei...»

«Inventato una bugia diversa» concluse Jonas amaramente.

Lei si torse le mani. «Era una questione di vita o di morte. Mi avrebbe uccisa, e tu non ci avresti perso il sonno...»

«Quello è successo settimane fa, Silla» la interruppe lui. «Hai avuto tempo per dirmi la verità.»

«Mi dispiace» rispose lei piano, posandogli una mano sul braccio. Il suo tocco era caldo. Morbido. Rassicurante. Un promemoria che quella donna era ancora la sua Silla. Jonas fissò senza espressione le acque impetuose.

Si sentiva male. Tutte le cose che lo avevano attratto verso di lei – la sua natura sincera e genuina, la loro esperienza condivisa con le dispute territoriali, il suo cuore buono e gentile – non erano mai esistite davvero.

Sentì la mano di lei stringere piano la sua e la bile che gli risaliva in gola si placò. Inspirò profondamente, cercando di immaginare cosa avrebbe fatto lui se fosse stato al suo posto. Era rimasta completamente sola. Era quasi morta nelle Pinete Contorte. Aveva perso suo padre e stava scappando per salvarsi la vita. Occhi d'Ascia l'avrebbe consegnata se avesse ammesso che i Klaernar la stavano inseguendo; su questo aveva ragione.

«Non posso biasimarti per aver cercato di restare in vita» disse alla fine, passandosi una mano sulla barba. «Ma cazzo! I Klaernar ti sono stati alle calcagna per tutto questo tempo?» Si perse nei suoi pensieri. «Ecco perché sembravi tanto agitata al mercato di Svarti. È per questo che hai preso in prestito il mio mantello?» I suoi occhi saettarono su di lei. «Che hai lasciato la sala dell'idromele così di fretta, quella notte?»

Silla annuì esitante. Aveva sopportato quel fardello da sola per così tanto tempo. Aveva commesso così tanti errori, si era cacciata in un tale disastro.

«Cosa dovrei fare, Jonas?» chiese piano, come se gli leggesse nel pensiero. «Siamo vicini a Kopa, ma sono preoccupata. Non voglio mettere in pericolo l'Equipaggio dell'Ascia Insanguinata.»

Lui si lasciò sfuggire una risatina incredula. «Pericolo? Guardati intorno, Silla. Stiamo percorrendo la Strada d'Ossa. Il nostro accampamento è stato attaccato dai ragni lupo la scorsa notte. Noi viviamo nel pericolo.»

Silla si morse il labbro. «E se i Klaernar venissero di nuovo a cercarmi? E se mi trovassero qui con te? Non posso coinvolgerti... le pene per aver nascosto un fuggitivo sono severe, Jonas.»

Lui rise, una risata così roca da suonare innaturale. «È troppo tardi ormai, donna.»

«Mi dispiace» sussurrò lei. «Non volevo metterti in pericolo.» Si posò una mano sulla fronte. «Devo dire all'Equipaggio dell'Ascia Insanguinata di... questo.» Mosse le braccia come a indicare ciò che la circondava. «Devo avvertirli dei Klaernar. Non posso permettere che qualcuno si faccia male per colpa mia.»

Intanto Jonas rifletteva, le sopracciglia aggrottate. «Sì» disse piano. «Dobbiamo essere preparati alla possibilità che i Klaernar ci possano attaccare.» Rimase in silenzio per un momento. «Anche se Occhi d'Ascia potrebbe mandarti via, Silla.» Uno stormo di corvi volò sopra le loro teste, e Jonas proseguì, fissandoli: «Non potrei sopportare una cosa del genere. Ecco cosa farai: rimani in silenzio per ora, non dirlo ancora all'Equipaggio dell'Ascia Insanguinata. Lo diremo a Rey, insieme, dopo che avrò avuto il tempo di pensarci. Ci vogliono cinque giorni di cavallo per arrivare a Kopa. Devi tenere sempre addosso i guanti, finché non arriveremo». Aggrottò la fronte. «Cosa c'è esattamente a Kopa?»

Lei rabbrividì. «Odio averti mentito, Jonas» sussurrò. «Non mi è piaciuto affatto.» Si diede una pacca sul fianco. «Ho l'indirizzo di un uomo che aiuta chi è in difficoltà a trovare case-rifugio.»

Il cuore di Jonas era già intorpidito; quella nuova pugnalata non gli fece granché effetto. Però strinse comunque le labbra.

«La mia tasca!» gridò Silla. Infilò una mano sotto le gonne, tastando. Un'espressione di sgomento le attraversò il viso. «La tasca si è strappata. Oh... La lettera è sparita!» Si premette le dita sulle labbra, sbattendo rapidamente le palpebre. «Ho memorizzato l'indirizzo.»

Jonas la guardò in silenzio, soppesando il da farsi. Si era cacciata in un tale pasticcio. Chiaramente, le serviva il suo aiuto. Una mano ferma. Una guida. Prese una decisione, e un sorriso gli incurvò le labbra.

«Puoi rilassarti, Silla. Adesso ci sono io» disse. «Ti terrò al sicuro, ma devi fare come ti dico. Accetti?» Le sollevò il mento, fissandola nei grandi occhi castani.

Lei aggrottò le sopracciglia castane, e lui fece scorrere un dito lungo la ruga che le separava. Dopo un momento, lei annuì.

Un sorriso illuminò il viso di Jonas. «Bene. Non devi preoccuparti, mia Silla Generosa. Ti porterò a Kopa e risolveremo il resto insieme.»

52

Mentre aspettava il Kommandor Laxa, Skraeda tamburellava con le dita su un tavolo di frassino rovinato. La piccola stanza nella parte anteriore della longhouse della guarnigione di Skutur era quasi vuota: due sedie, un tavolo e torce incastonate nei muri. Una parete sottile separava Skraeda dal resto dei Klaernar, che stavano consumando nella sala grande una cena a base di stufato e pane appena sfornato, a giudicare dall'odore. Niente banchetti di festeggiamento quella sera: la ragazza era fuggita. *Di nuovo.*

Lo stomaco di Skraeda brontolava lo stesso. Aspettava Laxa da un'ora, se non di più, e non le era stato offerto né cibo né la possibilità di grattarsi la terra da sotto le unghie. Aveva ancora i residui dei cadaveri appiccicati addosso. Una donna più debole si sarebbe lasciata influenzare, ma non lei: non poteva permettere a quei kunta arroganti di vedere la sua debolezza.

E così aspettò.

I suoi occhi si posarono sulle fiamme tremolanti di una torcia. Non riusciva a impedire ai suoi pensieri di vagare verso gli eventi di quella giornata. Era arrivata in città la sera prima, dopo aver cavalcato per tutto il tragitto da Hver. Dopo una beata notte di sonno, si era diretta verso la sala della guarnigione dei Klaernar... solo per vedere il sigillo dell'Equipaggio dell'Ascia Insanguinata cavalcare attraverso la città. Guerrieri – sei in tutto – e un carro che aveva visto giorni migliori.

E poi c'era lei: Eisa. Proprio lì, nel bel mezzo di Skutur.

La fortuna le sorrideva, finalmente. Dopo giorni... no, dopo settimane di inseguimento, la ragazza era lì, davanti a lei, circondata dai guerrieri dell'Equipaggio dell'Ascia Insanguinata. E con grande gioia di Skraeda, si era allontanata dalla loro protezione ed era fuggita in strada. Le era parso tutto perfetto.

Troppo perfetto.

E adesso era tormentata dalla vergogna. Eisa le era sfuggita di nuovo. Skraeda aveva commesso un grave errore, aveva lasciato che il suo orgoglio prendesse il sopravvento. Forse era stata troppo sicura di sé. Forse si era concessa di divertirsi un po' troppo. Non poteva farne a meno. Quanto spesso ci si ritrovava in compagnia di reali decaduti? E la ragazza non lo sapeva nemmeno! Skraeda se ne era resa conto solo quando aveva menzionato sua sorella... Eisa non aveva idea che fosse Saga Volsik. Mentre tirava il filo della sua paura, Skraeda avrebbe dovuto sapere che avrebbe potuto evocare un ricordo di Saga. Dopo di che, aveva percepito confusione, incredulità e sconcerto. Fino a quel momento, la ragazza non aveva avuto idea di essere Eisa Volsik.

Che stupido era stato il suo padre adottivo!

E che stupida era stata Skraeda a giudicare Eisa una debole. Dopotutto, era sfuggita ai guerrieri giurati della regina vicino a Skarstad. Era sfuggita a lei, per ben due volte. E ora questo. Quella ragazza era inafferrabile, e molto intraprendente. E Skraeda doveva ammettere che ammirava il suo spirito, la ferocia con cui lottava per la sua libertà. Le ricordava sé stessa.

Questo non significava che non l'avrebbe trovata e non le avrebbe fatto pagare l'umiliazione che le aveva inflitto. Tre volte le era scivolata tra le dita: il Kommandor Laxa le avrebbe sicuramente fatto una scenata.

Ma peggio ancora, Sua Altezza ne sarebbe stata dispiaciuta.

Con lo stomaco annodato per il disagio, Skraeda si infilò la mano in tasca, dove trovò il quadratino di pergamena, che le diede un po' di consolazione. «Non c'è spazio per il fallimento» si disse, ripetendo ciò che si era ripromessa: avrebbe trovato Eisa, l'avrebbe portata dalla regina. La sua sopravvivenza dipendeva da questo.

Le porte si spalancarono e un alto guerriero Klaernar entrò nella stanza. Skraeda si alzò, avviando il balletto delle cerimonie che tanto piaceva agli Artigli del Re.

«Kommandor Laxa» disse, con un cenno di deferenza. Come tutti i Klaernar, l'uomo era alto e robusto, con tre segni di artigli tatuati che gli correvano lungo la guancia. Portava un cappello di pelle d'orso sulla testa ingrigita, e la barba lunga, che gli arrivava a metà del petto, attorcigliata in due trecce.

«Skraeda Lingua Lesta» disse il kommandor, soppesandola con un'occhiata.

Due giovani guerrieri Klaernar varcarono la soglia dopo di lui. Skraeda sciolse la mente, percependo le loro aure. Impazienza, irritazione e, più preoccupante, la sensazione che le nascondessero qualcosa.

Il kommandor si lasciò cadere su una sedia di fronte a lei.

Una donna, con i capelli biondo ghiaccio dei Norvalandesi, entrò nella stanza. Mise una bacinella d'acqua sul tavolo, rivelando così un tatuaggio da schiava che le spuntava dalla parte inferiore del polso.

Il kommandor annuì in direzione di Skraeda. «Per lavarti prima di cenare.»

Finalmente, pensò lei. Finalmente le dimostravano il rispetto che le spettava. Senza dire una parola, immerse le mani nell'acqua tiepida, strofinando via la polvere dei morti.

«La ragazza è scomparsa» disse il kommandor, osservandola attentamente. «Abbiamo perquisito tutte le case. Ogni dépendance, ogni ovile e ogni catasta di legna nella zona.»

Skraeda si lasciò sfuggire un lungo sospiro, strofinandosi una macchia ostinata sulle mani. Avrebbe lasciato che l'uomo dicesse quello che voleva. Che *pensasse* quello che voleva.

«Tu sei rimasta sola con lei» disse brusco. «Ti ha parlato?»

Skraeda sollevò le mani dal catino, scrollando l'acqua in eccesso. Quello stupido pensava che lei gli avrebbe fornito i dettagli che si era guadagnata con tanta fatica? La riteneva una sciocca? Allargò le labbra in un sorriso deferente. «Sì, kommandor» disse. «La donna e io abbiamo parlato, anche se solo brevemente.»

La schiava rientrò, posando un tagliere di pane e una ciotola di stufato davanti a Skraeda. Prendendo il catino dal tavolo, si ritirò dalla stanza.

«La fortuna ha arriso ancora una volta alla ragazza» continuò Skraeda, continuando a fissare il kommandor mentre inzuppava il pane nello stufato. «Era molto spaventata.»

«Eppure è fuggita» disse il kommandor, con un accenno di veleno. Inspirò bruscamente dal naso, poi si appoggiò allo schienale della sedia di legno intagliato.

Percependo la sua collera, Skraeda lasciò che il suo dono smussasse gli spigoli delle emozioni dell'uomo. Non sarebbero andati da nessuna parte se non si fosse calmato.

Dopo un momento, il Kommandor Laxa si sporse in avanti sul tavolo, unendo le dita. «La ragazza ha dato qualche indicazione su dove fosse diretta?»

Skraeda si portò il cucchiaio alle labbra e sorbì il brodo. «A nord, suppongo, kommandor. Ha viaggiato verso nord per settimane.»

La mascella dell'uomo si contrasse. «Naturalmente» disse impettito. «Ma una volta raggiunto lo Snodo Settentrionale, andrà a est o a ovest?»

«Lo stabilirò una volta arrivata» rispose lei, scegliendo con cura le parole. «Dovrei partire subito. Ho sprecato diverse ore in questa stanza, in attesa di ordini.»

Il kommandor la ignorò. «Si suppone che a questo punto abbia dei compagni che la ospitano e che l'hanno aiutata a fuggire da Skutur oggi» disse. «Chi sono, Skraeda?»

Il tono della sua voce le disse che il loro gioco stava per concludersi, anche se lei aveva mangiato solo qualche cucchiaiata di stufato. Con un sospiro, mise da parte il cucchiaio e fissò gli occhi scuri di Laxa. Il filo della sua irritazione si intrecciava con quelli della repulsione e della sfiducia. Era ora di parlare.

Gli avrebbe fornito qualche dettaglio, poi avrebbe scoperto le sue carte.

«Quello che dico non deve lasciare questa stanza» disse Skraeda con cautela, spostando lo sguardo sui due scagnozzi del kommandor che fiancheggiavano la porta. I due fissavano il muro dietro di lei, le emozioni insolitamente fluide. Lo sguardo di Skraeda tornò a posarsi sul Kommandor Laxa. «Viaggia con l'Equipaggio dell'Ascia Insanguinata.»

Lui la fissò con gli occhi scuri. «La regina si sta stancando dei tuoi fallimenti, Skraeda.»

Il suo stomaco si contrasse. Non poteva deludere la regina; glielo avrebbe dimostrato, le avrebbe fatto vedere...

«Sei stata rimossa dall'incarico» disse il kommandor, facendo un cenno ai guerrieri alle sue spalle.

E così finisce il gioco, pensò lei, allungando le mani verso il suo fodero vuoto. Avendo lasciato le sue armi all'ingresso della longhouse, avrebbe dovuto fare affidamento sul suo galdur. Ma era angosciata dal fatto che la regina avesse perso fiducia in lei, e il suo dono si fece velato. *Concentrati, stupida,* si rimproverò, inspirando a fondo e trattenendo il respiro.

Mentre i guerrieri le si avvicinavano minacciosi, Skraeda vide finalmente le emozioni sgorgare liberamente da loro. Ma poi gli occhi le caddero sulle scintillanti manette d'argento che gli penzolavano dalle mani, e il suo cuore accelerò.

Manette di hindrium, si rese conto, sempre più agitata. Se l'avessero ammanettata, se il suo galdur fosse stato neutralizzato...

Stringendo i denti, Skraeda si costrinse a concentrarsi: aveva più o meno tre secondi per fare ciò che doveva. Il Klaernar più giovane fu il più facile; la sua sete di sangue era forte e le sue emozioni vivide. La mente di Skraeda si protese, setacciando i fili finché non raggiunse quello sottile e dorato sepolto più in profondità. Uno strattone e lo tirò a sé, brandendolo come un paio di redini.

La mandibola dell'uomo si allentò, le sue pupille si contrassero. Un sorrisino si dipinse sulle labbra di Skraeda.

«Tagliagli la gola.» Il giovane Klaernar sguainò il pugnale e lo affondò nel collo del suo compagno.

Il Kommandor Laxa balzò in piedi con un grido di sorpresa mentre un fiotto di sangue schizzava sul tavolo e sulle pareti. Il Klaernar ferito si afferrò il collo con un singulto terrorizzato, ma non servì a fermare il sangue, e mentre la sua vita defluiva l'uomo si accasciò sul pavimento.

«Ucciditi.»

Il giovane guerriero si passò la lama rossa sulla gola, e le sue pupille si dilatarono mentre Skraeda rilasciava il filo del suo libero arbitrio. L'uomo abbassò lo sguardo e, vedendo il sangue che gli sgorgava dal collo, sgranò gli occhi. Poi crollò a terra sopra il suo compagno d'armi, mentre rivoli cremisi scorrevano sui loro corpi e si raccoglievano sul pavimento. Il kommandor era vicino alla porta, già pronto ad afferrare la maniglia...

«Seduto, kommandor» abbaiò Skraeda, «o tu sarai il prossimo.» Senza più preoccuparsi di nascondere le sue emozioni, l'uomo lasciò trapelare il disprezzo e il disgusto, adesso accompagnati da uno sguardo carico di odio. «Bene» disse Skraeda mentre il guerriero obbediva, appollaiandosi sulla sua sedia. «Adesso finiamola con questo gioco e parliamo onestamente, Laxa.» E così dicendo incastrò la sua sedia sotto la maniglia della porta.

Un attimo dopo, qualcuno bussò. «Tutto bene, kommandor?» chiese una voce maschile. Skraeda lanciò un'occhiata furibonda al kommandor, facendo un cenno con la testa.

«Sì!» esclamò l'uomo. «Stiamo bene. Lasciateci in pace!»

Il suono di passi che si allontanavano calmò il cuore agitato di Skraeda.

Laxa la trafisse con lo sguardo. «Come pensi che finirà, Galdra?» le chiese, sprezzante. «Non uscirai da questo edificio da donna libera. Verrai messa al pilastro come il resto della tua specie innaturale.»

«No, io sono troppo preziosa.» Ma la sua voce si fece esitante, e Skraeda dovette schiarirsela.

«È un ordine della regina, idiota» ringhiò Laxa. «L'hai delusa troppe volte. Ti ha ritenuto indegna della sua protezione.»

«Stai mentendo» protestò lei.

«Dico la verità» disse il kommandor. «Ho una lettera che lo dimostra. Vuoi vederla?»

«Mostramela!» La collera avvampò nello stomaco di Skraeda. La regina. La sua salvatrice. Non poteva essere vero...

Alzandosi, il kommandor estrasse una pergamena dal suo mantello, porgendola a Skraeda. Mentre gliela strappava di mano, lei vide il sigillo dorato della vespa, rotto. Srotolò la pergamena e lesse velocemente il contenuto. Il suo corpo si intorpidì mentre assimilava le parole: "Se fallisse ancora una volta, potrai usarla per la tua quota da portare al pilastro". Accartocciò la pergamena nel pugno, poi spostò gli occhi su Laxa.

L'uomo si alzò e indietreggiò finché non colpì il muro.

Non siamo più così arroganti, vero, Laxa? pensò Skraeda, ma l'infelicità di lui non le dava alcuna gioia. La regina aveva ordinato che venisse giustiziata. Pensava che non fosse più utile. Il terrore cominciò a montare dentro di lei, ma Skraeda lo estirpò. *Devi cambiare le cose,* si disse. *Le dimostrerai quanto sei utile.*

«Qual è il piano, Laxa?» chiese. Riconosceva a malapena la propria voce. «Qual è il piano della regina, adesso che sono fuori dai giochi?»

«Altri guerrieri giurati» balbettò Laxa. «Altri guerrieri e il seguace del Maester Alfson con le vespe. Sono stati inviati sulla strada, a fermare chiunque la percorra. Sono tanti. La troveranno. È solo questione di tempo.»

«La troverò io» giurò Skraeda. «Sarò *io* a portare Eisa Volsik alla regina Signe, nessun altro.»

«Sei pazza» borbottò il Kommandor Laxa.

«Sì» disse Skraeda, con le labbra che si incurvavano verso l'alto. Un piano prese forma nella sua mente: doveva fare tabula rasa del passato. «E tu sei già morto, kommandor. Purtroppo, nemmeno i corvi vorranno il tuo cadavere quando avrò finito con te.»

Tirò il filo della sua paura per tenerlo fermo, poi chiuse gli occhi e allungò la mano verso la scintillante pozza di galdur che nascondeva sotto la gabbia toracica. Non era un'Inceneritrice come talento primario, ma la sua stessa rabbia le rese facile accedervi e usarla.

Una luce arancione le si accumulò nelle vene, e il Kommandor Laxa la guardò a occhi sgranati. «M-ma... sei una Consolatrice!»

«Sì» ammise soddisfatta Skraeda, godendosi il calore dei suoi avambracci. Si rilassò con un sospiro, e la magia le lambì i palmi in un'esplosione di fiamme. «Sapevi, kommandor, che avevo una gemella?»

La paura dell'uomo era ormai fuori controllo, e lui non riuscì a trattenere un gemito.

«Hai sentito parlare delle gemelle Galdra, kommandor? Per tutto quel tempo nel ventre materno... si condivide più del semplice sangue. Mia sorella era un'Inceneritrice, anche se era troppo spaventata per usare il suo dono. Era una sua debolezza. Un difetto nel suo carattere.»

"Non sei altro che una codarda egoista, Skraeda!" urlò Ilka nel suo ricordo. "Sei una traditrice della tua stessa gente!"

Le fiamme di Skraeda si esaurirono, e lei sbatté le palpebre per tornare al presente.

«Io non sono una codarda, però. Non ho paura di parassiti come te, Laxa. Peccato» disse, pizzicando la sua paura mentre gli si avvicinava. Si era sporcato, mentre lei lo teneva paralizzato facendogli rivivere le sue peggiori paure. «Non ho tempo per giocare con te, kommandor. Mi piacerebbe molto. Ma devo andare.»

Spinse le sue fiamme sul suo ridicolo cappello di pelle d'orso, concedendosi un momento per assorbire i dolci suoni delle sue urla, il meraviglioso sfrigolio della sua carne. La sua pelle ribolliva e scoppiettava. Afferrando il pane dal tavolo, Skraeda lo addentò mentre calciava la sedia incastrata contro la porta e oltrepassava la soglia.

Un alto Klaernar si precipitò verso di lei, la spada sollevata. La sua rabbia era palpabile, un anello luminoso e pulsante che Skraeda non ebbe difficoltà a tirare, facendo crollare l'uomo in ginocchio, con un verso angosciato. Quindi lo disarmò, e affondò la sua spada nel collo di un guerriero che si avvicinava. Raccolse le proprie armi prima di uscire, poi si girò e vide altri Klaernar che la caricavano. Il fuoco si era ormai diffuso alle pareti di legno, e divorava la longhouse con appetito insaziabile. Con un sorriso, Skraeda chiuse la doppia porta e fece scivolare la spada del Klaernar morto attraverso le maniglie.

In piedi con le braccia dietro la schiena, guardò il fumo sollevarsi in cielo, mentre le fiamme si aggrappavano al tetto di torba e lo divoravano, mentre le urla degli uomini all'interno si fondevano in una bellissima armonia. Li guardò bruciare. Si fece scivolare la mano in tasca e strinse il quadratino di pergamena. Poi sorrise.

53

La Strada d'Ossa

Silla fissò il guerriero biondo che dormiva accanto a lei, il suo torace che si sollevava e si abbassava ritmicamente. Nel sonno, Jonas sembrava in pace, più giovane, senza fardelli. Ma sdraiata in una tenda tutta loro, acquistata dall'Equipaggio dell'Ascia Insanguinata a Skutur, Silla sentiva il peso del mondo sulle sue spalle.

Quando si erano riuniti all'Equipaggio a Black Rock, Silla era stata schiva e tremante per tutta la sera; aveva saltato l'allenamento con Hekla e si era ritirata presto nella tenda. Jonas l'aveva raggiunta poco dopo, svegliandola con baci dolci, e lei era stata ansiosa di smarrirsi con lui, anche solo per pochi, brevi istanti. Lui l'aveva trattata più teneramente che mai, ma Silla glielo leggeva negli occhi, lo sentiva nell'aria: le sue bugie avevano scavato una nuova distanza tra loro. E ce n'erano altre che ancora si teneva strette.

Silla espirò, guardandolo.

Puoi dirglielo, pensò. *Dillo e basta: "È la regina Signe che mi sta cercando, non solo i Klaernar".*

Erano soltanto parole.

Quanto potevano essere difficili da pronunciare?

L'hai lasciato avvicinare troppo, immaginò che le dicesse la bambina bionda – anzi no, Saga.

Jonas avrebbe dovuto essere solo una distrazione, ma da qualche parte lungo il cammino la situazione si era complicata. Si erano avvicinati. Lui le aveva raccontato delle cose, e lei si era sentita costretta a condividere il suo passato. Forse le aveva lanciato un incantesimo, le aveva stregato la mente con le sue attenzioni da capogiro. Quando era con lui, Silla non pensava alle cose che aveva vissuto, né si preoccupava per il futuro. Era semplicemente lì, in quel momento, persa.

Ora Jonas desiderava di più, desiderava farle visita a Kopa. Ubriaca di lui, Silla aveva detto di sì. Ma era tormentata dalla preoccupazione. Non sembrava una decisione intelligente. Kopa era l'ignoto. Sarebbe stato sicuro avere visitatori nella casa-rifugio? O sarebbe stato meglio compiere un taglio netto col passato, cominciare una nuova vita? Un nuovo inizio, senza legami con la sua vecchia esistenza. Più tracce avrebbe lasciato, più facile sarebbe stato per Signe arrivare a lei.

Quel pensiero attizzò le braci di una riflessione inquietante. La sua presenza metteva in pericolo l'intero Equipaggio dell'Ascia Insanguinata, e loro meritavano di sapere tutto: prima li avesse informati, meglio sarebbe stato.

"Lo diremo a Rey insieme, dopo che avrò avuto il tempo di pensarci" aveva detto Jonas. Ma era un suo problema, e a lei pareva una cosa che doveva fare da sola.

Silla prese una decisione: li avrebbe avvertiti, e avrebbe lasciato che le cose andassero come dovevano. Se Occhi d'Ascia l'avesse abbandonata sul ciglio della strada, pazienza. I suoi amici sarebbero stati al sicuro, e lei avrebbe trovato un modo per cavarsela. Era arrivata fin lì. Sarebbe arrivata a Kopa.

Kopa. Doveva solo arrivare a Kopa. E una volta lì, una volta sistemata in una casa-rifugio, avrebbe finalmente potuto riposare. Respirare. Fare i conti con la verità.

Era Eisa Volsik.

Sentì il battito del suo cuore farsi irregolare, i palmi iniziare a sudare. Si sforzò di inspirare profondamente mentre il panico le artigliava la gola, come ogni volta che pensava a quel nome. Aveva voluto sapere chi era... cosa era. Ma adesso che conosceva la verità, avrebbe voluto tornare indietro. Mettere di nuovo la testa sotto la sabbia, e vivere come aveva fatto per tanto tempo.

Eisa Volsik era un nome che portava con sé parentele che Silla non era pronta a considerare. Erede del nemico più disprezzato di re Ivar, non avrebbe mai conosciuto la pace, si sarebbe guardata alle spalle per il resto della sua vita. Avrebbe mai saputo di chi poteva fidarsi, chi avrebbe potuto tradirla o chi l'avrebbe usata per il proprio tornaconto? E la domanda che la spaventava di più era: una casa-rifugio sarebbe stata abbastanza sicura per Eisa?

Il suo cuore prese a martellare, il suo respiro si fece corto e lei chiuse gli occhi.

Foglie, supplicò la sua mente. *Una foglia. Solo una.*

Una foglia per alleviare la stretta allo stomaco, per dimenticare chi era. E un'altra per rimettere insieme i pezzi e farla sentire di nuovo completa. Per farla sentire Silla.

Lei voleva solo qualche gallina! Com'è che era diventato tutto così complicato? Così disordinato?

Pensieri da focolare, si disse. *Campi di epilobio con montagne innevate in lontananza. Danzare intorno ai falò con Hekla. Fossette.* A poco a poco, il polso rallentò, la tensione nel petto si sciolse. Silla non poteva permettersi di pensare a quel nome, non poteva considerarne le implicazioni o sarebbe andata in pezzi.

Tu sei Silla e devi arrivare a Kopa, non c'è altro da dire.

Era il massimo che poteva fare per trovare la forza di proseguire, di mettere un piede davanti all'altro.

Per arrivare a Kopa. Ancora quattro giorni.

* * *

Rey non riusciva a dormire. Una fastidiosa sensazione continuava a tormentarlo: era irritante, come se avesse dimenticato qualcosa e non riuscisse a capire cosa.

Dopo essersi rigirato sotto le pellicce per un'ora, alla fine si costrinse a strisciare fuori dalla tenda che condivideva con Ilías.

Facendo un cenno a Sigrún, che sedeva accanto al fuoco dopo una notte di guardia, vagò per l'accampamento, cercando di capire se si fosse scordato di fare qualcosa. Controllò il telaio appena installato del carro, le borse e le casse disposte ordinatamente sul pianale. Aprì la cassa di armi al rodio e le contò tutte. Passeggiò lungo il perimetro dell'accampamento. Dopo aver controllato anche i cavalli, si appoggiò a un tronco di pino nodoso, guardando accigliato le tende. Cavallo si avvicinò, dandogli musate sul petto, e lui lo accarezzò distrattamente.

Non c'era niente che non andava; era tutto in ordine.

Un movimento catturò il suo sguardo: *lei* strisciò fuori dalla tenda più lontana, che adesso condivideva con Jonas. La massa di riccioli castani le rimbalzava sulle spalle; indossava dei guanti e aveva il mantello di Jonas stretto addosso. Il mantello che Hekla le aveva prestato si notava per la sua assenza, una delle stranezze a cui aveva fatto caso.

Non si era sentita bene il giorno prima; lei e Jonas erano partiti all'improvviso da Skutur.

Probabilmente per andare ad accoppiarsi come animali.

Il cipiglio di Rey si fece più profondo quando l'impellente desiderio di sferrare un pugno sul bel viso di Jonas fece capolino nella sua testa.

Erano una coppia pessima, e non capiva come Silla non lo vedesse. Magari lei era un bene per lui, ma di sicuro lui era sbagliato per lei. Rey amava Jonas come un fratello, ma sapeva che poteva essere egoista e autoritario fino all'eccesso. Jonas l'avrebbe soffocata, quando ciò di cui lei aveva bisogno era qualcuno che la... elevasse. Che la facesse sentire più forte.

E poi si era approfittato di Silla, cosa che a Rey non andava giù, poco importava quanto Jonas affermasse di tenere a lei. Era sola, aveva appena perso suo padre. A Rey la situazione sembrava ambigua.

«Avrei dovuto prestare più attenzione» borbottò rivolto a Cavallo. «Come ho potuto non accorgermene?»

Cavallo gli annusò ancora il petto, sbuffando piano.

Perché anche tu hai fatto del tuo meglio per evitarla, pensò. *E perché non sono affari tuoi, accidenti.* Non stava forse contando i giorni che lo separavano dal momento in cui sarebbe stato libero dal giuramento che le aveva fatto, per sbarazzarsi di lei?

Quattro giorni a Kopa.

Quattro giorni e poi tutto sarebbe tornato normale.

Quattro giorni e poi avrebbe potuto smettere di guardarla con la coda dell'occhio mentre cucinava la cena, o imparava una nuova serie di gesti con Sigrún. Smettere di preoccuparsi per la sua sicurezza ogni volta che era in pericolo. Smettere di rimanere in ascolto in attesa della sua risata e di cercare i suoi sorrisi.

Rey non sapeva come fosse successo. Doveva liberarsi di quella distrazione.

Mentre Silla raggiungeva Sigrún, lui notò la tensione nelle sue spalle, il modo in cui si mordeva il labbro. Qualcosa la turbava, e il fatto che lo avesse notato gli fece digrignare i denti. Si attardò con i cavalli. Loro non gli facevano perdere tempo in chiacchiere né canticchiavano sottovoce in modo irritante. Rey preferiva spesso la compagnia dei cavalli a quella degli umani.

Ma Silla lo vide e cambiò direzione, andando direttamente verso di lui.

Soffocando un gemito di irritazione, Rey incrociò le braccia sul petto e la guardò avvicinarsi. Lei girò sui tacchi e fece per allontanarsi, poi sembrò cambiare idea e proseguì nella sua direzione. Gli occhi castani di Silla incontrarono i suoi, e lui notò subito la nuova collana che indossava, un talismano di legno intagliato simile allo stemma di famiglia di Jonas. Il suo cipiglio si fece più profondo.

«Hai qualcosa da dirmi?» chiese, con una voce che suonò più roca di quanto avesse voluto. Un'energia nervosa irradiava da lei, e non poteva evitare di aprire e chiudere i pugni.

«S-sì» disse senza fiato.

«Parla, allora» grugnì lui.

Lei si dondolò sulle punte dei piedi, rifiutandosi di incrociare il suo sguardo. «Potrebbero esserci dei guerrieri sulla strada che mi cercano.» Accigliato, Rey la studiò in silenzio. «Non voglio che succeda qualcosa di male... all'Equipaggio dell'Ascia Insanguinata. Siete stati gentili, mi avete aiutato. Se pensi che sia meglio che me ne vada, me ne andrò.»

Il cervello di Rey lavorava in tutta fretta, rimettendo insieme i pezzi. «Ieri, a Skutur, i Klaernar cercavano una ragazza» mormorò. «Non è che per caso ne sai qualcosa?»

Silla deglutì e Rey ebbe la sua risposta.

Si chiese come mai non l'avesse capito prima. Ma adesso i pezzi stavano scivolando al loro posto e tutto aveva senso: la bugia che Kraki aveva messo in luce, la forza con cui lo aveva spinto quel giorno nel campo. E, naturalmente, le foglie. Mentre una nuova consapevolezza si faceva strada, Rey si sentì uno stupido.

Allora è una Galdra, pensò. La studiò in silenzio, la mente in tumulto. Gli aveva mentito, eppure provava compassione per lei. Voleva aiutarla, eppure la sua presenza portava complicazioni e pericoli per il suo Equipaggio.

«Quanti?»

«Non lo so» disse la ragazza a bassa voce. «Ma la guerriera che hai ucciso... la donna dai capelli rossi alla Dorsale di Skalla... non è morta.»

Quindi la guerriera aveva attaccato proprio lei, alla Dorsale di Skalla. Una cacciatrice di taglie, forse? Era raro che i Klaernar affidassero incarichi a persone esterne, ma era già successo in passato. Rey le scoccò un'occhiata tagliente. «Come?»

«Non lo so. Mi ha inseguito a Skutur e sono scampata per un pelo.»

Rey sentì il petto riempirsi di orgoglio inaspettato, ma anche l'arrivo di un incipiente mal di testa. «In cosa ci hai trascinati?» ringhiò.

«Io...»

«Non dirmelo» disse lui, e lei spalancò gli occhi per la sorpresa. «Non voglio conoscere i dettagli.»

Quando si trattava di avere a che fare con i Klaernar, era meglio non sapere i dettagli; nell'improbabile eventualità che uno dell'Equipaggio dell'Ascia Insanguinata venisse catturato, avrebbe sinceramente potuto dichiararsi innocente.

«Non sei obbligato a rispettare il giuramento, Rey» disse lei in un soffio. «Ti libero dai tuoi obblighi. E non racconterò mai il tuo segreto; lo giuro sulla mia vita. Non voglio metterti in pericolo.»

Ora toccava a lui essere sorpreso. Era una donna d'onore, questo poteva concederglielo. Se Rey si fosse trovato nella sua situazione, avrebbe fatto esattamente come lei. Ma lui era un guerriero capace, e lei... no.

Non ebbe bisogno di valutare le opzioni per decidere cosa avrebbe fatto. Aveva giurato di portarla sana e salva a Kopa, e non sarebbe venuto meno a quell'impegno, nemmeno su suo suggerimento. Non era solo il giuramento, però. Era arrivato a... rispettarla. L'aveva vista lavorare sodo con Hekla, aveva scorto il fuoco che l'animava. Erano più simili di quanto lei potesse immaginare; Rey sapeva cosa significava mantenere un segreto in nome della sicurezza.

E poi gli aveva salvato la vita.

Fu questo che determinò la sua decisione.

La guardò accigliato. «Ti ho fatto un giuramento e, anche se si è rivelato la peggiore delle mie decisioni, lo porterò a termine. Ma prima devo consultarmi con i miei guerrieri. Decideremo insieme cosa fare.»

Silla si strofinò il gomito, annuendo.

«Ti ringrazio» disse Rey, cercando di ammorbidire il suo tono. «Hai compiuto un gesto onorevole dimostrando preoccupazione per la vita dei membri del mio Equipaggio.»

Silla sbatté le palpebre, e le lunghe ciglia nere incorniciarono i suoi occhi espressivi. Rey si costrinse a distogliere lo sguardo. Quegli occhi erano come un fiume impetuoso, e lui sapeva che era meglio non farsi trascinare nella corrente.

«Prepara la colazione» abbaiò, girando sui tacchi e dirigendosi a grandi passi verso il carro. «Io convocherò una riunione.»

* * *

Mentre si infilava in bocca cucchiaiate di porridge, Jonas fissava contrariato Silla. Lei gli dava le spalle, impegnata a servire Ilías; era tutta la mattina che la vedeva nervosa.

E adesso Rey aveva convocato una riunione.

«Sai di cosa si tratta?» chiese Ilías, sedendosi su un tronco vicino a lui. «Lo giuro, io non so niente degli aghi di pino che finiscono tra le sue coperte.»

Jonas sollevò un sopracciglio e guardò il fratello.

«E se si tratta della brennsa scomparsa, scommetto che è stato Pungo di Fuoco.»

Jonas prese un altro boccone.

«E, detto tra noi, ho visto la tua ragazza rubare una delle mele buone per darla a Cavallo. Quindi, se Occhi d'Ascia si chiede dove siano finite, ecco la risposta.»

La sua ragazza. Jonas strinse le labbra, mentre il calore gli si diffondeva nel torace. Gli piaceva come suonava. Rey batté le mani in tre colpi decisi e il suo sorriso svanì.

«Riunione dell'Equipaggio» disse in tono busco.

Il porridge fece una capriola nello stomaco di Jonas.

«Raggio di Sole mi ha informato che potrebbero esserci dei guerrieri sulla strada che la stanno cercando» disse Rey. «Klaernar, più nello specifico.»

Era chiaro a tutti ciò che non stava dicendo. *Silla è una Galdra.* E ora l'intero Equipaggio dell'Ascia Insanguinata lo sapeva.

Digrignando i denti, Jonas spostò lo sguardo su Silla. Lei si sistemò il vestito e si torse le mani. Lo aveva detto a Rey, dopo che lui le aveva ordinato di aspettarlo. Gli aveva raccontato i suoi segreti, glieli aveva rivelati volontariamente.

Jonas strinse il cucchiaio così forte che le sue nocche diventarono bianche.

Sei una Galdra? segnò Sigrún, e Gunnar tradusse per lei, confusa dai gesti.

Prima che potesse rispondere, Rey intervenne. «Non le faremo pressioni per avere delle risposte» disse bruscamente.

Una strana sensazione pizzicò la nuca di Jonas. *Perché Rey la protegge?* si chiese.

Un mormorio confuso si diffuse tra l'Equipaggio dell'Ascia Insanguinata, ma Rey proseguì. «Sapete cosa penso delle bugie» disse lentamente, guardando negli occhi ogni guerriero. «Ma questa volta è diverso. Lei è venuta da me volontariamente per avvertirci del pericolo. Si è offerta di lasciarci se lo desideriamo, così che non ci accada nulla di male. E se invece decidiamo di aiutarla a fuggire dai Klaernar, è meglio che ne sappiamo il meno possibile.»

«Se l'Equipaggio dell'Ascia Insanguinata non la aiuterà, lo farò da solo» intervenne Jonas. Quando i suoi occhi finalmente incontrarono quelli di lei, le lanciò un'occhiata tagliente come un pugnale. Aveva delle cose da dirle in privato.

«Le ho giurato che l'avremmo portata fino a Kopa» disse Rey, distogliendo Jonas dai suoi pensieri, «e sono intenzionato a portare a termine l'impegno. Ma visto che siamo un gruppo, voglio che siamo tutti d'accordo. Quindi votiamo. Tutti a favore di tenerla con noi?» Rey alzò la mano.

Ci fu un momento di silenzio, di riflessione, e poi il braccio di Hekla si alzò in aria. Sigrún, Ilías e Gunnar la seguirono rapidamente. Tutti fissarono Jonas. Lui ridacchiò, alzando il braccio. «Certo che sono a favore» borbottò.

Gli occhi di Silla si riempirono di lacrime. «Ne siete sicuri? Volete davvero rischiare per me?»

Hekla le si avvicinò e le mise un braccio attorno alle spalle. «Certo, dúlla. Noi ci prendiamo cura dei nostri.» Si sporse in avanti e Jonas la sentì sussurrare: «Mi racconterai tutto dopo?».

Silla esitò, poi annuì.

«Sapevi che la tua ragazza è una Galdra?» chiese Ilías a Jonas, che si limitò a grugnire.

«Benissimo» abbaiò Rey, e il brusio della conversazione morì. «Allora è deciso.»

Rey si girò verso Silla, e le si rivolse con una dolcezza che Jonas non apprezzò. «Quanti?»

Silla strinse forte le mani. «Ce n'erano sei a Skarstad. E una a Skutur, più forse... dieci che sembravano cercare...»

«Skutur?» chiese Gunnar. «Perché ce lo dici solo ora?»

Tutti si girarono a guardare Silla. «È stata una sorpresa» disse, rifiutandosi di incrociare lo sguardo di Jonas. «Mi ci è voluto un po' di tempo per decidere cosa fare.»

«Tra i sei e i dieci» abbaiò Rey, riportandoli alla questione.

Perché continua a schivare le domande? si chiese Jonas. *Perché l'ha protetta?*

Il formicolio di prima era tornato, strisciandogli sottopelle fino a diventare una certezza. Rey voleva Silla per sé. Jonas non riusciva a pensare ad altre ragioni per cui il capo dell'Equipaggio avrebbe liquidato le sue bugie con tanta indifferenza, per non parlare di nascondere una fuggitiva.

«Ora che sappiamo cosa aspettarci» continuò Rey, «non dovrebbe essere un problema per noi sei. Tenete pronti gli scudi. Le lame affilate. Obbedite ai miei ordini. Sigrún, cavalca avanti e fai un segnale se incontri uomini sulla strada.»

«Sigrún, hai un'armatura lébrynja extra per Silla?» chiese Hekla. «Mi sembra che portiate più o meno la stessa taglia.»

Lei annuì.

Rey si girò verso Silla. «Tieni pronto il pugnale. Ricorda l'addestramento. Pensa in anticipo e cerca di prevedere cosa faranno. E, Raggio di Sole, non esitare.»

Fece un mezzo sorriso, come se quelle parole avessero un significato particolare per lui. Quando le labbra di Silla si curvarono in risposta, il sangue di Jonas iniziò a ribollire.

Non poteva sopportare oltre una tale, sfacciata mancanza di rispetto. Balzò in piedi e afferrò Silla per un braccio, trascinandola dietro il carro. Una bufera gli stava turbinando dentro e aveva bisogno di dire la sua.

«Jonas!» protestò lei, incespicando per stargli dietro. «Che cosa...»

Lui le strinse le mani intorno alle spalle e la scosse delicatamente. «Gliel'hai detto senza di me.»

Lei rimase assolutamente immobile, e lo osservò con cautela. «Sì» disse infine. «Era una cosa che pensavo di dover fare da sola, e il prima possibile. Avrei dovuto dirglielo ieri sera, Jonas.»

«Ti fidi di lui.» Jonas odiava quella situazione: si trattava di Rey, il suo fratello d'armi. Ma non avrebbe permesso che lei si comportasse in quel modo; non si rendeva conto di averlo preso in giro?

«Io...»

«Gli hai raccontato i tuoi segreti» disse Jonas, stringendola più forte.

«Non potevo permettere che gli altri fossero in pericolo. Non pensi?» I suoi occhi lampeggiarono in segno di sfida.

Chiaramente, non capiva. *Ah, la tua Silla,* pensò. *È giovane e ingenua. Ha bisogno che tu le spieghi la situazione. Che la aiuti a capire.*

Le accarezzò con tenerezza una guancia. «Non voglio che tu parli più con Rey» disse dolcemente.

«Cosa?»

Era dispiaciuta in modo adorabile. Le accarezzò il labbro inferiore col pollice. «Non ti allenerai più con lui e se avrai bisogno di parlargli lo farai tramite me.»

Contrariata, lei scostò la mano che le aveva posato sulla guancia. «Jonas, non puoi chiedermi una cosa simile.»

«Ora stai con me, Silla. Indossi il sigillo della mia famiglia.» Le sfiorò dolcemente le labbra.

«Jonas, cosa ti è preso? Non so cosa ti turba, ma lascia che ti tranquillizzi: tu mi conosci meglio di chiunque al mondo.»

Lui rise, un suono fragile che non riconobbe come proprio. Meglio di chiunque al mondo? Sarebbe stato pietoso se fosse stato vero. Ma col tempo avrebbe scoperto tutti i suoi segreti.

«Vieni qui» disse, afferrandole il polso e attirandola a sé. Poi si guardò alle spalle, e incrociò gli occhi di Rey. Il suo capo era in piedi accanto al carro, le braccia incrociate sul petto, e lo osservava con un'espressione di puro disgusto.

Bene, pensò Jonas, rivendicando la bocca di Silla con un bacio che li lasciò entrambi senza fiato. Quando si ritrasse, fissò lo sguardo negli occhi turbati di lei.

«Hai accettato di fare quello che ti ho detto, Silla. Pensaci due volte prima di agire di nuovo alle mie spalle» disse.

Poi si allontanò a grandi passi per sellare il suo cavallo, lasciando la ragazza dai capelli ricci appoggiata all'albero.

54

Quella mattina, mentre il carro arrancava lungo la strada, Silla prestava attenzione a ogni piccolo movimento tra gli alberi. Per fortuna avevano superato le distese aperte delle Highlands ed erano rientrati nella foresta, che li proteggeva dal vento. Se ricordava correttamente, questo significava che avevano quasi raggiunto lo Snodo Settentrionale, dove avrebbero lasciato la Strada d'Ossa e si sarebbero diretti a ovest per il tratto finale.

Kopa. Era quasi arrivata. Era così vicina che ne poteva sentire il sapore.

Eppure l'inquietudine le si era insinuata nelle ossa. Era sollevata di aver raccontato tutto a Rey, era contenta di aver avvisato l'Equipaggio dell'Ascia Insanguinata che potevano trovarsi in pericolo. Ma la reazione di Jonas l'aveva disturbata.

"Ora stai con me, Silla. Indossi il sigillo della mia famiglia."

Quella dimostrazione di possessività, che un tempo le avrebbe fatto pulsare il sangue di desiderio, adesso aveva assunto un nuovo, inquietante significato.

«Io appartengo a me stessa» sussurrò Silla. A fine giornata, avrebbero parlato e glielo avrebbe detto. Quando l'aveva messa all'angolo dietro il carro, era rimasta troppo sbalordita per parlare. Per l'ennesima volta, si chiese come fossero arrivati a quel punto. Lui avrebbe dovuto essere una distrazione. Quando erano finiti così fuori rotta?

Era proprio per questo che avrebbe dovuto mantenere le distanze dalla gente, in particolare dagli uomini. I sentimenti erano complicati. Orgoglio, presunzione ed ego non erano cose con cui scherzare. Jonas era stato un conforto per lei, un balsamo per il suo cuore addolorato. Ma le cose avevano preso una piega preoccupante e Silla non aveva spazio per altri problemi nella sua vita. La sua mano trovò il talismano appeso al collo. Kopa sarebbe stata una tabula rasa. Una nuova vita. Una nuova pagina.

Dovrai chiudere con lui, pensò. *Devi solo farlo con tatto.* Si sfilò il talismano e lo adagiò sul carro.

Un fischio acuto squarciò l'aria. Girandosi, Silla vide Rey con il braccio sollevato, la mano chiusa a pugno. I cavalli si fermarono. Per diversi secondi, sulla strada ci fu silenzio, e poi in lontananza si sentì il tonfo degli zoccoli sulla terra dura.

Rey le fu accanto prima che potesse battere ciglio, la trascinò via dal carro e la spinse nel bosco. «Hai il tuo pugnale?» chiese con freddezza assoluta.

Mentre il cuore le batteva con la forza di un martello da guerra, Silla annuì, dandosi una pacca sul fianco, dove aveva sostituito il suo pugnale perduto con uno di scorta dell'Equipaggio dell'Ascia Insanguinata.

«Vai nel bosco e restaci» disse Rey, dandole una spintarella. «E ricorda, Raggio di Sole...»

«Stavolta userò la parte affilata, sì» lo interruppe Silla con un sorriso. «State attenti!» disse poi all'Equipaggio dell'Ascia Insanguinata, con le lacrime che le offuscavano gli occhi. Tutti annuirono solennemente verso di lei. Silla incrociò gli occhi azzurro acciaio di Jonas, su cui indugiò per un lungo momento.

Poi fuggì nel bosco senza voltarsi indietro. Vestita con l'armatura di cuoio di Sigrún, si meravigliò di quanto velocemente potesse muoversi senza le sue gonne ingombranti. Superando con un salto un pino caduto, individuò un tronco cavo ricoperto di muschio e vi si arrampicò dentro. E poi aspettò. Un corvo gracchiò da qualche parte in cielo; una vespa le ronzava vicino all'orecchio e lei la scacciò via.

Accovacciata nel tronco cavo, sentiva il cuore rimbombarle nelle orecchie. Ci sarebbe stata anche Skraeda? Rey sarebbe riuscito a sconfiggerla? Ci sarebbero stati dei mercenari come quelli vicino a Skarstad? Dei Klaernar, come a Skutur?

Il rumore degli zoccoli si interruppe di colpo e Silla sbirciò fuori, contando cinque guerrieri. La tensione nel suo petto si allentò. Cinque. Non avrebbe dovuto essere una sfida per l'Equipaggio dell'Ascia Insanguinata. Forse sarebbe stata una passeggiata.

Poi qualcuno spezzò l'aria fredda. «Buongiorno!»

Il timbro profondo della voce di Rey riecheggiò tra gli alberi. «Vi serve qualcosa?»

«Stiamo cercando una giovane donna. Capelli castani ricci, alta più o meno così. Ha una piccola cicatrice accanto all'occhio sinistro. Potrebbe chiamarsi Katrin.»

Rey rimase in silenzio per un momento. «Nessuno dei nostri si chiama così.»

«Molto bene. Daremo un'occhiata veloce al vostro carro e poi ripartiremo.» Si udì un frusciare di pergamena. «Ordini dalla regina. È molto ansiosa di portare la ragazza a Sunnavík.»

Silla sentì lo stomaco rimescolarsi. *La regina*. Quanto era stata sciocca a pensare che i mercenari avrebbero potuto non rivelarlo all'Equipaggio. Rey non aveva voluto saperlo, ma Silla avrebbe dovuto insistere e dirglielo comunque. Avrebbe dovuto dir loro tutta la verità... dir loro che lei era Eisa.

La testa le pulsava, il cuore martellava. Il panico cominciò a graffiarle la gola. *No*, pensò. *Non ora*. Fece un profondo respiro per calmarsi. *Pensieri da focolare*, si disse. *Il profumo di pinete e fuoco da campo. Panini dolci freschi e soffici, appena tirati fuori dalle braci del focolare. Un bambino che abbraccia il suo cucciolo.*

«Cosa vuole la regina da lei?» Anche da dentro il tronco, Silla si accorse della tensione che velava la voce di Rey.

«Questa è una faccenda tra la ragazza e Sua Altezza.»

«Abbiamo affari privati con il re, e ci ha proibito di condividere il contenuto del carro» disse Rey.

«Che delusione» rispose lo sconosciuto. «Perché la regina ha promesso una bella ricompensa a coloro che le consegneranno la ragazza. E non ce ne andremo finché non avremo perquisito il vostro carro.»

«Spero siate consapevoli che lo difenderemo con le armi» rispose freddamente Rey.

«Così sia» disse l'uomo. Silla aveva vanamente sperato che avrebbero risolto la questione a parole, ma quella speranza si trasformò in paura.

Risuonò un corno, poi il clangore dell'acciaio riempì l'aria. Dèi misericordiosi. Stavano combattendo.

Stava succedendo.

Sono solo cinque guerrieri, si rassicurò Silla. Lo schiocco di un ramoscello alle sue spalle le fece venire la pelle d'oca. Sguainò il pugnale. Chiudendo gli occhi, inspirò a fondo.

Non era niente, si disse, ma poi lo sentì di nuovo: un altro schiocco.

Dalla strada provenivano il lontano clangore delle spade e delle grida attutite. Un curioso ronzio catturò la sua attenzione e Silla allungò le orecchie per individuarne la fonte. Una vespa volò nel tronco, e le fece accelerare il respiro. Un'altra vespa. C'era forse un nido lì vicino?

Silla rimase il più immobile possibile. Nel silenzio assoluto del tronco il ronzio sembrava rimbombare, un suono esasperante che le faceva stringere lo stomaco.

Accadde tutto in fretta: qualcuno le ficcò le mani sotto le ascelle, trascinandola fuori dal tronco coperto di muschio; le sue ginocchia cedettero mentre veniva lasciata cadere bruscamente sul suolo cosparso di aghi di pino.

Silla si guardò intorno, confusa, e il tempo sembrò rallentare. Un guerriero dalla barba castana le stava di fronte, con una cotta di maglia nera senza stemmi; innumerevoli mercenari vestiti in modo simile si aggiravano nelle oscure profondità della foresta. Accanto a lui c'era un uomo più piccolo, il cappuccio marrone del suo mantello oscurava tutto tranne la lunga barba a doppia treccia che gli scendeva sul petto. Aveva una mano sollevata, il palmo rivolto al cielo, e quando vi posò lo sguardo Silla trovò la fonte del ronzio.

In nome delle fiamme eterne, cosa...? Silla si sentì mancare. Il braccio dell'uomo era coperto di vespe che si contorcevano e strisciavano.

«Non sono un uomo che si sorprende facilmente, Adherent» disse con voce roca il guerriero che tratteneva Silla per la spalla. Era più alto di lei di mezza testa ed era armato fino ai denti. Le parole di Rey le risuonarono nelle orecchie. "Pensa sempre in anticipo, visualizza ciò che accadrà prima che avvenga." Ingoiò la paura, concentrandosi sulle cose che poteva controllare. Quello sciocco pensava fosse un'inetta e non aveva notato il pugnale che lei aveva estratto dalla manica.

Presa inversa. Blocco a sinistra. Mira al collo, colpisci dall'alto.

«Le creature hanno fatto bene il loro lavoro» stava dicendo il guerriero. Un urlo le salì in gola e Silla lo liberò mentre si lanciava sul mercenario, calando il braccio dall'alto. Come previsto, lui non si aspettava che lei fosse veloce né addestrata, e la lama gli affondò nel collo.

I movimenti erano ormai familiari, scolpiti nei suoi muscoli. Ma il sangue caldo e appiccicoso che le ricoprì la mano e il suo odore metallico che appestava l'aria erano una novità. E niente avrebbe potuto prepararla allo sguardo negli occhi del guerriero, un miscuglio di sorpresa e rabbia, mentre le sue ginocchia cedevano e lui crollava a terra.

Ceneri. Aveva appena tolto una vita. Aveva appena...

Spalancò la bocca, ma si riprese subito. Estrasse il pugnale dal cadavere e si lanciò verso la strada, con l'orda di mercenari alle calcagna. Mentre sfrecciava verso la Strada d'Ossa, aprì la bocca e urlò: «Uomini nella foresta!».

Sbucò tra gli alberi proprio mentre Gunnar abbatteva l'ultimo guerriero rimasto. Come previsto, avevano gestito i cinque uomini senza difficoltà. Ma adesso... adesso Silla aveva attirato più guerrieri di quanti ne potesse contare, e l'Equipaggio dell'Ascia Insanguinata reagì rapidamente, formando un piccolo muro di scudi contro il carro.

Quando Silla li raggiunse, i loro scudi si aprirono e lei fu trascinata dentro il muro.

«Sei ferita?» le chiese Jonas, voltandosi verso di lei.

«La strada, Jonas» abbaiò Rey. «Fatevi coraggio. Lance pronte.»

Il buio la confondeva, e Silla fu spinta in fondo al gruppo, dove fu punzecchiata dalle impugnature delle lance. Si appoggiò con la schiena contro il carro, sopraffatta dalla paura.

«Cotte di maglia» ansimò. «Spade. Scudi. Hevrít. Niente elmi.» *Nessuna donna dai capelli rossi*, pensò. Dov'era Skraeda?

«Bene» disse Rey. «La cotta di maglia li rallenterà. Mirate a collo, cosce, ascelle...»

Gli uomini gli caracollarono addosso, schiantandosi contro gli scudi, colpendoli con le spade. Il rumore del legno che si spezzava e il clangore dell'acciaio riempirono l'aria. Silla fu sballottata qua e là, colpita da impugnature di lancia e gomitate.

L'Equipaggio era paziente, e attendeva l'occasione perfetta per infilare le lance tra le fessure degli scudi; poi, i guerrieri lavorarono in coppia per uccidere. Silla guardò Ilías conficcare la sua lancia nella coscia di un guerriero, facendolo cadere a terra, mentre Rey lo finiva con un colpo al collo.

Davanti ai suoi occhi, Sigrún incoccò una freccia nel suo arco.

«Aprite!» urlò Hekla. Jonas e Ilías abbassarono gli scudi per un istante, ma fu sufficiente. Sigrún scoccò la freccia, che colpì un uomo dalla barba bionda in un occhio. I fratelli chiusero il muro prima che i guerrieri potessero approfittarne.

Era una tattica affascinante, entusiasmante e terrificante allo stesso tempo.

Sunnvald, proteggili, pregò Silla. Gli dèi avrebbero risposto alla sua chiamata quando l'avevano già abbandonata tante volte? Allontanò quel pensiero e pregò ancora.

«Sotto il carro, Raggio di Sole» ringhiò Rey, e Silla non esitò, strisciando a pancia in giù finché non fu sotto il centro del carro.

Il muro di scudi si aprì e poi fu il caos. Sei membri dell'Equipaggio dell'Ascia Insanguinata contro innumerevoli guerrieri assetati del loro sangue.

Silla osservava dal suo nascondiglio. Con un urlo furibondo, Rey affondò l'ascia nella faccia di un uomo gigante, poi la liberò mentre schivava il colpo di un avversario che gli si avvicinava da dietro. Con gli scudi alzati, Jonas e Ilías respinsero i guerrieri, sfruttando il peso delle loro cotte di maglia a proprio vantaggio. Alcuni inciamparono e furono calpestati, finendo sotto un mare di stivali. I fratelli si posizionarono schiena contro schiena, facendo mulinare le spade e mirando verso i punti deboli che Rey aveva indicato: ascelle, cosce, collo.

Fu un bagno di sangue.

I corpi cadevano a terra mentre urla e tonfi nauseanti, nonché l'implacabile clangore delle armi, riempivano l'aria. Un grido di Hekla si levò sopra tutti, attirando l'attenzione di Silla. Combatteva a un ritmo frenetico, alternando fendenti di spada e artigli; il sangue le ricopriva il viso e Silla pregò che non fosse il suo. La lama di Gunnar era una macchia sfocata che si muoveva all'impazzata, difendendo instancabilmente il fianco di Hekla. Il carro ondeggiò mentre Sigrún vi saliva sopra, scagliando una freccia dopo l'altra sui suoi avversari.

«È sotto il carro!» tuonò una voce, e Silla si irrigidì. Non aveva già vissuto tutto questo? Cavallo emise un nitrito acuto, le ruote del carro sobbalzarono in avanti. Silla strisciò sullo stomaco per tenere il passo con il movimento, ma invano: con un balzo improvviso, Cavallo si lanciò lungo la strada, e il carro ballonzolò dietro l'animale. Silla si trovò scoperta come un insetto sotto un sasso sollevato. Rotolò sulla schiena, ma era troppo tardi: delle mani sconosciute le serrarono le braccia e la trascinarono in piedi. Il pugnale le fu strappato con un colpo di spada.

La battaglia infuriava intorno a lei in una frenesia vertiginosa: Jonas scambiava colpi con un guerriero dalla barba lunga, la treccia bionda che si ricopriva di cremisi; il volto insanguinato di Rey si contorceva di rabbia mentre combatteva due avversari contemporaneamente; gli artigli di Hekla squarciarono la gola di un uomo dai capelli neri. Qualcuno afferrò il polso di Silla e glielo piegò brutalmente dietro la schiena. Le sfuggì un lamento, che lei non riconobbe come il proprio. Era il verso gutturale di un animale ferito. L'uomo continuò a torcerle il braccio con tale forza che le parve di sentire l'osso deformarsi.

«Basta!» ululò.

«Sta' zitta!» urlò lui in risposta, afferrandole una manciata di capelli e trascinandola verso la foresta. Tre uomini le rivolgevano le spalle, creando una barriera tra lei e l'Equipaggio dell'Ascia Insanguinata. Il guerriero la spinse in avanti. Silla incespicò, e il dolore si diffuse in tutto il braccio con tanta forza che il resto perse di importanza. Passarono secondi, o minuti, o forse ore. Erano ormai nel bosco, circondati da pini.

«Per favore» implorò Silla. «Per favore, il braccio.»

La presa dell'uomo si allentò appena, ma fu sufficiente perché la vista di Silla tornasse a fuoco, e lei si accorgesse che si erano fermati davanti a un uomo dal mantello marrone. Silla sgranò gli occhi e chiuse di colpo la bocca, mentre le vespe si staccavano dallo sciame sulla mano dell'uomo e le volavano sul viso. Le strisciarono lungo la guancia e sul naso, e Silla fu travolta da un'ondata di nausea e repulsione.

«È lei» confermò l'uomo dal mantello marrone. «Eisa Volsik.»

E poi ogni rumore si smorzò mentre una nuova consapevolezza prendeva forma. *La vespa*, pensò Silla con la mente annebbiata. Una vespa le era atterrata sul naso quel giorno a Skarstad, prima che suo padre venisse ucciso. Ovviamente non ci aveva pensato. Ma ora si chiedeva... la regina l'aveva rintracciata usando le *vespe*?

Poi sentì un rumore metallico e il grido di rabbia di un guerriero alle sue spalle. L'uomo che la teneva ferma barcollò, allentando la presa. Silla si liberò con uno strattone e si voltò verso il suo rapitore, giusto in tempo perché l'uomo tossisse sangue, schizzandole il viso.

Mentre un nuovo aggressore provava ad afferrarla, lei si slanciò verso l'ascia stretta nella mano del guerriero morente. L'affondò nel viso dell'uomo che si avvicinava, e sentì le ossa e le cartilagini scricchiolare. La sua prima uccisione l'aveva lasciata sbigottita. La seconda non fece che alimentare la sua determinazione.

Sentì Rey che le diceva "Recupera sempre la tua arma" e liberò l'ascia con uno strattone, sollevandola sopra la spalla mentre una figura le si accostava. Ma la visione fugace di una barba dorata la inondò di sollievo: Jonas. Jonas. Jonas. Jonas.

Lui conficcò la spada nel collo dell'uomo delle vespe, mentre uno sciame inferocito di giallo e nero si librava verso di loro. Silla sentì le vespe pungerle il braccio e il collo, ma Jonas la afferrò e la trascinò via, coprendo entrambi con il suo mantello. Lì sotto, le prese il viso tra le mani.

«Sei ferita?» le chiese, percorrendole il corpo con le mani.

«Non è sangue mio. Jonas, cosa...»

Lui sbirciò da sotto il mantello e, dopo aver appurato che le vespe non erano più interessate a loro, lo gettò via.

«Resta qui!» ringhiò. «Non muoverti.» Poi se ne andò.

Silla crollò a terra e si abbandonò contro un albero. Le vespe si erano posate sui cadaveri vicini e lei li fissò senza espressione. L'uomo aveva parlato come se gli insetti avessero confermato la sua identità, ma Silla non capiva.

Le pulsava il braccio. Le bruciavano gli occhi. Il panico le graffiava la gola mentre ripensava a ciò che aveva visto sulla strada. C'erano così tanti uomini vestiti di nero. L'Equipaggio dell'Ascia Insanguinata sarebbe riuscito a respingerli tutti?

Sbatté rapidamente le palpebre, fissando la volta della foresta, i raggi del sole e il pulviscolo dorato sospeso in aria. C'era odore di erba umida e del tanfo acre del sangue. Di vita e morte. Le sembrò di stare lì delle ore, e poi le foglie secche frusciarono accanto a lei. Rimase immobile, e si arrese a qualunque destino si stesse per compiere.

«Alzati.» Era Rey.

Silla si mise in piedi, ma barcollò all'indietro. Rey aveva la faccia ricoperta di sangue, tanto da risultare quasi irriconoscibile; la sua armatura era lacerata all'altezza di una spalla e della coscia. Quell'aspetto, mescolato alla tensione che lo pervadeva, lo rendeva davvero terrificante.

Silla aveva le gambe molli, come se la terra tremasse e lei non riuscisse a stare in piedi.

«Sei ferita?» le chiese lui con un filo di voce.

«No.»

Rey la ricondusse verso la strada, e lei si accorse che poggiava il peso sulla gamba destra.

«Tu sì, però. Gli altri stanno tutti bene? Qualcuno si è fatto male?»

«Sì» rispose lui a denti stretti.

Il cuore di Silla fece un tonfo, come un sasso caduto nell'acqua.

Tornarono sulla Strada d'Ossa e lei si portò una mano alla bocca. Sulla scena era calato un silenzio opprimente, come se persino i corvi non osassero gracchiare. Silla scrutò la strada, i corpi sparpagliati ovunque, come pezzi di legname alla deriva su una spiaggia.

Un sogno che aveva già vissuto. Mentre avanzava i suoi passi le risuonarono anche nella memoria. Era trascorso del tempo, ma la scena era la stessa: morte e distruzione. Tutto quel sangue. Sulle sue mani.

Silla contò quelli che vide in piedi. Jonas. Hekla. Sigrún. Rey. Gunnar. Dov'era Ilías? Si voltò di scatto, cercandolo con gli occhi. Dov'era? I suoi occhi si posarono di nuovo su Jonas, che era inginocchiato sulla strada, le spalle incurvate in avanti. Silla aveva la mente intorpidita, ma il suo corpo scelse per lei, e avanzò verso di lui.

Ilías giaceva disteso a terra, un liquido scuro trasudava dalla sua armatura e si raccoglieva in una pozza sulla strada.

Jonas mise la spada in mano al fratello minore, aiutandolo a chiudere le dita attorno all'elsa. Le palpebre di Ilías tremolarono e, mentre respirava con affanno, un rivolo di sangue gli fuoriuscì dalle labbra dischiuse.

«Dannazione, Ilías» imprecò Jonas con voce rotta.

Silla non riusciva a respirare. Non Ilías. No.

«Ilías. Guardami, fratellino. Ho bisogno della tua attenzione.»

Lui spalancò gli occhi, e il biancò spiccò accecante sul viso tirato e pallido.

«Hai combattuto valorosamente, fratellino» disse Jonas piano. «Hai combattuto con onore e coraggio. E ora stai tornando a casa. Ricordi il campo all'estremità nord della fattoria? Te lo ricordi, Il?»

Un lampo negli occhi di Ilías gli disse che ricordava.

«Bene. Vai a trovare l'olmo su cui ci arrampicavamo. Quello con tutti i rami secchi nella parte di dietro. Te lo ricordi?»

Un suono confuso sfuggì dalle labbra di Ilías.

«Vai all'albero. Ricordati di stare lontano dai rami posteriori. È lì che sei caduto e ti sei tagliato. Ti ricordi quando ho dovuto strapparti il rametto dal braccio?» Rise, ma era una risata carica di commozione. «Non andare lì. Arrampicati sul davanti, va bene, fratellino?»

Silla fece un respiro corto e ansimante.

«Ti ricordi che tranquillità c'era su quell'albero? Era tutto così immobile e sereno. Niente e nessuno poteva farci del male quando eravamo lassù. Ti ricordi, Il?»

Ilías sbatté le palpebre come per dire di sì.

«Guarda i tramonti e le tempeste che si avvicinano e immagina tutte le nostre avventure insieme. Ti raggiungerò lì quando sarà il momento. Mi prometti che mi aspetterai, Il?» La voce gli si spezzò.

Ilías fissò Jonas, tutta la sua attenzione concentrata sul fratello maggiore. Gli spigoli taglienti del dolore e della paura si erano smussati in un'espressione più serena. Silla immaginò che assomigliasse molto all'amore e, forse, all'accettazione.

«Bene» disse Jonas. «So che vedi l'albero con gli occhi della mente. Aspettami lì, fratellino. Insieme viaggeremo tra le stelle.» La sua voce vacillò.

La mano di Ilías si strinse più forte attorno a quella di Jonas. Era un momento intimo, non destinato agli occhi di Silla.

Si ritrasse, puntellandosi le mani sulle cosce mentre il respiro le usciva dal corpo in ondate violente. Con lo stomaco sottosopra, chiuse gli occhi. Era un incubo da cui non riusciva a svegliarsi.

Non doveva andare così.

Caro, dolce Ilías.

Avrebbe dovuto esserci lei al suo posto.

Un singhiozzo strozzato sfuggì dalle labbra di Jonas, un suono così traboccante d'angoscia che le lacerò l'anima. Silla lottò contro l'istinto di crollare: era necessario che fosse forte. Per lui.

Si voltò con cautela e lo fissò, curvo sul corpo immobile del fratello. Desiderava ardentemente fare un passo avanti, abbracciarlo, ma intuì che lui aveva bisogno di spazio in quel momento. Invece si voltò per affrontare il resto dell'equipaggio. Hekla, Gunnar, Sigrún e Rey la osservavano. Con un profondo respiro, cercò di prepararsi all'assalto verbale che sarebbe arrivato. Si meritava ogni cattiveria che le avrebbero detto, e avrebbe accettato tutto ciò che le avrebbero sputato addosso.

Meritava di essere punita.

Sigrún aveva il viso pallido come il latte, gli occhi sgranati e vacui. Strofinandosi il polso sfregiato, fece un passo indietro, poi un altro, infine girò sui tacchi e corse verso il suo cavallo. Qualche secondo dopo, stava galoppando lungo la Strada d'Ossa.

«La regina» ringhiò Gunnar, scuotendo Silla dal suo torpore. «La *regina* ti stava cercando?»

«La disputa territoriale» aggiunse Hekla, con la voce tesa. «Quegli uomini a Skarstad... stavano cercando te. Non tuo padre. *Te*.»

«Io... sì» sussurrò Silla. «Mi dispiace.» Non era sufficiente. Cercò le parole giuste, ma non trovò nulla. Niente avrebbe potuto esprimere la profondità del suo rammarico.

Un loro fratello dell'Equipaggio era morto.

Niente avrebbe potuto porre rimedio.

Gli occhi di Silla si riempirono di lacrime. «Non volevo mentirvi. Ero spaventata e disperata, scappavo per salvarmi la vita.»

Hekla le diede le spalle, scuotendo la testa. Gunnar non riusciva nemmeno a guardarla. Ma Rey... Gli occhi d'ascia di Rey la incenerirono con il calore di mille soli.

«Non pensavo che qualcuno si sarebbe fatto male» supplicò Silla. «Io... volevo solo un passaggio...»

«È stata una morte onorevole» disse Rey con voce roca, distogliendo infine lo sguardo. «Ilías se n'è andato con la lancia in mano, dopo essersi battuto valorosamente. Nostro fratello non è morto nel suo letto.»

Gunnar ed Hekla mormorarono parole di assenso. Una fiaschetta passò tra i presenti, e tutti presero una gran sorsata.

Silla individuò la schiena di Jonas. Con un respiro profondo, gli si avvicinò. Gli si inginocchiò accanto, gli prese le mani insanguinate tra le sue. Lui si appoggiò a lei e lei lo prese tra le braccia, posandogli la testa sul suo petto.

«Puoi lasciarti andare con me, Jonas» sussurrò.

Accarezzò i capelli del guerriero biondo, passandogli le mani sulle spalle e sulla schiena, e si mantenne forte mentre Jonas perdeva il controllo e scoppiava in lacrime.

55

Quando Jonas smontò, il suo corpo ondeggiava ancora al ritmo del cavallo. Il dolore gli martellava nella spalla, dove si era beccato un brutto colpo, e per un attimo provò sollievo, ben felice di accorgersi che riusciva ancora a sentire qualcosa.

Era rimasto intontito per tutto il pomeriggio. Incredulo. La sua mente era una caverna vuota, il corpo aveva preso il sopravvento.

Un movimento ai margini del suo campo visivo: un'aureola di ricci che rimbalzava mentre lei si avvicinava. Le sue braccia lo cinsero, il suo profumo lo avvolse. Jonas inspirò.

Silla gli sussurrava parole alle orecchie.

«Mi dispiace.»

«Non avrei mai voluto che accadesse.»

«Vuoi mangiare qualcosa?»

«Posso montare la tenda e aiutarti a pulirti?»

Lui se la scrollò di dosso, si allontanò e alzò la fiaschetta, rovesciandosi il liquido in gola. Bruciava, e si godette la sensazione: il dolore gli ricordava che era vivo. Il calore gli formicolò nello stomaco, ma era solo la brennsa.

Rey era accanto a lui, e gli aveva poggiato una grossa mano sulla spalla. Gli stava dicendo qualcosa. Jonas afferrò qualche parola, come "tomba" e "corpo". Gli stava chiedendo cosa voleva fare. Voleva seppellire Ilías? O bruciarlo?

Jonas non riusciva a parlare, così si limitò ad annuire, incespicando nelle ombre della foresta.

Aveva bisogno di stare da solo. Sentì le ombre d'ebano avvilupparlo.

Aveva bisogno di stare al buio.

* * *

Silla fissò la sagoma bitorzoluta nel carro, la cui vita era stata il prezzo per tenere al sicuro lei. Il senso di colpa le si appiccicò addosso, come una ragnatela vischiosa. Aveva un nodo allo stomaco e, mentre fissava il cadavere di Ilías, un pensiero le rimbombava nella testa.

Dovevi esserci tu al posto suo.

Doveva andarsene. Sgattaiolare nella foresta nel cuore della notte e lasciarli. Liberarli. Morte e disgrazia non facevano che seguirla. Era meglio così.

L'avrebbero cercata, correndo rischi ancora maggiori?

Il braccio le faceva male. Il cuore le faceva male. Il suo corpo era appesantito da un dolore sordo e dalla stanchezza. Si portò distrattamente la mano al petto, al posto vuoto dove un tempo era appesa la fiala. Il desiderio si insinuò in lei, sussurrando.

Una foglia per stare meglio.

Un'altra per scordarsi di tutto.

Chiuse gli occhi. Strinse i pugni. Contò i battiti del cuore finché i suoi pensieri non si placarono. Quando riaprì gli occhi, qualcosa scattò dentro di lei. Non era come l'ultima volta. Non era più la ragazza di Skarstad. Sarebbe stata forte per l'Equipaggio dell'Ascia Insanguinata come loro lo erano stati per lei.

Il suo sguardo corse in direzione di Hekla, che era appena arrivata all'accampamento. Si era tenuta a distanza dagli altri per tutto il giorno, e a lei non aveva nemmeno rivolto la parola.

Non ti meriti che ti parli, pensò Silla. *Non ti meriti la sua amicizia.*

Quando Hekla cercò di smontare, la sua mano metallica parve impigliarsi nelle redini. La cavalla nitrì, scartò di lato e trascinò Hekla con sé. «Fuochi eterni del cazzo!» sbottò lei, liberandosi del braccio e lasciandolo attaccato alle briglie. Con la manica vuota, s'incamminò a grandi passi verso il ruscello.

Silla si avvicinò alla cavalla, tirò fuori dell'avena dalla tasca e le porse la mano. La giumenta emise un lungo sbuffo, le orecchie appiattite contro la testa. «Dai, so che la vuoi» la invitò dolcemente Silla.

La cavalla tese le orecchie in avanti. Fece un passo, poi un altro, quindi le si strusciò sul palmo.

Gli occhi di Silla si velarono di lacrime, mentre accarezzava il muso dell'animale. «Andrà tutto bene» sussurrò. «Andrà tutto bene.» Ma non importava quante volte lo ripetesse, non riusciva a crederci. Ilías era morto. Per colpa *sua*. E quel pensiero le dava il voltastomaco.

Invece ritornò in sé, drizzò la schiena e girò attorno alla cavalla, fino al punto in cui la protesi di Hekla penzolava dalle redini. Trovò il pulsante alla base del polso e la sganciò. Nell'afferrarla, ebbe un sussulto: era coperta di sangue secco dalla punta delle dita all'avambraccio.

Di nuovo la colse la nausea, e si premette un palmo sullo stomaco. Quanta violenza. Quanta morte. Quanto sangue sulle sue mani.

Avanti, si disse. *Devi essere forte per loro.*

Ricacciò indietro le lacrime, e si mise al lavoro per preparare l'accampamento per la notte. Scaricò il carro, sistemò la legna in una piramide con i licheni ammucchiati alla base, sfregò la pietra focaia e accese il fuoco. Ci piazzò sopra il treppiede e il gancio, prese l'acqua e la mise a bollire.

Hekla era lì, che si cullava l'arto sano contro il petto.

«Ti ho preso il braccio» le disse piano Silla. Lei non incrociò nemmeno il suo sguardo. Inghiottendo un groppo grande come un macigno, Silla la incalzò. «Sei ferita?»

«Un taglietto» rispose freddamente Hekla. Girò il braccio a scoprire un orribile squarcio che le serpeggiava fino al gomito.

«Sto facendo bollire dell'acqua per pulire le ferite. Non sono un'esperta, ma se mi guidate posso farcela.»

Hekla continuava a tenere gli occhi puntati sul fuoco. «Usa la sacca medica di Sigrún. Ci sono delle bende di lino per medicare le ferite.»

Sigrún era comparsa un attimo all'accampamento solo per inoltrarsi poi nel bosco con l'arco in spalla. Proprio come sulla strada dove Ilías era caduto, aveva l'aria di chi ha visto un fantasma. Silla si scusò con lei tra sé e sé prima di frugare nella bisaccia in cerca della sacca medica. Trovò un piccolo astuccio di cuoio e tornò al fuoco. Quando l'acqua bollì, la mise da parte per farla raffreddare mentre cercava tra le provviste.

Ai piedi della collina si udirono un'imprecazione e uno schianto, e quando Silla si girò vide Rey che scaraventava un palo di ferro della tenda attraverso la radura. La gamba gli cedette e lui si accasciò a terra: era la gamba con cui zoppicava a inizio giornata.

«Rey?» Corse da lui. «Ceneri!» Quando gli occhi d'ascia di lui le si piantarono addosso sentì le gambe tremare. Con un respiro profondo, gli si avvicinò.

Rey grugnì, i lineamenti scavati dal dolore. Aveva i pantaloni strappati fino a metà coscia, e il sangue gli sgorgava mentre si risistemava la gamba.

«A cavallo andava bene, ma adesso...»

«Devi farti ricucire la ferita» disse Hekla, sbucando alle spalle di Silla. «Dai, ti portiamo al fuoco.»

Insieme, Hekla e Silla aiutarono Rey a raggiungere il fuoco e lo adagiarono dolcemente sull'erba, con la schiena poggiata a una cassa.

Hekla gli passò una fiaschetta, accovacciandosi per controllare la ferita. «Dovrai ricucirla tu» disse a Silla senza guardarla. «Io non posso, con la mia mano.»

«Io?» ripeté lei, con il battito che accelerava. «Sì. Lo faccio io.»

Si sfilò i guanti di pelle di lupo e fu felice di notare che la sua carnagione era della solita tonalità spenta e pallida. Hekla le passò un ago spesso, del filo e un paio di forbicine.

«Forse dovremmo aspettare Sigrún» obiettò Rey, la voce un po' più bassa del solito.

«No» ribatté Hekla. «Potrebbe star via tutta la notte, e dobbiamo ricucirti subito.»

Si voltò verso Silla, e iniziò ad abbaiare istruzioni.

Lei si inginocchiò davanti a Rey, scostando i pantaloni per esaminare la ferita. Era un unico taglio dritto, un palmo sopra il ginocchio, per fortuna non così profondo da impedirgli di camminare. Ma dai bordi aperti colava un rivolo di sangue e, benché Silla non fosse un'esperta, era d'accordo con Hekla sul fatto che andasse ricucito.

Quando sfiorò con le nocche la carne tutt'attorno, Rey trasalì. Silla si bloccò, studiandolo. Il corpo del guerriero era rigido, i suoi occhi d'ascia fissi sul suo viso.

«Se vuoi che ti pugnali peggio di quanto tu non sia già stato pugnalato, allora, bravo, continua a guardarmi così.»

«Dovremmo aspettare Sigrún» ripeté lui facendo per alzarsi, ma Silla gli premette una mano sul petto.

«A parte che adesso sta girovagando per le terre selvagge, Sigrún non sembrava in condizione di ricucirti.» Lo fulminò con lo sguardo. «Temo che tu sia costretto a far fare a me, Occhi d'Ascia.»

Lui borbottò qualcosa sottovoce, ma non si mosse. Seguendo le indicazioni di Hekla, Silla allargò con le forbici la fessura nei pantaloni. Poi tenne l'ago sulla fiamma finché non diventò rosso, e ci fece passare il filo.

«Ora versa la brennsa sulla ferita.»

Silla prese la bottiglia e gliela accostò alla gamba, bloccandosi quando lui fece un brusco respiro. Dov'era finito il guerriero perfettamente controllato che aveva imparato a conoscere? O il suo equilibrio emotivo si era del tutto sballato o... aveva paura.

Non poteva fargli niente se era così nervoso. E Silla sapeva benissimo come distrarlo.

«Mi stai dicendo che il temibile Occhi d'Ascia ha paura di un aghetto, *Reynir*? Che direbbe tua madre?»

Gli versò il liquore sulla gamba e lui serrò i pugni, ringhiando.

«Perché odi essere chiamato Reynir?» chiese lei, mentre il corpo di lui si rilassava.

«Perché Kraki e mia nonna sono gli unici a chiamarmi così... *ahi!*»

Senza preavviso, Silla affondò l'ago, facendolo passare da un lembo all'altro della ferita. Cercò di non arrossire alle parolacce che Rey sciorinò.

«Ah, è così? Hai dei bei ricordi di tua nonna, *Reynir*?»

«Bei ricordi di dolore e sofferenza... *cazzo!*»

Silla riaffondò l'ago e poi lo tirò fuori, tirando un po' di più.

«Sembra proprio un tesoro, Reynir. Ti prego, parlami ancora di lei» disse.

Dietro di lei si udì uno sbuffo. Rey lanciò uno sguardo rabbioso alle sue spalle. «Ti diverti a vedermi soffrire, Hekla?» chiese a denti stretti.

«Più di quanto dovrei in questo momento.» Un lampo di dolore attraversò il viso di Hekla, che distolse lo sguardo.

«Concentrati» le disse Silla. Il senso di colpa le attanagliava lo stomaco. Si voltò verso Rey. «Dimmi di tua nonna, Reynir.»

«È la persona più fredda che abbia mai conosciuto. Dannazione!» Lanciò una sfilza di parolacce tra le più volgari che Silla avesse mai sentito, mentre lei infilava l'ago per cucire il terzo punto, il più dritto che avesse fatto finora.

«Quanti punti ancora, Hekla?»

Hekla sbirciò da sopra la sua spalla. «Almeno un altro.»

Rey ringhiò, tentando di alzarsi a sedere. Silla gli mise una mano sul petto, spingendolo di nuovo a terra. «Sdraiati, poppante troppo cresciuto. Sei un pessimo paziente.»

Lui serrò le labbra, alzando gli occhi al cielo.

«Allora, *Reynir*» continuò Silla, preparandosi per il punto successivo. «Devi dirci di più su tua nonna. Le piace fare il pane? Ricamare?»

«Il pane?!» sbottò lui. «Di certo non mia non... *ahi!*»

Silla affondò di nuovo l'ago nella pelle, tirando forte. Tenne i punti tesi, li legò e tagliò il filo con le forbici.

«Ti credevo un guerriero coraggioso, e invece eccoti che crolli di fronte a un aghetto.»

Silla si sedette, rimirando la sua opera. Stava quasi per sorridere, ma poi si ricordò di come Rey si era procurato quella ferita, e il senso di colpa tornò ad attorcigliarle le budella. Con un sospiro, seguì le indicazioni di Hekla per medicare la ferita. Dopo averla tamponata con una miscela di miele e muschio, la coprì con delle bende di lino.

«Mi devi un paio di pantaloni» brontolò Rey quando ebbe finito. «I migliori che avevo, ridotti a brandelli.»

Lei si accovacciò, fissandolo. Hekla si era allontanata per aiutare Gunnar a montare la tenda lasciata a metà da Rey, ed erano rimasti loro due, soli davanti al fuoco. Avevano cavalcato a lungo per frapporre più distanza possibile tra sé e i corpi per strada, e il sole stava calando all'orizzonte. L'ultima luce del giorno giocava sullo zigomo di Rey, la stanchezza gli segnava il viso.

Le parole le si affollarono in testa, ma non riusciva a parlare.

Avrei dovuto esserci io al posto suo.

Avrei dovuto dirti tutto.

Vorrei poter tornare indietro e prendere il posto di Ilías.

«Mi dispiace, Rey» disse alla fine, maledicendosi per la sua inadeguatezza. Ilías era morto per colpa sua. «Mi dispiace così tanto.»

L'espressione di lui era impassibile. Il silenzio era molto peggio della rabbia. Aveva bisogno che lui le inveisse contro, che la punisse.

«Perché prendevi le foglie?» chiese lui.

Lei inarcò le sopracciglia: non si aspettava quella domanda, e cercò le parole giuste.

«Pensavo che fossi soltanto una Galdra» disse Rey a bassa voce.

Il gelo le serpeggiò lungo la schiena e Silla si inumidì le labbra, cercando di pensare a cosa dire.

Lui fissò le fiamme. «Le foglie, i segreti, il modo in cui mi hai spinto nel campo dopo l'attacco del cervo vampiro... Tornava tutto. Non provo alcun rancore verso i Galdra. Ero disposto a portarti in un luogo più sicuro.» La sua mascella si irrigidì mentre le fiamme si riflettevano nei suoi occhi scuri. «Credevo che i Klaernar ti stessero dando la caccia. Ecco perché non ho chiesto dettagli. Meno sapevamo di te, meglio era. Ma mi sbagliavo.»

Silla era esausta. Le bugie, la finzione che aveva vissuto per così tanto tempo erano un peso insopportabile. Voleva confessare. Mettersi a nudo. Aprì la bocca per lasciar fluire la verità, ma lui la precedette.

«Non averti uccisa quando ti ho scoperta nel nostro carro sarà un rimpianto che porterò con me fino all'ultimo respiro.»

A lei si mozzò il fiato.

«L'unica ragione per cui sei ancora viva è quello scellerato giuramento agli dèi. Per colpa *tua*, Ilías è morto. Era un brav'uomo. Un fratello per tutti noi. La sua morte è un peso insopportabile, e Jonas non sarà mai più lo stesso.»

Rey serrò il pugno e, quando spostò lo sguardo su di lei, i suoi occhi d'ascia la trafissero così in profondità che le segnarono l'anima.

«Hai portato violenza e scompiglio nel mio Equipaggio, e sarò felice il giorno che te ne andrai.»

Gli occhi le si annebbiarono, ma ricacciò indietro le lacrime. Era quello che si meritava, dopotutto.

È colpa tua. Colpa tua. Colpa tua.

Le mancavano le parole. Si alzò in piedi traballante, e se ne andò ad aiutare Hekla e Gunnar con le tende.

56

Era scesa la notte, e con lei un freddo pungente che gli penetrava fin dentro le ossa. Jonas se ne stava seduto con la schiena appoggiata al tronco massiccio di un albero e fissava il buio, nero come la pece. Sfregò il pollice sulla superficie ruvida del suo talismano, ma non sentì nessun conforto. Ilías non c'era più. Il suo fratellino. Il suo passato e il suo futuro: l'unica persona con cui aveva in comune una storia, che condivideva i suoi obiettivi e gli copriva le spalle indipendentemente da tutto. Gli dèi gli avevano giocato uno scherzo crudele. Non poteva essere vero. Sarebbe tornato dal bosco e avrebbe scoperto di aver perso la testa. Ci sarebbe stato Ilías, seduto con l'Equipaggio dell'Ascia Insanguinata, e sarebbe stato tutto normale.

Ma Jonas sapeva che non era così. Lo sapeva perché la sua mente continuava a riproporgli l'istante in cui Ilías era stato colpito a morte. All'infinito. Il caos della battaglia, la sete di sangue che gli cantava nelle vene. Ma poi lei aveva urlato e tutto il resto aveva smesso di avere importanza: c'era stato solo il bisogno irrefrenabile di raggiungerla, di salvarla.

Aveva abbandonato suo fratello.

Aveva lasciato la strada per precipitarsi nella foresta giusto in tempo per sentire quelle parole.

"È lei. Eisa Volsik."

Eisa Volsik.

Era impossibile. Perché Eisa Volsik era stata uccisa al pilastro insieme al re e alla regina di Íseldur, diciassette anni prima. Ma Jonas si era scrollato di dosso l'incredulità per conficcare un'ascia nel cranio del guerriero che tratteneva Silla.

Dopo averla messa al sicuro, dopo aver appurato che era illesa, Jonas era tornato di corsa alla strada, ma era troppo tardi.

Era arrivato giusto in tempo per vederlo succedere.

Digrignò i denti, il cuore gli si spezzò di nuovo.

Lo vide come se fosse accaduto appena pochi secondi prima: l'istante in cui Ilías si era gettato nella mischia, quando avrebbe dovuto fermarsi e aspettare che lui, Rey o Hekla lo coprissero. Vide Ilías piantare la spada nel collo di un uomo, senza però accorgersi dei due che gli piombavano alle spalle. Vide il fratello girarsi, il futuro che gli cascava addosso.

Vide il momento esatto in cui Ilías aveva capito. Vide il fratello sgranare gli occhi mentre scagliava un ultimo fendente, seppur vano. Vide le spade trafiggerlo. Una volta. Due. Tre. L'armatura lébrynja era incredibilmente resistente, ma non impenetrabile, e Ilías si era beccato non uno, ma ben due colpi mortali dai guerrieri che lo avevano assalito. Jonas sentì l'urlo furibondo di Hekla, il ruggito straziato di Rey. Vide Sigrún prendere la mira con l'arco, abbattendo i due uomini con la sua rabbia muta.

Risentì la sete di sangue pulsargli nelle vene. Aveva attaccato come un berserker, con una furia sconosciuta, in un turbinio di sangue, spade che cozzavano ed esecuzioni impietose, finché la spada non gli era diventata lucida di sangue e gli uomini erano tutti caduti.

Jonas cercò di tirarsi fuori da quel pozzo di disperazione. Immaginò la fattoria: i campi verdeggianti, le travi intagliate della capanna, le chiacchiere dei parenti. Ma senza Ilías, a riempire la casa c'erano solo ombre e un silenzio cupo. Non aveva più senso.

Il dolore che sentiva nel cuore dilagò ovunque, lasciandolo a pezzi. Era stanco e furioso. Furioso con Ilías per essersi creduto invincibile. Furioso con sé stesso per non essere riuscito a proteggerlo. Furioso con lei per aver attirato i guerrieri.

Perché Ilías? Quella domanda lo perseguitava. La morte di Ilías aveva un senso... *doveva* averlo. La morte della madre aveva spinto Jonas a uccidere suo padre. Il padre era morto per estirpare il male dal mondo. Ma Ilías? *Perché* era morto? Non riusciva a rispondere a quella domanda, e più se ne stava lì seduto, più lo tormentava. Perché?

Non aveva senso. Era assurdo.

Inutile.

"Mi dispiace. Non avrei mai voluto che accadesse."

Ma Ilías era morto. A causa *sua*.

La regina le stava dando la caccia. Non solo i Klaernar. Non la guerriera a caso con i capelli rossi che aveva visto a Skutur. La maledetta regina aveva mandato un esercito di mercenari a cercarla. Lei lo aveva ingannato. Aveva fatto uccidere suo fratello.

Silla la Generosa. Quel nome era una presa in giro. Gli aveva tenuto nascosta la verità, anche dopo che lui l'aveva salvata a Skutur. Era una disonesta.

Un'egoista.

Jonas si sentiva ribollire il sangue. Lo aveva ingannato. Aveva fatto a pezzi i suoi sogni.

Era Eisa Volsik.

Ed Eisa Volsik non era niente per lui.

* * *

Quando Jonas riemerse dal bosco era molto tardi, o forse molto presto. Doveva tornare all'accampamento, scaldarsi un po' accanto al fuoco, bere dell'acqua. Si alzò, si tolse gli aghi dai capelli e si avviò nell'oscurità. La luce del fuoco guizzava tra gli alberi, indicandogli la strada. Non appena uscì dalla foresta, il cielo si allargò sopra di lui, punteggiato di stelle.

Si fermò all'improvviso. Un luccichio, un brivido, una scintilla lunga un battito, forse un po' di più. Una stella si era staccata dalle altre ed era sfrecciata nel cielo, avvampando veloce e luminosa prima di sparire nel nulla.

Jonas si sentì stringere il cuore e sbatté furiosamente le palpebre.

Una figura solitaria sedeva accanto alle fiamme e, quando lui si avvicinò, si alzò. Era Rey. Jonas gli fece un cenno con la testa, sprofondando nel calore del fuoco, nel tentativo di rianimarsi un po'. Rey gli porse una borraccia e una ciotola di stufato freddo. Si sedettero in silenzio. Rey ci sapeva sempre fare col silenzio.

Dopo che Jonas ebbe finito di mangiare ed ebbe bevuto avidamente dalla borraccia, il suo petto si rilassò e la nebbia del dolore si dissolse. Stava tornando a sentirsi quasi umano.

Fu lui a rompere il silenzio. «Domani mattina. Lo seppelliamo.»

Rey annuì, intrecciando le dita. «Era un brav'uomo. È stata una bella morte. Onorevole.»

Ma Jonas taceva, gli occhi spenti fissi sul fuoco.

«Se vuoi prenderti del tempo, Jonas, non c'è da vergognarsi. Ti lascerò tutto quello che ti serve. Dovremo comunque assoldare un nuovo guerriero.» Rey sospirò, socchiudendo gli occhi.

«Non mi serve del tempo» si stizzì Jonas. «Inciderò il mio dolore nei nostri nemici a Istré. Finirò il lavoro. Per lui.»

«Benissimo.» Rey si accarezzò la nuca e fece un lungo respiro.

«Penso che dormirò un po', se ci riesco» disse Jonas, alzandosi.

«Buon riposo, fratello» rispose Rey.

La notte era gelida, e Jonas si fermò davanti al carro. Mentre prendeva dal pianale una pelliccia in più per dormire, qualcosa cadde dalle pieghe con un tonfo attutito. Jonas si allungò e le sue dita si strinsero attorno a un dischetto di legno, da cui penzolava una cinghia di cuoio.

Si appoggiò alla sponda del carro, premendo la fronte contro il freddo asse di legno. Aveva capito cos'era solo sfiorandolo: aveva intagliato lui quelle scanalature sulla superficie liscia del legno. Il talismano che aveva regalato a Silla. La cinghia non era rotta. Se l'era *tolto*.

Il dolore sordo dentro di lui crebbe e si trasformò, divampando di una rabbia glaciale. Per tutto quel tempo, aveva creduto che entrambi sentissero le stesse cose, ma in quell'istante capì la verità. Lei non aveva mai provato gli stessi sentimenti. "Mi serve una distrazione" aveva detto. L'aveva usato. E lui... che idiota... aveva pensato che lei fosse qualcosa di più. Non se l'era già detto e ridetto? I sentimentalismi non portano che dolore, ed ecco lì la prova. Jonas le aveva aperto il cuore, e adesso era un debole. Patetico.

Era diventato come sua madre.

Mai più. Serrò il pugno così forte da spaccare il talismano a metà.

Era intollerabile.

E lui *non l'avrebbe* tollerato.

Non avrebbe tollerato di essere preso in giro. Che gli si mancasse di rispetto. Era rimasto inerme quando avevano cacciato lui e Ilías dalle loro terre. All'epoca era troppo giovane per capire: il rispetto non è un qualcosa che ci si guadagna. Bisogna prenderselo.

E Jonas si sarebbe ripreso il suo onore.

Si impose di respirare a fondo, e strisciò dentro la tenda. Il profumo di lei lo avvolse, e si fermò, inspirando forte. Gli occhi di Silla erano pesanti di sonno mentre lo fissava da sotto le coperte.

Non è Silla, pensò guardando quella sconosciuta. Il petto gli bruciava.

Puntellandosi su un gomito, Silla corrugò la fronte. «Hai mangiato?» gli chiese dolcemente.

Lui si costrinse ad annuire e iniziò a spogliarsi dell'armatura coperta di sangue.

«Lascia che ti lavi, Jonas» disse piano lei, aiutandolo a togliersi la tunica e la sottotunica. Jonas restò immobile mentre la donna strisciava fino all'ingresso della tenda a prendere una ciotola d'acqua. Inumidì una pezza di lino e con gesti lenti e teneri gli pulì il sangue dal viso.

«Girati» disse. «Ti lavo la schiena.» Il fresco del lino gli fece correre un brivido lungo la spina dorsale mentre lei gli strofinava la spalla. «Mi dispiace» sussurrò, così a bassa voce che lui quasi non la sentì. «Non volevo che qualcuno si facesse male.»

«Lo so» rispose Jonas a fatica.

«Mi hai aiutata a superare il lutto per aver perso mio padre» disse lei, baciandogli la spalla. «Lascia che ti aiuti con il tuo.»

Scostò la stoffa e attirò Jonas tra le coperte, inarcando il corpo contro quello di lui. Gli sussurrò parole rassicuranti all'orecchio, gli accarezzò il petto con gesti teneri e rilassanti. Ma dopo un po' si fermò, e i suoi respiri divennero lenti e cadenzati.

Jonas restò a lungo a fissarla nel buio.

Dorme beata mentre il cadavere di Ilías marcisce.

Avrebbe voluto stringerle le mani attorno al collo, spremerle l'aria dai polmoni. Avrebbe voluto vedere il panico divampare nei suoi occhi mentre capiva la sorte che le era toccata. Mentre soffocava tra le sue bugie e i suoi inganni. Ma sarebbe stato un destino troppo clemente per lei. E a Jonas non sarebbe rimasto nulla. Avrebbe aspettato il momento giusto, invece. Avrebbe seguito il piano che gli era venuto in mente nel buio freddo del bosco.

Jonas avrebbe fatto in modo che la morte di Ilías non fosse vana. Che non ci si facesse più beffe di lui.

Che quella donna avesse ciò che si meritava.

* * *

Rey si aggiustò la pelliccia di lupo attorno alle spalle, il suo respiro velava l'aria frizzante del mattino. Una fitta pineta circondava la strada secondaria che stavano percorrendo; gli alberi svettavano come pareti che li opprimevano da ogni lato. Non potevano più seguire la Strada d'Ossa, ora che sapevano chi stava cercando la donna.

Nientemeno che la regina di Íseldur.

Rey non ci poteva pensare, lo mandava su tutte le furie.

"Quando ti rammollisci, la gente viene uccisa." Kraki aveva ragione. Accidenti a lui, ma aveva ragione, e questo gli faceva ancora più male. Tutti quegli anni a fare attenzione, a non stravolgere mai i propri piani. Un singolo atto di gentilezza ed era stato ripagato con il sangue di un suo fratello.

A cosa pensava, quando non le aveva fatto pressione per ottenere delle risposte? *A niente, pensavi.* Era stato colto alla sprovvista dallo scoprire che era una Galdra, che stava scappando dai Klaernar. Ma, a pensarci bene, lei non aveva mai confermato che erano i Klaernar a darle la caccia. Non aveva mai neanche confermato di essere una Galdra. E quando aveva provato a parlare, lui l'aveva zittita. *Idiota*, si rimproverò, e il senso di colpa gli bruciò la gola. Perché sapeva che la colpa era tutta sua.

Lui aveva supposto da chi lei stesse fuggendo.

Lui le aveva negato la possibilità di spiegarsi.

Lui aveva guidato la sua banda in battaglia senza conoscere i suoi nemici.

Qual era la prima lezione di Kraki? "Conosci il tuo avversario. E se non lo conosci, impara." E ora Ilías era sottoterra perché Rey aveva smarrito la strada. Non era stato abbastanza bravo, e un'anima degna aveva lasciato il mondo per quel motivo.

Emettendo un lieve rantolo, Rey scosse le spalle. Era inquieto.

È per Ilías, si disse, ma questo non bastò a rassicurarlo.

Avevano scavato una tomba per il loro fratello dell'Equipaggio: avevano coperto il suo corpo di pietre e gli avevano tributato il loro rispetto. Conosceva Ilías da cinque anni. Cinque anni in cui avevano combattuto fianco a fianco, in cui gli aveva insegnato a maneggiare le armi e a sopravvivere nelle terre selvagge di Íseldur. L'aveva visto crescere e trasformarsi da sedicenne gracile nell'uomo che era quand'era caduto sulla Strada d'Ossa. Era sangue del suo sangue.

Si lasciò sfuggire un lungo sospiro. Tre membri dell'Equipaggio dell'Ascia Insanguinata gli cavalcavano accanto quel giorno, e sembravano così pochi. C'era silenzio, in parte perché l'Equipaggio stava piangendo il fratello perduto, ma anche perché dal carro non veniva nessun mormorio senza senso.

Silla e Jonas si erano attardati, lui aveva chiesto di poter stare in pace per elaborare il lutto. «Recupereremo facilmente senza il carro a rallentarci» aveva detto mentre Rey e gli altri sellavano i cavalli per la giornata. Rey combatté l'impulso di far girare Cavallo e tornare al bivacco. Si sentiva strano, ma non sapeva perché.

È per Ilías, si ripeté. Ma non ne era sicuro.

Jonas gli era sembrato spento. *Certo che era spento*, si disse. *Suo fratello è appena morto. Il dolore non è uguale per tutti.*

Una fitta di rimorso gli serpeggiò nel petto. Aveva lasciato che la rabbia prendesse il sopravvento, aveva ingiustamente scaricato tutta la colpa su di lei. Avrebbe potuto essere più gentile, più tenero. Avrebbe potuto dirle che la morte è un rischio che tutti i guerrieri corrono. Che Ilías se n'era andato con onore, che è la morte migliore che un guerriero possa sperare. Avrebbe potuto dirle che la colpa era più sua che di Silla.

Avrebbe potuto fare un sacco di cose in modo diverso. Ma non sarebbe cambiato nulla. Ilías era comunque morto.

E così continuò a cavalcare con quella fastidiosa sensazione ancora addosso, chiedendosi come una sola ragazza avesse potuto rovinare così profondamente i suoi piani meticolosi.

57

Come se anche il tempo stesse piangendo con loro, era una mattinata cupa, con la bruma che si alzava da terra e aleggiava tra i pini. Silla guardò Jonas, in ginocchio a capo chino di fronte al tumulo del fratello. Era nella stessa posizione da ore, e più ci restava più il dolore le si acuiva nel petto. Jonas era distrutto per la morte di Ilías, e lei non poteva far altro che rispettare la sua richiesta di rimanergli accanto. I suoi occhi guizzarono alla pila di sassi ordinatamente impilati, e la sofferenza crebbe ancora di più.

Come era potuto succedere? Voleva solo un passaggio, voleva semplicemente raggiungere Kopa. E invece era diventato tutto un casino, un orribile, tragico casino, e il peso della colpa e del dolore la schiacciava. Ilías era morto a causa sua, e quella consapevolezza la faceva star male. Avrebbe dovuto dire a Jonas quello che aveva scoperto da Skraeda, che lei era Eisa Vols...

La nausea le divampò nello stomaco, le si attorcigliarono le budella.

Serrò forte gli occhi.

Non lei. Non lei.

Non lo sopportava: quel nome, le sue implicazioni. Non ancora, non dopo tutto quello che era successo. Ogni volta che pensava a quel nome, si sentiva peggio.

Tu non sei lei, pensò. *Tu sei Silla. E devi solo arrivare a Kopa. Metterti al sicuro.* Negarlo non era certo il modo più sano di gestire la cosa, ma al momento era l'unico per non crollare. Mentre Silla si ripeteva quelle parole nella mente, la nausea a poco a poco diminuì. Sospirando, guardò il tumulo funebre. Nell'accampamento, quella mattina tutto le ricordava Ilías: il suo cavallo, il giaciglio, la ciotola in più che aveva preparato per servire da mangiare. Subito dopo la colazione, l'Equipaggio dell'Ascia Insanguinata si era messo al lavoro per scavare la tomba. Avevano deposto Ilías con la spada in mano, con la fiaschetta, il mantello di lana e le pellicce migliori, per farlo stare meglio nell'aldilà. Avevano deposto dei fiori e impilato dei sassi sopra il suo corpo, reso omaggio al suo coraggio e alla sua gloria.

Non c'era possibilità di fraintendere la freddezza che Silla avvertiva da parte dell'Equipaggio dell'Ascia Insanguinata; non le parlavano e non la guardavano: né Hekla né, tantomeno, Occhi d'Ascia.

"Hai portato violenza e scompiglio nel mio Equipaggio, e sarò felice il giorno che te ne andrai."

Il ricordo delle parole di Rey aprì ancora di più la ferita nel suo cuore. Per un breve istante, aveva avuto una famiglia, delle persone che tenevano a lei. Disposte a battersi per lei. Ma come tutto, nella sua vita, non era destinato a durare.

Prima o poi, ogni cosa che conta per te ti viene tolta, pensò Silla, ma subito si corresse. *Non puoi dare la colpa a nessuno se non a te stessa. Non avresti mai dovuto lasciare che si avvicinassero tanto.*

Tornò a guardare Jonas. Sebbene il giorno prima avesse pensato di chiudere con lui, non l'avrebbe abbandonato al suo dolore. L'avrebbe aiutato, così come lui aveva aiutato lei.

E anche se non voleva metter fretta alla sua pena, erano lì da ore, e lei aveva la gola secca. La bisaccia era lì accanto, e Silla si mosse più piano che poteva, rovistando in cerca di una borraccia. La aprì e se la portò alle labbra. Era quasi vuota, l'acqua era calda e aveva uno strano sapore terroso. Afferrata la seconda borraccia vuota dalla sacca, si alzò in piedi e s'incamminò verso il ruscello.

Le ci volle meno di un minuto per raggiungere la sponda del torrente, di un azzurro luminoso contro la pietra sottostante. Mentre si inginocchiava accanto a una macchia di erica viola in fiore, avvertì una strana fitta di felicità. Si accigliò. Di preciso per cosa avrebbe dovuto essere felice?

L'Equipaggio dell'Ascia Insanguinata la odiava.

Ilías era morto.

Jonas era a pezzi.

Era tutto un casino. Eppure... lei era felice.

In estasi, in realtà.

Un fresco alito di vento le accarezzò la faccia. Mentre Silla immergeva la borraccia nella corrente, un brivido di euforia le corse lungo la schiena.

Tappò le borracce e respirò a fondo. La giornata si era fatta meno cupa, il tempo meno tetro. Senza riuscire a smettere di sorridere, Silla si rialzò, inciampando in un arbusto d'erica. E quello da dove era saltato fuori? Con un sospiro risalì la scarpata, e di nuovo incespicò, stavolta su una pietra.

Si guardò i piedi. Il terreno ondeggiava come un oceano.

Jonas era lì accanto, e le fece scivolare un braccio attorno alla vita.

«Eccoti.» Gli sorrise. Le nuvole grigie alle sue spalle esplodevano in piccoli lampi di luce.

Silla ebbe l'impressione di guardarsi dall'alto, e le parole fuoriuscirono senza il suo permesso. «Mi pesa il cuore, Jonas. Avrei voluto morire io al posto di Ilías. Mi perdonerai mai? Riuscirai a trovare dentro di te la forza di perdonarmi?»

Lupo, gli occhi praticamente neri, le sorrise.

«Ti prego, Jonas. Potrai mai *pred... mri*?» L'ultima parola le uscì sbiascicata. Ci riprovò. «*Pr... mdri*?»

Silla scosse la testa. L'impulso di sdraiarsi era irrefrenabile e Jonas la fece stendere sulla terra soffice e coperta di muschio. Il suo bel viso la fissava, sottosopra. Si contorceva e rimescolava davanti ai suoi occhi, frantumandosi e poi riformandosi.

Quel che disse, però, fu chiaro come il sole.

«No. Non ti perdonerò mai.»

Silla strizzò gli occhi, mentre la consapevolezza e un'euforia familiare la investivano e le scorrevano nel sangue. Le foglie. L'aveva drogata con quelle maledette foglie.

«Sei una donna sleale. Mio fratello è morto per colpa tua. Ma non tutto è perduto.» Il suo tono era freddo e tagliente. Gli occhi più neri della notte, si stagliava sopra di lei. «Ti consegnerò, *Eisa Volsik*.»

Silla schiuse le labbra e fu vagamente consapevole del fatto che Jonas non avrebbe dovuto sapere quel nome, che lei avrebbe dovuto avere paura. Ma provava solo felicità e gioia, mentre la luce si piegava e si allungava davanti a lei.

Le parole di Jonas si fecero veloci, poi lente, rimbalzando di qua e di là. «Ti avevo avvertita, Riccioli. Non sono un brav'uomo. Avresti dovuto starmi a sentire.»

Jonas si allontanò per un po' e Silla restò lì a guardare le nuvole che si agitavano e sfrecciavano nel cielo. Quante foglie le aveva dato? Non si era mai sentita così fuori controllo, così inerme.

Ma poi si distrasse, affondando le dita nel muschio soffice sotto di lei. Si appiattiva, poi si sollevava di nuovo. Così morbido. Così docile.

Jonas incombeva su di lei, e le mise una mano sotto la schiena. Avrebbe voluto dirgli che i suoi occhi erano più belli di un laghetto di montagna in pieno sole, ma non riusciva ad aprire la bocca. La terra si mosse sotto di lei – no, la stavano sollevando – e poi si ritrovò in groppa a un cavallo, contro il corpo caldo di Jonas.

«Non sarà piacevole, ma dobbiamo fare in fretta» disse la voce di lui alle sue spalle. Il cavallo scattò con un impeto tale che Silla si sbilanciò in avanti. Ma le braccia di lui la cinsero e lei sorrise.

Gli alberi sfrecciavano in un caos sfocato di verdi e marroni e fusti bianchi e spettrali.

«Che stai facendo?» chiese una voce familiare. Il sangue di Silla ribollì di euforia: la bambina era tornata! Non riusciva a vederla, poteva solo sentirne la voce familiare e acuta. «Hai lasciato che ti si avvicinasse troppo» continuò triste la bambina.

«Saga» sospirò Silla. «Mia sorella.» Nel poterne pronunciare quel nome, Silla provò una gioia indescrivibile. Dopo tutti quei lunghi anni, la bambina aveva finalmente senso. Sorrise malgrado la testa che sobbalzava al galoppo del cavallo lungo la strada.

Il tempo si fece indistinto: era tutto un vorticare di alberi e cielo azzurro, il saliscendi incessante del cavallo, la luce che sfavillava e guizzava davanti a lei, mentre l'estasi le scorreva nelle vene, sprigionando piacere nelle dita delle mani, nei piedi, nei capelli.

A un certo punto, però, il movimento ondulatorio finì e Silla si ritrovò a terra, al buio. Una sagoma scura le incombeva addosso e la studiava; intuì che si trattava di Jonas. Gli occhi di lei scovarono la sua barba bionda e lo sguardo le scivolò su quella bocca morbida e stupenda, che tanto avrebbe voluto baciare.

«Silla, Silla, Silla» disse lui, chinandosi su di lei.

Ma poi arrivò il lampo di un ricordo. C'era qualcosa che non andava. Una domanda le affiorò sulla punta della lingua quando lui si ritrasse. C'era freddezza nei suoi occhi. Cattiveria. «Come hai potuto?» gli chiese, la sua voce era quasi un soffio. Le stelle nel cielo giravano, ma meno vorticosamente delle nuvole di prima.

«Silla. *Eisa.*» Jonas sembrò sputare quel nome. «Ho sentito quegli uomini parlare nella foresta. Ho sentito tutto. Ho sentito il tuo vero nome.» Si accigliò. «Perché non me l'hai detto?»

«Non potevo» sussurrò Silla. *Non lei. Non lei.*

Le sopracciglia di Jonas si inarcarono. «Perché non ti sei fidata di me, Silla? Perché hai continuato a mentirmi? Non sei nemmeno riuscita a dirmi il tuo *nome*?» Le conficcò le dita nelle spalle, i suoi occhi si incupirono ancora di più. «Io ti ho detto *tutto*. Ho messo a nudo la mia anima. Eri mia e mi *dovevi* la verità: dovevi dirmi tutto. Invece mi hai solo mentito.»

«Non ho mentito. Non *posso* essere lei. Non lo accetto.»

«Tu sei *lei*, idiota» sibilò Jonas, i lineamenti stravolti che lo facevano sembrare tutt'altro che bello. «La regina ti sta dando la caccia, per gli dèi!» Respirò a fondo e, quando parlò di nuovo, la sua voce era di una calma sconcertante. «Ho capito tutto, Silla. Ho capito perché Ilías è dovuto morire.»

Silla era confusa.

«Ilías è morto perché io riavessi le mie terre» proseguì Jonas. «La sua morte non sarà stata vana, Silla, non capisci? Tu mi procurerai una bella ricompensa e la morte di Ilías avrà un senso.» Parlava come se fossi impazzito, e le fece venire la pelle d'oca.

«Io ci tenevo a te» sussurrò lei. Arricciò le dita dei piedi. Piegò il polso. Stava recuperando la sensibilità.

Gli occhi di lui erano colmi di emozione. «Anch'io ci tenevo a te» rispose scuotendo la testa. «Più che a qualsiasi altra donna avessi mai conosciuto, Eisa. Pensavo potessimo diventare qualcosa, io e te. Pensavo che potessi rendermi un brav'uomo.» La tenerezza nei suoi occhi virò in una rabbia gelida. «E invece mi hai spezzato il cuore. Mi hai mentito. Hai fatto uccidere mio fratello. Come puoi pensare che avremo un futuro dopo tutto questo?»

Lei si ritrasse, facendo un respiro disperato.

Lui la fulminava con lo sguardo. Era Jonas, ma non il Jonas che credeva di conoscere. Questa versione era glaciale, furibonda. «Non essere triste, Riccioli. È così che doveva finire, da sempre. Sei entrata nella mia vita perché io potessi diventare ricco. Grazie a te riavrò le mie terre.» Un sorriso gli incurvò le labbra. «E alla fine, dopotutto, a Kopa ci arriverai, quando ti consegnerò ai Klaernar.»

L'effetto delle foglie cominciava a svanire. Silla stava cadendo, precipitava sfrecciando nei cieli come una stella cadente, destinata a schiantarsi e bruciare. La tristezza la invase: avrebbe voluto raggomitolarsi e piangere.

Jonas le fece scivolare una mano dietro la schiena e la aiutò a stare seduta. Le accostò una borraccia alle labbra, e lei sentì il liquido freddo scenderle in gola. Magari era drogato. Ma aveva tanta sete, e così mandò giù. Lui le mise in bocca dei pezzettini di pane che lei succhiò per poi ingoiarli. Lo rifece un paio di volte, poi le infilò in bocca qualcos'altro. Era amaro, friabile, terroso... Un'altra foglia, forse due. Cercò di sputare, ma lui le teneva la mascella con la mano e i suoi muscoli non collaboravano. Gli occhi le si riempirono di lacrime. Jonas le ficcò altra acqua in bocca, poi le sollevò il mento. Silla cercò di tossire, ma era inutile. L'istinto prese il sopravvento e il corpo la tradì, facendola deglutire.

«Brava» le sussurrò lui all'orecchio, percorrendole il collo con un dito. Il suo tocco le faceva bruciare le vene di una collera feroce.

Ma poi la collera si trasformò in altra estasi, altra euforia. Fissò le stelle e le lune che le ballavano e guizzavano davanti agli occhi. Erano la cosa più bella che avesse mai visto.

Una singola lacrima calda le colò lungo la guancia.

Si riposarono qualche minuto, o forse qualche ora. Silla cadde in un sonno agitato, sognava ma senza riuscire ad afferrare il contenuto del sogno, a mettere a fuoco le immagini, i volti. Il caos distorceva ogni cosa. Silla si continuava a svegliare e in breve si ritrovò di nuovo a cavallo, con il solito saliscendi e il vento che le fischiava nelle orecchie mentre galoppavano nel buio.

Prendeva e perdeva coscienza. Ogni volta che le sembrava di recuperare i sensi, ogni volta che la sua rabbia si risvegliava, ogni volta che gli arti le formicolavano e si riattivavano, lui le ficcava altre foglie in gola. Dopo un po', la sua non era più euforia, ma un interminabile sogno sfocato, con il rumore degli zoccoli, l'odore del cuoio e lo sfumare indistinto del nero e del verde.

Silla era bloccata in un incubo a occhi aperti, dal quale non riusciva a svegliarsi.

* * *

Lo stato d'animo di Jonas oscillava tra la tristezza e la rabbia.

Quando pensava al momento in cui l'Equipaggio dell'Ascia Insanguinata avrebbe scoperto ciò che aveva fatto, quando pensava al tumulo che si era lasciato alle spalle, lo assaliva lo sconforto più buio.

Allora si costringeva a guardarla. *Eisa*. La vista di lei gli faceva ribollire il sangue di rabbia, riaccendeva la sua determinazione. Famiglia, rispetto, dovere. Quelle tre parole lo riportavano al suo compito, e ricominciava a cavalcare con rinnovato vigore. Stavano procedendo veloci, avevano passato in fretta lo Snodo Settentrionale e imboccato la Strada Nera. Ormai erano sulla buona strada per Kopa.

La notte che Ilías era morto, Jonas non aveva dormito. Con gli occhi della mente continuava a rivedere all'infinito la morte del fratello.

Era stata *lei* ad attirare i guerrieri. Aveva mentito su chi le stava dando la caccia. E a causa sua Jonas non era al fianco del fratello nel momento in cui ne avrebbe avuto bisogno. A causa *sua*, aveva fallito miseramente nell'unico compito che contava.

Ma quello era stato solo l'inizio. Perché c'erano anche le bugie... così tante che non riusciva nemmeno a ricordarle tutte. Silla si era presa gioco di lui. Si era fidato di lei, aveva pensato che tenesse a lui. Aveva pensato che fosse la cosa migliore che gli era mai capitata, ma si sbagliava di grosso.

Era un incubo in incognito.

Per tutta la notte i pensieri lo avevano assillato, placando il suo senso di colpa, ma alimentando le fiamme della sua collera.

Ti ha preso in giro.

Non ha mai avuto la minima intenzione di dirti il suo vero nome.

Non le è mai importato niente di te.

E poi il pensiero che l'aveva finalmente liberato dallo sconforto.

Devi dare un senso alla morte di tuo fratello.

Tornava tutto. Bisognava dare un senso alla morte di Ilías, ma nessuno l'avrebbe fatto per lui. Toccava a Jonas.

Mentre l'Equipaggio dell'Ascia Insanguinata scavava la tomba di Ilías, Jonas era sgattaiolato via e aveva frugato nella bisaccia di Rey. Quando aveva trovato la fiala con le foglie sul fondo, gli era venuto un groppo in gola per l'amarezza, nel rivivere l'ennesimo tradimento di Silla.

Sbarazzarsi dell'Equipaggio era stato facile, benché al loro allontanarsi lungo la Strada d'Ossa Jonas fosse stato travolto da una breve ondata di vergogna. Era la fine di un'era. La fine del tempo passato con l'Equipaggio dell'Ascia Insanguinata, e non li aveva nemmeno salutati.

È l'unico modo, aveva pensato. *Non devono insospettirsi.*

Drogare Silla era stato più facile del previsto e, dopo averla lasciata a contorcersi come una folle sull'erba, Jonas si era inginocchiato di nuovo davanti alla tomba di Ilías.

«Perdonami, fratello, per non essere stato al tuo fianco quando avevi più bisogno di me. Perdonami per essermi legato a una donna spregevole, per aver suggellato il tuo destino col sangue. Ti giuro, Ilías, che vendicherò la tua morte. Lei pagherà. Soffrirà per quello che ha fatto.» Si era baciato le nocche, chinando il capo. Poi era montato a cavallo con lei e aveva percorso la Strada d'Ossa, evitando la via secondaria su cui viaggiava l'Equipaggio dell'Ascia Insanguinata.

Un sorriso gli incurvò le labbra. Aveva promesso a Silla di portarla a Kopa, e a quanto pareva sarebbe stato di parola. A cavallo, potevano guadagnare tempo, molto più che con il carro. Jonas stimava che sarebbero arrivati presto alla guarnigione dei Klaernar.

Famiglia, rispetto, dovere.

Nel giro di poche ore, avrebbe vendicato la morte del fratello. Sarebbe stato un passo più vicino a ristabilire l'onore della sua famiglia. E quella donna, che gli aveva rovinato la vita in maniera così profonda, avrebbe pagato cara la mancanza di rispetto che gli aveva mostrato.

58

Kopa

Plin.

Le pulsava la testa.

Plin.

In bocca sentiva un sapore di cenere.

Plin.

L'odore di fieno bagnato la avvolgeva.

Plin.

Silla storse la bocca. Per le ceneri degli dèi, che cos'era quel gocciolio fastidioso? Sembrava quasi di essere al chiuso. Il che era impossibile perché...

Sgranò gli occhi, i ricordi l'assalirono fino a lasciarla senza parole.

"Dopotutto, a Kopa ci arriverai, quando ti consegnerò ai Klaernar."

Jonas. Le foglie.

Plin.

Strizzando gli occhi, Silla scrutò l'ambiente nella penombra: un pavimento di nuda pietra coperto di fieno, muri di pietra nera e sbarre di ferro. Deglutì a fatica, la bocca le si riempì di bile. Era una cella. L'aveva fatto. Era andato fino in fondo. Jonas l'aveva consegnata.

«No» gemette. «No. No, no, no, no.» Si accostò alle sbarre, vi premette la faccia contro e si sforzò di sbirciare nel cunicolo. Era lungo e buio, disseminato di torce appese alle pareti. Lo sconforto le penetrò fin dentro le ossa, accomodandosi accanto alla nausea e al penoso mal di testa che le faceva pulsare il cranio.

Plin.

«Jonas?» chiamò, sperando di scoprire che era stato tutto un sogno. «Jonas?»

«Mi dispiace» rispose la voce di una donna dal fondo del cunicolo. «Qui ci siamo solo noi.»

Silla si appoggiò con la schiena al freddo muro di pietra e chiuse gli occhi. Non aveva bisogno di scavare dentro di sé per saperlo: se lo sentiva nel battito del proprio cuore, in ogni zaffata d'aria umida che inalava. Ma doveva sentirselo dire.

«Dove siamo?»

La donna esitò, poi rispose sottovoce. «Avamposto Klaernar. Al limitare di Kopa.»

Le cedettero le ginocchia. Si accasciò a terra, lasciando che quella verità la penetrasse.

Kopa. Jonas l'aveva portata a Kopa.

L'aveva *ingannata.*

L'aveva drogata con le foglie.

L'aveva prelevata contro la sua volontà e l'aveva consegnata.

"Ti avevo avvertita, Riccioli. Non sono un brav'uomo. Dovevi starmi a sentire."

Hekla l'aveva avvertita. La bambina l'aveva avvertita. Lo stesso *Jonas* l'aveva avvertita. Perché non li era stata a sentire?

Perché sei un'ingenua e un'idiota, Silla, si disse. Si prese il viso tra le mani, consapevole della situazione in cui si trovava. Era stato tutto inutile. La morte di suo padre, quel suo viaggio di migliaia di chilometri. Era arrivata a Kopa, ma si trovava comunque alla mercé della regina Signe.

Plin.

Fu scossa da un singhiozzo lacerante e si sentì come se si stesse sgretolando in un miliardo di pezzi.

«Come hai potuto farmi questo, Jonas?» sussurrò. Come aveva potuto proprio lui, tra tutti, tradirla in quel modo?

"Io ti ho detto tutto. Ho messo a nudo la mia anima. Eri mia e mi dovevi la verità: dovevi dirmi tutto. Invece mi hai solo mentito."

Ma non c'era paragone: le verità di Jonas non erano altro che il passato, quelle di Silla... erano una questione di sicurezza. Di vita o di morte. Avrebbe dovuto dirglielo? Non contava che lei per prima non riuscisse a farsene una ragione, che fosse stata sul punto di chiudere con lui. Aveva deciso di voltare pagina. Di ricominciare da zero.

Plin.

Forse aveva avuto ciò che si meritava. Aveva mentito per proteggersi, ma aveva fatto del male a Jonas. E Ilías era morto.

E lei era in una cella.

Si accasciò in ginocchio, arrendendosi alla disperazione. Il dolore la travolse, e una raffica di singhiozzi le squassò il corpo.

«Va tutto bene, cara» disse la donna in fondo al cunicolo. «Sfogati.»

Silla pianse fino a farsi seccare gli occhi. L'ultima volta che aveva pianto così era stato nelle Pinete Contorte vicino a Skarstad, quando era tutta sola nella foresta.

Plin.

«Adesso è diverso» le disse una voce familiare. «Non sei più la stessa persona.»

Silla rialzò di scatto la testa, e il calore le riempì il petto nel vedere la bambina bionda: la solita camicia da notte strappata, il visino sporco e gli occhi azzurri a mandorla.

Non l'aveva più vista da quando aveva smesso di prendere le foglie di skjöld, e incontrarla la riempì di ricordi, della voglia di tornare a un passato più semplice, quando doveva preoccuparsi solo che il padre non si stancasse troppo e di cosa preparare per cena.

Ma la bambina era anche un laccio che teneva Silla unita all'angoscia, perché con i suoi capelli biondi arruffati e i suoi occhi azzurri e saggi era un promemoria di ciò che aveva dimenticato, o seppellito per il momento.

«Saga» sussurrò. Sua sorella. Aveva una sorella.

Plin.

Invece di riempirla di terrore, di nausea, il pensiero di Saga le scatenò una marea di domande: com'era sua sorella? Amava i temporali, i dolcetti e l'odore delle cipolle cotte? Balbettava quando era nervosa? Pensava mai a lei? La sognava? Saga viveva con la regina Signe. Viveva in mezzo a un branco di lupi ostili. Che effetto poteva avere su una persona? Che effetto poteva avere sulla sua identità, sulla sua mente?

Silla moriva dal desiderio di incontrare quella bambina di cui vedeva il fantasma da dieci anni, e che sognava da tutta la vita. Come se una parte di lei non fosse mai riuscita a liberarsi di Saga.

"Vieni a cercarmi" le aveva chiesto Saga nel suo ultimo sogno. "Ho bisogno di te."

«Ti troverò, Saga» sussurrò Silla alla bambina, e le sue labbra si incurvarono in un sorriso.

«Sì» rispose lei, sprofondando accanto a Silla e abbracciandole le ginocchia. «Ma prima devi tirarti fuori da questo casino.»

Erano il vecchio e il nuovo insieme: la bambina era con lei come ai vecchi tempi, ma sapere chi era cambiava tutto. E in quel preciso istante ritrovare uno scopo le restituì energia. Non si trattava più solo del suo benessere. Doveva essere forte, doveva trovare una via d'uscita da quella situazione.

Perché Saga aveva bisogno di lei.

Silla si asciugò gli occhi, inspirando a fondo e cercando di placare il doloroso pulsare che le rimbombava in testa. Si alzò in piedi a fatica e si mise a camminare per la cella, nel tentativo di orientarsi. I muri erano di pietra scura, evidentemente vulcanica. C'erano tre robuste pareti e una finestra, troppo in alto e troppo piccola per riuscire a passarci attraverso. Cos'avrebbe fatto Hekla in una situazione del genere? Al pensiero dell'amica Silla si sentì stringere il cuore. L'ennesimo rapporto distrutto dalle sue bugie.

Plin.

Si bloccò. Un suono smorzato riecheggiò dal fondo del cunicolo. Erano passi. Stava arrivando qualcuno.

Pensa, si disse tra sé e sé. *Qual è il piano?*

Lo scalpiccio si fece più forte, poi smise. Due sagome scure comparvero oltre le sbarre di ferro; la luce delle torce guizzava sugli inserti delle casacche e sugli orsi d'argento ruggenti che ne decoravano le spalle. Alzando gli occhi sui Klaernar, Silla non riuscì a trattenere un brusco sospiro.

«La cena» bofonchiò il più basso, poggiando qualcosa a terra e facendolo scivolare attraverso le sbarre. «Mangia.»

Il profumo del cibo cotto le penetrò nel naso e Silla chiuse gli occhi, ignorando l'impulso di inginocchiarsi e ingozzarsi. «Dove mi tenete?» chiese, cercando di suonare il più autoritaria possibile. Purtroppo la voce le uscì rauca, arrugginita dalla disabitudine. Tossicchiò e riprovò. «Pretendo di sapere dove mi state tenendo.»

Il più alto incrociò le braccia sul petto. «Ora che sei sveglia, il kommandor vuole parlarti.»

«Adesso mi dite perché sono qui, e subito» ribatté lei, probabilmente imbaldanzita dalle sbarre che li dividevano.

«Non possiamo» replicò il più basso. «E non lo faremo.»

«Dov'è Jonas?» chiese, trasalendo per il dolore che le squarciava il cranio. «L'uomo che mi ha portato qui. Devo parlargli. È stato commesso un grave errore, e bisogna porvi rimedio.»

«Hai la lingua lunga» disse il più alto, inarcando le labbra in un sorriso perfido. «Ci divertiremo. Ma ti avverto, Galdra: farai meglio a moderare le parole, se non vuoi che ti mettiamo una museruola.»

Silla deglutì.

«Imparerà in fretta» disse il più basso.

Lei si accigliò, cercando di non lasciarsi intimidire. «Non mangerò e non berrò finché non mi portate Jonas.»

Lo spilungone sbuffò. «Questo è un tuo problema. A noi che importa se mangi o no?»

«Importerà al vostro kommandor, se sto male.» Era rischioso far capire che sapeva così tanto, ma doveva sfruttare quel poco che aveva. «Non ho mangiato quasi niente nell'ultimo giorno... o due.» Cercava le parole, nel tentativo di stabilire quanto tempo avesse trascorso annebbiata dalle foglie. «Non ho praticamente bevuto acqua. Mi hanno ficcato a forza le foglie di skjöld in gola e a breve mi sentirò male, man mano che svanirà l'effetto.»

Sollevò una mano tremante, a dimostrazione che il suo stato stava peggiorando. «Se non bevo subito, starò ancora peggio. Penso proprio che il vostro kommandor andrà su tutte le furie.»

I Klaernar si guardarono, e qualcosa balenò sui loro volti.

«Portatemi Jonas» sibilò lei. «Adesso.»

I due Klaernar ridacchiarono e si dileguarono per il cunicolo.

Silla si appoggiò al muro, poi crollò in ginocchio. Guardò il vassoio col cibo e la fiaschetta d'acqua. Il suo corpo le urlava di mangiare, di bere.

«È meglio se gli dai retta» le suggerì la donna in fondo al cunicolo. «Se provi a giocare con loro, faranno di molto peggio.»

Nauseata, Silla strisciò verso il vassoio e lo spinse sotto le sbarre con tutta la forza che aveva. Sbatté contro la parete con un fragore assordante.

Restò appoggiata al muro per quelle che le sembrarono delle ore, con la testa che le martellava sempre più forte, la fronte imperlata di sudore. Moriva di caldo e di freddo insieme. Se lo ricordava bene: presto sarebbero cominciate le visioni. Solo che stavolta non ci sarebbe stato nessuno a versarle dell'acqua in bocca, nessuno a posarle una pezza fresca sulla fronte. Stavolta era da sola.

«Ci sono io qui con te» le sussurrò Saga, e gli occhi di Silla si inumidirono di lacrime. Saga era lì. Saga era con lei.

Si sdraiò sul pavimento di pietra, il corpo scosso da tremiti man mano che perdeva lucidità.

* * *

«Cos'ha che non va?»

Silla stava sognando un drago fatto di cenere e di fumo denso, con scintille che zampillavano dalla sua massa imponente. Si stagliava sopra di lei, e il caldo si sprigionava dal suo corpo via via che si avvicinava. Silla sapeva che avrebbe dovuto scappare, ma era così stanca che riusciva a malapena a muoversi. Non aveva neanche le energie per sentire paura.

«Sta male.»

Spirali di fumo scuro la circondarono, avvolgendola tutta. Il potere del drago premeva contro di lei, il vapore sibilava nel punto in cui le pungolava la pelle, provocandole un sottile formicolio di dolore. Quel drago aveva qualcosa di familiare: era spaventoso, ma al tempo stesso protettivo, e lei si abbandonò al suo tocco.

«Il kommandor non sarà per niente contento.»

Il tocco del drago le scaldava il corpo, scrollandole il freddo dalle ossa. Silla tornò lucida per un istante. Le sue palpebre guizzarono, poi si aprirono. C'era buio tutt'intorno, il freddo pavimento di pietra le premeva sul fianco, un sudore gelido le imperlava il corpo.

Scorse le due sagome scure in piedi fuori dalla sua cella, la più bassa stringeva tra le mani un vassoio.

«È sveglia» disse quello più alto, sollevato.

«La cena» fece il più basso, facendo scivolare il vassoio tra le sbarre. «Mangia.»

Silla si tirò su carponi, mentre il dolore le ghermiva il cranio con artigli di fuoco.

Strisciò fino al vassoio e con le ultime forze che aveva lo spinse indietro.

Poi si accasciò a terra, incapace di fare qualsiasi cosa che non fosse inspirare. Espirare.

«Jonas» sussurrò.

«Idiota» bofonchiò una delle guardie. «Devi mangiare. Non vorrai far arrabbiare il kommandor.»

Lei non rispose. E alla fine, l'eco dei loro passi si spense.

* * *

Skraeda fissava i cancelli chiusi di Kopa. Per la decima volta in un'ora, maledisse il Kommandor Laxa per aver ritardato la sua partenza. Eisa era sgattaiolata via come un lupo nell'ombra e Skraeda aveva passato tre giorni deliranti a perlustrare la Strada d'Ossa, senza trovare nient'altro che corvi che banchettavano su un mucchio di cadaveri di guerrieri.

Quindi la aiutano di proposito, aveva intuito Skraeda, sogghignando alla vista di quel bagno di sangue. Non poteva essere stata la ragazza a farlo; doveva essere opera dell'Equipaggio dell'Ascia Insanguinata. Avevano messo a rischio sé stessi e la loro reputazione per Eisa. *Sanno chi sei, piccola Galdra?* aveva pensato, riprendendo a cavalcare con rinnovato vigore. Ma la pista si era raffreddata quasi subito. Quelli dell'Equipaggio dell'Ascia Insanguinata non erano degli stupidi; di sicuro si erano accampati ben lontano dalla strada e sapevano come far perdere le loro tracce.

E adesso eccola a Kopa, con le porte della città sigillate a impedirle l'accesso. Skraeda era certa di sapere il perché.

Avevano Eisa, e non volevano correre rischi.

«Come?» ringhiò sottovoce. Come avevano fatto gli Artigli del Re a mettere le mani sulla ragazza quando lei era sulle sue tracce da settimane?

Devo essere io a consegnarla, pensò, con una fitta al cuore. La regina l'aveva giudicata inutile, e quella era la sua unica possibilità di riscatto. Una volta che Skraeda le avesse consegnato Eisa, tutto sarebbe tornato a posto. La regina Signe l'avrebbe riaccolta nel suo abbraccio, sarebbe tornata a vedere il suo valore.

Sgomitando tra i mercanti assiepati sotto la torretta del cancello, Skraeda svuotò la mente e iniziò a cercare ciò di cui aveva bisogno. Rabbia e impazienza scuotevano l'aria nelle vicinanze, ma non era quello che cercava. Espirando piano, ignorò le emozioni forti per cercare qualcosa di più lieve: noia, e un tocco di disprezzo. Klaernar.

Tirando a sé i fili, Skraeda li setacciò fino a trovare ciò che le serviva. Soffice e svolazzante al di sotto della mole di emozioni dell'uomo, ecco il sottile filo d'oro. Lo afferrò in men che non si dica. Poi lo mosse appena e guardò il Klaernar sbattere le palpebre.

«Ho bisogno di entrare» lo apostrofò.

«Buona fortuna» mormorò un mercante alle sue spalle. «Dicono che dalla città nessuno entra e nessuno esce.»

«Scendi e fammi entrare» intimò Skraeda, ignorando gli sguardi puntati sulla sua schiena.

Recuperata la bisaccia dal cavallo, abbandonò l'animale e si diresse al massiccio portone di legno a lato dei cancelli principali. Dopo un attimo, i cardini di ferro gemettero e il portone si aprì.

«Ehi!» urlarono i mercanti, le voci veementi di rabbia.

Il Klaernar le chiuse la porta alle spalle e girò la chiave nella serratura.

«Grazie mille, buon uomo» disse lei, tenendo ben strette le redini del libero arbitrio di quello sciocco. Le sue pupille erano due punte di spillo nelle iridi marroni, le mani abbandonate lungo i fianchi. «Ora dimmi dove tengono la ragazza che ha scatenato tutto questo trambusto.»

«Guarnigione est» bofonchiò lui.

Skraeda strinse il pugno. «Fammi vedere» ordinò.

Il Klaernar la condusse per alcuni minuti attraverso le strade di pietra nera di Kopa, quindi si fermò davanti a una costruzione massiccia e squadrata. Come tutti i bizzarri fabbricati di Kopa, anche questo era di pietra vulcanica scura, con finestre chiuse da imposte distribuite uniformemente alla base, e una sola finestra al secondo piano, incastonata sotto il tetto spiovente. Oltre la guarnigione, si estendeva una foresta che arrivava fino alle mura difensive.

Skraeda passò in rassegna l'edificio, contando a due a due i Klaernar che ne pattugliavano il perimetro. Due. Quattro. Sei. E mancavano quelli all'interno.

Le sfuggì un sospiro di frustrazione. Quel posto pullulava di guardie. Un buon guerriero confidava nelle proprie capacità, ma ammetteva anche i propri limiti. E in quella guarnigione c'erano troppi Klaernar perché lei potesse affrontarli tutti.

«Come arrivo da te, piccola Galdra?» mormorò.

L'idea le venne come un seme portato dal vento e le si piantò in testa, appena dietro la fronte.

Girandosi, Skraeda sorrise, poi imboccò la strada già percorsa.

59

«Riccioli.»

Silla aprì gli occhi a fatica, e si trovò davanti un paio di stivali sdruciti. In un angolo della sua mente, pensò che avessero qualcosa di vagamente familiare, ma non aveva la forza per rifletterci meglio. Svuotata. Era completamente svuotata.

«Hai vinto, Riccioli. Eccomi qui.»

Silla tornò vigile, e nel profondo, dentro di sé, trovò una piccola riserva di energia. Si tirò su e lasciò che il suo sguardo si inerpicasse su quella sagoma, fino a fermarsi su un paio di scintillanti occhi azzurri. Jonas era seduto su uno sgabello nel cunicolo, la luce tremolante delle torce che faceva guizzare la sua ombra sul muro. Per un attimo, Silla non riuscì a fare altro che guardarlo. Era davvero lui? O era un fantasma?

«Bene, eccomi qui» ripeté lui sottovoce, e lei credette ai suoi occhi. «Mangia qualcosa. Hai bisogno di rimetterti in forze.»

Silla posò lo sguardo sul vassoio che aveva davanti, e finalmente cedette. Jonas era davvero lì, e aveva ragione: aveva bisogno di tutta la forza possibile.

Senza dire una parola, tirò a sé il vassoio, divorò il pane e poi la zuppa ormai fredda. Come una pianta avvizzita che torna a fiorire, la vita riprendeva a scorrere in lei via via che si avventava sul cibo, annaffiandolo con tutta l'acqua che riusciva a trangugiare.

Mise via la borraccia e si appoggiò alla parete di pietra.

«Meglio?»

Lei scosse la testa. «Ci sono delle sbarre tra di noi, Jonas.»

«È meglio così, Silla. Sei una Galdra, dopotutto. Sei un pericolo per te stessa e per gli altri.»

La ragazza si accigliò. «Mi hai *drogata*, Jonas. Sapevi quanto sono stata male l'ultima volta che ho smesso di prendere quelle foglie, e me le hai date a forza lo stesso!»

Sul volto di lui non c'era traccia di rimorso. «La via della gloria è lastricata di scelte difficili.»

«Gloria?» sbottò lei. «E che gloria è questa, Jonas? Mi hai ingannata. Mi hai drogata, mi hai presa contro la mia volontà... È spregevole.»

«Disse la bugiarda. Non regge proprio, Silla, visto che sei la persona più spregevole che abbia mai conosciuto.»

Lei si sentì avvampare. «Tu confondi la disonestà con il disonore. Non sono la stessa cosa, Jonas. Io sono stata disonesta per proteggermi. Perché guarda... guarda a cosa ci ha portati la verità!»

«Non puoi dare la colpa a nessuno se non a te stessa, Riccioli.»

«Jonas. Sono *io*. Lo so che per te significo molto più del denaro.» Detestò l'esitazione che le si insinuò nella voce, quando invece avrebbe dovuto mostrarsi forte.

Lui rimase zitto, la faccia impassibile, e allora lei capì: l'avrebbe rifatto, senza pensarci un secondo. Per lui era solo una merce di scambio, da usare per il proprio tornaconto.

Provò da una prospettiva diversa. «Jonas, che ne penserebbe Ilías...»

«Non osare pronunciare il suo nome!» Scattò in piedi e la sua ombra saettò sulla parete alle sue spalle.

Lei deglutì, poi tentò di nuovo. «Hai fatto uno sbaglio; il dolore ti ha traviato, Jonas. È chiaro che non sei lucido. Parliamone, cerchiamo di sistemare le cose.»

«Oh, no» ribatté lui, in tono così freddo che avrebbe potuto congelare le sbarre della cella. «Sono perfettamente lucido. Per la prima volta in vita mia, ho le idee chiare. E devo ringraziare te.»

«Come?»

Lui si accostò alle sbarre. «Oh, sì, Riccioli. Ti devo ringraziare per avermi insegnato quanto è pericoloso proteggere gli altri. Non mi ha portato altro che dolore. Mi è costato mio fratello.»

«Jonas, io...»

«Non mi importa cos'hai da dire» la interruppe lui. «Non puoi cambiare il tuo destino.» Incrociò le braccia sul petto. «Non è stato inutile ciò che c'è stato tra noi. Mi restituirai le mie terre e per questo, suppongo, devo ringraziarti.»

Silla lo fissò, in cerca dell'uomo che credeva di conoscere. Ma i suoi occhi erano freddi e scuri. Non c'era il minimo luccichio, la minima tenerezza. L'uomo che l'aveva seguita nei boschi perché non le capitasse alcun male non c'era più. L'uomo che le aveva dato il talismano della sua famiglia, che le aveva sussurrato parole dolci all'orecchio, se n'era andato per sempre.

Silla rabbrividì perché l'aveva capito. Non avevano più niente da dirsi.

Guardò Jonas, per fissare nella memoria il suo volto: l'azzurro degli occhi, la curva sottile delle labbra che gli dava un'aria perennemente divertita, la cicatrice pallida sulla guancia che aveva sfiorato centinaia di volte con le dita e le labbra.

«Per un po'» disse piano «mi sei stato di grande conforto, Jonas. Sei stato l'unica cosa bella che avessi al mondo.» Sospirò. «Ti ringrazio per questo. Per avermi aiutata a dimenticare.» Lui non disse nulla e lei lasciò che fosse il suo sesto senso a suggerirle le parole. «Un giorno ti sveglierai, Jonas, e capirai l'errore che hai commesso. Ma a quel punto sarà troppo tardi. La vergogna ti tormenterà fino al tuo ultimo respiro.»

Jonas la fissò con calma feroce. «Attenderò che arrivino gli uomini della regina con la mia ricompensa» le sussurrò. «Ma non aspettarti che io torni nella tua cella. Puoi anche morire di fame, ma non tornerò.»

Si girò e andò via. E Silla capì che stavolta sarebbe stato per sempre.

Si appoggiò al muro, dove riprese a sentire quel gocciolio costante. Aveva un nodo allo stomaco. Il buio dei suoi occhi, la freddezza che non era riuscita a scalfire. Com'era possibile che fosse andato tutto così storto?

«Che kunta di merda.»

Silla strizzò gli occhi, riscuotendosi dal suo sconforto. Era la donna del cunicolo. Un lieve sorriso le incurvò le labbra. «Già.»

«Era il tuo amante?»

«Una specie.» Silla corrugò la fronte. «Come ti chiami?»

«Metta. E tu?»

«Silla.» Si morse il labbro. «Da quant'è che sei qui, Metta?»

Un attimo di silenzio, poi: «Quattro settimane, credo».

Quattro settimane? Silla era attonita. «Come... perché non ti hanno...»

«Fa' quello che ti dicono.» La donna aveva un tono stoico. Rassegnato. «Se fai come ti dicono, ti lasceranno vivere. Chi crea problemi non dura a lungo.»

Silla sentì il sangue ribollirle nelle orecchie. «Ce ne sono stati altri?»

Nel cunicolo riecheggiò la risata aspra di Metta. «Sì. Dieci, forse dodici donne? E due uomini.»

Quattordici anime passate per quelle celle. A Silla si aggrovigliarono le budella. «Li hanno uccisi al pilastro?»

«Penso di sì. Li hanno presi e non sono mai più tornati.»

«E le ragazze? Hanno lottato con i Klaernar?»

«Quando i Klaernar sono venuti a prenderle si sono opposte. C'è chi ha scalciato, chi ha gridato, chi gli si è avventato contro. Alcune piangevano e supplicavano.» Dopo un istante di silenzio, la donna continuò. «Se il kommandor vuole vederti, devi sopportarlo. È il peggiore di tutti. Non discutere, non piangere. Fai finta... sopporta e basta.»

A Silla si gelarono le ossa. «Sopportare cosa, Metta?» Quando lei non rispose, si sentì rabbrividire.

È sbagliato! urlò la sua mente. Sbagliato in tutti i sensi. Era sempre stato tutto sbagliato. I pali. I Salassi. I Klaernar con le loro pietre e la loro violenza.

«Di cosa sei accusata, Metta?»

La ragazza sbuffò. «Accuse varie. Stregoneria. E in me c'è la stessa magia che in un sasso.»

Silla si morse il labbro e aspettò che continuasse.

«Un gruppo di Klaernar si è presentato al banco dei miei genitori al mercato. Ho servito loro la cena. Hanno avuto la faccia tosta di dire che avrebbero dovuto mangiare gratis. Io ho risposto di no.» La ragazza tacque per un momento. «Mia mamma lo diceva sempre, che la mia lingua tagliente mi avrebbe cacciata nei guai, e immagino avesse ragione. Quella notte sono piombati in casa nostra. Hanno letto le accuse. Mi hanno infilato un sacco in testa e mi hanno sbattuta in un carro con altre ragazze. Le sentivo... piangevano e supplicavano. Una volta tanto in vita mia sono stata zitta. Abbiamo viaggiato tutta la notte, senza coperte, senza riparo dalla neve. Quando ci siamo fermati, mi hanno sfilato il sacco. Non sentivo più le dita. Il freddo s'era preso una di noi nel sonno. Noi altre siamo state sbattute nelle celle. Le donne andavano e venivano. Due uomini anche. E adesso siamo rimaste solo noi.»

«Ma tu non hai nessun galdur» obiettò Silla, sforzandosi di capire.

«È la quota, dicono» spiegò Metta. «Hanno una cifra da raggiungere. Non importa se le accuse sono vere. Devono solo rispettare la loro quota.»

A Silla montò la bile in gola a sentire il racconto di Metta. La sua madre adottiva non era una Galdra, e una parte di lei aveva sempre pensato che i Klaernar non fossero poi così pignoli nel decidere chi condannare. Ma sentirsi confermare così apertamente che i Klaernar portavano al pilastro persone normali la lasciava sgomenta.

Quando parlò, la sua voce era secca e decisa. «La pagheranno, Metta. Me ne andrò da qui, e gli farò pagare ogni vita che si sono presi.»

Lei non disse nulla. Forse non le credeva. Forse l'aveva sentito dire anche da altri. O forse semplicemente era in quella cella da quattro settimane, e si limitava a fare ciò che poteva per salvarsi la vita.

Restarono in silenzio, ma in qualche modo sapere che Metta era in fondo al cunicolo dava a Silla un po' di conforto.

60

Le acque del fiume Hvíta scrosciavano sotto il Ponte di Basalto, mentre il vento gelido gli raschiava le guance. Rey si tirò su il cappuccio del mantello e guidò Cavallo attraverso il ponte.

Davanti a loro si estendeva Kopa, una città nera e tentacolare stretta nell'abbraccio di pietra del vulcano Brími, per fortuna inattivo da tempo. Benché fosse ormai adulto, Rey provò la stessa meraviglia che sentiva da bambino guardando i palazzi di pietra di Kopa che sbucavano da oltre le mura difensive: guglie e archi neri, strade acciottolate e edifici scolpiti in pietra vulcanica, mirabili opere della classe dei Galdra chiamati Fabbri.

Il fiore all'occhiello di Kopa era l'Ashfall, una fortezza di guglie che svettava nel cielo come un groviglio di spine nere. Incastonata alla base del Brími, era il cuore pulsante del Nord e ospitava lo Jarl Hakon, che governava le terre di Eystri in nome di re Ivar Cuor di Ferro.

Rey si sentì stringere il petto: qualcosa lo attirava verso Kopa.

Erano passati tre giorni da quando avevano seppellito Ilías, tre giorni da quando aveva visto per l'ultima volta Jonas e Silla. Il suo nodo allo stomaco si stringeva un po' di più a ogni ora che passava senza che arrivassero, e benché avesse mandato Gunnar e Sigrún in avanscoperta sia lungo la strada secondaria sia lungo la Strada d'Ossa, i due erano tornati senza nessuna notizia.

Erano spariti, e Rey aveva capito subito che c'era qualcosa che non andava.

Si riaffacciò alla sua mente il ricordo di Jonas che afferrava Silla per il polso: Rey non aveva sentito cosa le diceva, ma il suo sguardo gli era bastato. Sarebbe dovuto intervenire. Avrebbe dovuto fare qualcosa. Ma il resto della giornata era stato caos e violenza, morte e dolore, e ogni altro pensiero si era volatilizzato.

Rey pregò tutti gli dei che conosceva che il suo intuito si sbagliasse, che il suo fratello dell'Equipaggio non le avesse fatto del male. Il solo pensiero gli faceva venir voglia di piantare l'ascia nel cranio di qualcuno. Ma il dolore può distruggere le persone, e Jonas non era in sé. Quella consapevolezza non gli lasciava tregua. Così, dopo aver mandato l'Equipaggio dell'Ascia Insanguinata a Istré, eccolo alle porte di Kopa, a giurarsi che non avrebbe avuto pace finché lei non fosse stata al sicuro e Jonas non fosse rinsavito.

Per la centesima volta da quando le aveva pronunciate, Rey desiderò che le parole con cui l'aveva salutata fossero state più tenere, più gentili. Rimpianse di non aver ammesso le sue colpe per la morte di Ilías. Era *lui* il capo dell'Equipaggio dell'Ascia Insanguinata. Era stato *lui* a condurli in battaglia senza sapere fino in fondo a cosa andavano incontro.

E l'Equipaggio aveva deciso, insieme, che avrebbe affrontato quei guerrieri per conto di Silla. Per non parlare del fatto che c'erano sempre dei rischi quando si andava in battaglia; era la loro vita. Percorrere quella strada comportava dei pericoli, così come ogni incarico che avevano accettato. E Ilías non era uno sciocco. Sapeva che c'era la possibilità di morire, eppure aveva acconsentito.

Giunto all'estremità del Ponte di Basalto, Rey vide un gruppo di carri nei pressi delle mura di pietra fortificate di Kopa, e gente assiepata intorno. Tirando le redini, fece fermare Cavallo e smontò.

Le porte di Kopa erano chiuse. E *mai* le aveva trovate chiuse, prima.

Si avvicinò a un mercante avvolto in un mantello rosso. «Sai perché i cancelli sono chiusi?» chiese, indicando le mura.

L'uomo scosse la testa, con un sospiro frustrato. «Sono qui in attesa da tutto il giorno, non ho sentito nulla se non che da Kopa non entra e non esce nessuno.» Gli indicò il suo carro coperto. «Le mie provviste provenienti da Kunafjord si guasteranno a breve se non ci fanno entrare. Era già abbastanza grave che la stagione del raccolto fosse durata così poco. Adesso anche questo.» Fece una pausa. «L'unica a passare è stata una strana donna, stamattina presto.»

A Rey si rizzarono i peli sul collo. «Una donna?»

«Con i capelli rossi. Molto sgarbata. È smontata da cavallo e il Klaernar l'ha fatta passare dalla porta laterale.»

La guerriera, pensò Rey. La guerriera dai capelli rossi che aveva spinto giù dal crinale della Dorsale di Skalla. Doveva essere lei. Questo non fece che aumentare la sua impazienza.

Scrutò le mura e il suo sguardo si posò su due Klaernar che osservavano la folla dalla cima del cancello. Portando Cavallo per le redini, si avvicinò.

«Ehi!» urlò, incrociando lo sguardo dei Klaernar. «Ho un messaggio importante per lo Jarl Hakon.»

Le loro facce erano impassibili. «Dai cancelli non passa nessuno» disse uno dei due.

Rey sospirò, esasperato. «È importante, e mi conosce bene. Se andate a chiamare lo Jarl Hakon o suo figlio Eyvind, garantiranno per me.»

«È un ordine che arriva da più in alto dello Jarl Hakon» ribatté freddo il Klaernar. «Nessuno entra e nessuno esce.»

Più in alto dello Jarl Hakon? pensò Rey. Ciò poteva significare solo pochissime persone in tutta Íseldur: re Ivar, Magnus Mangiacuori o uno degli scagnozzi di Ivar, il manipolo di guardie del corpo che non si allontanava mai dal re. *O magari la regina Signe,* pensò, e un brivido gli corse lungo la schiena.

Si voltò, con la mente in subbuglio.

Doveva entrare a Kopa: sentiva che era già troppo tardi.

Che hai fatto, Jonas? Aveva creduto che se solo fosse riuscito a trovarlo, a farlo ragionare... se c'era qualcuno che poteva capire il dolore per la perdita di un fratello minore, quello era Rey. Ma il suo sesto senso si stava trasformando in un allarme.

Rimontò in groppa a Cavallo e tornò indietro al trotto attraverso il Ponte di Basalto e lungo la Strada Nera per diversi chilometri. Le estati passate da bambino a giocare in città con Eyvind oggi gli sarebbero tornate utili. Ogni città aveva delle uscite nascoste e si dà il caso che Rey sapesse esattamente dov'erano quelle di Kopa.

Condusse Cavallo lontano dalla strada, e vagò tra gli alberi per parecchi, interminabili minuti, poi smontò e lo legò a un tronco. In quel punto il fiume Hvíta era poco profondo e, passate ormai da un pezzo le piene primaverili dovute alle acque che defluivano dalle montagne, era abbastanza facile guadarlo. Superata la foresta, gli apparve l'angolo a ovest della cinta muraria di Kopa. Da quelle parti le pinete erano inframmezzate da ontani e salici caprini, per cui era impossibile scorgere la porta scavata nelle pareti di basalto nero, a meno che non si sapesse esattamente dove cercare.

Rey raschiò con le dita la pietra grezza, alla ricerca di una minuscola sporgenza... ed eccola lì. La premette e una porta si aprì con un cigolio di cerniere di ferro che gli graffiarono la spina dorsale come unghie.

Si era aspettato il rumore, ma non aveva previsto il Klaernar in piedi subito dietro la porta, che gli si avventò addosso con la sua lama lucente. Scartando a sinistra in un lampo, Rey impugnò e sguainò la spada giusto in tempo per rispondere alla stoccata successiva dell'uomo.

«Chi sei?» chiese il Klaernar. «Come sai di quest'entrata?»

Rey gli sferrò un fendente appena sotto le costole, ma la sua lama si abbatté sulla cotta del guerriero.

«Un mio compagno d'armi è stato ucciso» grugnì Rey, parando l'attacco dell'uomo. «Uno dei miei guerrieri è scappato con... *il carico.*» Fece roteare la lama in un arco deciso, mirando alla cotta di maglia scalfita. «E non sono in vena di rispondere alle tue dannate domande.» Sorrise torvo mentre i rivetti si sganciavano dalla casacca, rimbalzando contro il muro di pietra, e la sua lama affondava nella pancia del Klaernar.

Scalzò l'uomo dalla lama, lo scavalcò e si infilò nel buio del tunnel.

Un gemito gli sfuggì dalle labbra mentre usciva dal passaggio che portava al bosco. Un drappello di Klaernar era lì schierato, con le spade sguainate. Si affrettò a contarli. Dieci. Quindici. *Cazzo.* Ventitré.

«Giù le armi» gli intimò uno di loro. Il mantello di pelle d'orso avvolto attorno alle spalle indicava che aveva almeno il rango di kaptein.

«Molto bene» mormorò Rey, gettando a terra la spada.

«Come fai a sapere di questa entrata?» chiese il kaptein.

Rey sguainò il pugnale e lo buttò sulla spada, e il tonfo fu attutito dal terreno. «Perché la città è chiusa? È per la ragazza?» domandò. In tutti gli anni che aveva passato a Kopa non aveva mai visto dei Klaernar appostati lì, ma nemmeno i cancelli chiusi.

Questo complica le cose, si disse con una smorfia.

Il kaptein serrò gli occhi. «Di chi stai parlando?»

Un sottile tremolio nella voce lo tradiva. *Quindi ha a che fare con lei,* pensò Rey.

Decise di azzardare; comunque non sarebbero sopravvissuti per raccontarlo. «Cosa vuole da lei la regina?» chiese, sguainando l'hevrít e gettandolo a terra con le altre armi.

Il kaptein dei Klaernar sbatté in fretta le palpebre, ignorando la domanda di Rey. «Tutte» ringhiò, indicando il suo stivale.

Studiando gli uomini con la coda dell'occhio, Rey sguainò il pugnale e lo buttò via. *Ventitré Klaernar, compreso il kaptein,* pensò. *Ti piacciono le sfide.* Erano passati giorni e aveva voglia di darsi da fare.

«Cosa vuole la regina da una Galdra?» insistette, sebbene avesse poche speranze di ottenere una risposta. Per il momento, almeno.

Avrebbe dovuto pretendere quelle risposte da lei, avrebbe dovuto insistere per conoscere la verità, ma la sua mente era annebbiata dal dolore e dalla rabbia. In che guaio si era cacciata quella donna dai capelli ricci col suo sorriso di sole? Come si era ficcata in un tale casino?

Magari, se si fosse sentita tranquilla a confidarsi con Rey, lui avrebbe potuto evitare che succedesse, avrebbe potuto tenerla lontano dalle grinfie dei Klaernar. Gli ribolliva lo stomaco. Sapeva cosa facevano i Klaernar ai prigionieri, e sapeva che il Kommandor Valf era la più spregevole delle bestie. Se lei era sotto la sua custodia, se lui l'avesse toccata anche solo con un dito... Rey non riusciva a pensarci.

«Mani in alto!» sbraitò il kaptein. Due Klaernar si fecero avanti, stringendo catene di ferro.

Un sorriso incurvò le labbra di Rey mentre alzava le mani, sfoderando il galdur e attivandosi in pochi secondi. Girando il collo, intravide le vene nere sul dorso della propria mano. Erano passati giorni, e il suo galdur bramava così tanto di essere liberato che non aveva quasi bisogno di pensare per manifestarlo.

«Che gli prende?» chiese uno degli Artigli del Re, con gli occhi sgranati a fissare i palmi di Rey.

Dalle sue mani si sprigionavano nere spirali di fumo, che salivano al cielo addensandosi in un enorme vortice di cenere. Rey sospirò di sollievo, pieno di quel potere primordiale che lo faceva sentire più che mai sé stesso. Il nodo allo stomaco scomparve, il dolore, la preoccupazione, tutto venne spazzato via dal bisogno di distruggere.

Di *bruciare*.

«Cosa, questo?» chiese Rey, facendo scattare un polso. In un lampo, il fumo si divise in ventidue lingue che pulsavano e si addensavano, sprigionando scintille. «È la morte che viene a prendervi.»

A un tacito ordine di Rey, il fumo si piegò alla sua volontà, allungandosi verso i Klaernar che adesso lo caricavano con le spade sguainate. Per il momento aveva lasciato fuori il kaptein... qualcuno doveva dargli le risposte che cercava. L'oscurità si addensò sui loro volti tatuati e, mentre la paura spalancava le bocche dei Klaernar in un grido, le tenebre si insinuarono nelle loro gole.

Poi successe quello che avveniva sempre: uomini che soffocavano nelle loro stesse urla, che si stringevano il collo, che si contorcevano bruciando dall'interno.

«È inutile» mormorò Rey, concentrandosi al massimo. Ventuno era davvero un'impresa per lui, ma gli piacevano le sfide. Poi, però, si accigliò. Ventuno. C'erano ventidue Klaernar, senza contare il kaptein.

Con la coda dell'occhio, vide il kaptein indietreggiare, con la mano sull'elsa della spada, e poi...

«Cazzo» biascicò Rey. Una sagoma si lanciò nel sottobosco, fuggendo in preda al panico: uno era scappato. «Questo sarà un problema» disse tra sé e sé. Ma non poteva mollare la presa sugli altri, non finché non fossero morti, e il kaptein aveva ormai sguainato la spada. Stringendo i denti, attinse ancora al galdur, prendendolo dalle riserve esterne di halda tatuate sul suo petto, e proiettò un'altra spirale di cenere. La spedì al kaptein, cingendogli il collo, una carezza di fumo per avvertirlo di non fare idiozie.

Le facce dei Klaernar erano ormai paonazze. Gli occhi liquefatti colavano dalle orbite, e finalmente le guardie cominciarono ad accasciarsi a terra, aggrappandosi e strisciando senza meta. Poi vennero le vesciche, che ribollivano e scoppiavano, prima che la pelle si squagliasse staccandosi a brandelli. La foresta era satura dell'odore acre di pelle e capelli carbonizzati, dello sfrigolio della carne e dei gemiti degli uomini agonizzanti.

Un uomo migliore sarebbe rimasto disgustato da quella vista: facce squagliate, fumo e vapori che esalavano da corpi stravolti. Ma Rey ne era esaltato. Anche se non erano sulla sua lista, godeva della loro morte.

Una volta che furono tutti immobili, scandagliò la foresta nella speranza di individuare il Klaernar fuggiasco, ma di lui non c'era traccia. Da oltre le braci arrivava l'inconfondibile puzzo di urina. «Ti sei pisciato addosso» disse Rey con disprezzo, rivolgendosi al kaptein.

«T-tu...» balbettò lui. Stava tremando. «Tu sei lo Slátrari. L'assassino!»

Rey sorrise, avanzando verso di lui. Era un soprannome ridicolo, ma la fama gli piaceva, doveva ammetterlo. Circolavano storie, e, quando veniva a prendersi i suoi bersagli, quelli venivano colti da un terrore inesprimibile non appena capivano il destino che li attendeva.

A un suo schiocco di dita, il fumo si serrò attorno al collo del kaptein, che sibilò mentre la pelle gli si colorava di una splendida tonalità di rosso. Un altro schiocco e avrebbe potuto fargli venire le vesciche, ma no. Non ancora.

«Parla» disse, lanciandogli un'occhiata truce.

«È... sotto custodia» rispose il kaptein, trasalendo quando il fumo gli bruciò la punta dell'orecchio. «Dobbiamo presidiare le porte. Tutte. Nessuno può entrare o uscire finché un convoglio non la porterà a Kunafjord.»

«E poi...» lo incalzò Rey, lo sguardo torvo.

«E poi salperà per Sunnavík.» L'uomo praticamente annaspava.

Se solo la gente di Íseldur vedesse quanto sono temibili i Klaernar quando li raggiunge la morte, pensò amaramente Rey.

«Perché?» ringhiò.

«Non... non so niente di più di quello che ti ho detto» replicò l'uomo. La sua voce aveva preso quel tono stridulo che si assume sempre in punto di morte. «Stavo... solo eseguendo gli ordini.»

«Di chi?» insistette Rey.

Per fortuna l'uomo non ebbe bisogno di altre imbeccate. «Valf. È nel reparto del Kommandor Valf. Guarnigione est.»

Rey serrò la mano a pugno e le sue labbra si piegarono in un ghigno. Voltando le spalle al kaptein, afferrò le armi che aveva gettato a terra e si diresse verso il quartiere orientale di Kopa.

Le urla del kaptein gli riecheggiarono nelle orecchie, poi sul bosco calò un silenzio di morte.

61

Silla percorse con gli occhi i nodi e le volute sulla porta del Kommandor Valf mentre il più alto dei Klaernar bussava. Le fredde manette di ferro le scorticavano i polsi, e si muoveva a fatica. Si guardò il vestito: di un rosso sgargiante e scollato, era così stretto che a malapena riusciva a respirare.

I due Klaernar erano venuti nella sua cella con del sapone, un secchio d'acqua, un paio di babbucce e quell'abito rosso. Le avevano detto di lavarsi e vestirsi, e una volta tornati l'avevano condotta attraverso la guarnigione e per una rampa di scale fino agli appartamenti privati del kommandor.

Sentendosi sprofondare, Silla si ricordò delle parole di Hekla.

"Tutto quello che mi aveva fatto – ogni schiaffo, ogni pugno, ogni calcio – era stato una miccia. Mi aveva trasformato in un incendio, e per lui era arrivato il momento di bruciare."

Questa è una miccia, pensò Silla. *Qualunque cosa accada, non mi vedranno crollare. E un giorno bruceranno.*

Raddrizzò la schiena mentre la porta si apriva, e la massiccia sagoma del Kommandor Valf riempì l'ingresso. Era alto e robusto, con la barba nera lunga divisa in due trecce Urkan. Le sue labbra si curvarono in un sorriso di circostanza, e la trascinò dentro, tirandola per le manette.

«Non voglio essere disturbato» intimò il kommandor. La porta si chiuse con uno colpo secco alle sue spalle, seguito dal minaccioso scattare della serratura quando Valf girò la chiave.

Decisamente troppo vicino, il kommandor si sfilò una chiave dalla tasca e iniziò a sganciarle le manette. Quando caddero a terra, Silla si strofinò i polsi, provando tutt'altro che sollievo.

Si guardò intorno. Valf si era diretto a un tavolo di legno massiccio in mezzo alla stanza. Un candeliere di ferro lo sovrastava, e le candele gettavano una luce tremolante su due pesanti brocche di ceramica e un vassoio stracolmo di cibo. Lo stomaco traditore di Silla brontolò: quella mattina in cella non le avevano portato da mangiare.

Scrutando la stanza, colse altri dettagli. In fondo c'era un camino scolpito, della stessa pietra nera levigata del resto dell'edificio, con un fuocherello che crepitava all'interno. Sopra il focolare erano appesi diversi arazzi più piccoli, con fili scintillanti d'oro, marrone e rosso che si intrecciavano a formare motivi geometrici che riflettevano la luce in modo bizzarro. Accanto c'erano scaffali pieni di libri e di pergamene e, con grande disappunto di Silla, diversi busti di varia grandezza di re Ivar. All'estremità opposta della stanza, una finestra con le imposte aperte, da cui filtrava una luce fioca.

Il Kommandor Valf indicò due poltrone rivestite di pelliccia accanto al fuoco. «Siediti.»

Non era un invito, e nemmeno un consiglio. Deglutendo, Silla attraversò la stanza e si lasciò cadere su una delle due. Il suo sguardo si posò su un busto di basalto nero di re Ivar appoggiato sulla mensola accanto alla poltrona di Valf. Il re la guardava con cipiglio, anche attraverso la levigata roccia vulcanica.

Orribile, pensò, facendo attenzione a mantenere un'espressione neutra.

Il kommandor le arrivò accanto, con il vassoio di cibo in mano.

«Il tuo pasto» disse. Di nuovo, non era una domanda. Silla prese il vassoio con i nervi a fior di pelle. Valf si sedette sulla poltrona accanto al busto, sorseggiando da un calice mentre la fissava. «Mangia» disse.

Il suo stomaco riprese a brontolare. Erano stati giorni di zuppa annacquata a pranzo e a cena, mai abbastanza per saziare la sua fame. E nel vassoio davanti a lei c'era la peggior tentazione possibile: panini dolci.

Dopo averci pensato un bel po', Silla ne prese uno dal piatto e gli diede un morso timido. Strati di tepore burroso la avvolsero e lei gemette, letteralmente, prendendone un secondo boccone, molto più grande. Poi passò alla carne e ai formaggi, ingurgitando in silenzio fino all'ultimo boccone.

«Vedo che ti piace» commentò il kommandor, incurvando le labbra in un ghigno.

Una vampata di calore le risalì lungo il collo e Silla strinse le mani, poi le riaprì, incerta sul da farsi.

«Sei nervosa» mormorò Valf.

Silla lo fissò negli occhi. «Ho ragione di esserlo?»

Il kommandor la scrutò. «Mia cara, se collabori non ti verrà fatto alcun male.»

Silla si sforzò di non trasalire.

Il kommandor proseguì: «Da quel che ho sentito, hai un temperamento scontroso. La lingua un po' tagliente».

Silla si costrinse a parlare, guardandolo dritto negli occhi. «Sono rimasta rinchiusa per giorni in una cella senza che mi spiegassero di cosa ero accusata. Magari voi sarete così gentile da informarmi, kommandor?»

Quel terribile ghigno gli increspò di nuovo la faccia. «Siamo tutti e due troppo intelligenti per questi giochetti, cara. Non vuoi ammettere chi sei?» Fece una pausa. «Posso chiamarti Eisa, o preferisci Silla?»

Lei impallidì, le si serrò lo stomaco.

Eisa.

Quel nome la perseguitava, per quanto cercasse di sfuggirgli. Le mani presero a tremarle, e fece un respiro profondo.

Pensieri da focolare, si disse. Ma l'avevano portata dal Kommandor Valf con quell'abito oscenamente scollato. Il suo amante l'aveva tradita. Non aveva più nessuno né niente al mondo.

Saga, pensò. *Ho Saga.*

A poco a poco si rianimò, e si costrinse a rispondere.

«Silla» si sentì dire.

«Silla» ripeté lui. «Abbiamo mandato un falco alla regina Signe per informarla che ti avevano catturata e abbiamo già ricevuto la risposta: non vede l'ora di riaverti. Ha predisposto una nave per portarti a sud, a Sunnavík. Partirai dal porto di Kunafjord.»

Silla si strattonò la manica del vestito.

«Il tuo amico Jonas ci ha informati che, oltre a conoscere la tua stirpe, ha anche scoperto le tue insolite capacità» continuò il kommandor, massaggiandosi la mascella. Le posò lo sguardo sulle mani.

Silla strinse i denti. *Jonas* l'aveva scoperto?

«Ovviamente, sai già qual è la nostra posizione ufficiale riguardo a tale... abominio.» Storse il naso. «Ma tu sei qui. Il tuo destino è segnato. Non c'è motivo di nascondermi nulla. Dimmi, cara, che facoltà hai, di preciso?»

Silla fu sul punto di scoppiare a ridere. *Be', kommandor, risplendo come l'aurora. Un'abilità utilissima se stai scappando per salvarti la vita. Non si nota per niente.*

«Non lo so» replicò invece.

«È davvero un guaio.» Il kommandor si portò il calice alle labbra. «Tuttavia, esistono parecchi modi per sbrogliare questioni del genere.

E dato che ci vorranno diversi giorni prima che la nave della regina sia pronta, noi due ci divertiremo a scoprirli. Sono bravo a svelare misteri.»

Silla serrò le mani con una forza tale che le nocche le divennero bianche. Sebbene non conoscesse i metodi di Valf, era sicura di non volerli scoprire.

«La regina non approverà che vi trastulliate con il suo nuovo giocattolo, immagino» dichiarò, gli occhi fissi sul Kommandor Valf.

«Al contrario, mia cara. Sua Altezza mi ha chiesto conferma del tuo galdur. Sono intimo amico del suo consigliere, Maester Alfson. Lo conosci?»

Silla scosse la testa, rigirandosi inquieta sulla poltrona.

«Il Maester... be', ha una mente curiosa e gli piace scoprire come funzionano le cose. È assai dedito al suo mestiere e nutre un particolare interesse per il funzionamento della magia. Non c'è niente che lo diverta di più che smontare e rimontare le cose.»

Un brivido le corse lungo la schiena a quel primo accenno a ciò che davvero l'aspettava a Sunnavík. Ceneri, che razza di mostri c'erano in quel castello con Saga?

«Niente paura, Silla. Io sono molto meno capace, benché abbia i miei metodi» disse il kommandor. «Posso riempirti il bicchiere?»

Silla scosse la testa. Un brivido gelido le ghiacciò il sangue a quella notizia inquietante, e di nuovo si agitò sulla poltrona.

«Sì, cara. Scopriremo come funziona la tua magia. E, sai, abbiamo appena iniziato la prima seduta.»

Aggrappandosi ai braccioli, Silla puntò gli occhi in quelli freddi e scuri dell'uomo. Il gelo sembrava essersi propagato alla sua pelle, insieme a una strana sensazione di tensione che le si accumulava nelle vene.

Il kommandor continuò, in tono sempre più eccitato. «Alfson mi ha detto che ha a che fare con l'energia e l'equilibrio. Le foglie di skjöld creano una barriera troppo forte perché i poteri di una persona possano manifestarsi, e li annullano. Ma c'è un'altra foglia che ha l'effetto opposto. Se la si prende, neutralizza la barriera e costringe i poteri a emergere. L'ha chiamata "catalizzatore".»

Adesso Silla sentiva la pelle formicolare; guardò il vassoio vuoto. Un'illuminazione le corse lungo la schiena come acqua ghiacciata e chiuse gli occhi. Idiota. Era proprio una maledetta idiota.

«Già, cara. Il catalizzatore era nel panino. E, guarda, la tua magia si sta attivando. Allora è vero: hai un dono unico.»

Silla scattò in piedi, ruotando i palmi delle mani verso l'alto e fissando inorridita la luce bianca che le sgorgava dalle vene. Le altre due volte che l'aveva vista, quella luce iridescente era più morbida, più lieve, come un sussurro dentro di lei. Ora le infuriava in corpo come un fiume glaciale scosso dalle rapide, e il freddo le premeva contro la pelle, come a chiedere di essere liberato.

La pressione sembrava aumentare a ogni respiro, ma lei non sapeva come sprigionarla.

Il Kommandor Valf le comparve accanto senza preavviso. Le chiuse una mano attorno al polso, stringendolo così forte che lei trasalì. Le fece scorrere un dito su e giù per il braccio mentre lei cercava di divincolarsi.

«Sembra che tu sia un'Inceneritrice, anche se la tua pelle è fredda al tatto» mormorò. «E questo cos'è? Non l'ho mai visto prima. Tu brilli!» C'era un che di inquietante nella sua voce, un'eccitazione bramosa. «Alfson ne sarà entusiasta. Vorrà aprirti per vedere se brilli anche dentro.»

Silla inspirò affannosamente e la stanza si inclinò sul suo asse. Doveva uscire di lì.

«Ma perché deve divertirsi solo lui? Anch'io sono impaziente di vederlo.» Si spostò alle sue spalle e se la strinse con forza al petto. Travolta dallo shock e dal panico, Silla si divincolò. Il kommandor sfoderò un pugnale e, prima che lei riuscisse a comprendere cosa stava succedendo, glielo conficcò nel palmo della mano.

Silla urlò, mentre il dolore bruciante si mischiava confusamente al freddo del suo galdur.

«Bene» disse il kommandor.

La stanza tornò a fuoco e lei valutò la situazione. Il sangue le colava scarlatto dal palmo. Lui le teneva stretto il polso in una mano enorme, e con l'altra reggeva il pugnale. L'aveva messa con la schiena contro il suo torace, bloccandola.

Quando si chinò a esaminare la ferita, il suo alito che puzzava di birra acida le fece venire un conato di vomito. «Niente, è rosso. Sono deluso, lo ammetto. Ma le tue ossa...»

Prima che il panico potesse travolgerla di nuovo, Silla ebbe un momento di lucidità. *Questo* era ciò per cui si era allenata in tutte quelle settimane con Hekla e Rey. Ogni gomitata, ogni affondo, ogni pugno dato in addestramento l'avevano preparata a quel preciso momento.

Se voleva la libertà, doveva ricordarsi quello che le avevano insegnato.

Mentre il kommandor le agguantava il dito medio e abbassava il pugnale, Silla gli rifilò una gomitata nelle costole. L'uomo annaspò, e lei gli mollò un colpo maldestro al polso, facendogli cadere il pugnale a terra.

«Kunta!» Con un braccio le cinse la gola, stringendola fino a mozzarle il fiato. «Hai segnato il tuo destino» disse. «Se mi fai male, te ne farò dieci volte tanto.»

Ma le sue parole le arrivavano sempre più ovattate, finché Silla non sentì altro che la voce di Hekla in testa.

"Allarga il braccio che ti tiene intorno al collo."

"Sferragli un pugno all'inguine."

"Prendilo a gomitate nelle costole."

"Liberati."

Il suo corpo eseguì quei gesti come se fosse la millesima volta, e finalmente si divincolò dalla presa dell'uomo.

Si scansò dal kommandor, piegato in due nel tentativo di riprendersi, ma lui le si fiondò alle spalle con uno scatto repentino e violento, agguantandole l'orlo del vestito. Un rumore netto annunciò che l'abito si era strappato. La stoffa si lacerò e lei incespicò in avanti per lo slancio, aggrappandosi con le mani al bordo del tavolo. Le pesanti brocche in ceramica sbatterono tra loro con un tintinnio.

Il Kommandor Valf si raddrizzò, il viso teso e paonazzo. «Mi deludi, cara. Credevo che potessimo essere amici. Ma adesso soffrirai.»

Ignorando la tensione sottopelle e la luce disorientante che le si sprigionava dalle braccia, Silla afferrò le brocche di ceramica, e le mani per poco non le cedettero sotto quel peso inaspettato. Roteando su sé stessa con una brocca in ciascuna mano, le scagliò contro il kommandor, mentre lui le si avventava contro. Con movimenti fluidi ed esperti, Valf scartò a sinistra e poi a destra, schivandole agevolmente. Birra e idromele schizzarono a terra, seguiti dalle brocche. Il kommandor caricò Silla più velocemente di quanto si aspettasse. Lei si girò nel tentativo di mettersi fuori portata, ma era troppo tardi.

Valf la agguantò per i capelli, strattonandole violentemente la testa. Le sfuggì un grido, mentre il dolore le attraversava il cuoio capelluto. Le sue mani si agitavano alla cieca, in cerca di qualcosa, qualunque cosa, ma non trovarono nulla.

«Bada bene, sarei stato gentile con te.»

La testa di Silla scattò all'indietro, i piedi si affannarono per seguirla. Spinse il gomito verso le costole del kommandor, cercando di ricordare le tecniche di difesa, ma stava andando tutto a rotoli: i suoi movimenti erano goffi e inutili.

Valf allentò la presa sui suoi capelli e la spinse bruscamente a terra. Lei finì con le mani e le ginocchia sul pavimento di legno, mentre i denti sbatterono così forte per il contraccolpo da farle pensare che le si sarebbero rotti.

«Per fortuna, alla regina non servi in condizioni perfette.» Le piantò con violenza uno stivale nelle costole, svuotandole i polmoni di tutta l'aria e provocandole un dolore che le si propagò per il petto. Silla cercò disperatamente di prendere fiato, ma era come paralizzata.

Strabuzzò gli occhi e ci riprovò. Di nuovo. Niente. Niente aria. Una fitta di panico l'attraversò, distraendola dallo stivale che ancora una volta si protendeva verso di lei.

Rosso.

Non c'era nient'altro che un dolore cocente che l'accecava e l'imprigionava. Si rannicchiò su sé stessa gemendo, in attesa del prossimo colpo. Finalmente riuscì a riprendere fiato, ma il conforto fu di breve durata. Due mani massicce la girarono, bloccandole le spalle sul pavimento, e un peso si depositò sul suo petto. La sua vista si schiarì, e gli occhi le andarono agli arazzi appesi sul camino. Da quell'angolazione, riusciva a vederli meglio.

Capelli.

Erano intessuti di capelli umani.

Rossi, biondi, castani, neri... una moltitudine di ciocche intrecciate tra loro e appese sopra il caminetto a mo' di trofei.

Quante donne? si chiese Silla, col panico che le stringeva la gola. Quante donne aveva violato quel mostro prima di mandarle al patibolo?

Il kommandor era a cavalcioni su di lei. «Urla, cara» sussurrò, ritirando la mano. «Mi piace un sacco.»

A palmo aperto, la schiaffeggiò. Un dolore acuto e cocente sferzò il viso di Silla. Lei sbatté le palpebre, poi lo fece di nuovo, fino a mettere a fuoco la figura che le incombeva sopra. A quella vista le si gelò il sangue. Con occhi malevoli, il kommandor aveva incurvato le labbra in un sorriso trionfante.

Si sfilò un pugnale dalla cintura e Silla si preparò alla fine. Invece lui le afferrò i capelli, ne tagliò una ciocca e se l'accostò al naso. «Un souvenir per ricordarmi del tempo passato insieme.»

Silla si contorse sotto di lui, graffiandogli le braccia, ma l'unico risultato che sembrava ottenere era fomentare ulteriormente la rabbia del kommandor. Gettati via il pugnale e la ciocca di capelli, lui la schiaffeggiò di nuovo, facendole perdere i sensi. La stanza prese a girare quando il kommandor le afferrò la gola con una mano, mentre con l'altra cercava la fibbia della cintura. Silla non riusciva a respirare. Lampi di luce le balenavano davanti agli occhi, le sue mani brancolavano inutilmente lungo i fianchi. Il panico le serrava lo stomaco.

«Ci divertiremo insieme, *cara*. Anche se temo che sarà più divertente per me che per te.»

Sembrava tutto lontano. Le ronzavano le orecchie. I suoi occhi si stavano spegnendo.

Poi, però, la mano del kommandor tremò. Allentò la presa. Silla respirò a pieni polmoni. Il tempo rallentò. Il viso di Valf incombeva su di lei con un'espressione stranamente vacua.

Silla ruotò la mano, e le sue dita sfiorarono una forma tondeggiante. Qualcosa di freddo. Chiuse le dita attorno al manico della pesantissima brocca. L'afferrò saldamente, poi la fece roteare in un ampio arco fino a colpire la tempia del kommandor con tutta la forza di cui era capace. L'impatto fu un tonfo sordo che le si riverberò lungo tutto il braccio. Silla trattenne il fiato, guardando il kommandor. Valf sbatté le palpebre, poi si accasciò su un fianco.

Silla riprese fiato ansimando, districandosi da sotto di lui per rimettersi in piedi. Cos'era successo? Perché aveva smesso di soffocarla? Ma non c'era tempo per rimuginare su quelle domande. Valf annaspava alle sue spalle, rantolando. La agguantò per la caviglia, conficcandole le dita nella carne.

Lo sguardo di lei incrociò una macchia di pietra nera levigata. Gli occhi penetranti del busto di basalto di re Ivar parevano ammiccarle. Silla afferrò il blocco di pietra e lo sollevò dal ripiano, grugnendo per la pressione sul palmo ferito. Sfruttando lo slancio prodotto dal peso, lo fece ruotare verso la sagoma distesa del kommandor e lo lasciò cadere.

Avrebbe potuto giurare di aver sentito la risata di approvazione di Hekla, mentre il busto atterrava con uno schiocco nauseabondo e umido sulla testa del kommandor. Il cranio si fracassò come un guscio d'uovo, sangue e materia grigia colarono tutt'attorno alla pietra nera.

Uno spasmo delle gambe. Uno sbuffo. Poi l'uomo non si mosse più.

Silla fissò il corpo martoriato del Kommandor Valf. Strizzò gli occhi una, due volte. Era stata lei. L'aveva ucciso. Aveva...

Un colpo alla porta la distolse dai suoi pensieri. La lotta. Avevano fatto un sacco di rumore. I Klaernar fuori dalla stanza stavano bussando, strattonando la maniglia.

«Kommandor?»

Silla percorse con gli occhi la stanza, e individuò una finestra. Sfilò il mantello di lana del kommandor da un gancio nel muro e se lo buttò sulle spalle per provare ad attenuare la luce sprigionata dalle proprie braccia. Corse alla finestra e spalancò le imposte al massimo, sbirciando cautamente fuori.

Un drappello di Klaernar accorreva lungo il sentiero sottostante, verosimilmente diretto all'ingresso della guarnigione. Lo spettacolo al di là le mozzò il fiato. La distesa della città di Kopa: strati su strati di costruzioni nere, tetti e guglie che si allungavano fino alle montagne irte di picchi e, proprio in fondo, una fortezza colossale.

Ce l'aveva fatta: era arrivata a Kopa, e avrebbe tanto voluto dirlo a suo padre, urlarlo al di sopra dei tetti.

«Concentrati, Silla» sussurrò scuotendo la testa. Non era il momento ideale per i sentimentalismi. Era a Kopa, sì, ma era tutt'altro che al sicuro.

«Skeggagrim» ricordò a sé stessa. «La casa con le persiane blu accanto alla Tana del Drago.» Si arrampicò sul davanzale e lasciò penzolare una gamba. Da qualche parte, in quella città, c'era la libertà. Così vicina che poteva quasi sentirne il sapore.

Sotto la finestra c'era un mucchio di arbusti, ma dato che si trovava al secondo piano della guarnigione era troppo in alto per saltar giù in tutta sicurezza. Aggrappandosi al davanzale, Silla ruotò dando la faccia al muro esterno. Nella colluttazione aveva perso le babbucce, e con i piedi nudi cercò un appiglio sulla parete di pietra. Digrignando i denti, si aggrappò disperatamente alla parete. Il vestito sventagliava sferzato dal vento. Guardò giù. Un passo, magari due, e avrebbe saltato.

Le giunse all'orecchio un rumore di schegge di legno, e un uomo che urlava mentre sfondavano la porta dell'alloggio del Kommandor Valf. Silla abbassò il piede, alla disperata ricerca di un altro appiglio. Appena fece pressione, la pietra le si sgretolò sotto i piedi e lei cadde nel vuoto, con la bocca spalancata in un urlo che non si azzardò a lasciar uscire.

Atterrò pesantemente su un fianco, tra i cespugli, con il fiato mozzo e il naso pieno del profumo pungente del ginepro. Restò lì distesa, stordita, incapace di riprendere fiato. Alla finestra in alto apparve un viso arcigno e tatuato, e Silla tornò di colpo in sé.

«Ha scavalcato!» urlò il Klaernar, spingendosi oltre il davanzale della finestra.

Silla si mise a correre lungo la strada acciottolata, a malapena consapevole dei rami che le graffiavano le braccia e le gambe.

«Persiane blu» si ripeteva a denti stretti. «Locanda della Tana del Drago.» Doveva trovarla. Era tutto ciò che aveva.

Ma, mentre sfrecciava per la strada, non vide il falco nero che le svolazzava sulla testa.

62

Mentre sfrecciava per la strada, Silla affondò le braccia nelle pieghe del mantello rubato. Grazie alla lana nera, e stringendo le braccia al petto, riusciva a smorzare un po' la luce che sprigionava dagli avambracci, ma la sensazione sottopelle la faceva impazzire: era una tensione gelida, che urlava per liberarsi. *Che razza di potere assurdo è?* pensò. *Una torcia umana gelata, impossibile da spegnere?*

Le arrivavano alle orecchie i rumori di Kopa: il martellare dei fabbri, lo scalpiccio degli zoccoli, il brusio delle conversazioni. Si era persa e aveva bisogno di indicazioni. Combattendo l'istinto di nascondersi, corse in direzione dei suoni. La strada curvava, dilatandosi in un'arteria frenetica. Pullulava di gente, intenta a vivere la sua vita come tutti i giorni, incurante della ragazza in fuga. Un uomo avanzava verso di lei, con un berretto di pelle di foca calcato in testa e un mantello di lana rimboccato sulle spalle.

Fa freddo? si chiese Silla. A piedi scalzi sul lastricato di pietra grezza, il freddo comunque non la toccava. C'era solo il bisogno di mettersi in salvo e la pressione incessante del suo galdur che le chiedeva qualcosa che lei non poteva dargli.

«Per piacere» implorò Silla, rivolta all'uomo. «Sto cercando una locanda, la Tana del Drago. È qui vicino?»

L'uomo rallentò, arricciando le labbra in una smorfia quando vide com'era vestita. Il suo alito si addensava in nuvolette, e Silla lanciò un'occhiata alle proprie spalle. Sentì delle grida: i Klaernar le erano addosso.

«Per piacere» lo incalzò agitata. «È qui vicino?»

L'uomo spostò lo sguardo a incrociare il suo. «In fondo a questa strada, taglia per il viottolo accanto al fabbro e lo vedi, è subito lì.»

Era a poche vie dalla salvezza. Dalla sua nuova vita.

Si rianimò e proseguì, urlando da sopra la spalla: «Grazie mille!».

E poi si mise a correre. I piedi si erano scorticati sfregando contro le strade di ciottoli vulcanici, e il vento del Nord le scompigliava i capelli e il mantello. Se lo strinse più addosso, per cercare di coprire il folle bagliore che emanava dalle braccia, e che comunque filtrava attraverso la stoffa. La gente si voltava a guardarla, e Silla sapeva che stava attirando troppe attenzioni.

Ma i Klaernar erano lì da qualche parte alle sue spalle, lei aveva ucciso il loro kommandor e il suo futuro era in fondo a quella strada.

La casa con le persiane blu accanto alla locanda della Tana del Drago, continuava a ripetersi. Era una nenia, una preghiera, una supplica, e a ogni ripetizione la determinazione di Silla aumentava.

La via era sempre più affollata. Silla superò alcuni carretti e continuò a correre, urtando la spalla di una donna. Il frastuono del martello del fabbro le rimbombava nelle orecchie, e lei svoltò a destra, imboccando il viale che costeggiava la fucina. Di lì a poco, lo lasciò per immettersi in un vicolo più stretto. Si arrestò all'improvviso quando vide un grosso edificio di pietra alla sua sinistra. C'erano due scudi identici montati ai due lati di una pesante porta di legno, con sopra dei draghi dipinti di verde. Sulla porta pendeva un'insegna con una scritta che le fece battere il cuore: LA TANA DEL DRAGO.

I suoi occhi si posarono sulle vecchie persiane blu di una casetta non meglio identificata sulla sinistra della locanda. Le si offuscò la vista, aveva le lacrime agli occhi. Ce l'aveva fatta. Eccola, la casa accanto alla Tana del Drago.

Aveva percorso un migliaio di chilometri per arrivare fin lì. Era sopravvissuta a perfidi mostri e bande di guerrieri, aveva lottato contro guerrieri e assassini terrificanti. Aveva trovato e perso amici, aveva avuto un amante e provato il dolore tremendo di essere tradita. Aveva scoperto la verità sulla sua famiglia, e aveva capito di essere una Galdra.

La Silla che avanzava verso la casa di Skeggagrim era un'altra donna rispetto a quella di un mese prima. Era più forte. Più saggia. Più viva. E più affamata.

Quella era una casetta minuscola e ordinaria, di pietra nera. Silla era così vicina da riuscire a vedere che i mattoni non erano propriamente neri, bensì solcati da venature di un blu intenso che catturavano la luce. Una porta di frassino montata su cardini di ferro, le finestre sigillate da persiane blu. Spingendo il cancello nel recinto di canne, Silla fece un respiro profondo.

Si avvicinò alla porta e bussò.

Il cuore le martellava nel petto, tremava. Inspirò ed espirò. Una. Due. Tre volte.

La porta si aprì.

«Ciao, piccola Galdra» disse Skraeda.

* * *

Mentre usciva dalla pineta, con la guarnigione est che gli svettava davanti, Rey era in affanno. Si piegò in due per riprendere fiato, i muscoli sempre più doloranti. Uccidere tutti quei Klaernar l'aveva quasi prosciugato, ma in testa aveva il chiodo fisso di quell'unico che era fuggito. Avrebbe dovuto dargli la caccia, metterlo a tacere per sempre. Ma ormai doveva essere lontano, e decise che trovare Silla era la questione più urgente di cui occuparsi al momento.

Il suo corpo si ribellava, sapeva di aver prosciugato il suo galdur come non gli succedeva da anni. Frugò in un borsello di cuoio fissato alla cintura e ne estrasse una manciata di aghi verdi essiccati, il cui profumo pungente di bosco gli fece arricciare il naso. Se li ficcò in bocca e masticò un po', prima di arrendersi e mandarli giù con una smorfia. Il sapore amaro delle foglie di vakandi era persistente, ma sentì subito che lo stimolante iniziava a fare effetto, rilassando la tensione nei muscoli e pompando energia nel sangue. L'avrebbe pagata durante il sonno dopo, ma adesso c'era un'emergenza in corso.

Ispezionò la guarnigione. Decine di finestre fiancheggiavano il robusto portone d'ingresso, ma lui posò lo sguardo sull'unica al piano di sopra, sotto il tetto spiovente. Doveva essere la finestra di Valf. Pregò che lei non fosse lì.

Mentre sbucava di corsa dal bosco, sguainò la spada.

Si sentì avvampare al pensiero di lei nelle mani dei Klaernar, da giorni ormai. Cos'aveva dovuto sopportare? Lo aggredì un desiderio feroce: fare a pezzi il portone con l'ascia, e poi colorare la sua lama del loro sangue. Bruciare e distruggere gli Artigli del Re e la loro guarnigione, come sarebbe dovuto avvenire da tempo.

Ma il suo sesto senso lo aiutò a restare con i piedi per terra. Era una follia. Lui era migliore di così, non poteva lasciarsi sopraffare dai suoi impulsi primordiali. Irrompere in una guarnigione piena zeppa di Klaernar non era proprio una buona idea.

Si bloccò vicino all'edificio. Dalla finestra aperta al piano di sopra arrivavano delle voci.

«Morto?» chiese qualcuno. «E la ragazza?»

«Si è calata dalla finestra. Un contingente la sta cercando...»

«Mandatene un altro!» sbraitò la voce.

Rey rientrò nel bosco. *È scappata*, pensò, con il cuore gonfio. Per qualche motivo, non lo stupiva. Era furba, la sua ragazza. Una sopravvissuta.

Non è la tua ragazza, si rimproverò. La lotta e le foglie di vakandi dovevano avergli dato alla testa.

Si riscosse, inguainò di nuovo la spada nel fodero e si voltò. Chiuse gli occhi e sentì le grida lontane dei Klaernar.

Si inoltrò nella foresta e iniziò a correre.

* * *

Silla incespicò all'indietro, ma venne afferrata per il mantello e il metallo le punse la gola mentre Skraeda la tirava all'interno.

Le girava la testa per lo sforzo di capire come fosse possibile che l'assassina dai capelli rossi si trovasse a casa di Skeggagrim.

Non appena realizzò, le si strinse il cuore.

«Eh già, piccola Galdra» disse Skraeda, inchiodandola contro la porta con un braccio piantato nella clavicola. «Grazie mille per avermi lasciato quella lettera.»

Le budella di Silla si contorsero mentre il suo sguardo scivolava oltre la spalla di Skraeda, in cerca di segni di Skeggagrim. Era tutto buio e fermo, e la luce delle torce guizzava sugli strani minerali blu dei mattoni di pietra nera. Un'unica, lunga stanza rettangolare con una scala che portava a un soppalco e un divisorio intrecciato in fondo, che probabilmente nascondeva lo spazio per dormire. C'era odore di legna da ardere, di pietra umida e... di qualcosa di metallico.

La luce degli avambracci di Silla illuminava dal basso la faccia di Skraeda, disegnandole ombre sotto gli occhi e il naso. «Ti è piaciuto il mio regalo?» chiese la guerriera, sfregando con la lama la pelle sensibile del collo di Silla.

«C-come?» domandò Silla.

A Skraeda piace parlare, pensò. *Lasciala fare. Prendi tempo.*

«Il mio regalo, Eisa.»

Skraeda sorrise, un sorriso troppo largo, a trentadue denti, e Silla rabbrividì a quel nome.

«Non chiamarmi così» sibilò a denti stretti.

Lei la ignorò. «Spero sia stato facile fuggire dalla guarnigione. Uomo orribile, quel Kommandor Valf. Ho aspettato nel bosco. Ho trovato i fili delle sue emozioni e ho temporeggiato. Sapevo che avrebbe voluto vederti. Sapevo che avresti stuzzicato il suo interesse.» La sua faccia era così vicina che Silla ne percepiva l'alito sulle guance. «Quando ho sentito la sua ira, e poi la lussuria, ho capito che era ora di tirare il filo del suo libero arbitrio.»

«L-libero arbitrio?» ripeté Silla.

Si guardò di nuovo intorno. *Dov'è Skeggagrim? Gli ha fatto del male?*

«Una cosetta che ho scoperto sui Klaernar che si è rivelata parecchio utile.» Skraeda abbassò il tono con un sorrisetto complice. «Alcune parti delle loro menti sono alterate, per cui il filo del loro libero arbitrio si trova facilmente. Penso sia un effetto collaterale della polvere di berskium che prendono.»

Silla non sapeva di cosa stesse parlando, ma continuò saggiamente a tacere. *Cerca un'arma*, pensò. *Ti serve un vantaggio.*

«Una tiratina al suo libero arbitrio e il kommandor non era più in sé» proseguì la guerriera.

Quelle parole colpirono Silla, e d'un tratto tutto ebbe un senso: l'esitazione di Valf, la pausa in cui era riuscita a prendere fiato, ad agguantare la brocca. «Tu! L'hai congelato tu!»

«Sì» mormorò Skraeda, studiando Silla. «Subito dopo ho perso il filo e sono tornata qui di corsa. Che gli hai fatto?»

Silla rabbrividì al ricordo. «Gli ho fracassato il cranio.»

«Ottimo» mormorò Skraeda. Fece una smorfia in risposta all'espressione di disgusto che si era dipinta sul volto della ragazza. «Sono loro che ci rendono così, piccola Galdra. Sono loro che ci fanno combattere. Che ci trasformano in assassini. È così che va il mondo.»

Falla parlare ancora, si disse Silla. *Trova il suo punto debole e poi sfruttalo. Come hai fatto con Kraki.*

«È questo che ti è successo?» le chiese, senza riuscire a trattenere una nota di disprezzo nella voce.

Un'emozione lampeggiò negli occhi azzurri di Skraeda. «Se vivi in questo regno da Galdra abbastanza a lungo, devi farti crescere gli artigli per sopravvivere. Ne ho viste abbastanza per sapere che nessuno che sia davvero buono è destinato a durare a questo mondo.»

«Chi hai perso?» le chiese Silla.

Trova il suo punto debole, si ripeté. *Skraeda è umana. Avrà dei difetti, come tutti noi.*

«Avevo una sorella.» La guerriera sembrava persa nei suoi pensieri. «Una gemella. Era troppo gentile per questo mondo. Troppo debole. Troppo spaventata all'idea di usare il dono che gli dèi le avevano concesso.»

«Che le è successo?» la incalzò Silla.

Skraeda sospirò. «Era destino che non vivesse. Sua Altezza mi ha concesso la libertà e Ilka è stato il prezzo da pagare. Sapevi che la regina Signe è stata la prima persona a guardarmi con un'espressione che non fosse di disgusto? Nemmeno i miei genitori volevano una figlia Galdra. Mi hanno... *ci* hanno mandate via. Ma la regina... lei non ha mai visto il mio galdur come una maledizione, come qualcosa contronatura, da cancellare. Non è come suo marito, che dei Galdra ha paura. Lei vede il nostro potenziale, il potere che se ne può ricavare.»

«Una donna lungimirante» mormorò Silla.

«È una visionaria. Non ha paura di sacrificare qualcosa per ciò di cui il nostro paese ha bisogno. E se questo significa che qualcuno deve morire perché la visione della regina Signe diventi realtà, allora così sia.»

A Silla si drizzarono i peli sul collo. «Chi deve morire?»

«Qualche Galdra.»

«Io» disse Silla.

Skraeda annuì, e il suo sguardo si fece di colpo triste. «E Ilka: era destino che morisse anche lei perché il progetto della regina diventasse realtà. Non voleva andarsene, ma è stato necessario. E adesso... adesso il dono di Ilka continua a vivere. La sua eredità riplasmerà questo regno.»

Silla strinse gli occhi. Skraeda era stata disposta a sacrificare la sua stessa gemella. «Tu sei pazza.»

«Sono *devota*. E tu mi farai rientrare nelle grazie della regina.»

«Dov'è Skeggagrim?» chiese Silla, sempre più impaziente. Il bisogno di sapere le serrava lo stomaco.

La lama alla gola le pungeva la pelle, ma la pressione del braccio sulla clavicola diminuì. «Te lo presento. Siamo vecchi amici ormai, Grimmy e io.»

Silla deglutì mentre Skraeda la allontanava dalla porta. La guerriera si posizionò alle sue spalle, torcendole un braccio all'indietro e continuando a puntarle la lama al collo.

Il mantello le scivolò giù dalle braccia, e una luce bianca inondò la stanza, così intensa che Skraeda trasalì.

«Povera ragazza» disse la guerriera, slacciando il mantello rubato per buttarlo a terra. Strizzò gli occhi, studiando gli avambracci di Silla. «Ti ha dato il catalizzatore? Devi stare malissimo. Il tuo galdur smania di essere liberato. Potrai farlo presto.»

Silla si morse il labbro, confusa. In effetti *stava* malissimo: la tensione non scaricata era come un prurito che non riusciva a grattare.

Skraeda la spinse verso il divisorio in fondo alla stanza e Silla, con i piedi scalzi, avanzò incerta. Più si avvicinavano, più lei era certa di cosa avrebbe visto dietro il separé, e meno voleva guardare.

Ma doveva sapere.

Appena superò il divisorio, gli occhi le caddero sulla figura sdraiata su un basso giaciglio. Lo spazio era immobile come la morte, l'odore ferroso lì era ancora più forte.

«È immerso nel sonno eterno.» Uno squarcio scuro segnava la gola dell'uomo barbuto, coperto di sangue rappreso, a indicare che era morto da un pezzo.

Morto. Skeggagrim era morto e, con questa consapevolezza, Silla perse ogni speranza. Un altro cadavere sulla coscienza. Il senso di colpa minacciò di soffocarla.

«L'hai ucciso» sussurrò. I suoi sogni di aver trovato una casa-rifugio andarono in mille pezzi.

Kopa doveva essere un posto sicuro, doveva significare la libertà. Ma era l'ennesima bugia. Come ogni nuovo inizio con suo padre, Kopa non era altro che l'ennesima, falsa speranza.

Per lei non c'era nessuna salvezza.

Non sarebbe cambiato nulla.

Si sentì prendere dallo sconforto. Aveva combattuto e lottato e si era trascinata fino a Kopa, era sfuggita ai Klaernar, a Skraeda, agli uomini della regina Signe e ai mostri, sempre con la speranza che le sue sofferenze potessero avere fine. Ed eccola qui, di nuovo. Non era in una situazione migliore di quella sulla strada nei pressi di Skarstad.

Che volete da me? gridò in cuor suo agli dei. *Tormentarmi all'infinito?*

Era stanca, così stanca che dovette stringere le ginocchia per evitare di accasciarsi a terra. «Hai vinto» bisbigliò con un filo di voce. Non poteva più giocare quella partita.

«Piccola Galdra» disse Skraeda, con una nota di compassione nella voce. «È difficile rendersi conto di essere impotenti. Ci sono passata anch'io. È un mondo crudele per i Galdra, ma non temere, non lo vedrai ancora per molto.»

Silla sgranò gli occhi. «Cosa?»

Skraeda rise, un suono stridulo che la colpì come una pioggia di spilli.

«Ho perso tutto a causa tua» sbottò la guerriera. «Lo sapevi che la regina ha provato a farmi giustiziare? Far giustiziare *me*! La tua fuga a Skutur mi è costata la stima della sovrana. Ero una delle sue favorite. E adesso mi considera inutile.»

Silla annaspò.

«La tua paura ha un sapore delizioso, piccola Galdra. Ammetto che la bramavo da parecchi giorni, ormai. Mi hai causato molti problemi e muoio dalla voglia di vederti soffrire.»

«M-ma la regina mi vuole viva» balbettò Silla. Non avevano detto così quegli uomini quando avevano cercato di catturarla? Si sentiva confusa: era tutto sbagliato. Il suo galdur formicolava, la pressione la distraeva e non riusciva a pensare quando ne avrebbe avuto più bisogno.

«Sì» bofonchiò Skraeda, dando le spalle al cadavere di Skeggagrim. Lasciandole il braccio, spinse Silla contro il muro di pietra nera, puntandole di nuovo il pugnale alla gola non appena lei si girò.

«La regina ti vuole per il tuo galdur.» Le premette il braccio sulla clavicola, spingendola ancora di più contro la parete. «Qualunque cosa ci sia nel tuo sangue, le hanno detto che ha un enorme valore. Ma invece di consegnarti a lei, come avevo pensato all'inizio, prenderò il tuo galdur per me. E allora sarò io a essere preziosa per la regina. Sarò di nuovo la sua favorita.»

Le ginocchia di Silla cedettero, ma Skraeda la tenne ferma. «Lo p-prenderai?» riuscì a dire.

Skraeda tolse il braccio dalla gola di Silla, cercando qualcosa in tasca. Tenendola tra il pollice e il medio, la sollevò per fargliela vedere: una fiala trasparente e ricurva, con un tappo di metallo all'estremità e dentro un liquido blu ghiaccio.

«Míkrób» disse con una risatina. «Mi hanno detto che in questo liquido ci sono dei minuscoli esseri viventi. Li ingerirai e li ospiterai mentre banchettano con il tuo galdur, inglobandolo nei loro corpicini. Quando si saranno saziati e avranno generato dei minuscoli figli, li prenderò da te e li introdurrò nel mio corpo. La tua magia diventerà la mia. E poi, piccola Galdra, ti farò dono del sonno eterno.»

La mente di Silla vacillò, nel tentativo di comprendere quelle parole. Le sfuggivano i dettagli, capiva solo che l'ennesima persona stava cercando di usarla per il proprio tornaconto.

La cosa la fece infuriare, e la luce dei suoi avambracci divampò assieme alla collera.

Per tutto quel tempo, aveva pensato che la sicurezza si trovasse in un posto. Che se si fosse impegnata abbastanza e avesse viaggiato abbastanza a lungo, avrebbe finalmente trovato il rifugio che cercava. Ma non esisteva un posto del genere, non in quel regno. Non con la sua stirpe. Non con il galdur che le scorreva nelle vene.

Se voleva la libertà, avrebbe dovuto guadagnarsela.

E avrebbe iniziato con Skraeda.

I suoi occhi si strinsero mentre guardava la guerriera dai capelli rossi. «No» disse.

L'aria pulsava, quasi avesse vita propria. Il galdur nelle vene di Silla sgorgò come un fiume in piena e la sua collera non fece che accelerarlo.

Skraeda sembrava divertita. «No? Piccola Galdra...»

La pelle di Silla vibrava, sfrigolava come se avesse migliaia di bolle scoppiettanti sulle mani, così le piantò sul petto di Skraeda e spinse con tutta la forza che aveva.

Il viso della guerriera si contorse per la sorpresa mentre volava all'indietro in un groviglio di membra e trecce ramate. Uno schianto sonoro squarciò l'aria della minuscola casa quando Skraeda si abbatté contro il divisorio, spezzando i rami di salice.

Silla non aspettò che si riprendesse: la guerriera era più veloce, più forte, di gran lunga più brava con le armi. Tutto ciò che lei aveva erano la sua mente e l'effetto sorpresa.

E Silla sapeva che se si fosse messa a correre, Skraeda l'avrebbe inseguita. C'era un unico modo per farla finita.

Balzando sulla donna stordita, Silla le strappò la fiala di cristallo dal pugno e la scaraventò contro il muro. La fiala si infranse, lasciando una macchia umida che colava lungo le pietre nere e riempiva l'aria di un potente odore di zolfo.

«No!» urlò Skraeda, serrando le mani attorno al collo di Silla. «Idiota. Ti rendi conto di cos'hai fatto?»

Lei protese gli avambracci verso Skraeda, la luce bianca era più brillante del sole, accecante. La guerriera allentò la presa e indietreggiò, con gli occhi sbarrati.

Sollevando un braccio sopra la sua testa, Silla agguantò l'estremità acuminata di un ramo di salice dal divisorio e colpì la donna all'ascella.

Skraeda gridò, inarcando la schiena. Sgranò gli occhi, trafiggendo Silla con uno sguardo assassino.

Lei afferrò un altro ramoscello affilato e lo sollevò. Qualcosa le graffiò la mente, ed ebbe solo una frazione di secondo per prepararsi al ricordo. La stanza vorticò attorno a lei, poi sparì dalla vista.

«Non siamo sole. Malla e Marra vegliano su di noi.»

Due bambine sotto il tavolo, i corpicini abbracciati stretti.

Silla scosse la testa, cercando di scacciare Skraeda dalla sua mente. La paura le stringeva le costole, sempre più forte...

La guerriera l'afferrò per i capelli e la scaraventò di lato, rotolandole sopra. I rami rotti del divisorio le pungevano la schiena e Silla lottò come un animale, graffiando, scalciando, ringhiando e dimenandosi...

qualunque cosa pur di togliersela di dosso. Ma la paura... la paura la schiacciava, le toglieva energia e forza.

Mettendosi a cavalcioni su di lei, Skraeda le bloccò con le ginocchia le mani lungo i fianchi.

«Non mi avevi detto di essere una Spezzaspade.» Skraeda aggrottò la fronte. «Sei una gemella, ragazzina? Come fai ad avere i poteri sia di un Inceneritore sia di uno Spezzaspade?»

Silla si limitò a grugnire, cercando di scrollarsi di dosso il peso della donna.

«Che spreco» continuò lei. «Mi sarebbero piaciute le tue abilità. Le avrei messe a frutto, non le avrei nascoste come questo regno vuole che tu faccia. Ma adesso morirai.»

«Codarda!» gridò Silla. Il tocco di Skraeda le invase la mente, come unghie piantate nel cranio. Sapeva cosa sarebbe successo dopo.

La stanza si deformò, le si oscurò la vista.

La bambina venne strattonata all'indietro. La sua mano strappata da quella di Silla. Dalla sua gola uscì un urlo stridulo.

«Non lasciarmi!» gridò.

Silla fece un respiro spaesato mentre la stanza tornava a fuoco. Capelli fiammeggianti, occhi blu spiritati, un pugnale luccicante in mano alla guerriera.

«Traditrice!» urlò. Il tocco di Skraeda si insinuò nella sua mente, tirando e strappando senza precisione.

Quando il buio cominciò a offuscarle la visione periferica, Silla era preparata.

Matthias alzò lo sguardo su Silla, con il fiato che gli usciva a rantoli dai polmoni e il rosso che grondava da una decina di tagli. «Ti ho amata come se fossi mia.»

Muri di pietra nera, un peso enorme sul petto. Il malefico ghigno di Skraeda mentre contemplava la sua vittima.

«Tradisci i tuoi» sibilò Silla. «Sei una traditrice della tua stessa gente.»

Skraeda sussultò, poi si riprese, la sua rabbia divampò ancora di più. Ma Silla l'aveva percepito: la presa di Skraeda sulla sua mente si era allentata. Approfittò di quell'esitazione, colpendo l'unico punto esposto nell'armatura perfetta dell'assassina.

«Hai tradito la tua stessa gemella» disse sprezzante, con la speranza che sbocciava man mano che Skraeda mollava la presa.

«Ho fatto quello che dovevo...»

«Tu pensi solo a te stessa» ribatté Silla, mentre i suoi occhi si posavano sulla cintura di Skraeda, e sull'elsa d'avorio di una lama. «Ti credi coraggiosa, ma sei egoista e codarda. I tuoi genitori sono morti per colpa tua.»

Una tremenda angoscia si dipinse sul volto di Skraeda, e Silla liberò la mente dalla sua morsa.

Divincolò la mano.

Afferrò l'elsa d'avorio.

Alzò il braccio sinistro per parare la pugnalata di Skraeda.

E spinse la lama in profondità, subito sotto la clavicola della guerriera.

Skraeda schiuse le labbra, e le sfuggì un rantolo umido. Il sangue caldo sgorgò dalla ferita, raccogliendosi sull'elsa d'avorio e colando lungo le mani di Silla. Le due donne si fissarono per un lunghissimo istante. Silla vide le emozioni rincorrersi sul viso di Skraeda: incredulità, rabbia, rassegnazione, sollievo...

Sollievo.

Le fece stringere il cuore, perché la capiva perfettamente. Era la libertà dallo sforzo di sopravvivere in un mondo assetato del suo sangue, dal dover fare cose terribili solo per restare in vita. Sollievo perché, finalmente, poteva riposare. Per quel breve istante, capì Skraeda. Ebbe pietà di lei. Fissò la lama e la contemplò per un momento. Era così stanca.

Saga, pensò. *Saga*. Si scansò dal petto la guerriera dai capelli rossi e a fatica si alzò in piedi.

Il sangue colava dagli angoli della bocca di Skraeda, e la donna la guardò sbattendo le palpebre. La guerriera dai capelli rossi alzò una mano, poi la riabbassò debolmente. Con il respiro corto, Silla si voltò per andarsene.

«Non...» disse Skraeda in un soffio. «Non lasciarmi morire da sola.»

Silla vacillò. Poteva uscire dalla porta e fare ciò che quella donna si meritava. Ma, malgrado quello che aveva visto, malgrado tutto quello che aveva passato, lei non era quel genere di persona.

Si girò e si inginocchiò accanto a Skraeda. Sguainando l'hevrít della guerriera agonizzante, premette l'elsa nella sua mano. «Questo ti servirà a proteggerti quando camminerai tra le stelle» mormorò.

«Lo vedi...» disse piano Skraeda. «Lo vedi cosa ci fanno fare? Lo vedi come ci fanno vivere?»

Mentre Silla la guardava esalare l'ultimo respiro, mentre vedeva spegnersi i suoi occhi, si sentì invadere dal torpore. Avrebbe dovuto provare sollievo. Euforia, magari. Invece era solo stanca.

Si aggirò per la casa, sforzandosi di scacciare la confusione che le velava la mente. Skeggagrim era morto e con lui se n'era andata ogni speranza di una casa-rifugio. Jonas l'aveva tradita. L'Equipaggio dell'Ascia Insanguinata l'aveva dimenticata. Suo padre era morto.

Sola, pensò disperata. *Sei completamente sola*.

Era tutto un disastro. Aveva bisogno di tempo per raccogliere le idee, per riflettere sul futuro. La testa le ronzava. Non sapeva cosa fare, dove andare.

Poteva restare in quella casa? I suoi occhi si posarono sul cadavere di Skraeda, poi corsero al divisorio distrutto. La pelle le bruciava dal bisogno di andarsene, di allontanarsi da quel luogo.

Senza pensarci, andò alla porta d'ingresso, la spinse e si affacciò sulle strade di Kopa.

«È qui!» tuonò una voce maschile.

Silla si voltò e si trovò faccia a faccia con un'orda di Klaernar.

63

I Klaernar la caricarono prima che Silla avesse la possibilità di pensare. Girando sui tacchi, lei fuggì per la strada oltre la Tana del Drago.

Di corsa. Di nuovo.

Finirà mai? si chiese, con le lacrime agli occhi.

Come segugi che braccano una preda, le urla dei Klaernar la incalzavano, alimentando il suo panico. Ma erano più veloci e più forti di lei... e non erano scalzi. Silla intuì quanto fosse disastrosa la sua situazione e soffocò un singhiozzo.

Un lampo di verde in fondo alla strada attirò la sua attenzione: la foresta. Forse avrebbe potuto seminarli nel bosco tra Kopa e le mura difensive, avrebbe potuto trovare un posto dove nascondersi finché il suo galdur non si fosse calmato e lei fosse riuscita a sgattaiolare via dalla città. Era impossibile, ma era la sua unica alternativa.

Si stava avvicinando sempre di più, e poi irruppe nella foresta, i ramoscelli e gli aghi che le bucavano dolorosamente i piedi. Alzando la gonna rossa, si lanciò nel bosco, sconcertata dal bagliore della propria pelle. Come poteva sfuggire ai Klaernar se risplendeva come un faro?

Quando si guardò alle spalle, Silla non vide le braccia che si protendevano a cingerle la vita, trascinandola tra i cespugli. Si ritrovò schiacciata contro il tronco duro di un albero, un corpo che la bloccava con la sua mole. L'oscurità la inghiottì, riusciva a stento a respirare sotto quella pressione opprimente, ma lottò, a suon di calci e di pugni, di unghiate e di graffi, come un animale selvatico che cerca disperatamente la libertà.

I suoi occhi bruciavano di lacrime, mentre una mano le stringeva i polsi contro il petto e un'altra le tappava la bocca.

«Sssh. Sono io, Raggio di Sole. Calmati.»

La mente di Silla si sforzava di capire, ma il suo corpo era preda di un istinto primordiale di fuga; le sue membra avevano vita propria, si agitavano e scalciavano.

«Sono Rey. Stai calma.»

«Rey?» Il sussurro di Silla fu soffocato dalla mano che le copriva la bocca. Era Rey. A ogni battito del cuore il suo corpo si calmava un po' di più, mentre la disperazione si trasformava in incredulità.

Rey era venuto a cercarla? Silla era confusa e sconvolta, non riusciva a pensare.

Allentando la presa, Rey si spostò e lei poté finalmente riprendere fiato.

«Sssh» bisbigliò di nuovo lui, e il suo alito caldo le sfiorò il lobo dell'orecchio. Su di lui aleggiava il profumo della pineta e dei falò. «Stai ferma, resta sotto il mio mantello. Stanno arrivando, ma siamo nascosti dai cespugli.»

Le grida si intensificarono. I ramoscelli schioccarono nelle vicinanze e le cotte di maglia tintinnarono all'avvicinarsi dei Klaernar.

Il panico attanagliò il petto di Silla. Non poteva farsi scoprire, non dopo tutto quello che aveva passato. Non aveva più voglia di lottare. Se avessero cercato di catturarla, avrebbe preso una spada e si sarebbe uccisa, a qualsiasi costo non sarebbe tornata in quelle celle.

«Da quella parte!» urlò uno degli Artigli del Re, e Rey la spinse più forte contro l'albero, premendole il proprio corpo addosso. Silla strinse le dita sulle fibbie della sua casacca, e si aggrappò a lui.

Ormai non sentiva altro che rumori: il cuore che le rimbombava nelle orecchie, lo scricchiolio degli aghi sotto gli stivali, profondi respiri, dentro e fuori.

Le voci si affievolirono, il tintinnio delle armature e il fruscio del fogliame si persero nell'oscurità. Silla non osava sperarlo, eppure... a quanto pareva, i Klaernar erano passati oltre; non erano stati scoperti.

Quel minuto scarso era sembrato durare ore. Rey si staccò da lei e il rombo nelle sue orecchie si placò. Il silenzio del bosco era per certi versi più inquietante che consolante.

Prendendo la mano di lui per uscire dai cespugli, Silla restò ferma, stordita e confusa, cercando nel bosco le tracce dei Klaernar.

«Davvero non hanno visto...»

La domanda le morì sulle labbra mentre le mani di Rey le scivolavano lungo le spalle, le dita che le tastavano freneticamente il collo e le guance. «Dov'è? Dove ti hanno ferita?»

Il panico nella sua voce la fece trasalire. «Non è mio, Rey. Non è sangue mio.»

Lui sospirò, e le sue dita scesero al mento di lei, mentre le ruotava con delicatezza il viso prima da una parte e poi dall'altra. Col dorso delle nocche, le sfiorò lo zigomo in fiamme: il suo tocco era leggero come una piuma.

Incrociò il suo sguardo, più cupo di quanto non l'avesse mai visto. Gli si leggeva la rabbia nei pugni stretti, nella mascella serrata.

«Li ucciderò» mormorò.

Silla deglutì, non sapendo come interpretare quella frase.

Rey fece un passo indietro e i suoi familiari occhi color mogano si posarono subito sulla pelle nuda delle braccia di lei. E si spalancarono alla vista della luce che le fuoriusciva dalle vene.

Tra loro piombò il silenzio.

Scuotendo la testa come per schiarirsi le idee, Rey lanciò un'occhiata alla foresta. «Dobbiamo andarcene. Quando non ti troveranno, torneranno indietro.»

La fissò di nuovo, e una ruga spuntò tra le sue sopracciglia perfette. Osservò il suo vestito rosso dal basso verso l'alto, poi tossicchiò e distolse lo sguardo. Silla si strinse nelle braccia.

«Dove sono le tue scarpe?» Rey si slacciò il mantello nero e glielo avvolse attorno alle spalle. «Non ti hanno toccata... da altre parti, dico bene?»

Lei chiuse gli occhi, portando le dita alla ciocca corta nel punto in cui il kommandor le aveva tagliato i capelli. Lentamente, scosse la testa. Si sentiva sempre più sopraffatta, stava per crollare. Grazie al cielo, Rey parve accorgersene. Le prese la mano e fece una pausa, guardando in basso.

«Fa freddo» mormorò, accigliato. Scrollò ancora la testa, le strinse la mano nella sua e la guidò più dentro il bosco. «C'è un'uscita nascosta» disse. «Da questa parte.»

Il bosco si infittiva, gli arbusti graffiavano il mantello e le gambe nude di Silla. Rey si voltò verso di lei.

«Sali sulla mia schiena» le disse sottovoce.

Lei aprì la bocca per protestare, ma Rey la prevenne. «Non puoi passare da qui a piedi nudi.»

Si accucciò, e Silla gli montò sulla schiena, cingendogli con le braccia le spalle ampie, le gambe strette attorno alla sua vita. Il vestito le aderì addosso in modo osceno, e lei arrossì mentre Rey agganciava le braccia alle sue cosce nude.

Non è il momento di pensare al pudore, pensò, stringendosi a lui mentre partiva di corsa nel bosco.

Due volte si fermarono per acquattarsi dietro un albero, mentre i Klaernar passavano di lì a caccia di Silla. Le grida degli Artigli del Re si levavano continuamente nelle vicinanze. Ma, per qualche miracolo, giunsero all'angolo delle mura di Kopa senza essere visti.

Scendendo dalla schiena di Rey, Silla fece un respiro brusco.

Corpi... più di quanti riuscisse a contarne, sparpagliati a terra, con la faccia sciolta come la cera di una candela. Dai cadaveri si innalzava del fumo che riempiva l'aria di un tanfo acre di carne arrosto e capelli bruciati, con una nota nauseabonda e dolciastra. Silla si coprì la bocca con una mano alla vista di quei corpi senza occhi, bloccati per sempre nei loro ultimi gesti disperati: le bocche spalancate in urla mute, un braccio teso al cielo, altri che si protendevano quasi cercassero invano di strisciare via dalla morte.

Si piegò in avanti e vomitò tra i cespugli.

La nausea non si era ancora placata quando la mano di Rey le cinse un braccio, trascinandola per uno stretto tunnel e oltre una porta che dava su un'altra pineta. Quando la porta si chiuse alle loro spalle, Rey si girò verso di lei.

«Lo Slátrari» farfugliò debolmente Silla. «Quei corpi... è stato l'assassino? Era *qui*? Così vicino a noi?»

«A quanto pare» mormorò Rey, in tono stranamente indifferente.

Lo sguardo di lui si posò sui suoi avambracci. Afferrandole delicatamente un polso, lo girò per studiare la luce che emanava. Silla si irrigidì quando i suoi occhi si spostarono verso l'alto e si fissarono nei suoi per diversi, angosciosi secondi.

«Sei *davvero* un raggio di sole, eh?» disse alla fine, un mezzo sorriso che gli increspava le labbra.

Silla lo guardò mentre osservava il bagliore, spaesata da quel suo interesse. Lui le poggiò due dita nel palmo della mano, e i caldi toni ramati della sua pelle bruna risaltarono sul bagliore della luce bianca.

«È così fredda» mormorò, percorrendole con le dita l'interno del polso e l'avambraccio. Mentre la luce lo avvolgeva, quel tocco le fece venire la pelle d'oca.

Rey deglutì e incrociò il suo sguardo; le braci dorate negli occhi di lui si fecero più ardenti. Silla provò a prepararsi a un rimprovero, ma sapeva che se lui l'avesse maltrattata sarebbe crollata definitivamente.

Ritrasse la mano. «Sono arrivata a Kopa» disse. «Hai rispettato il giuramento.»

Le braci negli occhi di lui erano tanto ardenti da bruciarle la pelle.

«Cosa aspetti?» Silla si allontanò di scatto. «Finalmente puoi liberarti di me.» Le lacrime le rigarono le guance, e si detestò per la propria debolezza.

«Guardami, Silla.»

Silla.

Aveva mai pronunciato il suo nome, prima? Detto da lui suonava diverso: profondo e pieno, quasi avesse una consistenza.

La dolce pressione delle sue dita che le scivolavano sotto la mascella, il tepore indomabile del suo corpo che le entrava sottopelle. Rey le sollevò il viso e Silla percepì chiaramente la differenza di corporatura tra loro. Avrebbe potuto ucciderla mille volte, eppure era lì, a proteggerla dai Klaernar, ad asciugarle le lacrime.

«Sono venuto a portarti via da Kopa» disse piano Rey. «Ti porterò al sicuro.»

Le lacrime le scesero ancora più copiose. «Nessun posto è sicuro per me. Credevo che Kopa lo sarebbe stata... ma non finirà mai. La mia è una condanna a morte.» Sollevò le braccia splendenti.

«Non per forza, Silla. Conosco della gente.» Le asciugò di nuovo le lacrime. «Vai a nord. Vai a Kalasgarde. È una città nelle terre di Nordur. Lì ci sono delle persone che possono darti riparo.»

«Perché?» ribatté lei. Non si fidava di lui. Non sapeva se si sarebbe mai potuta fidare di nuovo di qualcuno. «Perché vuoi aiutarmi? Hai già rispettato il tuo giuramento.»

Rey deglutì. Gli occhi di lei si posarono sul suo pomo d'Adamo, poi percorsero i vorticosi tatuaggi che gli spuntavano da sotto il colletto. Non li aveva mai visti così da vicino. Credeva che fossero neri, ma si accorse che erano di un blu intenso, con delle parti trasparenti come volute di fumo.

«Non c'entra niente il giuramento» disse lui.

«E allora perché?» Silla lo studiò, chiedendosi che motivazioni potesse avere, come mai volesse mettersi in pericolo per aiutare lei.

«Sei una dell'Equipaggio, ormai» ribatté lui. «E noi non lasciamo indietro nessuno. Quindi andiamocene da questo posto e troviamo Cavallo. Ti porterò al sicuro.»

Lei, confusa e sopraffatta, ricacciò indietro un'altra ondata di lacrime.

«Non ti consegnerò, Silla» ribadì lui. «Di questo con me non dovrai mai preoccuparti.» C'era un significato nascosto in quelle parole, ma lei non riuscì a coglierlo.

E poi, alla fine, Silla crollò. Le sfuggì un singhiozzo strozzato e le gambe le cedettero. Rey la cinse con le braccia, attirandola più vicina a sé e tenendola in piedi. Silla non riusciva a spiegarselo: non capiva come mai, a dispetto di tutto, avesse un così disperato bisogno di fidarsi di lui. Perché lo sentisse come una sicurezza.

«Mi ha ingannata» sussurrò. «Mi ha ficcato a forza le foglie in gola, mi ha presa e data a loro come se non significassi nulla.»

«Lo so» replicò lui, irrigidendo le spalle. «È stato spregevole. Non è l'uomo che credevo di conoscere.»

Silla lasciò sgorgare le lacrime, lacrime per il tradimento di Jonas, per la morte di Ilías, per quello che il kommandor aveva cercato di fare, per quello che Skraeda aveva cercato di fare. Era distrutta, consapevole che una parte di lei si era spezzata per sempre.

«Non sei più sola adesso» la rassicurò Rey, accarezzandole i capelli. "Non sei sola." Non si era resa conto di quanto avesse bisogno di sentire quelle parole. Quando pensava di non avere più nulla, di non avere più nessuno, *Rey* era venuto a cercarla e, sebbene lei non capisse il perché, voleva aiutarla.

Alla fine si allontanò di un passo da lui, asciugandosi gli occhi.

Rey fece scivolare lo sguardo sulla sua scollatura vertiginosa e serrò la mascella. «Ti hanno costretta a fare qualcosa?» chiese. «Dimmi cos'è successo.»

Lei lo fissò. «Il kommandor mi ha fatto un taglio sulla mano. Mi ha picchiata e ha cercato di soffocarmi. Stava per... avrebbe voluto... ma io...» Si morse il labbro inferiore, al ricordo del cranio fracassato di Valf. «L'ho ucciso. Il kommandor... Gli ho fracassato la testa con una statua. E poi mi sono calata dalla finestra.»

Rey sgranò gli occhi. «Hai ucciso il Kommandor Valf?»

Silla annuì. Ma c'era anche altro da dire, e lei doveva dirlo a *qualcuno*. «Sono corsa alla casa. A casa di Skeggagrim, che avrebbe dovuto aiutarmi e offrirmi un rifugio. Ma quando ci sono arrivata, Skraeda, la guerriera dai capelli rossi, lo aveva ucciso. E ha cercato... ha cercato di farmi bere un intruglio strano, ma io ho lottato. E ho ucciso anche lei.» Silla ebbe un brivido. Era un'assassina.

Si era presa molte vite. La sua anima era macchiata per sempre.

«Ho dovuto ucciderla. *Dovevo* mettere fine a tutto questo.»

Rey scosse la testa con una smorfia. «Per gli dèi, mi sbagliavo sul tuo conto.»

«Cosa?»

«Sei una combattente. Hai lo spirito di una guerriera.» Nella sua voce c'era una nota di rispetto, di ammirazione. «Quando era necessario agire, non hai esitato. Hanno cercato di farti del male e tu hai risposto con il sangue. Non hai subìto. Li hai affrontati a viso aperto e hai avuto la meglio su guerrieri esperti.»

La bocca le si schiuse appena, ma restò zitta. Rey controllò la ferita sul palmo della mano procuratale dal coltello del kommandor.

«La medicheremo dopo. Non ho niente con me.»

«Dobbiamo tornare lì!» sbottò Silla in affanno. «C'è una ragazza che ha bisogno del nostro aiuto, Rey. Si chiama Metta. È in cella da quattro settimane.»

«Non possiamo.» Rey le lasciò la mano e si girò a guardare le mura. «Ci sono troppi Klaernar. È un'impresa impossibile. Dobbiamo andarcene o ci troveranno. Dobbiamo andarcene adesso.»

«Ma...» Le tremava la voce. Il pensiero di lasciare Metta in una cella le serrava lo stomaco. Proprio in quel momento, la voce di un Klaernar si levò da qualche parte al di là del muro. Silla si strinse di più a Rey.

«Conosco una persona» disse lui. «Vedrò se il mio contatto può aiutare Metta. Ma noi dobbiamo andare. *Subito.*»

Le offrì ancora una volta la schiena e Silla, che si sentiva esausta, fu ben lieta di accettare.

«Rey» disse circospetta, aggrappandosi a lui mentre scappavano nel bosco.

«Sì?»

«Come facevi a sapere dov'ero?»

Lui restò in silenzio per un momento. «Quando Jonas non è tornato, ho avuto la sensazione che fosse successo qualcosa. E visto che avevamo scoperto che la regina ti stava dando la caccia, e che lui era distrutto per la perdita del fratello, non c'è voluto molto a immaginare che ti volesse consegnare per ricavarne una ricompensa.»

«Come facevi a sapere che ero nel bosco?»

«Ho seguito le voci dei Klaernar e mi sono ricordato della tua passione per le corse nella foresta. Per fortuna ho indovinato.» Rey tacque un attimo. «Perché la regina ti vuole, Silla?»

A lei venne un nodo allo stomaco, il sangue le martellava nelle tempie. *Diglielo,* si disse tra sé e sé. *È tornato per te. Ti puoi fidare di lui. "Sono Eisa Volsik." Dillo. Non è difficile.*

Ma i suoi muscoli si irrigidirono e artigliò le spalle di Rey, mentre la nausea tornava ad aggrovigliarle lo stomaco.

«Magari un altro giorno» fece lui in tono inaspettatamente dolce. «Ne hai passate tante. Me lo dirai quando sarai pronta.»

Silla sospirò, abbandonandosi a lui. «Dove sono gli altri?» gli chiese. «Hekla e Gunnar. Sigrún...» Com'era possibile che l'Equipaggio dell'Ascia Insanguinata si fosse ridotto così tanto?

«Sono andati a Istré con il carro e ho detto loro di aspettarmi. Hekla recluterà dei nuovi guerrieri...» Rey espirò e Silla avvertì la pesantezza di quel sospiro.

«Mi dispiace, Rey» sussurrò. «Non avrei mai voluto...»

«Lo so» ribatté lui. «E io...» Sospirò di nuovo. «Mi pento di essere stato così brusco l'ultima volta che abbiamo parlato. Mi piacerebbe potermi rimangiare quello che ho detto.»

Silla fu colta alla sprovvista: qualcosa le diceva che Occhi d'Ascia non era uno che si scusava spesso. «Avevi tutto il diritto di essere arrabbiato con me.»

«Tutti nell'Equipaggio abbiamo accettato il compito di tenerti al sicuro. Certo, sapere che era la regina a darti la caccia poteva tornarci utile. Ma abbiamo accettato di accollarci quel rischio, ognuno di noi, compreso Ilías. Non sei tu a portare il peso della sua morte. Se c'è qualcuno che ha colpe, sono io. Sono io il capo dell'Equipaggio dell'Ascia Insanguinata, e sono stato io a guidare tutti in battaglia senza un'adeguata preparazione.»

«Non è colpa tua, Rey. Sei un ottimo capo.» Gli sprofondò la faccia nelle spalle.

«Tu e io siamo molto simili, Silla» disse lui.

Un brivido di sorpresa la attraversò. *Reynir Galtung*, ricordò a sé stessa. *Anche lui ha i suoi segreti.*

«Ti capisco meglio di quanto tu possa pensare. E conosco il tuo cuore: è troppo grande per questo mondo. So che volevi solo metterti in salvo.»

Di nuovo, lei sentì che Rey nascondeva qualcosa. Ma visto che non era pronta a condividere con lui il suo vero nome, non lo incalzò chiedendogli di svelarle i suoi segreti.

Dopo aver guadato un fiume, raggiunsero Cavallo e Silla scivolò giù dalla schiena di Rey.

Lui le sciacquò la ferita con l'acqua della sua borraccia, la fasciò con delle strisce di lino, poi la aiutò a salire su Cavallo e montò dietro di lei.

«Tieni le braccia nascoste sotto il mantello e il cappuccio alzato» le intimò, spronando Cavallo. «C'è una gola che conosco che ci nasconderà alla vista. Dopo tre giorni lì dentro, seguiremo un sentiero a sud di Istré.»

Il silenzio tra loro si allungò come la strada che avevano davanti, mentre Cavallo partiva al galoppo. La stanchezza avvolse Silla; il suo galdur sembrava essersi finalmente calmato, ma aveva le membra pesanti. Si appoggiò a Rey, la sensazione del suo petto robusto contro le proprie spalle la rassicurava.

«Immagino che non morirei se tu canticchiassi qualcosa» disse Rey qualche tempo dopo, mentre entravano nella gola. Pareti nere e stratificate, orlate di muschio verde, si inerpicavano su entrambi i lati, e un torrente attraversava la base piatta della gola.

Studiando la pietra vulcanica, Silla replicò con aria assente: «Io non canticchio».

Lui soffocò una risata. «Mi spiace dirtelo, Raggio di Sole, ma tu canticchi eccome.»

«Immagino che lo saprei, se lo facessi.»

«Evidentemente no» mormorò lui.

Una minuscola scintilla di calore si accese dentro di lei. «So che stai cercando di rincuorarmi, Rey» disse con sincera gratitudine. «Ma se vuoi davvero riuscirci, dovresti lasciarmi guidare.»

«Guidare?»

«Lasciami le redini. Fammi condurre Cavallo.»

«Neanche per sogno.» Le lanciò un'occhiataccia, stringendo la presa. «Se il tuo senso dell'orientamento assomiglia anche solo un po' al tuo buonsenso, ci farai perdere nel giro di un'ora.»

«Siamo in una gola!» ribatté lei, offesa. «Si può andare da una parte sola!»

«No» ribadì lui, inflessibile.

«Hai paura che ti rubi l'unico amico che hai?» replicò lei.

Rey si schernì. «Con la quantità di bocconcini che gli hai dato di nascosto, sono sicuro che hai già ottenuto la sua fedeltà.»

«Sei un cavallino proprio in gamba, dico bene, bello mio?» chiese Silla, accarezzando il garrese di Cavallo. «Proprio in gamba e proprio coraggioso. Ti vizierò fino a Istré.»

«Lo rovinerai!» brontolò Rey alle sue spalle.

Silla sorrise furtivamente tra sé e sé. E a fine giornata era davvero lei a tenere le redini, conducendo Cavallo tra le alte pareti della gola. Le faceva paura fidarsi di Rey dopo quello che aveva fatto Jonas. Ma lui solo era venuto a cercarla quando non aveva più nessuno. E di certo questo contava qualcosa.

E poi a Silla venne un pensiero: per tutto quel tempo aveva cercato un posto in cui sentirsi al sicuro, ma se avesse sbagliato direzione in cui guardare? E se la sicurezza non fosse stata un luogo, ma una persona? O delle persone? Senza suo padre, doveva trovare altri come lei, alleati che potessero insegnarle come rimanere al sicuro in questo mondo.

Sospirò. C'erano ancora tante cose che non capiva. Poteva fidarsi davvero di Rey? Cosa l'aspettava a Nordur? Come avrebbe fatto a controllare quelle luci splendenti e indisciplinate che le sgorgavano sottopelle? E adesso che sapeva il suo vero nome, sarebbe mai riuscita a trovare degli alleati? O era condannata a passare la vita a nascondersi?

E Saga... Silla quasi non aveva più osato pensare alla sorella, che viveva in mezzo ai suoi nemici. "Vieni, trovami" le aveva chiesto la bambina, e Silla aveva giurato di farlo. Il futuro era carico di incertezze. I pericoli non avrebbero fatto che aumentare. Eppure Silla si scoprì a canticchiare.

Epilogo

Castello di Askaborg, Sunnavík

Saga Volsik credeva in un sacco di cose: una tazza di tisana di achillea al giorno faceva bene alla salute; a prescindere da ciò che diceva la madre adottiva, il nero era un colore decisamente appropriato da indossare per una dama d'alto rango; e gli abitanti del Continente Meridionale possedevano le parolacce più belle in assoluto.

Ma, a parte questo, credeva nella fortuna. Qualcuno avrebbe potuto sostenere che la vita era solo questione di probabilità: le probabilità di avere sfortuna erano pari a quelle di avere fortuna. Ma a Saga piaceva pensare che ci fosse qualcosa di più. Che, in qualche modo, il destino di una persona fosse stabilito alla sua nascita, e che il libero arbitrio e le sue scelte contassero solo fino a un certo punto.

Era difficile non notare come alcuni fossero fortunati e basta. Ovunque andassero, su di loro sembrava splendere sempre il sole e i fiori sbocciavano tutt'intorno ai loro irritanti piedini. A quelle persone risultava tutto facile e, cosa ancor più esasperante, sembravano sicuri che ciò dipendesse da loro.

No, avrebbe voluto sbottare Saga. *Non ve lo siete guadagnato. Semplicemente, avete vinto alla lotteria della fortuna.*

Qualcuno avrebbe potuto definirla cinica. Ma Saga sapeva bene cosa significasse attrarre la sorte più nera e funesta. Forse si aggrappava a quella convinzione per il poco di consolazione che le dava pensare che non aveva fatto nulla per meritarsi l'orrenda serie di eventi che l'avevano fatta finire in quel posto, e che nelle infinite versioni di come si era svolto quel terribile giorno la sua sfortuna le avrebbe distrutto la vita in ogni caso.

Era una Volsik di nascita, e apparteneva quindi alla stirpe più famosa di tutta Íseldur. Ciò avrebbe dovuto farla rientrare nella categoria dei fortunati. Ma, a quanto pareva, più si ha, più si ha da perdere. E Saga aveva perso tutto.

La famiglia.

La libertà.

L'equilibrio mentale.

Quest'ultimo, a dirla tutta, sarebbe stato difficile da conservare anche per la più fortunata delle persone, se avesse passato quattro settimane senza poter lasciare le sue stanze. Era iniziato come un gioco: quanti giorni riusciva a resistere Saga senza uscire? Con sua immensa gioia, le settimane erano trascorse senza che nessuno la convocasse. Per un po' si era chiesta se si fossero tutti scordati di lei. Si era concessa di immaginare di non dover più mettere piede in quella grande sala, attorniata da gente che la compativa o la voleva morta.

Ma poi Árlaug, la sua cameriera, era arrivata con la notizia che la regina reclamava la sua presenza. E così lei si era ritrovata a lasciare le sue stanze per la prima volta dopo un mese, vestita non di nero, ma con un abito lilla, per assecondare i gusti della madre adottiva.

Era già abbastanza spiacevole che i rimasugli del sogno la tormentassero ancora. Sua sorella, di nuovo. Era andata avanti così per tutto il mese. Come se le servisse l'ennesimo promemoria della notte in cui il vento era cambiato. Quel braccio che la afferrava per la vita, strappandola alla presa della piccola Eisa. E, per gli dèi, quelle urla, così angosciose, che le riecheggiavano ancora in testa.

Cercò di scacciare quei suoni in un angolo della mente, mentre seguiva Árlaug lungo i corridoi. Fuori dal sicuro rifugio delle sue stanze, percepiva il battito del proprio polso e la tensione aumentava a ogni passo.

«Mi sento un po' sottosopra» provò a dire mentre si avvicinavano alla grande scalinata. Era così aperta, e Saga si aggrappò alla balaustra per mantenere l'equilibrio.

Ma Árlaug non si lasciò impressionare. «Sua Altezza dice che dovrete incontrarla, anche se vi dovessero ferire a morte.»

«Non mi hanno ferita a morte» ribatté Saga. «Peggio. È un malanno. Sono sicura che è contagioso.»

Árlaug le lanciò un'occhiataccia.

«Pidocchi?» azzardò Saga, sempre più disperata. «Lebbra?»

Implacabile, lui la condusse giù per le scale. «Allora, signorina, non sarà così grave come pensate. Andate, incontrate Sua Altezza, e sarà tutto finito. Non sarà poi così difficile sorridere per un'ora o poco più.»

Già solo la parola "sorridere" le fece aumentare il cipiglio.

Questa ragazzina viziata non apprezza tutto quello che ha, percepì i pensieri di Árlaug, con una punta di irritazione.

Le tremavano le gambe.

Non si rende conto che la gente di Sunnavík sta morendo di fame? Ovviamente non lo sa, è troppo impegnata a commiserarsi. Sarei ben felice di indossare i suoi abiti e di bere il suo róa e...

In fretta e furia, Saga ristabilì le sue barriere mentali, ritirando il suo Senso. Aveva i nervi così a fior di pelle da non accorgersi che le sue barriere erano saltate. Per gli dèi, doveva riprendersi prima dell'incontro con Signe.

Notando che Saga si era fermata sulle scale, Árlaug si voltò. «La regina ha detto espressamente che se non venite sulle vostre gambe, manderà Thorir a prendervi e trascinarvi giù.»

Lo sguardo di Saga si incupì ancor di più. «Sto arrivando» disse, riprendendo a scendere.

Quando arrivarono alle porte del salotto di Signe, Saga sentì il cuore accelerare i battiti, e si ritrovò ad armeggiare con i guanti. Árlaug aspettò un attimo, lisciandole i capelli biondi e pizzicandole le guance per farle prendere colore.

Con un sospiro, la cameriera le fece un sorriso tirato. «Il vostro vestito è incantevole» disse. «Anche se non capisco perché preferiate quegli orecchini a forma di pernici del gelo, quando avete gioielli tanto belli.»

Senza volerlo, Saga sollevò una mano guantata a sfiorare gli orecchini. Subito fu pervasa da un insieme confuso di nostalgia, struggimento e profumo dell'olio da bagno alla lavanda di sua madre.

Árlaug aggrottò la fronte, poi si allontanò in fretta. E Saga rimase da sola.

Potresti scappare, pensò. Dèi, se solo avesse potuto farlo! Sentire l'erba sotto le dita, la pioggia sulle mani. Ma non era così sciocca da concedersi una speranza. Era un sentimento sprecato per gli sventurati come lei. Quindi entrò nella stanza.

Il salotto della regina era molto più grande della sua camera da letto, così grande che sembrava potesse inghiottirla viva. Il cuore le batteva all'impazzata, il pavimento ondeggiava come la superficie dell'oceano. Appoggiò una mano al muro per stabilizzarsi, mentre i suoi occhi cercavano istintivamente una via di fuga. Ma la porta della servitù era chiusa, così come la finestra. L'unica via d'uscita era alle sue spalle.

«Sei stata molto gentile a onorarmi della tua presenza, Saga» disse la regina, in piedi accanto al camino più grande, spegnendo così ogni idea di sgattaiolare via senza farsi notare.

Saga si costrinse ad avanzare verso Signe. Un passo. Due. Un altro. Sprofondò nella poltrona di fronte a quella della sovrana. Sospirò.

Congratulazioni, hai portato a termine il più elementare dei compiti, pensò amaramente.

Lanciò un'occhiata alla regina. Erano sedute su due poltrone dallo schienale alto davanti al camino dorato, e c'era un tavolo apparecchiato con due tazze vuote e l'occorrente per il róa. Su di loro pendeva uno sfarzoso lampadario dorato, illuminato da centinaia di candele che insieme al caminetto, anch'esso dorato, gettavano su tutta la stanza un bagliore paglierino.

La regina era vestita di bianco, come al solito. Portava un elegante abito color avorio di seta zagadkiana, e i suoi famosi capelli bianco-oro tipici dei Norvalandesi intrecciati all'indietro facevano risaltare la carnagione pallida, liscia e morbida come il petalo di un fiore di neve. I suoi occhi erano di un azzurro così gelido che Saga poteva sentirne il freddo sulla pelle.

In realtà, Signe aveva appena dieci anni in più dei ventidue di Saga, una differenza di età che avrebbe dovuto farle sentire più sorelle che non madre e figlia. Anche se dire che Signe fosse materna nei confronti di Saga sarebbe stata un'esagerazione. Piuttosto, la sua era tolleranza. Inclusione. Ma non amore e men che meno affetto. C'era stato un tempo in cui Saga aveva cercato l'approvazione di Signe. In cui aveva cercato... qualcosa.

Quando ci ripensava, adesso, provava vergogna. Signe aveva ricoperto i suoi figli maschi e l'unica femmina dell'amore feroce di una mamma orsa. Per anni, Saga si era chiesta se avesse fatto qualcosa di sbagliato per meritarsi quell'assurda indifferenza da parte della regina. Per certi versi, sarebbe riuscita a capire di più un odio cieco.

«Saga» disse la sovrana con un filo di voce, «guardami, tesoro.» Il suo sorriso era così tirato che Saga si sentì sul punto di crollare mentre si sforzava di sostenere il suo sguardo. Gli occhi azzurri della regina si posarono sul suo viso e poi sul suo vestito. Quando si lasciò sfuggire un lungo sospiro, la ragazza cercò di mantenere un contegno.

«Hai avuto problemi a dormire? Hai l'aria stanca, Saga.»

Puoi anche smettere di guardarmi, pensò. «Sì, Altezza» rispose invece.

Signe sventolò una mano e un coppiere si precipitò a riempire le coppe di róa fumante. Dopo aver versato il miele nella sua, Signe la sollevò e soffiò, sempre scrutando Saga. La regina aveva quel suo modo di dire mille cose senza pronunciare nemmeno una parola. E in quel momento era chiaro che Saga non era all'altezza delle sue aspettative.

Cosa non andava? Si tastò i capelli, alla ricerca di una ciocca fuori posto, poi si bloccò.

Sapeva bene che le sue mancanze non erano così semplici da correggere.

Alla fine, Signe parlò. «Saga, ti ho dato del tempo, ma la mia pazienza è agli sgoccioli. I tuoi... *problemi*...» agitò la mano con noncuranza «non si risolveranno nascondendoti nelle tue stanze.»

Il ginocchio di Saga tremava così forte che il tacco iniziò a tamburellare contro il pavimento.

«È chiaro che hai bisogno di fermezza.» La regina la fissò. «D'ora in poi, ti unirai a noi a tutti i pasti.»

Tap. Tap. Tap.

«Ormai presumo tu sappia degli Zagadkiani.»

Tap. Tap. Tap.

«Presto arriveranno con un carico di cereali e cercheranno un accordo commerciale con il re per assicurarsi la fornitura di altre merci.»

Tap. Tap. Tap.

«Mi aspetto che tu indossi le pregiate sete Zagadkiane» proseguì Signe. «Dobbiamo fare una buona impressione. È indispensabile ottenere quel grano, Saga, e mi aspetto il tuo aiuto per costruire un rapporto con loro.»

Tap. Tap. Tap.

«Parla, ragazzina!» scattò la regina, gli occhi lampeggianti.

Forza! Obbedisci. Da brava.

Saga aveva la lingua pesante: si sentiva del tutto inadeguata nell'arte della conversazione. «Sì, Altezza.»

«Tu rappresenti questa famiglia, Saga, e per troppo tempo sono stata indulgente con te. Desidero che ti comporti al meglio nelle prossime settimane. Parteciperai ai banchetti e alle funzioni e rispetterai le tradizioni di questa famiglia, come ci si aspetta da mia figlia. Il tuo comportamento nelle ultime settimane ha coperto di vergogna Ivar e me. Dà l'impressione che ti maltrattiamo. Non ti ho forse trattata come una figlia?»

«Sì, Altezza» rispose lei, mentre una voragine le si apriva nel petto. «Siete stata una buona madre per me.»

«E allora che c'è?» le domandò Signe, ferita. «Perché ti nascondi nelle tue stanze?»

Saga cercò le parole giuste, mentre si sforzava di fermare la gamba che continuava a sobbalzare. Come si fa a spiegare qualcosa di irrazionale in modo che un altro lo possa capire? Era impossibile. «La mia mente predilige il silenzio e la solitudine.» *La sicurezza*, pensò, ma non poteva dirlo. *Nelle mie stanze mi sento al sicuro.*

Signe soffocò una risata. «Sarebbe bello se tutti potessimo concederci un simile lusso. Purtroppo, alle donne come te e me non è dato soddisfare ogni capriccio. Abbiamo dei doveri e un onore da difendere, e non tollererò oltre la tua mancanza di rispetto.»

Saga restò in silenzio.

«E questo ci porta al prossimo argomento. Saga, cara, è troppo tempo che non fai un'offerta a Ursir.» Signe sorseggiò il suo róa, lo sguardo fisso su di lei. «È chiaro che è necessario un Salasso affinché il Dio Orso possa restituirti la salute.»

«Altezza...» incominciò Saga. Un dolore fantasma le trapassò il gomito, la pelle tenera segnata da una miriade di cicatrici rosse.

«Implorerai il perdono di Ursir.» La regina strinse gli occhi. «E poi prenderai il tuo posto di promessa sposa di Bjorn. La prossima estate raggiungerà i quattordici inverni, l'età giusta per sposarsi. Inizieremo i preparativi per le nozze dopo la festa di compleanno di Yrsa.»

Saga annuì, assente. Nessun pensiero. Solo arrendevolezza. Doveva solo fare come le dicevano. «Sì, Altezza» si sentì dire.

«È tutto, Saga» la congedò Signe. «Ci vediamo domani a tavola. E non dimenticare: i buoni rapporti con Zagadka sono indispensabili per garantire grano al nostro regno.»

«Sì, Altezza» ripeté lei, da brava cagnolina quale era.

E, senza aver bevuto nemmeno un sorso del suo róa, Saga fu congedata. Non vedeva l'ora di uscire da quella stanza. La testa le girava con una forza tale che le sembrava tutto un sogno.

"I preparativi per le nozze."

Il matrimonio era sempre stato un'idea lontana, un problema della Saga del futuro. Ma ecco che adesso si stagliava all'orizzonte. Avrebbe sposato Bjorn e poi sarebbe stata una di *loro*. Una Urkan.

La pelle le prudeva, tirava. *Vattene*, pensò. *Scappa*.

Era un'idea semplice, eppure così assurdamente irrealizzabile. Saga, in qualche misura, aveva fatto pace con la sua situazione già da anni. Assecondare il proprio bisogno di sicurezza era un modo per proteggersi, a prescindere da che fosse razionale o meno. Non le era sembrata una barriera, ma semplicemente una parte di sé. In un certo senso, si era rassegnata.

Di colpo, si sentì in catene.

Percepiva la tensione montare, come una mano che le serrava le costole, stringendo sempre di più. Era in trappola, le pareti incombevano su di lei...

Uno scalpiccio di passi che si avvicinavano le giunse fragoroso alle orecchie. Stava arrivando qualcuno. L'avrebbe vista andare in pezzi. Altro materiale per i loro pettegolezzi. Per gli dèi, non poteva...

Il suo sguardo si fermò sull'orso imbalsamato, con la bocca pietrificata in un ringhio eterno, e capì in che corridoio si trovava. Con un ultimo, disperato scatto, premette una pietra a tre passi dall'orso, poi si lanciò attraverso la porta che si aprì. L'oscurità la inghiottì mentre chiudeva la porta, immergendola nell'odore di muffa di stanze antiche e indisturbate. Subito il suo battito si attenuò, i respiri si fecero più costanti. Al sicuro. Era al sicuro, dove nessuno poteva trovarla.

E in un mondo in cui Saga non aveva più nessuno, le venne in mente l'unico alleato di cui disponeva: il castello di Askaborg, con i suoi passaggi segreti, che conosceva solo lei. L'invisibilità era il suo rifugio, e il castello le permetteva di sparire quando ne aveva bisogno. Certo, gli Urkan avevano scoperto molti passaggi. Ma ce n'erano diversi altri che non avevano trovato. Saga immaginava che ce ne fossero alcuni che nemmeno lei conosceva.

Si incamminò lungo il corridoio, i piedi che ricordavano a memoria ogni passo nell'oscurità più totale. Presto avrebbe raggiunto l'uscita nascosta nel camino della biblioteca, che per fortuna non veniva più utilizzato.

Un forte schianto, seguito da un urlo, la fece bloccare nel bel mezzo del corridoio. Una voce maschile che non riconobbe mormorava al di là dell'antico muro di pietra, ma la voce femminile apparteneva chiaramente alla regina Signe.

«Come è potuta sfuggirgli? L'avevano in custodia! In una cella!»

Saga si spostò in avanti, premendo l'orecchio contro la pietra umida.

«Un evento decisamente spiacevole, Altezza.» Era Maester Alfson, realizzò Saga con un brivido.

«Che razza di imbecille incompetente era il vostro amico, Maester? Kommandor del ramo di Eystri dei Klaernar. Come ha potuto batterlo una ragazza non addestrata?»

La furia nella voce di Signe fece rizzare i peli sulle braccia di Saga. La collera della regina era in genere relegata nei silenzi tra una parola e l'altra, mai apertamente ostile come in questo caso.

«L'hanno aiutata, Altezza. Ci sono state delle vittime. E la cosa strana, mia regina, è che sembravano essere stati bruciati vivi dall'interno.»

«Dall'interno?» Il suo tono si addolcì, tingendosi di curiosità.
«Sì, Altezza. Lo chiamano Slátrari e gli danno la caccia lungo la Strada d'Ossa. Ma ora i Klaernar credono che stia aiutando *lei.*»
«Ma Maester, questo Slátrari... sembra avere abilità eccezionali, non è vero?»
«Sono propenso a concordare con voi, Altezza.»
Il silenzio si protrasse per alcuni, lunghi istanti. Quando finalmente la regina parlò, la sua voce era bassa. «Potrebbe rivelarsi decisamente utile.»
«Abbiamo un testimone che ci ha fornito un suo profilo. Stiamo diffondendo la descrizione nel Nord di Íseldur.»
«Bene» rispose la regina. «Bene, Alfson. E la banda di guerrieri?»
«Sto aspettando la loro risposta.»
«Bene, Maester. Molto bene. Non possiamo lasciarci sfuggire di nuovo Eisa Volsik.»
Saga si sentì mancare la terra da sotto i piedi e le sembrò di precipitare in un vuoto senza fine.
Si aggrappò alla parete. Fece un respiro profondo.
Eisa.
Eisa Volsik.
Sua sorella. Ma sua sorella era morta. C'era stato un cadavere. Era stata uccisa al palo nelle segrete del castello insieme ai loro genitori. I corpi erano rimasti esposti per un anno intero.
Possibile? Davvero Eisa era ancora viva?
Il suo mondo andò in pezzi e poi si ricompose, mentre le parole di Signe le riecheggiavano in testa. A un certo punto sprofondò a terra, abbracciandosi le ginocchia. Era intontita, disorientata, eppure sapeva che la sua vita era cambiata per sempre.
Quando Saga trovò la forza di alzarsi e di scrollarsi la polvere dalle gonne, due idee le si erano ormai cristallizzate nella mente.
Eisa era viva.
E lei l'avrebbe ritrovata.

Glossario

Berskium – una polvere estratta vicino a Reykfjord e assunta dai Klaernar per mantenere la loro grande statura e forza.

Bjáni – "pazzo" (insulto).

Brennsa – acquavite.

Cervo vampiro – cervo carnivoro che caccia i mammiferi e ne succhia il sangue.

Dúlla – "bambola" (termine affettuoso usato tra le donne).

Eisa Volsik – ex principessa di Íseldur che fu assassinata dal re Ivar; il suo corpo fu impalato su un pilastro nelle segrete del castello di Askaborg.

Eystri – il territorio più orientale di Íseldur.

Flíta – farfalle simili a fenici le cui ali si illuminano quando volano; raggiunta la vecchiaia, vanno in fiamme e un bruco emerge dalle loro ceneri.

Galdra – persona che esercita la magia; dichiarata fuorilegge dal re Ivar.

Hábrók – dio della battaglia, dell'onore, della fortuna e del tempo; uno degli antichi dèi di Íseldur.

Hevrít – un pugnale a lama lunga Íselduriano.

Hindrium – metallo che inibisce le abilità magiche dei Galdra.

Hóra – prostituta.

Illmarr – un vampiro squamoso del mare; può essere attirato dal sangue di anguilla e abbattuto con frecce di sorbo.

Íseldur – regno del Ghiaccio e del Fuoco; la nazione insulare in cui è ambientato questo libro.

Ivar Cuor di Ferro – nuovo re di Íseldur, che ha strappato la corona al re Kjartan Volsik diciassette anni fa.

Kjartan Volsik – ex re di Íseldur, assassinato dal re Ivar usando il metodo dell'aquila di sangue nelle segrete del castello di Askaborg.

Klaernar – soldati specializzati del re Ivar, noti anche come Artigli del Re.

Kopa – grande città di pietra vulcanica nella parte settentrionale del territorio di Eystri.

Kunta – stronzo/a (insulto).

Lébrynja – armatura specializzata e leggera fatta di minuscole scaglie simili al cuoio e indossata dall'Equipaggio dell'Ascia Insanguinata.

Malla – dea dell'amore, della guerra e della morte; una delle antiche divinità di Íseldur; è inoltre il nome di una delle due lune.

Marra – dea della conoscenza, della guarigione e della pace; una delle antiche divinità di Íseldur; è inoltre il nome di una delle due lune.

Myrkur – dio del caos e dell'oscurità; uno degli antichi dèi di Íseldur.

Nordur – il territorio più a nord di Íseldur.

Norvaland – isola a nord-est di Íseldur; fu rovesciata dal padre di Ivar, Harald, che ora siede sul trono.

Ragno lupo – enorme ragno ricoperto di una folta pelliccia grigia.

Róa – una bevanda calda servita a Íseldur, ricavata dalla corteccia del rovo di róa.

Saga Volsik – ex principessa di Íseldur, fu rapita dal re Ivar e cresciuta come sua protetta; è promessa sposa di suo figlio, il principe Bjorn.

Skarpling – piccola creatura delle dimensioni di un topo con aculei sulla schiena.

Skjöld – foglia secca usata per curare il mal di testa.

Skógungar – camminatore della foresta; pacifica creatura simile a un albero che vive nei Boschi Occidentali.

Slátrari – "macellaio"; assassino che brucia le persone dall'interno.

Stjarna – "madre delle stelle"; moglie di Sunnvald e dea della tessitura, della fertilità e della guida; una delle antiche divinità di Íseldur.

Sudur – il territorio più a sud di Íseldur, ospita la capitale.

Sunnavík – capitale di Íseldur, dove si trova il castello di Askaborg.

Sunnvald – dio del sole, del fuoco e della potenza; re degli antichi dèi di Íseldur.

Svalla Volsik – ex regina di Íseldur, fu assassinata dal re Ivar; il suo corpo fu impalato su un pilastro nelle segrete del castello di Askaborg.

Thrall – persona ridotta in schiavitù; nel regno di Íseldur, i thrall vengono spesso portati da Norvaland e marchiati sulla parte interna del polso.

Urka – una grande nazione a est di Íseldur, dove ha avuto origine la stirpe dei re Urkan, tra cui Ivar Cuor di Ferro.

Ursir – il Dio Orso adorato dal re Ivar e dai suoi compagni Urkan; la fede in Ursir è stata imposta agli Íselduriani.

Vestir – il territorio più occidentale di Íseldur, ospita i Boschi Occidentali.

Zagadka – la misteriosa nazione insulare a sud di Íseldur.

Ringraziamenti

Questo libro è nato come uno sfogo creativo, ma si è rapidamente trasformato in qualcosa di più. È diventato terapeutico per me, un posto dove rifugiarmi quando volevo fuggire da un mondo che a volte era troppo rumoroso, troppo crudele o semplicemente *troppo*.

Volevo inserire un personaggio femminile dolce in un'ambientazione hard fantasy per mostrare quante sfumature può avere la parola "forza". La forza è mettere un piede davanti all'altro anche quando sei stanco. È superare le tue paure, combattere battaglie interiori contro il dolore e la dipendenza, aggrapparsi alla speranza di ritrovarti quando ti senti smarrito. La forza è trovare compassione e perdono per te stesso in mezzo all'autocritica e alla tristezza.

A volte, la forza è un viaggio di mille chilometri in un mondo di bande di guerrieri e di mostri, e a volte è nelle piccole cose che facciamo ogni giorno.

Devo rendere omaggio alle opere con cui Rony Bermudez ha impreziosito la copertina originale della *Strada d'Ossa*. Rony ci ha lasciato troppo presto, ma la sua eredità vive attraverso la sua meravigliosa arte.

Quando ho autopubblicato questo libro per la prima volta, non avrei mai potuto immaginare dove mi avrebbe portato. Un enorme, enorme grazie alla mia agente, Jessica Watterson, per aver insistito affinché *La Strada d'Ossa* arrivasse nelle librerie. È impossibile esprimere a parole quanto ti sia riconoscente per la tua guida e la tua incrollabile fede nei miei libri! Grazie al resto dell'incredibile team di SDLA per aver contribuito a rendere i miei romanzi disponibili in tutto il mondo.

Un altro enorme grazie va a Shauna Summers per essersi tuffata nel mondo di Íseldur con me! Sono emozionata all'idea di continuare a percorrere questa strada con te e di vedere dove ci porterà. Grazie, Mae Martinez, per il tuo sostegno durante il processo di pubblicazione, e grazie al team di Penguin Random House: Brianna Kusilek, Taylor Noel, Megan Whalen, Mark Maguire, Christa Guild, Fritz Metsch e Saige Francis. Diversi libri sono stati utilissimi per ottenere l'ambientazione giusta, e tra questi voglio citare: *Vichinghi. Ritratto di un popolo tra storia e mitologia* di Neil Price, *The Sagas of Icelanders*, a cura di Jane Smiley, *Valkyrie: The Women of the Viking World* di Jóhanna Katrín Friðriksdóttir e *The Vikings* di Kenneth W. Hart.

Grazie ai miei amici autori: Jess, Abby e MT Sear. Ai miei beta reader: Ashlyn, Kelli, Georgia, Ashton, Diana, Renee, Jen, Maggie, Nicole, Lisette, Millee, Kamea, Priscilla, Jenn, Sasha, Macy, Rachel, Hayley e Pallavi.

Grazie alla mia editor, Chersti Nieveen, per aver visto il potenziale di questo libro e per avermi aiutato a trasformarlo in qualcosa di migliore. Grazie a Ruthie Bowles, la mia *sensitivity reader*, per aver fatto in modo che il tema della razza in questo mondo fosse rappresentato in maniera rispettosa. Grazie a Gianna Marie per i tuoi commenti incredibilmente perspicaci sui personaggi di Hekla e Sigrún. Era importantissimo per me avere diversi punti di vista anche sulle tematiche di disabilità e problemi di salute mentale rappresentati in questo romanzo, e non avrei potuto rendere giustizia ai miei personaggi senza il supporto dei miei *sensitivity readers*.

Ultimo, ma non meno importante, grazie alla mia famiglia. Ai miei genitori, che probabilmente si sono chiesti cosa avessi in mente quando ho deciso di far cambiare di nuovo direzione alla mia vita, ma mi hanno comunque incoraggiato. A mio "marito", nonché più grande sostenitore, Ben, che non batte ciglio quando mi viene in mente una nuova impresa folle, e mi regala calma e una fiducia incrollabile. A Kai e Zeph: vi voglio un bene dell'anima, e *no*, non potete ancora leggere i libri della mamma (almeno finché non avrete ottant'anni).

PEFC
PEFC/18-32-03

Certificato PEFC
Questo prodotto è realizzato con materia prima da foreste gestite in maniera sostenibile e da fonti controllate
www.pefc.it

Mondadori Libri S.p.A.

Questo volume è stato stampato
su carta HOLMEN
con fibra vergine proveniente da foreste sostenibili holmen.com/paper
presso ELCOGRAF S.p.A.
Stabilimento - Cles (TN)

Stampato in Italia - Printed in Italy